遂溪年鉴 2023

SUIXI NIANJIAN

《遂溪年鉴》编纂委员会　编

方志出版社
Publishing House of Local Records

编辑说明

一、《遂溪年鉴》的编纂以马克思列宁主义、毛泽东思想、邓小平理论、“三个代表”重要思想、科学发展观、习近平新时代中国特色社会主义思想为指导，坚持辩证唯物主义和历史唯物主义的立场、观点和方法。旨在全面、准确、客观、系统地反映遂溪县自然、政治、经济、文化、社会等方面的基本情况，为读者了解和研究遂溪提供基本资料。

二、《遂溪年鉴》是由中共遂溪县委、遂溪县人民政府主管，《遂溪年鉴》编纂委员会编纂的地方综合性年鉴。于2008年首次编纂出版，此后每年出版一卷，以出版年号为卷号。

三、《遂溪年鉴（2023）》着重反映2022年遂溪县的基本情况。全书设专文、大事记、总述、中国共产党遂溪县委员会、遂溪县人民代表大会、遂溪县人民政府、中国人民政治协商会议遂溪县委员会、中共遂溪县纪律检查委员会·遂溪县监察委员会、民主党派·工商联、群众团体、法治、军事、经济管理、农业·农村、工业·民营经济、建筑业·房地产业、商贸流通·旅游、金融、交通·邮电、城乡建设与管理、生态环境、教育、科学技术、文化、卫生健康·体育、社会生活、应急管理、镇（街道）、人物·荣誉、经济社会统计资料、文献选编等。

四、《遂溪年鉴（2023）》采用分类编辑法编纂，以类目、分目、条目组成结构主体，以条目为表现内容的基本形式。条目的标题以黑体字加【】表示，“大事记”类目中“△”表示“同日”。少数包含多方面资料的条目则在文内用楷体标题标明各段资料的主题。

五、《遂溪年鉴（2023）》刊载的资料、图片主要由各行政机关和企事业单位提供、审核，部分资料由编辑部收集整理，文献选编按原文刊出。全县经济社会发展统计数字，由县统计局提供，统计部门没有的，由相关部门提供。全书由于统计口径不一，个别数据出现相互不一致的情况，使用时以统计部门公布的数据为准。

六、《遂溪年鉴（2023）》配备双重检索系统：书前刊有目录、书后配有索引。索引采用主题分析法，款目按汉语拼音字母顺序排列。

遂溪县行政区划情况表

街道、乡、镇名称	村委会、居委会名称及数量	面积(km²)	政府驻地	邮政编码
遂城镇	居委会(14个)：南门圩 南门田 城东 城内 湛川 府前 中山 农林 建设 东圩 火车站 城西 城南 新糖 村委会(32个)：城北 铺塘 附城 榄罗 豆村 牛圩 马安 横岭 白水 头甫 分界 四九 信岭 礼村 陈村 海州 官湖 乌塘 大岭 边塘 西溪 牛路 蒲岭 向阳 仙凤 大家 沙坡 内塘 老村 沙泥 边岭 凤朗	258	遂城镇建设路97号	524300
黄略镇	居委会(1个)：碧丽华 村委会(25个)：高碧 深沟 北合 南新 九东 源水 塘口 茅村 麻村 冷水 坑尾 南亭 坪石 王爱 殷屋 支屋 许屋 塘图 南坡 台岭 文车 礼部 叶屋 加隆 新村	154	黄略镇泰安路8号	524335
建新镇	村委会(28个)：西洋 三合棚 新村场 下园尾 上流 黄宅 渡头 陈宅 后坑 后塘 坡湖 土札 潭九 苏二 车路头 中村 东村 南村 西村 坡塘 早田 仙岸 溪北 溪伯路 白水塘 卜巢 万山 加埠	57	建新镇振兴路1号	524345
岭北镇	村委会(7个)：调丰 横山 城里 调楼 田增 西塘 迈生	100	岭北镇金岭路1号	524338
城月镇	居委会(4个)：城月 新城 城糖 广前 村委会(22个)：后溪 城月 竹叶塘 田头 扶良 官田 帮机 迈坦 庄家 虎头坡 东风 潭葛 家寮 吴西 石塘 吴村 仁里 坡头 平衡 陈家 高明 坑仔	209	城月镇府前路58号	524348
河头镇	村委会(11个)：吴排 河头 田西 剃山 双村 山城 干塘 新市 吾良 虎溪 上坡	147	河头镇遂江路12号	524369
江洪镇	居委会(1个)：江洪 村委会(8个)：四联 北草 坛头 晨洋 大路 姑寮 元发 北江	60	江洪镇军民路1号	524376
乐民镇	村委会(10个)：陈铁 安埠 墩文 乐民 埠头 松树 调神 海山 余村 盐灶	97	乐民镇为民路1号	524373
乌塘镇	村委会(34个)：浩发 岑家 山口陈 山口王 乌塘岭 外坡 边板 迈机 油河 安至塘 罗屋 车朴塘 塘沟 六口塘 南庭 陆屋 金屋 扫手塘 冷水 乌塘圩 边草塘 米塘 白水塘 安贡 梁村 庞村 湛川 新屋 北安 安铺仔 周龙 邦塘 泉水 边宜塘	50	乌塘镇府前路5号	524357
北坡镇	居委会(2个)：新城 坡糖 村委会(15个)：文典 架岭 北塘 虾沟 新屋 下担 三合 南渡 上塘 水南 劝土 北城 下黎 鹤门 赵屋	152	北坡镇逸民路84号	524359
港门镇	村委会(12个)：塘尾 西坡 货湖 港门 吴家 石角 新城 枫树 港门埠 北灶 新港 黄屋	105	港门镇人民路	524364
草潭镇	居委会(2个)：草潭 下六圩 村委会(31个)：珍珠湾 布屋 瓦窑墩 泉水 下六 姓马 天德 旧庙 红莳棚 艾仔寮 东港 姓毛 北灶尾 铺仔 姓欧 荔枝 新建 麻公 田头壳 红莳地 钗仔 罗屋 姓蔡 深井 石九 姓庞 坎尾 何袁 石杨 路塘 北拉	123	草潭镇海滨路	524379
洋青镇	居委会(1个)：洋糖 村委会(40个)：洋青 洋青圩 马群 古村东 上田头 下田头 车路头 曲塘 俩塘 水流 西寮 其逢 文相 西埇 竹山 寮客 外坡 牛栏 陈屋 城榄 平坦 龙头 槟榔 司马 克须 芝兰 姓谢 古村西 老麦田 蒲岭仔 新杨 沈村 团结 百桔仔 秀龙仔 打铁塘 柚子树 胜利 田头湾 水浮坡	168	洋青镇府前路1号	524394
杨柑镇	居委会(2个)：建糖 杨柑圩 村委会(26个)：老陆 龙眼 豆坡 艾占 龙湾 银河 布政 杨柑 后田 苏屋 迈草 新塘 甘来 新友 新宁 西基 吉塘 姓陈 新埠 老河 松树 马城 红村 尾墩 协和 乾留	187	杨柑镇振兴街88号	524386
界炮镇	居委会(1个)：北潭 村委会(20个)：金围 南山 雷公 坦塘 界炮 赤伦 周灵 山家 芒溪 西湾 大塘 老马 山内 周文 海田 龙塘 蒲寮 合沟 北潭坡 安塘	133	界炮镇府前路	524391
合计	共28个居委会，321个村委会。			

遂溪县自然资源局　广东省地图院　编制　　审图号：粤GS（2022）021号　2022年8月

遂溪名片

- 全国绿色小康县
- 全国渔业百强县
- 全国体育先进县
- 全国海域管理百县示范县
- 全国农村信息化基地县
- 全国教育综合改革县
- 全国义务教育发展基本均衡县
- 全国科普示范县
- 中国最美县域
- 中国醒狮之乡
- 中国第一甜县
- 国家级生猪调出大县
- 国家级无公害蔬菜示范县
- 国务院农村电子商务激励县
- 国家级电子商务进农村综合示范县
- 国际长寿养生基地
- 赛迪顾问乡村振兴百强县
- 广东省“双拥”模范县
- 广东省林业生态县
- 广东省“八五”交通建设先进县
- 广东省电子商务进农村综合示范县
- 广东省产粮大县
- 广东省粮油糖先进单位
- 广东省水产品生产先进县
- 广东省实验室建设先进县
- 广东省规范收费示范县
- 广东省扫除文盲县
- 广东省农村教育综合改革试验县
- 广东省推进教育现代化先进县
- 广东省第一批实现普及九年义务教育先进县
- 广东省教育先进县
- 广东省教育强县
- 广东省文化先进县
- 广东省“四好农村路”示范县
- 广东省水产健康养殖和生态养殖示范县

遂溪数字·2022

- 辖区面积 2129 平方千米
- 林地面积 5.17 万公顷
- 镇（街道）16 个
- 村（居）民委员会 350 个
- 村（居）民小组数 2115 个
- 自然村数 1997 个
- 年末户籍人口 112.75 万人
- 城镇人口 34.27 万人
- 农村人口 78.48 万人
- 户籍出生人口 1.26 万人
- 户籍人口出生率 11.10‰
- 地区生产总值 426.61 亿元
- 第一产业增加值 154.73 亿元
- 第二产业增加值 92.49 亿元
- 第三产业增加值 179.39 亿元
- 第一、第二、第三产业构成比 36.3∶21.7∶42
- 人均地区生产总值 51511 元
- 固定资产投资总额 105.61 亿元
- 外贸进出口总额 23.90 亿元
- 城镇居民人均可支配收入 29517 元
- 农村居民人均可支配收入 22602 元
- 城乡居民医疗保险参保 82.69 万人
- 养老保险参保 40.4 万人
- 社会消费品零售总额 144.53 亿元

党建引领基层治理

2022年，遂溪县以习近平新时代中国特色社会主义思想为指导，深入贯彻习近平总书记关于加强基层党建的重要精神，贯彻落实《广东省加强党的基层组织建设三年行动计划（2021—2023年）》，紧扣“提升党建引领基层治理效能”主题，建立社区“大党委”工作机制，通过组织联建、党员联管、资源联用、服务联办等形式，形成以社区党组织为核心，辖区单位党组织、报到单位党组织、“两新”组织党组织及报到党员共同参与的区域化党建工作新格局。探索建立健全党建引领基层治理“平急转换”机制，开展以“党建联抓，共筑堡垒；服务联做，共惠民生；文明联创，共倡新风；设施联建，共强基础；卫生联搞，共优环境；治安联防，共建和谐”为内容的“六联六共”活动，发挥党组织战斗堡垒和党员先锋模范作用。

2022年7月27日，遂溪县城市基层党建引领基层治理网格化工作暨示范社区党建联席会议在遂城街道办事处召开，会议对推进社区“党建引领网格化”基层治理创新模式进行交流研讨，对深化党建引领基层治理网格化工作作出具体部署

（遂城街道／供图）

① ②
③

① 2022 年 7 月 28 日，遂溪县直属机关工作委员会、县妇联、县总工会在县博物馆联合举办主题为“精神的力量”——中国共产党人精神谱系图文巡展 （县直工委 / 供图）

② 2022 年 10 月 17 日，中共湛江市直属机关工作委员会领导到遂溪县调研指导党建工作 （县直工委 / 供图）

③ 2022 年 7 月 28 日，中共遂溪县直属机关工作委员会、县妇联、县总工会联合在县博物馆举行“精神的力量——中国共产党人精神谱系图文巡展” （县直工委 / 供图）

①

② ③

① 2022 年 11 月 17 日，中共遂溪县直属机关工作委员会在县退役军人事务局六楼会议室举行“2022 年遂溪县直机关、事业单位、人民团体新党员入党宣誓仪式” （县直工委 / 供图）

② 2022 年 5 月 12 日，遂溪县纪委监委、县直工委、县市场监督管理局、县金叶公司的相关领导在遂城街道南门田村委会南门田戏楼核酸采样检测点临时党支部部署疫情防控工作 （县直工委 / 供图）

③ 2022 年 5 月 12 日，遂溪县纪委监委、县直工委、县市场监督管理局、县金叶公司的相关领导到遂城街道南门田村委会南门田戏楼核酸采样检测点临时党支部慰问医护人员 （县直工委 / 供图）

①

②　③

① 2022 年 7 月 28 日，遂溪县直机关关工委在县博物馆举行主题为 2022 年青少年“学党史悟党恩，传承红色基因”暑期实践活动　　（县直工委 / 供图）

② 2022 年 11 月 15 日，遂溪县疾病预防控制中心党员在南门圩社区开展网格摸排党员志愿服务活动　　（县疾控中心 / 供图）

③ 2022 年，遂溪县遂城街道党委将城南社区、府前社区、湛川社区作为先行示范点，研究制定《关于加强城市党建引领基层治理网格化工作的实施方案》，并成立镇级“党建引领网格化”基层治理模式工作领导小组和 3 个示范社区工作指导组，同步推广覆盖至镇辖其他 11 个社区和创文责任村　　（遂城街道 / 供图）

①
②
③
④

①② 2022 年 12 月 15 日，遂溪县北坡镇新城社区“大党委”携手湛江市乡村振兴驻北坡镇工作队、广东医科大学附属医院及广东医科大学附属医院遂溪医院在北坡镇法治文化广场举行首次新城社区“大党委”主题活动日暨医疗帮扶义诊活动

（北坡镇 / 供图）

③ 2022 年 10 月 18 日，遂溪县市场监督管理局机关党委派出党员志愿者协助遂城街道办南门田社区开展社区网格摸排摸底调查行动

（县市场监督管理局 / 供图）

④ 2022 年 11 月 16 日，遂溪县草潭镇举行旅游服务综合保障党员志愿活动　（秦业友 / 摄）

湛遂同城化发展

遂溪县推行“1+3+6”计划，加快与湛江市区同城化发展。重点做好规划、交通、产业和功能、城市管理“4 个对接”。推动规划协同、交通协同、产业协作、城市协同，在发展规划、交通建设、产业发展、城市管理等同城化发展重点领域实现突破，打造遂溪“半小时经济生活圈”。

遂城两河三岸 （罗锦屏 / 摄）

规划对接

遂溪县与湛江市区同城化发展规划重点将围绕产业协作、空间布局、功能定位等核心问题展开对接，形成优势互补、相辅相成的格局。遂溪“两河三岸”新城区规划总控制面积 57 平方千米。其中建设用地面积 40 平方千米。《滨河新区详细性控制规划》方案出炉，规划形成“两心两带五片”的空间发展结构，“两心”为综合服务主中心、高铁经济圈副中心，“两带”指西溪河生态带、源水河休闲商业带，“五片”包括行政文化、水岸宜居、高铁经济圈、大健康、文体活力五大功能板块。

① ②

①② 遂城新貌 （罗锦屏 / 摄）

交通对接

遂溪县加快推进高速、高铁、国省道、干线公路、农村公路、港口等交通基础设施互联互通。构建内通外畅的高快速路网、建设广域互联的普通公路网、打造陆海联运深水良港，遂溪县对标雷州半岛综合交通枢纽功能定位，打造湛遂“半小时经济生活圈”。

①

②

① 高速立交　（陈小锋／摄）

② 深湛铁路　（罗锦屏／摄）

①

②

① 遂溪大道 （罗锦屏 / 摄）

② 2022 年 1 月 29 日，遂溪大道（国道 207 至河东大道段）试通车仪式举行 （县府办 / 供图）

产业功能对接

遂溪县深度融合“大园区、大文旅、大数据”发展理念，谋划打造滨海新区、滨河新区、北部湾旅游新区3个特色片区，打造“湛江—遂溪”旅游精品线路，开通“湛江—遂溪”旅游绿色通道。依托六大产业园区，加快培育壮大新兴产业集群，对应湛江市“五大区域中心”功能布局，重点打造湛江优势产业承载主战场，延伸发展湛江钢铁、石化等下游产业链，规划临港产业园，壮大湛江海洋经济、生物医药等特色产业。

①

②

① 江洪滨海区 （县志办/供图）

② 正大饲料生产基地 （罗锦屏/摄）

城市管理对接

遂溪县在电力、通信、医疗卫生、雨污水、城市亮化、城市绿化和美化等城市管理方面对标湛江市区，全面提升城市面貌、城市服务水平。智慧城市基础设施建设方案处于完善阶段。打造“一网统管”应用体系，实现县、镇、村三级联动整合治理资源，线上线下联动，形成跨部门、跨层级、跨区域运行，打造信息共享、快速反应、一屏统览协同指挥应用体系。

遂溪新景观　　（彭　伟/摄）

乡村振兴

①
②
③

① 2022年4月22日，遂溪特色农产品在湛江市乡村振兴工作成果展示会上展示

（县农业农村局/供图）

② 2022年3月20日，遂溪县岭北镇开展2022年抓党建促乡村振兴擂台比武决赛活动（岭北镇/供图）

③ 2022年4月29日，北坡镇乡村振兴城乡融合项目建设指挥部挂牌成立

（北坡镇/供图）

①

②

③

① 2022年1月1日，遂溪县杨柑镇西基村老虎塘幸福家园揭牌开业　　（余志云/摄）

② 2022年3月23日，遂溪县乐民镇乡村振兴就业帮扶招聘会（第1期）在乐民文化广场举行　　（乐民镇/供图）

③ 2022年6月30日，遂溪县杨柑镇举办2022年庆祝“七一”文艺晚会暨乡村振兴“五个十大先进（模范）”表彰大会　　（杨柑镇/供图）

百企兴百村

2019—2022 年，遂溪县累计发动 135 家企业及商（协）会帮扶村庄 129 个，实施帮扶项目 274 个，累计投入帮扶物资和资金超 5.46 亿元。帮扶内容涉及村庄产业发展、基础设施建设、公共服务设施建设及帮助村民脱贫致富等。

①

②

① 红薯生产　（罗锦屏 / 摄）

② 果蔬生产　（陈玉云 / 摄）

①
②
③

① 2022年1月28日，在2022广东农产品“12221”市场体系建设工作推进会上，遂溪千禧果获广东农产品“12221”市场体系建设——十大优秀案例奖

（县农业农村局/供图）

② 2022年9月23日，遂溪乌塘庆祝2022年“中国农民丰收节”活动在乌塘镇举办

（县农业农村局/供图）

③ 稻—稻—薯种植基地

（县志办/供图）

广东壹号食品股份有限公司和天地壹号饮料股份有限公司先后投入2.5亿元在遂溪县附城镇官湖村进行产业扶贫。建成年出栏8万头的“壹号食品（湛江）土猪产业园官湖村养殖基地”。产业园实行“公司+基地+农户”模式，与110户农民合作养猪，猪出栏后统一收购，每户每年获纯收入7万～15万元。捐资2亿元建设官湖生态宜居新农村。实行统一规划布局，总面积约19公顷（280亩），建成别墅式民居129栋258户，农民公寓2栋80套，赠送给村民居住。另配套建设有幼儿园、景观湖、休闲公园等公共设施。

①

②

③

① 官湖村　（县农业农村局/供图）
② 官湖村养猪基地　（县农业农村局/供图）
③ 官湖小学　（县农业农村局/供图）

爱心企业家陈丹、陈四兄弟自带资金、技术回到家乡遂溪县河头镇油河塘村，以建设生态文明为主题，投入近1亿元建设油河塘村。先后完成乡村油柏路、硬底化环村路、水塔、改水改厕、文化楼、文化长廊、农民公园、风景塘和绿化带等建设，建成公共基础设施一批，实现“住宅楼房化、村巷硬底化、饮水清洁化、厕所卫生化”。油河塘村成为一个生态和谐的宜居村庄，被评为“湛江市生态示范村”“湛江市生态文明村”“广东省卫生村”“广东省文明村”“全国文明村”等。

①

②

① 河头镇油河塘村远景　　（县农业农村局/供图）

② 河头镇油河塘村　　（县志办/供图）

广东省烟草专卖局（公司）先后筹集 2192.13 万元用于定点帮扶遂溪县河头镇上坡村。整合连片土地，建设上坡村桑果种植基地。与广东丝源集团有限公司合作，成立种植养专业合作社，实现“公司 + 合作社 + 贫困户”的“订单农业”经营模式运营。利用财政专项资金进行光伏发电建设、罗非鱼养殖、荷花竹种植 3 个项目，促进贫困户增收，稳定脱贫。

①

②

① 上坡村党群服务中心（县农业农村局 / 供图）

② 上坡村供水工程（县农业农村局 / 供图）

红树林湿地生态建设

遂溪县辖区内红树林面积543.28公顷，其中保护区范围内红树林湿地面积435.22公顷，红树林宜林地99.23公顷。主要分布于界炮、杨柑、草潭、港门、乐民、建新、城月、黄略8个沿海镇。遂溪县依托得天独厚的自然资源，倾全县之力爱林护林，把红树林生态景点与滨海旅游、乡村旅游、红色旅游等景点串珠成链，打造遂溪特有的红树林湿地生态品牌，探索出一条生态优先、绿色低碳高质量发展之路。

①

②

③

① 北潭红树林　（罗锦屏/摄）

②③ 北潭红树林湿地自然生态　（罗锦屏/摄）

① ② ③

① 港门红树林湿地自然生态一

（方彩英 / 摄）

② 港门红树林湿地自然生态二

（赵　同 / 摄）

③ 港门红树林湿地自然生态三

（蓝伟强 / 摄）

①

②

① 北潭红树林与鸟群 （方彩英/摄）

② 北潭红树林自然风光 （翟振杰/摄）

官田玉蕊

官田玉蕊产于遂溪县城月镇官田村，玉蕊是三大国花之一，属半红树品种，为珍稀濒危树种。在遂溪县城月河两岸（流经庄家村、官田村、西坡村、周上村、周下村、卜巢村的河段）共发现2.6公顷的天然玉蕊种群，是中国保存最好、面积最大的玉蕊种群，树木比较古老，直径最粗可达30厘米。

①②③ 官田玉蕊 （郭龙碧 / 摄）

①

②

① 学增故里——黄学增红色教育基地　　（县委组织部 / 供图）

② 东征号角——下洋东征文化村　　（彭　伟 / 摄）

①

②

① 华邦（湛江）玥珑湖——玥珑湖休闲康养小镇 （罗锦屏 / 摄）

② 醉美仙裙——仙裙岛 （县志办 / 供图）

①

②

① 芳草碧潭——角头沙 （县志办 / 供图）

② 新韵古村——苏二村 （罗锦屏 / 摄）

目录

专文

党建引领基层治理 …… 1
“1+3+6”行动 …… 3
湛遂同城化建设 …… 6
遂溪县 2022 年十大民生实事项目 …… 7
“百企兴百村”行动 …… 8
全域旅游建设 …… 8

大事记

1 月 …… 10
2 月 …… 11
3 月 …… 11
4 月 …… 13
5 月 …… 13
6 月 …… 14
7 月 …… 15
8 月 …… 16
9 月 …… 16
10 月 …… 17
11 月 …… 17
12 月 …… 18

总述

县情概貌 …… 19
地理位置 …… 19
建置沿革 …… 19
行政区划 …… 20
地形地貌 …… 20
气候特点 …… 20
水文风情 …… 20
土地资源 …… 20
矿产资源 …… 20
水资源 …… 21
动植物资源 …… 21
海洋资源 …… 21
旅游资源 …… 21
环境质量 …… 25
人口语言 …… 26
民族 …… 26
宗教 …… 26
侨胞与港澳台同胞 …… 26
社会团体 …… 26
民办非企业单位 …… 26
文化遗产 …… 26
民俗风情 …… 30

遂溪特产…… 31
经济和社会发展 …… 32
概况…… 32
农业经济提速增效…… 32
工业经济平稳发展…… 32
服务业活力增强…… 32
重点项目加快建设…… 33
交通设施日趋完善…… 33
招商项目落地见效…… 33
对外开放不断扩大…… 33
营商环境继续优化…… 34
中心城区强芯提质…… 34
乡村振兴巩固提升…… 34
生态环境继续优化…… 34
社保能力继续加强…… 35
社会事业加快发展…… 35
组织机构及负责人（2022 年） …… 35
中国共产党遂溪县委员会…… 35
中国共产党遂溪县纪律检查委员会…… 36
遂溪县监察委员会…… 36
遂溪县人民代表大会常务委员会…… 36
遂溪县人民政府…… 36
中国人民政治协商会议遂溪县委员会…… 37
遂溪县人民法院…… 37
遂溪县人民检察院…… 37
民主党派…… 37
群众团体…… 37
省、市垂直管理单位…… 37
驻遂溪单位…… 38
其他单位…… 38
遂城街道…… 38
附城镇…… 38
黄略镇…… 39
岭北镇…… 39
建新镇…… 39
洋青镇…… 39
界炮镇…… 39
杨柑镇…… 39
草潭镇…… 39
城月镇…… 39
乌塘镇…… 39
北坡镇…… 39
港门镇…… 39
河头镇…… 39
乐民镇…… 39
江洪镇…… 39

中国共产党遂溪县委员会

综述 …… 40
概况…… 40
坚持和加强党的建设…… 40
经济发展稳中有进…… 41
同城化发展蹄疾步稳…… 41
营商环境提质创优…… 41
疫情防控“平急转换”…… 42
特色农业扩量提质…… 42
工业产业集群发展…… 42
现代服务加速转型…… 42
市容环境治理…… 42
乡村振兴推进…… 43
民生实事发展…… 43
稳定安全维护…… 43
重要会议 …… 43
中国共产党遂溪县第十四届委员会第四次全体会议…… 43
中国共产党遂溪县委员会常务委员会会议…… 44
决策部署 …… 46
林长制实施…… 46
建设“红树林之城”工作领导小组成立…… 46
巩固拓展脱贫攻坚成果同乡村振兴有效衔接…… 47
水质达标攻坚…… 47
安全生产工作加强…… 47
新时代文明实践中心建设拓展…… 47
党的二十大精神学习贯彻…… 47

教育督导体制机制改革…… 47
综合协调服务 …… 47
督查和统筹协调…… 47
办文办会…… 48
新闻信息…… 48
综合文稿草拟与调研…… 48
组织工作 …… 48
中共遂溪县基层组织概况…… 48
党建引领发展…… 48
干部选拔培养…… 48
市管、县管干部年度考核…… 49
机关及参公管理单位年度考核…… 49
公务员职务与职级并行…… 49
公务员管理…… 49
干部信息管理…… 49
干部监督…… 49
村级干部队伍建设…… 50
干部政治理论培训…… 50
干部在线学习…… 50
“两新”组织党建…… 50
人才队伍建设…… 51
基层党组织建设…… 51
城市基层党建…… 52
全国首个党建红色影视文化城项目落户遂溪县…… 52
人才工作…… 52
宣传工作 …… 52
概况…… 52
理论学习宣讲…… 52
党史学习教育…… 53
新闻舆论宣传…… 53
文化艺术创作…… 54
精神文明建设…… 54
统一战线工作 …… 55
概况…… 55
多党合作事业发展…… 55
民族宗教工作…… 56
非公有制经济领域统战工作…… 56
港澳台统战工作…… 57
海外统战工作…… 57
机构编制工作 …… 57
概况…… 57
行政机构编制管理…… 57
镇（街道）体制改革…… 58
机构编制监督检查…… 58
事业单位登记管理…… 58
机关党建工作 …… 58
概况…… 58
机关政治建设…… 58
机关思想建设…… 59
机关组织建设…… 59
机关党建管理…… 60
机关作风建设…… 60
机关党建品牌创建…… 60
党史工作 …… 60
概况…… 60
史料征集编撰…… 60
党史宣传教育…… 61
红色教育基地建设…… 61
党校工作 …… 61
概况…… 61
干部教育培训…… 61
科研和决策咨询…… 62
中国共产党第二十次全国代表大会精神宣讲…… 62
党校办学质量评估…… 62
老干部工作 …… 62
概况…… 62
老干部工作品牌建设…… 62
老干部政治待遇落实…… 63
老干部生活待遇落实…… 63
老干部党支部建设…… 63
老干部服务…… 63
老干部信息化管理…… 63

遂溪县人民代表大会

综述 …… 64
概况 …… 64
遂溪县人民代表大会工作坚持思想政治引领 …… 64
人事任免 …… 64
遂溪县人民代表大会常务委员会自身建设 …… 65
重要会议 …… 65
遂溪县第十七届人民代表大会第二次会议 …… 65
县人民代表大会常务委员会会议 …… 66
遂溪县人民代表大会常务委员会主任会议 …… 69
人民代表大会监督 …… 69
概况 …… 69
重点工作监督 …… 70
保障经济运行监督 …… 70
增进民生福祉监督 …… 70
生态环保监督 …… 70
促进公平正义监督 …… 71
提升基层治理监督 …… 71
人民代表大会代表工作 …… 71
概况 …… 71
“五好”代表联络站创建 …… 71
“更好发挥人民代表大会代表作用”主题活动 …… 72
县人民代表大会议案建议办理 …… 72

遂溪县人民政府

综述 …… 73
概况 …… 73
经济实力稳步提升 …… 74
重点项目建设亮点突出 …… 75
改革开放深入推进 …… 75
城乡面貌日新月异 …… 76
民生福祉不断增强 …… 76
政府自身建设加强 …… 77
重要会议 …… 77
县政府常务会议 …… 77
县政府工作会议 …… 79
综合协调服务 …… 79
办文 …… 79
办会 …… 80
综合文稿 …… 80
政务公开 …… 80
机关事务管理 …… 80
概况 …… 80
机关大院治安消防管理 …… 80
会务服务组织 …… 80
办公用房管理 …… 81
公务用车管理 …… 81
后勤服务接待 …… 81
政务服务数据管理 …… 81
概况 …… 81
政务服务学习调研 …… 81
“智慧城市”建设 …… 81
实体政务大厅优化 …… 81
一体化政务服务效能提升 …… 81
镇村办事能力强化 …… 82
政务信息公开 …… 82
应用场所码推广 …… 82
网络安全防护能力提升 …… 82
行政服务 …… 82
概况 …… 82
政务服务工作制度建设 …… 82
营商环境优化 …… 82
“12345”热线服务效能发挥 …… 83
信访工作 …… 83
概况 …… 83
重复信访 …… 84
信访突出问题 …… 84
初信初访事项办理 …… 84
招商引资 …… 84
概况 …… 84
招商项目推进 …… 84

招商项目服务……………………………………………… 85

中国人民政治协商会议遂溪县委员会

综述 ……………………………………………… 87
县政协机构概况……………………………………… 87
政协系统党的建设推进……………………………… 87
政协工作坚持思想政治引领………………………… 87
政协委员助力疫情防控……………………………… 88
政协推进重点项目建设……………………………… 88
政协委员履职获奖励………………………………… 88
重要会议 ……………………………………………… 88
中国人民政治协商会议第十一届遂溪县委员会第二次会议……………………………… 88
中国人民政治协商会议第十一届遂溪县委员会常务委员会第二次会议………………… 88
中国人民政治协商会议第十一届遂溪县委员会常务委员会第三次会议………………… 89
中国人民政治协商会议第十一届遂溪县委员会常务委员会第四次会议………………… 89
中国人民政治协商会议第十一届遂溪县委员会常务委员会第五次会议………………… 89
协商议政 ……………………………………………… 89
概况…………………………………………………… 89
提案办理协商………………………………………… 89
调研议政 ……………………………………………… 89
概况…………………………………………………… 89
滨海新区建设调研…………………………………… 90
旧城道路改造和国道 207 线、228 线改线项目建设情况调研……………………………… 90
乡村振兴工作调研…………………………………… 90
北部湾旅游新区建设情况调研……………………… 90

中共遂溪县纪律检查委员会·遂溪县监察委员会

综述 ……………………………………………… 91
纪检监察机构概况…………………………………… 91
中国共产党遂溪县第十四届纪律检查委员会第二次全体会议……………………………… 91
遂溪县纪检监察系统警示教育大会………………… 91
遂溪县纪委监委关心下一代工作委员会成立……… 92
监督执纪 ……………………………………………… 92
概况…………………………………………………… 92
党内监督……………………………………………… 92
惩治腐败……………………………………………… 93
正风肃纪……………………………………………… 93
廉政教育 ……………………………………………… 93
概况…………………………………………………… 93
2022 年遂溪县新提任县管领导干部集体廉政谈话教育活动……………………………… 94
遂溪县廉政谈话教育活动…………………………… 94
新时代基层干部主题培训…………………………… 94

民主党派·工商联

民主党派 ……………………………………………… 95
概况…………………………………………………… 95
中国民主同盟遂溪县委员会………………………… 95
中国民主促进会遂溪县支部………………………… 96
中国农工民主党湛江市遂溪县支部………………… 96
中国致公党遂溪县支部委员会……………………… 97
遂溪县工商业联合会 ………………………………… 98
概况…………………………………………………… 98
工商联会员服务……………………………………… 98

工商联社会责任履行……………………………… 98
工商联参政议政……………………………………… 98
商会建设……………………………………………… 99
江门市遂溪商会第二次会员代表大会…………… 99

群众团体

遂溪县总工会 ……………………………………… 100
概况…………………………………………………… 100
基层工会规范化建设……………………………… 100
工会关爱行动………………………………………… 100
困难职工帮扶………………………………………… 100
遂溪县总工会第十三届委员会第七次全体
会议…………………………………………………… 101
全县推进新业态劳动者建会入会工作会议……… 101
工会干部业务培训…………………………………… 101
工会送春联活动……………………………………… 102
职工交友活动………………………………………… 102
职工文体活动………………………………………… 102
共青团遂溪县委员会 ……………………………… 102
概况…………………………………………………… 102
青年思想政治引领…………………………………… 102
团组织活动…………………………………………… 102
服务青年……………………………………………… 103
青年社会服务………………………………………… 104
遂溪县妇女联合会 ………………………………… 105
概况…………………………………………………… 105
巾帼大宣讲…………………………………………… 105
妇女思想政治引领…………………………………… 105
乡村振兴巾帼行动…………………………………… 106
寻找美丽庭院、民宿活动…………………………… 106
“一村一巾帼”家政创业培训……………………… 106
巾帼同心齐抗疫……………………………………… 106
新时代家庭文明建设………………………………… 107
关爱帮扶暖心活动…………………………………… 107
妇女维权……………………………………………… 108
党建带妇建…………………………………………… 108
遂溪县科学技术协会 ……………………………… 108
概况…………………………………………………… 108
遂溪县被评为全国科普示范县……………………… 109
科普教育成果………………………………………… 109
科普场馆建设………………………………………… 109
科普工作队伍建设…………………………………… 109
科普教育品牌活动…………………………………… 109
科技论坛……………………………………………… 109
气象科普教育进学校活动…………………………… 109
培育时代新风活动…………………………………… 110
中医药科普教育……………………………………… 110
科技文化卫生“三下乡”活动……………………… 110
全国科普日活动……………………………………… 110
科技志愿服务………………………………………… 110
科技服务企业创新发展……………………………… 111
遂溪县归国华侨联合会 …………………………… 111
概况…………………………………………………… 111
海外联谊……………………………………………… 111
侨益维护……………………………………………… 111
侨界参政议政………………………………………… 111
遂溪县归国华侨联合会第四届常务委员会
第八次会议…………………………………………… 111
遂溪县文学艺术界联合会 ………………………… 111
概况…………………………………………………… 111
文学创作……………………………………………… 111
书法创作……………………………………………… 112
音乐创作……………………………………………… 112
美术、摄影创作……………………………………… 112
曲艺创作……………………………………………… 112
诗词创作……………………………………………… 112
遂溪县文学艺术界联合会全体委员会议………… 112
遂溪县 2022 年文艺工作会议暨第三届文艺
精品奖颁奖大会……………………………………… 112
“我们的中国梦——文化进万家”活动………… 112
文化下乡……………………………………………… 112
红树林文艺创作……………………………………… 113
“劳动创造幸福”征文活动………………………… 113
文艺交流……………………………………………… 113

遂溪县残疾人联合会 …… 113
概况…… 113
残疾人康复救助…… 113
残疾人“两项补贴”落实…… 114
残疾人机动轮椅车燃油补贴…… 114
贫困重度残疾人家庭无障碍改造…… 114
全国残疾人基本服务状况和需求信息数据动态更新…… 114
全国助残日活动…… 114
“我为群众办实事”下乡办证…… 114
残疾人就业与培训…… 114
残疾人助学金发放…… 114
农村残疾人服务…… 115
遂溪县残疾人联合会第六次代表大会…… 115
遂溪县红十字会 …… 115
概况…… 115
“红十字博爱送万家”活动…… 115
红十字会公益活动…… 115

法治

政法委及综治 …… 116
概况…… 116
安保维稳…… 116
市域社会治理现代化推进…… 116
平安遂溪建设…… 117
基层社会治理…… 117
打击整治养老诈骗专项行动…… 117
遂溪县委政法工作会议暨全县矛盾化解攻坚年部署会…… 118
2022 年“青年普法志愿者法治文化基层行”暨“民法典宣讲乡村行”活动…… 118
扫黑除恶专项斗争…… 119
全面依法治县 …… 119
概况…… 119
法治机制健全完善…… 120
“放管服”改革深化…… 120
执法体制改革…… 120
社会治理创新…… 120
法治政府建设 …… 121
概况…… 121
行政执法监督…… 121
依法行政考评…… 121
依法行政规划…… 121
行政执法案卷评查…… 121
公安 …… 121
概况…… 121
中国共产党二十大安保维稳…… 122
刑事犯罪侦查…… 122
社会治安防控…… 122
道路交通管理…… 122
疫情公安防控…… 122
公安基层基础建设…… 122
“春风利剑 2022”专项行动 …… 123
夏季治安打击整治“百日行动” …… 123
检察 …… 123
概况…… 123
刑事检察…… 123
民事行政检察…… 123
公益诉讼检察…… 124
刑事执行检察…… 124
未成年人检察…… 124
“两项监督”工作…… 124
检察系统扫黑除恶…… 124
“两法衔接”工作…… 125
诉源治理…… 125
社会矛盾化解…… 125
司法警察…… 125
检察服务营商环境…… 125
检察宣传…… 126
司法责任制改革…… 126
阳光检务…… 126
“谁执法谁普法”责任制落实…… 126
遂溪县人民检察院“检察官法治讲坛”专项活动…… 126

涉案企业合规改革试点…… 127
数字检察改革…… 127
法院 …… 127
概况…… 127
刑事审判…… 127
民商事审判…… 127
刑事诉讼制度改革…… 128
法院助力营商环境优化…… 128
案件执行…… 128
“智慧法院”建设…… 129
法院司法为民…… 129
法院司法监督…… 129
法院司法能力建设…… 129
法院司法宣传…… 130
司法行政 …… 130
概况…… 130
普法队伍建设…… 130
普法宣传活动…… 130
国家机关“谁执法谁普法”履职评议会…… 130
领导干部集中旁听庭审活动…… 130
法治文化建设…… 131
社区矫正…… 131
人民调解…… 131
安置帮教…… 131
“一村（社区）一法律顾问”工作…… 131
律师管理…… 131
法律援助…… 131
公证服务…… 131

军事

人民武装 …… 132
概况…… 132
政治建设…… 132
党管武装…… 132
双拥工作…… 132
战备训练…… 133
征兵工作…… 133
部队安全教育整训…… 133
退役军人事务 …… 133
概况…… 133
优抚优待…… 133
双拥共建…… 134
退役军人安置…… 134
退役军人应急救助资金管理…… 134
退役军人服务保障体系建设…… 134
烈士纪念设施保护与管理…… 134
军休管理服务…… 134
退役军人就业创业…… 134
退役军人学历提升和技能培训…… 135
人民防空 …… 135
概况…… 135
人防工程建设…… 135
防空警报试鸣…… 135
国防教育 …… 135
概况…… 135
征兵宣传…… 136
“全民国防教育日”宣传教育…… 136
“海军节”宣传活动…… 136
国防军事题材电影进农村…… 136

经济管理

宏观经济管理 …… 137
概况…… 137
规划编制…… 137
重点项目建设…… 137
固定资产投资…… 138
专项债券项目…… 138
营商环境优化…… 138
能源管理…… 138
社会信用体系建设…… 138
工业项目建设…… 138

自然资源管理 …… 139
概况…… 139
用地报批…… 139
土地交易…… 139
土地开发…… 139
矿产资源管理…… 139
地质灾害防治…… 139
土地卫片执法…… 139
农村乱占耕地建房整治…… 140
闲置土地处置…… 140
批而未供土地处置…… 140
耕地“进出平衡” …… 140
自然资源领域督察整改…… 140
自然资源系统扫黑除恶…… 140
非法开采矿产资源违法犯罪打击…… 140
自然资源信访调解处理…… 140
测绘管理…… 140
自然资源调查登记…… 140
财政 …… 141
概况…… 141
财政收支管理…… 141
重点项目建设财政资金保障…… 141
民生领域财政资金保障…… 142
乡村振兴财政资金保障…… 142
财政监管…… 142
税务 …… 143
概况…… 143
税收征管改革…… 143
减税降费…… 143
非税收入征管职责划转…… 143
税银互联协办…… 143
纳税服务…… 144
金融监督管理 …… 144
概况…… 144
金融服务…… 144
国库管理…… 144
支付结算管理…… 145
征信服务管理…… 145
平安金融建设…… 145
存款保险管理…… 145
人民币收付管理…… 145
遂溪县2022年反假货币工作联席会议 …… 145
“反诈菜市”金融宣传活动…… 146
遂溪县涉诈银行卡突出问题整治工作推进会…… 146
国有资产监督管理 …… 146
概况…… 146
“僵尸企业”出清重组…… 146
国资国企管理…… 147
“三旧”改造…… 147
棚户区改造房安置…… 147
土地收储…… 147
审计 …… 147
概况…… 147
政策跟踪审计…… 147
财政审计…… 147
经济责任审计…… 147
公共投资审计…… 147
审计整改…… 147
审计监督职责履行…… 148
统计 …… 148
概况…… 148
统计改革创新…… 148
统计法治建设…… 148
统计指导…… 148
市场监督管理 …… 149
概况…… 149
市场领域营商环境优化…… 149
市场主体挖潜培育…… 149
“全国个体工商户服务月”活动…… 149
信用监管…… 150
市场领域疫情防控…… 150
农贸市场改造建设…… 150
市场秩序规范…… 151
“双打”行动…… 151
“3·15”国际消费者权益日系列活动 …… 151
放心消费单位创建…… 151

“守底线、查隐患、保安全”专项行动…………151
食品安全抽检快检……………………………151
药品、医疗器械、化妆品安全监管……………152
特种设备安全监管……………………………152
燃气安全“百日行动”………………………152
产品质量安全监管……………………………152
物价管理 ……………………………………152
概况……………………………………………152
农业水价综合改革……………………………153
价格调控………………………………………153
价格调研………………………………………153
价格认定………………………………………153

农业·农村

综述 …………………………………………154
概况……………………………………………154
现代农业发展…………………………………154
农业龙头企业申报……………………………155
土地经营权流转………………………………155
农业品牌建设…………………………………155
高效农业生产示范基地建设…………………155
智慧农业开发…………………………………156
设施农业示范项目建设………………………156
农技培训………………………………………156
高标准农田建设………………………………156
新型职业农民培育……………………………156
农产品质量安全监管…………………………157
农药经营管理…………………………………157
农产品“12221”市场体系建设 ………………157
广东遂溪农业领域对接 RCEP 启动仪式
暨特色农产品、网络文化节…………………157
新增创建南药省级现代农业产业园…………157
种植业 ………………………………………157
概况……………………………………………157
水稻病虫害统防统治…………………………157
“一村一品、一镇一业”建设…………………158
耕地保护………………………………………158
耕地地力保护补贴……………………………158
遂溪农场………………………………………158
广东省广前糖业发展有限公司………………158
畜牧业 ………………………………………159
概况……………………………………………159
非洲猪瘟防控…………………………………159
私屠滥宰违法行为打击………………………159
畜禽养殖废弃物综合利用……………………159
畜禽无害化处理………………………………159
林业 …………………………………………159
概况……………………………………………159
林业执法………………………………………159
林业生态建设…………………………………159
林木林地管理…………………………………159
野生动植物保护………………………………160
森林防火………………………………………160
森林检疫………………………………………160
渔业 …………………………………………160
概况……………………………………………160
油补与休渔渔民生产补助……………………160
“港长制”落实………………………………160
深水网箱养殖…………………………………160
对虾良种培育基地建设………………………161
省级水产健康养殖示范场创建………………161
渔船应急管理…………………………………161
水产品质量安全监管…………………………161
渔业监督执法…………………………………161
农业机械化 …………………………………161
概况……………………………………………161
农业机械化发展………………………………161
农机补贴………………………………………161
水务 …………………………………………161
概况……………………………………………161
集中式饮用水源………………………………162
河长制全面推行………………………………162
最严格水资源管理制度实施…………………162
水利工程建设…………………………………162

农村供水“三同五化”改造…… 162
水旱灾害防御调度管理…… 163
水利行政执法…… 163
水库移民后期扶持…… 163
农村工作 …… 163
概况…… 163
新农村建设…… 164
村级集体经济…… 164
农村集体“三资”管理…… 164
农村公益事业财政奖补…… 164
农村危房改造…… 164
村内道路建设民生工程…… 164
农村“厕所革命”推进…… 164
农村生活污水治理…… 164
农村生活垃圾治理…… 164

工业·民营经济

综述 …… 165
概况…… 165
工业生产…… 165
工业园区…… 165
工业园区建设 …… 166
园区项目建设…… 166
园区基础设施建设…… 166
遂溪县产业转移工业园获批省特色产业园…… 166
工业企业选介 …… 166
广东金岭糖业集团有限公司…… 166
广东大华糖业有限公司…… 167
广东粤电湛江生物质发电有限公司…… 167
遂溪县水生态投资开发有限公司…… 167
民营经济 …… 168
概况…… 168
民营经济发展…… 168
私营经济…… 168
个体经济…… 168

建筑业·房地产业

建筑业 …… 169
概况…… 169
建筑安全生产…… 169
建筑工程监管…… 169
建筑混凝土监管…… 169
工程建设项目审批制度改革…… 169
建筑工程项目…… 169
遂溪县预拌混凝土、预拌砂浆企业节后复工安全生产暨疫情防控工作会议召开…… 169
遂溪县住房和城乡建设局开展国庆节期间预拌混凝土企业安全生产专项检查工作…… 170
房地产业 …… 170
概况…… 170
物业管理…… 170
公租住房管理…… 170
遂溪县自建房安全专项整治工作业务培训会议召开…… 170

商贸流通·旅游

综述 …… 171
概况…… 171
国内贸易…… 171
对外贸易…… 171
电子商务…… 172
粮油业 …… 172
概况…… 172
地方储备粮管理…… 172
粮食购销领域专项巡察…… 172
粮食市场流通管理…… 172
粮食宣传…… 172
粮食储备库…… 172
供销合作业 …… 172
概况…… 172

供销合作社改革…………………………………… 173
乡村振兴及消费扶贫…………………………… 173
自建危房拆建…………………………………… 173
生猪屠宰管理 ………………………………… 173
概况……………………………………………… 173
定点屠宰场升级改造…………………………… 173
食品企业经营方式转变………………………… 173
生猪肉产品安全管理…………………………… 174
私屠滥宰行为打击……………………………… 174
盐业管理 ……………………………………… 174
概况……………………………………………… 174
食盐经营管理…………………………………… 174
食盐安全宣传…………………………………… 174
食盐供应保障…………………………………… 174
成品油销售 …………………………………… 174
概况……………………………………………… 174
石油销售经营管理……………………………… 175
石油销售安全管理……………………………… 175
烟草专卖 ……………………………………… 175
概况……………………………………………… 175
烟草专卖重点品牌培育………………………… 175
烟草市场服务…………………………………… 175
烟草打假打私…………………………………… 176
烟草市场监管…………………………………… 176
旅游业 ………………………………………… 176
概况……………………………………………… 176
全域旅游………………………………………… 176
滨海旅游发展…………………………………… 177
重点旅游项目建设……………………………… 177
旅游行业管理…………………………………… 177
旅游宣传和市场营销…………………………… 177
旅游“厕所革命”……………………………… 177
旅游招商………………………………………… 177
红色经典休闲旅游……………………………… 178
广东（遂溪）湛川河谷“仙品荔”云销会……… 178
江洪“笑口滩”沙滩广场建成………………… 178
金鲳鱼旅游文化节……………………………… 178

金融

综述 ……………………………………………… 179
概况……………………………………………… 179
金融支持实体经济……………………………… 179
普惠金融助力乡村振兴………………………… 179
遂溪县首贷服务中心成立……………………… 180
2022 年湛江市金融支持种业振兴融资对接会（遂溪分会场）…………… 180
遂溪县金融支持乡村振兴暨“整村授信”启动会…………… 180
2022 年移动支付示范镇建设工作座谈会 ……… 181
电信网络诈骗专项治理及账户服务现场督导…… 181
银行业 …………………………………………… 181
中国工商银行股份有限公司遂溪支行………… 181
中国农业银行遂溪县支行……………………… 181
中国农业发展银行遂溪县支行………………… 182
中国建设银行遂溪支行………………………… 182
广东遂溪农村商业银行股份有限公司………… 182
中国邮政储蓄银行遂溪县支行………………… 183
广东南粤银行遂溪支行………………………… 183
保险业 …………………………………………… 184
中国人民财产保险股份有限公司遂溪支公司…… 184
中国人寿保险股份有限公司遂溪县支公司……… 184

交通·邮电

交通综述 ………………………………………… 185
概况……………………………………………… 185
交通重点项目建设……………………………… 185
交通均等化……………………………………… 185
遂溪县获评“四好农村路”省级示范县……… 185
交通运输“放管服”改革……………………… 185
交通运输执法…………………………………… 186
交通运输安全宣传培训………………………… 186

公路管理……186
概况……186
日常性养护及预防性养护……186
公路在建项目推进……186
路政管理……187
公路安全生产……187
遂溪汽车运输总站……187
邮政业……188
概况……188
邮政业务发展……188
邮政网点建设……188
邮政物流体系建设……189
通信业……189
中国电信遂溪分公司……189
中国移动遂溪分公司……190
中国联通遂溪分公司……190

城乡建设与管理

国土空间规划……191
概况……191
编制遂溪县国土空间总体规划（2021—2035 年）……191
市政建设……191
市政设施建设和维护……191
城区照明建设……192
园林绿化管理……192
河东大道开工建设……193
城市管理……193
环境卫生管理……193
市容环境“六乱”治理……193
城区环境保洁……194
城乡供电……194
概况……194
供电服务……194
市场化需求侧响应座谈会……195
10 千伏业扩配套工程投产……195
电网规划与建设……195
城市供水……195
概况……195
供水服务……196
污水处理费和垃圾有偿服务费代收……196
智能水表推广……196
供水设施建设……196
污水处理设施建设……196
农贸市场物业管理……196
概况……196
农贸市场建设……197
农贸市场安全管理……197
农贸市场升级改造……197
农贸市场基础设施升级改造专项债券项目……197
乡村振兴……198
概况……198
党对乡村振兴的全面领导……198
农村综合改革深化……198
三大支撑夯实乡村振兴根基……199
美丽乡村建设……199
农民种粮收益保障体系建设……200
脱贫攻坚成果巩固……200
农业现代化进程加快……201
特色优势农业壮大……201
农村面貌继续改善……202
农村生活环境继续优化……202
乡村振兴保障力度加大……203
圣女果产业发展……203

生态环境

污染防治……204
概况……204
土壤污染风险管控……204
农业农村污染治理……204
固体废物污染防治攻坚行动……204
排污许可监管……205

核与辐射安全…… 205
入海排污口排查…… 205
环境监管 …… 205
概况…… 205
中央督察组交办信访案件办理…… 206
环保执法监管…… 206
生态环境风险防范…… 206
生态保护 …… 206
概况…… 206
遂溪河整治…… 206
水源地环境保护…… 207
节能减排 …… 207
概况…… 207
涉挥发性有机物企业分级管理和治理…… 207
工业锅炉和炉窑分级分类治理…… 207
源头治理和移动源管理…… 207
高污染燃料禁燃区划定…… 207
重点企业清洁生产审核…… 207

教育

综述 …… 208
概况…… 208
教育系统党建…… 209
依法治教…… 210
素质教育…… 210
教育信息化…… 211
教研教改…… 211
学校学位建设…… 211
教师队伍建设…… 212
学校安全管理…… 213
基础教育 …… 213
概况…… 213
学前教育…… 213
小学教育…… 214
中学教育…… 214
特殊教育…… 215
高考、中考…… 215
职业教育 …… 215
遂溪县教师发展中心…… 215
遂溪县职业技术学校…… 216
高等教育 …… 217
遂溪县开放大学…… 217
湛江幼儿师范专科学校…… 217
学校选介 …… 218
遂溪县第一中学…… 218
遂溪县第三中学…… 220
遂溪县大成中学…… 221

科学技术

综述 …… 223
概况…… 223
科学技术普及…… 223
科技宣传一条街活动…… 224
知识产权保护 …… 224
知识产权运用…… 224
知识产权行政保护…… 224
知识产权创造…… 224
气象科技 …… 225
概况…… 225
气象现代化建设…… 225
气象服务…… 225
防灾减灾救灾…… 225
气象安全生产…… 226
气象科普教育…… 226
气象专项检查…… 226
《遂溪县气象公共服务白皮书（2022 年）》发布…… 226

文化

综述……227
概况……227
舍馆改造升级……227
文艺创作……228
文物保护和非物质文化遗产交流……228
文化市场执法……228
遂溪“糖祖习俗”入选第八批省级非物质文化遗产代表性项目名录……228
壬寅年遂溪孔庙祭孔大典……229
传媒……229
遂溪县融媒体中心……229
遂溪县电影有限公司……230
遂溪县文化服务中心……230
档案工作……230
概况……230
档案利用与服务……231
档案安全……231
档案接收……231
地方志工作……231
概况……231
年鉴编纂……231
地方志资料年报……231
地方志资源开发利用……231
地方志数字化……231
村志馆试点工作……231

卫生健康·体育

卫生健康综述……232
概况……232
医药卫生体制改革……232
人口与计划生育……232
法定传染病管理……232
慢性非传染性疾病管理……232
重点传染病管理……233
医疗卫生项目建设推进……233
基本公共卫生服务项目实施……233
妇幼健康服务管理……233
医疗卫生行业综合监管……234
生育惠民政策落实……234
新冠疫情防控……234
2022 年梁碧儿医德教育基地建设暨梁碧儿100 周年诞辰纪念活动……235
医共体联合病房揭牌……235
疾病预防与控制……236
概况……236
卫生监测……236
免疫规划……236
疾病预防宣传教育……236
突发公共卫生事件处置……237
疾病预防与控制业务培训……237
妇幼健康服务……237
卫生监督……237
概况……237
医疗卫生监督……237
公共场所卫生监督……237
学校卫生监督……238
职业卫生监督……238
放射卫生监督……238
卫生“双随机、一公开”监督抽检……238
新冠疫情监督……238
医院选介……239
遂溪县人民医院……239
遂溪县中医院……241
遂溪县妇幼保健院……242
体育……242
概况……242
群众体育……243
竞技体育……243
体育运动员注册……243
体育运动员选材……243

遂溪县运动员参加“铁人杯”全国少年体操U系列锦标赛获1金2铜…… 243
遂溪县全民健身80千米接力跑活动…… 243

社会生活

人力资源和劳动管理…… 244
概况…… 244
劳动保障监察…… 244
职业技能培训…… 244
人事管理…… 244
就业创业…… 245
乡村振兴人才驿站建设…… 245
民政…… 245
概况…… 245
村级换届选举…… 245
困难群众生活保障…… 245
兜底民生服务社会工作双百工程实施…… 246
临时救助…… 246
流浪乞讨人员救助…… 246
慈善会工作…… 246
殡葬管理…… 246
正常离任村干部信息采集和资金发放…… 246
社区“万能章”治理…… 246
全国基层政权建设和社区治理信息系统…… 247
“一站式”城乡社区综合服务示范创建…… 247
遂城街道和附城镇揭牌成立…… 247
婚姻登记…… 247
地名命（更）名工作…… 247
国家地名信息库质量建设行动…… 247
遂溪县地名图片、志、录、词典信息补充和完善…… 247
民政系统扫黑除恶信访案件处理…… 247
社会保险…… 247
概况…… 247
社保服务能力提升…… 248
社保足额发放…… 248
社保助企纾困…… 248
被征地留存保障资金分配…… 248
医疗保障…… 248
概况…… 248
医保基金收支…… 248
医保零星报销拨付…… 249
门诊特定病种报销…… 249
医疗救助…… 249
医保经办服务…… 249
“两定”医疗机构管理…… 249
医保集中宣传月活动…… 249
医保基金监管…… 249
医保电子凭证推广…… 249
药品和医用耗材集中带量采购管理…… 250
离休干部和伤病残军人医疗保障服务…… 250
遂溪县“织密基金监管网共筑医保防护线”集中宣传月动员大会…… 250
遂溪县医保基金监管暨打击欺诈骗保专项整治工作会议…… 250
遂溪县2023年城乡居民基本医疗保险参保工作会议…… 250
住房保障…… 251
概况…… 251
住房公积金服务…… 251
公积金促缴扩面…… 251
民族宗教事务…… 252
概况…… 252
民族宗教政策宣传…… 252
宗教活动场所平安创建…… 252
宗教界公益慈善…… 252
遂溪县民族团结进步宣传活动…… 252
关心下一代工作…… 253
概况…… 253
《关于加强新时代关心下一代委员会工作的意见》学习贯彻…… 253
关心下一代工作委员会主题教育活动…… 253
农村创业青年培训…… 254
大关工网格建设…… 254

应急管理

安全生产监督管理 …… 255
概况 …… 255
安全生产重点行业领域治理 …… 255
安全生产责任落实 …… 255
安全生产打非治违 …… 256
应急救援 …… 256
应急安全宣传 …… 256
应急值守 …… 257
应急管理服务 …… 257
应急基础建设 …… 257
防灾减灾救援 …… 257
森林防灭火基础建设 …… 258
消防救援 …… 259
概况 …… 259
消防救援训练 …… 259
消防救援正规化建设 …… 260
消防救援队站建设 …… 260
消防安全整治 …… 261
消防宣传 …… 261
森林防灭火 …… 262
粤西地区首个消防事务中心设立 …… 262

镇（街道）

遂城街道 …… 263
概况 …… 263
经济发展 …… 263
社会事业 …… 263
乡村振兴 …… 264
平安建设 …… 264
项目征地 …… 265
生态保护 …… 265
遂城街道办事处揭牌仪式举行 …… 265
附城镇 …… 265
概况 …… 265
经济发展 …… 265
社会事业 …… 265
乡村振兴 …… 266
项目征地 …… 266
平安建设 …… 266
生态保护 …… 266
附城镇揭牌仪式举行 …… 266
附城镇第一届人民代表大会第一次会议 …… 266
黄略镇 …… 267
概况 …… 267
经济发展 …… 267
社会事业 …… 267
乡村振兴 …… 268
项目建设 …… 268
平安建设 …… 268
生态保护 …… 269
岭北镇 …… 269
概况 …… 269
经济发展 …… 269
社会事业 …… 270
乡村振兴 …… 271
平安建设 …… 272
生态保护 …… 272
岭北镇第十八届人民代表大会第二次会议 …… 272
岭北镇第十八届人民代表大会第三次会议 …… 272
岭北镇开展中国共产党第二十次全国代表大会精神宣讲活动 …… 272
岭北镇抓党建促乡村振兴擂台比武活动 …… 272
岭北镇党建引领乡村振兴知识竞赛 …… 273
岭北镇庆祝第 38 个教师节暨奖教助教表彰大会 …… 273
建新镇 …… 273
概况 …… 273
经济发展 …… 273
社会事业 …… 274
平安建设 …… 274

乡村振兴…………………………………………… 275
项目建设…………………………………………… 275
建新镇第十八届人民代表大会第二次会议……… 275
建新镇第十八届人民代表大会第三次会议……… 275
建新镇火龙果文化节暨U牌自愈系文化节
8周年庆典活动 ……………………………… 276
建新镇开展台风“暹芭”抢险救灾行动………… 276
洋青镇 …………………………………………… 276
概况………………………………………………… 276
经济发展…………………………………………… 276
社会事业…………………………………………… 277
乡村振兴…………………………………………… 277
平安建设…………………………………………… 277
项目建设…………………………………………… 277
生态保护…………………………………………… 278
洋青镇第十八届人民代表大会第二次会议……… 278
洋青镇第十八届人民代表大会第三次会议……… 278
洋青镇开展民族团结进步宣传活动……………… 278
界炮镇 …………………………………………… 279
概况………………………………………………… 279
经济发展…………………………………………… 279
社会事业…………………………………………… 280
平安建设…………………………………………… 280
乡村振兴…………………………………………… 280
项目建设…………………………………………… 281
界炮镇第十八届人民代表大会第二次会议……… 281
杨柑镇 …………………………………………… 281
概况………………………………………………… 281
经济发展…………………………………………… 281
社会事业…………………………………………… 281
平安建设…………………………………………… 282
乡村振兴…………………………………………… 282
项目建设…………………………………………… 282
杨柑镇第十八届人民代表大会第二次会议……… 283
杨柑镇第十八届人民代表大会第三次会议……… 283
遂溪县新时代文明实践所（站）建设推进会…… 283
杨柑镇举办2022年庆祝“七一”文艺晚会
暨乡村振兴“五个十大先进（模范）”
表彰大会………………………………………… 284
杨柑镇西基村老虎塘幸福家园揭牌……………… 284
草潭镇 …………………………………………… 284
概况………………………………………………… 284
经济发展…………………………………………… 284
社会事业…………………………………………… 285
平安建设…………………………………………… 286
渔业渔港…………………………………………… 286
乡村振兴…………………………………………… 286
草潭镇第十八届人民代表大会第二次会议……… 287
草潭镇教育促进会第十二届颁奖大会…………… 287
草潭镇下六沙虫文化科普馆揭牌启动仪式……… 287
草潭镇举行旅游服务综合保障党员志愿活动…… 287
城月镇 …………………………………………… 288
概况………………………………………………… 288
经济发展…………………………………………… 288
社会事业…………………………………………… 288
平安建设…………………………………………… 289
乡村振兴…………………………………………… 289
生态保护…………………………………………… 290
城月镇第十八届人民代表大会第二次会议……… 290
城月镇第十八届人民代表大会第三次会议……… 290
城月镇妇女第十次代表大会……………………… 291
城月镇石头塘村新文化楼办公楼综合体开工
奠基仪式………………………………………… 291
乌塘镇 …………………………………………… 291
概况………………………………………………… 291
经济发展…………………………………………… 291
社会事业…………………………………………… 292
平安建设…………………………………………… 292
乡村振兴…………………………………………… 292
乌塘镇助力教育圆梦促进大会…………………… 293
北坡镇 …………………………………………… 293
概况………………………………………………… 293

经济发展…… 293
社会事业…… 293
平安建设…… 293
乡村振兴…… 293
项目建设…… 294
北坡镇第十八届人民代表大会第二次会议…… 294
北坡镇第十八届人民代表大会第三次会议…… 294
北坡镇 2022 年奖教奖学助学颁奖大会 …… 294
北坡籍运动员林倩怡参加广东省第十六届运动会获金牌…… 294
李政寰获 2022 年全国蹦床锦标赛双蹦床金牌…… 295
港门镇 …… 295
概况…… 295
经济发展…… 295
社会事业…… 295
乡村振兴…… 296
平安建设…… 296
生态保护…… 297
港门镇第十八届人民代表大会第二次会议…… 298
港门镇第十八届人民代表大会第三次会议…… 298
港门镇第六次妇女代表大会…… 298
港门镇第五届教育发展促进奖教奖学活动…… 298
港门镇乡村振兴基础设施综合提升项目工程竣工并验收…… 298
港门镇太极队获河南省第八届“寻找最美太极人”太极拳网络视频大赛陈式太极拳集体赛一等奖…… 298
河头镇 …… 298
概况…… 298
经济发展…… 299
社会事业…… 299
平安建设…… 299
乡村振兴…… 300
项目建设…… 300
河头镇第十八届人民代表大会第二次会议…… 300
河头镇第十八届人民代表大会第三次会议…… 300
乐民镇 …… 301
概况…… 301
经济发展…… 301
社会事业…… 302
项目建设…… 302
乡村振兴…… 302
平安建设…… 303
乐民镇第十八届人民代表大会第二次会议…… 303
乐民镇第十八届人民代表大会第三次会议…… 303
乐民镇第十八届人民代表大会第四次会议…… 303
江洪镇 …… 303
概况…… 303
经济发展…… 304
社会事业…… 304
平安建设…… 304
乡村振兴…… 304
项目建设…… 305
江洪镇第十八届人民代表大会第二次会议…… 305
江洪镇第十八届人民代表大会第三次会议…… 305
江洪镇妇女第九次代表大会…… 305
遂溪县北部湾旅游新区建设指挥部揭牌…… 305
江洪派出所揭牌…… 305

人物·荣誉

人物 …… 306
新任县领导…… 306
广东好人…… 307
湛江好人…… 308
先进单位 …… 309
表 5 2022 年遂溪县获国家级先进单位一览表…… 309
表 6 2022 年遂溪县获省级先进单位一览表…… 309
表 7 2022 年遂溪县获市级先进单位一览表…… 317
表 8 2022 年度遂溪县平安建设（综治工作）先进单位一览表…… 322

先进个人 …… 323
表 9　2022 年遂溪县获国家级先进个人一览表 …… 323
表 10　2022 年遂溪县获省级先进个人一览表 …… 323
表 11　2022 年遂溪县获市级先进个人一览表 …… 325

经济社会统计资料

遂溪县 2022 年国民经济和社会发展统计公报 …… 336

文献选编

中国共产党遂溪县第十四届委员会常务委员会工作报告 …… 339
遂溪县第十七届人民代表大会常务委员会工作报告 …… 349
遂溪县人民政府工作报告 …… 354
中国人民政治协商会议第十一届遂溪县委员会常务委员会工作报告 …… 366

索引

数字 …… 372
A …… 372
B …… 372
C …… 373
D …… 373
F …… 374
G …… 374
H …… 375
J …… 375
K …… 376
L …… 377
M …… 377
N …… 377
P …… 378
Q …… 378
R …… 378
S …… 379
T …… 381
W …… 381
X …… 381
Y …… 382
Z …… 383

专文

党建引领基层治理

2022年，遂溪县深入贯彻习近平总书记关于加强基层党建的重要精神，贯彻落实《广东省加强党的基层组织建设三年行动计划（2021—2023年）》，紧扣“提升党建引领基层治理效能”主题，探索建立健全党建引领基层治理“平急转换”机制，织密基层党组织体系，打造制度“金钥匙”，发挥党组织战斗堡垒和党员先锋模范作用，推动党建引领基层治理向深向实。

一、继续探索开拓，健全完善顶层设计

2022年，遂溪县印发《关于加强城市基层党建引领基层治理工作的通知》《遂溪县社区“大党委”工作手册》，加强社区“大党委”工作机制建设，细化工作内容。出台《疫情防控一线临时党支部工作指引》《遂溪县党建引领基层治理“平急转换”机制工作指引》，形成“平时治理、急时应急”工作机制，发挥党组织战斗堡垒和党员先锋模范作用。逐步构建遂溪县基层党建引领基层治理工作新体系。

二、着力构建“三大机制”，整合资源向基层倾斜

建立社区“大党委”工作机制，用好资源整合“指挥棒”。通过组织联建、党员联管、资源联用、服务联办等形式，形成以社区党组织为核心，辖区单位党组织、报到单位党组织、“两新”（新经济组织、新社会组织）组织党组织及报到党员共同参与的区域化党建工作新格局。全县77个县直机关事业单位党组织、26个学校党组织、20个驻遂党组织、17个“两新”组织党组织入网入格驻社区。优化社区“大党委”架构设置。社区“大党委”书记由社区党组织书记担任，社区“大党委”副书记由牵头报到单位熟悉党建工作领导担任，组织委员由社区党组织组织委员担任，社区“大党委”其他委员由其他报到单位领导担任，增强工作凝聚力。合理划分内设工作组。根据社区日常服务工作需要，在社区“大党委”中设置党建指导组、宣传教育组、综治维稳组、民生服务组、文明创建组5个工作组，结合报到单位职能特点编入工作组，报到党员干部转化为工作组组员，一般一个报到单位编入一个工作组，也可根据实际灵活组建。加强社区志愿服务。推动社区结合实际组建党员志愿者服务队，通过搭建社区志愿服务平台，实行“居民点单、社区下单、党员接单”，开展便民利民志愿服务活动，做优社区服务。推进住宅小区党建工作。把住宅小区纳入社区“大党委”工作和服务重要内容，发挥住宅小区党组织优势，整合住宅小区住户党员、报到党员等力量，推动党建联建共建，推动报到党员常态化下沉住宅小区开展共建活动，提升住宅小区治理效能。着力打造遂溪碧桂园红色物

业党建示范点，探索构建党建引领住宅小区治理新模式。

整合优化网格化管理机制，织密农村社区“两张网”。织密建强社区“全科网格”和农村“综合网格”，构建“镇（街道）党（工）委－村（社区）党组织－网格党小组－党员联系户”四级组织架构，设置村（社区）三级网格9933个，推动党员干部入网驻格、走访摸排，继续健全基层党员信息库、特殊人群库和群众心愿库，构建“格格有堡垒，户户见党员”的基层治理服务网格体系。结合社区“大党委”机制，共建社区“全科网格”。推进全科网格建设。整合优化党建、综治、民政等各类网格为统一的“一张网”，根据网格辖区人口、楼栋等情况，整合报到单位党员干部、镇挂点干部、社区“两委”干部、社区党员等组成网格员，细化形成社区一级网格28个、片区（住宅小区）二级网格184个、楼栋三级网格1232个。加强网格化管理架构设置。一级网格长由社区党组织书记担任；二级网格长由社区“两委”（村党支部委员会、村民委员会）干部担任，二级网格员由镇挂点干部、社区干部、社区党员、报到党员（干部）、社区志愿者、“两代表一委员”（党代表、人大代表、政协委员）担任；三级网格长由二级网格员担任，三级网格小组由镇挂点干部或社区“两委”干部（党员）+报到党员（干部）组成。常态化开展网格工作。推行“摸排需求—建立‘心愿库’—问题分类—功能小组落实”四步工作法。网格员到责任网格每月至少开展1次摸排、共建等工作，收集网格内群众“微心愿”，实行“居民点单、社区下单、党员接单”服务模式，为居民提供矛盾调解、扶贫济困、医疗救助等“微服务”。优化农村党建网格划分，打造村级基层治理“综合网格”。在原有基层党建网格基础上，结合综治网格、应急网格等各类基层网格实际，织密“行政村党组织—自治管理单元和经济组织党支部—党员联系户”基层组织体系，打造农村基层治理综合网格。整合形成一级网格322个、二级网格2186个、三级网格5981个，建强“党组织—自治管理和经济组织党组织—党员户”。建强网格员队伍，培育基层“平时好帮手”。明晰基层党建三级网格员人选条件，并着重从网格内的党员及其他各类基层网格员中按“身体允许、热心服务”的原则选任三级网格员，打造一支“队伍统一、职能融合、互促互进”的基层网格员队伍，合力培育党的基层“平时好帮手”。细化网格职责，营造“党建引领、群团共建”基层治理新格局。围绕疫情灾情防控、乡村振兴、国防动员、“双反”（反走私、反偷渡）等工作要求，以镇为单位合理明确和细化基层党建三级网格及其网格员职责，发挥基层党建网格员的“政策宣讲、党内监督、服务群众和密切党群”作用，增强网格员身份认同感和群众公认度；发挥基层党建网格“教育、管理、监督党员”和“组织、宣传、凝聚、服务群众”的战斗堡垒作用。建立“平急转换”工作机制，打造基层治理“助推器”。建立临时党组织书记及委员人选储备库，每个岗位储备至少三位人选，深化“双报到”（全市市县机关、企事业单位党组织到所在地社区报到，实行共驻共建；在职党员到居住地社区报到，组织党员开展志愿服务）制度，建立报到党员信息库。突发事件发生时，落实人员平急转换，按需即时转换成立临时党支部，推动党的组织和党的工作全覆盖。结合疫情防控、防汛防风、人民防空等多种应急处置场景，制定应急预案，细化突发事件应急处置临时党支部内部分工，落实“平时定岗定责，急时对号入座”。

三、强化社区“大党委”领导力，健全考核评价制度

强化人员配备，增强社区“大党委”领导力。社区一级、二级网格选派网格指导员，一级网格指导员由牵头报到单位熟悉党建工作领导担任，二级网格指导员由报到单位优秀骨干担任。原则上一级网格指导员、社区“大党委”副书记、重大任务一线临时党支部书记由同一人担任，强化社区“大党委”的领导力、组织力、号召力。加强培训辅导，层层压实工作责任。召开城市党建工作会议，传达城市基层党建有关工作精神和要求，加强对社区党组织书记、社区一级网格指导员、临时党组织书记储

备人选的业务培训和指导，各级网格长和网格指导员加强对网格员的业务培训和指导，逐级传递工作要求、加强业务培训，层层压实责任。建立双向考评制度，强化结果运用。将社区“大党委”工作纳入各级党组织党建工作考核重点内容，建立“‘镇（街道）考评社区’+‘社区考评报到单位’+‘报到单位上级党（工）委考评报到单位’+‘社区向报到单位上级党（工）委反馈’”交叉考评机制，对报到党员进行立体化考评。此外，对于各临时党组织党员干部，在临时党组织撤销后，由临时党组织书记根据党员工作表现进行客观、准确、全面评价，填写“重大任务一线临时党组织人员考核评价表”，并将评价结果报给批准其成立的上级党组织。上级党组织反馈至派出单位，并按干部管理权限抄送给相应的组织人事部门。各党员干部在社区“大党委”及各临时党组织中的考评结果，将作为其民主评议党员、年度考核、评优评先、提拔使用、职级晋升等的重要参考。

（县委组织部）

“1+3+6”行动

2022年，遂溪县加快推进“1+3+6”行动计划（以围绕1个主城区，打造滨河新区、滨海新区、北部湾旅游新区3个特色片区，规划岭北产业园区、白坭坡产业园区、燕子窝产业园区、洋青产业园区、城月产业园区、北潭港产业园区6个功能产业园为抓手，贯彻大交通、大数据发展理念），各项工作取得明显成效。

一、主城区拓升提质与滨河新区建设

主城区拓升提质与滨河新区建设推进项目30个（不含房地产项目）。3个项目（县文化中心建设项目、遂溪县人民医院整体搬迁升级建设项目、遂溪县公共卫生医院建设项目）基本完工，8个项目（河东大道市政工程，遂城街道人民北片区老旧小区改造项目，遂城街道城内小区A区老旧小区改造项目，遂溪河碧道项目，遂城街道一片区老旧小区改造项目，遂城街道二片区老旧小区改造项目，遂城街道城北片区老旧小区改造项目，遂城街道北门小区、南门田小区，城内小区B区老旧小区改造项目）加快施工，19个项目推进前期工作（不含房地产项目）。健全有关制度，定期召开调研推进会，按照“工作项目化、项目清单化、清单责任化”要求，挂图作战，按照时间节点倒排工期，确保项目快速推进。

二、滨海新区建设

滨海新区空间规划第三轮“三区三线”（城镇空间、农业空间、生态空间，城镇开发边界、永久基本农田保护红线、生态保护红线）划定上报等待批复，市自然资源局将遂溪县滨海新区规划与市空间规划衔接，明确将滨海新区列入湛江市城市发展战略规划，并将该规划列入空间规划落实城镇建设规模。确定深圳市城市交通规划设计研究中心股份有限公司（简称“深城交”）为《遂溪县滨海新区总体发展规划、综合交通规划及控制性详细规划》编制单位。“三图一公告”（滨海新区红线图、测绘图、航拍和卫星图，征地预公告）工作于2月推进，确定滨海新区红线图、测绘图、航拍图和卫星图。4月14日，经县政府常务会议通过，滨海新区启动征地工作，发出征地预公告，其他征地工作同步推进。滨海新区产城融合基础设施项目通过国家发展和改革委员会、财政部审核，列入《广东地区2022年新增地方政府专项债券需求项目清单》，完成项目建议书和可研究性报告。招标代理完成勘察设计招标文件，经相关部门审查后，于11月26日挂网招标，12月20日开标。与国电投柏溪新能源研究院就零碳智慧科技园区项目进行2次洽谈，该项目符合在编制的《遂溪县滨海新区总体发展规划、综合交通规划及控制性详细规划》理念及方案。世界500强苏商集团到滨海新区了解相关情况，表达投资意愿，洽谈相关事宜。

三、北部湾旅游新区建设

遂溪县北部湾旅游新区总

体规划初稿编制完成。各镇同步发力，确保新区各个项目推进。江洪镇在列项目5个：江洪镇旅游发展总体规划项目与规划单位签订合作合同，进行江洪文化旅游规划设计；笑口滩文化广场项目完成；视觉电商孵化项目与湖南卫视开展实地调研工作，协调场地、群演等拍摄事宜；海滨村民宿旅游新开发项目完成海滨村计划发展民宿户主及相关村民协调工作；遂溪县江洪镇滨海特色旅游综合开发建设项目中的江洪肚村观海栈道开工建设。乐民镇在列项目2个：黄学增红色教育基地提升工程项目前期工作准备就绪，进行立项和招投标；乐民千户所城修缮工程（含文明书院）东西两城门修缮工程开工。草潭镇在列项目2个：湛江市草潭二级渔港项目，完成总工程量的99.38%，渔港管理中心完成主体工程；遂溪县下六沙虫文化科普馆建设项目完工。杨柑镇在列项目3个：钟竹筠故居红色基地改扩建项目进行前期工作；杨柑火龙果基地打造“夜游经济”项目完成建设并试运营；河图仔村古建筑修缮项目设计送财审，待开工。港门镇在列项目2个：乡村振兴基础设施综合提升项目一期、二期竣工验收，三期施工收尾；浪漫海岸因资金缺乏，尚未有实际性进展。界炮镇在列项目3个：西岭村至海堤至北潭村海防执勤道路项目完成；老马抗日起义陈列馆路项目完工；老马起义旧址升级改造项目开工。

四、六园赋能建设

扩容提质 整合各类资源，推进各项工作。完善园区各类产业规划。在《遂溪县工业园区产业发展规划（2021—2025年）》上增加预制菜产业发展方向，支持预制菜优势企业做大做强，促进预制菜产业集群化发展。完善《广东遂溪县产业转移工业园区创建省级高新区战略发展规划（2022—2030年）》，明确发展思路、目标和重点任务，结合园区发展实际，编制并完善《创建省级高新区战略发展规划》。继续推进园区基础设施建设。岭北工业园区一路工程、仲建路提升改造工程、遂岭线迁移改造工程及白坭坡园区配套续建工程等项目陆续竣工。企业服务中心工程，完成企业服务中心大楼主体，进行绿化、室外装修等工作，人才公寓进场施工。加快推进岭北园区基础配套设施续建工程。加快启动创建省级高新区和省级特色产业园的申报工作步伐。省级高新区申报基础材料于5月23日提交湛江市人民政府，市政府将材料呈报省政府、省科技厅；省级特色产业园申报材料于4月29日提交省工业和信息化厅，评审组于6月23日到园区开展实地考察评审工作。

（北潭）临港产业园区建设 园区规划起步面积463.4公顷，完成初步规划方案及可行性研究分析，园区内基础设施项目申报立项，主要使用国债资金进行建设。县自然资源局将园区面积233.33公顷列入新一轮国土空间规划的城镇开发边界，园区符合总规划范围的土地利用规划编制调整，控制性详细规划、环境影响评价报告等编制完善，园区首期建设的经二路和园三路加快建设。中建材凯盛集团拟在（北潭）临港产业园区投资建设光伏玻璃生产项目，总投资105.3亿元，用地面积200公顷，估算年产值240.8亿元。项目首期用地面积116.67公顷，该项目主要是建设高档石英材料加工生产线、光伏玻璃生产线和光伏组件项目。6月18日，湛江市政府与中建材凯盛集团签订战略框架协议，县招商局初拟项目投资协议。6月22日，第三方机构召开光伏玻璃项目听证会，与会代表同意该项目建设。省发展和改革委员会、省工业和信息化厅审查通过听证报告，并上报国家发展和改革委员会和国家工业和信息化部。矿区规划设置情况。初步在界炮镇划定3个矿区，总面积273.33公顷，石英砂矿资源总量约7081万立方米（1.18亿吨）。近期计划推动首个（山内水库）矿区挂牌出让工作，该矿区面积86.68公顷，石英砂矿资源储量约2230万立方米（3724.1万吨），完成初步测量工作。测量核实土地面积149.8公顷，其中雷林公司土地面积111.47公顷（含争议土地面积2.73公顷），村集体土地面积38.33公顷。与雷林公司及村集体协商解决争议土地权属问题及地上附着物赔偿事项。新能源产业园项目总用林地面积473.33公顷，其中厂区建设用地面积200公顷，矿区用地面积273.33公顷。首期征用厂区用地面积111.47公顷，完成测量工作。与雷林公司对接征地款支付达成共识。首期征用厂区用地面积112.47公顷，首期征地测量核实完成签字确认，并获中林集团公司审批，与雷林公司签订征地协议。园区需配套建设日供水量约4万立方米的自来水厂，初步确定水厂选址，首期拟建日供2万立方米，总投资1.2亿元。近期取水水源拟设在界炮镇山内水库，通过环北部湾广东水资源配置工程（湛江段）项目增加遂溪支线解决远期供水保障。初步确定污水处理厂入海排污口位置拟设在北潭港码头向西南方向延伸约3千米处，完成污水处理厂用地范围内的测量工作。聘请第三方设计单位编制该项目入海排污口论证报告和园区规划环评报告。规划建设4车道港口快线，全长38.22千米，涉及用地面积762.2公顷。北潭港改造升级规划方案初稿完成，近期规划建设5个5000吨级码头列入《湛江港总体规划（2019—2035年）》并上报到省交通运输厅。

五、现代化大交通建设

推动国道省道等项目加快建设。其中省道374线遂溪县岭北高速路口至洋青段路面改造工程建成通车。国道207至疏港大道连接线（遂溪大道）于6月建成通车。湛江大道与遂溪大道连接线工程完成施工招标，于6月16日进场开工。国道207线遂溪县穿城段改线工程完成工可、用地预审与规划选址、资金筹措方案、社会稳定风险评估方案，其中用地预审与规划选址基本农田占补平衡方案修编完成，报省自然资源厅备案，社会稳定风险评估报市发展和改革局审核，工可报告报省交通运输厅审批，上跨黎湛铁路、下穿机场专用线工可通过南宁铁路局集团有限公司专家评审，资金筹措方案重新报市交通运输局审核，再由市交通运输局报市政府审批；完成全线航拍和各权属单位张贴征收土地预公告。12月9日，根据“三区三线”（城镇空间、农业空间、生态空间，城镇开发边界、永久基本农田保护红线、生态保护红线）红线调整情况逐级报送用地预审与规划选址材料逐级送至省自然资源厅审批。拟将该项目与遂溪县燕子窝与白坭坡工业园区产城融合基础设施补短板项目合并打包，以项目包形式争取专项债券资金，解决项目建设资金问题，完成项目建议书、工可报告修编。项目包通过省、市发改局联合初审，报至国家发展和改革委员会审核。国道228线遂溪县穿城段改线工程，基本完成工可报告初稿。拟将该项目与遂溪县预制菜产业园建设项目合并打包，以项目包形式争取专项债券资金，解决项目建设资金问题，完成项目建议书、工可报告修编。项目包通过省、市发改局部门联合初审，报至国家发展和改革委员会审核。国道207线至下泊靶场战备公路项目对接省道545改线公路、西城快线西延线，完成工程可行性研究报告编制。拟将该项目与全域旅游交通体系基础设施（第一期）建设项目合并打包，以项目包形式争取专项债券资金，解决县配套资金问题，完成项目建议书、工可报告修编。项目包通过省、市发改局部门联合初审，报至国家发展和改革委员会审核。省道545线麻章里光至港门段改建工程项目原由市公路事务中心负责实施，拟移交遂溪县负责，对接市公路事务中心及工可编制单位，决定由原工可编制单位继续完善工可，完成后再由遂溪县开展初步设计工作。拟将该项目与全域旅游交通体系基础设施（第一期）建设项目合并打包，以项目包形式争取专项债券资金，解决项目建设资金问题，完成项目建议书、工可报告修编，项目包通过省、市发改局部门联合初审，报至国家发展和改革委员会审核。国道207遂溪广前至雷林段改（扩）建工程省交通运输厅组织省公路事务中心进行初审。推动“四好农村路”（建好、管好、护好、运营好农村公路）建设。县乡道提档升级19个项目76千米，项目均在原有道路拓宽升级，由各镇（街道）、县公路事务中心负责建设。开工17个项目72.9千米，占96%；完工54.895千米，占72%；未开工2个项目3.1千米。纳入市十件民生实事的6座危桥全部动工，其中西埇桥、李家宅桥、苏村仔桥建设完成。

（县委办）

湛遂同城化建设

2022年，遂溪县与湛江市区实现规划、交通和城市“三个协同”及规划、交通、产业功能和城市管理“四个对接”目标，成立工作专班“提级管理”，建立湛遂同城化发展项目库，储备58个总投资784亿元项目，坚持“先急后缓、分步推进”工作思路，近期推进13个总投资524亿元项目建设，推动省级城乡融合发展示范区、市域副中心城市建设迈出坚实步伐。

一、城市建设加快推进

坚持统筹规划、建设、管理三大环节，高标准编制国土空间规划，完成“三区三线”（城镇空间、农业空间、生态空间，城镇开发边界、永久基本农田保护红线、生态保护红线）划定。挖掘“滨海城镇”发展进位优势，以“主城区强芯提质＋三个新区联动开发”思路，完善区域空间布局，推进新城建设与老城提升，“一核三区”（“一核”指县城主城区，“三区”指滨海新区、滨河新区、北部湾旅游新区）城市雏形初具形态，大格局拉开城市发展框架。主城区城市更新步伐加快。投入超5亿元改造7个老旧小区、3个基本建成，实施92条道路硬底化，完成城区传统路灯升级改造，城市生活垃圾无害化处理率100%。打造新中心市场网红流动摊贩经营点、遂溪醒狮美食城等消费市场，继续完善文教体卫、休闲娱乐、商务办公等配套设施，塑造“中国醒狮之乡”城市特色风貌。滨河新区城市功能更趋完善。以打造遂溪中医药特色小镇为核心，加快推进遂城第十三小学、县中医院、“一河两岸”休闲精品等工程，河东大道开工建设，万景国际酒店、日处理量6万吨的污水处理厂一期及配套管网工程和智教路、智思路等路网建设加快推进。滨海新区城市开发建设扎实起步。列入市城市发展战略规划，完成城市规划阶段成果编制，起步区路网建设及征地工作加快推进。推进北部湾旅游新区建设。基本完成发展总体规划，旅游设施配套项目加快推进，集“吃住行游购娱”于一体的滨海旅游综合体加速成型，草潭角头沙、江洪仙裙岛成为旅游爆点，沿海镇人气加快集聚，文旅品牌逐步打响。

二、交通网络加快完善

坚持交通先行引领发展，构建外联内通综合交通枢纽体系，以国道207线、228线穿城段改线和合湛高速铁路遂溪南站为主抓手，加速打通交通“脉络”。遂溪大道与湛江大道全线通车，实现湛遂半小时经济生活圈。北部湾快线、滨海旅游公路遂溪段、北潭港通港快线前期工作加快推进，配合推进合湛高速铁路、湛海高速铁路等项目建设。自然村基本实现干路硬底化建设，成功创建“四好农村路”省级示范县。

三、产业发展提质增效

紧扣产业升级、聚焦新兴产业、不断补齐产业链条招大引强，“大项目—产业链—产业集聚”发展思路在工业版图上日渐清晰，全县规模以上工业120家，规模以上工业总产值突破200亿元，县产业转移工业园获批省特色产业园，引入投资超百亿元的湛江新能源产业园项目。园区基础设施提标提质，临港产业园和白坭坡预制菜产业园建设加快推进，预制菜“雁阵形”产业集群现雏形。特色农业优质高效发展，农林牧渔业总产值超251亿元，排全市第一名，新增创建南药省级现代农业产业园，预制菜产业园作为全市唯一纳入2023年省级现代农业产业园入库重点推荐名单。现代服务业加快恢复，社会消费品零售总额比上年增长2.3%，电商网络销售额13.8亿元，国家级电子商务进农村综合示范县项目（一期）绩效考核全省第一名，电商经验全省推广。实施优化营商环境行动，激发市场活力，新增市场主体1.15万户。

（县府办）

遂溪县2022年十大民生实事项目

2022年3月31日，遂溪县第十七届人民代表大会第二次会议举行第二次全体会议，决定遂溪县人民政府2022年度十大民生实事项目。截至年底，十大民生实事全部完成目标任务。

一、加强困难群众生活保障

遂溪县提高低保、特困人员、孤儿基本生活补贴，提高残疾人“两项补贴”保障水平，4项具体任务均已达到目标要求。城乡低保方面，城镇低保提高到每人每月828元，补差水平提高到每人每月653元；农村低保提高到每人每月579元，补差水平提高到每人每月315元。特困人员基本生活补贴方面。特困人员基本生活标准不低于当地最低生活保障标准的1.6倍，城镇和农村分别为每人每月1325元、927元。孤儿基本生活补贴方面，集中供养孤儿（含艾滋病病毒感染儿童）按每人每月1949元标准发放，分散供养孤儿（含艾滋病病毒感染儿童）、事实无人抚养儿童按每人每月1313元标准发放。残疾人“两项补贴”方面，困难残疾人生活补贴、重度残疾人护理补贴标准分别从每人每月181元、243元提高到188元、252元。

二、实施兜底民生服务社会工作“双百工程”全覆盖

社工招聘及培训工作方面，招聘社工155人，举办岗前培训，并全部报到上岗；社会工作服务站（点）建设方面，新建2个社会工作服务站（遂城街道、附城镇社工站）、29个村（居）社会工作服务点，全部挂牌运作。截至年底，全县设16个社会工作服务站、70个村（居）社会工作服务点，共有308名社工在岗，实现全县16个镇（街道）350个村（居）社会工作服务站（点）100%覆盖、困难群众和特殊群体社会工作服务100%覆盖的“双百工程”工作目标。

三、完成部分自然村村内道路硬化

该项目涉及16个镇（街道）、17个自然村，其中城月镇2个、黄略镇2个，其他13个镇均1个，任务总里程60.7千米。截至11月18日，16个镇（街道）、17个自然村均全面完成硬化任务，累计完成硬化60.7千米，完成率100%。

四、中小河流综合治理项目

该项目于2021年12月开工建设，完成清淤疏浚河道长8.78千米，整治护岸长8.89千米，完成投资约1650万元。

五、平安遂溪视频监控系统基础覆盖项目

在硬件设施安装上，县电信公司安排19个施工队同时到各镇（街道）开展点位勘测和摄像头安装工作，完成点位勘测及摄像头安装，工程完成100%；在软件开发上，县电信公司完成该项目视频监控软件的开发、测试并交付使用。

六、镇干部租赁住房建设项目

成立县、镇级公共租赁住房建设工作领导小组，印发实施《遂溪县镇级公共租赁住房建设项目奖补办法》。实施奖补对象的岭北镇、建新镇、洋青镇、杨柑镇、乐民镇、乌塘镇提交奖补资金申请资料。经审核，乌塘镇、岭北镇办理竣工验收备案，符合奖补150万元条件；建新镇、杨柑镇、乐民镇、洋青镇未办理竣工验收备案，符合奖补75万元条件。县财政局根据请款资料暂时付50%，其中岭北镇、乌塘镇各75万元，洋青镇、建新镇、杨柑镇、乐民镇各37.5万元。

七、新增城镇公办中小学学位3665个

遂城镇白水小学、北坡中学和洋青镇中心小学的教学楼均投入使用；黄略镇中心小学和界炮中学教学楼进入竣工验收阶段。以上教学楼全部投入使用后，可新增城镇公办中小学学位3665个。

八、学前教育基础设施建设项目

河头镇中心幼儿园校舍完工，完成投资1634万元。

九、实施“粤菜师傅”“广东技工”“南粤家政”3项工程

全县完成补贴性职业技能培训1954人次，超额完成年度任务，完成率120%，其中“粤菜师傅”培训553人，“南粤家政”

培训 583 人，其他培训共 818 人，审核通过补贴性培训资金申请 1954 人次，补贴 218.9 万元。

十、县城部分道路“白改黑”和硬底化建设项目

该项目拟对遂溪县遂城街道滨河北路、城内 A 区、银河小区等路段实施“白改黑”升级改造或硬底化建设，项目建设内容包括道路工程、排水工程、照明工程等。城内 A 区及银河小区完工并投入使用；遂城街道滨河路工程项目（属一、二片区）基本完成建设。

“百企兴百村”行动

2022 年，遂溪县坚持政府引导、村企自愿、农民主体、合作共赢的原则，以增强乡村自我造血能力为重点，以促进村集体和农民继续增收为主线，实施“百企兴百村”行动，动员一批企业、爱心人士投身遂溪县脱贫攻坚和美丽乡村建设工程，推动乡村全面振兴。

2019—2022 年，全县累计发动 135 家企业及商（协）会帮扶 129 个村庄，实施帮扶项目 274 个，累计投入帮扶物资和资金超 5.46 亿元。帮扶内容涉及村庄产业发展、基础设施建设、公共服务设施建设及帮助村民脱贫致富等，涌现一批优秀企业和热心人士，推进美丽乡村建设，为全面建成小康社会提供坚实基础。附城镇官湖村在广东壹号食品股份有限公司和天地壹号饮料股份有限公司帮扶下建设的“壹号食品（湛江）土猪产业园官湖村养殖基地”，带动群众参与养猪产业增收致富，建设高端“别墅”群无偿赠送群众居住，并配齐幼儿园、小学、办公楼、休闲公园等一批公共服务设施，改善群众生活、生产环境，村庄先后获评“广东名村”“湛江市生态文明村”，并入选《广东省乡村振兴万企帮万村 100 案例》；广东省烟草专卖局（公司）帮扶河头镇上坡村发展桑果种植产业，建设集中供水、路灯、村道硬化等民生工程，建设美丽宜居村庄，助力上坡村迈步乡村振兴的“上坡路”；爱心企业家陈丹、陈四兄弟自带资金、技术回到家乡，以建设生态文明村为主题，投入近 1 亿元建设家乡油河塘村，改善提升村民居住环境，村庄被评为“全国文明村镇”。

（县农业农村局）

全域旅游建设

2022 年，遂溪县加大全域旅游建设力度，滨海旅游新区文旅项目建设成效初显。“红情绿意蓝韵古色”遂溪八大美景成为热门打卡消费场景；启动遂溪北部湾旅游新区总体发展规划编制工作。全年旅游收入超 10 亿元。

一、工作措施

加强组织领导，坚持规划引领。遂溪县对照广东省全域旅游示范区创建标准，探索推进全域旅游发展，《遂溪县全域旅游总体规划（2020—2035 年）》编制完成。《遂溪县创建广东省全域旅游示范区工作实施方案》印发。2022 年，遂溪县启动遂溪北部湾旅游新区总体发展规划编制工作。围绕苏二村与调丰村保存明清时期古建筑及与苏东坡的历史渊源打造苏二村，将苏二村打造成为全国知名的东坡古镇，聘请专家团队开展规划编制工作，完成初稿。

争取各级资金投入，完善基础服务设施　遂溪县文化广电旅游体育局于 2020 年争取省文化和旅游厅创建文化和旅游特色村奖励资金 20 万元，完善下洋村指示牌、标识牌、导览图等基础设施建设，争取市文化广电旅游体育局资金 7 万元用于下洋村基层综合文化服务中心和旅游咨询中心融合试点建设；争取市级旅游厕所建设专项资金 30 万元，扶持遂溪县旅游景点建设旅游厕所 2 座；争取省文化和旅游厅给予蓝色滨海人文乡村旅游线路奖励 10 万元，给予遂溪乡村人文古色线路奖励 10 万元，用于完善沿线各景点道路指示牌、简介牌等；结合市级旅游扶持资金 75 万元，新建遂溪孔子文化城游客服务中心。此外，县文化广电旅游体育局利用专项债券资金投入 700 多万元

对前往苏二村约3千米长的主要道路进行“白改黑”改造和拓宽等；谋划遂溪孔子文化城配套设施建设项目，计划投入2000多万元将遂溪孔子文化城升级打造成为国家AAAA级旅游景区。启动遂溪县旅游标识标牌制作工程、遂溪县旅游厕所建设工程及全域旅游智慧地图制作工作，完善遂溪县文旅基础服务设施建设。

聘请专业团队，提升服务质量　县文化广电旅游体育局于2021年邀请专家团队对遂溪县下洋东征文化村、黄学增红色教育基地、钟竹筠故居等6个主要红色景点景区撰写导游词，丰富景区讲解内容。选拔30名形象较好、品学兼优、综合素质能力高的人才组成红色讲解人才队伍，通过理论教学与实地训练相结合的方式进行培训，提升全县各旅游景区（点）讲解接待能力，为全县各个景区（点）储备讲解员。县文化广电旅游体育局通过公开招标方式，聘请北京师范大学国土空间规划与设计研究院作为创建辅导单位，为“创全创A”工作出谋划策，精准施策，推进全县创建省级全域旅游示范区。

谋划重点项目，推动文旅产业高质量发展　遂溪县文化广电旅游体育局谋划遂溪县创建广东省全域旅游示范县项目和遂溪北部湾旅游新区项目。创建广东省全域旅游示范县项目总投资8.5亿元，6月27日项目完成立项，7月29日动工建设，累计完成投资1000万元。遂溪北部湾旅游新区项目于11月8日完成立项。

加大招商力度，引进优质文旅企业　近年来，遂溪县加大招商引资力度，通过多平台、多渠道与文旅企业对接，引进湛江红色影视城项目、江洪春天·仙裙岛海洋湿地公园项目、草潭镇平安广场酒店项目等。湛江红色影视城项目开工建设；江洪春天·仙裙岛海洋湿地公园项目进入编制控规阶段；草潭镇平安广场酒店项目成立工作专班，完成控规编制工作。江洪和草潭2个招商项目顺利推进和落地。

加强文旅宣传，积极打造文旅品牌　遂溪县加大文旅宣传力度，每年开渔期间在江洪渔港举办湛江开渔周遂溪分会场活动。9月，遂溪孔子文化城举办祭孔大典活动，逐渐成为备受欢迎的文旅节庆活动。县文化广电旅游体育局开展遂溪县“红情绿意蓝韵古色”八大美景评选，最终评选代表遂溪特色的“遂溪八大美景”。县文化广电旅游体育局制作《大美遂溪》文旅宣传片，展示遂溪文旅新形象，同时举办“遂溪八大美景”文学作品征集活动，展示“遂溪八大美景”内涵和魅力。

二、工作成效

文旅品牌得到提升　遂溪县国家A级旅游景区从无到有，获评各类文旅品牌示范点。孔子文化城景区于2019年被评为国家AAA级旅游景区，下洋村被广东省文化和旅游厅评为广东省文化和旅游特色村庄，金龟岭农业公园被评为广东省AAA农业公园，螺岗小镇于2020年被评为国家AAA级旅游景区、省级休闲农业与乡村旅游示范点。螺岗小镇民宿于2021年被广东省文化和旅游厅评为广东省乡村民宿示范点。

精品旅游线路愈加多样　打造遂溪特色旅游线路。县文化广电旅游体育局于2019年推荐申报的蓝色滨海、人文乡村2条旅游线路入选首批广东省乡村旅游精品线路名单。2022年，县文化广电旅游体育局参加湛江市“周末去哪儿”短视频大赛，有3条旅游线路参赛视频取得佳绩；由县文化广电旅游体育局报送的“印象遂溪西海游”精品旅游路线，获优秀组织奖；其他企业个人报送的“梦回千年，印象遂溪——古风周末游”“心之所向　星辰大海”遂溪旅游线路分别获一等奖和三等奖。

基础服务设施日渐完善　遂溪县下洋村基层综合文化服务中心和旅游咨询中心融合试点建设完成，新建孔子文化城游客服务中心投入使用。遂溪县东坡古镇溪伯路—苏二段路面改造工程完成交工检测。遂溪县旅游标识标牌制作工程完成设计、招标等工作。旅游厕所建设工程完成财审。

（县文化广电旅游体育局）

大事记

1月

1日　2022湛江市民间工艺优秀作品展在遂溪超顺红木文化非遗园展出。

4日　遂溪县人民代表大会常务委员会组织驻遂湛江市第十五届人民代表大会代表开展集中视察活动。

△　广州铁路职业技术学院与遂溪县结对帮扶协议签约仪式在县教育局第二会议室举行。

5日　湛江市学习贯彻党的十九届六中全会精神宣讲活动走进遂溪县税务局。

2022年1月4日，广州铁路职业技术学院与遂溪县结对帮扶协议签约仪式在县教育局第二会议室举行　　（县教育局/供图）

6日　湛江市恒润机械有限公司工会获“广东省模范职工之家”称号。

△　岭北镇综合中心建成并投入使用。

7日　遂溪县在县委第一会议室召开扫黑除恶专项斗争总结表彰大会暨2022年部署平安建设开展“春风利剑”专项行动工作会议。

10日　遂溪县公安局举行警察升旗仪式和“110宣传日”活动。

11日　在县体育馆四楼会议室举行2022年遂溪县新提任县管领导干部集体廉政谈话教育活动，对171名新提任县管领导干部进行集体廉政谈话。

△　遂溪县北坡镇开展大规模新冠病毒核酸检测演练。

13日　中营都市设计研究院专家组到遂溪县考察调研文化旅游产业情况。

△　遂溪县人民代表大会常务委员会组织县政府组成部门负责人参加任前法律考试。

18日　遂溪县总工会开展“情暖劳动者　喜粤过大年”新春行动。

19日　中国科协发布《关于命名2021—2025年度第二批全国科普示范县（市、区）的决定》，遂溪县榜上有名。

△　遂溪县新时代文明实践所（站）建设推进会在杨柑镇召开。

20日　遂溪县召开退役士兵就业创业服务促进会第一届会员大会第三次会议。

21 日　遂溪县在县委第一会议室召开党史学习教育总结会议。

△　遂溪县委宣传部、县文明办开展 2022 年新春慰问道德模范送温暖活动。

24 日　由遂溪县人民政府、湛江市农业农村局联合广东省农业对外经济与农民合作促进中心（广东省农业展览馆）主办的广东遂溪农业领域对接 RCEP（区域全面经济伙伴关系协定）启动仪式暨特色农产品（千禧果、火龙果、番薯）、网络文化节在界炮镇铭景千禧果基地举行。遂溪成为全省首批开展农业领域全面对接 RCEP 的县域。

26 日　遂溪县召开电动自行车领域消防安全综合治理工作现场推进会。

△　遂溪县委政法委召开镇政法委员 2021 年度工作述职会议，15 个镇政法委员集体进行述职。

28 日　由遂溪县委宣传部、县文化广电旅游体育局、县文学艺术界联合会联合举办的“新时代新生活新风貌 2022 年迎春美术作品展”在县文化馆开展。

△　中国工程院院士、中国建材集团有限公司总工程师、凯盛科技集团有限公司董事长彭寿率队到遂溪县界炮镇北潭港码头、山内水库大坝矿区考察调研。

29 日　遂溪大道（国道 207 至河东大道段）试通车。

2 月

2 日　遂溪县在县文化馆举行“我们的中国梦”——文化进万家 2022 年春节文艺活动。

4 日　遂溪县粤剧团和金声曲艺社联合在县文化馆进行文艺演出，欢庆春节。

6 日　遂溪县新华书店设立“本土作品专柜”，弘扬当地文化。

8 日　遂溪县主城区与滨河新区建设指挥部、遂溪县滨海新区建设指挥部揭牌。

△　遂溪县消防救援大队联合遂城街道开展消防安全知识培训及消防演练活动。

△　遂溪县城市管理和综合执法局组织开展节后市容环境秩序整治行动，对县城占道经营、乱摆乱卖、乱搭乱建等“六乱”（乱搭乱建、乱堆乱放、乱设摊点、乱拉乱挂、乱贴乱写乱画、乱扔乱吐）行为进行整治。

10 日　广东省 2022 年度特色产业园名单公布，遂溪县产业转移工业园被认定为“广东省特色产业园（健康食品）”。

16 日　遂溪县人民法院组织召开 2022 年遂溪县执行联动工作联席会议，全县执行联动工作领导小组，48 个成员单位领导参加。

18 日　遂溪县政协召开各民主党派、工商联负责人工作座谈会。

19 日　遂溪县为参加 2021 年河南第七届太极拳网络大赛获奖选手颁奖。

△　遂溪县民政部门为露宿流浪人员送温暖。

23 日　遂溪县首届产学研助力乡村振兴科技论坛在县人才驿站举行。论坛由遂溪县科学技术协会主办、广东省科学南繁种业研究所湛江研究中心承办。

3 月

2 日　遂溪县在县体育馆四楼会议室举行“红情绿意蓝韵古色”遂溪八大美景颁奖典礼。

4 日　遂溪县人民检察院在遂溪孔子文化城举行首场“检察官法治讲坛”专项活动。

△　遂溪县举办“强国复兴有我”巾帼助力乡村振兴能力提升培训。

5 日　遂溪县“志愿建功行，喜迎二十大”——2022 年遂溪县“学雷锋全民志愿服务月”在全丰中央广场启动。

7 日　遂溪县 2022 年“三八”维权周普法宣传

2022 年 3 月 5 日，遂溪县“志愿建功行，喜迎二十大”——2022 年遂溪县“学雷锋全民志愿服务月”在全丰中央广场启动　　（县直工委 / 供图）

“六进”（进机关、进乡村、进社区、进学校、进企业、进单位）活动启动。

7—9 日　遂溪县市场监督管理局开展“铁拳”行动，严查电线电缆消费安全。

9 日　遂溪县第十七届人民代表大会常务委员会召开第五次会议，审议决定刘剑为遂溪县人民政府代理县长。

10 日　遂溪县四套班子领导带头开展义务植树活动。

△　遂溪县人民法院走进向阳村委会向阳小学，为全校 130 多名师生专题宣讲“禁毒 + 防范校园欺凌”法律知识。

11 日　域外民营企业家到遂溪县江洪镇考察投资环境。

2022 年 3 月 10 日，遂溪县人民法院走进向阳村委会向阳小学，为全校 130 多名师生专题宣讲“禁毒 + 防范校园欺凌”法律知识（县人民法院 / 供图）

△　中国共产党第十四届遂溪县委员会第一轮巡察工作启动。

13 日　遂溪县健步走协会 4 周年庆典暨健步展示活动在玥珑湖景区举行。

14 日　遂溪县人民代表大会常务委员会对 2021 年十大民生实事项目实施情况测评。

△　中共遂溪县委组织部召开 2022 年全县组织工作会议暨抓党建促乡村振兴工作推进会。

14—18 日　遂溪县消费者权益保护委员会、遂溪县市场监督管理局联合开展消费维权宣传车大巡游活动。

15 日　遂溪县在县体育馆四楼会议室举行 2022 年创建广东省文明城市工作培训班。

△　中共十四届遂溪县委第一轮巡察工作第一巡察组进驻河头镇开展巡察。

△　湛江市委第一巡察组对城月镇开展提级巡察。

16 日　遂溪县地方志工作会议暨年鉴业务知识培训班举行。

17 日　遂溪县市场监督管理局到遂溪县大成中学开展“食品快检进校园”活动。

△　中共十四届遂溪县委第一轮巡察工作第二巡察组进驻岭北镇开展巡察。

20 日　遂溪县开展岭北镇 2022 年抓党建促乡村振兴擂台比武决赛活动。

21 日　遂溪县召开未成年人思想道德建设工作会议。

22 日　遂溪县人民代表大会常务委员会召开遂城第十三小学建设项目专题询问会。

25 日　中国共产党遂溪县第十四届委员会第四次全体会议在县文化服务中心召开。

28 日　遂溪县召开统战工作会议。

29—30 日　政协第十一届遂溪县委员会第二次会议在县文化服务中心召开。

30—31 日　遂溪县第十七届人民代表大会第二次会议在县文化服务中心召开。刘剑当选为遂溪县人民政府县长。

4月

1日　遂溪县启动“清明祭英烈”活动。

8日　遂溪县总工会第十三届委员会第七次全体会议召开。

△　湛江市领导率队到遂溪县开展“企业服务日”活动。

12日　中营都市设计研究院总设计师陈可石率队到遂溪县调研文旅资源。

13日　遂溪县教育局在城月镇中心小学开展“互联网环境下城乡环境一体化”教学展示活动。

14日　赛迪顾问县域经济研究中心在北京发布赛迪顾问乡村振兴百强县（2021），遂溪县入选，位列全国第11位。

15日　遂溪县公安局联合湛江海关缉私局在遂溪县体育馆开展“4•15国家安全教育日”专题宣传活动。

18日　遂溪县（北潭）临港产业园区建设指挥部揭牌。

20日　广东省老区建设促进会调研组到遂溪县开展新时代支持革命老区振兴发展专题调研。

22日　遂溪县“小手拉大手，共创文明安全法治社会”教育活动启动。

23日　广东省农业农村厅调研组到遂溪县调研春耕管理与撂荒耕地复耕复种工作。

24日　遂溪县召开营造林工作会议，部署营造林绿化工作。

△　遂溪县在遂城街道内塘水库举行群众转移和水上救援应急实战演练。

25日　遂溪县市场监督管理局（知识产权局）在局机关十楼会议室召开“遂溪县战略性新兴产业现代农业与食品专利导航报告”成果线上发布会。

△　遂溪县市场监督管理局牵头组织县委宣传部、县人民法院、县人民检察院等12个县知识产权宣传周活动组委会成员单位，在全丰中央广场开展知识产权宣传周现场宣传活动。

26日　遂溪县创建国家级电子商务进农村综合示范项目农村电子商务培训第二期培训班开班。

27日　由湛江市职业病防治所和遂溪县卫生健康局牵头组织的《中华人民共和国职业病防治法》宣传周活动走进超顺红木家私厂普及职业病防治知识。

29日　遂溪县开展主题为“文明健康　绿色环保”爱国卫生月科普宣传活动。

△　遂溪县在县政府四楼会议室召开协调推进遂溪县零碳南方总部基地项目建设座谈会。

△　广东省第八批省级非物质文化遗产代表性项目名录和省级非物质文化遗产代表性项目名录扩展项目名录公布，遂溪县糖祖习俗入选。

5月

1日　遂溪县1901艘应休渔船全部进港休渔。

3日　湛江市统计局到遂溪县督导联网直报工作。

6日　遂溪县召开传达学习贯彻中共中央办公厅《关于加强新时代离退休干部党的建设工作的意见》暨老干部工作会议。

△　遂溪县召开2022年《县政府工作报告》重点督办事项暨“2022年县十大民生实事”责任分工工作会议。

7日　湛江市市长曾进泽带队到遂溪县调研督导新冠疫情防控工作。

8日　遂溪县开展全员新冠病毒核酸检测。

12日　湛江市领导率队到遂溪县开展“护士节”走访慰问活动。

16日　遂溪县中小学、幼儿园分年级分批有序返校复课。

18日　遂溪县城市管理和综合执法局对县城垃圾桶不规范分类标识进行清理更换。

△　遂溪县自然资源局（遂溪县海洋局）加挂遂溪县林业局牌子。

19日　遂溪县建筑工地复工复产。

△　中共遂溪县委统一战线工作部加挂遂溪县侨务局牌子。

21日　遂溪县乌塘镇陆秀荣家庭获第十三届“全国五好家庭”称号。

22日　遂溪县大规模新冠病毒核酸采样机动队结束隔离返家休整。

25日　遂溪县六大工业园区实现复工复产。

△　遂溪县乌塘镇举办湛川河谷“仙品荔”云销会。

26日　遂溪县政协召开落实中小微企业金融政策专题协商座谈会。

△　遂溪县在县政府四楼会议室召开杭萧钢构（广东）有限公司项目洽谈会。

27日　遂溪县人民代表大会常务委员会召开主题为“加速推动主城改造　提升魅力城区品位”的人民代表大会代表论坛。

△　遂溪县科工贸和信息化局组织电信、移动、联通等通信公司开展网络安全宣传活动。

30日　遂溪县召开干部大会传达贯彻广东省第十三次党代会精神。

△　广东省交通运输厅、省财政厅、省农业农村厅、省乡村振兴局对2021年度申报“四好农村路”省级示范县（市、区）进行核查、评审和公示，遂溪县入选。

31日　湛江市检察机关公益诉讼工作追赶超越推进会在遂溪县召开。

△　遂溪县在县城开展打击整治养老诈骗专项行动普法宣传活动。

6月

1日　遂溪县在县人民武装部举行2022年度基干民兵分队集合点验现场观摩会暨基干民兵分队预建党支部书记培训。

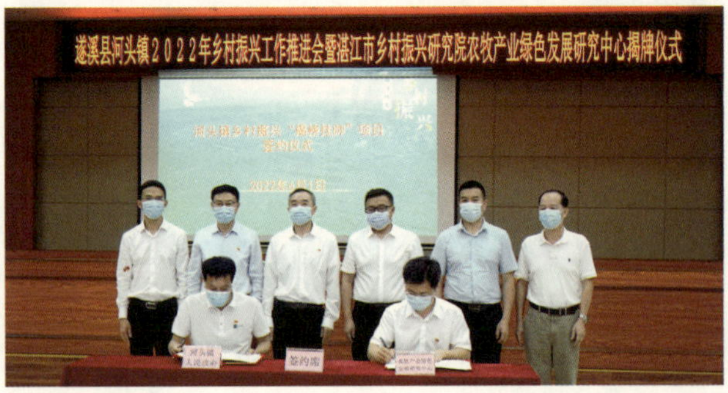

2022年6月1日，遂溪县河头镇2022年乡村振兴工作推进会暨湛江市乡村振兴研究院农牧产业绿色发展研究中心揭牌仪式在河头镇举行

（县府办／供图）

△　遂溪县河头镇2022年乡村振兴工作推进会暨湛江市乡村振兴研究院农牧产业绿色发展研究中心揭牌仪式在河头镇举行。

△　遂溪县文明办、县直工委、县团委、县志愿者服务联合会、县众成志愿者协会在县体育馆联合举行“‘六一’、端午　与爱同行”关爱儿童志愿服务活动。

2日　遂溪县污染防治攻坚战指挥部在县城开展主题为“共建清洁美丽世界”遂溪县2022第五个世界环境保护日主题宣传活动。

△　广东省农业农村厅发布省级现代农业产业园建设名单及相关情况。遂溪县南药产业园名列其中。

3日　遂溪县人民法院开展防范养老诈骗普法宣传活动。

7日　遂溪县被评为“四好农村路”（建好、管好、护好、运营好农村路）省级示范县。

△　遂溪县召开2022年度县委议军会议暨2021年度党管武装工作述职会议。

△　遂溪县人民代表大会常务委员会调研组开展红树林资源保护情况调研。

△　政协第十一届遂溪县委员会在下洋东征国防教育基地举行“不忘初心、忠诚履职”专题集中学习培训。

13日　广东医科大学附属医院遂溪医院和遂溪县人民检察院共建健康机关。

△　遂溪县开展“扫黄打非·护苗2022”专项

行动进校园活动。

△ 遂溪县乡镇（管委会）安全生产行政执法业务培训班开班。

14 日 遂溪县举办规模以上企业安全生产培训班。

15 日 遂溪县召开全面推行林长制工作动员会，部署全面推行林长制工作。

△ 广州铁路职业技术学院到遂溪县开展基础教育结对帮扶活动。

17 日 湛江市政协调研组到遂溪县开展基层医疗卫生服务能力情况调研。

△ 湛江市市场监督管理局到遂溪县茂遂燃气企业有限公司开展液化石油气泄漏事故应急救援演练。

20 日 遂溪县 2022 年上半年中青年干部培训班在县委党校开班。

21 日 遂溪县召开遂城镇行政区划变更工作专题会议。

22 日 遂溪县召开固定资产投资专题研究会议。

△ 广东省消防救援总队、中交广州航道局有限公司到遂溪县界炮镇开展乡村振兴“6·30”慈善捐款调研乡村振兴工作。

23 日 遂溪县人民代表大会常务委员会举办履职培训班。

△ 遂溪县召开造林工作推进会暨（2013—2021 年）存量违法用地整治工作动员会。

24 日 遂溪县自然资源局到遂城街道、城月镇开展第 32 个全国土地日宣传活动。

△ 遂溪县在县体育馆举行主题为“手拉手创无毒遂溪 心连心享健康生活”的禁毒示范创建三年行动计划启动仪式。

△ 由遂溪县妇联、县直工委、县总工会联合举办的“强国复兴有我 建功新时代”遂溪县女性大讲坛活动启动。

25 日 遂溪县少先队校外实践教育营地（基地）在遂溪孔子文化城挂牌。

26 日 广西壮族自治区融安县考察团到遂溪县开展 2022 年度粤桂（遂溪—融安）乡村振兴协作交流和实地考察活动。

28 日 湛江市气象局与遂溪县人民政府举行“湛江市气象局、遂溪县人民政府共同推进基层气象防灾减灾第一道防线先行示范县建设战略合作协议签约活动”。

30 日 遂溪县新业态新就业群体服务驿站挂牌成立。

△ 遂溪县第二人民医院增名挂牌为“广东医科大学附属医院城月医院”。

△ 遂溪县启动 2022 年广东扶贫济困日暨全社会助力乡村振兴活动。

7 月

2 日 江门市遂溪商会第二届理事会就职典礼在江门市蓬江区养生谷休闲山庄举行。

5 日 遂溪县召开学习贯彻习近平总书记在庆祝中国共产主义青年团成立 100 周年大会上的重要讲话精神座谈会。

7 日 中国人民银行遂溪县支行联合遂溪县反诈中心和中国农业银行遂溪县支行，在县新中心市场开展“反诈菜市”金融宣传活动。

13 日 遂溪县召开学习贯彻省第十三次党代会精神宣讲报告会。

△ 遂溪县河东大道开工建设。

14 日 遂溪县人民法院在江洪镇揭牌成立网上巡回法庭。

18 日 遂溪县召开镇级妇联换届工作会议。

△ 遂溪县召开涉渔“三无”（无船名船号、无船舶证书、无船籍港）船舶清理整治暨渔业安全生产工作会议。

20 日 由广东省农科院蔬菜研究所、湛江市农业技术推广中心、遂溪县农业农村局组成的“农技轻骑兵”专家团队到遂溪县开展“农技服务田头课”活动。

22 日 遂溪县在遂城镇新时代文明实践所开展“我和妈妈学科学”主题活动。

25 日　遂溪县召开专项债券工作推进会。

27 日　湛江市、遂溪县两级少先队校外实践营地挂牌仪式在建新镇卜巢村海水稻发源地举行。

28 日　湛江市榨糖行业安全生产标准化示范企业现场观摩会在遂溪县召开。

29 日　遂溪县举办防汛抢险救援轻舟中队集训演练。

8 月

1 日　遂溪县召开 2022 年十大民生实事项目督办工作会议。

△　湛江市政协领导率队到遂溪县召开“主席委员面对面共商”座谈会。

3 日　遂溪县总工会开展夏季“送清凉”慰问活动。

4 日　“讲好南路革命故事，赓续革命精神”百姓活动在遂溪县乐民镇举行。

9 日　遂溪县税务局与广东医科大学附属医院遂溪医院举行“共建健康机关”揭牌仪式。

12 日　遂溪县召开科普工作联席会议。

△　遂溪县公安局交警大队开展夜查酒驾统一行动。

15 日　遂溪县组织各镇政府、林业工作站等工作人员对各镇辖区内的古树名木开展更换新牌工作。

17 日　遂溪县开渔。

18 日　遂溪县首贷服务中心挂牌成立。

19 日　2022 年南国书香节（遂溪分会场）在县新华书店开幕。

△　遂溪县老干部方言宣讲志愿服务队到遂城街道湛川社区开展“桑榆赋新能　传播党声音”宣讲活动。

22 日　遂溪县新时代文明实践志愿服务促进中心揭牌。

23 日　共青团遂溪县第十六次代表大会召开。

25 日　遂溪县举办新冠病毒核酸采样人员和志愿者培训班。

26—27 日　遂溪县委书记骆华庆，县委副书记、县长刘剑率遂溪党政代表团赴广西壮族自治区融安县开展 2022 年度粤桂（遂溪—融安）乡村振兴协作交流活动。

△　遂溪县举办首场道德模范基层巡讲活动。

29 日　湛江新能源产业园项目推进会召开。

30 日　遂溪县在县体育馆举行 2022 年文艺工作会议暨第三届文艺精品奖颁奖大会。

9 月

8 日　湛江市财政工作现场会在遂溪县召开，各县（市、区）财政局主要领导、预算股负责人参加会议。

9 日　遂溪县召开庆祝 2022 年教师节暨优秀教师表彰大会。

10 日　遂溪县在遂溪孔子文化城举行壬寅年遂溪孔庙祭孔大典。

14 日　广西壮族自治区融安县代表团到遂溪县开展宣传思想文化交流活动。

△　遂溪县委组织部在县人才驿站召开遂溪县村“平急转换”工作机制培训会。

15 日　遂溪县人民代表大会常务委员会召开人民代表大会代表主题活动群众意见建议办理工作推进会。

16 日　遂溪县 2022 年“质量月”暨食品安全宣

2022 年 9 月 9 日，遂溪县召开庆祝 2022 年教师节暨优秀教师表彰大会　　（县教育局/供图）

传周活动在遂溪全丰中央广场启动。

△ 遂溪县设立消防事务中心。

△ 遂溪县设立干部人事档案管理中心。

20日 广东省老区建设促进会调研组到遂溪县开展红色遗址保护专题调研。

23日 遂溪县政协主席团及部分政协常委、委员到滨海新区实地调研视察。

△ 遂溪县部署镇（街道）残联和村（社区）残协换届工作。

△ 梁碧儿100周年诞辰纪念活动暨2022年梁碧儿医德教育基地建设活动在遂溪县举行。

27日 广西壮族自治区融安县生产原材料直销遂溪县企业专列开通。

29日 遂溪县草潭镇在红莳棚村委会举行广东省湛江市下六沙虫文化科普馆揭牌启动仪式。

10月

1日 遂溪县遂城街道、附城镇揭牌成立。

3日 遂溪县举办2022年红十字会救护员培训班。

△ 遂溪县多部门到城月镇吴西村开展农村移风易俗主题宣传月活动。

△ 湛江市妇联到遂溪县走访慰问“2022年广东最美家庭”陈秋玲家庭和黄利国家庭。

5日 湛江红土诗社鲤鱼墩创作基地落户雷州半岛第一村东边角村。

8日 湛川荔枝被纳入由农业农村部农产品质量安全中心发布的2022年第二批全国名特优新农产品名录。

10日 遂溪县举行遂溪县第三消防站（杨柑消防救援站）开工仪式。

12日 广西壮族自治区融安县人民代表大会考察组到遂溪县考察交流人民代表大会工作和乡村振兴工作。

△ 遂溪县文学艺术界联合会召开第四届八次全委会。

20日 遂溪县部署2023年城乡居民医保基本医疗保险参保工作。

21日 2022年湛江市创建广东省卫生镇技术评估及病媒生物防治效果评价通报会在遂溪县召开。

26—28日 湛江市举办广东省第十届“先锋杯”暨湛江市第五届改革创新大赛决赛，遂溪县发展和改革局作品《首创情景课堂 推动“党建+”多维出彩》入围决赛并获评三等奖。

27日 遂溪县新业态新就业群体党群服务中心揭牌成立。

△ 遂溪县火龙果香蕉文化节在建新镇举行。

29日 遂溪县市场监督管理局与县个体私营企业协会联合在县市场监督管理局举行首期个体工商户服务月活动——抖音电商直播首期培训班。

31日 遂溪县举办2022年度选调生基层锻炼岗前培训班，全县28名2022年度选调生参加培训。

△ 中共遂溪县委统一战线工作部加挂遂溪县侨务局牌子。

△ 遂溪县第十七届人民代表大会常务委员会第十六次会议在县文化服务中心召开。会议听取和审议遂溪县人民政府《关于提请审议2022年度收支预算调整方案的议案》，表决通过《遂溪县人民代表大会常务委员会关于批准遂溪县2022年度收支预算调整方案的决议》。

11月

1日 中国共产党第二十次全国代表大会文件及学习辅导读物在遂溪县新华书店上架。

3日 遂溪县市场监督管理局组织举办为期3天的地理标志产品培育、运用与保护能力提升培训班。

△ 广东省农村宅基地管理与改革专题培训现场教学活动走进遂溪县附城镇官湖村。

4日 遂溪县举办“遂溪八景”文学作品征集活

动颁奖典礼。

△　遂溪县开展校园安全培训活动。

9日　遂溪县召开现代化大交通建设专班第十一次会议暨2022年交通建设项目推进会。

△　遂溪县新时代文明实践所（站）建设工作会议在洋青镇西埇村召开。

△　遂溪县组织开展“谁执法谁普法”履职报告评议活动。

12日　金鲳鱼旅游文化节在遂溪县草潭镇举行。

13日　遂溪县河头镇河头市场升级改造竣工并开业。

△　遂溪县委宣传部、县融媒体中心开展记者节采风活动。

15日　遂溪县召开水稻机收减损暨废弃秸秆机械化回收现场会。

16日　遂溪县委书记骆华庆到大成中学学术报告厅为全县校长和师生代表讲授思想政治教育课。

△　遂溪县组织开展2022年度基干民兵练兵大比武活动。

18日　遂溪县遂城街道社会工作服务站揭牌成立。

19日　遂溪县受邀参加第十届中国生态文明论坛南昌年会。

△　遂溪县全民健身80千米接力跑活动在遂溪孔子文化城举行。活动由遂溪县文化广电旅游体育局主办，县跑步协会承办，县旅游投资有限公司、广东超顺状元坊协办。

21日　遂溪县预制菜产业园入选2023年省级现代产业园入库重点推荐名单。

△　湛江党建红色影视文化城启动仪式在遂溪县岭北镇举行。

△　遂溪县总工会开展关心关爱新就业形态劳动者温暖服务月活动。

22日　遂溪县启动农技引领科技志愿者先行助力乡村振兴活动。

26日　遂溪县开展第二轮新冠病毒核酸检测。

28日　遂溪县欢送援遂的茂名流调工作医疗队返程。

12月

5日　遂溪县各中小学、幼儿园分批恢复线下教学。

6日　遂溪县组织收听收看江泽民同志追悼大会。

7日　遂溪县召开经济分析统计工作会议暨自然资源领域重点工作推进会。

11日　由遂溪县委宣传部主办，县文化广电旅游体育局、县文学艺术界联合会承办，县文化馆、县美术协会协办的“绽放新光彩　艺术新赋能”文艺交流会在螺岗小镇举行。

13日　遂溪县举办学习贯彻中国共产党第二十次全国代表大会精神市委宣讲报告团宣讲报告会暨全县科级主要领导干部学习贯彻中国共产党第二十次全国代表大会精神专题研讨班开班式。

14日　遂溪金鲳鱼入选农业农村部农产品质量安全中心公布的“2022年第三批全国名特优新农产品名录”。

16日　遂溪县全县新时代政法干部专题培训班开班。

△　遂溪县召开遂商·县长面对面协商座谈会。

△　2022年度遂溪县“新时代好少年”先进事迹发布会在大成中学学术报告厅举行。

△　遂溪县举办2022年“百名法学家百场报告会”暨《中华人民共和国反有组织犯罪法》专题报告会。

19日　遂溪县残疾人联合会召开第六次代表大会。

28日　遂溪县退役军人就业创业联盟启动暨首批成员单位授牌仪式举行。

30日　遂溪县总医院北坡分院联合门诊、联合病房、慢性病管理分中心、远程心电诊断分中心、疑难危重孕产妇远程医疗分中心在遂溪县北坡镇卫生院揭牌启动。

总述

县情概貌

【地理位置】 遂溪县位于广东省西南部，雷州半岛中北部，北纬 21° 00′～20° 31′、东经 109° 40′～110° 25′，北接廉江市，东邻麻章区，南连雷州市，西临北部湾。县境东西长 75.75 千米，南北宽 57 千米，总面积 2129 平方千米。县城遂城街道距省城广州市 359 千米，与湛江市区毗邻。

【建置沿革】 据万历《雷州府志》记载，“遂溪”是取“溪水合流，民利遂之”之意。遂溪先民很早就在这片土地上劳动、繁衍生息。

秦至清朝时期 遂溪在战国时期为百越南境。秦始皇三十三年（公元前 214 年）平南越，置象郡，遂溪属象郡。秦末汉初属南越。西汉元鼎六年（公元前 111 年）置合浦郡，遂溪地属该郡徐闻县。三国时初属蜀，蜀失荆州后入吴。南朝齐永明中属齐康郡乐康县（后改为齐康县）。梁时遂溪地设扇沙县、椹县（一说是南齐时置），属南合州。隋开皇十八年（598 年）改椹县为椹川县。大业初改合州为合浦郡，并椹川县入扇沙县。唐武德五年（622 年）复置椹川县，属南合州。贞观二年（628 年）省椹川、扇沙入铁杷县，属东合州。天宝二年（743 年）改铁杷县为遂溪县（一说唐武德初省扇沙，复置椹川县，天宝元年并椹川、铁杷二县，改置遂溪县），属海康郡，县址设今麻章区旧县村，此为遂溪得名之始。南汉乾亨元年（后梁贞明三年，917 年），遂溪属古合州。北宋开宝四年（971 年）省遂溪入海康县，属雷州军。南宋绍兴十九年（1149 年）复置遂溪县，县治设今遂城。遂溪元属雷州路，明清属雷州府。据清道光二十八年（1848 年）《遂溪县志》记载，当时县境，除今遂溪县全境外，还包括今湛江市赤坎区、霞山区、麻章区（硇洲岛除外）、湛江经济技术开发区、雷州市纪家镇、沈塘镇，以及今北海市涠洲岛（含斜阳岛），面积 3499 平方千米，大于今县境。

法占广州湾时期 清光绪二十五年（1899 年），法国侵占广州湾，清政府卖国求和，把广州湾划给法国为租界，当时属遂溪的租界地包括今赤坎区、霞山区、湖光镇、太平镇以及东海岛等地，面积 1310 平方千米。

民国时期 民国 2 年（1913 年），遂溪县属高雷道，民国 15 年（1926 年）属南路行政委员会公署，民国 21 年（1932 年）属南区绥靖公署，民国 25 年（1936 年）属第八行政区督察专员公署。广州湾法国租界地于民国 32 年（1943 年）3 月被日本武装占领，民国 34 年（1945 年）8 月日军投降，10 月法国将其归还中国政府，翌年改称湛江市至今。民国 38 年（1949 年 9 月 30 日止），遂溪县属第十四区公署，县治于民国 37 年（1948 年）10 月迁往城月。

中华人民共和国时期　1950年2月，遂溪县属南路地区，3月县治从城月迁回遂城，9月属高雷专区。1951年10月，将湛江市通平区（今麻章区太平镇）划归遂溪县辖，为遂溪第八区。1952年遂溪县归粤西行政公署辖；1月，遂溪县三区东山乡划归湛江市辖。1956年属湛江专区；1月，遂溪县沈塘区15个乡和纪家区11个乡划归海康（今雷州市）管辖。1958年11月，遂溪与廉江、海康南渡河以北合称雷北县，县址设廉城镇，将原属遂溪县钢铁公社麻章大乡（除茅源小乡外）划归湛江市郊区管辖，1959年8月县址迁遂城。1960年，雷北县改名为雷州县，1961年重分，复置遂溪县，属广东省湛江专区专员公署。1961年3月29日，恢复廉江、遂溪、海康三县，分县时将原属遂溪太平公社（今太平镇）16个大队、205个生产队划归湛江市管辖。1978年9月属广东省湛江地区行政公署。1983年8月6日，海康县沈塘公社的吴村、平衡、坑仔、高明、吴西、文章、朝栋、乾塘8个大队划归遂溪县城月公社管辖。1983年9月隶属于湛江市。

【行政区划】　2022年，遂溪县下辖遂城（街道）、黄略、岭北、建新、洋青、界炮、杨柑、草潭、城月、乌塘、北坡、港门、河头、乐民、江洪、附城16个镇（街道），350个村（居）民委员会，2115个村（居）民小组。

【地形地貌】　遂溪县地处内陆向海南岛延伸过渡地带，全县80%土地为海拔20～45米的低台地，坡地5°以下。地势东高西低，北高南低，中、东部属玄武岩台地，东北部低丘与平原相间，北、西、南三面为平原。东北有小片砂页岩低丘突起，乌蛇岭海拔135.5米，马头岭海拔89米；中部起伏较大，坡度在5°～15°，海拔60～233米，最高螺岗岭为233米，其次城里岭为184米，笔架岭为176米。

遂溪东西两面临海，全县管辖海域面积1140.96平方千米，海岸线东面从黄略至建新海岸，西面从江洪至北潭港、界炮，全长152.54千米。浅海滩涂广阔，10米等深线以内浅海滩涂面积794.33平方千米，其中，滩涂面积105.01平方千米，浅海面积689.32平方千米。

【气候特点】　2022年，遂溪县气温偏高，年平均气温23.3℃，比历年平均偏高0.1℃。最高温度36.3℃；总降水量2124.2毫米（历年1723.2毫米），比历年偏多23.27%；日照总时数1673.7小时（历年1883.4小时），比历年偏少209.7小时，偏少11.13%。

【水文风情】　2022年7月1—4日，受第3号台风“暹芭”严重影响，遂溪县普降大暴雨到特大暴雨，全县平均降水量277.0毫米，其中北坡镇录得全县最大累计降水量440.1毫米。农田受浸，未收割的夏粮出现倒伏现象。8月9—10日，受第7号台风“木兰”环流影响，有大到暴雨，局部大暴雨，全县平均降水量42.5毫米，最大降水量106.6毫米出现在遂城街道；7个镇出现6级阵风，其他各镇均为5级阵风。8月24—25日，受第9号台风“马鞍”环流影响，遂溪县平均降水量41.6毫米，最大降水量89.2毫米，出现在河头镇，录得暴雨以上站点7个，全县普遍出现7～9级阵风，其中黄略镇录得最大阵风22.6米/秒（9级）。9月27—30日，受第16号台风“奥鹿”（强台风级）影响，有暴雨到大暴雨，风力6～7级。10月18—20日，受第20号台风“纳沙”（热强台风级）影响，全县有小到中雨，阵风6～7级，未收到人员伤亡及财产损失报告。

（县气象局）

【土地资源】　2022年，遂溪县土地总面积21.29万公顷，其中，农用地面积17.15万公顷（耕地面积9.24万公顷），建设用地面积2.40万公顷，未利用地面积1.73万公顷。

【矿产资源】　遂溪县矿产资源主要有石英砂、高岭土、玄武岩等，其中建筑石料矿矿区区块面积61.49平方千米，估算储量总量1.59亿立方米，主要分布于洋青镇、岭北镇、遂城街道、建新镇；天然石英砂矿矿区区块面积234.77平方千米，估算储量总量

13.66亿立方米，主要分布于洋青镇、界炮镇、附城镇、城月镇、港门镇、河头镇、江洪镇；高岭土矿矿区区块面积0.97平方千米，估算储量总量2098.43万吨。主要分布于遂城街道。

【水资源】 遂溪县位于雷州半岛西北部，东接湛江市麻章区，西临北部湾，南连雷州市，北与廉江市接壤，属于热带、亚热带季风气候，日照时间长，雨水少、雷电多、台风多，具有典型的滨海气候特征。降水时空分布不均匀，降水量年内分配不均匀，大多集中在汛期的6—9月，降水量占全年降水的60%以上；降水地区分布不均匀，东部一般比西部多350毫米左右。

水资源量 水资源分为地表水和地下水资源。遂溪县境内多年平均降水量1801.8毫米，多年平均径流深672毫米，年总径流量13.23亿立方米，青年运河径流量2.3亿立方米。根据2017年《湛江市水资源公报》，遂溪县水资源总量12.89亿立方米。

河流 遂溪县河流弯曲而短少，其中聚雨面积100平方千米以上的河流有6条，分别是遂溪河、杨柑河、乐民河、城月河、江洪河、通明河。遂溪河发源于廉江市牛独岭，全长80千米，流经遂溪县63.6千米，流域面积926.6平方千米，其中遂溪境内516平方千米，河段落差11.54米，平均坡降0.00065；杨柑河发源于廉江市油丰塘，全长36.2千米，流域面积487.2平方千米，河段落差32.7米，平均坡降0.0066；乐民河发源于北坡区老周洋，全长31千米，流域面积323.8平方千米，河段落差19.4米，平均坡降0.00068；城月河发源于城月区大塘村，全长33.7千米，流域面积293.5平方千米，河段落差22.8米，平均坡降0.00094；江洪河又名北草河，发源于河头区三马岭坡仔村附近，全长20千米，流域面积163平方千米，河段落差23.13米，平均坡降0.001；通明河起源于原海康县莲塘湾，全长28.1千米，流域面积225平方千米，遂溪境内有155平方千米。

【动植物资源】 遂溪县陆地野生动物主要有鸟类、蛇类等50多种，近年呈逐渐减少趋势。陆地饲养牛、猪、羊、狗、猫、兔和“三鸟”（鸡、鸭、鹅）等，产量高，品质好。粮食作物以稻谷、番薯为主。经济作物以甘蔗、花生为主。农作物产量较高，供应充足。蔬菜、水果、林木、竹、植物药材、花卉、草、食用菌、水生植物种类丰富，产量较大。

【海洋资源】 遂溪县海岸线长150.2千米，管辖海域面积20万公顷。其中滩涂面积8376公顷，10米等深线以内浅海面积6.89万公顷。西部沿海为平原海岸线型，岸线平直、单调，湾小水浅，浅滩多，潮间带宽。遂溪县海域辽阔，有东海湾渔场、北部湾渔场等天然渔场；有江洪、草潭、石角、北潭、乐民等8处天然渔港。渔业资源丰富，盛产各种名贵海产品，常见鱼类有100多种，其中经济价值较高的有斑鱼、中华青鳞、蓝圆鲹（池鱼）、大斑石鲈（头鲈）、金带细鲹（黄齐）、蛇鲻（九棍）、金线（红三）、鲱鲤（单、双线）、红鱼、软唇、石斑、赤鱼、马鲛、鸡笼鲳、白鲳、黑鲳、沙钻、赤鼻、地鱼、龙舌等，还有泥丁、沙虫和各类螃蟹，以及珍珠贝、白蝶贝、马氏贝、东风螺、香口螺、沙螺、牛耳螺等贝类。2022年，渔业总产量35.24万吨。此外，还有乐民盐灶、下六镇旧庙等盐场，其中乐民盐灶盐场是广东省较大盐田之一，其盐色度美，纯度和产量高，年产量2万吨。

【旅游资源】

遂溪孔子文化城 是遂溪县国家AAA级旅游景区，位于遂城西南方，与县城隔河（遂溪河）相望，国道207线从景区南门通过。遂溪孔子文化城总规划用地面积1200公顷。首期规划十大片区：孔庙区、文昌阁区、水体游乐区、森林休闲区、百花山区、鲁国街、叹炭坡、世界文化区、传统经典文化区及大门区。景区于2016年6月28日开门迎客。

江洪镇仙裙岛 位于湛江市遂溪县西南部江洪镇渔港，呈长条形，南北走向，全岛面积30多公顷，与江洪镇渔港码头隔港相

遂溪孔子文化城　　　　（县文化广电旅游体育局 / 供图）

江洪镇仙裙岛　　　　（县志办 / 供图）

下洋村粤桂边区人民解放军东征支队东征始发点　（县志办 / 供图）

望。岛上风景秀丽，空气清新，绿树成荫，沙滩洁白柔软，延绵数里，海水清澈见底，是湛江市最美沙滩之一。

下洋村粤桂边区人民解放军东征支队东征始发点　位于附城镇下洋村。1947年冬，国民党围剿南路游击区。粤桂边区地委抽调高雷主力组成两支部队，跳出外线作战，一支挺进粤桂边区的十万大山地区，一支挺进茂（名）信（宜）和粤中地区。1948年2月，东征支队组成，全支队指战员800人集中遂溪北区整训。1948年4月4日，东征支队进驻下洋村整编，司令部设在下洋村朝东公祠。4月5日夜，东征支队在朝东公祠誓师出发，进军粤中地区并创立新区。

螺岗岭生态农庄　位于遂溪县岭北镇，是遂溪县旅游局携手南方种苗基地及螺岗岭生态农庄打造的集商务会议、休闲娱乐、科普教育、观光体验为一体的旅游休闲胜地。

马六良农家乐旅游区　位于遂溪县遂城镇马六良村，距遂溪县城7千米，是湛江市著名农家乐旅游区。马六良村是湛江最美丽的村庄，又是社会主义新农村建设示范村，绿色循环经济模式闻名省内外。

金龟岭休闲农庄　是湛江市绿保现代农业下属产业，并由湛江市绿保现代农业发展有限公司投资经营。规划面积133.3公顷，位于遂溪县附城镇社坛村与草塘村之间，距湛江市区26千米，距

马六良农家乐旅游区　（县文化广电旅游体育局 / 供图）

金龟岭休闲农庄　（县文化广电旅游体育局 / 供图）

建新镇苏二村　（县志办 / 供图）

遂溪县城 8 千米，自然条件和地理位置优越，交通便利，是集有机农业种养、观光旅游、养生御膳、休闲娱乐、亲子教育等于一体的综合性休闲场所。

建新镇苏二村　位于遂溪县城东南方向 33 千米处，靠近湛江市湖光岩风景区，毗邻城月镇官田水库流牛滩景区，粤海铁路在村旁穿梭而过。苏二村保存有较完好古建筑群、几百年老树、千年古井。村中流传着苏东坡二进该村品尝荔枝、先民挖古井和状元拜猪槽的历史故事。全村有 40 多处明清时代古民居，有木雕、石雕、砖雕等浮雕，其中代表建筑是一座有 50 多间房屋的“拦河大屋”。2014 年，苏二村被国家住房和城乡建设部和国家文物局评为“中国历史文化名村”。

河头镇双村　位于遂溪县河头镇西北部，保存有古民居、陈氏宗祠、还砚亭、叮咚井、原始林带等景点。村南存有清末时期建筑群，较完好的有 10 多座，如“宜庐第”“尚志斋”等，还有东坡阁，记载陈梦英与苏东坡的轶事。

调丰古官道　位于遂溪县仲建路岭北镇调丰村路段调丰桥东，长 60 米，宽 2.1 米。据《雷州府志》《遂溪县志》记载，古时有一条途经古遂溪南北要塞的“三十里官道”，“官道”南起庄家渡，北至调丰村，是古代官方军需物资运输、军队调防、官员谪迁、信件传送等的要道。古官道上留下的车辙已石化，其深

还砚亭　　（县志办 / 供图）

调丰古官道　　（县志办 / 供图）

处可达 70 多厘米，宽 13 厘米；牛蹄踩出的石印，深处达 8 厘米。这在粤西、广东乃至全国极为罕见。

鲤鱼墩贝丘遗址　位于遂溪县江洪镇东边角村边的田垌，因由贝壳堆积形似鲤鱼而得名。该墩遗址东西长 80 米，南北宽 35 米，面积 1500 平方米。鲤鱼墩遗址是距今 7000 ～ 8000 年前新石器时代的人类居住遗址，是雷州半岛最早有人类居住的地方，被称为雷州半岛第一村。

流牛滩　位于遂溪县官田水库南边，其瀑布由泉水和官田水库溢出的水共同形成。民间流传着一个美丽的传说，一个美丽的新娘在回娘家的路上，在此被突发洪水阻隔，忠心的水牛为救主而被洪水冲走，故名流牛滩。瀑布景区面积约 1 平方千米，主要由河谷、飞瀑、深潭等组成。水潭四周岩石壁立，树石相生，飞瀑倾泻，浮光掠影，气势磅礴，是一个观水赏石的好去处。

江洪镇鲤鱼墩贝丘遗址　　（县志办 / 供图）

流牛滩　　（城月镇 / 供图）

庞乙潭 位于遂溪县城东南约7千米。庞乙潭面积3000平方米，潭有东、西两条瀑布。潭长年深不见底，据说有人用数台抽水机抽10多天还是未能见底。民间相传该潭与大海相连，还说有地下泉水涌出。

雷州青年运河东海河大渡槽 又称遂溪天桥，也称天河，从1960年开工建设，1962年建成。位于遂溪县城东北郊，距湛江市区18千米，有“桥外桥、河外河”的美称，朱德、贺龙等党和国家领导人曾前来参观视察，是湛江著名景点之一。天桥长1200米，分40跨，每跨30米，由80个桥墩支撑，最高桥墩高29.5米。天桥桥面宽5.5米，桥身高3.2米，40吨位的船只可从桥下通过。每年向下游输送水上亿立方米，是雷州青年运河通往湛江市区的重要工程。

雷州青年运河东海河大渡槽 （县志办/供图）

万年桥 （县志办/供图）

南方国家级林木种苗示范基地 坐落于遂溪县岭北镇螺岗岭东南侧，背靠粤西最高峰——螺岗岭，始建于1999年，2002年建成，占地面积200多公顷，总投资7000多万元，是中国南北两个国家级林木种苗示范基地之一。

万年桥 2018年12月6日，历史名桥——万年桥恢复工程动工建设。万年桥见证遂溪人民抗击法国殖民主义斗争的历史，与湛江现存唯一一座抗法纪念桥——寸金桥齐名。该桥原名乐善桥。清光绪二十四年（1898年）法国租占广州湾，妄图将租界西线扩至乐善桥。遂溪人民在知县李钟珏的支持下，奋起抗击，最终迫使法军退却。为纪念此次抗法壮举，当地人民将“乐善桥”更名为“万年桥”。

【环境质量】 2022年，遂溪县环境空气优良率98%，环境空气质量优良稳定。雷州青年运河建设路运河桥断面水质均值达到Ⅱ类标准，遂溪河罗屋田断面水质为Ⅳ类水。

水环境质量 遂溪县集中式饮用水水源以雷州青年运河为主。2022年，雷州青年运河遂溪县城饮用水取水水源水质符合《地表水环境质量标准》（GB 3838—2002）Ⅱ类标准，水质保持良好状态，达到水质保护目标。饮用水水源地的定类项目为氨氮、总磷、高锰酸盐指数3个项目，其他24个监测项目均达（GB 3838—2002）Ⅰ类水质标准。遂溪县集中式饮用水水源水质与上年相比，整体质量保持良好，状态平稳。

地表水质量　遂溪县地表水水质综合污染指数均值范围0.19～0.52，水质受到不同程度污染。其中遂溪河、乐民河（海山桥断面）、江洪河（北草桥断面）水质受到轻度污染，城月河（官田桥断面）、杨柑河（建国砂场断面）水质状况清洁。遂溪河除受工业企业污染外，还受县城生活污水与禽畜养殖影响。乐民河和江洪河主要受沿河禽畜养殖业污水影响。遂溪县近岸海域功能区（雷州半岛西部沿海养殖区江洪港）水质综合污染指数3.88，该断面水质尚清洁。

声环境质量　遂溪县声环境整体质量基本稳定在较好水平。全年平均各类区的等效声级达到《声环境质量标准》（GB 3096—2008）标准。区域环境噪声和道路交通噪声年均值均达到《声环境质量标准》（GB 3096—2008）标准要求，达标面积和达标路段覆盖率保持在较高水平。

【人口语言】

人口　2022年，遂溪县户籍总人口112.75万人，其中城镇户籍人口34.27万人，农村户籍人口78.48万人。人口出生1.26万人，出生率11.10‰，自然增长率5.61‰，符合政策生育率88.02%，出生人口性别比117.06。

语言　白话（粤语）、黎话（雷州方言）是县内主要方言，个别居民点讲偃话（客家话）。

【民族】　2022年，遂溪县有壮族、黎族、瑶族、苗族、布依族、彝族、侗族、畲族、哈尼族、蒙古族、仫佬族、毛南族、土家族、拉祜族、佤族、维吾尔族、哈尼族、羌族、满族、傣族、朝鲜族、塔吉克族、回族、白族、京族25个少数民族共1189人，主要散居在遂城街道、附城镇、北坡镇、草潭镇。

【宗教】　2022年，遂溪县有宗教活动开放场所18个，包括16个汉传佛教场所、1个天主教堂、1个基督教临时聚会点，有备案教职人员63人、登记汉传佛教皈依徒572人、天主教徒182人、基督教徒39人。全县设有1个汉传佛教协会，正、副会长7人，理事会成员31人。

（县委统战部）

【侨胞与港澳台同胞】　2022年，遂溪县有华侨、华人、归侨、侨眷、侨属4.2万人，其中海外华侨、华人2.08万人，主要分布在东南亚国家和地区。港澳台同胞3.05万人，眷属5.1万人。

【社会团体】　截至2022年底，遂溪县办理登记的社会团体78个，按社团性质和宗旨划分：科技研究类7个，卫生类2个，文化类7个，体育类7个，工商业服务类2个，宗教类1个，农业及农村发展类5个，社会服务类14个，其他33个。

【民办非企业单位】　截至2022年底，遂溪县民政部门核准登记的民办非企业单位201个，按行（事）业分：教育类180个，科技研究类4个，文化类4个，社会服务类4个，其他9个。

【文化遗产】

遂溪醒狮　遂溪醒狮源远流长，历史悠久，是一门独具特色的民间传统艺术。舞狮起源于秦汉，成熟于南北朝，发展于唐朝。秦以后，北方战事频繁，中原汉人南迁，把狮子文化和舞狮带入遂溪。汉武帝时期，在雷州半岛开辟海上“丝绸之路”，狮子文化随海上丝绸贸易往来传入当地。北宋末年，佛教文化开始在遂溪传播，舞狮随之在民间流行。在遂溪县，每逢重要节日，皆有醒狮表演、醒狮巡游活动。每当开业、庆典，必有舞狮。民间舞狮有一套庄严的俗规，叫“点睛开光”。出狮（外出舞狮）前一般先设案参拜，称“祈神”，舞狮的中心内容是采青。采青程式为：寻青、探索、采青、护青、疑青、玩青、试青、吞青、碎青、吐青。遂溪醒狮根据表演程式，又分传统狮和高桩狮。传统狮以地上和凳、桌、梯上表演为主。高桩狮则在传统套路上，加以提升发挥，在制作的一条长15米、高3米的高低错落

遂溪醒狮表演　　（县志办 / 供图）

遂溪舞鹰雄表演

（县志办 / 供图）

的桩上表演，更显惊险高难。传统狮套路程式有醒狮、眨眼、抹眼、搔首、舔毛、洗面、饮水、戏水、过桥、上山、采青、吞青、下山、回桥、收式。高桩狮套路程式有醒狮、出洞、起步、环步、探桩、上桩、过桩、越桩、采青、吞青、碎青、吐青、回桩、下桩、拜谢、回洞、收式。套路名称是根据地方特色、套路编排和难度技巧确认的主题命名。传统狮名称有桥底寻宝、步步高升、驱邪纳福、五谷丰登等。高桩狮名称有迎风搏浪展英姿、无限风光在险峰、攀崖飞涧竞风流、追星赶月采灵芝等。2003 年 12 月，遂溪县被中国民间文艺家协会命名为全国唯一县级“中国醒狮之乡”；2004 年 4 月，被批准成立中国民间文艺家协会醒狮艺术专业委员会；2005 年 6 月，“遂溪醒狮”分别被国务院和广东省人民政府批准列入首批“国家级非物质文化遗产名录”和“省级非物质文化遗产保护名录”，进入联合国教科文组织数据库。

遂溪舞鹰雄　舞鹰雄是广泛流传于雷州半岛的汉族民俗舞蹈，据说在清咸丰年间（1851—1861 年）雷州半岛就有舞鹰雄活动。舞鹰雄集舞蹈、武术、杂技于一体，由 2 人舞雄、2 人舞单鹰、1 人扮大肚佛、1 人扮猴子，6 人组成表演队。表演内容为鹰、雄因猴子挑衅而恶斗，鹰腹顶 6 米高杆，展翅冲天而上，技艺险难，扣人心弦，后经大肚佛相劝，鹰、雄息战言和。“舞鹰雄”属大道具类舞蹈，鹰的造型特征是尖嘴宽翅利爪，机灵勇猛；雄做成龙头凤尾，金钱豹身，麒麟角，显得强悍威武。表演的套路大致为醒鹰雄、格斗四门、洗脸漱口、过桥、采地青、采天青等，其中“采天青”动作惊险，难度最大，是整个舞的高潮。雄的动作套路有摇头摆尾、豹子卧洞、凤点头、犀牛望月、乌龙铲地、举人燎天、猛雄点水、昂首喷水、金猫洗脸、龙舟飞步、仙人景观、侧首抖云等。

遂溪飘色　“飘”是指脱离地面，尽展凌空之美；“色”（原意是饰）是精心巧妙的伪装。所谓“飘色”，即是由若干人推着一座装饰华丽的“色板”，色板上安排固定姿势的人物形象。“飘色”最大的亮点就是“色仔”“色女”，他们装扮和演示的水平、精神状态直接影响到整个活动的水平。飘色的核心是色梗制作，色梗是支撑“色仔”“色女”的支架，一般用钢枝制成。

北坡游鱼　遂溪北坡游鱼习俗起源于清康熙年间（1662—

遂溪飘色　（县志办 / 供图）

1722年），至今有300多年历史。北坡鱼灯经发展，衍生出鱼灯、虾灯、青蛙灯和生肖灯等100多种。北坡鱼灯制作工艺讲究、样式丰富，舞动时形态优美、栩栩如生，游鱼时场面生动、喜庆欢快，深受群众喜爱。2013年，“北坡游鱼”参加第十一届山花奖民间灯彩大赛获银奖；2016年，以“北坡游鱼”为主要内容的新编大型民俗节目《海国英风》登上舞台，受到欢迎，并被评定为广东省非物质文化遗产。

民间戏曲　粤剧。中华人民共和国成立前，广东粤剧戏班分“广府班”和“下四府”（廉、高、雷、琼）。遂溪属雷州府，开发较迟。历史上粤剧几次遭难，艺人们均避身“下四府”。清咸丰四年（1854年），粤剧艺人李文茂领导“红船子弟”起义失败，“广府班”的马师曾、薛觉先、红线女等艺术家先后率团到遂溪一带演出，还有大批省艺人也纷纷逃亡到粤西组团演粤剧。当年薛觉先曾作诗云：“自由还我至堪欣，风物般般异见闻。小住遂溪初献技，张巡杀妾飨三军。”这些著名艺人的到来，使遂溪粤剧进入鼎盛时期，也培养了一批艺术上较为出色的粤剧艺人。清末民初，多为全男班、男女班，花旦都由男的扮演，时人编有“男人扮作女人头，洞房花烛假风流”的顺口溜。民国32年（1943年），雷州半岛沦陷后，遂溪粤剧演出逐渐不景气。中华人民共和国成立前，遂溪民间建有一批粤剧戏班和粤剧木偶戏班，即日月星班（为“下四府”一级班，班主老丁九），大荣华、胜利年和界炮的芒溪班，下六的东港班等。这些戏班多为家庭班、兄弟班，以辈分或艺术之长者为班主，长期在乡间演出，亦称为“过山班”。其中，每年农历正月有做年例“赶春班”的习俗。以演出武生、小武担纲的正本戏为主，始终使用戏棚官话。表演艺术具有火爆炽烈、古朴粗犷的风格，擅长“过山吊索”“手桥真军”（真刀枪实打）等特技。中华人民共和国成立后，1953年12月，由花旦班底自由组成艺新粤剧团，以遂溪县城作基地到各镇及邻县演出。1959年并县后，该团大部分人员并入粤西粤剧

北坡游鱼　（县文化广电旅游体育局 / 供图）

团，小部分并合雷北剧院二团。1961年分县后，重组国营遂溪粤剧团，主要演员有丁锦图、郭影浓等。“文化大革命”期间，该团解散，部分演员调归县文艺宣传队。1978年底，该团恢复后，除在县属城乡演出外，足迹还遍及湛江所属各县（市、区）及佛山、惠州、肇庆、广州等地。

雷剧。是在雷州民歌——雷歌的基础上发展起来的，是雷州半岛文艺百花园里的一枝奇葩，它盛行于雷州、徐闻、遂溪一带，在遂溪县深受群众的喜爱。雷歌基本形式为每首四句，每句七字，正常读法都作四三读，颇似诗的七绝，讲韵律，易传易唱易记。雷歌的起源没有文字记载。从明朝末期起，雷州半岛各地就设有赛歌台，凡附近知名歌手都云集于此，即兴而唱，随问随答。后来民间艺人开始自由组合，组成“对歌班”。有些女歌手也加入这些对唱班，群众称之为“姑娘歌班”。“姑娘歌班”表演比较简单，不化妆，没戏服，不分场地，唱词临时编造，也没有道具和音乐伴奏，可以说是雷歌班的雏形。到清朝雍正年间，雷歌爱好者越来越多，农村业余歌手便自由组合凑成班子，称之为“百歌班”。歌班一般以歌手的村名或班主的名字来命名。最古老的歌本是《断机教子》。从那时起，雷州民歌由单纯口头传播转入有本演唱。从此，雷州民歌得到广泛迅速发展。后来，雷州歌班把粤剧的表演形式、服装、道具、锣鼓和演出剧本等移植过来，加上说白、白榄。从此雷州歌成了“地方戏曲”的形式，这是雷剧的前身。中华人民共和国成立后，雷州歌曲调有所创新，初步形成自己的独特格调，雷歌和雷剧得到较大发展。现在雷剧的唱腔主要分为“高台”“雷讴”两大类。群众中流行的唱腔主要有抒怀腔、对腔、雷腔、怒腔、悦腔、激腔、愁腔等四五十种。伴奏有雷胡、琵琶、扬琴、笛子、二胡、唢呐、笙等。

黎戏。是遂溪县黎话地区独有的一种古老小戏剧，用雷州话演唱。其句格不受字数所限，但分上下句，讲究平仄。上句“尺”下句“士”，演到激昂时有长拉腔，现场全体演员、各种乐手一齐伴唱，伴奏乐器是有“退古”头制的硬弓胡弦，锣鼓点简单，唱腔单一，没有自己独有的剧本。20世纪80年代，只用于“小木偶”戏或木偶剧中间插唱一段，会唱的艺人已不多。

遂溪文物　截至2022年底，遂溪县有各级文物保护单位45处，其中，省级10处，市级9处，县级26处。主要文物有鱼草纹镏金盅（南朝）、波斯银币（南朝）、十二生肖瓷板（宋代）、镂空波折纹魂坛（宋代）、群星纹银手镯（南朝）、陶棺（清朝）、陶屋（唐代）、青黄釉乳钉耳瓮（唐代）、青釉四耳罐（唐代）、青釉执壹（宋代）、青釉盖罐（元代）、圆雕石神像（清代）、鲤鱼墩贝丘遗址、新埠古窑址、下山井古窑址、东港仔古窑址、石龟、石狗、乐民城、文明书院、洪周氏节孝坊、笔架岭战役阵亡烈士纪念碑、陈式垣烈士墓、黄学增纪念馆、钟竹筠故居。

文明书院旧址　（县志办/供图）

铁耙溪畔的石狗　（县志办 / 供图）

【民俗风情】

传统节日　春节。遂溪人俗称为新年。农历正月初一，家家户户拜祭祖先。早餐吃素，人人穿着光鲜，长辈给家里小孩发“利是”钱，相见互道“恭喜发财”。大年初一，不扫地，不杀牲，不向别人讨债，不说不吉利话，出嫁女不住娘家等。大年初二，清早祀“财神”，俗叫“做初二”。除夕至大年初三每夜灯火长明不熄。大年初三天一亮，各家各户扫地清洁卫生。正月初一至初五，叫“大新年”，正月十二至十五，称“小新年”。正月初十有的地方上年出生男丁的农户“吊灯”设宴招待亲戚朋友，称为饮“吊灯酒”。春节期间，全县各地各种文化活动丰富多彩，有的村庄请雷剧、粤剧、木偶剧等剧团来演出，有的举行篮球、排球、乒乓球、拔河等比赛。

元宵节。农历正月十五为“元宵”，亦称“上元”“元夕”。据传，元宵节源于西汉，有2000年历史。湛江地区的闹元宵活动很丰富。《遂溪县志》（清道光二十八年）记载：“上元张灯结彩，舞狮象杂剧游戏，作‘火树’放花炮烟火，打秋千，猜灯谜，士庶欢游达旦，曰庆元宵。”此节时间各地有异，有农历正月十五、十六、十七、二十八。每逢元宵，城乡各地举行游神赛会，白天舞狮、舞龙，列队依次出游。游灯完毕，燃放花炮。20世纪90年代以后，城镇增添五花八门的彩灯供人们观赏。

端午节。遂溪人也称“五月节”。农历五月初五，农村家家户户在大门两侧插艾叶，以示驱邪避灾。当天村民用去刺的簕古叶条包粽子，取料糯米、豆角丸、猪肉、蛋黄等，分甜粽、咸粽2种，还杀牲煮肉祭祖先。沿海地方有赛龙舟习俗。

七月节。农历七月十四是七月节，俗称“鬼仔节”，又叫“中元节”。有的地方人们以猪肉为礼品拜祭祖先，有的地方以鸭为供品拜祭祖先，家家户户杀鸭过节，家人聚餐。

中秋节。农历八月十五为中秋节，也称“团圆节”。其意是天上月圆，人间亲人团圆。农历七月中旬后，城镇饼家悬挂“中秋月饼”彩旗、灯饰，亲朋好友互赠月饼，外出的人回来过节、团圆赏月，也有年轻女子兴“浮针”问身世。中秋节当日，民众家家户户设宴聚餐，晚上吃月饼、水果，饮茶共度佳节。

重阳节。农历九月初九为重阳节。农村平淡，城镇活跃。机关、企事业单位召集退休人员开座谈会，请老人聚餐或赠送纪念品，有的单位组织老人外出旅游。

冬至。冬至在农历十一月，公历则固定在12月21日或22日。农村有“冬至”大过“年”的说法。是日，大村大族杀猪、羊，做糕饼拜祭宗祠，按男丁分享祭品，女人无份。家人设猪肉等供品拜祭自家祖宗后，聚餐饮宴。

除夕。农历一年最后一天为除夕，俗称廿九晚或三十晚。除夕前的农历十二月二十五进行大扫除，叫“打屯”。家家户户备好猪肉、鸡、鱼、生蒜等年货。除夕傍晚贴门神、春联、年画。换过炉灰，点香，设礼品，祀先祖及灶神，叫“围炉”。晚上全家大小一起会餐，叫“吃年饭”，中老年人给年幼儿孙发“利是”，亦叫“压岁钱”。晚上厅房皆点灯至天亮。除夕时，设果品供于“堂阁”，叫作“摆年”。城镇机关、企事业单位挂灯笼或节日灯饰。是夜，家里人集中在家“守岁”，观看春节文艺晚会，辞旧迎新。

江洪龙舟文化节。每年农历五月初五端午节，江洪镇举行龙舟赛。起初，赛龙舟是为了驱赶邪恶，祈求平安和丰收，后来发展成为一项群众性体育运动。进入21世纪后，龙舟活动逐渐成为一种文化活动，被赋予新的内涵和时代意义。除传统的赛龙舟外，还增加书画展览、文艺晚会、篮球比赛等活动，吸引外地游客前来观看。龙舟活动成为推介江洪、宣传江洪的一项活动，龙舟文化也成为江洪镇的一大文化品牌。

遂溪民俗 婚姻。旧时，男女一般在六七岁时便订了婚，也有二三岁订婚的“鸡对仔”，甚至有指腹为婚者。有合命、写“日子书”、哭嫁、打扇头、梳头、拜堂等习俗。洞房之夜，一些地方还有“做二房”习俗。中华人民共和国成立后，婚嫁仪式逐渐从简。

寿庆。辛亥革命前后，做生日或寿庆之风盛行。青少年时的生日，习惯吃顿好饭好菜，且必有一个鸡蛋。逢31岁、41岁生日，亲友送来鸡、肉、酒或米担等物，如是婚后男子，岳家必送衣服或布料，主家设宴招待。逢51岁、61岁生日做大寿（也有50岁、60岁便做大寿的），依此类推，仪式较为隆重。

新居入伙。中华人民共和国成立前，只有家境富裕者才建新居择良时吉日入伙。入伙仪式一般是当天黎明前举行。主人家提着火种，点亮油灯，由老至少带着发糕、糖饭等物依次列队进宅，宅内大大小小房间都放置一盏油灯照明，房门全部贴上横批及对联，然后鸣炮庆贺。

【遂溪特产】 遂溪县特产主要有遂溪广藿香、下六沙虫、遂溪下六番薯、遂溪海红香米、遂溪岭北甜薯、遂溪沙古萝卜、遂溪

杨柑万亩火龙果基地 （严余昌 / 摄）

村民观赏官田村玉蕊 （城月镇 / 供图）

草潭瑶柱、江洪鱼露、遂溪红心火龙果、遂溪红糖、遂溪桑葚、遂溪金鲳鱼、建新蟛蜞汁、遂溪虾米、遂溪鱿鱼干、遂溪香蕉、遂溪番薯、遂溪圣女果、遂溪冰糖红心木瓜、官田玉蕊。

经济和社会发展

【概况】 2022年，遂溪县成立“六大经济专班”（公共组织管理及金融、农业、教育文化、工业及商贸服务业、房地产建筑业、交通及卫生经济专班），经济工作每周一调度、半月一协调、一月一分析，出台《遂溪县贯彻落实〈国务院扎实稳住经济的一揽子政策措施〉实施方案》，推动国家、省、市、县稳经济各项政策直达快享。全县5项主要经济指标均实现增长，4项主要经济指标位居全市前列，经济运行保持在合理区间。2022年全县实现地区生产总值426.61亿元，按可比价计算，同比增长2.2%。连续2年位居全市第二。其中，第一产业增加值154.73亿元，增长5.9%；第二产业增加值92.49亿元，增长0.1%；第三产业增加值179.39亿元，增长0.3%。地方一般公共预算收入10.5亿元，增长12.4%，增速位居全市第五；规模以上工业增加值约为29.7亿元，增长0.7%；固定资产投资105.6亿元，增长7.2%，增速位居全市第三；社会消费品零售总额144.5亿元，增长2.3%，增速位居全市第三；全体居民人均可支配收入25101元，增长4.6%，农村居民收入增长快于城镇，城乡差距缩小。

【农业经济提速增效】 2022年，遂溪县实现农林牧渔业总产值超251亿元，排全市第一名。新增创建南药省级现代农业产业园、新增1家国家畜牧种业生猪补短板阵型企业、18家国家级和省级生猪产能调控基地、11家国家级和省级畜牧养殖标准化示范场、2家省级现代化美丽牧场、2家省级水产健康养殖和生态养殖示范区、2家省级农业合作社示范社、2个省级专业镇村、2个全国特优新农产品，遂溪圣女果入选广东农产品“12221”（“1”即一个大数据；“2”即“拓展销区市场，完善产区市场”两个市场；“2”即成立销售联盟，组织销区采购商队伍、培养产区经纪人队伍两支队伍；“2”即“采购商走进产地”“产品走进大市场”两场活动；“1”即实现一揽子目标）市场体系建设“十大优秀案例奖”，在建的“对虾遗传育种中心”将成为国内首个高标准、现代化对虾种质资源库，农牧渔三大领域亿元级特色优势农业产业带继续提质升级。

【工业经济平稳发展】 2022年，遂溪县出台《遂溪县促进工业经济平稳增长若干措施》，全县完成规模以上工业总产值超209.8亿元，新增规模以上企业15家，累计120家。新增省级“专精特新”企业10家、省级创新型中小企业18家，1项专利获第二十三届中国专利奖。成立工业项目落地投产专班，统筹推进51个工业项目建设，完成投资10.3亿元，同畅环保科技船舶废物处理利用中心项目一期、五洲药业生物医药科技产业园项目一期等11个项目建成投产。投资超12亿元的浙江运达股份零碳南方总部基地项目开工建设。初步形成“一园六区”（以遂溪县工业园为主体，形成岭北工业园区、白坭坡工业园区、洋青工业园区、燕子窝工业园区、城月工业园区、北潭港工业园区六大园区）发展格局，园区（岭北、白坭坡）完成规模以上工业总产值79亿元，比上年增长15.6%；规模以上工业增加值13亿元，增长10.9%，县产业园转移工业园被认定为广东省特色产业园（健康食品）；临港产业园和白坭坡预制菜产业园建设加快推进，预制菜产业园作为全市唯一纳入2023年省级现代农业产业园重点入库推荐名单。

【服务业活力增强】 2022年，遂溪县建筑业总产值比上年增长20%，位居全市第一。推进省级全域旅游示范区创建，评选“红情绿意蓝韵古色”遂溪八大美景，谋划打造全国首个东坡古镇，推进滨海旅游新区文旅项目建设。全年旅游接待人数108.5万人次，旅游收入超10亿元。新增限上商贸企业21家。新培育、引进电商企业12家，仓储物流配送中心入驻企业30家，全县电商网络销售额13.8亿元，示范县项目（一期）绩效考核成绩全省第一名，电商经验在全省推广。全县固定宽带接入用户累计近20万户，新增4G基站58座，累计2264座，新增5G基站204座，累计909座。金融机构本外币存款余额368.4亿元，比上年增长13.4%；贷款余额201.1亿元，增长19.8%。

【重点项目加快建设】 2022年，遂溪县建立“管行业必须管投资项目”工作机制，成立稳投资工作专班和重大项目并联审批工作专班，破解项目要素资源问题。新增建设用地指标面积56.44公顷，处置批而未供和清理闲置土地面积99.33公顷，统筹安排项目工作经费5.3亿元；59个总投资近300亿元债券项目获批，债券需求资金146亿元，项目通过审核数量和债券资金需求额度居全市前列，率先完成16.4亿元债券资金使用。全年安排重点建设项目49个，总投资292.2亿元，完成投资超50亿元。强化项目储备库管理，储备2023—2024年重点前期预备项目33个，估算总投资383亿元；储备湛遂同城化发展项目58个，总投资784亿元。

【交通设施日趋完善】 2022年，遂溪县加快推进一批重大交通建设项目落地建设，发挥重大交通基础设施服务及辐射作用。遂溪大道实现与湛江大道连线通车，河东大道开工建设。国道207线遂溪县穿城段改线工程、国道207线遂溪广前至雷林段改扩建工程加快立项。北部湾快线、滨海旅游公路遂溪段、北潭港通港快线前期工作加快推进。农村公路19个项目76千米、危桥改造10座完工。遂溪县获评为“四好农村路”省级示范县。

【招商项目落地见效】 2022年，遂溪县实施“招大引强”行动，县主要领导率队走出去招商，赴海南、安徽、长沙、青岛等地开展招商洽谈考察活动，成功对接凯盛科技集团有限公司、万洋集团有限公司、杭萧钢构公司等企业，签约项目21个（亿元级项目14个），计划总投资76.92亿元，完成落地项目到位资金51.94亿元。2020—2021年签约的19个项目开工，完成市下达考核任务，实现由“招商引资”向“招商选资”转变。

【对外开放不断扩大】 2022年，遂溪县强化农业对外合作交流，组织举办系列农特产品推介活动，举办广东遂溪农业领域对接RCEP（区域全面经济伙伴关系协定）启动仪式暨特色农产品网络文化节，遂溪县成为全省首批开展农业领域全面对接RCEP行动县域。鼓励企业利用电商平台、粤贸全球平台、展销展会等线上线下渠道，开拓国际市场，全年完成进出口总额23.9亿元，比上年增长4.4%，实际利用外资3394万元。继续深化遂融东西部协作，做好“产业+就业+消费”帮扶，促进广东坤达管业有限公司等6家企业到融安县投资建企。

2022年4月29日，遂溪县在县政府四楼会议室召开协调推进遂溪县零碳南方总部基地项目建设座谈会 （陈嘉慧/摄）

2022年5月26日，遂溪县在县政府四楼会议室召开杭萧钢构（广东）有限公司项目洽谈会 （陈嘉慧/摄）

【营商环境继续优化】 2022年，遂溪县开展优化营商环境行动，细分17个重点领域216条工作任务台账，营造市场化、法治化、国际化营商环境。推进"数字政府"建设和"放管服"改革，成立县首贷服务中心，县政务服务大厅"一门式"办理事项增至916项，企业开办网办率99.9%，依申请事项"网上办"97.79%，"粤省事"用户注册数突破76.2万人，"粤商通"用户注册数突破3.9万户。强化镇村办事能力，累计下放2批共424项综合行政执法事项到镇（街道），在全县镇村党群服务中心部署"粤智助"政府服务自助机337台，全年办理业务量超25万笔，实现村民"家门口"就能办成事。

【中心城区强芯提质】 2022年，遂溪县主城区更新提质，遂城镇改设遂城街道和附城镇揭牌，投入超5亿元改造老旧小区7个、建成3个，实施道路硬底化92条，启动遂溪醒狮美食广场运营，城市生活垃圾无害化处理率100%，城市加快向东南方向拓展，滨河新区功能日趋完善，城市道路、排水排污工程、学校、酒店及商住小区等项目建设加快，产城融合发展提速。坚持拥湾发展，滨海新区作为推动与市区同城化发展前沿阵地，明确列入湛江市城市发展战略规划，探索政企合作新模式，加快片区开发建设。

【乡村振兴巩固提升】 2022年，遂溪县帮扶监测对象消除返贫风险134户，安排助镇帮镇扶村资金3.3亿元，推进建设项目599个。自然村基本实现干路硬底化建设，68%农村厕所完成改造提升，农村生活污水收集率、处理率分别提升至98.5%、94.8%，全部镇（街道）通过市级示范圩镇验收，8个镇（街道）获评优秀等次，新增市级文明镇村19个；实施"千村示范、万村整治"工程，加快推进乡村风貌示范带和美丽宜居示范村等项目建设；深化农村综合改革，流转农村土地承包经营权，全县流转土地面积5.08万公顷，涉及农户5.86万户；以杨柑镇作为湛江市农村宅基地审批工作试点，推进农村宅基地审批工作，以点带面，全面启动遂溪县农村宅基地审批试点工作；规范和完善农村集体"三资"（资金、资产、资源）管理，全县2430个农村集体经济组织全部纳入村财镇管。是年，遂溪县入选2021赛迪顾问乡村振兴百强县，位列全国第11名。

【生态环境继续优化】 2022年，遂溪县推动生态环境保护督察整改，中央第四生态环境保护督察组驻粤期间交办遂溪县牵头主办案件66件，全部办结，办结率100%。实施空气质量提升行动，全县空气优良率99.4%。11个不达标的镇级及以下地下水饮用水源地开展整治工作，并全部整改完毕，地表水、饮用水水源地水质均达标。常态化开展河长制工作，开展"五清"（清污、清漂、清淤、清障、清违）、"清四乱"（清理整治乱占、乱采、乱堆、乱建）行动，完成遂溪河129个入河排污口排查。推进"红树林之城"共建，完成生态造林和生态修复面积1140公顷，遂溪县作为全市唯一上报广东省推行林长制激励的县，加快绿色低碳发展，引进新能源项目 6 个，总投资超 35 亿元。

【社保能力继续加强】 2022 年，遂溪县成功处置“5·6”“11·24”本土疫情，保护人民群众生命安全和身体健康。开展线上招聘会 15 场，提供就业岗位 5714 个，实现城镇新增就业 3657 人，城镇失业人员再就业 2617 人，就业困难人员实现再就业 153 人。遂溪县人才驿站被评为省特色人才驿站、市优秀人才驿站。完善社会保障体系，继续提升民生保障服务水平，全县 16 个镇（街道）350 个村委会社工站实现全覆盖；建成 1 个县级社区居家养老综合服务示范中心、15 个镇级社区居家养老综合服务中心和 142 个村级居家养老服务站。最低保障水平、特困人员供养水平、残疾人“两项补贴”（生活补贴、护理补贴）和孤儿、事实无人抚养儿童基本生活保障金额逐步提高。

【社会事业加快发展】 2022 年，遂溪县投入 15 亿元推进八大医疗卫生民生项目建设，县人民医院、县中医院、县妇幼保健院 3 个整体搬迁升级建设项目基本建成，县公共卫生医院进入收尾阶段。继续推进由县人民医院牵头的县域紧密型医共体建设，北坡、杨柑、河头 3 个县域次级医疗卫生中心项目启动建设。县人民医院、城月镇中心卫生院与广东医科大学附属医院实现托管合作，提高医疗卫生服务能力。各镇卫生院实行公益一类财政供给、公益二类事业单位管理。推动遂溪县第一中学、大成中学和黄学增纪念中学 3 所高中扶贫项目投入使用。投入 1.7 亿元加强办学条件建设，中小学幼儿园新增学位 4565 个，遂城第十三小学项目实现教学楼封顶。县职业技术学校东校区项目投入使用并招生开学。高考本科上线数比上年增长 6.7%，高中教学质量管理智育评估系数排全市第一名。中考总分平均分、各学科平均分连续 3 年排五县（市）第一名；中考体育平均分排全市第一名。594 名教师通过高级职称评审，新招聘 268 名教师。县文化中心建设项目加快建设，粤西地区唯一红色党建典型示范基地湛江党建红色影视文化城项目（岭北镇）开工建设。创建全域旅游示范区，完成《遂溪县全域旅游总体发展规划》编制，加快编制《东坡古镇概念性规划》《北部湾旅游新区总体规划》。体育场地设施日趋完善，新增各类体育场地 64 个，面积 2.33 万平方米。参加第八届国际太极拳网络大赛、广东省全民健身广场舞联赛、第十六届广东省运动会均获佳绩。遂溪“糖祖习俗”入选第八批省级非物质文化遗产名录。1 个项目获广东省气象科学创新一等奖，新建省级科技专家工作站 1 个，遂溪县被命名为第二批全国科普示范县。

组织机构及负责人（2022 年）

【中国共产党遂溪县委员会】

书记：骆华庆

副书记：刘　剑（2 月起任）

　　　　沈东宇（3 月起任）

常委：何　江　庞　宇　许阮锋

　　　曹欣荣　张振宇　黄堪远

　　　张闽英（7 月起任）

　　　朱　锐（8 月起任）

中共遂溪县委办公室

主任：黄堪远（任至 6 月）

　　　黄彦彤（8 月起任）

中共遂溪县委国家安全委员会办公室

主任：庞　宇

中共遂溪县委组织部

部长：吴秋文（任至 6 月）

　　　黄堪远（6 月起任）

中共遂溪县委宣传部

部长：黄堪远（任至 9 月）

　　　张闽英（9 月起任）

中共遂溪县委统一战线工作部

部长：刘　喜（任至 10 月）

　　　朱　锐（10 月起任）

中共遂溪县委政法委员会

书记：张振宇

中共遂溪县直属机关工作委员会

书记：王华强（任至 1 月）

　　　余　良（1 月起任）

中共遂溪县委机构编制委员会办公室

主任：何志良（任至 11 月）

黄高梅（11 月起任）

中共遂溪县委老干部局

局长：沈　保

中共遂溪县委党校（行政学校）

校长：吴秋文（任至 6 月）

黄堪远（6 月起任）

常务副校长：李志鸿

中共遂溪县委党史研究室

主任：程哲鸣

中共遂溪县委机要（保密）局

局长：曹　跃

【中国共产党遂溪县纪律检查委员会】

书记：何　江

副书记：何日保　周金光

常委：黄　弄　林国球　陈　翅

卜永佳

【遂溪县监察委员会】

主任：何　江

副主任：何日保　周金光

委员：林国球　林益炳　陈汉林

二级主任科员：欧彩云

【遂溪县人民代表大会常务委员会】

主任：苏　琛

副主任：陈　辉　陈林英

姚　德　陈日胜

揭　盛　翟亚辉

遂溪县人民代表大会常务委员会办公室

主任：杨靖华（任至 6 月）

欧学雄（6 月起任）

监察和司法工作委员会

主任：陈　霖

财政经济工作委员会

主任：何　毅

农村农业城镇建设环境与资源保护工作委员会

主任：陈　达

教育科学文化卫生华侨民族宗教工作委员会

主任：陈　珍（任至 12 月）

黄　珍（12 月起任）

选举联络人事任免工作委员会

主任：欧学雄（任至 6 月）

黄晓毅（6 月起任）

社会建设工作委员会

主任：陈华兴

【遂溪县人民政府】

县长：陈　升（任至 3 月）

刘　剑（3 月起任）

常务副县长：许阮锋

县委常委、县政府党组成员、副县长：庞　宇

副县长：梁虎泉　陈光提

方乐羽　揭　琅

窦兴伟　刘桂兴

张闽英（任至 8 月）

黄少娥（8 月起任）

遂溪县人民政府办公室

主任：黄彦彤（任至 8 月）

陈康保（8 月起任）

遂溪县科工贸和信息化局

局长：李裕宏

遂溪县发展和改革局

局长：邹　良

遂溪县公安局

局长：梁虎泉

遂溪县教育局

局长：翟凯频（任至 1 月）

陈赵成（1 月起任）

遂溪县财政局

局长：陈　波

遂溪县自然资源局

局长：罗明秋

遂溪县人力资源和社会保障局

局长：樊　标（任至 1 月）

王华强（1 月起任）

遂溪县社会保险基金管理局

局长：周攀峰

遂溪县农业农村局

局长：李　强（任至 1 月）

陈连虹（1 月起任）

遂溪县司法局

局长：戴林竹

遂溪县住房和城乡建设局（县人防办）

局长：郑　辉

遂溪县市场监督管理局（县知识产权局）

局长：陈赵成（任至 1 月）

郑高科（1 月起任）

遂溪县卫生健康局

局长：袁　臻（任至 4 月）

陈　柳（4 月起任）

遂溪县交通运输局

局长：郑高科（任至 1 月）

梁　盘（1 月起任）

遂溪县民政局

局长：伍里祺

遂溪县水务局

局长：陈开林（任至 1 月）

樊　标（1 月起任）

遂溪县文化广电旅游体育局

局长：余　良（任至 1 月）

李国庆（1 月起任）

遂溪县城市管理和综合执法局

局长：胡建县

遂溪县应急管理局
局长：符仲谋（任至1月）
　　　周炳辉（1月起任）
遂溪县医疗保障局
局长：叶志军
遂溪县信访局
局长：苏立贤
遂溪县退役军人事务局
局长：何　毅（任至1月）
　　　李　强（1月起任）
遂溪县审计局
局长：陈三永（任至11月）
　　　何志良（11月起任）
遂溪县政务服务数据管理局
局长：王惠秀
遂溪县机关事务管理局
局长：曾伟强
遂溪县工业园区管理委员会
主任：陈康保
遂溪县统计局
局长：陈　德
遂溪县人民政府地方志办公室
主任：黄家宝
遂溪县行政服务中心
主任：崔凯旭
遂溪县招商局
局长：陈丽珺（任至9月）
　　　苏志英（9月起任）
遂溪县市场物业管理局
局长：郑健锋
遂溪县档案馆
馆长：文小林
遂溪县供销合作联社
主任：赵杰森
遂溪县文化服务中心
经理：卜永信
遂溪县商业贸易总公司
总经理：姚中丞
遂溪县国有资产经营公司
董事长：邓雄东
遂溪县融媒体中心（遂溪县广播电视台）
主任：卜　品

【中国人民政治协商会议遂溪县委员会】
主席：潘汝权
副主席：黄小平　姚博允
　　　　李和清　庞佑仔
　　　　李实秋
党组成员、秘书长：郭志诚
政协遂溪县委员会办公室
主任：郭志诚
调研综合办公室
主任：谭碧英
农业和农村委
主任：全　君
提案文史室
主任：杨　贰

【遂溪县人民法院】
院长：李非白

【遂溪县人民检察院】
检察长：陈德斌

【民主党派】
中国民主同盟遂溪县委员会
主委：崔凯旭
中国民主促进会遂溪县支部委员会
主委：欧彩云
中国农工民主党湛江市遂溪县支部
主委：王　睿
中国致公党遂溪县支部委员会
主委：陈丽珺

【群众团体】
遂溪县总工会
主席：翟亚辉
中国共产主义青年团遂溪县委员会
书记：黄永杰
遂溪县妇女联合会
主席：卜小明（任至4月）
　　　王月美（4月起任）
遂溪县科学技术协会
主席：林云冲
遂溪县归国华侨联合会
主席：李实秋（任至8月）
　　　黄华军（8月起任）
遂溪县工商业联合会
党组书记：李炳仁
遂溪县文学艺术界联合会
主席：苏振华
遂溪县残疾人联合会
理事长：叶华景
遂溪县关心下一代工作委员会
主任：林　彬

【省、市垂直管理单位】
遂溪县税务局
局长：郑　翔
湛江市生态环境局遂溪分局
局长：岑国强
遂溪县烟草专卖局（分公司）
局长、经理：王　宁
广东电网有限责任公司湛江遂溪供电局
党委书记、总经理：郑里程
遂溪县公路事务中心
局长：李国庆（任至1月）
　　　梁　盘（1月起任）

湛江市住房公积金管理中心遂溪办事处

主任：黄振明

广东省盐业湛江有限公司遂溪分公司

经理：吴　军

中国人民银行遂溪县支行

行长：张鹏飞

中国银行遂溪支行

行长：李少云

中国工商银行遂溪县支行

行长：李　斌

中国农业银行遂溪县支行

行长：李春龙

中国建设银行遂溪县支行

行长：张东辉

中国农业发展银行遂溪县支行

行长：何永强

广东省遂溪农村商业银行股份有限公司

党委书记、董事长：朱雪飞

广东南粤银行遂溪县支行

行长：肖　贵

中国人民财产保险股份有限公司

副总经理：冯华轩（主持工作）

中国人寿保险股份有限公司遂溪支公司

总经理：陈康金

中国邮政储蓄银行遂溪县支行

行长：朱伟健（任至8月）

陈祖文（8月起任）

中国邮政集团公司遂溪县分公司

副总经理：詹国钧（主持全面工作）

中国电信股份有限公司遂溪县分公司

总经理：魏迎春

中国移动通信集团广东有限公司遂溪县分公司

总经理：周焕宝

中国联合网络通信有限公司遂溪县分公司

总经理：胡　果

中国石化销售股份有限公司广东湛江遂溪石油分公司

副经理：何　俊（主持全面工作）

遂溪县气象局

局长：周炳辉

遂溪县汽车运输总站

总站长：林　春

【驻遂溪单位】

广前糖业发展有限公司

党委书记、董事长：王兴全

遂溪县火车站

站长：杨少东

【其他单位】

湛江幼儿师范专科学校（岭南师范学院基础教育学院）

校长：李晓培

遂溪县教师发展中心（遂溪县开放大学）

主任：陈华永

遂溪县第一中学

校长：邹　婵

遂溪县大成中学

校长：陈华强

遂溪县第三中学

校长：周兴仲（任至4月）

李华贵（4月起任）

遂溪县职业技术学校（遂溪县第四中学）

校长：陈恩林

遂溪县食品总公司

总经理：卜永信

遂溪粤海水务有限公司（遂溪县自来水公司）

总经理：雷奕荣

广东医科大学附属医院遂溪医院

党委书记：林　颢

院长：邓烈华

遂溪县中医院

院长：程　迢

遂溪县妇幼保健院

院长：杨达夫

遂溪县疾病预防控制中心

主任：陈　耀（任至8月）

王　霞（8月起任）

遂溪县卫生监督所

所长：刘来新

遂溪县物资总公司

负责人：苏益多

遂溪县就业服务管理中心

主任：林　贤

遂溪县外贸总公司

总经理：陈　廉

遂溪农场

场长：周志成

遂溪县水生态投资有限公司（遂溪县交通投资建设有限公司）

总经理：王华锋

遂溪县旅游投资有限公司

总经理：曹　庆

【遂城街道】

工委书记：袁　臻（9月起任）

人大工委主任：谢跃祺（10月起任）

办事处主任：龙　辉（9月起任）

纪工委书记：黄　东（9月起任）

【附城镇】
书记：陈泽和（9月起任）
人大主席：陈　启（12月起任）
镇委副书记：李翀任（负责镇政府全面工作、8月起任）
纪委书记：陈明仔（9月起任）

【黄略镇】
书记：陈华夺
人大主席：王颖斌
镇长：吴旭忠
纪委书记：许　多

【岭北镇】
书记：谢伟清
人大主席：彭锦春
镇长：杨　昌
纪委书记：梁基虎

【建新镇】
书记：伍华勇
人大主席：陈光豪
镇长：陈春燕
纪委书记：李永谕

【洋青镇】
书记：陈　武
人大主席：吴华球
镇长：梁文涛（任至4月）
　　　陈荣庆（5月起任）
纪委书记：谭立宇

【界炮镇】
书记：詹仲茗
人大主席：林志平
镇长：岑志东
纪委书记：黄妙玲（任至9月）

【杨柑镇】
书记：罗明秋（任至9月）
　　　蒋　养（9月起任）
人大主席：黄松青
镇长：蒋　养（任至12月）
　　　袁伟强（12月起任）
纪委书记：李思聪（任至12月）

【草潭镇】
书记：梁　盘（任至4月）
　　　林　立（4月起任）
人大主席：黄　德
镇长：卜英忠
纪委书记：何晓文（任至8月）
　　　　　钟　木（8月起任）

【城月镇】
书记：黄晓毅（任至6月）
　　　沈东宇（6月起任）
人大主席：陈怀东
镇长：王武庆
纪委书记：陈秋壮（任至9月）
　　　　　全景钊（12月起任）

【乌塘镇】
书记：梁李兴
人大主席：庞建华
镇长：陈燕清
纪委书记：林　强

【北坡镇】
书记：洪文泽（主持镇委、镇政府全面工作）
人大主席：陈莲梅
纪委书记：李小珊

【港门镇】
书记：陈泽武
人大主席：庄　宁
镇长：罗允升
纪委书记：林玲英

【河头镇】
书记：黄彬恩
人大主席：李炳仁（任至6月）
　　　　　苏　进（6月起任）
镇长：陈伟文
纪委书记：钟景坤

【乐民镇】
书记：谭彤煜
人大主席：陈　启（任至9月）
　　　　　李　武（11月起任）
镇长：林　立（任至4月）
　　　陈秋强（5月起任）
纪委书记：陈玮琛

【江洪镇】
书记：陈耀明
人大主席：袁　庆
镇长：伍华勇（任至4月）
　　　吴　俊（5月起任）
纪委书记：陈永联

中国共产党遂溪县委员会

综述

【概况】 2022年，中国共产党遂溪县委员会推动学习贯彻中国共产党第二十次全国代表大会精神走深走实。把学习宣传贯彻好中国共产党第二十次全国代表大会精神作为当前和今后一个时期最重大的政治任务，以上率下带领各级党员干部自觉在思想上政治上行动上同以习近平同志为核心的党中央保持高度一致，深刻领会“两个确立”决定性意义，进一步树牢“四个意识”、坚定“四个自信”、做到“两个维护”，用实际行动忠诚核心、拥戴核心、维护核心、捍卫核心。高质量落实“第一议题”制度，坚持把系统学习习近平总书记重要讲话精神和重要指示批示精神、党的创新理论、中国共产党第二十次全国代表大会精神作为必修课、常修课，全年召开县委常务委员会（扩大）会议35次，各级党组织理论学习中心组学习会350多场，推动891个基层党组织开展“喜迎二十大、奋进新征程”主题党日活动。

【坚持和加强党的建设】 2022年，中国共产党遂溪县委员会旗帜鲜明讲政治，铸就信仰坚定忠诚品格。始终以政治建设为统领，坚持把学习贯彻落实习近平新时代中国特色社会主义思想作为头等大事和首要政治任务，教育引导全县党员干部坚决拥护“两个确立”，做到“两个维护”。落实“第一议题”制度和党的创新理论学习教育计划，全面贯彻落实习近平总书记重要讲话精神和重要指示批示精神。深入推进党史学习教育常态化长效化，坚定历史自信，增强历史自觉，全面树牢团结带领干部群众紧跟党走的政治理念。矢志不移强思想，凝聚竞标争先精神力量。全面加强党的思想建设，坚持不懈用党的创新理论武装全党，深入学习贯彻中国共产党第二十次全国代表大会精神和广东省委第十三届委员会第二次全体会议精神，深刻把握习近平新时代中国特色社会主义思想的精髓要义、科学体系、实践要求，为遂溪在实现中国式现代化的道路上筑牢思想根基。以新发展理念引领高质量发展，把“大学习、深调研、真落实”贯彻运用到工作中去，提高党员领导干部运用党的科学理论解决实际问题的能力。

基层组织建设 坚持把抓基层打基础作为固本之举和长远之计，继续推进基层党建三年行动计划。健全和完善社区“大党委”、网格化管理、“平急转换”三大工作机制，打造更加契合遂溪发展的“三强三优”（强契约化共建，优化服务模式；强网格化管理，优化组织体系；强一体化转换，优化治理机制）基层治理体系。推进“两个覆盖”（非公有制经济组织和社会组织党的组织覆盖和党的工作覆盖），激发“两新”（新经济组织、新社会组织）组织活力，织密行业党建和区域党建“两张网”，筑牢上下贯通、执行有力的严密组织体系。聚焦“1+3+6”（以围绕一个主城区，打造滨河新区、滨海新区、北部湾旅游新区三个特色片区，规划岭北工业园区、白坭坡工业园区、燕子窝工业园区、洋青工业园区、城月工业园区、北潭港工业园区六个功能产业园为抓手，贯彻大交通、大数据发展理念）行动计划，创建重点项目攻坚临时党支部，做到“支部建在项目上，党旗飘在工地上”，把党建优势转化为推进项目建设落地见效的强大动能。推动党内组织生活提质增效，落实“三会一课”报备制度，推进组织生活规范化建设，增强党组织的创造力、凝聚力和战斗力。继续挖掘利用红色资源，推进党建示范点，抓党建促乡村振兴示范县、镇创建工作，以点带面推动遂溪县农村党建工作提质升级。

干部队伍建设　坚持德才兼备、以德为先、任人唯贤的方针，突出政治标准，继续做好干部分析研判。强化选人用人专项检查，用好用活职级晋升政策，平稳构建选拔任用和职级晋升“双通道”。继续深化“头雁赋能”工程，开展新时代送教下基层暨村（社区）党组织书记轮训活动。加强对干部激励关怀，选派素质优良、业务能力强的干部到经济发达地区、上级机关、基层一线、三大攻坚战主战场挂职锻炼，为有能力、敢担当、善作为的干部提供干事创业平台，树立“有为才有位”和“能上能下”的正确用人导向。

反腐倡廉建设　落实中央八项规定，深化纠治“四风”（形式主义、官僚主义、享乐主义、奢靡之风），重点纠治形式主义、官僚主义，坚决破除特权思想和特权行为。精准运用“四种形态”（党内关系要正常化，批评和自我批评要经常开展，让咬耳扯袖、红脸出汗成为常态；党纪轻处分和组织处理要成为大多数；对严重违纪的重处分、作出重大职务调整的应当是少数；而严重违纪涉嫌违法立案审查的只能是极少数），继续加强“五个监督”（政治监督、行政监督、司法监督、舆论监督、群众监督），督促领导干部严于律己、严负其责、严管所辖。保持反腐败高压态势，聚焦关键领域、关键环节、关键岗位，不断强化反腐败震慑作用，坚持一体推进不敢腐、不能腐、不想腐，坚持惩治、整改、治理结合，监督、办案、警示贯通，实现政治效果、纪法效果、社会效果有机统一。落实《关于加强新时代廉洁文化建设的意见》，推进新时代廉洁文化建设。

【经济发展稳中有进】　2022年，遂溪县各项主要经济指标位居全市前列，奋进新征程的经济基础更加坚实。全年实现地区生产总值426.61亿元，增速位列全市第二；实现地方一般公共预算收入10.5亿元，比上年增长12.4%，增速位列全市第二；实现社会消费品零售总额144.5亿元，完成固定资产投资105.6亿元。全市首先完成债券资金支出任务，财政收入组织工作在全市作经验分享。

【同城化发展蹄疾步稳】　2022年，遂溪县紧扣“一核三区”（一核指主城区，三区指滨河新区、滨海新区、北部湾区）城市发展定位，谋好“三个协同”（规划、交通、城市协同），做好“四个对接”（规划、交通、产业规划、城市管理对接），加快推进与湛江市区同城化发展。建立总投资约784亿元的湛遂同城化发展优质项目储备库，有序抓好项目落实。遂城镇改设遂城街道和附城镇并顺利揭牌，国道207线、228线遂溪穿城段改线等重点交通项目工作加快推进，遂溪第一条“城市快线”——遂溪大道正式通车。滨海新区列入湛江市城市发展战略规划，控规、招商同步发力；北部湾旅游新区开发建设稳步向前，“商业+娱乐+文化+旅游+生态”的发展模式迸发新活力。

【营商环境提质创优】　2022年，遂溪县落实组合式税费支持政策，落实新增组合式税费支持政策4.42亿元，市场主体发展稳中有升，全县实有市场主体比上年增长1.44倍，累计4.99万户。推进商事主体登记注册“零见面”办理。设立绿色通道，为企业在开办、立项、报建、验收等阶段提供“一站式”帮办、全程跟踪服务。落实房租减免、低利率贷款等政策要求，减轻服务业、小微企业和个体工商户经营负担。质量考核工作再获全市A级等次，名列全市第一。

【疫情防控“平急转换”】 2022年，遂溪县坚持“稳”字当头，以“早、快、细、准、全”硬措施成功处置系列疫情。创新将“平急转换”机制运用于新冠疫情防控工作一线，县四套班子领导第一时间到一线指导，党员干部第一时间抓好工作落实。其中“5·6”疫情防控工作经验在全省交流分享。

【特色农业扩量提质】 2022年，遂溪县农林牧渔业总产值251.1亿元，总量排全市第一名。现代农业产业体系加快构建，南药省级现代农业产业园建设稳步推进，壹号食品入选“国家畜禽种业阵型企业”，2家养殖单位获评省级核心育种场，全县种猪年出栏总量超7万头。开展农业品种培优，新增“遂溪湛川荔枝”“遂溪金鲳鱼”2个全国“名特优新”农海产品。遂溪圣女果获评广东农产品“12221”（“1”即一个大数据；“2”即“拓展销区市场，完善产区市场”两个市场；“2”即成立销售联盟，组织销区采购商队伍、培养产区经纪人队伍两支队伍；“2”即“采购商走进产地”“产品走进大市场”两场活动；“1”即实现一揽子目标）市场体系建设“十大优秀案例奖”，开创小农户对接大市场范例，带动造就可复制可推广“亿元村”发展经验，得到省委、市委领导肯定。预制菜产业园作为全市唯一纳入2023年省级现代农业产业园重点入库推荐名单。

【工业产业集群发展】 2022年，遂溪县完成规模以上工业总产值约209.8亿元，总量排五县（市）第一名。建立“小升规”（小微企业规范升级为规模以上企业）培育库，抓好小微企业升规入统工作，全年新增规模以上工业企业15家，累计120家。新增省级“专精特新”（中小企业具备专业化、精细化、特色化、新颖化）企业10家、省级创新型中小企业18家，认定国家高新技术企业20家并进行备案公示。工业园区提质增效明显，以岭北园区为核心整合相邻园区，遂溪县产业转移工业园区成功申报为“广东省2022年度特色产业园”；重点推进临港新能源产业园建设，完成“战略框架协议”签订并通过省听证会，百亿元级产业园区建设加快推进。

【现代服务加速转型】 2022年，遂溪县紧扣现代物流、文旅融合两个关键，促进三产融合发展。全县电商网络销售额13.8亿元，在全省国家级电子商务进农村综合示范县创建考评中排第一名，“六个一批”（扶持生产和就业发展一批、移民搬迁安置一批、低保政策兜底一批、医疗救助扶持一批、灾后重建帮扶一批、教育资助解困一批）模式被作为广东省城乡融合发展典型进行经验推广。遂溪县被命名为“2021—2025年度第二批全国科普示范县”，“糖祖习俗”被列入第八批省级非物质文化遗产名录。推进省级全域旅游示范区创建，推出系列微纪录片《走进遂溪看振兴》。受邀参加中国生态文明论坛南昌年会，擦亮遂溪名片。谋划打造全国首个东坡古镇，推出一批以东坡足迹、探访红树林等为主题的精品旅游线路。沿海镇人气加快集聚，草潭角头沙、江洪仙裙岛等景点成为旅游热门打卡点。

【市容环境治理】 2022年，遂溪县完成《遂溪县智慧城市创新项目可行性研究报告》编制，投入超13亿元推动品质营城实质提升，7个老旧小区改造项目全部开工，实施92条道路硬底化，滨河北路、府前路、中山路“白改黑”（水泥路面改为沥青路面）工程完成，河东大道、人民路、文东路等市政道路加快建设。推行县城生活垃圾无害化处理，城市生活垃圾无害化处理率100%。空气质量排全市第二名，优良天数比例99.4%。整治城市“脏乱差”现象，创新打造醒狮美食广场、新中心市场流动摊贩集中经营点，实现规范管理、有序经营。

【乡村振兴推进】 2022年，遂溪县入选2021年赛迪顾问乡村振兴百强县，位列全国第11名。实施美丽圩镇、美丽乡村建设，全部镇（街道）通过市级示范圩镇验收，遂城、乌塘、河头等8个镇（街道）获评优秀等次。开展农村人居环境综合整治五年行动，逐步补齐农村基础设施短板。基本完成所有自然村主干路硬底化建设。1971个自然村建成污水管网，1897个自然村建成污水处理设施，提高自然村雨污分流管网收集率和治理率。打造具有遂溪特色的乡村振兴示范带，16个镇（街道）均派驻工作队，共281名专职人员推进乡村振兴工作。

【民生实事发展】 2022年，遂溪县推进学位建设，中小学幼儿园新增学位4565个，93所中小学校被评为广东省"绿色学校"。累计投入1.7亿元优化办学条件。落实"双减"（减轻作业负担、减轻校外培训负担）政策，在全市率先实行课后服务信息化管理。继续加大困难群众生活保障力度，提高城乡低保对象补助标准，开展建档立卡脱贫户入户核查，做到分类救助、精准救助。中央环保督察交办案件100%办结。医疗卫生能力稳步提升，县人民医院、县中医院、县妇幼保健院整体搬迁项目建成，县公共卫生医院建设进入收尾阶段。广东医科大学附属医院全面托管县人民医院、城月镇中心卫生院，"小病不出镇、大病不出县"加快成为现实。在全市税务系统率先实现"税银互联协办"全覆盖，继续优化实体政务大厅，可办理事项增至916项，全县97.9%依申请事项实现"网上办"，提高企业和群众办事便捷度。落实稳就业促创业政策，推进"粤菜师傅""广东技工""南粤家政"三项工程，做好就业创业服务。

【稳定安全维护】 2022年，遂溪县保障粮食安全，守住耕地红线，抓紧抓牢粮食生产。粮食作物播种面积4.86万公顷，总产量25.92万吨，生产面积、产量实现"双提升"。完成撂荒耕地复耕复种面积1743.32公顷，超额完成市下达任务。开展安全生产专项整治，生产安全事故受伤人数比上年下降91.5%。遂城消防救援站获评"全国消防救援队伍执勤训练先进站"。全县安全生产责任制和消防工作考核、系统防范化解道路交通安全风险等多项工作排全市第一名，得到省、市多次表扬。常态化开展扫黑除恶专项斗争，开展打击整治养老诈骗专项行动，提高人民群众辨别能力和防范意识。推进"春风利剑"专项行动和夏季治安打击整治"百日行动"，打击各类违法犯罪行为，案件发生率有所下降。完成2022年北京冬奥会、冬残奥会、全国两会、中国共产党广东省第十三次代表大会、中国共产党第二十次全国代表大会等特殊防护期安保工作任务，落实意识形态责任制，提高保密工作规范化标准化水平。开展"平安夜访"，实现三级公共法律服务实体平台全覆盖，为群众提供法律咨询1.73万人次，解决群众"急难愁盼"问题。

重要会议

【中国共产党遂溪县第十四届委员会第四次全体会议】 2022年3月25日在县文化服务中心召开。会议坚持以习近平新时代中国特色社会主义思想为指导，全面贯彻中国共产党第十九次全国代表大会和中国共产党第十九次全国代表大会历次全体会议精神，深入贯彻习近平总书记重要讲话精神和重要指示批示精神，落实广东省委、省政府"1+1+9"工作部署，践行湛江市委"三化三大"（工业化、生态化、数字化，大园区建设、大文旅开发、大数据应用）发展理念，总结全县2021年工作，部署2022年工作任务。会议应到会县委委员、候补委员共67名，实到62名。遂溪县人民代表大会常务委员会、县政府、县政协领导；遂溪县纪委副书记、常委，县监委委员，县委巡察办主任、县委巡察组各组长；各镇党委书记、镇长；遂溪县人民代表大会常务委员会各工委、县政协机关各室主要领导；遂溪县直副科以上单位、驻遂溪单位主要领导；部分县十四次党代会代表、部分商会会长和重点企业家代表等列席会议。会议总结2021年全县经济发展总体情况，提出2022年全县经济工作总体要求和主要预期目标。2022年全县经济工作重点抓好以下工作：加快产业提质升级，塑造高质量发展新优势；强化项目为王理念，夯实高质量发展新动能；继续深化改革开放，激发高质量发展新活力；增强城乡发展活力，形成高质量发展新态势；继续增进民生福祉，共享高质量发展新红利；统筹好发展与安全，营造高质量发展新环境。会议审议遂溪县委常务委员会2021年传达学习贯彻落实习近平总书记重要讲话和重要指示批示情况报告和2021年抓党建工作情况报告和全会决议（草案）。

【中国共产党遂溪县委员会常务委员会会议】 2022年，中共遂溪县委常常委召开常委会（扩大）会议35次，围绕县委中心工作，学习政策理论，听取汇报和通报，审议工作议题。

主要学习以下内容：中国共产党第二十次全国代表大会精神、习近平总书记重要指示批示精神，中央政治局常委会关于听取全国人民代表大会常务委员会、国务院、中国人民政治协商会议全国委员会、最高人民法院、最高人民检察院党组工作汇报和中央书记处工作报告的会议精神，中共中央办公厅、国务院办公厅《关于加强新时代网上信访工作的意见》，习近平总书记《不断做强做优做大我国数字经济》的重要文章、习近平总书记在《求是》杂志上发表的《努力成为可堪大用能担重任的栋梁之材》、习近平总书记在欢迎出席北京2022年冬奥会开幕式的国际贵宾宴会上的致辞、习近平总书记在《求是》杂志上发表的《坚持走中国特色社会主义法治道路，更好推进中国特色社会主义法治体系建设》，中央和省委、市委宣传部部长会议精神，省委常委会会议、扎实推进文化强省建设大会以及市委常委会会议精神、《习近平谈治国理政》第三卷中的《长期坚持、不断丰富发展新时代中国特色社会主义经济思想》《加快建设现代化经济体系》，习近平总书记在中央政治局第三十六次集体学习时的重要讲话精神，中共中央办公厅、国务院办公厅《关于构建更高水平的全民健身公共服务体系的意见》《国家新型城镇化规划（2021—2035年）》《地方党委和政府领导班子及其成员粮食安全责任制规定》，中央和省市组织部部长会议、中央和省市党史学习教育总结大会、十九届中央纪委六次全会、十二届广东省纪委七次全会、十二届湛江市纪委二次全会精神，习近平总书记在中央全

·链接·

广东“1+1+9”工作部署：“1”，指以推进党的建设新的伟大工程为政治保证。“1”，是指以全面深化改革开放为发展主动力。“9”，是指9个方面重点工作。一是以粤港澳大湾区建设为重点，加快形成全面开放新格局；二是以深入实施创新驱动发展战略为重点，加快建设科技创新强省；三是以提高发展质量和效益为重点，加快构建推动经济高质量发展的体制机制；四是以构建现代产业体系为重点，加快建设现代化经济体系；五是以大力实施乡村振兴战略为重点，加快改变广东农村落后面貌；六是以构建“一核一带一区”区域发展新格局为重点，加快推动区域协调发展；七是以深入推进精神文明建设为重点，加快建设文化强省；八是以把广东建设成为全国最安全稳定、最公平公正、法治环境最好的地区之一为重点，加快营造共建共治共享的社会治理格局；九是以打好三大攻坚战为重点，加快补齐全面建成小康社会、跨越高质量发展重大关口的短板。

面深化改革委员会第二十四次会议上的重要讲话精神、习近平总书记关于安全生产的重要论述与安全生产系列文件精神；中共中央办公厅、国务院办公厅《关于推进“互联网+教育”发展的意见》，中共中央办公厅《中央层面整治形式主义为基层减负专项工作机制2022年工作要点》、中共中央政治局常务委员会会议、全国安全生产电视电话会议，以及全省安全生产和消防工作暨第二季度防范重特大生产安全事故电视电话会议、习近平总书记在北京冬奥会冬残奥会总结表彰大会上的重要讲话精神、《习近平总书记近年来关于安全生产、防汛救灾和应急管理工作重要指示批示精神》《广东省市县党政领导干部安全生产重点职责工作清单》、习近平总书记在中央政治局常务委员会上的重要讲话精神，广东省新冠疫情防控领导小组（指挥部）会议和湛江市新冠疫情防控指挥部会议精神、习近平总书记在十九届中共中央政治局第三十九集体学习时的重要讲话精神、习近平总书记在十九届中共中央政治局第四十次集体学习时的重要讲话精神、习近平总书记在主持召开中央全面深化改革委员会第二十六次会议上的重要讲话精神，书面传达习近平总书记在庆祝中国共产主义青年团成立100周年大会上的重要讲话精神、习近平总书记在武汉考察调研时的重要讲话精神、习近平总书记在庆祝香港回归祖国25周年大会暨香港特别行政区第六届政府就职典礼上的重要讲话精神，学习《习近平在庆祝香港回归祖国25周年大会暨香港特别行政区第六届政府就职典礼上的讲话》（全文）、《习近平论坚持和发展中国特色社会主义（2021—2022年）》《习近平：扎实推动共同富裕》《习近平论社会主义生态文明建设（2022年）》，以及《中共中央国务院中央军委关于加强和改进新时代全民国防教育工作的意见》等文件精神，习近平总书记在辽宁考察的重要讲话精神，习近平总书记在中央统战工作会议上的重要讲话精神；全国安全生产电视电话会议精神、《习近平：在中央人大工作会议上的讲话》《习近平：正确认识和把握我国发展重大理论和实践问题》《习近平论发展社会主义民主政治（2022年）》《习近平论科技创新（2022年）》以及《中共中央宣传部　中央文明办关于深入学习宣传贯彻习近平总书记给“中国好人”李培生胡晓春重要回信精神的通知》等文件精神，学习《中华人民共和国宪法》（全文）、《中华人民共和国民法典》（第一编）、《习近平法治思想学习纲要》（第二章）、《中国共产党统一战线工作条例》，习近平总书记在中央全面深化改革委员会第二十七次会议上的重要讲话精神，中共中央政治局会议精神、习近平总书记出席上海合作组织成员国元首理事会第二十二次会议发表的重要讲话精神，《习近平谈治国理政》第四卷第一专题“掌握历史主动，在新时代更好坚持和发展中国特色社会主义”、《习近平论党风廉政建设和反腐败斗争（2022年）》《习近平在省部级主要领导干部“学习习近平总书记重要讲话精神，迎接党的二十大”专题研讨班上发表重要讲话》等文件精神，习近平总书记在中国共产党第二十次全国代表大会上作的报告《高举中国特色社会主义伟大旗帜　为全面建设社会主义现代化国家而团结奋斗》重要精神、习近平总书记在二十届中共中央政治局第一次集体学习会上的重要讲话精神、习近平总书记在江泽民同志追悼大会上致的悼词、习近平总书记在中央经济工作会议上的重要讲话精神，习近平总书记在中央农村工作会议上的重要讲话精神、对爱国卫生运动的重要指示精神，《习近平关于社会主义精神文明建设论述摘编》，中共中央办公厅、国务院办公厅《关于做好2023年元旦春节期间有关工作的通知》精神、习近平总书记在省部级主要领导干部专题研讨班上的重要讲话精神等。

主要听取以下工作汇报和通报：遂溪县人民代表大会常务委员会、遂溪县人民政府、政协遂溪县委员会、遂溪县人民法院、遂溪县人民检察院党组工作汇报；遂溪县新冠疫情防控工作情况汇报；遂溪县迎接广东省安委会2021年度安全生产责任制和消防工作考核巡查工作情况汇报；《中共遂溪县委关于落实广东省委巡视办专项检查反馈意见整改阶段情况的报告》《关于巡察遂溪县涉粮问题的反馈意见》；遂溪县迎接2021年度广东省推进乡村振兴战略实绩考核相关工作情况汇报；遂溪县2021年省乡村振兴战略实绩考核迎检工作情况；《2022年上半年县委党的建设工作情况汇报》《关于遂溪县涉诈犯罪输出突出问题的情况通报》《中共遂溪县人民法院党组2022年上半年工作报告》；遂溪县2021年度各党（工）委书记抓基层党建述职报告；遂溪县禁毒工作报告；遂溪县年度消防工作报告；遂溪县2022年法治政府建设工作情况汇报；全县“扫黄打非”工作情况汇报；遂溪县安全生产、道路交通安全、保通保畅、物资保障、食品安全等工作情况汇报；遂溪县2022年信访工作情况汇报；传达学习中共十九大以来中央巡视工作总结报告等。

主要研究审议以下议题：《关于提请县委同意加快开展2022年地方政府专项债券项目前期工作的请示》《遂溪县推荐提名广东省出席党的二十大代表候选人推荐人选的请示》《省委巡视办对遂溪县委巡视整改情况专项检查反馈意见整改落实方案》《关于审定各镇和县党政群机关单位2021年落实“四个全面”绩效考核结果的请示》《2021年度各镇各单位平安建设（综治工作）考评结果》《湛江市出席省第十三次党代会代表候选人推荐人选》《关于恳请县政府批准补充报送2022年新增专项债券项目的请示》《十四届县纪委二次全会工作报告》《中共遂溪县委十四届四次全会报告》《2021年遂溪县传达学习贯彻落实习近平总书记重要讲话和重要指示批示情况报告》《2022年政府工作报告》《2022年遂溪县民生实事候选项目建议方案》《2022年遂溪县人民代表大会常务委员会工作报告》《政协第十一届遂溪县委员会常务委员会工作报告》《遂溪县2021年国民经济和社会发展计划执行情况与2022年计划草案的报告》《遂溪县2021年预算执行情况和2022年预算草案》《县委常委会2021年抓党建工作情况报告》《中共遂溪县委关于落实省委巡视办专项检查反馈意见整改情况的报告》《遂溪县关于湛江市委第四巡察组巡察涉粮系统反馈意见的整改方案》《关于核定遂溪县遂城街道、附城镇领导班子及纪委（纪工委）班子职数的请示》《2022年我县常态化扫黑除恶斗争工作要点》《2021年党（工）委书记抓基层党建述职评议考核等次和综合评价意见》《遂溪县人民政府2022年度重大行政决策事项目录》、各镇2021年落实“四个全面”绩效考核结果、遂溪县拟推荐第六届广东省“人民满意的公务员”和“人民满意的公务员集体”对象、遂溪县推荐提名湛江市十四届全国人民代表大会代表、广东省十四届人民代表大会候选人初步人选、遂溪县2021年度考核被评为优秀等次公务员嘉奖人员名单、2021年湛江市“最美公务员”推荐对象。

（县委办）

决策部署

【林长制实施】 2022年3月13日，中共遂溪县委办公室、遂溪县人民政府办公室印发《遂溪县全面推行林长制实施方案》。该方案要求，成立县林长制工作领导机构；构建三级林长体系；明确工作职责；严格实施森林资源监管、实施森林资源灾害防控；高质量开展森林资源生态修复；大力发展绿色生态产业，丰富优质林业生态产品；科学构建自然保护地体系；全面深化林业改革；创新推进林长制信息化建设；积极开展科普教育宣传活动。

【建设“红树林之城”工作领导小组成立】 2022年4月6日，中共遂溪县委办公室、遂溪县人民政府办公室印发《关于成立遂溪县建设“红树林之城”工作领导小组的通知》。该通知要求，按照全市统一部署，结合遂溪实际，负责研究、审定建设“红树林之城”重大事项；讨论、审定建设“红树林之城”重点任务和重大项目；协调各镇各有关单位之间涉及建设“红树林之城”的重大事项。

【巩固拓展脱贫攻坚成果同乡村振兴有效衔接】 2022年5月5日，中共遂溪县委办公室、遂溪县人民政府办公室印发《关于实现巩固拓展脱贫攻坚成果同乡村振兴有效衔接的实施方案》。该方案要求，加强党的全面领导；建立健全巩固拓展脱贫攻坚成果长效机制，加强农村低收入人口帮扶；全面推进乡村振兴；深化拓展区域协作；加强政策支持衔接。

【水质达标攻坚】 2022年5月13日，中共遂溪县委办公室、遂溪县人民政府办公室印发《2022年遂溪县遂溪河罗屋田省考断面水质达标攻坚方案》。该方案要求，继续推进遂溪河流域水质提升工程；加快补齐县城污水收集处理能力短板；加快建设白坭坡产业园区污水处理厂；建设岭北工业园区工业污水处理厂；加快推进遂溪河沿河78个村生活污水处理设施及管网建设并正常运行；加强沿河禽畜养殖及水产养殖整治；强化工业污染防治；严格落实河长制制度；推进入河排污口排查整治；严厉打击非法洗沙场；强化农业面源污染管控；加强生活垃圾监管处置；加强遂溪河水质监测研判、舆论监督与宣传引导；开展遂廉麻交界河段联防联治。

【安全生产工作加强】 2022年5月18日，中共遂溪县委办公室、遂溪县人民政府办公室印发《关于全面加强危险化学品安全生产工作的实施方案》。该方案要求，深入开展安全风险排查和隐患治理；推进产业结构调整；严格标准规范、安全准入；加强重点环节安全管控；强化废弃危险化学品等危险废物监管；加大失信约束力度；强化激励措施；提高科技与信息化水平；加强专业人才培养；规范技术服务协作机制；加强危险化学品救援队伍建设；完善监管体制机制；健全执法体系；提升监管效能。

【新时代文明实践中心建设拓展】 2022年8月16日，中共遂溪县委办公室印发《关于拓展新时代文明实践中心建设的实施方案》。该方案提出，推动党的创新理论深入人心；积极培育践行新时代主流价值；深化新人培养新风培育；大力推进文明实践志愿服务；强化阵地平台融合共建；提升精准服务群众效能。

【党的二十大精神学习贯彻】 2022年11月25日，中共遂溪县委办公室印发《学习宣传贯彻党的二十大精神总体工作方案》。该方案提出，分阶段分批次继续深入推进中共二十大精神学习宣传贯彻工作，精心组织开展中共二十大精神宣传宣讲；立足实际谋划推动各项贯彻落实工作；加强组织领导，推动学习宣传贯彻工作深入开展、务求实效。

【教育督导体制机制改革】 2022年11月18日，中共遂溪县委办公室、遂溪县人民政府办公室印发《遂溪县深化新时代教育督导体制机制改革实施方案》。该方案要求，健全教育督导机构设置；全面落实教育督导职能；明确教育督导委员会成员单位职责；强化对政府履行教育职责督导；加强对各级各类学校督导；加强和改进教育评估监测；改进教育督导方式方法；建立、健全、完善、规范报告、反馈、整改、复查、激励、通报等制度；严肃约谈制度；严格问责制度；配齐配强各级督学；创新督学聘用方式；提升督学专业化水平；严格督导队伍监督管理；落实教育督导条件保障；加快教育督导信息化建设；加强教育督导研究、督导组织领导、宣传引导、检查等。

（县委办）

综合协调服务

【督查和统筹协调】 2022年，中共遂溪县委办公室督查突出抓好以督促改。紧贴领导思路抓督查，确保领导决策落到实处。全年发出《提醒函》6份、《督办函》1份，编发《督查通报》2期、《督查报告》7份，督办《事项进度情况汇总表》31项，完成交办各类督查督办事项116件、发出《督办事项交办单》22份，推动党委政府各项工作落地见效。

【办文办会】 2022年，中共遂溪县委办公室办理各级公文2558份，转发各室（办、局）传阅文件320多次，转办领导批示件270多份次，办理收转文件及综合资料等487份，办理会务100多场次。

【新闻信息】 2022年，中共遂溪县委办公室向湛江市委办公室报送信息242期，其中7篇信息被省采用，59篇信息被市采用，获湛江市领导批示2条。协调各级新闻媒体到遂溪开展采访工作，助推新闻稿件被市级以上平台采用400多篇，其中国家级10多篇、省级120多篇。

【综合文稿草拟与调研】 2022年，中共遂溪县委调研室开展各类调研、视察活动80多次，撰写调研报告10多篇，向上级政研部门报送调研材料5篇，参与起草、修改和完成领导讲话稿、会议纪要、党代会综合材料等300多份。根据上级党委决策部署和县委重点工作确定调研课题，为县委领导提供可操作的决策预案。

（苏明葵）

组织工作

【中共遂溪县基层组织概况】 2022年，遂溪县有中国共产党地方委员会1个，基层党组织1416个，其中基层党（工）委33个，党总支部97个，党支部1287个。党员总数3.59万人，其中女党员9026人，35岁以下党员8569人，大学专科以上学历党员1.59万人。

【党建引领发展】 2022年，遂溪县建立健全“平急转换”机制，针对不同场景制定急时工作预案，做到“定人定岗定责”，在疫情防控、台风防御、重点项目建设等各类重大任务一线成立临时党支部2126个，带动超1.2万名党员下沉一线，发动5万多名群众参与，打好打赢疫情防控阻击战、“暹芭”“马鞍”防台防汛主动战、经济发展和安全维稳总体战，保障人民群众生命和财产安全。打造“三强三优”（强契约化共建，优化服务模式；强网格化管理，优化组织体系；强一体化转换，优化治理机制）基层治理新体系，构建县领导牵头抓总、镇（街道）单位共同参与的“结对共建”服务模式，形成多方共同参与的区域化党建新格局。设置村（社区）三级网格9933个，建强“格格有堡垒、户户见党员”的网格体系，累计完成299个村（社区）党群服务中心整改验收。重点打造17个行政村（社区）党组织示范点，高标准开展墩文村红色美丽乡村试点验收工作，通过“以点带面、示范引领”推动遂溪县农村党建工作“整镇推进、整县提升”。

【干部选拔培养】 2022年，遂溪县做好县人民政府组成部门、县工商联、团县委等换届工作。做好撤销遂城镇设立遂城街道、附城镇机构改革工作，重新核定遂城街道、附城镇领导班子及纪委（纪工委）班子职数，选优配强遂城街道、附城镇领导班

2022年9月14日，中共遂溪县委组织部在县人才驿站召开遂溪县“平急转换”工作机制培训会 （县委组织部/供图）

子，遂城街道、附城镇各领导班子成员于9月到位开展工作。选派素质高、业务能力强的干部到经济发达地区、上级机关、基层一线、三大攻坚战主战场挂职锻炼，统筹调配38名干部充实“1+3+6”（以围绕1个主城区，打造滨河新区、滨海新区、北部湾旅游新区3个特色片区，规划岭北工业园区、白坭坡工业园区、燕子窝工业园区、洋青工业园区、城月工业园区、北潭港工业园区6个功能产业园为抓手，贯彻大交通、大数据发展理念）行动计划各工作专班力量。完成各工作专班第一批抽调干部履职考核。树立在重大工作、重大斗争第一线锤炼干部、发现干部、考察干部、培养干部用人导向，建立“表现优秀干部信息库”并实行分层分级管理、动态跟踪，为考察识别评价干部提供重要参考依据。按照科级、股级、一般干部三个层次入库管理干部。提拔重用一批在基层工作一线、“1+3+6”行动计划、疫情防控、防风防汛等急难险重工作中及综合表现突出的干部。

【市管、县管干部年度考核】2022年，遂溪县配合湛江市委组织部抓好市管领导班子和市管干部2021年落实“四个全面”（全国建成小康社会、全面深化改革、全面依法治国、全面从严治党）绩效考核工作，通过开展民主测评、民意调查、个别谈话、配合统计有关考核数据、收集年度考核表等工作，按30%比例评出市管干部“优秀”等次10人，“不定”等次1人。做好县管干部2021年年度考核审批工作，对全县15个镇、82个县直正副科级机关、事业单位的789名科级干部进行考核，评定领导干部“优秀”等次145人，“称职（合格）”等次608人，不定等次36人。

【机关及参公管理单位年度考核】2022年，遂溪县完成股级及以下公务员2021年度考核审批工作。全县股级及以下公务员2243人，实际参加考核2243人，其中优秀416人，称职（合格）1347人，基本称职2人，不称职6人，不定等次472人，优秀比例18.55%。

【公务员职务与职级并行】2022年，遂溪县继续推进公务员职务与职级并行工作。全年晋升职级130人，其中晋升三级调研员1人，晋升四级调研员2人，晋升一级主任科员52人，晋升三级主任科员及相当层次职级74人，晋升四级主任科员1人。

【公务员管理】2022年，遂溪县招录公务员152人，其中选调生22人。规范公务员日常管理，修订审核审批公务员转任等事项程序，确保操作规范。办理审批县内调动、调出县外、县外调入等134人，公务员辞去公职2人，新录用公务员转正397人，公务员登记449人。

【干部信息管理】2022年，遂溪县开发使用干部信息管理系统，探索运用信息化理念和大数据技术对干部进行立体画像、精准研判，上线干部信息管理、年度考核、监督惩戒等6个功能模块，输录干部信息3137人，新增、更新干部信息13.96万条。利用“三步审核法”（党务管理信息系统初审、人工校对、汇总全县数据再次进行系统和人工校核）指导维护全县1416个基层党组织、3.59万名党员的基础信息，完成55张党员统计报表报送，其中预备党员484人，少数民族54人，女性党员9026人，大专以上学历1.59万人，党员平均年龄53.4岁。完成全县在职干部统计，其中公务员（含参公群团、参公事业）3060人，女性公务员860人，少数民族16人，党员2165人，大专以上学历3011人。整理5300多份干部人事档案材料归入档案，实现档案数字化1564人，因工作查考利用档案1100多人次，受理680多次相关单位查阅、借阅和转递干部人事档案事项。

【干部监督】2022年，遂溪县开展2轮选人用人专项检查，检查5个镇和19个单位。开展集中化解涉组涉干信访积案、领导干部违规兼职取酬问题专项整治、执行干部交流规定不严问题专项治理、执行因私出国（境）管理规定不严问题专项治理。对信访举报办理工作加强规范管理。依据“分级负责、归口办理”的原则，对信访件反映的问题进行分析、分类，对信访举报件涉及的问题依纪依规进行处置。

【村级干部队伍建设】 2022年，遂溪县强化村级干部队伍管理，推动实现342名村（社区）党组织书记通过法定程序担任村(居）民委员会主任和村级集体经济组织负责人，占97.71％；完成全县348个村（社区）党组织书记履职备案；发出联审函17次、联审村（社区）“两委”（村党支部委员会、村民委员会）干部人选488人；加强县村级干部特别是“三个一肩挑”〔村（社区）党组织书记、村（居）民委员会主任和村级集体经济组织负责人三个职务“一肩挑”〕党组织书记监督管理；选优配强村级干部队伍，调整核增村（社区）“两委”干部编制457个；结合职数增补情况及队伍优化提质工作需要，推进村（社区）后备干部镇级选培工作，指导各镇（街道）党（工）委通过考试招录、上岗培育等方式，继续充实壮大村级后备干部队伍。提升村级干部和乡村振兴干部综合素质，举办村（社区）党组织书记轮训班，实现全县350名村（社区）党组织书记及驻镇帮镇扶村干部年度培训全覆盖。

【干部政治理论培训】 2022年，遂溪县用好各级党校、远程教育平台、干部在线学习中心等线上线下平台，用好各类红色资源，推进党员干部学习贯彻中国共产党第二十次全国代表大会精神、中共广东省第十三次党代表大会精神。习近平总书记出席庆祝香港回归祖国25周年活动重要讲话精神，举办学习贯彻广东省第十三次党代会精神市委宣讲团宣讲报告会暨全县科级主要领导干部学习贯彻中国共产党第二十次全国代表大会精神专题研讨班开班式，提高全县领导干部理论水平和“七种”能力（提高政治能力、调查研究能力、科学决策能力、改革攻坚能力、应急处突能力、群众工作能力、抓落实能力）。协助中央组织部举办2022年全国新录用公务员初任培训班，牵头举办党校主体班，组织中青年干部到黄略镇龙湾村国家级非遗遂溪醒狮保护传承基地、广东正大食品有限公司、雷州市清端园廉政教育基地、麻章区世乔村红树林自然保护区等地开展现场教学。通过“头雁带学”方式，全覆盖开展党员干部专题学习。

【干部在线学习】 2022年，遂溪县纳入湛江市干部在线学习考核单位99个，学员干部2984人，其中市级平台54人、县级平台2930人。处级干部年度学分要求160分，科级及以下干部年度学分要求140分，95.27%的参学干部完成年度学习任务。

【“两新”组织党建】 2022年，遂溪县印发《关于加强“两新”组织“双同步”常态化长效化工作机制的通知》，继续提高“两个覆盖”，新建“两新”（新经济组织、新社会组织）党组织7个。以“三聚三共”（聚焦多点结合，共建红色阵地有抓手；聚焦资源整合，共享暖心服务有温度；聚焦先锋模范，共推基层治理有成效）模式推动多方资源共享、联手共建，通过建立新业态新就业群体服务体系“1+N”模式，打造

2022年10月27日，遂溪县新业态新就业群体党群服务中心揭牌成立

（县委组织部／供图）

“遂溪县新业态新就业群体党群服务中心”“遂溪县新业态新就业群体服务驿站”，为新业态新就业劳动者提供服务。打造遂溪碧桂园物业党建示范点。推动“两新”党组织融入基层治理，17个“两新”党组织共197名“两新”党员到社区报到，参与街道、社区志愿服务533人次，为街道、社区解决问题22个。

【人才队伍建设】 2022年，遂溪县推动人才工作高质量发展。关心关爱人才，强化政治引领，落实党委联系服务专家制度，确定县四套领导班子成员联系服务县60名高层次人才。推进选调生培育工作，组织在遂溪县参与基层锻炼的28名选调生参加2022年选调生到村任职岗前培训班。开展粤桂合作，选派干部和教育医疗队伍到广西壮族自治区融安县对口支援扶贫工作，其中挂职干部2人，支教15人，支医10人。

【基层党组织建设】 2022年，遂溪县贯彻落实《广东省加强党的组织建设三年行动计划（2021—2023年）》，以“提升党建引领基层治理效能”为主题，扩大基层党组织覆盖和工作覆盖，抓党建促乡村振兴，巩固农村基层党组织领导地位。探索建立健全“平急转换”机制，织密建强社区“全科网格”和农村“综合网格”，构建“镇（街道）党（工）委—村（社区）党组织—网格党小组—党员联系户”四级组织架构，设置村（社区）三级网格9933个，推动党员干部入网驻格、走访摸排，继续健全基层党员信息库、特殊人群库和群众心愿库，构建“格格有堡垒，户户见党员”基层治理服务网格体系。在平时，实施“党员报到—宣传教育—培训演练—双向互评”跟踪管理；在急时，实施“急时动员—整编调度—动态考核—归建返岗”闭环管理。是年，遂溪县在各类重大任务一线先后成立临时党支部2126个，通过党组织凝聚超1.2万名党员干部、带动5万多名群众进驻一线，合力打赢应急处置防御战和项目建设攻坚战。依托党建网格推进镇（街道）摸排，全县16个镇（街道）完成辖区常住人口摸排57.63万人，建立微信群3252个，加入微信群19.78万户、34.54万人。打造17个行政

2022年10月31日，遂溪县2022年度选调生到村任职工作对接会暨岗前培训班开班仪式在县委党校举行　（县委党校/供图）

2022年3月14日，中共遂溪县委组织部召开2022年全县组织工作会议暨抓党建促乡村振兴工作推进会　（县委组织部/供图）

村（社区）党组织示范点。先后投入760多万元推动乐民镇墩文村组织振兴建设红色美丽乡村试点工作，辐射带动全县红色阵地连片建设、资源共享、活动共建。继续推进抓党建促乡村振兴“七强”（聚焦政治引领力强、头雁牵引力强、组织覆盖力强、队伍战斗力强、人才支撑力强、发展驱动力强、基层保障力强）示范县镇创建工作，开展“三进一建”（进社区、进企业、进工程，建档案）系列活动。全县建立71个扶持发展壮大集体经济试点项目基础数据库。

【城市基层党建】 2022年，遂溪县印发《关于加强城市基层党建引领基层治理工作的通知》《遂溪县社区“大党委”工作手册》，加强社区“大党委”工作机制、网格化管理机制、“平急转换”工作机制等三大机制建设，推动更多资源向社区倾斜。推动全县140个机关、企事业单位党组织、“两新”（新经济组织、新社会组织）党组织及4415名党员干部常态化下沉社区报到，搭建社区志愿服务平台，全年报到单位及党员干部累计为社区解决难题1563个，开展志愿服务活动1022次。优化整合社区“全科网格”，根据辖区人口、楼栋等情况细化形成社区一级网格28个、片区（住宅小区）二级网格184个、楼栋三级网格1232个。深化“双报到”（全市市县机关、企事业单位党组织到所在地社区报到，实行共驻共建；在职党员到居住地社区报到，组织党员开展志愿服务）机制，建立社区临时党组织书记及委员人选储备库、报到党员信息库，结合疫情防控、防风防汛、人民防空等不同场景制定急时工作预案，落实“平时定岗定责定时对号入座”。

【全国首个党建红色影视文化城项目落户遂溪县】 2022年11月21日，湛江党建红色影视文化城项目启动仪式在遂溪县岭北镇举行。该项目由遂溪县委、县政府、中国基层党建网广东编辑委员会、湛江红色文化发展有限公司共同打造，以红色文化馆、党建活动培训、红色电影研学基地为中心，形成红色文化电影体验式拍摄为特色的红色影视文化城。该项目总建筑面积14万平方米，用地面积2.67万平方米。

（县委办、县委组织部）

【人才工作】 2022年，遂溪县继续完善人才驿站服务机制，主办或协办人才活动36场次。推进遂溪县对虾种业产业人才发展项目，对接中国科学院南海海洋研究所、广东海洋大学等高等院校和科研院所，通过“扬帆计划”项目和“产学研”合作机制，支持企业柔性引进人才。全年柔性或全职引进领军人才5人，企业经营管理人才15人，研发人才或工程技术人才34人，产业技术人才411人。

（潘　宇）

宣传工作

【概况】 2022年，遂溪县宣传文化战线坚持以习近平新时代中国特色社会主义思想为指导，深入学习贯彻中国共产党第二十次全国代表大会精神，学习贯彻习近平总书记关于宣传思想工作的重要思想及对广东重要讲话精神和重要指示批示精神，贯彻落实党中央决策部署和省委、市委和县委工作要求，自觉承担起举旗帜、聚民心、育新人、兴文化、展形象任务。全县各党委（党组）理论学习中心组开展专题学习，并做好党委（党组）理论学习中心组学习列席旁听工作。推动党史学习教育常态化长效化。建立健全党史学习教育长效机制，将党史内容纳入党委（党组）理论学习中心组学习，纳入党员干部教育培训课程。抓好线上宣传，摄制乡村振兴系列宣传片，传播好遂溪声音、讲好遂溪故事。

【理论学习宣讲】 2022年，中共遂溪县委宣传部抓好党委（党组）理论学习中心组学习。印发《2022年遂溪县党委（党组）理论学习中心组专题学习重点内容安排》，明确年度学习重点，提升党员领导干部政治判断力、政治领悟力、政治执行力。县委理论学习中心组先后围绕习近平总书记在中央政治局党史学习教育专题民主生活会上的重要讲话精神、《历史虚无主义与苏联解体——对苏联亡国亡党三十年的思考》专题片、《习近平总书记近年来关于安全生产、防汛救灾和应急管理工作重要指示批示精神》《习近平总书记在中共中央政治局第三十五次集体学习重要讲话精神》《习近平在庆祝香港回归祖国25周年大会暨香港特别行政区第六届政府就职典礼上的讲话》、《习近平：在中央人大工作会议上的讲话》《习近平谈治国理政》第四卷第一专题“掌握历史主动，在新时代更好坚持和发展中国特色社会主义”等内容进行7次集中学习。全县各党委（党组）理论学习中心组共开展专题学习350多次。印发《遂溪县关于开展党委（党组）理论学习中心组学习列席旁听工作的通知》，邀请市委理论学习中心组学习列席旁听工作领导小组参加列席会议1次，组织县委理论学习中心组学习列席旁听工作领导小组到各镇各单位参加列席会议5次。做好各类理论学习书籍征订发行和学习宣传工作。全县征订发放《习近平谈治国理政》第四卷3.02万册；征订发放《习近平新时代中国特色社会主义思想学习问答》《中国共产党宣传工作简史》《百年初心成大道——党史学习教育案例选编》《百年大党面对面》等学习教材近3万册。

【党史学习教育】 2022年，中共遂溪县委宣传部召开遂溪县党史学习教育总结会议，指导督促全县107个单位召开党史学习教育专题民主生活会，总结全县党史学习教育工作，部署下阶段重点工作。建立健全党史学习教育长效机制，将党史内容纳入党委（党组）理论学习中心组学习，纳入党员干部教育培训课程，深化“四史”（党史、新中国史、改革开放史、社会主义发展史）宣传教育，学好用好《中国共产党宣传工作简史》。全年各镇各单位开展《中国共产党宣传工作简史》专题学习会120场。

【新闻舆论宣传】 2022年，中共遂溪县委宣传部抓好线上宣传。摄制乡村振兴系列宣传片，传播好遂溪声音、讲好遂溪故事，献礼中国共产党第二十次全国代表大会。县委宣传部、县融媒体中心及相关单位参与摄制《走进遂溪看振兴》专题宣传片，在中国共产党第二十次全国代表大会召开之际展现遂溪县在乡村振兴工作上取得的成就。全年播出6期。遂溪电视台开设《学习宣传贯彻党的二十大》专栏，以学习宣传贯彻中国共产党第二十次全国代表大会精神为主线，开展形式多样的新闻报道，截至10月25日，遂溪电视台播出宣传《党的二十大》专栏新闻稿件50多篇次，并向上级媒体传送稿件。利用电台宣传渠道，在党的二十大召开期间，自制中国共产党二十大广播宣传标语2条，在遂溪人民广播电台FM104.8每天安排播出24次（条），10月14—23日，播出240次（条）。在遂溪融媒App（应用程序）首页首屏开设“喜迎二十大”聚合专题，集中发布展示遂溪各界喜迎中国共产党第二十次全国代表大会胜利召开的稿件42篇。发挥首页“第一眼”优势，在遂溪融媒App首页首屏转发央媒关于中国共产党第二十次全国代表大会的报道和习近平总书记重要讲话视频7条。在遂溪融媒App开设“庆祝中国共产党二十大网络视听精品节目展播”聚合专题，转载一批优秀网络视听作品。截至10月24日，刊播有关中国共产党第二十次全国代表大会主题文章402篇，阅读量4.15万篇次、转发量1350篇次。推出可视化宣传产品。县融媒体中心做好《党建引领 全局谋划 奋力谱写遂溪县高质量发展新篇章——遂溪县“1+3+6”行动计划宣传片》专题拍摄工作，阐释“1+3+6”行动计划的深刻内涵，并对遂溪发展进行解读。组织撰写“1+3+6”行动计划一周年专题版面4版，于9月28日在《南方日报·遂溪视窗》刊登。解读遂溪“1+3+6”行动计划一周年以来，从“主城区品味提升 内外兼修换新颜”“特色片区协同发展 蝶变投资热土”“产业园区形成新发展格局 释放集聚效应”“交通先行释放县域红利”“新型智慧城市呼之欲出”五大方面，挖掘遂溪“1+3+6”行动计划一周年特色亮点。9月22日“中国农民丰收节”，中央电视台农业农村频道《县里丰收》栏目直播遂溪县委书记骆华庆连线央视推介遂溪农业产品和特色农产品，直播当天超100万人次在线观看，中央电视台一并推出《丰收节　与日出为伴　来看江洪渔港的“天光鱼市”》等专题报道。中央电视台、省、市媒体陆续推出《遂溪醒狮：彩扎非遗醒狮　舞动岭南精气神》《遂溪加快推动湛遂同城化发展　奋力打造湛江市域副中心城市》《湛江遂溪：记者体验高温下田收割火龙果　汗如雨下》《遂溪加快中心城区老旧小区改造　扎实推动湛遂同城化高质量发展》《遂溪：严把疫情防控关　上好开学第一课》《遂溪火龙果丰收　喜迎第五个中国农民丰收节》《遂溪点绿成金以红树林助推高质量发展》《湛江遂溪：海滩上“天然味精”入口啖啖鲜》等报道。国家级、省级、市级媒体多次对遂溪县经济社会发展进行报道。遂溪亮点工作被中央电视台、《人民日报》等国家级媒体播出25部（篇），被“南方+”、广东电视台等省级媒体播出82部（篇），被市级媒体播出超120部（篇）。邀请广东电视台拍摄推出多个专题报道。策划拍摄农民丰收节专题报道3集，即《“珠江调查·深度”喜迎丰收节特别策划》（一）、（二）、（三）。《飞跃广东·奋楫新时代》栏目，拍摄《记者沉浸式体验VLOG：与中国海鲜美食之都玩“捉迷藏”》《湛江遂溪：这个小城很会直播》专题报道，宣传遂溪特色海鲜美食。配合做好公益宣传。对接扫黑除恶、养老诈骗、禁毒、防溺水、消防安全、森林防火等相关职能部门做好宣传工作，利用各种宣传阵地宣传刊播各类公益广告8万多次。

【文化艺术创作】　2022年7月，中共遂溪县委宣传部在县体育馆四楼会议室举行“遂溪县2022年文艺工作会议暨第三届文艺精品奖颁奖大会”。举办“新时代　新生活　新风貌——2022年遂溪县迎春美术作品展”，作品包括中国画、油画、版画、雕塑、水彩（粉）画及综合媒材等，题材主要以美术形式表现遂溪县在全面建成小康社会、向第二个百年奋斗目标迈进过程中的文明创建成果、人民美好生活及城市美境、乡村新貌等，歌颂新时代，描绘新生活，展现新风貌。在县博物馆一楼举办“百年歌党庆，翰墨寄深情——2022年遂溪县迎春书法展”，以遂溪县书法作者近年创作的书法作品为主，主题为树立正确社会主义核心价值观、弘扬中华优秀传统文化，宣传遂溪县建设成就等内容的优秀书法作品60幅。“六一”国际儿童节开展“喜迎二十大·共绘新时代”——2022年遂溪县少儿书画作品征集暨展览活动，收到参赛作品509幅，评出美术类一等奖17幅、二等奖29幅、三等奖45幅，优秀奖53幅；书法类一等奖4幅、二等奖5幅、三等奖6幅；优秀指导教师18人；优秀组织单位15家。全县中小学校（幼儿园）举行学生学习中国共产党第二十次全国代表大会精神，做好社会主义接班人——遂溪县学习宣传贯彻中国共产党第二十次全国代表大会精神宣讲“小达人”比赛活动，围绕中国共产党第二十次全国代表大会精神，从中国共产党第二十次全国代表大会报告原文、党史学习教育、改革开放伟大成就、安全知识、文明城市创建、社会风貌、家乡巨变、美好生活、遂溪红色故事、身边好人好事等方面进行宣讲；表现形式有朗诵、演讲、英语讲故事、脱口秀、模仿秀、相声、快板、口技、绕口令、说唱、戏剧、演奏、独唱、合唱、舞蹈、民间艺术、醒狮、武术等。12月11日，在遂溪县螺岗小镇多功能培训室举行遂溪县“绽放新光彩　艺术新赋能”文艺交流会。8月，遂溪县作为2022年南国书香节的一个分会场举办“2022年南国书香节”。遂溪新华书店开展2022年“4·23”世界读书日活动。组织开展采风活动，挖掘遂溪县域红树林生态优势。4—6月，县作家协会组织作家开展“红树林”采风活动，以报告文学、散文、诗歌形式创作优秀作品，向省、市报刊投稿，宣传“遂溪红树林”。

【精神文明建设】　2022年，中共遂溪县委宣传部选树市、县文明村镇79个；实现行政村、镇创成县级以上文明村、镇比例达92.5%、

66.6%；配合完成省级以上文明单位动态管理抽查；评选褒奖县级“最美家庭”55个、示范性“星级文明户”5个；新增市、县文明校园5所和9所，全县2018年湛江市文明校园均通过市级复核，推进2022年县级文明校园创建。建强阵地队伍，有664个文明宣传平台，其中新增、提升遂溪孔子文化城“扫黄打非”文化长廊、生肖节气园等阵地，打造新时代文明实践中心1个、所16个、站350个、示范所（站）39个，遂溪融媒App、“遂溪新时代文明实践中心”板块集聚群众点单、志愿者招募、服务预告、实践报道功能。新增、壮大百姓宣讲团、少儿红色讲解员等服务力量，其中有覆盖县、镇（街道）、村（社区）的注册志愿服务队伍566支、注册志愿者4.78万人；县新时代文明实践志愿服务总队由县委书记任队长，设8支常备队伍和12支特色分队，镇级、村（社区）新时代文明实践志愿服务队伍分别有16支和546支；评选、褒扬2021年度县级志愿服务工作先进典型164个。制作、刊播、发放公益广告，《遂溪县市民文明手册》等文明宣传资料超40万处（次、份）。采用“线下讲座+线上直播”等形式，开展知识宣讲、文艺展演、关爱帮扶、仪式教育、有奖竞答、秩序维护、环境清洁等文明实践超3100场，服务超80万人次，其中志愿服务超2354场、参加志愿者超2.93万人；评选“广东好人”2人、湛江市道德模范2人、“湛江好人”3人、湛江市“新时代好少年”2人，评选褒扬县级“新时代好少年”10人，礼遇帮扶和宣传先进人物超550人次，通过座谈会、学习会等载体引导道德模范、“身边好人”15人带头参与义务植树、帮扶弱势群体、秩序维护等文明实践超1421场次、捐赠物资价值17.34万元、服务超30.56万人次。

（麦飞龙）

统一战线工作

【概况】 2022年，中共遂溪县委统一战线工作部学习贯彻《中国共产党统一战线工作条例》。贯彻落实党中央、省委、市委和县委关于统一战线工作重大决策部署。县委、县政府主要领导带头在中共县委常务委员会上学习全国宗教工作会议、全国统战部长会议、中央统战工作会议等重要讲话精神；建立健全党委统一领导、统战部门牵头协调、有关方面各负其责的大统战格局，将统一战线工作纳入基层党委领导班子和领导干部考核重要内容，夯实基层宗教工作基础。

【多党合作事业发展】 2022年，中共遂溪县委统一战线工作部制定印发《中共遂溪县委2022年政党（会议协商）计划》，召开遂溪县民主党派和无党派人士代表座谈会、遂溪县民主党派调研选题协商座谈会，各民主党派围绕调研课题和协商计划交流，提出意见和建议。加强对遂溪县经济社会发展重点问题和重点项目调研。中国民主促进会遂溪县支部1名副主委被提拔为县第一中学副校

2022年9月29日，中共遂溪县委统战部在县委第一会议室召开遂溪县统战工作会议　（彭　欣/摄）

长，中国致公党遂溪县支部1名副主委、1名委员分别被提拔为县政府工作部门副职。有1名党外干部担任县人民政府工作部门正职，2名党外干部担任县政治协商会议副主席，1名党外干部担任县人民代表大会常务委员会副主任，1名党外干部担任县人民政府副县长。在县两会期间，各民主党派共向大会提交提案178件，内容涵盖教育提质升级、医疗卫生、乡村振兴、公共服务、经济发展等方面；县民主同盟委员会到界炮镇的村（圩场）、自然村、工厂、农户走访，收集资料推进遂溪县临港（北潭）产业园建设；在新冠疫情防控期间，县农工民主党主委向中国人民政治协商会议湛江市委员会提交《关于做好封控区、管控区急危重患者的处置建议》被采纳。在新冠疫情防控期间，各民主党派成员以医务人员、志愿者等身份深入一线，参与物资保障、环境消杀、核酸检测等工作，捐资捐物价值累计超55万元；在“6•30”广东省扶贫济困日活动中，中国致公党遂溪县支部党员捐款捐物价值累计超20万元。县民主同盟盟员陈仲强牵头成立志愿者服务队，为遂溪县助残济困公益事业服务。是年，陈仲强被湛江市文明委评选为第十一届“湛江好人”。

【民族宗教工作】 2022年，中共遂溪县委统一战线工作部组织宣传教育活动进宗教活动场所、进社区乡村，以悬挂宣传标语、发放《少数民族政策汇编》《中华民族一家亲》等营造教育氛围，树立“民族团结一家亲”思想。联合遂城街道、附城镇在遂溪孔子文化城民族园举行民族团结进步宣传月活动。召开遂溪县民族宗教工作调研座谈会，县、镇两级签订《民族宗教工作目标管理责任书》，各宗教活动场所均建立健全场所应急处置、人员、财务、资产、会计、治安、消防和卫生防疫等管理制度，各场所安装配备治安摄像头、灭火器、消防栓。传统节日期间，各宗教活动场所教职人员对辖区孤寡老人、贫困户进行慰问，送油、米、衣服、棉被等，价值5万多元；全县宗教界为社会公益事业捐款9万多元，其中，在“6•30”广东扶贫济困日捐款2.1万元。

【非公有制经济领域统战工作】 2022年，遂溪县在新冠疫情防控期间开展暖企行动，县工商业联合会到企业一线，传达各项惠企及疫情防控指引等政策，为企业提供金融、法律等方面政策服务；召开落实中小微企业金融政策专题协商会议，协助企业做好金融贷款对接，帮助企业解决资金困难，督促企业落实疫情防控政策及做好安全生产工作。中共遂溪县委统一战线工作部联合县检察院举办遂溪县检察开放日活动，打造普法学法平台，助力民营企业健康发展；与县检察院、县财政局、县司法局等9个单位联合成立遂溪县涉案企业合规第三方监督评估机制管委会，推进涉案企业合规改革试点工作。加强基层商会建设，东莞市遂溪商会、湛江市遂溪商会、珠海市遂溪商会和遂溪县盆景根艺雅石协会被评为2021年湛江市“四好”（班子建设好、团结教育好、服务发展好、自律规范好）商会和商会先进党组织；江门市遂溪商会换届完成。全年有9个商（协）会、100多家爱心企业及爱心人士捐赠价值约500万元抗疫物

2022年7月2日，江门市遂溪商会第二届理事会就职典礼在江门市蓬江区养生谷休闲山庄举行 （县委统战部／供图）

资，捐款约40万元；在“6•30”广东扶贫济困日启动仪式现场募捐485万元，会员企业湛江市恒兴房地产有限公司、广东拉多美化肥有限公司、湛江市港创混凝土有限公司被评为2021年度遂溪县“广东扶贫济困日”活动先进单位。

【港澳台统战工作】 2022年，中共遂溪县委统一战线工作部动员县政协香港委员参与新冠疫情防控，县政协香港委员为家乡防疫一线筹备价值约10万元的防护服1000套、防护面罩1000个、防护脚套1000对、防护手套1000对、N95口罩2000个、一次性医用口罩2.4万个。在“6•30”广东扶贫济困日活动期间，县政协港澳委员捐款近3万元；传统节日期间，中共遂溪县委统一战线工作部走访慰问部分旅港同乡会骨干在遂溪亲属，送去慰问品和节日祝福。协调县市场监督管理局妥善处理统实公司、品先公司等台资企业在生产经营中遇到的实际问题，推动暖企活动开展，促进企业平稳健康发展。

【海外统战工作】 2022年，县归国华侨联合会到侨属企业遂溪新隆园畜牧合作社开展暖心行动，协助和服务侨企解决因“疫”出现的问题；中共遂溪县委统一战线工作部开展全县侨情普查。是年，中共遂溪县委统一战线工作部加挂遂溪县侨务局牌子。

（潘羽彤）

机构编制工作

【概况】 截至2022年底，全县机关事业单位738个，其中党政群部门89个（中共遂溪县委员会9个，遂溪县人民政府25个，遂溪县人民代表大会常务委员会1个，中国政治协商会议遂溪县委员会1个，民主党派1个，群众团体8个，遂溪县工业园区管委会1个，部门下设机关43个），镇（街道）16个和事业单位633个。因撤销遂城镇设立遂城街道和附城镇，遂溪县镇（街道）由15个变为16个。全县机关事业单位有编制1.83万人，在职1.48万人。2022年，通过乡镇（街道）事业单位改革精简机构106个，遂溪县事业单位数量减少。全年审核各单位上报机构编制事项报县编委会讨论研究，召开编委会2次，解决机构编制事项15项。办理5500人（含“县管校聘”教职员调整）入编事项。

【行政机构编制管理】 2022年，中共遂溪县委机构编制委员会办公室将《遂溪县撤销遂城镇设立遂城街道、附城镇机构改革实施方案》《中共遂溪县遂城街道工作委员会、遂溪县人民政府遂城街道办事处职能配置、内设机构和人员编制规定》《中共遂溪县附城镇委员会、遂溪县附城镇人民政府职能配置、内设机构和人员编制规定》报县委审定。印发《关于明确遂溪县农业灌溉领域“小水利”基础设施主管部门的通知》。县交通运输局增设党建人事股，为内设机构，正股级，并核增股级职数1名。县委政法委员会增设扫黑除恶股，为内设机构，正股级，并核增县股级职数1名。县工业园区管委会增设科技创新部，为内设机构，正股级，并核增股级职数1名。印发《遂溪县党政部门及中央、省驻遂有关单位安全生产工作职责》。在县科工贸和信息化局外资管理股加挂遂溪县外商投资企业投诉中心牌子。调整遂溪县司法局机构编制事项。将县直各有关单位的行政复议和因行政复议引起的行政应诉职责划转到县司法局。县司法局作为县政府行政复议机构，依法办理县政府行政复议事项，承担相应行政应诉工作。撤销县司法局行政复议与应诉股，设立行政复议股、行政应诉股，均为内设机构，正股级。县教育局增设校外教育培训监管股，为内设机构，正股级。增加县审计直属所副股级职数1名，增加后县审计直属所共有股级职数4名（1正3副）。将中共遂溪县委农村工作办公室更名为中共遂溪县委农村工作领导小组办公室，仍设在县农业农村局。在遂溪县卫生健康局加挂遂溪县疾病预防控制局牌子，事业机构编制管理。批复同意撤销遂城镇设立遂城街道和附城镇后，遂城街道辖区内农村小学统一更名为“遂城某某小学”，附城镇辖区内各学校统一更名为“附城镇某某小学（初级中学）”。成立遂溪县附城镇中心幼儿园，为公益一类事业单位，正股级。由附城镇中心小学管理，业务由县教育局指导。成立遂溪县洋青镇沙古中心幼儿园，为县教育局所属公益一类事业单位，正股级。增加县网络舆情信息中心事业编制3名。印发《遂溪县乡镇街道事业单位改革实施方案》。在遂溪县自然资源局（遂溪县海洋局）加挂遂溪县林业局牌子。中共遂溪县委统一战线工作部加挂遂溪县侨务局牌子。机构调整后，由中共遂溪县委统一战线工作部1名副部长任遂溪县侨务局局长，其他机构编制事项不变。增加中共遂溪县委组织部党建指导中心副主任职数1名。增加县社会福利院工作任务：为老年人提供助养、康复、生活服务等工作。调整后，县社会福利院主要任务：负责全县范围内弃婴、孤儿、遗弃儿童的收养和送养工作。为老年人提供助养、康复、生活服务等工作。设立遂溪县消防事务中心，为公益一类事业单位，正股级，隶属于遂溪县应急管理局，委托遂溪县消防救援大队管理。设立遂溪县干部人事档案管理中心，为县委组织部下属公益一类事业单位，正股级。

【镇（街道）体制改革】 2022年5月17日，遂溪县印发《遂溪县乡镇街道事业单位改革实施方案》。县政务数据服务局配合县依法治县办，做好遂溪县下放事项的目录编制工作，共同推进镇（街道）体制改革。推动执法体制改革，7个县级职权部门2批次下放424项行政执法事项到镇（街道），配备持有执法证人员719人，安排业务指导师挂点联系各镇（街道），印发《遂溪县关于建立县镇综合行政执法协调协作机制的实施方案》，规范镇（街道）综合行政执法行为，确保执法事项能够放得下、接得住。

【机构编制监督检查】 2022年，中共遂溪县委机构编制委员会办公室开展全县编外人员调研摸底工作。开展机构编制执行情况和使用效益评估工作。评估对象为各镇、县直各类机关（含直属行政单位）、县直属事业单位及其所属事业单位。评估内容主要分为五个方面：职责履行和取得成效情况、“三定”规定执行情况、职能配置和机构设置情况、编制核定和人员配置情况、机构编制管理规范情况。

【事业单位登记管理】 2022年，中共遂溪县委机构编制委员会办公室办理事业单位登记事项68个，其中变更登记事项65个，注销登记事项1个，设立登记事项2个。办理事业单位法人证书补领事项13个。

（县编办）

机关党建工作

【概况】 截至2022年底，中共遂溪县直属机关有党组织330个，其中机关党委13个、党总支22个、党支部295个，党员5552名（其中在职在岗党员3247名，离退休党员2305名）。

【机关政治建设】 2022年，中共遂溪县直属机关工作委员会以政治建设为统领，坚持把学习贯彻落实习近平新时代中国特色社会主义思想和中国共产党第二十次全国代表大会精神作为首要政治任务，以“三会一课”（支部党员大会、支部委员会、党小组会，党课）为主要学习阵地，县直机关各党组织开展集中学习1242次，参加集中学习党员2.19万人次，深入学习贯彻习近平总书记重要讲话精神和指示批示精神及省市县各级重要会议精神；各级党组织邀请专家学者、党校教师、退休老领导开展中国共产党第二十次全国代表大会、省市县各级党代会精神专题宣讲251场，参加党员1.03万人次；落实意识形态工作责任制，建立县直单位党委（党组）理论学习中心组学习报备和列席旁听制度，第二季度至第四季度，县直机关各单位党委（组）理论学习中心组学习报备192次，压实贯彻落实党中央、国务院方针政策及省委省政府、市委市政府、县委县政府工作要求，教育引导县直机关党员干部忠诚拥护“两个确立”、增强“四个意识”、坚定“四个自信”、做到“两个维护”。

【机关思想建设】 2022年，中共遂溪县直属机关工作委员会抓好“三会一课”报备和党建调研督导制度落实。通过“第一议题”“三会一课”“四个日子”（党的生日、党员活动日、扶贫济困日、驻点联系群众日）、党日活动、“党课开讲啦”等方式，抓好党员大轮训和中国共产党第二十次全国代表大会精神学习；建立县直单位党委（党组）理论学习中心组学习报备和列席旁听制度；健全学习机制促进工作落实；开展“万堂党课下基层”活动；线上线下培训党员和入党积极分子1334期，2.27万人次；开展专题宣讲会9场；创新推行“一对一”培训工作方式，三级党组织全覆盖党务轮训11期，上门培训5期，培训2350人次；县直工委班子成员带头深入机关企事业单位上党课11场；合办多彩主题活动，弘扬红色精神，联合举办“精神的力量——中国共产党人精神谱系图文巡展”、“强国复兴有我 建功新时代”女性大讲坛、“学习身边榜样”活动、“党领导下的科学家”主题展等活动，传承红色基因、赓续精神血脉，筑牢意识形态“南大门”。

2022年7月28日，中共遂溪县直属机关工作委员会、县妇联、县总工会联合在县博物馆举办“精神的力量”——中国共产党人精神谱系图文巡展 （县直工委/供图）

2022年9月27日，中共遂溪县直属机关工作委员会在县退役军人事务局会议室举行2022年县直机关新党员入党宣誓仪式

（县直工委/供图）

【机关组织建设】 2022年，中共遂溪县直属机关工作委员会抓好换届选举工作，优化党组织10个，换届62个，新进入各级党组织班子成员65人；抓实发展党员工作，重视在生产工作一线、青年和高知识群体中发展党员，全年发展党员54人，培养入党积极分子309人；落实社区“大党委”、党员“双报到”和网格化管理、“平急转换”工作机制，推进基层治理提质增效；在遂溪县新冠疫情防控中，县直机关300多个党组织，3000多名党员下沉一线，筑牢安全防线；加强党内激励关怀，颁发“光荣在党50年”纪念章62枚，慰问老党员、困难党员、先锋模范个人、疫情防控一线工作人员671名；优化经费保障制度，返还老干支

部及“两新”（新经济组织、新社会组织）党组织党费9.8万元；各级党组织共投入380多万元规范建设党建阵地，建成县直机关党员法治文化学习教育基地，强化党员法治教育。

【机关党建管理】 2022年，中共遂溪县直属机关工作委员会建立健全机关党建工作机制，结合分片联系责任制，通过抓好“三会一课”（支部党员大会、支部委员会、党小组会，党课）报备和党建调研督导制度落实，督促各党组织落实“第一议题”“三会一课”制度和规范组织生活；抓好平时考核，抓实抓细“三会一课”季度报备等工作，采取季度性党建调研督导形式，及时指导，纠正偏差；抓好党费收缴、管理和使用，全年收缴党费143万元，每季度按时足额上缴县委组织部。

【机关作风建设】 2022年，中共遂溪县直属机关工作委员会落实“一岗双责”（“一岗”就是一个领导干部的职务所对应的岗位；“双责”就是一个领导干部既要对所在岗位应当承担的具体业务工作负责，又要对所在岗位应当承担的党风廉政建设责任制负责）党风廉政建设责任制和落实中央八项规定精神，执行民主集中制，在县法院建成县直机关党员法治文化学习教育基地，全年处理违纪党员14人。继续深化机关作风整治，提高便民利企服务效能，促进营商环境优化；遂溪县行政服务中心大厅累计办理业务8万多件。

【机关党建品牌创建】 2022年，中共遂溪县直属机关工作委员会继续组织发动各级党组织参加省市改革创新大赛，促进党建与业务融合；县人民法院机关党委获市二等奖，县发展和改革局机关党委、县委党校党支部获市三等奖；聚焦“1+3+6”行动计划，在急难险重任务一线成立临时党支部41个，构建攻坚克难的矩阵堡垒，做到“支部建在项目上，党旗飘在工地上”，把党的优势转化为推进项目建设落地见效动能；推动党建带群建、志建出新彩。结合学雷锋日、“三八”妇女节、“五四”青年节等重要时间节点，合办形式多样的志愿活动、党日活动，强化思想政治力量，激发干事创业热情；11月，一级管理党组织全部建立关工组织，推进党建带“关建”，助力青少年健康成长。遂溪县志愿者服务联合会党支部在“i志愿”注册志愿者队伍566支，志愿者4.78万人，服务时长15万多小时，服务次数2298次，推进党建带志建，助力社会治理、创文、乡村振兴等中心工作；县科工贸和信息化局党总支坚持党建引领电商发展，全县电商农产品销售总额7.42亿元；县委政法委党支部以党建为引领推动基层治理“四个二”（“两本台账”管理基层、“两块牌子”弘扬正能量、“两个规矩”约束群众行为、“两个组织”助推乡村振兴）模式，打造共建共治共享社会新格局，获广东省依法治省工作先进单位。

（陈苑媚、王一宇）

党史工作

【概况】 2022年，中共遂溪县委党史研究室编撰完成《遂溪县革命遗址通览》，征集编撰《中国共产党遂溪县组织史资料（第三卷）》，完成《中国共产党遂溪县历史（第二卷）》修改和审核。开展卜巢村等红色教育基地资料征集撰写。

【史料征集编撰】 2022年，中共遂溪县委党史研究室编撰完成《遂溪县革命遗址通览》，共11万字，170张图片；征集编撰《中国共产党遂溪县组织史资料（第三卷）》，收录全县近115个副科以上单位资料，约16万字；完成《中国共产党遂溪县历史（第二卷）》修改和审核，约35万字；征集并向市委党史研究室上报脱贫攻坚口述史资料6篇；对省委党史研究室的《广东省红色遗址大博览》和湛江市委党史研究室的《湛江市革命遗址辑要（修订版）》有关遂溪党史的内容进行校对修改；审核遂溪电视台文旅宣传短片中的党史相关内容，审核遂溪县博物馆《文物有故事》讲解词中的党史相关内容，对登载于《南方日报》等媒体的新闻通稿《首个党建红色影视文化城落户广东省遂溪县——湛江党建红色影视文化城项目动工典礼》中的党史内容进行审核；制作遂溪县革命遗址地图。

【党史宣传教育】 2022年，中共遂溪县委党史研究室在《湛江晚报》、湛江云媒继续发表《遂溪人民抗日风云》系列第6期至第10期、共5期，讲述抗日战争时期遂溪人民抗击日本侵略者的英勇事迹；到洋青镇沙古中学开展“学党史、记初心，党史书籍进校园”活动；联合县文明办到县社会福利院开展端午节“粽飘香，系浓情”关爱慰问活动；联合团县委、县老游击战士联谊会、县关工委等单位开展“铭记历史、不忘国耻，悼念亡灵、祈愿和平”“九一八事变”纪念活动；开展“四史”（中共党史、新中国史、改革开放史、社会主义发展史）宣传宣讲活动，主任程哲鸣在《红色遂溪》线上宣讲和在县“三支一扶”（支教、支农、支医，扶贫）人员培训班上讲党课，讲述遂溪红色故事，传播遂溪红色文化；开展“追寻红色足迹，传承革命精神”“七一”主题党日活动，重温入党誓词。

【红色教育基地建设】 2022年，中共遂溪县委党史研究室为“红色姑寮”红色教育基地撰写革命史及村史大纲2万字，征集照片80张；为卜巢村红色教育基地、卜巢山抗日中队及村史展览，撰写大纲1.8万字，征集照片50多张；为老马红色教育基地完成大纲约4000字，征集照片约90张；为深坭塘芝福堂——信和乡抗日联防委员会遗址撰写大纲6000字，征集照片30张；推进洋青泮塘红色教育基地建设，撰写大纲2.2万字，征集照片70张；为黄学增小学撰写展览大纲《伟人黄学增的求学之路》；推荐唐才猷故居为中共湛江市党史教育基地。

（陈　华）

党校工作

【概况】 2022年，中共遂溪县委党校以习近平新时代中国特色社会主义思想为指导，贯彻落实《中国共产党党校（行政学院）工作条例》和习近平总书记关于党校办学治校系列重要指示精神，聚焦主业主课，统筹教、研、咨一体化发展，为遂溪县高质量发展培养党员干部。全年举办各类干部培训班3期，培训党员干部252人次。在《湛江研究》《湛江通讯》等市级党委主办的刊物上发表学术论文10多篇。

【干部教育培训】 2022年，中共遂溪县委党校举办各类干部培训班3期，培训党员干部252人次，配合上级组织部门完成新时代基层干部轮训（送教下基层）暨村（社区）党组织书记轮训班教学任务。在干部培训班中成立学员临时党支部3个，支部党员96名，开展党日活动6次。6月19日至7月3日，举办遂溪县2022年上半年中青年干部培训班，44名中青年干部参加培训，课程包括15节专题课、3次现场教学、1场小组研讨、1次学员论坛等。10月31日至11月2日，举办遂溪县2022年度选调生基层锻炼岗前培训班，28名2022年度选调生参加培训，课程包括5节专题课、2次交流研讨、1次现场教学等，组织召开选调生到村任

2022年6月20日，遂溪县2022年上半年中青年干部培训班在县委党校开班　（县委党校/供图）

· 链接 ·

“四议两公开”：“四议”是指村党支部会提议、村“两委”会商议、党员大会审议、村民代表会议或村民会议决议；“两公开”是指决议公开、实施结果公开。

职对接会。11月16日至21日，参加2022年全国新录用公务员初任培训班（遂溪县委党校分课堂），183名2022年新录用公务员参加培训，课程包括9节专题课、4次小组研讨等。强化培训考核，收集整理学员结业心得、个人党性分析报告和咨政文章，并做好学员档案分类归档。是年，开发打造黄略镇龙湾醒狮保护传承基地和杨柑镇火龙果种植基地现场教学点2处。

【科研和决策咨询】 2022年，中共遂溪县委党校支持各股室之间自主或联合组建学术团队，鼓励学术团队和教研人员根据全县经济社会发展重大需求、重点领域和热点难点问题确定研究方向，整合优化全校优秀科研资源。是年，在《湛江研究》《湛江通讯》等市级党委主办的刊物上发表学术论文10多篇，李志鸿、陈华清、谢景玲完成市级课题《文化自信视域下县域文化建设研究》。围绕县委、县政府中心工作到基层一线调查研究，依据突出问题导向狠抓决策咨询工作，参与基层党建“深调研”工作，撰写《推行村级重大事项决策“四议两公开”调研报告》《组织生活规范化建设调研报告》《关于遂溪县村级干部培训的调研报告》《关于探索建立社会组织党委的调研报告》4篇调研报告。

【中国共产党第二十次全国代表大会精神宣讲】 2022年，中共遂溪县委党校组织5名骨干教师成立中国共产党第二十次全国代表大会精神宣讲团，宣讲团成员通过专题学习、集体备课、新课试讲、集中点评等方式，打磨出“汇聚人民磅礴伟力，向伟大复兴阔步前进”“新观点、新论断、新思想、新征程”“从‘五个牢牢把握着手’，深入学习贯彻中国共产党第二十次全国代表大会会议精神”“为全面建设社会主义现代化强国建功立业”等5门精品课程，到全县各镇（街道）、各单位开展中国共产党第二十次全国代表大会精神宣讲70多场次，参加学习党员干部超3000人次。

【党校办学质量评估】 2022年9月14日，中共广东省委党校（广东行政学院）办学质量评估组到中共遂溪县委党校现场评估办学质量。评估指标主要有坚持党校姓党根本原则、党校（行政学校）设置和领导体制、教学工作、科研工作和决策咨询、人才队伍建设、学员管理与学风建设、办学保障、创新和特色工作8个方面。省委党校评估组通过座谈交流、查阅资料、问卷调查、随堂听课、考察现场教学点等方式，全面评估县委党校2018—2020年办学质量。座谈会上，省委党校评估组肯定县委党校办学治校取得的成效，并指出存在的问题和不足及提出整改意见建议，要求县委党校以评促改、以评促建、以评促发展，落实整改工作，加强和改进新形势下党校工作。

（陈太杰）

老干部工作

【概况】 2022年，遂溪县有离退休干部7200人，其中县管离休干部75人、退休干部7125人。是年，遂溪县老干部局加强退休老干部思想政治引领和老干部工作品牌建设，落实老干部政策待遇。加强老干部党支部建设，有老干部党支部85个，离休干部党员53人，退休干部党员3539人。

【老干部工作品牌建设】 2022年，遂溪县老干部方言宣讲团开展学习贯彻中国共产党第十九次全国代表大会及十九届历次全体会议精神、中国共产党第二十次全国代表大会精神专题宣讲活动，到机关、企事业单位、农村、校园等场所，开展宣讲活动50场，有宣讲听众2万多人次。3月，县委组织部联合基层党组织老干部党建指导员组成工作调研组，对全县15个镇开展老干部基层党建指导员试行成果调研，并根据调研成果制定《老干部党建工作指导员的实施办法修改稿（试行）》。发挥县关工委、县老游击战士联谊会、县老区建设促进会、县老年人体育协会、县长寿养生研究会5个老年团体作用，引导老干部为党和人民的事业增添正能量。通过老干部团体联合医疗机构、民间中医开展中医养生合作，推进“医养结合”服务养老模式的试点工作，推广养生长寿理念，增强老干部养生长寿意识，定期组织送春联、公益慈善、助学创业、关爱孤残儿童、维护青少年合法权益等各类主题活动，引导老干部继续为党的各项事业发展呐喊助力，为实现第二个百年奋斗目标和中华民族伟大复兴贡献智慧和力量。

【老干部政治待遇落实】 2022年，遂溪县党政主要领导向老干部通报工作情况，听取老干部意见和建议，在重要节日开展慰问老干部活动。组织老干部学习习近平新时代中国特色社会主义思想，贯彻落实中国共产党第十九届历次全会精神、中国共产党第二十次全国代表大会精神和习近平总书记对全国老干部工作的重要指示精神，引导离退休干部牢固树立“四个意识”、坚定“四个自信”、做到“两个维护”，自觉在思想上政治上行动上同以习近平同志为核心的党中央保持高度一致。为老干部订阅《秋光》《南方日报》《湛江日报》《老人报》《新老年周刊》等学习资料7000多份。组织老干部参加会议和活动12次。其中，学习报告会6次，通报工作会2次，征求意见和座谈会2次，开展活动2次。县委、县政府和县老干部局举办老干部座谈会、通报工作会2次，老干部参加人数200人次。向“喜迎盛会·共谱华章”湛江市离退休干部诗词书画摄影大赛选送优秀作品11份，获二等奖1人、三等奖2人、优秀奖8人。

【老干部生活待遇落实】 2022年，遂溪县落实老干部生活和医疗待遇，为11名符合照顾条件的中华人民共和国成立初期参加革命工作的部分退休干部发放生活待遇补助和医疗补助。

【老干部党支部建设】 2022年，遂溪县有老干部党支部85个，离休干部党员53人，退休干部党员3539人。年内组织老干部开展学习领会中国共产党十九届六中全会精神、中国共产党第二十次全国代表大会精神学习教育活动。提升离退休干部党组织组织力，在全县85个老干部党支部选优配强党支部书记和党支部班子，组织离退休干部党支部书记和老干部党务工作者参加上级或本级举办的业务培训。多渠道开展老干部红色文化教育，打造弘扬红色文化。依托遂溪县丰富的红色文化资源，按照“七个一”（打造一个标志性小景观、建立一个老党员驿站、编写一套学习资料、培养一支金牌讲解员队伍、建设一个在线学习平台、录制一段宣传视频、编写一篇微信公众号推文）标准建设下洋村老干部红色教育基地。

【老干部服务】 2022年，遂溪县针对离休干部“双高期”实际，增加上门探访次数。分别在春节、“七一”建党节和重阳节期间对县城及各镇所有接管离休干部进行上门探访和开展送学上门活动。县老干部活动中心在春节、中秋节、重阳节等重要时间节点举办书画、朗诵、舞蹈等系列主题活动，丰富老干部文化生活。采集优秀离退休干部信息，为湛江市银发人才库推荐银发人才10人。

【老干部信息化管理】 2022年，遂溪县做好广东省离退休干部服务管理系统的管理维护工作，督促各镇（街道）、县直副科以上机关、企事业单位离退休干部工作部门落实系统更新维护。以上单位按要求完成逐级搭建并添加对应管理员，全县离退休干部信息录入工作完成。

（县委老干部局）

遂溪县人民代表大会

综述

【概况】 2022年，遂溪县有县镇人民代表大会16个，其中县人民代表大会1个，镇人民代表大会15个。各级人民代表大会代表1776人，其中全国人民代表大会代表1人，省人民代表大会代表4人，市级人民代表大会代表56人，县级人民代表大会代表354人，镇级人民代表大会代表1361人。县第十七届人民代表大会常务委员会组成人员38人，其中主任1人、副主任6人、委员31人。县人民代表大会常务委员会下设1个科级综合办事机构和6个科级工作委员会：县人民代表大会常务委员会办公室、监察和司法工作委员会、财政经济工作委员会、农村农业城镇建设环境与资源保护工作委员会、教育科学文化卫生华侨民族宗教工作委员会、选举联络人事任免工作委员会、社会建设工作委员会。

【遂溪县人民代表大会工作坚持思想政治引领】 2022年，遂溪县人民代表大会常务委员会始终把坚持党对人民代表大会工作的全面领导作为人民代表大会工作的“生命线”，贯穿到人民代表大会工作的各方面全过程，确保人民代表大会工作沿着正确政治方向前进。把牢正确政治方向。突出习近平新时代中国特色社会主义思想总指引，把学习宣传贯彻中国共产党第二十次全国代表大会精神作为首要政治任务，深化对新发展阶段、新发展理念、新发展格局的理解把握。把传达学习习近平总书记重要讲话精神作为党组会议第一议题，深入学习中国共产党第二十次全国代表大会、中国共产党广东省第十三次代表大会、中国共产党湛江市第十二次代表大会、中国共产党遂溪县第十四次代表大会等会议精神，全面学习中央、省委、市委、县委人民代表大会工作会议精神，全年组织集中学习19次，把学习成果转化为做好新时代人民代表大会工作的强大动力。落实县委决策部署。紧扣县委工作部署要求，贯彻县人民代表大会工作会议精神，确保人民代表大会工作与县委中心工作同向发力。严格执行请示报告制度，向县委常务委员会报告人民代表大会工作，全年就重大事项、重点工作向县委请示报告16次。常务委员会班子成员投身于新冠疫情防控工作第一线，动员全县各级人民代表大会代表和人民代表大会机关干部参与新冠疫情防控工作，组织全县人民代表大会代表捐资捐物，为全县新冠疫情防控工作注入人民代表大会力量。完成督导自然资源领域重点工作、防汛防风工作、联系服务企业、化解信访积案、“平安夜访”等重点工作任务，做到党委有部署、人民代表大会有行动、落实有成效。

【人事任免】 2022年，遂溪县人民代表大会常务委员会坚持党管干部和人民代表大会依法任免干部有机统一，把好人事任免关口、完善主任会议、任前法律考试、常务委员会审议表决、颁发任命证书、宪法宣誓等制度，提升人事任免工作的科学化、民主化、法治化水平。全年任免国家机关工作人员82人次，其中任命干部47人次，免去职务32人次，接受辞职3人；接受辞去县人民代表大会代表3人、市人民代表大会代表1人，接受辞去常务委员会委员2人；采取强制措施许可1人、不予许可1人。

【遂溪县人民代表大会常务委员会自身建设】 2022年，遂溪县人民代表大会常务委员会坚持把政治建设摆在首位，强化政治机关意识。落实全面从严治党政治责任，研究加强党建引领，落实“第一议题”“三会一课”、民主生活会、组织生活会等制度，召开学习中国共产党第二十次全国代表大会精神专题讲座，开展“喜迎二十大•奋进新征程”主题党日活动，组织机关党员参观县博物馆、钟竹筠烈士纪念馆、泉水农会旧址等，筑牢依法履职政治基础，推动机关政治建设全面推进、全面过硬。落实意识形态责任制，把新闻信息宣传工作摆在重要位置。召开信息宣传工作会议、新闻宣传工作表彰会议，举办新闻写作业务专题培训班，强化新闻信息写作业务指导，打造高素质人民代表大会宣传工作队伍。全年在各级媒体、平台发布新闻稿件575篇，《人民之声》、“南方+”客户端、《湛江日报》、“湛江人大”微信公众号、湛江人大网等市级以上媒体平台报道遂溪县人民代表大会工作87篇，获评“湛江市人大新闻奖”三等奖3件。严格执行民主集中制，贯彻落实中央八项规定及其实施细则精神，加大党风廉政建设工作力度，压紧压实党风廉政建设“一岗双责”。开展纪律作风建设，召开机关作风建设会议，通过集中讨论、警示教育、廉政谈话等形式，专题研究省委巡视反馈意见整改落实工作，突出问题导向，深入查摆整改，以作风建设促进工作提升，营造风清气正、激情干事的良好氛围。

（县人大办）

重要会议

【遂溪县第十七届人民代表大会第二次会议】 2022年3月30—31日在遂溪县文化服务中心召开。会议听取和审议代县长刘剑所作的县人民政府工作报告；听取和审议县人民代表大会常务委员会主任苏琛所作的遂溪县人民代表大会常务委员会工作报告；听取和审议县人民法院院长李非白所作的遂溪县人民法院工作报告；听取和审议县人民检察院检察长陈德斌所作的遂溪县人民检察院工作报告；会议做出关于遂溪县人民政府工作报告的决议、关于遂溪县人民代表大会常务委

2022年3月30日，遂溪县第十七届人民代表大会第二次会议在县文化服务中心开幕

（县人大办/供图）

员会工作报告的决议、关于遂溪县人民法院工作报告的决议、关于遂溪县人民检察院工作报告的决议。会议选举刘剑为遂溪县人民政府县长；选出遂溪县第十七届人民代表大会常务委员会委员：王月美（女）、何毅、沈香、陈尚、符仲谋、翟凯频；通过遂溪县第十七届人民代表大会监察和司法委员会、财政经济委员会主任委员、副主任委员、委员名单。

【县人民代表大会常务委员会会议】 2022年，遂溪县第十七届人民代表大会常务委员会召开会议16次，即常委会第三次至第十八次。

第三次会议　于1月14日召开。会议审议遂溪县人民政府《关于提请审议梁虎泉等同志职务任免的议案》《关于提请审议苏立贤等同志职务任免的议案》，表决通过有关人事任免事项：任命梁虎泉为遂溪县公安局局长；任命黄彦彤为遂溪县人民政府办公室主任；任命戴林竹为遂溪县司法局局长；任命郑辉为遂溪县住房和城乡建设局局长；任命伍里祺为遂溪县民政局局长；任命邹良为遂溪县发展和改革局局长；任命李裕宏为遂溪县科工贸和信息化局局长；任命陈德为遂溪县统计局局长；任命叶志军为遂溪县医疗保障局局长；任命胡建县为遂溪县城市管理和综合执法局局长；任命王惠秀为遂溪县政务服务数据管理局局长；任命苏立贤为遂溪县信访局局长；任命胡用为遂溪县民族宗教事务局局长；任命周炳辉为遂溪县应急管理局局长；任命李国庆为遂溪县文化广电旅游体育局局长；任命王华强为遂溪县人力资源和社会保障局局长；任命郑高科为遂溪县市场监督管理局局长，免去其遂溪县交通运输局局长职务；任命樊标为遂溪县水务局局长，免去其遂溪县人力资源和社会保障局局长职务；任命陈赵成为遂溪县教育局局长，免去其遂溪县市场监督管理局局长职务；任命梁盘为遂溪县交通运输局局长；任命何毅为遂溪县人民代表大会常务委员会财政经济工作委员会主任，免去其遂溪县退役军人事务局局长职务；任命李强为遂溪县退役军人事务局局长，免去其遂溪县农业农村局局长职务；免去翟凯频遂溪县教育局局长职务；免去余良遂溪县文化广电旅游体育局局长职务；免去符仲谋遂溪县应急管理局局长职务；免去陈开林遂溪县水务局局长职务；免去何日保遂溪县信访局局长职务。

第四次会议　于1月29日召开。会议审议遂溪县人民政府《关于提请审议梁虎泉等同志职务任免的议案》《关于提请审议陈连虹同志职务任职的议案》，表决通过有关人事任免事项：任命陈波为遂溪县财政局局长；任命陈连虹为遂溪县农业农村局局长。

第五次会议　于3月9日召开。会议审议通过遂溪县人民代表大会常务委员会2022年工作要点、遂溪县人民代表大会常务委员会2022年会议议题安排和遂溪县人民代表大会常务委员会2022年监督工作计划；审议通过《关于遂溪县第十七届人民代表大会常务委员会代表资格审查委员会主任委员、副主任委员、委员名单的决定》。会议听取和审议遂溪县人民政府《关于提请刘剑同志任职的议案》、遂溪县人民代表大会常务委员会主任会议《关于提请审议决定刘剑为遂溪县人民政府代理县长的议案》、遂溪县人民法院《关于提请陆春远等同志职务任免的报告》，审议遂溪县人民代表大会常务委员会《关于接受陈升辞去遂溪县人民政府县长职务请求的决定（草案）》《关于刘剑为遂溪县人民政府代理县长的决定（草案）》，并表决通过有关人事任免事项：决定任命刘剑为遂溪县人民政府副县长、代理县长；接受陈升辞去遂溪县人民政府县长职务的请求；任命陆春远为遂溪县人民法院立案庭（诉讼服务中心）庭长，免去其遂溪县人民法院杨柑人民法庭庭长职务；任命莫卓颖为遂溪县人民法院杨柑人民法庭副庭长，免去其遂溪县人民法院综合审判庭副庭长职务；任命何兰芳为遂溪县人民法院民事审判一庭副庭长，免去其遂溪县人民法院城月人民法庭副庭长职务；任命吴美虹为遂溪县人民法院审判员。

第六次会议　于3月24日召开。会议审议通过《遂溪县人民代表大会常务委员会工作报告》《关于召开遂溪县第十七届人民代表大会第二次会议的决定》，拟提交遂溪县第十七届人民代表大会第二次会议通过的有关文件、《关于列席和邀请列席遂溪县第十七届人民代表大会第二次会议人员的决定》《县人民代表大会常务委员会关于表彰优秀代表议案建议和先进办理单位的决定》。

第七次会议　于3月28日召开。会议听取和审议《遂溪县人民代表大会常务委员会代表资格审查委员会关于代表变动情况及新当选代表资格审查的报告》，表决通过《关于代表变动情况及新当选代表资格审查的决议》。

第八次会议　于4月18日召开。会议听取《遂溪县人民代表大会常务委员会监察和司法工作委员会关于县第十六届人民代表大会备案审查工作情况的报告》。会议听取和审议遂溪县人民政府《关于提请审议陈柳等同志职务任免的议案》、遂溪县人民法院《关于提请免去陈成玉同志职务的报告》、遂溪县人民检察院《关于提请审议免去王磊同志检察员职务的报告》，表决通过有关人事任免事项：决定任命陈柳为遂溪县卫生健康局局长；决定免去袁臻遂溪县卫生健康局局长职务；免去陈成玉遂溪县人民法院执行二庭庭长、审判员职务；免去王磊遂溪县人民检察院检察员职务。

第九次会议　于4月27日召开。会议听取和审议遂溪县人民政府关于“八五”普法规划情况的报告，审议和通过遂溪县人民代表大会常务委员会《关于开展第八个法治宣传教育的决议》，听取和审议遂溪县人民政府关于进一步减轻义务教育阶段学生作业负担和校外培训负担意见的报告，表决通过遂溪县人民代表大会常务委员会《关于进一步减轻义务教育阶段学生作业负担和校外培训负担意见报告的审议意见》。会议听取遂溪县人民政府关于打击电信诈骗违法犯罪情况的报告、关于2021年环境状况和环境保护目标完成情况的报告。

第十次会议　于6月29日召开。会议听取和审议遂溪县人民政府关于2021年度审计查出问题整改情况的报告、关于遂溪县2021年自然资源国有资产管理情况的报告、关于《社区矫正法》实施情况的报告、关于《广东省学校安全条例》实施情况的报告。听取遂溪县人民政府关于“红树林”保护情况的报告、关于遂溪县退役军人事务管理工作情况的报告。听取和审议遂溪县人民代表大会常务委员会主任会议《关于提请审议欧学雄等同志职务任免的议案》、遂溪县人民法院《关于提请莫健雄等同志职务任免的报告》，表决通过有关人事任免事项：免去杨靖华遂溪县人民代表大会常务委员会办公室主任职务；任命欧学雄为遂溪县人民代表大会常务委员会办公室主任，免去其遂溪县人民代表大会常务委员会选举联络人事任免工作委员会主任的职务；任命黄晓毅为遂溪县人民代表大会常务委员会选举联络人事任免工作委员会主任；任命陈春花为遂溪县人民代表大会常务委员会办公室副主任；任命莫健雄为遂溪县人民法院综合审判庭副庭长，免去其遂溪县人民法院民事审判二庭副庭长职务；任命沈建平为遂溪县人民法院民事审判二庭副庭长，免去其遂溪县人民法院刑事审判庭副庭长职务。

第十一次会议　于7月22日召开。会议审议通过遂溪县人民政府关于提请审议遂溪县存量隐性债务化解“清零”情况报告的议案，表决通过遂溪县人民代表大会常务委员会《关于批准遂溪县存量隐性债务化解“清零”情况报告的决议》。会议听取和审议遂溪《关于接受潘松海辞去湛江市第十五届人民代表大会代表、遂溪县第十七届人民代表大会代表职务请求的决议（草案）》，并表决通过：接受潘松海辞去湛江市第十五届人民代表大会代表、遂溪县第十七届人民代表大会代表职务的请求。

第十二次会议　于8月16日召开。会议听取和审议遂溪县人民政府《关于提请审议黄少娥等同志职务任免的议案》、遂溪县人民法院《关于提请卢乐等同志职务任免的报告》、遂溪县人民代表大会常务委员会《关于接受卜小明辞去遂溪县第十七届人民代表大会常务委员会委员、遂溪县第十七届人民代表大会代表职务请求的决定（草案）》，并表决通过有关人事任免事项：决定任命黄少娥为遂溪县人民政府副县长；决定免去张闽英遂溪县人民政府副县长职务；接受卜小明辞去遂溪县第十七届人民代表大会常务委员会委员、遂溪县第十七届人民代表大会代表职务的请求；任命卢乐为遂溪县人民法院审判委员会委员，免去其遂溪县人民法院民事审判一庭庭长职务；任命何兰芳为遂溪县人民法院民事审判一庭庭长，免去其遂溪县人民法院民事审判一庭副庭长职务；任命莫卓颖为遂溪县人民法院杨柑人民法庭庭长，免去其遂溪县人民法院杨柑人民法庭副庭长职务。

第十三次会议　于8月23日召开。会议听取和审议遂溪县人民政府《关于提请审议陈康保等同志职务任免的议案》，并表决通过有关人事任免事项：决定免去黄彦彤遂溪县人民政府办公室主任职务；决定任命陈康保为遂溪县人民政府办公室主任。

第十四次会议　于8月29日召开。会议听取和审议遂溪县人民政府关于2021年县本级预算执行和其他财政收支审计工作的报告、关于2021年县本级财政决算草案的报告，表决通过遂溪县人民代表大会常务委员会《关于2021年县本级预算执行和其他财政收支审计工作报告的审议意见》《关于批准遂溪县2021年县本级决算的决议》。会议听取遂溪县人民政府关于2022年上半年国民经济和社会发展计划执行情况的报告、关于2022年上半年财政预算执行情况的报告、关于北部湾旅游新区建设情况的报告，听取县人民法院关于执行工作情况的报告。

第十五次会议　于10月9日召开。会议听取和审议遂溪县人民代表大会常务委员会主任会议《关于提请审议遂城镇区划调整涉及人民代表大会工作有关事项的议案》《关于提请审议任命附城镇选举委员会组成人员的议案》，审议通过《遂溪县人民代表大会常务委员会关于遂城镇区划调整涉及人民代表大会工作有关事项的决定》《遂溪县人民代表大会常务委员会关于任命附城镇选举委员会组成人员的决定》。会议听取和审议遂溪县人民政府《关于提请审议何志良等同志职务任免的议案》、遂溪县人民代表大会常务委员会主任会议《关于提请审议谢跃祺等同志职务任免的议案》，并表决通过有关人事任免事项：决定任命何志良为遂溪县审计局局长；决定免去陈三永遂溪县审计局局长职务；任命谢跃祺为遂溪县人民代表大会常务委员会遂城街道工作委员会主任；任命梁尚为遂溪县人民代表大会常务委员会遂城街道工作委员会副主任；免去陈超铭遂溪县人民代表大会常务委员会办公室副主任职务。会议听取和审议《遂溪县人民代表大会常务委员会关于接受陈超铭辞去遂溪县第十七届人民代表大会常务委员会委员、遂溪县第十七届人民代表大会财政经济委员会副主任委员职务请求的决定（草案）》，决定接受陈超铭辞去遂溪县第十七届人民代表大会常务委员会委员、遂溪县第十七届人民代表大会财政经济委员会副主任委员职务的请求。

第十六次会议　于10月31日召开。会议听取和审议遂溪县人民政府《关于提请审议2022年度收支预算调整方案的议案》，表决通过《遂溪县人民代表大会常务委员会关于批准遂溪县2022年度收支预算调整方案的决议》。会议听取和审议遂溪县人民政府《关于城市管理综合执法工作情况的报告》《关于〈中华人民共和国安全生产法〉实施情况的报告》《关于养老服务工作情况的报告》。会议听取遂溪县人民政府《关于推进人才队伍建设工作情况的报告》《关于遂溪县2021年关于第二轮中央生态环境保护督察整改情况的报告》《关于城乡医保基金使用情况的报告》。会议听取县发展和改革局局长邹良、县民政局局长伍里祺2021年以来的工作述职报告，并分别进行述职测评，测评结果：邹良为基本满意、伍里祺为满意。

第十七次会议　于12月14日召开。会议听取和审议东莞市公安局《关于提请许可对湛江市遂溪县人民代表大会代表黄利国采取刑事强制措施的函》，表决通过《遂溪县人民代表大会常务委员会关于许可对遂溪县人民代表大会代表黄利国采取刑事强制措施的决定》。

第十八次会议　于12月28日召开。会议表决通过《遂溪县人民代表大会常务委员会遂城街道工作委员会工作制度（暂行）》。会议听取和审议遂溪县人民政府《关于提请审议2022年度第二次收支预算调整方案的议案》，表决通过《遂溪县人民代表大会常务委员会关于批准遂溪县2022年度第二次收支预算调整方案的决议》。会议听取和审议遂溪县人民政府《关于民生实事项目实施情况的报告》《关于县十七届人民代表大会二次会议代表议案建议办理工作情况的报告》。会议听取遂溪县人民政府《关于推进水产业高质量发展工作情况的报告》。会议对遂溪县住房和城乡建设局、湛江市生态环境局遂溪分局2021年以来的工作情况进行评议测评，测评结果均为满意。会议听取和审议遂溪县人民代表大会常务委员会主任会议《关于提请审议黄珍等同志职务任免的议案》、遂溪县人民法院《关于提请审议免去陈秋茂同志执行局局长、审判委员会委员职务的报告》、遂溪县人民检察院《关于提请审议免去庞生同志检察员职务的报告》《关于提请审议免去祝冰同志检察员、检察委员会委员职务的报告》，并表决通过有关人事任免事项：任命黄珍为遂溪县人民代表大会常务委员会教育科学文化卫生华侨民族宗教工作委员会主任，免去其遂溪县人民代表大会常务委员会社会建设工作委员会副主任职务；免去陈珍的遂溪县人民代表大会常务委员会教育科学文化卫生华侨民族宗教工作委员会主任职务；免去陈秋茂的遂溪县人民法院执行局局长、审判委员会委员职务；免去庞生的遂溪县人民检察院检察员职务；免去祝冰的遂溪县人民检察院检察员、检察委员会委员职务。

【遂溪县人民代表大会常务委员会主任会议】　2022年，遂溪县人民代表大会常务委员会召开主任会议17次，即县第十七届人民代表大会常务委员会第四次主任会议至第二十次主任会议。

（县人大办）

人民代表大会监督

【概况】　2022年，遂溪县人民代表大会常务委员会紧扣全县工作大局，聚焦重点难点，发挥综合监督效能，做到正确监督、有效监督、依法监督。举办“遂溪县主城区升级改造”代表论坛，推动县城街道“白改黑”和老旧小区改造项目建设，听取北部湾旅游区建设情况报告。组织代表视察滨河新区、滨海新区规划建设及县城供水情况。开展乡村振兴、撂荒耕地复耕复种、引调水工程、农村道路建设、美丽乡村建设、基本农田保护等视察调研。听取审议财政预算执行和收支审计、财政决算、国民经济和社会发展计划执行等情况报告。审查批准县级财政预算调整方案，加强监督经济重点工作。听取审议审计查出突出问题整改、自然资源国有资产管理、城乡医保基金管理和使用等工作情况报告。开展政府债务管理情况专题调研。审查批准存量隐性债务化解“清零”报告。调研推进水产业高质量发展工作情况。开展民生实事项目票决，召开县人大常委会委员会议对县政府实施十大民生实事项目进行满意度测评。听取审议教育“双减”落实情况的报告，检查《广东省学校安全条例》实施情况，对遂城第十三小学项目建设情况开展专题询问。听取审议养老服务和退役军人事务管理工作情况报告。听取环境状况和环境保护目标完成情况和第二轮中央环保督察整改情况报告，开展红树林保护工作情况调研，推进红树林修复保护工作。听取县法院执行工作情况报告，视察公益诉讼检察工作。听取关于打击电信诈骗违法犯罪情况报告，专题调研知识产权保护情况。推动社区矫正工作融入社会治理。听取审议城市管理综合执法工作情况报告。对《中华人民共和国安全生产法》贯彻实施情况开展执法检查，听取人才队伍建设工作情况报告，到县人才驿站开展专题调研。对县住房和城乡建设局、市生态环境局遂溪分局开展工作评议，组织县发改局、县民政局主要领导向县人大常委会述职，促进部门持续改进工作。

【重点工作监督】 2022年，遂溪县人民代表大会常务委员会举办“遂溪县主城区升级改造”代表论坛，推动县城街道“白改黑”（水泥路面改为沥青路面）和老旧小区改造项目建设，听取北部湾旅游新区建设情况报告，组织代表视察滨河新区、滨海新区规划建设情况，推动县委“1+3+6”（以围绕1个主城区，打造滨河新区、滨海新区、北部湾旅游新区3个特色片区，规划岭北工业园区、白坭坡工业园区、燕子窝工业园区、洋青工业园区、城月工业园区、北潭港工业园区6个功能产业园为抓手，贯彻大交通、大数据发展理念）行动计划提档增速。组织代表视察县城供水情况，协助配合省、市人民代表大会常务委员会开展乡村振兴、撂荒耕地复耕复种、引调水工程、农村道路建设、美丽乡村建设、基本农田保护等视察调研，推进乡村振兴战略实施。

【保障经济运行监督】 2022年，遂溪县人民代表大会常务委员会听取审议财政预算执行和收支审计、财政决算、国民经济和社会发展计划执行等情况报告，审查批准县级财政预算调整方案，加强监督经济重点工作，促进财政收支平衡向好。听取审议审计查出突出问题整改、自然资源国有资产管理、城乡医保基金管理和使用等工作情况报告，开展政府债务管理情况专题调研，审查批准存量隐性债务化解“清零”报告。聚焦产业扩能增效，调研推进水产业高质量发展工作情况，助推全县经济平稳运行、健康发展。

【增进民生福祉监督】 2022年，遂溪县人民代表大会常务委员会开展民生实事项目票决，通过项目征集、代表票决、监管评估等监督形式，召开常务委员会委员会议对县政府实施十大民生实事项目进行满意度测评，督促民生实事项目落地见效。回应群众对教育的关切，听取审议教育“双减”（减轻作业负担、减轻校外培训负担）落实情况报告，检查《广东省学校安全条例》实施情况，对遂城第十三小学项目建设情况开展专题询问，督促办好人民满意教育。听取审议养老服务和退役军人事务管理工作情况报告，关注养老和退役军人服务保障。协助市人民代表大会常务委员会调研全民健身工作，完善公共体育服务，提高全民科学健身意识。

【生态环保监督】 2022年，遂溪县人民代表大会常务委员会听取环境状况和环境保护目标完成情况、第二轮中央环保督察整改情况报告，开展环境保护专题调研，确保污染防治攻坚、环保督察整改工作稳步推进，继续改善生态保护和环境治理。调研红树林保护工作情况，听取县政府专项工作报告，宣传《湛江市建设

2022年3月14日，遂溪县人民代表常务委员会召开满意度测评会，对县人民政府2021年十大民生实事项目实施情况进行满意度测评

（县人大办/供图）

2022 年 3 月 22 日，遂溪县人民代表大会常务委员会召开专题询问会议，对遂城第十三小学项目建设情况开展专题询问，发挥人大监督作用，推动项目加快建设 （县人大办 / 供图）

“红树林之城”行动方案（2021—2025 年）》，提高人民群众对红树林的保护意识，推进红树林修复保护工作。

【促进公平正义监督】 2022 年，遂溪县人民代表大会常务委员会依法监督司法工作，听取遂溪县人民法院执行工作情况报告，视察公益诉讼检察工作，加强司法工作监督力度。听取打击电信诈骗违法犯罪情况报告，专题调研知识产权保护情况，视察“春风利剑”专项行动，推进平安建设。听取审议“八五”普法规划情况，依法作出决议。建立健全规范性文件备案审查信息平台，全年备案审查规范性文件 5 份，促进规范性文件备案审查工作走上程序化、规范化轨道。做好信访工作，全年受理群众来信 13 份、来电 10 次，接待群众来访 28 人次，解决群众合法合理诉求。

【提升基层治理监督】 2022 年，遂溪县人民代表大会常务委员会听取审议《社区矫正法》贯彻实施情况报告，推动社区矫正工作融入社会治理。听取审议城市管理综合执法工作情况报告，强化城市综合执法保障。对《中华人民共和国安全生产法》贯彻实施情况开展执法检查，督促安全生产责任落实。听取人才队伍建设工作情况报告，到县人才驿站开展专题调研，助推人才驿站建设和人才队伍建设。对县住房和城乡建设局、市生态环境局遂溪分局开展工作评议，组织县发展和改革局、县民政局主要领导向县人民代表大会常务委员会述职，促进部门继续改进工作，提升管理服务水平。

（县人大办）

人民代表大会代表工作

【概况】 2022 年，遂溪县人民代表大会常务委员会高度重视代表工作，坚持尊重代表主体地位，完善代表工作机制，密切代表联系人民群众，着力提升代表工作水平和实效。创“五好”联络站。建好用好代表联络站，发挥代表联络站平台载体作用。全县建成镇级人大代表中心联络站 15 个、村级人大代表联络站 202 个。洋青、黄略、城月、河头、建新、界炮 6 个镇级中心联络站被评为“五好”代表中心联络站，附城村、城榄村等 18 个村级联络站被评为“五好”代表联络站。深入开展“更好发挥人大代表作用”主题活动，解决群众难题。市、县领导以普通人大代表身份进代表联络站接待群众，解决群众急难愁盼问题。县人大常委会完善议案建议交办、督办工作，健全完善代表议案建议办理闭环管理工作机制，增强议案建议办理质量和实效。

【“五好”代表联络站创建】 2022 年，遂溪县人民代表大会常务委员会建好用好代表联络站，发挥代表联络站平台载体作用，把联络站作为打通联系群众“最后一公里”手段。全县建成镇级人民代表大会代表中心联络站 15

个、村级人民代表大会代表联络站202个。创建“五好”（硬件设施好、组织管理好、开展活动好、联系群众好、工作成效好）代表联络站，印发《遂溪县人民代表大会常务委员会创建“五好”代表联络站方案》，召开“五好”代表联络站示范点创建工作现场会，开展“五好”代表联络站评选表彰，洋青、黄略、城月、河头、建新、界炮6个镇级中心联络站被评为“五好”代表中心联络站，附城村、城榄村等18个村级联络站被评为“五好”代表联络站，发挥先进示范作用，引领全县代表联络站提质增效。

2022年12月15日，遂溪县创建“五好”人民代表大会联络站示范点建设工作现场会召开，全县16个镇（街道）人民代表大会负责人到洋青镇城榄村代表联络站、洋青镇代表中心联络站参观

（县人大办/供图）

【“更好发挥人民代表大会代表作用”主题活动】 2022年，遂溪县1645名（次）人民代表大会代表进联络站开展活动2437次，接待群众1289人次，收集群众意见建议527件，解决412件，逐步解决115件。市、县23名领导以普通人民代表大会代表身份进代表联络站接待群众，推动解决群众急难愁盼问题，湛江市委常委、组织部部长谢水明到洋青接待群众，协调解决洋青镇食品公司门前至沿河路段“行路难”问题；县委书记骆华庆到遂城街道接待群众，解决安装城南社区路灯“照明难”问题；县长刘剑到黄略镇接待群众，解决修复许屋村三元坛水闸“生产难”问题。遂溪县人民代表大会常务委员会召开主题活动意见建议办理工作推进会，通过“全员入站、深入调研、限时办结”模式，组织实施，办理经验获广东省人民代表大会常务委员会机关刊物《人民之声》刊登报道。

【县人民代表大会议案建议办理】 2022年，遂溪县人民代表大会常务委员会完善议案建议交办、督办工作，坚持集中交办和即提即交相结合，健全完善代表议案建议办理闭环管理工作机制。听取县政府办理议案建议工作情况报告，实行“分工包案任务”督办模式，由县人民代表大会常务委员会领导牵头调研督办，增强议案建议办理质量和实效。县第十七届人民代表大会第二次会议期间代表提出8类49件建议（含议案转建议）办理完毕，全部完成书面函复代表。县人民代表大会常务委员会评选表彰优秀代表建议10件、先进办理单位10个，推动解决群众“揪心事”。

（县人大办）

遂溪县人民政府

综述

【概况】 2022年，遂溪县学习贯彻中国共产党第二十次全国代表大会精神，贯彻落实习近平总书记对广东系列重要讲话精神和重要指示批示精神，按照党中央“疫情要防住、经济要稳住、发展要安全”重大要求和省、市工作部署，统筹推进新冠疫情防控和经济社会发展，统筹发展与安全，实施“1+3+6”行动计划，做好“六稳”（稳就业、稳金融、稳外贸、稳外资、稳投资、稳预期）工作，全面落实“六保”（保居民就业、保基本民生、保市场主体、保粮食能源安全、保产业链供应链稳定、保基层运转）任务，全县经济继续健康发展，社会各项事业全面进步。全县主要经济指标均实现正增长，多项指标位居全市前列，经济运行保持在合理区间。全县地区生产总值426.61亿元，比上年增长2.2%；地方一般公共预算收入10.46亿元，增长12.4%；规模以上工业增加值29.68亿元，增长0.7%；固定资产投资105.6亿元，增长7.2%；社会消费品零售总额144.5亿元，增长2.3%；城镇居民人均可支配收入约2.95万元，增长3.7%；农村居民人均可支配收入约2.26万元，增长4.6%，农村居民收入增长快于城镇，城乡差距不断缩小。

表1　2022年遂溪县人民政府印发的部分文件情况表

序号	发布文号	文件名称	发布日期
1	遂府规〔2022〕1号	遂溪县人民政府森林防火禁火通告	1月30日
2	遂府办〔2022〕8号	遂溪县2022年招商引资考核激励暂行办法的通知	5月5日
3	遂府办〔2022〕9号	遂溪县县级储备粮管理办法（修订版）的通知	5月5日
4	遂府告〔2022〕20号	遂溪县人民政府关于下放到镇街综合行政执法事项目录（第二批）的公告	5月27日

续表 1

序号	发布文号	文件名称	发布日期
5	遂府〔2022〕40 号	遂溪县人民政府工作规则的通知	9 月 24 日
6	遂府〔2022〕41 号	遂溪县人民政府常务会议工作制度的通知	9 月 24 日
7	遂府〔2022〕42 号	遂溪县人民政府常务会议“三重一大”事项清单的通知	9 月 24 日
8	遂府办〔2022〕20 号	遂溪县粮食应急预案的通知	12 月 1 日

表 2　2022 年遂溪县人民政府制定的规范性文件一览表

序号	发布文号	文件名称	发布日期
1	遂府告〔2022〕2 号	遂溪县人民政府森林防火禁火通告	1 月 30 日

【经济实力稳步提升】

农业经济提速增效　2022 年，遂溪县实现农林牧渔业总产值 251.06 亿元，比上年增长 6.8%，增速排全市第三名。新增创建南药省级现代农业产业园，获评为省畜禽养殖标准化示范场 10 家、省现代化美丽牧场养殖单位 2 家，2 家水产企业获评为省级水产健康养殖示范场，13 家养殖场获评国家级生猪产能调控基地，5 家养殖场获评省级生猪产能调控基地，新增 2 个全国“名特优新”农产品，新增 1 家粤港澳大湾区“菜篮子”生产基地，新增 2 个省级专业镇村，遂溪圣女果入选广东农产品“12221”（“1”即一个大数据；“2”即“拓展销区市场，完善产区市场”两个市场；“2”即成立销售联盟，组织销区采购商队伍、培养产区经纪人队伍两支队伍；“2”即“采购商走进产地”“产品走进大市场”两场活动；“1”即实现一揽子目标）市场体系建设“十大优秀案例奖”，在建的“对虾遗传育种中心”将成为国内首个高标准、现代化对虾种质资源库，农牧渔三大领域亿元级特色优势农业产业带继续提质升级。

工业经济平稳发展　出台《遂溪县促进工业经济平稳增长若干措施》，全年完成规模以上工业总产值 209.82 亿元，比上年增长 0.3%。规模以上工业总数 120 家。成立工业项目落地投产专班，统筹推进工业项目 51 个，完成投资 10.29 亿元，同畅环保科技船舶废物处理利用中心项目一期、五洲药业生物医药科技产业园项目一期等 11 个项目建成投产。引入投资超百亿元的新能源产业园项目，投资超 12 亿元的浙江运达股份零碳南方总部基地项目开工建设，新能源产业链项目总投资 158 亿元。园区经济“蓄势待发”，初步形成“一园六区”（遂溪县产业园区，岭北产业园区、白坭坡产业园区、洋青产业园区、燕子窝产业园区、城月产业园区、北潭港产业园区六大产业园区）发展新格局，全年产业园区（岭北、白坭坡）规模以上工业总产值 79 亿元，比上年增长 15.6%；规模以上工业增加值 13 亿元，增长 10.9%，县产业转移工业园区被认定为省特色产业园；对北潭港工业园区和白坭坡预制菜产业园实行“提级管理”，预制菜产业集群现雏形，年产值7亿元。

服务业活力增强　推进省级全域旅游示范区创建工作，评选县“红情绿意蓝韵古色”遂溪八大美景，谋划打造全国首个东坡古镇，推进北部湾旅游新区文旅项目；全年旅游接待人数108.5万人次，旅游收入超10亿元。推进电子商务进农村示范县项目，示范县项目（一期）绩效评估获评优秀等次，排全省第一名；新培育、引进电商企业12家，仓储物流配送中心入驻企业30家，全县电商网络销售额13.8亿元，其中农产品销售额11.6亿元。完善信息基础设施，全县固定宽带接入用户累计近20万户，新增4G（第四代移动通信技术）基站58座，累计2264座；新增5G（第五代移动通信技术）基站204座，累计909座。全县金融机构本外币存款余额368.4亿元，比上年增长13.4%；人民币贷款余额201.1亿元，增长19.8%。

·链接·

“红情绿意蓝韵古色”遂溪八大美景：

1. 儒美孔圣城
2. 风景螺岗
3. 学增故里
4. 东征号角
5. 华邦（湛江）玥珑湖
6. 醉美仙裙
7. 芳草碧潭
8. 新韵古村

【重点项目建设亮点突出】　2022年，遂溪县完善“管行业必须管投资项目”工作机制，成立稳投资工作专班和重大项目并联审批工作专班，争取上级资金破解项目要素资源问题，发行专项债券16.4亿元；45个项目申报2023年首批专项债券项目通过国家发展和改革委员会审核，总投资257亿元，债券需求超58亿元，债券项目审核通过数量及资金需求均排全市第二名。全年安排重点建设项目49个，总投资292.19亿元，全年完成投资超50亿元。强化项目储备库管理，储备2023—2024年重点前期预备项目33个，估算总投资383亿元；储备湛遂同城化发展项目58个，总投资784亿元。交通设施日趋完善。加快推进一批重大交通建设项目落地建设，发挥重大交通基础设施服务及辐射作用。遂溪大道、连接线实现与湛江大道全线通车，河东大道开工建设。国道207线遂溪县穿城段改线工程、国道207线遂溪广前至雷林段改扩建工程加快立项。国道228线遂溪县穿城段改线工程、省道545线里光至港门段改建工程完成工可报告初稿。农村公路完工19个项目76千米、危桥改造10座。获评为“四好农村路”（建设好、管好、护好、运营好农村路）省级示范县。招商项目落地见效。实施“招大引强”行动，县主要领导率队走出去招商，赴海南、安徽、湖南、山东等地开展招商洽谈考察活动，成功对接凯盛科技集团有限公司、万洋集团有限公司、杭萧钢构公司等企业，签约项目21个（亿元级项目14个），计划总投资76.92亿元，完成落地项目到位资金51.94亿元，2020—2021年签约的19个项目开工，100%完成市下达考核任务。

【改革开放深入推进】　2022年，遂溪县扩大对外开放。强化农业对外合作交流，组织举办系列农特产品推介活动，举办广东遂溪农业领域对接RCEP（区域全面经济伙伴关系协定）启动仪式暨特色农产品网络文化节，遂溪成为全省首批开展农业领域全面对接RCEP的县域。鼓励企业利用各种电商平台、粤贸全球平台、展销展会等线上线下渠道，开拓国际市场，全年完成进出口总额

23.9亿元，比上年增长4.4%。继续深化遂融东西部协作，做好“产业+就业+消费”帮扶，引导广东坤达管业有限公司等6个企业到广西壮族自治区融安县投资建企，建成产业园1个和帮扶车间6个。

【城乡面貌日新月异】 2022年，遂溪县中心城区强芯提质。主城区更新提质加快推进，投入超5亿元推动7个老旧小区改造项目全部开工，遂城镇改设遂城街道和附城镇揭牌。城市加快向东南方向拓展，滨河新区功能日趋完善，城市道路、排水排污工程、学校、酒店及商住小区等项目建设逐步加快，商业、企业等要素和实体加快向城市集聚，产城融合发展提速。坚持拥湾发展，滨海新区作为推动与湛江市区同城化发展的前沿阵地，明确列入湛江市城市发展战略规划，加快片区开发建设。乡村振兴巩固提升。乡村建设深入推进，自然村基本实现干路硬底化建设，68%农村厕所完成改造提升，农村生活污水收集率、处理率分别提升至98.5%、94.8%，全部镇（街道）通过市级示范圩镇验收、8个镇（街道）获评优秀等次，新增市级文明镇村19个；实施“千村示范、万村整治”工程，加快推进乡村风貌示范带和美丽宜居示范村等项目建设；完善“遂溪县乡村治理数字化管理系统”，以建新镇车路头村、附城镇下洋村等自然村为示范点先行先试，将“自治、法治、德治”深度融合应用于乡村治理。深化农村综合改革，流转农村土地承包经营权，全县累计流转土地5.08万公顷，涉及农户5.86万户；加快推进遂溪县农村宅基地审批试点工作；规范和完善农村集体“三资”（资金、资产、资源）管理，全县2430个农村集体经济组织全部纳入村财镇管。2022年，遂溪县入选2021赛迪顾问乡村振兴百强县，位列全国第11名。生态环境继续优化。实施空气质量提升行动，全年空气质量为优、良的天数327天，优良率99.4%，环境空气质量优良稳定。11个不达标的镇级及以下地下水饮用水源地开展整治工作全部整改完毕，均达到饮用水质标准，农村集中式供水水源完成整改。常态化开展河长制工作，开展“五清”（清污、清漂、清淤、清障、清违）、“清四乱”（清理整治河道治理范围内乱占、乱采、乱堆、乱建）行动，完成遂溪河129个入河排污口排查工作。推动生态环境保护督察整改，中央第四生态环境保护督察组驻粤期间交办遂溪县牵头案件66件，全部办结，办结率100%。

【民生福祉不断增强】 2022年，遂溪县开展线上招聘会15场，提供就业岗位5714个，实现城镇新增就业3657人、城镇失业人员再就业2617人、就业困难人员实现再就业153人，遂溪县人才驿站被评为省特色人才驿站、市优秀人才驿站。完善社会保障体系，全县16个镇（街道）350个村委会实现社工站全覆盖，建成村级社工站点70个，实现社会工作服务站（点）100%覆盖；累计建成1个县级社区居家养老综合服务示范中心，15个镇级社区居家养老综合服务中心和142个村级居家养老服务站。最低保障水平、特困人员供养水平、残疾人“两项补贴”（生活补贴、护理补贴）和孤儿、事实无人抚养儿童基本生活保障金逐步提高。3个县级公立医院整体搬迁升级建设项目完成，县人民医院整体搬迁项目和县公共卫生医院项目基本建成，县妇幼保健院项目完成门诊综合楼建设工程并投入使用。推进由县人民医院牵头的县域紧密型医共体建设，北坡、杨柑、河头3个县域次级医疗卫生中心项目启动建设。县人民医院、城月镇中心卫生院与广东医科大学附属医院加强托管合作，医疗卫生服务能力提高。各镇卫生院实行公益一类财政供给，公益二类事业单位管理。推动3所高中〔遂溪县第一中学、大成中学和黄学增纪念中学（原遂溪县第二中学）〕扶贫项目投入使用。投入1.7亿元加强办学条件建设，中小学幼儿园新增学位4565个，遂城第十三小学项目教学楼封顶。县职业技术学校东校区项目投入使用并招生开学。2022年高考本科上线数比上年增长6.7%，高中教学质量管理智育评估系数居全市第一位。中考总分平均分、各学科平均分连续3年居五县（市）第一位；中考体育平均分多年居全市第一位。县文化中心建设项目加快建设；湛江党建红色影视文化城项目（岭北镇）开工建设；县体育中心项目申报2023年首批专项债券通过国家发展和改革委员会和财政部审核。创建全域旅游示范区，编制完成《遂溪县全域旅游总体发展规划（2020—2035年）》，加快编制《东坡古镇概念性规划》《北部湾旅游新区总体规划》。加强体育场地改造建设，新增各类体育场地64个，面积2.33万平方米。遂溪县代表队在第八届国际太极拳网络大赛、广东省全民健身广场舞联赛、广东省第十六届运动会均获佳绩。遂溪“糖祖习俗”入选第八批省级非物质文化遗产代表性项目名录。

【政府自身建设加强】 2022年，遂溪县全面贯彻新时代党的建设总要求，严守政治纪律和政治规矩，贯彻落实上级各项工作部署，坚决服从县委领导，推动政府系统忠诚拥护“两个确立”，坚决做到“两个维护”。推进法治政府建设，实施“八五”普法规划，实行重大行政决策事项目录化管理，推进政府信息公开，办理答复人民代表大会代表建议68件、政协提案104件，政府工作连续3年在全市质量工作考核获评A级，获评为“广东省依法治省先进单位”1个、省级“民主法治示范村”3个。推进全面从严治党，严格落实中央八项规定精神，带头过“紧日子”，“三公”经费〔因公出国（境）费、公务接待费、公务用车运行维护费及购置费〕比上年下降10%，审计促进财政增收节支146.5万元，全县政治生态好转，政府效能提升。

（县府办）

重要会议

【县政府常务会议】 2022年，遂溪县召开县政府常务会议17次。主要讨论研究安全生产工作；新冠疫情防控工作；生态环境保护工作；全民健身工作；滨河新区污水处理厂一期工程及配套管网工程项目；建筑物征收与安置办法；滨海湿地整改工程；随军家属就业安置；国道207线、228线遂溪县穿城段改线工程；遂溪县乡村振兴驻镇帮镇扶村资金分配方案；新增专项债券项目；河东大道（站前大道—国道228线）市政工程；反诈专项工作资金；《2022年政府工作报告》《2022年县政府民生实事候选项目建议方案》《遂溪县2022年度财政预算草案》《遂溪县2021年国民经济和社会发展计划执行情况与2022年计划草案的报告》；110千伏遂新线N33—N39段迁移改造工程；10千伏河滨线沙坡支线高压线迁改项目；遂化路排水渠整治项目；《湛江市遂溪县人民政府与浙江运达风电股份有限公司投资合作协议》；湛江市遂溪县人民政府与浙江运达风电股份有限公司、中国能源建设集团广东省电力设计研究院有限公司战略合作协议；资产处置；新农村建设资金；建设项目土地征收补偿；垦造水田项目建设；土地挂牌出让；土地出租；划拨土地；收回国有土地；建设项目土地征收补偿；审议城乡规划；“双反”资金；工作作风建设工作；债券项目申报材料编制资金；滨海新区建设项目土地征收工作；划拨污水处理厂建设项目用地；道路亮化工程建设；事业单位公开招聘工作；城镇建设用地报批费用；《遂溪县各镇及县直单位2022年招商引资目标任务分解表》《遂溪县2022年招商引资考核激励暂行办法》《遂溪县县级储备粮管理办法》《遂溪县2020年永久基本农田保护经济补偿资金发放方案》《关于实现巩固拓展脱贫攻坚成果同乡村振兴有效衔接的实施方案》《广东遂溪滨海智慧新城合作框架协议》《乡村振兴、产业合作框架协议》《湛江市气象局遂溪县人民政府共同推进基层气象防灾减灾第一道防线先行示范县建设战略合作协议（2021—2025年）》；粮食安全生产责任制考核；救灾物资储备库建设；职业技术学校实训基地项目建设；《遂溪县事业单位管理岗位职员等级晋升制度工作实施方案》《遂溪县人民政府第二批下放到镇街综合行政执法事项目录》；草潭渔港渔政执法船专用码头工程项目；《遂溪县2022年度国有建设用地供应计划》；革命史馆室陈列软装项目资金；被征地农民养老保障金；《关于更加有效发挥统计监督职能作用的意见》；医疗项目建设资金；教育维修改造项目资金；“一村一辅警”资金；国道207线遂溪县穿城段改线工程前期费用；《遂溪县人民政府第三批下放到镇街综合行政执法事项目录》《遂溪县港门镇黄屋村滨河湿地限制类红线区内违法填海区域整改项目堆积物出让方案》；调顺跨海大桥项目个案；洋青工业基地项目安置留用地；《遂溪县2021年永久基本农田保护经济补偿资金发放方案》；《遂溪县2022年（第二批次）采矿权招标拍卖挂牌出让年度计划草案》《遂溪县中心城区北门片区控制性详细规划调整必要性分析及方案》《遂溪县全域旅游发展总体规划（2022—2035年）》《2022年遂溪县公开招聘教育系统专业技术人员（教师）工作方案》；县社会治安视频监控系统续期建设项目；《遂溪县县级储备粮油损失损耗处理方案》；岭北污水处理厂污水处理服务费；债券资金使用工作；关于重点项目、债券项目及事项办理；《遂溪县乡村振兴驻镇帮镇扶村项目管理和资金使用监管办法》；垦造水田项目种植水稻奖补；县集中隔离场所后勤保障资金；核酸采样物资采购资金；《遂溪县项目投资监管协议书》；县工业园区企业服务中心工程建设资金来源变更；交通安全文明示范路项目建设资金；湛江大道与遂溪大道连接线改河工程；遂溪河整治养殖猪场关停补偿款；2021年度第六批次城镇建设用地报批费用；《遂溪县城市规划管理技术规定》；建设附城镇中心幼儿园；县老干部大学综合楼项目人防工程；《遂溪县财政支出管理暂行办法》；10千伏河滨线沙坡支线高压线迁改项目资金来源变更；校园安全工作；镇自然资源所固定资产移交所辖镇管理；《湛江市康达居房地产开发有限公司“三旧”改造项目改造方案》《广东遂溪县产业转移工业园区创建省级高新区战略发展规划（2022—2030年）》《遂溪县工业园区产业发展规划（2021—2025年）》；调整县污水处理厂污水处理单价；平安遂溪视频监控系统基础覆盖项目；交通协管警务辅助岗位；土地督察发现问题整改工作；优化营商环境工作；《遂溪县贯彻落实国务院扎实稳住经济的一揽子政策措施实施方案》；乡村振兴基础及配套设施项目；“三旧”改造方案；建设遂溪县主城区中心地下停车场项目；“健康小屋”建设资金；《遂溪县“5G+”数字经济战略合作协议书》；城月工业园区管理范围调整；未成年人思想道德建设工作；《遂溪县农村供水“三同五化”改造提升（遂溪县农村饮水安全提升）工程实施方案》；建设遂溪县遂城街道社区养老服务设施建设项目；《遂溪县2022年度“三旧”改造计划

2022年6月28日，湛江市气象局、遂溪县人民政府共同推进基层气象防灾减灾第一道防线先行示范县建设战略合作协议签约活动在县气象局举行
（县府办/供图）

实施项目》；重大行政决策目录：《遂溪县2022年度耕地“进出平衡”总体方案》《遂溪县妇女发展规划（2021—2030年）》《遂溪县儿童发展规划（2021—2030年）》《遂溪县深化新时代教育督导体制机制改革实施方案》；政策性就业安置；城镇老旧小区综合改造建设项目；遂溪县保障性租赁住房项目；遂溪县镇级污水管网建设项目；2022年垦造水田项目；自然资源领域重点整治；法治政府建设工作；《遂溪县县级财政资金项目库管理办法（试行）》；政务公开；《遂溪县农村生活污水治理专项规划》；新产业集团组建总体方案；殡仪馆升级改造建设项目；财政收支预算调整方案；旧城区道路污水管网改造提升工程；垦造水田后期管护地力培肥项目；环北部湾水资源配置工程等问题。学习《中华人民共和国科学技术进步法》《广东省自然资源厅关于印发自然资源管理工作中若干底线要求的通知》《中华人民共和国生物安全法》《湛江市反走私反偷渡工作责任追究办法》《广东省〈实施中华人民共和国消防法〉办法》以及统计文件。

【县政府工作会议】 2022年，遂溪县召开县政府工作会议26次。主要研究部署关于湛江市恒兴海洋食品研发生产项目推进工作、安全示范路创建工作、市政地下管线规划工作、2022年度双拥工作军地联席会议、政府储备国有土地供应审批（审核）会审会议、涉案冻品处置工作、农贸市场升级改造工作、城市治理工作方案征求意见会议、遂溪县2022年第一季度经济运行分析和重点项目推进暨招商引资工作会议、遂溪河碧道、沙坡河碧道等项目工作，玉林（省界）至湛江高速公路项目征地拆迁资金结算会议、政府供应审批（审核）会审会议、县中医院项目建设工作、湛江市专用隔离场所项目建设工作、北部湾遂溪避风港建设项目推进工作、正大生猪屠宰厂项目推进工作、遂溪县2022年上半年全县经济运行分析研判会议、中科炼化一体化配套输气输油管道项目个案会议、解决养老服务机构消防审验遗留问题工作、碧道项目建设工作、养老服务机构消防审验工作、县职业技术学校建设工作、市场主体培育工作等会议。

（县府办）

2022年5月6日，遂溪县召开2022年第一季度经济运行分析和重点项目推进暨招商引资工作会议 （县府办/供图）

综合协调服务

【办文】 2022年，遂溪县人民政府办公室规范公文处理，累计收发上级文件9283份（其中平件8515份，密件、内部文件768份）。各部门和下级政府来文共1480份；草拟、审核、分发县府办文件80份，其中“遂府办”21份，“遂府办函”59份。草拟、审核、分发“遂府”文件321份，其中发“遂府”68份（含规范性文件1份），“遂府函”146份，“遂府告”48份（含规范性文件1份），

“遂府规备字”1份，“遂府行复”32份，工作会议纪要26份。收集和整理17次县政府常务会议议题339份，完成县政府常务会议纪要17份。以上共处理文件1881份，平均每日处理5.1份。严控发文数量，全年发文401份。

【办会】 2022年，遂溪县人民政府办公室加强与中共遂溪县委办公室、遂溪县人民代表大会常务委员会办公室、政协遂溪县委员会办公室互动联系，提高领导日常事务处理工作效率。做好各类会议承办工作，负责协调配合各类调研、检查活动约150次，组织各类会务活动约190次，配合党代会、县委全会，人民代表大会会议、政治协商会议等综合性大型会议召开，完成领导交付的各项工作任务。全年召开县政府常务会议17次，召开县政府工作会议26次。

【综合文稿】 2022年，遂溪县人民政府办公室完成县《政府工作报告》起草工作，完成综合性材料及领导讲话材料起草、修改超260份，约53万字，修改人民代表大会常务委员会会议报告33份约12万字；撰写一般性材料100份约29万字。完成人民代表大会会议、经济工作会议等重要会议材料起草。撰写调研报告50篇，为县政府领导决策提供依据。做好政务信息报送工作，围绕中心工作，发掘高质量信息材料。全年报送信息被市政府办公室采纳11期，其中省政府办公厅采用3篇，协助报省政府办公厅6篇。

【政务公开】 2022年，遂溪县人民政府办公室真督实查，保障各项决策“按时完成不拖延、按质完成不走样”。累计发出预警函32份、督办函6份；开展国务院“互联网+督查”平台留言问题线索、乡村振兴、生态环境保护督查、疫情防控、重点项目、民生实事等各类专项督查16次，编发《督查通报》12期、《督办事项进度情况汇总表》26期；完成交办国务院和广东省“互联网+督查”平台转办问题线索事项46件、领导批示事项23件、会议纪要决定事项55件、市人民代表大会建议和政协提案31件、其他督查督办事项219件，推动政府各项工作落实。实行网上交办，累计线上交办工作事项374件，涉及承办单位63个。全年主动公开政府信息105条；受理办结政府信息公开申请9份，办结率100%；办理网民给省长留言答复16份，网民给市长留言答复1份。

（县府办）

机关事务管理

【概况】 2022年，遂溪县机关事务管理局完成公务接待394批次。将“绿色机关”理念贯穿到机关事务工作各领域各环节，融入绿色发展新理念的节能管理创新与发展，推动治安消防、会务组织、用房调配、用车管理及后勤接待等服务保障更科学、更节约、更高效。

【机关大院治安消防管理】 2022年，遂溪县政府大院实行24小时值守巡查制度，大院大门安装车牌号码智能识别系统，禁止无牌无证车辆进入，妥善处理群访、闹访事件。开展隐患排查整治等安全检查，在春节、“五一”“十一”等重要节日前组织开展专项安全生产突击检查，围绕工作重点，针对消防设备、监控系统、配电设施、施工现场、电梯等重点部位和重点设施，排查安全风险隐患，遏制安全事故发生。

【会务服务组织】 2022年，遂溪县机关事务管理局做好重大会议会场保障和禁烟工作。提前协助相关部门调试信号、设备，对会场周边卫生进行督导检查。会议前，在会场周围严格落实禁烟制度，发现吸烟行为立即制止，落实会议室全面禁烟工作；落实新冠疫情防控有关要求，对会议室进行通风、消毒，安排安保人员在会场外进行体温测量。全年完成会务保障工作400多次，完成县两会、县第十四届纪律检查委员会第二次全体会议、县第十四届委员会第四次全体会议，传达贯彻中国共产党第二十次全国代表大会精神等重要会议。

【办公用房管理】 2022年，遂溪县机关事务管理局和县财政局联合发文开展对全县领导干部办公用房清理整改工作，对遂溪县领导办公用房定期进行拉网式全面督查，确保遂溪县办公用房合理合规使用。按照“依法依规、相对集中、集约节约”原则，重新将原县检察院办公楼2—7层拨给县发展和改革局使用。推动机关房产遗留问题处置工作，巩固办公用房清理整改成果。

【公务用车管理】 2022年，遂溪县机关事务管理局落实“一审批、二定点、三公开”的管理制度。对全县党政机关公务车辆所属机构、定位终端等进行梳理，督促全县党政机关安装公务用车定位终端，将公务用车费用明细录入平台管理系统作为公务用车信息化管理建设工作。对全县平台派车实施情况进行督促规范使用，定期反馈平台派车不规范信息到相关单位。全年完成车辆保障工作3745次，行驶里程30.1万千米。

【后勤服务接待】 2022年，遂溪县机关事务管理局完成公务接待394批次，其中省部级领导3次，厅级领导21次。完成中国工程院院士、省政协副主席、农业农村部工作检查组、省委第十三巡视组、省委第七巡视组等到遂溪进行公务活动的接待服务保障。1月28日，中国工程院院士赴遂溪县交流调研，遂溪县机关事务管理局负责完成食宿接待、车辆安排。3月28日，省政协副主席赴遂开展调研活动，遂溪县机关事务管理局负责完成接待工作。9月10日，遂溪孔庙祭孔大典在遂溪孔子文化城举行，遂溪县机关事务管理局负责协助完成宾客食宿接待、车辆安排等后勤工作。

（梁子晴）

政务服务数据管理

【概况】 2022年，遂溪县政务服务数据管理局围绕县委、县政府“1+3+6”行动计划，推动建设智慧城市创新基础设施建设项目，以数字化助推城乡发展和治理模式创新，运用大数据手段打造新型智慧化县城，助力遂溪县域治理“一网统管”。推进“数字政府”建设和“放管服”改革，提升政务服务、数据管理工作质量和效能。

【政务服务学习调研】 2022年，“智慧遂溪”建设专班先后到深圳市坪山区、广州市越秀区、佛山市南海区、阳江市阳西县、江门市、廉江市、霞山区等地进行交流学习，借鉴其他地、市及县（市、区）在“智慧城市”“一网统管”建设方面的推广经验和优秀成果，探索构建以“遂溪大脑”为核心的县、镇（街道）、村（居）三级联动的“一网统管”工作体系。

【“智慧城市”建设】 2022年，遂溪县政务服务数据管理局加快开展“智慧城市”项目工作，争取项目建设资金。3月，《遂溪县智慧城市创新基础设施建设项目可行性研究报告》获批复，项目估算总投资1.65亿元，初步确定项目建设思路和总体框架。申报国家、省、市、县重点建设项目，编制项目实施方案和项目专项债券事前绩效评估报告，争取政策和债券资金支持。9月，该项目纳入2022年国家重大建设项目库。

【实体政务大厅优化】 2022年，遂溪县政务服务数据管理局协调各职能单位，梳理“应进”事项，实现政务服务大厅可办理事项增至916项，全年受（办）理业务8.64万件。探索大厅优化方向，在大厅新设立“事难办”窗口、首贷服务窗口、办事指南二维码查询墙，印发《遂溪县政务服务分厅一体化管理办法》，推动县级实体办事大厅统一管理，助力审批服务提速。

【一体化政务服务效能提升】 2022年，遂溪县政务服务数据管理局依托广东省政务服务一体化平台，实现全县97.9%依申请事项“网上办”；推广“粤商码”“粤省事亮证”等“免证办”应用，统一电子证照和电子印章服务，提高遂溪数字化支撑能力。累计开通电子证照89种，制发电子印章268个，“粤省事”用户注册数突破76.2万人，“粤商通”用户注册数突破3.9万户。

【镇村办事能力强化】 2022年，遂溪县政务服务数据管理局继续推动湛江市统一申办受理平台和“粤智助”政府服务自助机向镇村延伸部署，完成统一申办受理平台向镇村延伸配置，全县镇村党群服务中心部署“粤智助”政府服务自助机337台，全年办理业务25.09万笔，实现农村群众办事“小事不出村、大事不出镇”和办事不求人。

【政务信息公开】 2022年，遂溪县政务服务数据管理局常态化发布政务动态信息，优化县政府网站和政务新媒体栏目建设，推进财政资金、乡村振兴、疫情防控、企业纾困帮扶政策等重点领域信息公开。截至年底，遂溪县政府网站发布1.29万条信息，其中重点领域信息公开958条，财政信息公开746条，网站总点击量1188.38万人次，答复网民留言1077条，办理网站找错留言6条。

【应用场所码推广】 2022年，遂溪县政务服务数据管理局部署落实公共场所“场所码”全覆盖建码扫码工作，助力新冠疫情防控流调溯源。线上依托网站、新媒体等网络平台，转发场所码开设指引和应用方法，线下进行实地推广，发动个私协会、教师、党员志愿者进行业务培训，协助村（居）委会到企事业单位、个体工商户创建“场所码”。强化扫码情况监测。现场督查各类重点场所落实建码扫码工作情况，利用大数据中心平台申请场所码数据，以镇为单位分析扫码次数及扫码增长率，定期进行通报。截至年底，全县设立场所码3.74万个。

【网络安全防护能力提升】 2022年，遂溪县政务服务数据管理局提升全县政务外网安全防护能力，完成全县电子政务外网IPv6升级改造，督促指导全县有关单位及时整改设备弱口令、修补系统漏洞，特别是有自建信息化系统的单位进行资产梳理、漏洞扫描和隐私数据清理等，提升信息系统网络安全防护能力。

（县政务服务数据管理局）

行政服务

【概况】 2022年，遂溪县开展优化营商环境行动，细分17个重点领域216条工作任务台账，营造市场化、法治化、国际化营商环境。推进“数字政府”建设和“放管服”（简政放权、放管结合、优化服务）改革，成立县首贷服务中心，县政务服务中心“一门式”（建立前台综合受理、后台分类审批、统一窗口出件的服务模式）办理事项增至916项，企业开办网办率99.9%，依申请事项“网上办”97.9%，“粤省事”用户注册数突破76.2万人，“粤商通”用户注册数突破3.9万户。强化镇村办事能力，下放2批共424项综合行政执法事项到镇（街道），在全县镇村党群服务中心部署337台“粤智助”政务服务自助机，全年业务办理量超25万笔，实现村民“家门口”能办事。

【政务服务工作制度建设】 2022年，遂溪县人民政府行政服务中心将加强制度建设作为推动政务服务、优化营商环境重要抓手，在原实施“一窗受理、集成服务”、一次性告知等24项制度基础上，新制定实施《遂溪县人民政府行政服务中心领导班子成员政务服务大厅窗口带班制度（试行）》《遂溪县政务服务大厅服务回访制度（试行）》《遂溪县政务服务大厅“事难办”反映窗口制度（试行）》《遂溪县“12345”政务服务便民热线管理制度》等制度，构建符合形势和任务要求的工作制度体系，提高政务服务工作制度化、科学化、规范化水平。

【营商环境优化】 2022年，遂溪县人民政府行政服务中心惠企服务能力明显提升。企业注册登

2022 年 8 月 18 日，遂溪县首贷服务中心在县人民政府行政服务中心揭牌成立　（县行政服务中心 / 供图）

记、公章刻制、发票和税控设备申领、社保缴费登记、住房公积金企业缴存登记 5 个企业开办事项，通过投资审批绿色通道服务站实现“一窗通办，一窗通取”，资料齐全符合条件 0.5 天办结。免费为新开办企业提供公章、发票专用章、财务章、合同章、法定代表人章 5 枚印章刻制，以及提供工行、农行、建行等银行预开户服务，投资审批绿色通道服务站受（办）理业务 461 件。成立重点项目及企业服务专班，印发《遂溪县工程建设项目全程代办帮办工作方案（试行）》，为湛江市骏辉彩印科技有限公司、浙江运达风电股份有限公司等企业项目提供代办帮办、绿色通道便捷服务，获荟众贸易（湛江）有限公司等 12 家企业赠送锦旗表扬。会同县金融工作局、中国人民银行遂溪支行、县政务服务数据管理局在大厅设立遂溪县首贷服务中心，帮助解决首贷企业、个体工商户无征信记录等“首贷难”问题。设置惠企政策咨询服务窗口 3 个，制作涉企政策二维码，方便企业掌握惠企政策，争取政策红利。提高便民服务水平。推进“事项能进必进”，设立税务、社保、残联等分厅，自然资源、住建、农业农村等单位 916 项依申请事项进驻大厅，企业群众“只进一扇门”。全年大厅受（办）理业务 8.64 万件，获企业群众好评。制作办事指南二维码，使企业群众可快速获取最新办事指南和享受免费打印服务；开通广东省统一身份认证平台现场实名核验认证窗口，解决老年人、儿童、港澳同胞等部分群体实名核验认证问题；推行“延时、上门、特色节日、志愿、导办”等服务，大厅各窗口为企业群众提供延时服务 20 次，上门服务 2 次，率先在全市推出“520”婚姻登记便民服务日活动，大厅不动产登记中心为遂溪县滨江一号楼盘实现“交房即发证”。

【“12345”热线服务效能发挥】2022 年，遂溪县人民政府行政服务中心编印“12345”热线月通报、季通报，发至全县各相关单位，推送县纪委监委党风政风监督室，开通县纪委监委“12345”热线后台管理账户，共享市民群众投诉举报的问题线索，拓宽监督渠道，形成监督合力，提升监督效能。完善《遂溪县“12345”政务服务便民热线管理制度》，提高“12345”热线工单处理质效，按时办结率 99.9%，服务满意率 99.8%。遂溪县获评为湛江市“12345”政务服务便民热线年度“优秀成员单位”。

（温伟国）

信访工作

【概况】　2022 年，遂溪县通过国家、省、市、县、镇五级信访部门信访信息系统接收受理信访投诉件 1568 件，比上年增长 10.81%。其中，来访 242 批 338 人次，批次占总量的 15.43%，比上年批次下降 35.63%，人次下降 39.96%；来信 461 件，占总量的 29.4%，增长 40.12%；网上信访 769 件，占总量的 49.04%，增长 8.3%。国家件 681 件，比上年增长 44.58%；省件 82 件，下降 70.07%；市件 221 件，下降 26.82%；县件和镇件 584 件，增长 58.69%。责任单位参评率 96.61%，满意率 77.19%，及时受理率 100%；信访部门及时受理率 100%，按期答复率 100%。

【重复信访】 2022 年，遂溪县群众重复信访事项 659 件，占信访总量的 42.02%，其中到国家信访局重复信访的 487 件，占国家件的 71.51%；到省信访局重复信访的 33 件，占省件的 40.24%；到市信访局重复信访的 114 件，占市件的 51.58%；到县、镇两级重复信访的 25 件，占县件和镇件总数的 4.28%。

【信访突出问题】 2022 年，遂溪县信访突出问题有卫生健康类 243 件，约占 15.49%；国土资源与自然资源类 240 件，占 15.3%；城乡建设类 215 件，占 13.71%；农村农业类 149 件，占 9.5%。

【初信初访事项办理】 2022 年，遂溪县由党政领导“挂帅出征”对重点信访事项进行化解。国务院副秘书长、国家信访局局长李文章阅办的“草潭海滩涂私自围海、围网影响附近村民正常生活”信访事项，县委、县政府成立工作专班，组成联合执法小组依法进行打击，同时以草潭镇为基点向沿海镇铺开整治，建立排查、打击、常态化管理长效机制。《南方日报》对遂溪县经验做法进行宣传报道。全年接收信访件中纳入满意度评价事项 394 件，群众参评率 96.7%，满意率 92.6%，指标完成效能排在全市前列。

（刘岱川、陈土君）

招商引资

【概况】 2022 年，遂溪县通过招商引资签约项目 21 个，计划总投资 76.92 亿元，完成全年任务的 102.56%。其中，工业类项目 17 个，计划总投资 70.3 亿元，占 91.39%；文旅类项目 2 个，计划总投资 5.59 亿元，占 7.27%；其他类项目 2 个，计划总投资 1.03 亿元，占 13.39%。完成落地项目到位资金 51.94 亿元，完成全年任务 91.12%。2020—2021 年签约项目中开工项目 19 个，完成全年任务 100%。落实市级下达用地指标的产业项目 4 个，新增建设用地总面积 34.3 公顷。是年，在湛江市招商成效考核中遂溪县被评定为合格。

【招商项目推进】 2022 年，遂溪县招商选资项目准入（审核）及建设用地审批（审核）工作会议审议准入投资建设项目 26 个，计划总投资 127.7 亿元。其中，制造业项目 9 个，计划总投资 22.38 亿元，占 17.53%；能源项目 12 个，计划总投资 96.96 亿元，占 75.92%；文旅项目 2 个，计划总投资 6.83 亿元，占 5.35%；其他行业项目 3 个，计划总投资 1.53 亿元，占 1.2%。截至年底，

2022 年 6 月 23 日，遂溪县招商项目推进建设工作会议在县招商局召开

（颜冬梅/摄）

在建招商项目23个，累计完成投资总额20.3亿元。

【招商项目服务】 2022年，遂溪县实行高位招商，加强与各地商会、侨亲乡贤沟通联系，县委、县政府主要领导率领招商队伍赴海南、安徽、长沙、青岛等地开展招商洽谈考察活动6次，接洽来访企业48次。制定完善《进一步加强和改善招商引资工作方案》《遂溪县2022年招商引资考核激励暂行办法》，加大对招商引资工作统筹协调力度。落实遂溪县“营商环境提升年”行动措施，利用“投资审批绿色通道”，为企业提供全程“保姆式”跟踪服务，协调解决项目建设中存在的困难和问题，加快项目落地进程。

（冯玉华）

表3 2022年遂溪县招商引资签约项目情况表

序号	项目名称	项目投资方		行业分类	计划投资总额（亿元）
		母公司	项目公司		
1	湛江市遂溪县杨柑镇100兆瓦农光互补光伏发电项目	湛江市全润新能源有限公司	湛江市全润新能源有限公司	工业	4.42
2	年产35万立方米人造板项目	香港義誠國際實業有限公司/湛江市永恒编织工艺有限公司	广东荣恒森工科技产业发展有限公司	工业	6
3	慧力智能环保装备制造项目	广东广州慧力智能环保装备有限公司	广东慧力环境智能装备科技有限公司	工业	1.2
4	湛江市遂溪县杨北农光互补光伏发电项目	湛江东辉投资有限公司	湛江东辉投资有限公司	工业	4.8
5	遂溪县北坡镇北坡实验学校	广东安达利建设集团有限公司	广东安达利建设集团有限公司	文化旅游	3.09
6	现代化工业气体保障基地项目	广东星征程气体有限公司	广东星征程气体有限公司	工业	0.69
7	年产精加工石英砂100万吨项目	遂溪县康达轩矿业有限公司	遂溪县康达轩矿业有限公司	工业	3
8	年产30万立方米蒸压加气混凝土砌块板材项目	湛江市润阳联合智造有限公司	湛江市润阳联合智造有限公司	工业	1.22
9	遂溪县双林单采血浆有限公司（站）新建项目	遂溪县双林单采血浆有限公司	遂溪县双林单采血浆有限公司	其他	0.53

续表 3

序号	项目名称	项目投资方		行业分类	计划投资总额（亿元）
		母公司	项目公司		
10	浙江运达股份零碳南方总部基地项目	浙江运达风电股份有限公司	金远智慧能源设备（广东）有限公司	工业	12.6
11	遂溪县金地矿业有限公司（三区）30万吨海滨砂矿选矿建设项目	遂溪县金地矿业有限公司	遂溪县金地矿业有限公司	工业	3.47
12	广东遂商建设有限公司总部项目	广东遂商建设有限公司	广东遂商建设有限公司	其他	0.5
13	年产30万吨沥青混凝土搅拌站项目	广东路威沥青混凝土有限公司	广东路威沥青混凝土有限公司	工业	0.69
14	广东遂溪广前农光互补光伏发电项目	广东粤电湛江风力发电有限公司	湛江市遂溪粤风电力有限公司	工业	9.18
15	高档包装纸贸易、仓储精加工项目	湛江市盛林纸业有限公司	湛江市盛林纸业有限公司	工业	0.86
16	水性彩印包装装潢项目	湛江市旭升纸业有限公司	湛江市旭升纸业有限公司	工业	0.79
17	遂溪县遂城镇200兆瓦复合型光伏发电项目（一期100兆瓦）	湛江市启达新能源投资有限责任公司	湛江市启达新能源投资有限责任公司	工业	9
18	冷冻食品加工储存一体化项目	遂溪县兴成冷冻食品有限公司	遂溪县兴成冷冻食品有限公司	工业	0.58
19	湛江市瑞雪实业发展有限公司孔子文化城配套商业项目	湛江市瑞雪实业发展有限公司	湛江市瑞雪实业发展有限公司	文化旅游	2.5
20	绿色循环经济资源综合利用项目	广东同畅环境科技有限公司	广东同畅环境科技有限公司	工业	5.6
21	中能建湛江遂溪独立电池储能项目	中国能源建设集团广东省电力设计研究院有限公司	中国能源建设集团广东省电力设计研究院有限公司	工业	6.2

中国人民政治协商会议遂溪县委员会

综述

【县政协机构概况】 2022年，中国人民政治协商会议遂溪县委员会有主席1人，副主席6人，政协常委50名；下设提案委员会、经济委员会、人口与资源环境委员会、教科文卫体委员会、学习与文史委员会、社会和法制委员会、港澳台侨委员会、农业农村委员会等8个专门委员会，有政协委员333人。

【政协系统党的建设推进】 2022年，遂溪县政协加强党的建设。发挥政协党组把方向、管大局、促落实的领导作用，为政协履职提供坚强保障；健全委员党小组和党员委员联系非党委员机制，做细做实党建工作“两个全覆盖”；坚持政协党组、政协常委会、政协机关党总支及政协办公室党支部专题学习制度，完善“三会一课”制度，提高党组成员、政协机关全体党员的理论水平和政治站位；细化党风廉政建设“两个责任”，守牢反腐倡廉工作底线，掌握意识形态工作领导权、主动权、话语权，巩固团结奋斗共同思想政治基础。

【政协工作坚持思想政治引领】 2022年，遂溪县政协认真贯彻习近平总书记关于加强和改进人民政协工作的重要思想，坚决把上级决策部署落实到政协工作全过程和各方面。严格执行重大事项及时请示报告制度，重大问题及时反映、重要议题及时沟通，始终与县委同心同向同行，确保政协事业始终沿着正确方向前进。与县政府联合召开遂商·县长面对面协商座谈会；强化理论

2022年12月16日，遂溪县召开遂商·县长面对面协商座谈会

（县政府办公室/供图）

武装。坚持党组带头学、主席会议和常委会会议专题学，深学笃行习近平新时代中国特色社会主义思想，学习《习近平谈治国理政》第四卷和习近平总书记重要讲话精神和重要指示批示精神；先后组织党组学习会、主席办公会、常委会集中学习12次；组织县政协正副主席、政协常委和政协机关全体党员干部参加全国政协线上专题研讨班学习，形成学精神、抓落实、促工作的浓厚氛围，深刻领会“两个确立”的决定性意义，增强“四个意识”、坚定“四个自信”、做到“两个维护”，保持人民政协旗帜鲜明讲政治的本色和光荣传统。

【政协委员助力疫情防控】 2022年，政协遂溪县委员会在新冠疫情防控阻击战中，向全体县政协委员发出倡议书，动员全体委员投入疫情防控一线，为抗疫捐款捐物价值300多万元。在疫情防控期间，县政协主要领导先后8次到挂点镇督导疫情防控、安全生产、社会稳定和乡村振兴等重点工作，做到疫情防控和发展经济两不误；其他6名副主席轮流到“疫情防控集中隔离观察点”指挥防疫工作。

【政协推进重点项目建设】 2022年，政协遂溪县委员会助力“1+3+6”行动计划实施。县政协班子有8名成员参加行动计划指挥部工作，其中6名副主席分别担任行动计划工作专班副组长，为县委、县政府分忧担责，加速与湛江市区同城化建设发展和湛江市域副中心城市建设。

【政协委员履职获奖励】 2022年，政协遂溪县委员会委员为遂溪县实体经济健康、可继续发展出谋划策，推进“1+3+6”行动计划实施做贡献，涌现一批优秀企业家委员。其中县烟草专卖局局长、县政协经济委副主任王宁等7名委员所在单位和企业被县委、县政府授予“遂溪县2022年度纳税大户”称号；广州市遂溪商会会长、县政协常委王晓春等10人被县政府聘请为县招商顾问；县政协法制委主任王月美等25人被评为2022年度优秀政协委员；黄华军、崔凯旭等20多名政协委员在工作中获提拔任用。

（县政协）

重要会议

【中国人民政治协商会议第十一届遂溪县委员会第二次会议】 2022年3月29—30日在县文化服务中心召开。应出席政协委员333人，实出席330人。县政协主席潘汝权作工作报告。会议期间，委员列席遂溪县第十七届人民代表大会第二次会议，听取并讨论代理县长刘剑所作的《政府工作报告》及其他报告。

【中国人民政治协商会议第十一届遂溪县委员会常务委员会第二次会议】 2022年3月23日在县委第三会议室召开，会议由县政协主席潘汝权主持。会议传达贯

2022年3月29—30日，政协第十一届遂溪县委员会第二次会议在遂溪县文化服务中心召开 （县政协/供图）

彻习近平总书记重要讲话精神和全国两会精神；审议确定召开政协第十一届遂溪县委员会第二次会议时间。政协第十一届遂溪县委员会第二次会议于3月29—30日召开；审议确定政协第十一届遂溪县委员会第二次会议议程、日程安排及分组名单；审议通过人事事项。陈尚提出辞去政协第十一届遂溪县委员会常务委员、政协委员和经济委员会主任职务；黄坤因提出辞去政协第十一届遂溪县委员会委员职务及农业农村委员会副主任职务；审议通过政协第十一届遂溪县委员会第二次会议秘书长、副秘书长名单；审议通过政协第十一届遂溪县委员会常务委员会工作报告；审议通过政协第十一届遂溪县委员会常务委员会提案工作报告。

【中国人民政治协商会议第十一届遂溪县委员会常务委员会第三次会议】 2022年3月30日在松源酒店十楼会议室召开。会议由县政协主席潘汝权主持，会议听取各组讨论情况汇报；审议通过政协第十一届遂溪县委员会第二次会议决议（草案）。

【中国人民政治协商会议第十一届遂溪县委员会常务委员会第四次会议】 2022年4月28日在县委第三会议室召开，会议由县政协主席潘汝权主持。会议传达学习习近平总书记在中央财经委员会第十一次会议上的重要讲话精神；审议遂溪县政协2022年主要工作安排。

【中国人民政治协商会议第十一届遂溪县委员会常务委员会第五次会议】 2022年9月29日在县委第三会议室召开，会议由县政协主席潘汝权主持。会议传达学习习近平总书记重要讲话精神和重要指示批示精神；通报遂溪县2022年上半年经济运行情况；县政协常委发表意见，对遂溪县下半年经济社会发展建言献策；对旧城道路改造和国道207线、228线改线进行专题议政；县政协常委对改线工作提意见建议；审议通过有关人事事项，陈丽珺向政协第十一届遂溪县委员会常务委员会提出辞去政协第十一届遂溪县委员会副主席及委员资格。

（县政协）

协商议政

【概况】 2022年，政协遂溪县委员会召开“落实中小微企业金融政策”专题协商座谈会。搭建“政银企”协商平台，为数十家中小微企业解决融资难问题，实现企业和金融互惠双赢；配合市政协调研百事佳电器生产企业，召开“主席·委员面对面共商座谈会”，为中小微企业融资难纾困解难。县政协与县政府联合召开“遂商·县长面对面协商座谈会”。县政府、县政协主要领导及县相关部门责任人、遂商代表、县政协委员代表参加会议，与会代表围绕惠企政策落实、产业做大做强、营商环境优化等方面提出意见建议，相关职能部门负责人现场做出回应。

【提案办理协商】 2022年，政协遂溪县委员会注重委员提案督办落实。县政协第十一届遂溪县委员会第一、二次会议收到委员提案96件，经审查立案交办92件，均转交县职能部门和对口单位办理落实，办复率和满意率均达100%；重点提案11件，提交县委书记、正副县长和县政协主席、副主席领衔跟踪督办，事关全县发展大局的重点项目、重要产业及重大民生工程的重点提案得到督办落实，办复率和满意率均达100%。推进滨海新区重点项目加快建设。选派县政协委员参与政府重大项目决策听证活动，参加法院案件庭审，担任执法执纪监督员、廉政监督员，参与社会民主监督。

（洪三河）

调研议政

【概况】 2022年，政协遂溪县委员会围绕加快推进北部湾旅游新区建设、县城道路改造项目建设、滨海新区建设、落实市委“三大三化”（大园区、大文旅、大数据，工业化、生态化、数字化）发展理念、乡村振兴工作等课题，开展调研视察活动，撰写《关于调研视察北部湾旅游新区建设情况的报告》《关于调研视察县城道路改造和国道207线、228线改线项目建设情况的报告》《关于推进滨海新区建设的意见建议》《关于赴高州市学习考察乡村振兴工作的调研报告》等调研报告，向县委、县政府提出意见建议19条，被县委重视和采纳。

【滨海新区建设调研】 2022年9月23日，围绕推进滨海新区建设专题，遂溪县政协主席团及部分县政协常委、委员参加县政协主席调研视察团，到遂溪县滨海新区实地调研视察。调研视察组通过实地走访、听取现场讲解和汇报、开会座谈的方式，了解滨海新区建设相关情况，并形成《关于推进滨海新区建设的意见建议》调研报告，向县委提出三大建议对策：着重在攻坚克难上下功夫、着重在开拓创新上下功夫、着重在做细做实上下功夫。

【旧城道路改造和国道207线、228线改线项目建设情况调研】 2022年9月16日，遂溪县政协主席潘汝权率领部分政协常委开展调研视察活动，实地视察县城道路改造项目建设情况并举行座谈会，县城市管理和综合执法局、县交通运输局先后对旧城道路改造和国道207线、228线改线项目建设情况作汇报，原遂城镇、县财政局、县自然资源局、县公安局交警大队、施工队等单位作补充汇报，县政协常委就项目建设提出意见建议，并形成《县政协常务委员会关于调研视察县城道路改造和国道207线、228线改线项目建设情况的报告》，向县委提出项目推进五点建议：加大征拆工作力度、加大协调工作力度、加大交通疏导工作力度、加大资金筹措力度、加大施工跟进力度。

【乡村振兴工作调研】 2022年10月27—28日，遂溪县政协提案委部分委员在县政协副主席黄小平的带领下，赴高州市根子镇桥头村、分界镇杏花村等地调研，通过现场观摩、研讨交流，对所到村庄的产业发展模式、工作推进、市场运作形式等内容进行了解，并形成《县政协提案委赴高州市学习考察乡村振兴工作的调研报告》，汲取高州推进乡村振兴工作先进经验，结合遂溪县实际，向县委、县政府及职能部门提出三点建议：坚持党建引领，提升乡村治理效能；坚持点面结合，蹄疾步稳建设新农村；注重多产融合，有序推进乡村发展。

【北部湾旅游新区建设情况调研】 2022年10月13日，遂溪县政协主席潘汝权带领调研视察团到南洪沙虫文化展览馆、角头沙旅游风景区、江洪肚村栈道、笑口滩、民俗馆等地进行实地调研视察。听取有关部门情况汇报。并形成《关于调研视察北部湾旅游新区建设情况的报告》，向县委、县政府提出五点建议：加强统筹，因地制宜做好长远规划；完善配套，提升文旅融合发展硬实力；创新机制，强化项目招商引资工作；打造品牌，提升乡村旅游整体形象；多方筹措，保障项目建设顺利推进。

（洪三河）

2022年9月23日，遂溪县政协主席团及部分政协常委、委员到滨海新区实地调研视察
（县政协/供图）

中共遂溪县纪律检查委员会·遂溪县监察委员会

综述

【纪检监察机构概况】 2022年，中共遂溪县纪律检查委员会（以下简称县纪委）由党的遂溪县党代表大会选举产生，遂溪县监察委员会（以下简称县监委）由遂溪县人民代表大会产生。县纪委与县监委合署办公，实行一套工作机构、两个机关名称，履行党的纪律检查和国家监察两项职责。在湛江市纪委监委和县委双重领导下，县纪委监委加强对下级纪委领导。县纪委监委机关有内设机构及机关党总支15个，派驻县一级党和国家机关纪检监察组13个。县监委向全县各镇（街道）派出监察组16个。

【中国共产党遂溪县第十四届纪律检查委员会第二次全体会议】 2022年3月9日在县体育馆召开。会议传达习近平总书记在十九届中央纪律检查委员会第六次全体会议上的重要讲话和对广东重要指示批示精神，深入学习贯彻中国共产党第十九届中央纪律检查委员会第六次全体会议、中国共产党广东省第十二届纪律检查委员会第七次全体会议、中国共产党湛江市第十二届纪律检查委员会第二次全体会议和中国共产党遂溪县第十四次代表大会精神，审议通过县委常委、县纪委书记、县监委主任何江代表县纪委常委会所做的《弘扬自我革命精神，坚守职责使命 推动遂溪纪检监察工作高质量发展》工作报告，部署2022年工作任务。会议审议通过十四届县纪委二次全会工作报告和十四届县纪委二次全会决议。

【遂溪县纪检监察系统警示教育大会】 2022年1月7日在县体育馆召开。会议对加强和改进纪检监察干部队伍自身建设提出三

2022年3月9日，中国共产党遂溪县第十四届纪律检查委员会第二次全体会议在县体育馆召开 （莫托夫/摄）

2022 年 1 月 7 日，遂溪县纪检监察系统警示教育大会在县体育馆召开

（莫托夫 / 摄）

点意见：提高站位，深刻认识全面从严治党与纪检监察干部队伍建设的关系；端正态度，以高度政治责任感正确对待警示教育；加强锤炼，在全县树起忠诚干净担当的模范标杆。会议通报近年来查处的遂溪县纪检监察干部违纪违法案件。

【遂溪县纪委监委关心下一代工作委员会成立】 2022 年 8 月 1 日，遂溪县纪委监委关心下一代工作委员会挂牌成立，主任由县监察委员会委员林益炳兼任，常务副主任由县纪委原副书记、原遂溪县监察局局长、县关工委副主任陈辅琪兼任，委员由县纪委监委办公室副主任全景钊兼任。该工作委员会以关心、教育、培养青少年健康成长为目的开展工作。

（林淑珍、施立琦）

2022 年 8 月 1 日，遂溪县纪委监委关心下一代工作委员会挂牌成立

（林淑珍 / 摄）

监督执纪

【概况】 2022 年，遂溪县纪委监委开展党内监督，通过抓“关键少数”引领“绝大多数”，推动全县从严治党职责，督促“一把手”和领导班子履行好“一岗双责”。对换届后新任的镇党委书记和县政府组成局（办）党组书记开展廉政谈话教育活动，严把选人用人政治关、廉洁关。对农村占用农用地建房问题开展监督检查，对整治工作推动不力的镇进行通报问责，立案查处 50 名违法占用农用地建房的党员干部。对中央生态环保督察交办信访案件办理情况进行“回头看”。对 49 个重点建设项目开展专项监督检查，推进政治监督具体化常态化。惩治腐败。加大对全县机关作风明察暗访力度，重点关注行政服务审批窗口、面对群众的基层服务岗位，重点通报曝光不作为、乱作为、慢作为行为。加大对农村集体“三资”管理、教育医疗、安全生产、执法司法等领域违纪行为查处力度。

【党内监督】 2022 年，遂溪县纪委监委协助县委推动全面从严治党职责，督促“一把手”和领导班子履行好“一岗双责”，通过抓“关键少数”引领“绝大多数”。对换届后新任的镇党委书记和县政府组成局（办）党组书记开展廉政谈话教育活动，列出主体责任清单，明确年度任务要求，督促“一把手”严于律己、严负其责、严管所辖。严明政治纪律和规矩，严把选人用人政治关、廉洁关，全年回复党风廉政意见264人次，提出暂缓使用意见8人次，不宜使用意见3人次。围绕县委工作部署，对农村占用农用地建房问题开展监督检查，对整治工作推动不力的镇进行通报问责，立案查处50名违法占用农用地建房的党员干部。开展疫情防控监督检查，发现并督促整改问题788个。对中央生态环保督察交办信访案件办理情况进行“回头看”，督促办结案件11件。对49个重点建设项目开展专项监督检查，推进政治监督具体化常态化。推进遂溪县基层“智慧监督”云平台建设，首先在杨柑、岭北、北坡、河头4个镇进行试点，探索运用信息技术和大数据分析等手段，加大对农村集体“三资”（资金、资产、资源）监管力度，打通基层监督“最后一公里”，实现基层小微权力事项动态监督、实时预警。

【惩治腐败】 2022年，遂溪县纪检监察机关立案313件（其中科级干部28人），处分226人，移送司法机关2人，留置1人。运用“四种形态”处理666人次，其中，第一、二、三、四种形态分别占65.47%、30.93%、3.15%、0.45%。围绕国企、粮食购销领域，查办一批有影响力的案件。围绕腐败多发易发行业、领域进行集中惩治，教育领域立案16人，医疗卫生领域立案9人。围绕追逃案件“清零”目标，加强与公安部门合作，追回外逃人员2人。围绕办案安全“零”事故目标，严格“走读式”谈话管理，守住执纪执法底线。加大对全县机关作风明察暗访力度，重点关注行政服务审批窗口、面对群众的基层服务岗位，重点通报曝光不作为、乱作为、慢作为行为，现场检查50次，督促整改问题11个，制作暗访片1部。加大对农村集体“三资”管理等领域违纪行为查处力度，查处群众身边腐败和作风问题61起，党纪政务处分46人。加大对教育医疗、安全生产、执法司法等涉及民生领域腐败和作风问题的查处力度，发现一起坚决查处、纠治一起，常态化惩治涉黑涉恶腐败和“保护伞”，增强人民群众获得感幸福感。

【正风肃纪】 2022年，遂溪县纪检监察机关落实中央八项规定精神，以钉钉子精神纠治“四风”（形式主义、官僚主义、享乐主义、奢靡之风），坚决防止反弹回潮、隐形变异、由风及腐。整治形式主义、官僚主义，纠治重大项目签约不落地、开工不真实、竣工不及时、服务不到位等不担当、不作为、不落实问题。查处违规吃喝送礼、违规发放津补贴等享乐主义、奢靡之风。通过明察暗访、节前提醒、公开曝光、案件查办等方式传导越往后越严的信号，做到警钟长鸣。全年查处违反中央八项规定精神46人，通报违反中央八项规定精神典型案件6件17人。发挥遂溪红色资源优势，以开展纪律教育学习月活动为契机，总结运用党的作风建设宝贵经验，培树新时代新风正气。发挥“关键少数”引领效应，督促领导干部带头联系服务群众，带头厉行节约、制止餐饮浪费，带头从严治家、弘扬良好家风，以上率下推动移风易俗，以优良党风带动社风民风。发挥乡规民约教化效应，剖析一些地方农村存在的人情攀比、铺张浪费等陋习，融入各地域特色的清廉文化因子，带动基层风气继续向好。

（林淑珍、施立琦）

廉政教育

【概况】 2022年，遂溪县纪委监委探索廉政教育新思路、新方法，在精准上做文章，在实效上下功夫，分类别、分层次开展廉政教育，以实际行动增强“四个意识”、坚定“四个自信”、做到“两个维护”，营造崇尚廉洁、风清气正的社会环境和政治生态。

【2022年遂溪县新提任县管领导干部集体廉政谈话教育活动】 2022年1月11日在县体育馆举行。会上播放《红色家书的传承》《湛江市违纪违法干部对家人的忏悔录》等视频，171名新提任干部签署《廉政承诺书》。会议强调，要以案为鉴，坚决克服干部队伍中不良心态；要严守党的纪律，做到廉洁从政；要带头严家风，既要严于律己，又要从严治家，筑牢拒腐防变的家庭防线，以好家风涵养好作风；要牢牢树立红线意识，自觉执行廉洁自律准则，纯洁社交圈、净化生活圈、规范工作圈、管住活动圈，坚守底线，守纪律严要求，做廉洁从政表率。

2022年1月11日，2022年遂溪县新提任县管领导干部集体廉政谈话教育活动在县体育馆举行　　（莫托夫/摄）

2022年5月26日，2022年遂溪县廉政谈话教育活动在县委第一会议室举行　　（莫托夫/摄）

【遂溪县廉政谈话教育活动】 2022年5月25—26日，遂溪县纪委监委对换届后新任镇党委书记和县政府组成局（办）党组书记开展廉政谈话教育活动。县委常委、县纪委书记、县监委主任何江分别与新任干部进行廉政谈话。会议剖析《遂溪县反腐倡廉十大典型案例》，播放《高楼下的“蛀虫”——遂溪县建设领域系列腐败案警示录》。会议强调，镇党委书记、县政府组成局（办）党组织书记要扛起全面从严治党的主体责任，加强与班子成员及中层干部进行廉政谈话，层层传导压力，压实全面从严治党主体责任，履行党风廉政建设“一岗双责”。

【新时代基层干部主题培训】 2022年9月23日，遂溪县纪委监委在县委第五会议室举办新时代基层干部主题培训。参加培训的纪检监察干部分别对“农村基层干部乡村振兴主题培训”“城市基层干部党建引领基层治理主题培训”等课程进行学习。

（林淑珍、施立琦）

民主党派·工商联

民主党派

【概况】 截至2022年底，遂溪县有4个民主党派，即中国民主同盟遂溪县委员会、中国民主促进会遂溪县支部、中国农工民主党湛江市遂溪县支部、中国致公党遂溪县支部委员会，共有民主党派人员199名。中国民主同盟遂溪县委员会有盟员158名，其中主委1名、副主委2名、委员6名；中国民主促进会遂溪县支部有会员15名，其中主委1名、副主委1名、委员1名；中国农工民主党遂溪县支部有会员12名，其中主委1名、副主委1名、委员3名；中国致公党遂溪县支部有会员14名，其中主委1名、副主委1名、委员1名。

（县委统战部）

【中国民主同盟遂溪县委员会】 2022年，民盟遂溪县委员会下设遂溪一中、遂溪二中、遂溪大成中学、遂溪职校、岭南师范学院基础教育学院、遂溪县机关、遂溪县人民医院等7个基层支部；全县有盟员158人，其中在职盟员125人，中级及以上职称盟员135人。

思想建设 2022年11月9日，民盟遂溪县委员会召开专题会议，传达学习中国共产党第二十次全国代表大会精神，安排部署全县各级盟组织贯彻落实大会精神相关工作。民盟遂溪县委员会委员、支部主委及部分盟务骨干参加会议。会议强调，全县盟组织和全体盟员要把学习好、宣传好、贯彻好中国共产党第二十次全国代表大会精神作为当前和今后一个时期首要政治任务，以支部为单位，迅速组织学习宣传贯彻中国共产党第二十次全国代表大会精神，掀起学习宣传贯彻热潮，全面加强自身建设，围绕中国共产党第二十次全国代表大会提出目标任务，把服务全县高质量发展作为履职尽责的第一要务，凝心聚力，全面提升履职效能，为助力遂溪高质量发展做出新贡献。

参政议政 2022年，民盟遂溪县委员会在各级两会换届中，遂溪县盟员有30人担任各级人民代表大会代表和政协委员，其中省人民代表大会代表1人，市政协委员1人，县人民代表大会代表2人，县政协常委2人、县政协委员24人。全年遂溪县民盟盟员向县政协提交提案23件，县人民代表大会议案2件。3月27日，民盟遂溪县委主委崔凯旭率队到廉江市盟员之家和附城镇下洋村开展组织建设及乡村振兴专题调研活动。盟县委委员、各支部主委和盟员代表共同参加调研。8月5日，做好民盟湛江市委员会承担的2022年民盟广东省委重点课题《大力发展海水养殖业，服务乡村产业振兴》的实地调研工作，由民盟湛江市委员会、湛江市老科学技术工作者协会、湛江市农村专业技术协会及民盟遂溪县委员会组成的联合调研组在遂溪县围绕海水养殖产业发展开展实地调研和座谈。调研组一行先后走访湛江汇富海洋科技有限公司、湛江市龙科源水产有限公司、遂溪新海茂水产种业科技有限公司等海产品养殖企业，在现场查看海产养殖池和企业生产车间过程中，向企业负责人详细了解生产运营管理、养殖发展规模、发展中遇到的问题等情况。9月2日，民盟遂溪县委员会主委崔凯旭带领全县盟员人民代表大会代表、政协委员到位于界炮镇北潭港区的遂溪县（北潭）临港产业园区开展深入实施遂溪县“1+3+6”行动计划专题调研。

社会服务　2022年5月9日，爱心盟员企业家为遂溪县新冠病毒抗疫工作捐赠防疫医疗口罩2万个。响应“6·30”广东省扶贫济困日活动号召，盟员向所在单位和各级组织捐款3.65万元。5月31日，民盟湛江市委员会、民盟遂溪县委员会联合湛江市农业科学院有关专家一行，到遂溪县草潭镇北灶尾村开展“乡村振兴粤盟行——湛江遂溪站”农业科技帮扶调研活动。调研组和农科院专家一行到村内实地考察农村产业发展现状，了解当地农业发展遇到的困难和规划方向，并到该村农田盐碱地察看研究农田地势、周围环境、水源、泥土及农作物（番薯、水稻）等情况，对土壤和农田用水进行标本采样，向农民群众提出建议。民盟遂溪县委员会机关全体干部职工下沉挂点镇和村庄协助做好核酸检测和抗疫工作，多位盟员在完成自身岗位职责的同时加入志愿者队伍，投入疫情防控工作，践行党盟同心，共抗疫情，助力遂溪县疫情防控攻坚战。

（县民盟）

【中国民主促进会遂溪县支部】　2022年，中国民主促进会遂溪县支部有会员15人，其中教授1人、讲师3人，具有硕士学历会员3人、大学学历会员8人。新发展会员2人。

思想建设　2022年，民进遂溪县支部学习贯彻习近平新时代中国特色社会主义思想和中国共产党第二十次全国代表大会精神，学习习近平总书记关于加强和改进统一战线工作的重要思想特别是关于多党合作的重要论述，增强“四个意识”、坚定“四个自信”、做到“两个维护”，把思想和行动统一到中国共产党第二十次全国代表大会精神上来。组织会员收听收看中国共产党第二十次全国代表大会会议直播，学习贯彻《民进中央关于学习贯彻中国共产党第二十次全国代表大会精神的决定》，加强履职能力建设、作风建设和制度建设，推动各项工作开展。

参政议政　2022年，民进遂溪县支部围绕县委、县政府工作重点，履行职责，参政议政。会员欧彩云向县政协提出《关于加强电动车消防安全管理工作的建议》和会员叶鹏提出《关于加快推进遂溪县海域滩涂不动产权证发放登记工作，推动遂溪县沿海镇产业振兴建议》。支部于7月组织骨干会员参加民进湛江市委员会在廉江市举办的参政议政骨干学习班。组织会员参加县委、县政府、县人民代表大会常务委员会、政协遂溪县委员会等部门召开的情况通报会、征求意见会和各类调研活动，听取县的施政方针和群众关心的重大问题，履行政治协商、民主监督职责。

社会服务　2022年，民进遂溪县支部在湛江市抗击5月6日发生的新冠疫情中，会员欧彩云深入一线，督查疫情防控工作，会员叶鹏到镇协助进行核酸检测。在“六一”国际儿童节和国庆节前，支部分别到县福利院和黄略镇冷水村慰问儿童和高龄老人。

（欧彩云）

【中国农工民主党湛江市遂溪县支部】　2022年，中国农工民主党湛江市遂溪县支部深入学习贯彻中国共产党第二十次全国代表大会精神、习近平总书记重要讲话精神、中国农工民主党第十七次全国代表大会精神、中国农工民主党广东省第十三次代表大会精神，增强“四个意识”、坚定“四个自信”、坚决做到“两个维护”，贯彻落实新发展理念，围绕中心工作，服务大局，加强自身建设，履职尽责。发挥自身优势，参政议政。在县委统战部等组织的各类座谈会上，积极发言，提出意见。有5名党员当选为政协遂溪县第十一届委员

2022年5月22日，农工党遂溪县支部抗疫人员完成任务归来

（农工党遂溪县支部/供图）

会委员，1人当选为政协湛江市第十四届委员会委员。参与湛江抗疫。在湛江新冠疫情突发后，党员钟因红到黄略镇封控区对红码群众进行核酸检测；党员李日明、陆治中2人参与核酸检测工作；党员王睿向组织提交《关于做好封控区、管控区急危重患者的处置建议》。做好政治交接主题教育工作。农工党湛江市委员会于4月下旬召开“矢志不渝跟党走，携手奋进新时代”政治交接主题教育动员会，会后支部召开会议，学习相关会议精神，推动政治交接主题教育。

（王　睿）

【中国致公党遂溪县支部委员会】

2022年，中国致公党遂溪县支部委员会有党员14人，新发展党员3人。

思想建设　2022年，致公党遂溪县支部委员会坚持中心组学习制度，深入学习政治理论并做到学以致用。贯彻落实《中共中央关于中国特色社会主义参政党建设的意见》《各民主党派中央关于新时代组织发展工作座谈会纪要》等文件精神，规范支部发展和管理工作。开展“不忘合作初心，继续携手前进”主题教育活动。

参政议政　2022年，致公党遂溪县支部委员会参加县委统战部课题调研工作，参加政协第十一届遂溪县委员会第二次会议及遂溪县第十七届人民代表大会第二次会议，致公党员发挥参政议政、民主监督作用。

社会服务　2022年，致公党遂溪县支部委员会在遂溪县新冠疫情发生后，发动全体支部党员参与疫情防控工作，捐资捐物，助力疫情防控。致公党湛江市委会副主委、致公党遂溪支部主委陈丽珺担任县核酸检测组副组长，负责核酸标本接收统计及核酸检测数据上报工作，到界炮镇支援全民核酸检测工作。黄美连在北坡镇作为医务人员参与核酸采样工作。谢白玉到岭北镇帮助、指导群众完善粤核酸检测码信息，协助医务人员做核酸采样工作。陈辉翰在草潭镇石杨村协助全民核酸检测工作。王仲明在北坡镇上塘村协助全员核酸检测工作。广州市遂溪商会轮值会长、广东遂商建设投资集团有限公司总经理陆桂鸿先后向县防控中心、县水务局，岭北镇、河头镇等7个镇捐N95口罩1.42万个、防护服1500套、医用口罩1万个，总价值约15万元。中城交建（深圳）建设有限公司董事长袁盛益先后向赤坎北桥街道办事处、坡头区、遂溪县捐赠防护服300套、外科口罩6万个、灭菌检查手套1.2万副，总价值9.9万元，向北坡镇政府捐赠抗疫金2万元。遂溪县越成贸易有限公司总经理王云飞向黄略镇捐医用手套8000套、N95口罩3000个

（价值3万多元），向遂溪县政府提供3辆车作为核酸检测标本转运、防疫人员及物资运送车。在2022年广东扶贫济困日活动中，支部党员捐款20.86万元，其中党员王云飞捐款10万元，陆桂鸿捐款10万元。

（谢白玉）

遂溪县工商业联合会

【概况】 2022年，遂溪县工商业联合会（以下简称工商联）属下有遂溪县民营企业投诉中心和11个商会协会，其中镇商会1个、驻外商会7个、行业协会3个，有会员612人。东莞市遂溪商会、湛江市遂溪商会和珠海市遂溪商会被评为2022年湛江市“四好”（班子建设好、团结教育好、服务发展好、自律规范好）商会和商会先进党组织。

【工商联会员服务】 2022年，遂溪县工商业联合会开展暖企行动，推动非公有制经济继续发展。遂溪县的新冠疫情发生后，县工商联到企业一线，向企业传达各项惠企措施及疫情防控指引等政策文件，为企业提供金融、法律等政策宣导；召开落实中小微企业金融政策专题协商会议，协助企业与金融贷款对接，解决企业资金困难问题；通过电话、短信和微信等方式了解企业生产经营情况、发展面临的困难和问题，督促企业做好疫情防控和安全生产，落实各项疫情防控措施。加强与企业沟通联系，通过暖人心、聚人力、稳人心调研走访活动，听取企业意见建议，了解企业生产经营情况、发展面临的困难和问题，建立相关走访情况台账。发挥民营企业投诉中心、商会调解委员会保护民营企业合法权益机制作用，定时开展企业维权诉求调研，掌握企业维权诉求。受理会员企业各类民商事纠纷、劳动争议纠纷等，为企业提供法律咨询和服务。向企业推广使用广东省保护非公有制企业合法权益“粤商通”智慧平台，引导企业合理使用。推荐年轻一代民营经济人士参与湛江市“创二代”（青年企业家）素质能力提升培训班。召开座谈会2场、联席会议2次，走访调研22次，收集意见建议3条。联合县检察院举办检察开放日活动，邀请民营企业走进检察院了解检察工作、表达诉求，打造普法学法平台，助力民营企业健康发展。与县检察院、县财政局、县司法局等9个单位成立遂溪县涉案企业合规第三方监督评估机制管委会，召开第一次联席会议，共同推进涉案企业合规改革试点工作。

【工商联社会责任履行】 2022年，遂溪县工商业联合会调动民营企业力量，履行社会责任，参与各项社会公益活动。落实防控主体责任，发挥资源优势参与疫情防控工作。湛江防控新冠疫情期间，有9个商（协）会、百余家爱心企业及多名爱心人士向遂溪县捐赠价值约500万元抗疫物资，并捐款约40万元。开展扶贫济困活动，在“6•30”广东扶贫济困日启动仪式上，现场募捐金额485万元。会员企业湛江市恒兴房地产有限公司、广东拉多美化肥有限公司、湛江市港创混凝土有限公司被评为2021年度遂溪县“广东扶贫济困日”活动先进单位；会员吴参、彭门玉被评为2021年度遂溪县“广东扶贫济困日”活动先进个人。会员自觉投身公益事业，参与敬老、爱幼、助学、环保等公益活动，通过产业帮扶、基础设施建设、乡村环境整治、脱贫帮困等方式，促进家乡经济发展、环境优化、村民幸福、社会和谐、文化繁荣。倡导村企共建，评选新时代杰出乡贤。引领乡贤融入乡村振兴、新农村建设、“1+3+6”行动计划和“十四五”规划。7月，县工商联提名湛江市遂溪商会会长陈四为“广东百佳爱心新乡贤”，提名广东拉多美化肥有限公司、广东恒兴集团有限公司为“广东百家爱心帮扶企业”。

【工商联参政议政】 2022年，遂溪县工商业联合会引导会员建言献策。围绕县委和县政府中心工作、非公有制经济发展中迫切需要解决的问题，通过多种方式参政议政。鼓励会员中的人民代表大会代表、政协委员参加县人

2023 年 5 月 12 日，珠海市遂溪商会援遂抗疫物资运到遂溪

（县工商联 / 供图）

民代表大会常务委员会、政协遂溪县委员会视察、调研活动，发挥其参与政治和社会事务的积极性和主动性。组织会员代表参加政府工作报告征求意见会，对政府工作提出意见和建议。遂溪县“两会”（人大会议、政协会议）期间，3 名会员（县政协委员）在政协会议上发言。10 多名会员中的县人民代表大会代表和县政协委员，围绕促进全县经济和社会科学发展、和谐发展、可持续发展的主题，撰写议案提案。加强政企交流、行业交流，畅通政企沟通渠道，为企业间相互交流搭建桥梁，引导会员企业融入重大战略，开启合作共赢。每月坚持到企业开展走访，了解企业发展情况，倾听企业心声诉求，为企业排忧解难。组织部分女企业家开展调研交流活动，畅通政府与企业的沟通渠道，提升和促进服务质量。组织会员代表到中山遂溪商会、江门市遂溪商会开展学习交流，提高企业管理水平。引导商会之间结对共建，促进商会整体运转规范化、制度化，提升商会整体凝聚力。协助办理议案提案。协助有关部门做好县政府交办的人民代表大会代表议案和政协委员提案办理工作，对承办议案、提案进行分析梳理，深入调查研究，了解情况，掌握问题症结，对主办的提案，给提案者做出答复；对会办的提案，给主办单位做出会办意见，确保建议、提案真正落到实处。全年承办关于非公有制经济工作的提案 5 件，议案提案办理层次和水平明显提高，合力推动民营经济工作走上新台阶。

【商会建设】 2022 年，遂溪县工商业联合会加强驻外商会建设，指导江门市遂溪商会开展换届工作。7 月 2 日，江门市遂溪商会换届，召开第二届会员代表大会并举行第二届理监事会就职典礼，商会领导班子得到优化和充实。推动工商联所属商会改革发展。在 11 个商协会中，湛江、东莞、珠海市遂溪商会和遂溪县盆景根艺雅石协会、遂溪县花卉协会等 5 个商协会成立党支部。做好“四好”（班子建设好、团结教育好、服务发展好、自律规范好）商会推荐评选工作。12 月，东莞市遂溪商会、湛江市遂溪商会、珠海市遂溪商会被评为 2022 年湛江市“四好”商会和商会先进党组织。

【江门市遂溪商会第二次会员代表大会】 2022 年 7 月 2 日在江门市养生谷休闲山庄举行，江门市遂溪商会 50 多名会员出席大会。大会审议通过第一届理事会工作报告、第二届换届大会筹备工作报告和筹备工作监督报告、《江门市遂溪商会章程》，选举产生江门市遂溪商会第二届理事会。天地壹号饮料股份有限公司董事王广当选为会长。举行江门市遂溪商会第二届理事会就职典礼。江门市遂溪商会全体会员，遂溪县相关领导，遂溪县工商联代表，珠海、中山等地遂溪商会代表近 200 人出席活动。大会为当选会长、监事长、执行会长、常务副会长、副会长颁发任职牌匾。

（县工商联）

群众团体

遂溪县总工会

【概况】 2022年，遂溪县有基层工会组织690个，工会会员6.59万人，其中新建企业工会组织60个，新发展工会会员3918人。

【基层工会规范化建设】 2022年，遂溪县总工会打造示范镇工会，黄略镇工会和乌塘镇工会被评为湛江市示范乡镇工会；推动职工之家建设，牵线广东天益生物科技有限公司工会与广东汇通乳胶制品集团有限公司工会结对共建职工之家；选培湛江市五星级职工之家4个，星级职工小家3个，工会岗位星4名，工会服务星3名，工会引领星3名；加强“司机之家”建设，遂溪县总工会牵手中石化湛江分公司工会，合作建设“司机之家”。

【工会关爱行动】 2022年春节期间，遂溪县总工会开展新冠疫情防控一线工作人员慰问活动，为县公安局、县卫生健康局、县疫情防控指挥部、县疾控中心及全县24个派出所工作人员送去价值9万元慰问物品；5月19日，慰问支援上海核酸检测队遂溪县人民医院陈双家属；8月3—4日，开展“送清凉”慰问活动，为12家企业1600多名一线职工送去清凉饮品和防暑物品；在湛江8月4日的新冠疫情发生后，慰问玥珑瑚医院集中隔离点、县职业技术学校防疫集中隔离点抗疫一线人员；11月21日，开展“以心暖‘新’，工会在行动”关心关爱新就业形态劳动者温暖服务月活动，为4家新就业形态企业125名新就业形态劳动者送上牛奶、腊肠等暖心慰问品；11月23日，慰问玥珑湖医院集中点工作人员，为98名工作人员送上电热饭盒。

【困难职工帮扶】 2022年春节期间，遂溪县总工会慰问建档困

2022年11月21日，遂溪县总工会开展“以心暖‘新’，工会在行动”关心关爱新就业形态劳动者温暖服务月活动　（县总工会/供图）

难职工16人，发放慰问金2.5万元，配合市委、县委慰问困难企业1家与困难职工1人。3月，为在档全国性困难职工发放帮扶资金12.28万元。5月，为受湛江“5·6”新冠疫情影响的6户在档全国性困难职工发放1.2万元生活补贴救助。11月，为在档的困难职工发放医疗救助8人次12.3万元。在稳企纾困常态化送温暖活动中，为19名困难企业暂时生活困难职工发放送温暖资金3.23万元。

【遂溪县总工会第十三届委员会第七次全体会议】 2022年4月8日，遂溪县总工会召开第十三届委员会第七次全体会议，遂溪县总工会十三届委员会委员、经审会委员和拟替补的委员参加。会议审议通过有关决定（草案），以无记名投票方式，选举翟亚辉为遂溪县总工会十三届委员会委员、常委、主席。

2022年4月8日，遂溪县总工会第十三届委员会第七次全体会议召开

（县总工会/供图）

2022年11月11日，遂溪县总工会举办2022年遂溪县工会干部业务培训班

（县总工会/供图）

【全县推进新业态劳动者建会入会工作会议】 2022年6月29日，遂溪县总工会召开全县推进新就业形态劳动者建会入会工作会议。各镇、县工业园区、县电子商务产业园、县有关单位分管领导参加。会议强调，要高度重视、认识做好新就业形态劳动者建会入会工作的重要性和紧迫性，把推进新就业形态劳动者工会工作作为贯彻习近平总书记重要指示精神的实际行动、作为学习贯彻新修订工会法的重要举措、作为推动经济高质量发展、促进社会和谐稳定的现实需要。会议对2022年全县新业态劳动者建会入会集中行动工作进行部署，通过深化党建带工建、工建服务党建工作机制，全县各级工会上下形成合力，协同推进新业态劳动者建会入会工作。

【工会干部业务培训】 2022年11月11日，遂溪县总工会举办2022年遂溪县工会干部业务培训班，集体协商三方机制单位领导，各镇、县工业园区、县产业园工会主席和全县工会专职集体协商指导员45人参加。培训内容分为两部分，第一部分为湛江市“智慧工会”工作中心主任苏明涛结合实际案例，分别对通过“粤工惠”平台开展本级“智慧工会”工作、更好地向职工推介“粤工惠”平台、通过“粤工惠”平台常态化便捷开展普惠服务、依托平台进行“二次开发”等方面进行讲解；第二部分是遂溪县总工会组织宣教部部长彭伟就如何开展集体协商、集体合同的订立和内容、集体协商程序和工资集体协议送审要求等内容进行培训。

【工会送春联活动】 2022年春节前，遂溪县总工会联合县书法家协会开展送春联活动，为岭北工业园区企业、白坭坡工业园区企业、万家美物业服务有限公司等26家企业职工书送春联1600多副。

【职工交友活动】 2022年3月5日，遂溪县总工会举办“好幸运·遇见你”遂溪工会职工交友活动，来自各基层工会30多名单身青年参加，现场有3对青年职工牵手成功。

【职工文体活动】 2022年2月23—28日，遂溪县总工会开展“庆三八·女职工防疫、维权知识竞答”活动，全县146家基层工会参与，答题人数1655人，答题次数5495次；3月14—21日，举办“学习党的十九届六中全会精神”知识有奖竞答活动，全县173家基层工会参与，答题人数2265人，答题次数1.32万次；“五一”期间，举办“欢度五一线上游园活动”，吸引3639名工会会员参与，参与次数3.23万人次；11月14—18日，开展“学习二十大 奋进新征程”线上有奖竞答活动，全县141家基层工会参与，答题人数1118人，答题次数4524次。通过线上举办各类竞答活动，以活动促学习，增强职工维权意识，引导职工坚定不移听党话跟党走。

（邹志斌）

共青团遂溪县委员会

【概况】 2022年，遂溪县有团委55个，其中镇（街道）团委16个，学校团委33个，机关（企业）团委4个，团工委2个。有基层团总支10个，团支部812个，专职团干部73人，青年团员2.55万人（14～28周岁）。全年发展团员1560人，建立“两新”（新经济组织、新社会组织）团组织28个。

【青年思想政治引领】 2022年，遂溪县消防救援大队消防员李童斯获2022年度“全国优秀共青团员”称号。团遂溪县委联合县关工委、县志愿服务联合会在下洋村下洋东征革命史馆组织开展“弘扬五四精神，展现青春活力”遂溪县青年爱国主义教育系列活动。组织党团员赴廉江市安铺镇尖仔村抗日革命老区红色教育基地，开展“喜迎二十大 奋进新征程”主题党日活动。庆祝中国共产党成立101周年，深化党史学习教育。召开学习贯彻习近平总书记在庆祝中国共产主义青年团成立100周年大会上的重要讲话精神座谈会。县委书记骆华庆出席会议并讲话。市、县两级少先队校外实践教育营地（基地）挂牌仪式在建新镇卜巢村海水稻发源地举行。开展遂溪县“缅怀革命先烈，传承红色基因”青少年主题教育活动。团县委联合广东医科大学团委等相关单位在遂溪县北坡镇法治文化广场开展“喜迎二十大 助推乡村振兴”暨“百校百号乡村行”专项行动。进行急救知识科普、青少年普法、反家暴宣传、禁毒及消防安全宣传。2022年纪念“九·一八事变”举办91周年暨悼念遭日军屠杀的死难者活动。县青年志愿服务联合会在县青少年宫召开遂溪县青年志愿服务联合会座谈会。开展学习宣传贯彻中国共产党第二十次全国代表大会精神“强国复兴有我，青少年遂溪文物我来讲”宣讲活动走进遂城第四小学。全省青年社会组织、新兴青年群体学习宣传贯彻中国共产党第二十次全国代表大会精神线上学习会（遂溪分会场）在县青少年活动中心举行。2022年度遂溪县“新时代好少年”先进事迹发布会在遂溪县大成中学格物楼一楼学术报告厅举行。大成中学开展学习宣传贯彻中国共产党第二十次全国代表大会精神宣讲“小达人”比赛活动。

【团组织活动】 2022年，遂溪县镇级团委换届工作完成。全县15个镇级团委全部选举产生新一届团委班子和委员。共青团遂溪县委员会到县人民检察院调研团建工作。召开共青团遂溪县第十五届委员会第九次会议。举办遂溪县2022年基层团干部培训班暨“不忘初心、青春同行”素质拓展活动。召开共青团遂溪县第十六次代表大会。召开全县志愿服务工作座谈会，探讨研究推动全县志愿服务工作新发展。团省委到遂溪县调研青年社会组织工作、到遂溪县第一中学开展调研少工委建设工作。团县委开展企业电商发展情况走访调研、基层团组织建设工作。召开学习传达贯彻中国共产党第二十次全国代表大会精神专题会议。赴各镇（街道）开展团队工作调研暨镇（街道）少工委挂牌活动。12月15日，团县委组织开展全县团员青年学习贯彻中国共产党第二十次全国代表大会精神线上学习会暨学习贯彻中国共产党第二十次全国代表大会精神专题团课。是年，共青团遂溪县委员会获评2022年广东省青少年模拟政协提案征集活动优秀组织单位，团县委被评为2022年遂溪县第四届国家机关“谁执法谁普法”优秀单位。

【服务青年】 2022年4月1日，由共青团遂溪县委员会、县妇女联合会主办，大成中学承办的“与你同行，轻松备考”——中高考减压心理辅导活动开展。4月27日，团县委联合县电商办在名邦物流城国家级电子商务示范县遂溪产业园，举办遂溪县农村电子商务培训班。6月2日，团县委联合县文明办、县委编办、县志愿服务联合会、白水小学、圆梦艺术志愿服务队到遂城白水小学开展“我们的节日·端午节”暨“留守儿童·幸福家园”关爱留守儿童送温暖主题活动。6月22日，共青团湛江市委员会、共青团遂溪县委员会联合洋青中学在洋青中学开展“青春自护有你有我”2022年湛江市青少年“校园零欺凌成长零暴力”专项宣传活动。6月25日，共青团遂溪县委员会、少先队遂溪县工作委员会在遂溪孔子文化城举办省红领巾基金项目“爱心汇聚小鸟巢”活动——“识千古诗词，扬中华美德”主题研学实践活动。6月27日，团湛江市委联合团遂溪县委、广州医科大学附属第一医院在遂溪县第二人民医院开展湛江市免费救治经济困难家庭先心病患儿大型公益活动（遂溪专场），为先天性心脏病儿童提供免费筛查、义诊服务。6月30日，共青团遂溪县委员会、共青团城月镇委员会联合壹基金儿童服务站（遂溪青少年宫）开展“扶贫济困关爱留守青少年”公益活动。7月1日，团县委联合县妇联、县人民检察院、广东省妇女维权与信息服务站（遂溪站）等部门到遂城街道、黄略镇司法所开展“伙伴同行”青少年社区矫正帮扶活动。7月13日，团县委分别到湛江市桥红农业发展有限公司、遂溪乐培农业科技有限公司开展青年创业走访调研活动，了解青年企业家电商发展和产业经营情况，加强与青年企业家的沟通和交流。8月4日，团县委在县青少年宫举办的“我们的节日·七夕——‘相约七夕’遂溪县青年联谊会”在遂溪县青少年宫活动中心举行。8月18—24日，团县委开展2022年“两帮

2022年12月16日，遂溪县学习宣传贯彻党的二十大精神宣讲“小达人”比赛活动首场宣讲会在大成中学学术报告厅举行

（县教育局/供图）

两促”（学业帮助、就业帮助，促进体质健康、促进心理健康）暑期公益课程暨“爱心汇聚小鸟巢”活动。8月29日，团县委联合团遂城镇委开展防溺水宣传活动。9月6日，团县委联合县科协、湛江市科技志愿者服务队在县青少年活动中心举行2022遂溪县“喜迎二十大 科技筑梦新少年”科普主题活动。9月22日，团县委开展科普知识进校园志愿服务活动。9月30日，团县委举办遂溪县“留守儿童•幸福家园”品牌创建示范点揭牌仪式暨“喜迎二十大•庆祝国庆节”关爱慰问留守儿童活动。10月2日，县青年志愿服务联合会在县青少年宫举行遂溪县青年志愿者联谊会。10月3日，团县委在县青少年活动中心开展“我们的节日•重阳节”暨爱心汇聚小鸟巢主题兴趣班活动。10月27日，县新业态新就业群体党群服务中心在县青少年宫揭牌成立。10月31日，团县委、县教育局、县禁毒办联合主办，县大成中学、湛江市悦好社会工作服务中心承办的2022年遂溪县“礼赞二十大 护航青春路”青少年自护教育暨“遂小狮”禁毒卫士项目启动仪式在大成中学正式启动。11月2日，团县委一行到广西壮族自治区融安县开展2022年遂融“两帮两促巩固脱贫”关爱留守儿童活动。11月11日，团县委联合县关工委举办主题为“学习贯彻党的二十大精神，助力县委‘1+3+6’行动计划”的创业青年“领头雁”培训班。11月12日，由团县委主办，北部湾集团农旅产业园承办的“遂”月如歌•“溪”望有你——遂溪县青年联谊会在岭北镇北部湾农产品示范基地举行。11月8—18日，团遂溪县委牵头联合县文化广电旅游体育局、县乡村振兴局举办“喜庆二十大•2022年遂溪县‘乡村振兴杯’男子篮球赛”。11月2—18日，团县委联合县人民检察院、遂城街道创文办、附城村委会、遂城街道社工站附城社工点、遂城第十一小学与湛江幼儿师范专科学校中文系在遂城新时代文明实践所共开展4场创建“双零”（青少年零犯罪、零受害）社区暨“童心飞扬，筑梦未来”安全教育活动。11月19日，团县委联合湛江市悦好社会工作服务中心开展“遂小狮”遂溪县青少年自护教育计划主题活动。12月9日，召开遂溪县2022年预防青少年违法犯罪专项组联席会议。12月13日，团县委组织开展2场预防青少年犯罪暨青少年“双零”社区创建主题活动。

2022年10月31日，共青团遂溪县委员会、县教育局、县禁毒办联合主办，县大成中学、湛江市悦好社会工作服务中心承办的2022年遂溪县“礼赞二十大 护航青春路”青少年自护教育暨“遂小狮”禁毒卫士项目启动仪式活动在大成中学正式启动　（县教育局/供图）

【青年社会服务】 2022年，共青团遂溪县委员会开展系列活动助力乡村振兴工作。1月29日，开展“佳节尚文明，志愿关爱行”助力乡村振兴活动。7月6日，联合县志愿服务联合会、县教育局开展农村学校儿童关爱行动。7月19日，广东海洋大学团委书记郑一鸣一行到广东海洋大学乡村振兴驻镇帮镇扶村对接镇——遂溪县河头镇，开展“三下乡”（文化、科技、卫生方面的内容知识在农村普用）社会实践团队师生暑期探访暨南路革命专题交流会活动。8月1—3日，团县委组织开展2022年度广东高校毕业生志愿服务乡村振兴行动志愿者（遂溪分会场）培训及出征仪式，组织35名志愿者集中参与，充实乡村振兴“储备人才库”和“青年人才库”。8月23—28日，团县委联合岭南师范学院基础教育学院中文系“守心养老服务”队在遂溪县附城镇红坎村开展大学生社会实践“三下乡”活动。8月31日，团县委召开2022—2023年度遂溪县山区计划（希望乡村教师、一校一社工）志愿者座谈会。9月22日，参与2022年消防安全助力乡村振兴暨界炮镇新时代文明实践所消防主题开放日活动。助力疫情防控。团县委招募志愿者在县烈士纪念公园配合开展核酸检测工作。在县公安局协助开展疫情防控人口信息核查工作。联合遂溪县志愿者服务联合会招募志愿者，参与湛江5月6日发生的新冠疫情防控工作。助力疫情信息核查，助力抗疫物资搬运、核酸检测、疫情信息核查、入户核酸检测、交通管控及黄略镇全面防疫消杀、宣传无疫社区创建等工作。

（团县委）

遂溪县妇女联合会

【概况】 2022年，遂溪县有镇（街道）妇女联合会16个，村（社区）妇女联合会350个，村（社区）级儿童之家350个。省级“妇女之家示范点”16个，市级“妇女之家示范点”18个。

【巾帼大宣讲】 2022年，遂溪县妇女联合会联合中共县直属机关工作委员会、县总工会等单位，每月举办“强国复兴有我建功新时代”女性大讲坛活动，发动各领域、各行业先进女性典型走上讲坛讲述最美故事、遂溪故事，用鲜活故事、身边榜样引导妇女群众追求至美至善，奋发向上。结合党史学习教育和“四史”（中共党史、新中国史、改革开放史、社会主义发展史）宣传教育，开展“我奋斗·家国美”故事汇活动，讲好奋斗故事，推进巾帼大宣讲活动走实走深。全年遂溪县各级妇联组织开展巾帼大宣讲活动200多场次，覆盖妇女群众2万人。

2022年9月21日，遂溪县妇联到杨柑镇开展听党话、感党恩、跟党走“巾帼心向党　喜迎二十大”巾帼大宣讲活动进乡村（遂溪县杨柑镇专场）活动

（县妇联/供图）

【妇女思想政治引领】 2022年，遂溪县妇女联合会开展各类主题活动。聚焦“强国复兴有我”主题，突出迎接宣传贯彻中国共产党第二十次全国代表大会精神这一主线，奏响爱党爱国爱社会主义最强音。开展“巾帼心向党　喜迎二十大”群众性主题宣传教育活动。“三八”妇女节期间，组织各级妇联干部到革命烈士黄学增故居、钟竹筠故居及遂溪西南革命史馆、下洋村红色教育基地等革命传统教育基地开展实地学习17场，参与人数500多人。开展遂溪县“少年儿童心向党　喜迎党的二十大”未成年人思想道德建设系列活动。联合县文明办、县教育局等单位开展亲子诵读、亲子广播比赛活动，64支队伍参加县级决赛。在湛江市第二届“少年儿童心向党　亲子诵读传家风”比赛活动中，遂溪县13组作品获奖，12名教师获优秀指导教师荣誉，县妇联、县教育局、县融媒体中心被评为优秀组织单位。开展先进典型宣传推广。利用遂溪融媒、政府网站、“遂溪妇联”公众号各类宣传平台及“巾帼大宣讲”活动，对三八红旗集体、三八红旗手、巾帼文明岗、创业致富等妇女先进典型，开展线上线下宣传活动，用榜样力量激发妇女奋进新征程，建功新时代。

【乡村振兴巾帼行动】 2022 年，遂溪县妇女联合会开展乡村振兴巾帼行动。围绕乡村振兴工作，激发巾帼建功动能、凝聚巾帼乡村振兴力量，实施高素质女性农民培育计划、乡村产业振兴带头人培育“头雁”项目，开展寻找美丽庭院、民宿活动，为遂溪县乡村振兴工作贡献巾帼力量。继续实施妇女创业小额担保贷款贴息项目。为 1469 名妇女提供小额担保贴息贷款 8259 万元，使用贴息资金 305.58 万元（其中省市贴息资金 134.36 万元），带动 9000 多名妇女群众增收致富，助推妇女创业就业，促进农业产业发展。是年，县妇女联合会被湛江市妇联安排在第四期妇女创业小额担保贷款贴息项目总结会上做经验交流发言。

【寻找美丽庭院、民宿活动】 2022 年，遂溪县妇女联合会开展“巾帼聚力大文旅　共绘乡村新画卷”寻找美丽庭院、民宿活动。获评县级“美丽庭院”35 户，获评市级“美丽庭院”14 户，入围推选参加省级“美丽庭院”评比 10 户，官湖村被推荐参加省级“美丽庭院”示范村评比。

【“一村一巾帼”家政创业培训】 2022 年，遂溪县妇女联合会继续开展妇女技能培训，结合“南粤家政”“广东技工”“粤菜师傅”“赋能巾帼管家把爱送到每家”“一村一巾帼”家政创业培训班，面向全县妇女举办就业创业培训 20 多场，提升遂溪县妇女就业创业素养和能力素质，为乡村振兴提供人才支撑。开展环境整治巾帼行动。发动巾帼志愿者参与乡村人居环境整治提升行动，参与妇女 1 万多人次。开展科技创新巾帼行动，创建巾帼创业示范岗市级 2 个、县级 4 个，湛江金丰农业有限公司被推荐参评全国巾帼创业示范岗。

2022 年 9 月 9 日，遂溪县妇女联合会举办遂溪县“一村一巾帼”妇女创业带头人培训班

（县妇联 / 供图）

【巾帼同心齐抗疫】 2022 年，遂溪县妇女联合会开展巾帼同心齐抗疫行动。发挥“联”字优势，广聚“她力量”，动员全县 3000 多名妇联执委及巾帼志愿者、女企业家，投身新冠疫情防控工作。发动镇村妇联执委，到农村一线动员 60 岁及以上老人接种疫苗（含第一针），密切关注受疫情影响的孤寡老人、困

2022 年 5 月 7 日，遂溪县妇联组织党员干部奔赴黄略镇台岭村委会和城月镇后溪村委会抗疫一线支援当地做好全员核酸检测采样工作

（县妇联 / 供图）

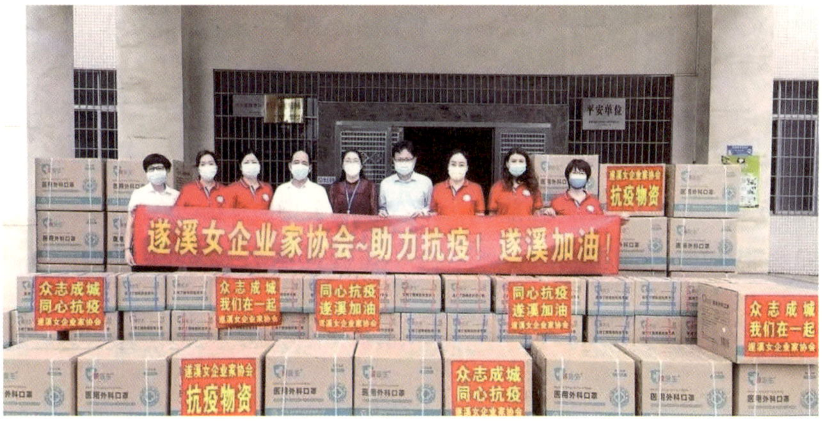

2022 年 5 月 12 日，遂溪县 70 多名女企业家为抗疫慷慨解囊，捐赠物资总值 200 多万元　　（县妇联 / 供图）

难儿童、残疾妇女、贫困妇女等群体，做好关爱帮扶工作。动员全县妇联执委及巾帼志愿者参与遂溪县抗疫。筹措物资献爱心。发挥遂溪县女企业家协会组织作用，动员 70 多名女企业家在遂溪新冠疫情中捐赠物资价值 200 多万元。

【新时代家庭文明建设】 2022 年，遂溪县妇女联合会推进新时代家庭文明建设。组织开展《习近平关于注重家庭家教家风建设论述摘编》学习宣传活动。开展寻找“最美家庭”活动。评选县级“最美家庭”55 户及遂溪县十大“最美家庭”，推荐 18 户候选家庭参与市最美家庭评选，陈秋玲家庭等 2 户家庭获 2022 年广东百户“最美家庭”称号，陆秀荣家庭获全国“五好家庭”称号。开展家庭教育指导服务进村（社区）家长学校活动。开展家风家教、科学教子、心理健康等家庭教育指导服务、心理健康教育进村（社区）家长学校活动，为家长提供家庭教育指导服务。全年开展活动 20 多场，受益群众 2000 多人。创新开展应急科普知识进万家活动。联合县应急管理局、县科协等单位开展应急科普知识进万家活动，在 5 个镇开展防灾减灾、防溺水、防雷电、食品安全、交通安全、地质灾害、消防知识等应急科普活动 10 多场，近 700 名学生家长参加活动。建设“舒心驿站”心理咨询室。整合卫生、教育及县未成年人心理健康辅导站有关资源，组建心理健康专家志愿者队伍，定期为妇女、儿童及其家庭开展心理咨询个案服务。

【关爱帮扶暖心活动】 2022 年，遂溪县妇女联合会开展关爱帮扶暖心活动。开展重点人群重点家庭关爱服务工作，建立妇联执委走访联系重点人群重点家庭制度，把全县 904 名重点儿童、927 名重点妇女及 374 户重点家庭纳入妇联执委走访联系工作对象。开展送温暖慰问活动，在春节、“六一”国际儿童节、中秋节期间，联合县教育局、县关工委、县残联、县女企业家协会、县志愿者服务联合会、中国人寿遂溪县支公司、县众成志愿者协会、湛江温暖之家社工组织、善德馨慈善协会、巾帼文明岗等单位、团体及爱心人士、巾帼志愿者，走访慰问困难妇女儿童、老妇联干部等困难群体 900 多人，送上慰问金及慰问物资价值 30 万元。开展巾帼健康行动。推动“两癌”（宫颈癌、乳腺癌）检查与救助扩面，向全县 8000 多名农村困难妇女、3000 多名执委赠送“两癌”健康保险。争取中央专项彩票公益金支持低收入妇女“两癌”救助项目，4 名妇女获救助。继续扩大“两癌”免费检查范围，开展农村妇女“两癌”免费检查 5904 人，完成率 100%。加大妇女健康知识普及力度。开展健康知识科普，加强对 HPV（人乳头状瘤病毒）疫苗接种政策宣传，引导适龄女生及家长正确认识 HPV 疫苗，提高接种积极性，预防宫颈癌。继续实施关爱妇幼健康项目（国奶养育工程）。协助县老区办、县卫生健康局推进国奶养育工程工作，截至 10 月，慈善捐赠金额和公益资助金额 2158.8 万元，发放奶粉 10.72 万罐，公益资助 2.33 万人。优化开展关心关爱农村留守儿童巾帼志愿服务活动。打造“情暖童心”关心关爱农村留守儿童巾帼志愿服务品牌，支持遂溪县圆梦艺术培训中心巾帼志愿者组织开展“关爱农村留守儿童·让留守儿童圆梦起飞”

巾帼志愿服务。该项目被广东省妇联推荐参加全国妇联有关项目评比。在2022年“6·30”广东扶贫济困日期间，开展“姐妹情深献爱心”捐款活动，筹集爱心款23.12万元。6月11日，与狮乡（广东）食品有限公司进行爱心基金签约，狮乡（广东）食品有限公司将根据企业运营情况定期向县妇联捐赠爱心款。爱心款将用于援助困难妇女儿童及困难家庭，帮助其解决学习、生产、生活难题，支持开展与关心关爱留守儿童有关活动项目。

【妇女维权】 2022年，遂溪县妇女联合会强化维权，多措并举为妇女儿童保权益。开展“健康人生绿色无毒”“美好生活民法典相伴”“珍爱生命远离毒品”“预防事故珍爱生命”未成年人安全教育、反家暴、民法典、家庭教育促进法等宣传教育活动28场，发放宣传资料2800多份，受益群众2500多人，助力平安遂溪建设。联合县司法局、县教育局组织“一村一顾问”律师开展“争做合格家长培养合格人才”、2022年“三八”维权周普法宣传“六进”（进机关、进乡村、进社区、进学校、进企业、进单位）等活动30多场次，受益家长2400多人，宣传《家庭教育促进法》和《未成年人保护法》。组织家长、学生收看5月27日湛江市“检察官法治讲坛”——《我们的身体不容侵犯》直播，全县集中收看直播进村（社区）203场次，进中小学校282场次，累计2.5万名学生、家长收看直播，提高学生及其监护人防性侵安全意识。坚持婚姻家庭矛盾化解，用好“12338”妇女服务热线、妇女维权与信息服务站、“舒心驿站”、“法院＋妇联”婚姻家庭联调工作室、县婚姻家庭纠纷人民调解委员会等阵地载体，把维护妇女权益做在平常、抓在经常、落在基层。继续推动常态化做好婚姻家庭纠纷排查化解工作，受理来电来访，提供咨询服务，受理婚姻家庭权益类案件118宗（其中家暴案件31件），来电92宗，来访161宗，网信1宗，做好受理、登记、跟踪、结案、评估、回访建档工作。组织编制新一轮妇女儿童发展纲要规划。《遂溪县妇女发展规划（2021—2030年）》《遂溪县儿童发展规划（2021—2030年）》经县委常务委员会及县政府常务会议讨论通过。配合做好儿童友好城市建设专项调查工作，申报首批广东省儿童友好城市建设示范县及示范镇、示范基地工作。遂溪县被广东省妇女儿童工作委员会及省发展和改革委员会认定为首批广东省儿童友好示范县，遂城街道、岭北镇、孔子文化城参加首批广东省儿童友好示范镇、示范基地评选。

【党建带妇建】 2022年，遂溪县妇女联合会坚持以党建带妇建、以妇建促党建，实施“破难行动”、“强三性”（政治性、先进性、群众性）、“去四化”（机关化、行政化、贵族化、娱乐化），继续提升党建带妇建工作水平。召开遂溪县妇联九届五次、六次执委会议，总结2021年度妇联工作和提出2022年度妇联工作计划，补选县妇联正、副主席。做好镇（街道）妇联换届工作。除遂城、附城2个镇（街道）外，遂溪县其他14个镇妇联完成换届工作，选举产生镇（街道）主席14名、专职副主席15名，兼职副主席28名，挂职副主席20名，执委437名。做好湛江市第十一次妇代会代表推荐工作及县第十次妇女代表大会筹备工作。推进“妇女之家”建设。遂城街道城南社区“妇女之家”被评为市第十期“妇女之家”示范点。

（李华哲）

遂溪县科学技术协会

【概况】 2022年，遂溪县科学技术协会有下属专业协会（研究会）7个、镇（街道）科协组织16个，建有省级科普教育基地6个、市级科普教育基地17个、市级青少年科学教育特色学校1所、县级农村科普示范基地17个、科普e站4个，科普驿站示范点4个，新建科普长廊5个87米，更新科普宣传栏46个。建设北坡中学、杨柑中学2个农村中学校园科技馆（县科技馆分馆）。

2022 年 9 月 9 日，广东省 2021—2025 年度第二批全国科普示范县（市、区）创建情况检查验收工作座谈会在遂溪县举行（县科协 / 供图）

【遂溪县被评为全国科普示范县】 2022 年 12 月 27 日，遂溪县作为 2021—2025 年度第二批全国科普示范县（市、区）创建单位，通过中国科学技术协会检查验收，被评为全国科普示范县。

【科普教育成果】 2022 年，遂溪县开展的“科普伴我同行”科普进校园活动被广东省科学技术协会评为 2022 年全国科普日优秀活动，遂溪县科学技术协会被广东省科协评为 2022 年广东省全国科普日活动优秀组织单位。

【科普场馆建设】 2022 年，遂溪县委编办下达成立遂溪县科技馆机构的批文，县科普场馆建设纳入经济社会发展“十四五”规划。县政府常务会议通过选址讨论，同意整合县气象局现有场地建设县科技馆，待条件成熟再选址建新馆。北坡中学、杨柑中学 2 个农村中学校园科技馆于 2022 年 9 月揭牌。

【科普工作队伍建设】 2022 年，遂溪县科学技术协会建立遂溪县科技志愿服务分队，下设服务队 18 个，在广东省志愿者“i 志愿”服务平台注册人数超 1000 人。全县科学教师及科技辅导员 60 多人，实现县内中小学校全覆盖。

【科普教育品牌活动】 2022 年，遂溪县科学技术协会利用全国科普日、全国科技活动周、广东省科技进步月、全国爱国卫生月等时间节点，联合各镇各单位开展文化科技卫生“三下乡”活动、“科学伴我同行”科普进校园等形式多样的科普教育活动 50 多场。

【科技论坛】 2022 年 2 月，遂溪县科学技术协会举办遂溪县首届产学研助力乡村振兴科技论坛，活动现场签订合作协议 2 份。4 月，省级科普教育示范基地——广东省科学院南繁种业研究所湛江研究中心与湛江幼儿师范专科学校签订战略合作协议，致力产学研融合发展，促进高校、科研机构与地方、企业的深度合作。

【气象科普教育进学校活动】 2022 年，遂溪县科学技术协会开展气象科普教育进学校活动，3 月 23 日，县气象局、县科协、县教育局、县应急管理局联合到北坡镇中心小学、城月镇第二小学开展科普图书捐赠活动。赠送图书《中小学生气象安全教育读本》840 本、《校园安全教育手册》1000 本。

2022 年 11 月 2 日，遂溪县科学技术协会、县教育局共同举办的遂溪县 2022 年“身边最美科技工作者”事迹宣讲活动（遂溪一中专场）在县第一中学举行（县科协 / 供图）

【培育时代新风活动】 2022年，遂溪县科学技术协会联合县文明办、县关工委、团县委等单位开展“2022年遂溪县新时代科学家精神教育进校园活动”10场，并以上网课的形式扩大教育范围，受教育人数1.5万人。举办“众心向党自立自强——党领导下的科学家主题展”，组织开展“身边最美科技工作者”事迹宣讲活动5场。

【中医药科普教育】 2022年，遂溪县科学技术协会开展中医药科普进校园、进机关、进社区活动5场，普及中医药知识，传承中医文化。

【科技文化卫生“三下乡”活动】 2022年6月21日，遂溪县科学技术协会在杨柑镇联合开展2022年科技文化卫生“三下乡”活动。活动内容有关爱老人义诊活动、心肺复苏急救技术培训等方面，发放宣传手册300多份。

2022年9月22日，遂溪县2022年全国科普日暨“科学伴我行”科普进校园活动启动仪式在黄学增纪念中学举行　　（县科协/供图）

2022年11月22日，“智惠行动·百会百县乡村行”科技志愿服务项目启动仪式在遂溪县举行　　（县科协/供图）

【全国科普日活动】 2022年9月21—22日，遂溪县科学技术协会以“喜迎二十大，科普向未来”为主题，开展一系列活动，包括青少年科技教育联合行动、卫生健康科普联合行动、安全应急科普联合活动、食品安全科普联合行动、科普宣传联合行动等五大联合行动。全县各有关部门立足本职工作和群众所需，把全国科普日活动与“我为群众办实事”相结合，围绕教育“双减”（减轻作业负担、减轻校外培训负担）、卫生健康、食品安全、农业生产、科学防疫、网络安全、防灾避险、低碳生活等基层群众普遍关注的热点问题开展科普教育。采取线上线下相结合的形式开展活动。其中“科学伴我同行”科普课堂采用现场网络直播方式，组织全县60多所中小学校线上收看，相关课程累计收看人数超5万人次。

【科技志愿服务】 2022年，遂溪县科学技术协会开展科技志愿服务活动27场，活动内容包括疫情防控、爱国卫生、应急救援、文明创建、环境保护等方面。发放宣传资料3万多份，其中发放疫情防控手册2万多份。4月，协助杨柑镇开展60岁以上老年人疫苗接种“攻坚战”，超额完成县下达任务；5月，发动科技志愿者奔赴防疫一线，分别到黄略镇、杨柑镇、石门桥高速路口防疫站和遂城街道中山社区参与抗击疫情。

【科技服务企业创新发展】 2022年，遂溪县科学技术协会与湛江市农业专业技术协会联合实施“智惠行动·百会百县乡村行”科技志愿服务项目，邀请广东海洋大学专家到遂溪进行技术培训，为遂溪县新海茂水产养殖有限公司、遂溪县汇富水产有限公司提供海洋水产养殖技术服务。帮助广东省五洲药业有限公司申报广东省科技专家工作站项目。

（县科协）

遂溪县归国华侨联合会

【概况】 2022年，遂溪县归国华侨联合会给6户贫困归侨发放临时生活救助金2.1万元。春节期间，开展“献爱心、送温暖”活动，走访慰问重点侨务对象和特困归侨侨眷14户。新冠疫情防控期间，开展服务侨企“暖心行动”，到湛江统实企业有限公司、湛江福茂陶瓷有限公司、遂溪新隆园畜牧合作社等侨企走访调研，指导、协助侨企解决因“疫”出现的问题。发动侨企、侨界政协委员捐赠抗疫物资价值20万元，助力家乡抗疫。

【海外联谊】 2022年，遂溪县归国华侨联合会借助微信、QQ等媒介，与海外侨界人士保持联系。不定期发送遂溪县招商合作信息、创业、人才政策、重大活动方案等。鼓励海外侨胞回乡投资创业，助推家乡经济社会发展。

【侨益维护】 2022年，遂溪县归国华侨联合会做好群众来访工作，向有关部门反映情况，督促落实有关侨务政策法规，依法维护归侨、侨眷和海外侨胞在国内的合法权益。

【侨界参政议政】 2022年，遂溪县归国华侨联合会围绕县委、县政府中心工作参政议政。组织侨界人民代表大会代表、政协委员参加县人民代表大会常务委员会、政协遂溪县委员开展的视察、调研活动。鼓励引导侨界人民代表大会代表和政协委员，围绕推动遂溪经济和社会发展建言献策。

【遂溪县归国华侨联合会第四届常务委员会第八次会议】 2022年10月17日在县发展和改革局会议室召开，会议选举新一任县侨联主席。县侨联班子成员、侨联常委、中共县委组织部副部长、县委统战部副部长等8人参会。会议选举黄华军为新一任遂溪县归国华侨联合会主席。

（县侨联）

遂溪县文学艺术界联合会

【概况】 2022年，遂溪县文学艺术界联合会下辖县级文艺家协会9个和民办非企业单位1个。会员531人，其中国家级会员8人、省级会员56人、市级会员205人。

【文学创作】 2022年，遂溪县作家协会会员在市级及以上报刊发表文学作品58篇（首），其中在省级及以上报刊发表文学作品13篇；县作协会员开展新媒体创作，符荣泳在“番茄”网络平台发表长篇小说100多万字；徐海燕在“番茄”网络平台发表长篇小说80多万字、在“头条号”网络平台发表文学作品20多万字；庞巧在“头条号”网络平台发表中、短篇小说70多万字；洪三河发表诗歌50多首；潘晓慧、王来君等在各大网络平台发表作品。县作协陈华清《海龟湾的秘密》在第六届“读友杯”全国少年儿童文学短篇文学创作比赛中获优秀奖；洪艳《人世荒原中的“传奇”——关于张均〈张爱玲十五讲〉》获广西师范大学出版社第二届书评大赛入围奖；袁俊君《今年警事》，获湛江市公安局“喜迎二十大，忠诚保平安”主题征文优秀奖。2022年湛江市文艺精品扶持暨建设“红树林之城”文艺精品评选活动中，莫托夫文学作品《振兴》获创作扶持，陈华清文学作品《鹭舞红树林》获重大主题作品扶持，陈华清庆祝建党百年十部红色题材重点作品《竹魂》获奖励。

【书法创作】 2022年，遂溪县书法家协会会员林文华篆刻作品《红树林之城》入展寸金印社“同刻一方印”网络展；林文华草书斗方作品入展“2022年湛江市抗击疫情主题书法作品网络展”；林文华等9人作品入展“湛江市第三届书法篆刻临创作品展”；林文华等4人书法作品入展“听党话、感党恩、跟党走”——湛江市书法作品网络展；李流平、林文华2人书法作品入展“纪念北宋名相寇准贬谪雷州1000周年全国书法作品展”；蓝天书法作品入展“傅山奖”全国书法篆刻作品展。

【音乐创作】 2022年，遂溪县音乐家协会邓爱东获2022第二届“佰笛杯”线上国际手风琴大赛优秀教师指导奖。李小玲原创作品《家乡美》词曲入选中国文联出版社出版的《中国当代优秀音乐艺术人才作品展“歌唱祖国礼赞英雄”》，刊登在《歌曲》（月刊），并在“红色经典·百年传承”音乐文化展播活动中被评为优秀作品，在中国广播电视总台央视频道《经典音乐汇》栏目播出；原创歌曲《情满红树林》在湛江市音乐家协会“音乐作品”平台展播，并在人民视频、今日头条、腾讯视频、搜抓视频、优酷等各大网站播放。

【美术、摄影创作】 2022年，遂溪县摄影家协会参加全国、省、市摄影大赛，有3人8幅作品获奖或入选影展，50多幅作品被各类媒体采用。2022年湛江市文艺精品扶持暨建设“红树林之城”文艺精品评选，张铁印作品美术作品《岁物丰成》入选第九届广东版画作品展获鼓励奖。

【曲艺创作】 2022年，遂溪县曲艺家协会袁土贵创作的快板《良心》获广东省群众文艺作品评选三等奖，获湛江市群众文艺作品评选二等奖；莫云彩的原创粤曲《革命女英烈——钟竹筠》获湛江市群众文艺作品评选三等奖；陆建清、庞林辉获第五届广东省曲艺大赛湛江初赛银奖，詹连珠获铜奖。

【诗词创作】 2022年，遂溪县诗社会员创作发表诗词作132首，现代诗28首，楹联85联。其中发表在省级刊物（微刊）90首（联），国家级以上刊物（微刊）34首（联），获奖作品10首（联），在市级及以上报刊发表诗词作品61首。

【遂溪县文学艺术界联合会全体委员会议】 2022年10月12日，遂溪县文学艺术界联合会第四届第八次全委会召开，县文联第四届委员会委员参加会议。会议增补柯如生、麦灿、罗锦屏、何明生、陈华清、洪艳、王锦燕、林文华等8人为遂溪县文联全委会委员，选举柯如生为遂溪县文学艺术界联合会副主席。

【遂溪县2022年文艺工作会议暨第三届文艺精品奖颁奖大会】 2022年8月30日在县体育馆举行。县委办、县文化广电旅游体育局、县文联、县融媒体中心，各镇党委书记、宣传委员，获奖作者，各文艺家协会会员代表及县百姓宣讲团宣讲员参加大会。会议总结上年遂溪县文艺工作开展情况。会议宣读遂溪县第三届文艺精品奖和2021年红色征文获奖者名单，与会领导为第三届文艺精品奖和2021年红色征文奖的12名获奖者代表颁奖。活动中，遂溪县百姓宣讲团成立。

【“我们的中国梦——文化进万家”活动】 2022年元旦、春节期间，遂溪县文学艺术界联合会组织县文艺家开展一系列“我们的中国梦——文化进万家”活动。春节前，组织县书法家协会会员到江洪镇姑寮村、乐民镇乐民圩、洋青镇新田村等地开展义送春联活动；春节期间，与县委宣传部、县文化广电旅游体育局联合举办遂溪县2022年迎春文艺晚会、迎春美术作品展、书法篆刻作品展。

【文化下乡】 2022年5月3日，湛江市美术家协会、赤坎区美术家协会、徐闻县美术家协会和遂溪县美术家协会会员开展“走进杨柑镇河图仔村，振兴乡村文化艺术”采风写生活动，走进杨柑镇河图仔村，挖掘河图仔村古建筑文化，提炼乡村文化价值。7月26日，县书法家协会在乌塘镇安贡村文化室举行“2022年遂溪县乡村振兴安贡书法展”活动。活动展出遂溪县优秀书法作品28幅。11月16日，遂溪县作家协会协办“文化下乡助力乡村振兴”之作家下基层活动。

【红树林文艺创作】 2022年，遂溪县文学艺术界联合会落实《湛江市建设“红树林之城”行动方案》，组织、发动文艺家挖掘遂溪县域红树林生态优势，到界炮西岭村、文体、甘来沙虫寮等地开展“红树林之城”采风活动，召开“醉美湛江红树林”红树林诗歌专题研讨会，用文学、书法、摄影等形式宣传“红树林之城”。龙湾醒狮艺术团走进北潭红树林，拍摄《狮舞红树林》，用非遗文化宣传红树林。县作家协会会员创作红树林主题散文15篇，其中陆岸《西岭村的红树林》、陈华清《红树的风骨》、洪艳《春已深了》等散文刊登在《南方日报》；陈华清创作红树林主题长篇小说完成初稿；县音乐家协会李小玲的原创歌曲《情满红树林》在“人民视频”发布；县书法家协会创作书法作品5幅，其中林文华《红树林之城》篆刻作品入展“红树林之城”同刻一方印专题篆刻网络展；县诗社会员创作诗歌16首，其中洪三河创作的《湛江红树林颂歌（朗诵诗·50行）》在“奋进新征程 建功新时代——湛江市醉美红树林朗诵会”上朗诵；县摄影家协会罗锦屏《红树林是名副其实的候鸟天堂》、蓝伟强《北潭红树林与碧绿的海水浑然一体》刊登在《南方日报》，多幅红树林照片、视频被“湛江发布”等媒体采用。

【“劳动创造幸福”征文活动】 2022年2月，遂溪县关心下一代工作委员会、县教育局和县文学艺术界联合会联合启动少年儿童践行社会主义核心价值观主题征文活动。截至8月，全县收到征文投稿1.39万篇，经学校初评和县评委组评审，选出高中组作品5篇、初中组作品15篇、小学组作品20篇，上送省参赛，取得优异成绩。其中，高中组郭秋弟《茶色浮香，清淳人生》获一等奖；初中组李和谐《劳动的种子》和小学组庞榜《救援蔬菜果园——劳动创造幸福》获二等奖；初中组林莲珍《幸福人生劳动最美》获三等奖。

【文艺交流】 2022年11月10—11日，遂溪县文艺家一行16人到广西壮族自治区融安县开展文艺工作交流活动，通过举办非遗文化进校园、座谈会、实地参观交流等方式，促进粤桂两地文化交流，深入学习贯彻中国共产党第二十次全国代表大会精神，增强文化自信自强，打造融安、遂溪山水文化品牌。

（杨海燕）

遂溪县残疾人联合会

【概况】 截至2022年底，遂溪县持有残疾人证的残疾人1.87万人。其中，视力残疾人1190人，占全县持证残疾人口6.38%；听力残疾人644人，占3.45%；言语残疾人219人，占1.17%；肢体残疾人9655人，占51.76%；智力残疾人2425人，占13%；精神残疾人3454人，占18.52%；多重残疾人1066人，占5.71%。有镇（街道）残疾人联合会16个，镇级残疾人协会80个、村（社区）残疾人协会332个，镇（街道）残疾人专职委员16人、镇级残疾人工作者173人、村级残协工作者1111人，形成县、镇、村三级残疾人服务网络。2022年，遂溪县残疾人联合会召开第六次代表大会，全县各级残联换届工作完成，完善镇、村级残疾人工作队伍。

【残疾人康复救助】 2022年，遂溪县残疾人联合会做好残疾人精准康复救助工作。全年有康复需求的2445人，服务2354人；有辅具需求的368人，360人获辅具。家庭医生签约1296人，700名精神病患者免费服药，严重精神障碍患者规律服药率全市第一。做好0～6岁残疾儿童康复救助工作。全年有151名各类残疾儿童到各地康复机构进行康复训练。

【残疾人“两项补贴”落实】 2022年，遂溪县残疾人联合会做好“两项补贴”审批工作。全年残疾人重度护理补贴15.16万人次，发放资金3820.98万元；残疾人生活补贴6.13万人次，发放资金1152.20万元。

【残疾人机动轮椅车燃油补贴】 2022年，遂溪县残疾人联合会审核符合条件的机动轮椅车203辆，每年每辆补助260元，共发放补贴5.28万元。

【贫困重度残疾人家庭无障碍改造】 2022年，遂溪县残疾人联合会完成贫困重度残疾人家庭无障碍改造目标任务，207户全部验收合格。购置带轮洗澡椅7张、洗澡椅7张、移动洗澡机3个、普通轮椅2张、电动轮椅12张、护理床11张、一字扶手7个、语音电磁炉9个、语音电饭锅24个、语音电压力锅2个、语音闪光门铃1个、语音闪光水壶2个。每户平均补贴6000元，投入资金124.2万元。

【全国残疾人基本服务状况和需求信息数据动态更新】 2022年，遂溪县残疾人联合会完成全国残疾人基本服务状况和需求信息数据动态更新调查任务。全县参与动态更新残疾人1.86万人，完成入户登记1.79万人，电话登记424人，入户率97.68%，查无此人28人，搬迁29人，空挂户19人，外出98人，注销88人。

【全国助残日活动】 2022年5月，遂溪县残疾人联合会利用全国助残日契机，把党和政府的关心和温暖送到特殊群众身边。走访慰问江洪镇残疾人种养基地、广前医院、镇级康园中心、盲人按摩机构集体单位8家，发放慰问金1.8万元；走访慰问困难残疾人22人，发放慰问金1.04万元。

【“我为群众办实事”下乡办证】 2022年6月7—16日、10月24日至11月3日，遂溪县残疾人联合会举办“我为群众办实事”集中下乡办证活动32场，覆盖遂溪县所有镇（街道），打通服务残疾人“最后一公里”，完善办证服务工作。为1768名农村残疾人办理或更换残疾证。截至年底，累计持证人数1.87万人。

【残疾人就业与培训】 2022年，遂溪县残疾人联合会做好残疾人就业帮扶与培训工作。6月16—22日，举办“我为群众办实事”残疾人农村实用技术培训班5场，260名残疾人参加培训，投入培训资金3.81万元。鼓励并支持有劳动能力的残疾人自主创业。全年创业补助27户，补助资金15.9万元。全年征收2021年度残疾人就业保障金1116万元。有128个单位申报2021年度按比例安排残疾人就业，在职残疾职工232人。

【残疾人助学金发放】 2022年，遂溪县残疾人联合会落实残疾人教育政策。全年各类大专院校录取残疾学生14人、本科院校4人、研究生2人，发放助学金23万元。

2022年6月17日，遂溪县残疾人联合会在杨柑镇政府举行2022年度杨柑镇残疾人农村实用技术培训班 （何 琴/摄）

【农村残疾人服务】 2022年，遂溪县残疾人联合会做好农村残疾人服务工作。16个社区康园中心全部投入运行，为全县369名农村智力、精神、重度肢体残疾人及其他有需求的残疾人提供日间托管和康复治疗服务。

【遂溪县残疾人联合会第六次代表大会】 2022年12月19日在县委第一会议室召开。县领导、县残疾人工作委员会代表、各镇（街道）代表、助残爱心人士代表154人参会。会议听取和审议县残联第五届主席团工作报告，提出今后5年遂溪县残疾人事业发展战略、工作方针和主要任务。表决通过出席湛江市残疾人联合会第七次代表大会代表及主席团委员。选举产生县残联第六届领导机构：庞宇当选为县残联第六届主席团主席；许华荣（女）、叶华景、陈日生、霍春玲（女）当选为县残联第六届主席团副主席；叶华景当选为县残联第六届主席团执行理事会理事长；陈胜、欧伟章当选为县残联第六届主席团执行理事会副理事长。

（何　琴）

2022年12月19日，遂溪县残疾人联合会在县委第一会议室召开第六次代表大会

（何　琴/摄）

2022年5月31日，广东省红十字会和湛江市红十字会联合广东省中医院和广州医科大学附属第一医院专家团队在遂溪县中医院为患者进行筛查

（县红十字会/供图）

遂溪县红十字会

【概况】 2022年，遂溪县红十字会开展“红十字博爱送万家”活动，慰问91户特困人员和低保对象；开展红十字会公益活动，为群众进行健康讲座、义诊、免费体检和疾病筛查。

【“红十字博爱送万家”活动】 2022年1月，遂溪县红十字会依托红十字会救助平台，开展多形式、多方位、多层次帮贫扶困工作，以“红十字会博爱送万家”活动为载体，与湛江市红十字会领导到江洪镇大路村委会和姑寮村委会进行慰问，将大米、油等各类慰问物资发给91户特困人员和低保对象。

【红十字会公益活动】 2022年5月31日，广东省红十字会和湛江市红十字会联合广东省中医院和广州医科大学附属第一医院专家团队在遂溪县中医院为40名患者进行筛查，指引患者接受治疗，为群众进行健康讲座、义诊、免费体检和疾病筛查。

（杨碧虹）

法治

政法委及综治

【概况】 2022年，遂溪县政法系统坚持党对政法工作的绝对领导，坚持新时代政法工作目标和主线，深入开展扫黑除恶专项斗争，加强和创新社会治理，防范化解管控各类风险，深化平安遂溪、法治遂溪建设。推行首席法律咨询专家制度，聘请14名首席法律咨询专家，构建“党委领导、政府主导、部门联动、专家会诊、首席把脉、公众参与”的“六位一体”工作模式。是年，县委政法委被评为广东省依法治省先进单位，县人民检察院政法队伍教育整顿办被省人民检察院授予集体嘉奖。

2022年7月21日，遂溪县委政法委、县法学会召开遂溪县首席法律咨询专家聘任会，聘任14名首席法律咨询专家 （县委政法委/供图）

【安保维稳】 2022年，遂溪县落实维稳工作责任制，强化矛盾纠纷化解机制，通过梳理成功化解矛盾纠纷的88宗典型案例，总结化解矛盾纠纷“接、结、解、诫”四字诀，提升维稳工作能力水平。在冬奥会、全国两会、中国共产党第二十次全国代表大会召开期间，全县加强值班备勤，加强督导督查，维护全县社会大局稳定。

【市域社会治理现代化推进】 2022年，遂溪县坚持项目化推进基层社会治理，夯实市域社会治理现代化基层基础，打造具有遂溪区域特色的社会治理品牌。总结推广“代表话事”经验做法，纾解乡村治理难点痛点，提高乡村善治水平。该做法经验材料《遂溪县“代表话事”促乡村善治》在《湛江政法动态市域社会治理现代化专刊》第8期上刊登。织密基层社会治理体系。以党建联建、风险联控、矛盾联调、治安联防、社风联创“五联”为抓手，调配党员、网格员、调解员、治安员、宣传员“五员”在基层一线发挥作用。提高服务基层服务水平，探索“放管服”新措施新做法，推动县直各部门推动资源下沉，主动服务基层，提升基层治理水平。该做法经验材料《遂溪县推动资源下沉赋能基层社会治理》在《湛江政法动态市域社会治理现代化专刊》第15期刊登。

【平安遂溪建设】 2022年，遂溪县实现全县政治安全、社会安定、人民安宁。治安、刑事警情比上年分别下降17.03%、7.53%。开展“春风利剑”专项行动，打击各类突出违法犯罪行为、整治电动自行车充电设施管理问题、排查整治无证非法营运校车安全隐患、打击整治非法开采行为及涉渔“三无”（无船名船号、无船舶证书、无船籍港）船舶监管整治5项重点内容，逐一细化工作措施，密切配合。协同作战，实施打击整治，取得良好成效。组织开展“打击整治养老诈骗专项行动”，坚持专项治理与系统治理、依法治理、综合治理、源头治理相结合，坚持宣传教育、依法打击、整治规范，摸排掌握重点线索，依法打击整治养老诈骗违法犯罪行为。推进“平安夜访”工作，县、镇、村三级干部每星期二进村入户下访，面对面解决群众各种“急难愁盼”问题，推动基层矛盾纠纷就地化解、及时化解，打造共建共治共享社会治理新模式。

【基层社会治理】 2022年，遂溪县政法系统加强互联网和各类技术应用，提升基层社会治理智治水平，助推平安遂溪建设取得新成效。统筹公共安全视频监控建设联网应用，县委政法委牵头建设2022年遂溪县“十大民生实事”之一的“平安遂溪视频监控系统基础覆盖项目”，在全县16个镇（街道）及1960个自然村建设视频监控，在“雪亮工程”建成后进行接入，提高治安防控能力。加强综治信息系统应用，各网格员通过综治信息系统上报辖区内安全隐患、矛盾纠纷等网格事件，妥善应对和处置紧急情况。全年网格员累计上报网格事件7.95万件，结案7.94万件。县、镇（街道）完成综治中心规范化建设工作，推进“粤平安”社会治理云平台建设，大数据赋能基层治理取得明显成效。

（苏思婷）

2022年5月31日，遂溪县在琴苑公园旁举办打击整治养老诈骗专项行动普法宣传活动　　（县委政法委/供图）

【打击整治养老诈骗专项行动】 2022年，遂溪县人民检察院开展打击整治养老诈骗专项行动，帮助受骗老人追回养老钱49.98万元。起诉恶意欠薪犯罪4人，支持33名工人起诉追索劳动报酬。将贫困户、军属、未成年人、困难妇女和残疾人等群体作为司法救助重点对象，向164名困难当事人及其近亲属发放救助金60.1万元，救助率9.42%，居全市第一名，其工作做法被《南方日报》报道。县人民法院开展打击整治养老诈骗专项行动，制定《遂溪县人民法院打击整治养老诈骗专项行动实施方案》，成立打击整治养老诈骗专项行动工作专班，细化工作措施，明确宣传发动、打击整治，总结提升三个关键环节的工作重点。发挥审

2022 年 8 月 30 日，遂溪县人民法院对一起养老诈骗案件进行一审宣判 （县人民法院 / 供图）

判职能作用，审结涉养老诈骗案件 1 件 1 人。强化普法宣传，组织干警到港门镇枫树村、县琴苑公园开展打击整治养老诈骗普法宣传活动，自编自演《售后来电——谨防电信诈骗》短视频在全县播放。

（县检察院、县法院）

【遂溪县委政法工作会议暨全县矛盾化解攻坚年部署会】 2022 年 2 月 22 日在县委第一会议室召开。遂溪县领导、县人民法院院长、县人民检察院检察长、县委政法委、县直各政法单位班子成员、县直及驻遂溪有关单位主要领导、各镇分管领导、派出所所长等参加会议。会议传达习近平总书记对政法工作作出的重要指示精神，中央、省委、市委政法工作会议精神。总结 2021 年全县政法工作并部署 2022 年政法工作和全县矛盾化解攻坚年工作任务。会议签订 2022 年维护政治安全和社会稳定工作责任书。会议强调，全县政法系统要深化思想认识，提高政治站位，切实增强做好政法工作的使命感。要服务大局，把握重点，奋力推动新时代遂溪政法工作高质量发展。突出政治建设，深刻领悟“两个确立”的决定性意义；全力维护和谐稳定的社会环境，以优异成绩迎接中共二十大胜利召开；着力提升营商环境和社会治理水平，推动建设更高水平的法治遂溪、平安遂溪；扎实推进政法领域改革，进一步提升司法质效和公信力；全力攻坚克难，高标准严要求落实矛盾化解攻坚目标。加强领导，强化督责问效，确保各项工作取得实效。以抓铁有痕、踏石留印的决心和勇气，不断开创新时代遂溪政法工作新局面，努力建设更高水平的平安遂溪、法治遂溪，以平安和谐稳定的社会环境迎接中共二十大及广东省十三次党代会顺利召开。

（县委政法委）

2022 年 7 月 28 日，由广东省法学会指导，湛江市法学会主办的 2022 年“青年普法志愿者法治文化基层行”暨“民法典宣讲乡村行”活动到遂溪县岭北镇西塘村委会举行 （县委政法委 / 供图）

【2022 年“青年普法志愿者法治文化基层行”暨“民法典宣讲乡村行”活动】 2022 年 7 月 28 日走进遂溪县岭北镇西塘村委会，为村民进行民法典讲座。活动由

广东省法学会指导、湛江市法学会主办，邀请广东省法学会民法典宣讲团成员、广东广信君达律师事务所律师岑文瑜做普法宣讲。县法学会相关领导、岭北镇相关领导干部、各村委会治保主任、自然村村民小组长及村民代表等50多人参加活动。

【扫黑除恶专项斗争】 2022年，遂溪县推动常态化扫黑除恶斗争走深走实。召开县委十四届第28次常务委员会（扩大）会议暨县疫情防控指挥部第96次会议，同步召开县扫黑除恶斗争领导小组第一次会议。会议传达全省扫黑除恶专项斗争视频部署会议精神，审议遂溪县扫黑除恶斗争相关文件，研究部署遂溪县常态化扫黑除恶专项斗争工作。全年打掉涉恶犯罪集团1个、涉恶犯罪团伙1个，破获各类刑事案件96件，刑事拘留134人，逮捕犯罪嫌疑人34人，移送起诉171人。公诉涉黑案件1件2人、涉恶案件1件7人。审结涉黑案件1件2人。对涉黑涉恶腐败和“保护伞”问题处分3人。

2022年12月16日，遂溪县举办全县2022年“百名法学家百场报告会”暨《反有组织犯罪法》专题报告会　（县委政法委/供图）

2022年1月7日，遂溪县召开全县扫黑除恶专项斗争总结表彰大会暨2022年部署平安建设开展“春风利剑”专项行动工作会议　（县委政法委/供图）

全面依法治县

【概况】 2022年，遂溪县召开县委全面依法治县委员会第四次会议，印发《法治遂溪建设规划》《遂溪县法治政府建设实施纲要》《遂溪县法治社会建设实施方案》，组织16个镇（街道）和33个部门负责人述法，提升领导干部法治素养和法治能力。是年，遂溪县践行习近平法治思想，落实省委、市委关于法治建设决策部署，推进严格执法、公正司法、全民守法，推进法治遂溪建设。领导干部带头学。县委理论学习中心组成员人手一本《习近平法治思想学习纲要》，每季度组织专题学习讨论，通过读原著，学原文，深入领会习近平法治思想。加强学习培训，将习近平法治思想列入党校主体班培训课程，举办学习习近平论坚持全面依法治国专题讲座，提高领导干部运用法治思维和法治方式开展工作本领。将学习宣传习近平法治思想作为全民普法的头等大事，纳入遂溪“八五”普法规划，推动习近平法治思想走到群众身边、走进群众心里。是年，遂溪县委政法委被广东省委评为依法治省工作先进单位。

【法治机制健全完善】 2022年，遂溪县坚持宏观谋全局，完善保证执法、支持司法、带头守法机制，县委主要领导对法治建设重要工作亲自部署、重大问题亲自过问，定期听取法治工作汇报，研究解决有关问题，全年县委常委会会议研究法治建设议题10次。对标对表省市“一规划两纲要”，相继出台《法治遂溪建设规划》《遂溪县法治政府建设实施纲要》《遂溪县法治社会建设实施方案》，推进法治遂溪、法治政府、法治社会一体建设。紧抓领导干部“关键少数”，印发《关于组织开展党政主要负责人履行推进法治建设第一责任人职责述职工作的实施方案》，推进法治建设第一责任人带头依法行政，形成党政主要负责人亲自抓、具体职能部门牵头抓、各部门协作合力抓的法治建设工作体系。

【“放管服”改革深化】 2022年，遂溪县推进政务服务“一网、一门、一次”改革，全县97.6%依申请事项实现“网上办”。推进“跨域办、自助办”，部署337台“粤智助”政府服务自助机，实现县镇村全覆盖，累计办理业务25.1万件。28个单位916项政务服务事项进驻县政务服务大厅，实现“一窗受理、综合服务”，设立投资审批“绿色通道”，企业开办业务只需半天办结。

【执法体制改革】 2022年，遂溪县推进镇（街道）综合行政执法改革，各项改革工作顺利起步，7个县级职权部门2批次下放424项行政执法事项到镇（街道），初步解决基层“看得见的管不着和管得着的看不见”执法难题，基层治理水平逐步提升。强化镇（街道）执法队伍建设。镇（街道）成立综合行政执法办（队），按要求配备执法人员，全县16个镇（街道）持有执法证人员715人，镇（街道）综合行政执法工作顺利开展。制定分镇分片挂点联系制度，职权下放部门各安排3～5名业务指导师挂点联系各镇（街道），指导镇（街道）规范开展行政执法工作。编制行政执法指南并印发到各镇（街道），逐一明确违法行为依据、处罚依据、违法行为认定标准、自由裁量权基准及注意事项，确保执法事项能够放得下、接得住。加强县镇联动。印发《遂溪县关于建立县镇综合行政执法协调协作机制的实施方案》，明确执法协调协作、信访举报受理、案件线索移送、实地调查取证等制度，规范镇（街道）综合行政执法行为，形成资源共享、信息互通、协作通畅的综合行政执法工作格局。

【社会治理创新】 2022年，遂溪县推进法治阵地创建。建成遂溪县法治文化主题公园、青少年法治教育基地，结合“乡村振兴”决策部署，利用乡村原有的地域、环境和人气优势，融入民法典元素，将民法宣传教育融入群众日常生活，建成竹山村等一批民法典宣传村。开展送法下乡活动。通过开展“双百”法治宣讲和“平安之星下农村讲民法典”等活动，提升农民群众的法律意识，在全县营造良好的法治氛围，助力乡村振兴在法治轨道上有序推进。依法化解社会矛盾纠纷。坚持和发展新时代“枫桥经验”，着力构建矛盾纠纷多元化解机制，以“线上＋线下”相结合、“网格化＋信息化”相融合、“综治中心＋多调联动”相配合三大举措，聚焦农民群众利益诉求，发挥退休法官和专职人民调解员作用，依法妥善办理涉农纠纷案件，打通服务群众“最后一公里”，做到“小事不出村、大事不出镇”。是年，受理人民调解案件4857件，调解成功4840件，调解成功率99.6%。

（县司法局）

法治政府建设

【概况】 2022年，遂溪县司法局推进行政复议体制改革，全年新收行政复议申请案件50件，其中以调解方式结案3件，实现较好法律效果和社会效果。代理县政府行政应诉案件95件。先后出台《遂溪县人民政府关于进一步加强行政机关负责人出庭应诉工作的通知》《遂溪县人民政府办公室关于建立行政复议、行政诉讼案件报告备案制度的通知》等文件。做好政府规范性文件合法性审查，完善科学民主依法决策机制建设，全年审核（审查）行政规范性文件4件，印发规范性文件2份，出具合法性审查意见205件。

【行政执法监督】 2022年，遂溪县加强行政执法行为监督，将落实行政执法“三项制度”（行政执法公示制度、行政执法全过程记录制度、重大执法决定法制审核制度）情况纳入年度法治政府建设考核内容。推动县、镇两级行政执法主体上线应用“两平台”（行政执法信息平台、行政执法监督网络平台），推广应用行政执法“两平台”湛江市级执法办案平台，以信息化手段全面推行行政执法“三项制度”，实现行政执法主体的执法程序网上流转、执法信息自动采集、执法活动网上监督和执法情况网上查询，推进严格规范公正文明执法。落实行政执法人员持证上岗和资格管理制度，全年组织374名在编在岗人员参加综合法律知识网上考试，换发全国统一样式行政执法证件1358个。

【依法行政考评】 2022年，遂溪县制发《关于开展遂溪县2022年法治政府建设（依法行政）考核的通知》，细化考核指标，突出考核指标的针对性和指导性。12月，对全县25个行政执法部门和16个镇（街道）的法治政府建设（依法行政）工作进行考核。主要从全面落实党中央、国务院关于法治政府建设的决策部署、落实行政规范性文件合法审核制度、依法履行重大行政决策程序、依法开展行政执法及依法行政能力建设进行考评，促进各部门规范公正文明执法。考核结果与年度“四个全面”绩效考核中的专项考核挂钩，通过考核发现问题，改进不足，发挥考评的导向作用，以问题导向落实考评各项要求，推进全县依法行政工作。

（县司法局）

【依法行政规划】 2022年，遂溪县印发《遂溪县法治政府建设实施纲要》，制发《遂溪县2022年法治政府建设工作要点》，明确依法行政工作的目标和具体措施，加快转变政府职能，深化“放管服”（简政放权、放管结合、优化服务）改革，优化营商环境，激发市场主体发展活力和社会创造力，从制度层面解决企业和群众办证多、办事难等问题，推进依法行政工作和法治政府建设再上新台阶。

【行政执法案卷评查】 2022年，遂溪县把行政执法案卷评查纳入依法行政考核内容，按照《广东省行政执法案卷评查标准》及相关法律法规，从执法主体、执法内容、执法程序、法律适用、裁量权基准的执行、文书制作及案件执行和案卷整理归档等方面进行综合评查，反馈评查问题清单，及时整改落实，规范执法工作。加强对镇级案卷抽查、实地督查，通过阅卷、座谈等方式，对执法人员以案释法，强化行政执法“三项制度”（行政执法公示制度、行政执法全过程记录制度、重大执法决定法制审核制度）落实和新行政处罚法的适用，推动新行政处罚法全面贯彻实施。

（闵　志）

公安

【概况】 2022年，遂溪县公安局围绕中国共产党第二十次全国代表大会胜利召开安保维稳为主线，开展“春风利剑”、夏季治安严打整治“百日行动”，做好防风险、保安全、护稳定、促发展各项工作，维护全县政治安全和社会大局稳定。全年投入巡逻执勤警力1.6万人次、备勤警力1.2万人次，完成安保32场次。全县未发生影响政治安全的涉案事件和暴恐极端事件，未发生群体性事件和上京赴省群体访事件。

【中国共产党二十大安保维稳】 2022年，遂溪县公安局在中国共产党第二十次全国代表大会期间进行安保维稳工作，坚持“外防输入、内防反弹”总策略和“动态清零”总方针，做实社会面巡逻防控。坚持屯警街面，突出重点领域、突出重点时段、重点部位的巡逻防控，落实“1、3、5分钟”快反机制和最小作战单元，动中备勤屯警街面，最大限度把警力摆上街面，提高见警率、管事率和震慑力。加强民爆、寄递物流、宾馆、网吧、娱乐场所监督检查。在矛盾纠纷化解方面，全面梳理排查矛盾纠纷，做好化解工作。加大对易肇事肇祸精神病人、刑满释放人员等高危人员的摸排管理力度，做好家庭邻里纠纷、婚恋感情、经济债务等各类矛盾问题的梳理排查。

【刑事犯罪侦查】 2022年，遂溪县公安局常态化开展扫黑除恶专项斗争，推进“春风利剑2022”和“夏季治安打击整治百日行动”，打击传统侵财犯罪，继续严打整治“新型网络犯罪”“盗抢骗”“黄赌毒”等突出违法犯罪，全县各类刑事立案案件比上年下降0.1%；破案增长6.5%；刑事拘留增长0.9%，提请逮捕犯罪嫌疑人下降58%；移送起诉下降11.8%；取保增长62.9%。强化“四应四尽”（应检尽检、应收尽收、应打尽打、应帮尽帮）工作措施，推进禁毒攻坚年行动。侦办团伙案件比上年增长22.2%；破获涉毒案件下降55.2%；刑事拘留下降42.1%；提请逮捕犯罪嫌疑人下降48.8%；查处下降34.7%、强戒下降41.5%；社区戒毒社区康复增长44.1%。没有脱失吸毒人员，执行率100%。收到省公安厅贺电2封、市禁毒委表扬信1封，禁毒工作成效排在全市第一梯队。

【社会治安防控】 2022年，遂溪县公安局落实快速反应机制，强化公共安全大排查大整治，加快推进治安防控“四个一”（任务一张表、指挥一张图、管控一张网、勤务一套机制）体系建设，开展第七轮校园安保安全隐患排查整治，加强“三非”（非法入境、非法居留、非法就业）外国人员治理。深化公共安全隐患排查整治，开展交通事故预防“减量控大”（削减交通事故总量及控制特大的交通事故发生）工作。全县公安机关接报警情比上年增长8.8%。其中，刑事警情比上年下降18.7%；治安警情增长32.1%；交通警情增长5.9%。在打击涉“黄赌”方面，抓获涉赌人员比上年增长36.5%，行政拘留人数增长13.8%；刑事拘留人数增长22.1%；提请逮捕犯罪嫌疑人数量增长48.1%；抓获涉黄人员人数增长13.4%；行政拘留人数增长8.5%；刑事拘留人数增长3.6%，提请逮捕犯罪嫌疑人人数下降35.3%。

【道路交通管理】 2022年，遂溪县公安局以“减量控大”为抓手，强化风险研判、隐患清理、路面管控、专项整治和宣传教育，提升道路交通管理水平。接报交通警情比上年增长5.98%；全县机动车保有量增长26.32%；驾驶人保有量增长6.59%；摩托车上牌量增长10.2%。发生交通事故数量比上年增长6.38%；发生交通事故死亡人数下降9.71%；受伤人员数量增长4.55%；财产损失增长5.32%。实现较大及以上道路交通事故“零发生”。是年，遂溪县公安局“减量控大”专项行动工作考核获全市第三名，先后获湛江市“春运交通安保先进集体”“2022年度广东省公安交警系统党建带队建示范单位”等称号。

【疫情公安防控】 2022年，遂溪县公安局筑牢输入防线，继续抓好新冠疫情防控工作落实，为有效阻断疫情传播途径贡献公安力量。

【公安基层基础建设】 2022年，遂溪县推进警务机制和勤务制度改革创新。优化遂城所、城东所、城西所、机场所、附城所5个派出所的警务调整，整合优化黄略村所、沙古所、下六所、机场所、前进所5个派出所，完成枪弹库升级改造，加快县看守所扩建项目，完成“一村一（辅）警”全覆盖。加强从严管党治警，选树培养先进典型，坚持选贤用能，优先从选树的先进典型中选拔任用干部，强化典型引领、正面激励，营造“学习先进、争当先进”浓厚氛围。是年，遂溪县公安局获集体三等功1人、个人二等功1人、个人三等功17人、集体嘉奖2个、省级先进个人2人、市级先进个人3人。

【“春风利剑2022”专项行动】 2022年，遂溪县公安局开展“春风利剑2022”专项行动，在疫情防控、岁末年初、春节、全国两会等传统节日期间或敏感时间节点，化解各种突出不稳定因素、治安突出问题和安全隐患苗头，打击各类影响群众安全感和满意度的违法犯罪活动，强化街面巡逻防控和单位内部防范举措，营造更加平安稳定的社会治安环境，确保实现预期目标。1—4月，接报各类违法犯罪警情比上年增长6.1%，立案数量下降4.9%，破案增长0.2%，刑事拘留下降23.8%，提请逮捕犯罪嫌疑人下降66.2%，移送人数起诉下降33.9%。

【夏季治安打击整治“百日行动”】 2022年6—9月，遂溪县公安局开展夏季治安打击整治“百日行动”，打击突出违法犯罪，统筹抓好各项防控措施，坚决维护政治安全、社会安定和人民安宁，取得明显成效。开展“百日行动”期间，设置值守点卡点25个、日常重点部位120个、夜间人员密集场所63个，最小单元拉动测试8次，开展防暴维稳拉练演练4次，做到“白天见警车”“晚上见警灯”。其中出动警力4825人次，出动车辆425辆次，开展社会面巡查178次、全县统一清查行动3次、夜间临检临查行动278次，发动群防群治力量1629人次，检查车辆1024辆次，盘查可疑人员2502人，检查各类场所456个，巡查重点部位118个，排查整改各类安全隐患30个，查获各类违法犯罪嫌疑人171人，服务救助群众971人次。

（刘　活、陈志彬）

检察

【概况】 2022年，遂溪县人民检察院办结各类案件1655件，其中刑事案件913件、民事案件23件、行政案件1件、公益诉讼案件190件、其他案件528件。办理人民代表大会代表建议、政协委员提案2件。实地走访驻遂各级人民代表大会代表、政协委员160人，对20条意见建议进行分类督办、落实反馈，《检察日报》对此做专门报道。邀请人民监督员、人民代表大会代表、政协委员参与公开听证、检察开放日、座谈交流等检务公开活动235人次。是年，获各类先进集体和先进个人表彰26项，其中国家级1项、省级6项、市级16项、县级3项，县检察院分别获评全省新时代“五好”（党的建设好、检察理念好、职能发挥好、能力素质好、纪律作风好）基层检察院、广东省人民检察院授予集体嘉奖。

【刑事检察】 2022年，遂溪县人民检察院发挥法律监督职能，推动刑事检察各项工作取得新进展、新成效。全年批捕涉137件刑事案件的176人，起诉242件339人。其中，起诉开设赌场罪18件47人、盗窃罪27件37人、故意伤害罪17件19人、涉毒品犯罪30件39人、涉黑涉恶犯罪2件9人；受理移送审查起诉职务犯罪案件5件7人，起诉7件10人，涉案金额1228万元，追赃挽损367万元。

【民事行政检察】 2022年，遂溪县人民检察院民事审判违法监督案件、民事执行监督案件检察建议书采纳率均为100%。聘任行政机关土地执法、河湖保护、建筑工程等专业领域骨干为首届特邀检察官助理5人及第二届公益诉讼观察员25人，实现“检察+行政+社会”深度融合。与市人民检察院联合解放军广州军事检察院协作解决涉军民事执行难题，其经验做法在《法治日报》上刊登，该案被南部战区军事检察院评为2022年度精品案件。

【公益诉讼检察】 2022年，遂溪县人民检察院立案办理公益诉讼案件190件，发出诉前《检察建议书》164份，提起刑事附带民事公益诉讼2件，连续第四年居全市第一位。督促整治无证幼儿园行政公益诉讼案入选全国检察机关千案展示案例。苏二村古村落保护公益诉讼案入选市检察院宣传片，获人民检察概念曲MV大赛全国二等奖。立案生态环境领域公益诉讼案件65件，督促恢复被占山水林田面积3.7公顷，抢救和复壮古树名木37棵，在界炮镇挂牌成立红树林公益诉讼检察工作站。完善区域检察公益诉讼协作机制建设，分别与麻章区检察院、雷州市检察院联签《关于保护源水河、城月河生态环境和自然资源公益诉讼协作机制》《关于保护南渡河、城月河、通明河、江洪河生态环境和自然资源公益诉讼协作机制》，共促两岸河流生态环境治理和资源保护。

【刑事执行检察】 2022年，遂溪县人民检察院提出监外执行活动监督207件，数量居全市第一位；提出财产刑执行监督意见124件，数量排全市第二名；对非监外执行刑事执行活动违法情形提出纠正141件，数量排全市第三名。

【未成年人检察】 2022年，遂溪县人民检察院审查批捕未成年人犯罪案件19件22人，不捕24件26人；提起公诉29件37人，不起诉7件7人，附条件不起诉8件15人，提前介入公安侦查34件次。不捕率63.64%，居全市第二位；附条件不起诉率42.86%，居全市第三位。开展社会调查300多人次，对涉案未成年人的监护人发出督促监护令26份。围绕校园周边安全、“控辍保学”（控制学生辍学，保证适龄儿童和青少年完成九年义务教育）、娱乐场所违规接待未成年人等问题，向有关单位发出检察建议书23份。推动印发《遂溪县关于进一步加强未成年人保护工作方案（试行）》，未成年人保护综合治理工作经验做法，以题为《多措并举织密未成年人保护“法治网”》在《南方日报》上刊登。

2022年9月8日，湛江市人民代表大会常务委员会调研组到遂溪县人民检察院举行调研检察公益诉讼工作座谈会 （县人民检察院/供图）

【“两项监督”工作】 2022年，遂溪县人民检察院在县公安局设立侦查监督与协作配合办公室，与县公安局签署《关于建立刑事案件受理监督与协助配合工作机制的意见》。监督立案9件，比上年增长1.25倍，撤案5件，增长25%，监督立案率、撤案率两项均达100%，分别居全市第一位、第二位。针对侦查活动违法提出纠正28件次，侦查活动违法监督率6.39%，居全市第一位。纠正漏捕3人，纠正漏罪5人。监督行政执法机关移送涉嫌犯罪案件9件9人。

【检察系统扫黑除恶】 2022年，遂溪县人民检察院认定涉黑社会组织犯罪起诉1件2人，认定涉恶势力犯罪起诉1件7人，其中依法适用认罪认罚从宽制度3人。依托“遂溪检察”微信公众号对

《中华人民共和国反有组织犯罪法》进行解读，提高宣传覆盖面和影响力。依托“检察官法治讲坛”组织办案经验丰富的检察官到江洪镇、乌塘镇开展现场宣讲活动，提升镇村干部的法治素养和法治思维。

【“两法衔接”工作】 2022年，遂溪县人民检察院与湛江海警局遂溪工作站、县公安局、县农业农村局共同签署《关于加强检警协作配合的若干意见》《非法捕捞案件行政执法与刑事司法衔接工作指引》。建议行政执法机关向公安机关移送案件9件9人，是上年增长的4.5倍，受理非法捕捞案件4件4人。对县自然资源局“两法衔接”平台（即行政执法与刑事司法相衔接）和行政案件录入情况进行督导检查，针对存在的问题进行沟通交流。与湛江市海警局遂溪工作站、县农业农村局召开专题联席会议，就非法捕捞水产品案件的法律依据、执法规范、证据巩固等细节进行探讨，共同守护生态环境安全。

【诉源治理】 2022年，遂溪县人民检察院紧盯食品药品、电动车充电、燃气储运销、烟花爆竹等领域公共安全问题，发出诉前检察建议书33份。在全市范围内第一次发出涉校园消防安全公益诉讼检察建议书，推动职能部门整改安全隐患62项。联合公安、邮政部门开展寄递行业系统治理，阻断通过寄递渠道进行毒品交易等违法犯罪。

【社会矛盾化解】 2022年，遂溪县人民检察院落实领导包案办理首次申诉信访制度，院领导包案14件，包案率100%。开展“平安夜访”活动，错峰了解社情民意，接访群众25人次。协调多部门解决一宗遗体停放殡仪馆长达9年的叶某信访案，家属送来感谢锦旗。成功化解由中央督导组交办的一宗长达20多年的纠纷信访案件，该村5名村民当场签下息诉罢访协议书。依托听证会开到群众家门口活动，把群众释法说理工作做得更实更接地气，举行听证会125场，听证案件数排全市第一名。

【司法警察】 2022年，遂溪县人民检察院司法警察配合各业务部门办案和安保工作，协助押解犯罪嫌疑人执行拘留3次4人、听证会125次、认罪认罚33次，派出警力260人次。对来访人员进行体温检测3028人次、车辆检查登记700辆次。节假日、双休日期间，加强办公区安全巡查和值班，均无安全事故发生。

【检察服务营商环境】 2022年，遂溪县人民检察院在全市率先开展涉案企业合规改革试点，联合县工商业联合会和县创文办到企业单位举办企业合规法律讲座宣讲活动2场。依法推动经济发展在法治轨道上运行，起诉破坏社会主义市场经济秩序犯罪9人，起诉侵犯知识产权犯罪5人，起诉洗钱犯罪2人；严打电信网络诈骗，批捕掩饰隐瞒犯罪所得罪15件19人，帮助信息网络犯罪活动罪3件3人；起诉掩饰隐瞒犯罪所得罪15件19人，帮助信息网络犯罪活动罪16件18人。

2022年6月27日，学习贯彻广东省第十三次党代会精神专题讲座——湛江市“感悟新思想，奋进新时代”百场宣讲活动（遂溪检察专场）在遂溪县人民检察院举行 （县人民检察院/供图）

【检察宣传】 2022年，遂溪县人民检察院开展普法和宣传，讲好检察故事。向“湛江检察”微信公众号推送检察信息文章，报送数、原创数、采纳数、分数“四数”位于全市检察机关宣传工作前列。在“遂溪检察”“今日头条”等新媒体平台发布原创推文352篇，阅读量14万多人次，其中被“广东检察”“南方+”“湛江政法”等省市级宣传平台转发128篇，45篇在“湛江检察”微信公众号刊登。落实意识形态工作责任，连续两季度入围“广东政法矩阵影响力排行榜”，是湛江市唯一入榜的基层检察院，检察宣传、信息工作均居全市第一位。

【司法责任制改革】 2022年，遂溪县人民检察院落实司法责任制改革，开展“质量建设年”行动，入额院领导及专职检委委员带头办理刑事案件273件，占入额检察官的33.58%，列席法院审判委员会14次。刑事案件的“案一件比”为1∶1.19，居全市第三位。深化检察业务数据“月研判、月调度、月通报”制度和案件评查机制。提任中层及以上干部5人，2名检察官自然退出员额。落实少捕慎诉慎押刑事司法政策，不予批捕358人，不捕率67.04%；不予起诉165人，不诉率33.33%，不捕率和不诉率均居全市第一位；诉前羁押率37.84%，比上年下降25.13%；认罪认罚从宽制度适用率89.15%，居全市第二位。

【阳光检务】 2022年，遂溪县人民检察院接受律师在“12309中国检察网”申请阅卷预约71次，办理线下申请阅卷84件次，线上申请阅卷4件次，公开程序性案件信息740件次，大数据工作平台收送案件409件次。协助业务部门刻录卷宗光盘268个。

【“谁执法谁普法”责任制落实】 2022年，遂溪县人民检察院举办“检察官法治讲坛”普法活动21场，主要宣讲《中华人民共和国反有组织犯罪法》、禁毒、知识产权保护、预防电信网络诈骗等内容，群众参与8万人次。探索线上普法，制作9期“遂检月话”原创微动漫普法视频，入选广东检察机关三微作品展播栏目。开展全市检察机关首场教职员工“从业禁止制度”宣传活动，动画视频累计网络点击量5万多人次，累计点赞3000多人次，取得良好的法治宣传效果。是年，获评“2022年度湛江市公益普法活动先进单位”。

【遂溪县人民检察院“检察官法治讲坛”专项活动】 2022年3月4日在遂溪孔子文化城东门游于艺广场（崇阳门）举行。县委宣传部、县委政法委、县检察院、县教育局、县司法局、县旅游投资有限公司等单位有关领导出席活动。活动采取“1（检察长）+3（分管领导）+7（业务部门）+N”的形式开展，即检察长作为活动总负责人“亲自抓”，分管领导带头讲，所分管部门的部门负责人接力讲，N则是全院检察官、检察官助理等轮流讲，或采取邀请特约嘉宾主讲。同时辅以印发普法小册子或者宣传

2022年5月30日，遂溪县人民检察院举行“携手落实‘两法’共护祖国未来”检察开放日活动　　（县人民检察院/供图）

2022 年 3 月 4 日，遂溪县人民检察院在遂溪孔子文化城东门游于艺广场（崇阳门）举行遂溪县人民“检察官法治讲坛”专项活动

（县旅游投资有限公司 / 供图）

单，配合海报宣传、微电影、微动漫、微视频展播、普法宣传展板展示、交流互动等其他形式，有针对性地开展法治宣传教育，增强活动多样性和实效性，丰富活动内容和形式，讲述检察好故事、传播检察好声音。

（县旅游投资有限公司）

【涉案企业合规改革试点】 2022 年，遂溪县人民检察院在全市率先开展涉案企业合规改革试点，协同县工商业联合会等 8 家单位成立遂溪县涉案企业合规第三方监督评估机制管理委员会，出台《遂溪县涉案企业合规第三方监督评估机制实施办法（试行）》等配套文件。

【数字检察改革】 2022 年，遂溪县人民检察院推进数字检察改革，推进检察机关业务应用系统 1.5 版向 2.0 版升级过渡。率先建成智能化听证室。办理律师辩护与代理事项 159 件次，律师线上阅卷从“最多跑一次”变为“一次都不用跑”。

（段绍军）

法院

【概况】 2022 年，遂溪县人民法院设立案庭（诉讼服务中心）、刑事审判庭、民事审判一庭、民事审判二庭、综合审判庭、执行局、政治部（督察室）、综合办公室、审判管理办公室（研究室）、司法警察大队 10 个部门和城月、北坡、杨柑 3 个基层人民法庭。全年受理各类案件 8645 件，办结 8066 件，结案率 93.3%，员额法官人均结案 268.87 件。是年，法院获各类先进集体、先进个人表彰 20 项，其中市级 10 项、县级 10 项。

【刑事审判】 2022 年，遂溪县人民法院受理各类刑事案件 303 件，审结 284 件，惩治犯罪 365 人。审结涉黑恶案件 1 件 2 人。打击暴力和多发性侵财犯罪，审结故意伤害、强奸、“两抢一盗”（抢劫、抢夺、盗窃）等案件 66 件涉 77 人。严惩黄赌毒、危险驾驶、敲诈勒索、寻衅滋事等犯罪 77 件 121 人。推进网络空间法治化治理，依法审结电信网络诈骗及关联犯罪、侵犯公民个人信息等涉网络犯罪案件 16 件涉 17 人。推进完善环境资源类刑事、民事案件“二合一”审判模式，审结破坏环境资源犯罪案件 10 件 14 人。加强未成年人保护，审结侵犯未成年人犯罪案件 13 件 13 人。

【民商事审判】 2022 年，遂溪县人民法院受理各类民商事案件 5387 件，审结 4958 件。防范化解金融风险，审结金融借款、信用卡等纠纷案件 945 件，涉案标的金额 8543.93 万元。妥善审结涉及劳动就业、社会保障、物业服务、医疗卫生等纠纷案件 784 件。审结涉婚姻家庭、抚养继承纠纷等案件 795 件，调解撤诉率 38.99%。运用裁判结果的示范引导效应，多方联动，妥善处置群体性劳动纠纷案件 340 件。

【刑事诉讼制度改革】 2022年，遂溪县人民法院推进以审判为中心的刑事诉讼制度改革，会同县司法局推进刑事案件律师辩护全覆盖，裁定准许检察机关撤回起诉案件5件涉6人，适用认罪认罚从宽制度290件409人。推进民事诉讼案件繁简分流、快慢分道，全年适用简易程序、小额诉讼程序审理案件3223件，平均办案周期50.94天，较法定审限缩短39.06天，案件审理效率明显提升。

2022年4月17日，遂溪县人民法院在遂溪县电子商务公共服务中心设立法官工作室　（县法院/供图）

2022年11月23日，遂溪县人民法院出动干警到草潭镇执结一宗物权保护纠纷案件　（县法院/供图）

【法院助力营商环境优化】 2022年，遂溪县人民法院审结涉民营企业案件2677件，涉案标的额6.36亿元。规范引导诚信经营，审结买卖、承揽、运输等合同纠纷案件1566件。对涉中小投资者案件设立优先移交审理执行绿色通道，实行快立、快审、快结、快执。在县电商产业园区挂牌成立法官工作室，助推遂溪电商产业稳步发展。开展涉农合机构金融债权案件专项执行活动，执行到位金额4956.19万元，执行到位率96.02%。

【案件执行】 2022年，遂溪县人民法院受理各类执行案件2750件，执结2770件（含旧存），比上年分别增长22.63%和20.6%，15项考核指标中有9项排名位于全市前三位。推出“执行悬赏”“周末执行”“执行风险告知书前置送达”及综合网格员协助查人找物等举措，其中综合网格员协助查人找物、送达法律文书297次。全年达成执行和解案件395件，联动攻坚执结“骨头案”19件，妥善执结县政府下属多家单位约1000万元历史性债务纠纷，快速为农民工追回欠薪283万元，被最高人民法院、《南方日报》等多家省级以上媒体采用报道。加大对拒不执行行为的惩戒力度，司法拘留52人，移送拒执罪线索9条。强化失信惩戒，全年发布失信被执行人名单929人次，限制高消费1671人次，限制乘坐列车、飞机3612人次。

2022 年 7 月 14 日，遂溪县人民法院在江洪镇揭牌成立网上巡回法庭

（县法院 / 供图）

【“智慧法院”建设】 2022 年，遂溪县全面建成一站式诉讼服务机制，通过设置 24 小时司法服务站、配备便民服务一体机、设立网上巡回法庭，方便群众全流程线上办理诉讼事务。遂溪诉讼服务中心是全省首批 5 家“诉讼服务示范窗口”之一，全年网上立案 6867 件，网上保全 266 件，网上阅卷 8 件，视频调解 2877 件，网上开庭 677 庭次，网上诉前联调 3045 件，调解成功 1567 件，实现诉讼事务“掌上办”、服务全天候“不打烊”。诉讼服务工作得到最高人民法院及省领导的肯定。

【法院司法为民】 2022 年，遂溪县人民法院开展治理信访突出问题“百日攻坚”行动，落实领导干部包案督办制度。完善院领导定期解决纠纷、中层干部每日轮值解决纠纷工作机制，中层以上干部接访群众 63 人次，办理化解信访案件 45 件。全年司法救助 45 人，发放司法救助金 40 万元，缓、减、免诉讼费 33.7 万元。应用“人民法院在线服务”和“粤公正”微信小程序，推行线上诉讼服务，全年网上立案 6866 件，民商事网上立案率 80.19%，视频调解 330 件，远程提审、网上开庭 677 次，网上保全、阅卷 491 人。利用科技赋能，在江洪镇设立网上巡回法庭，让群众在“家门口”即可享受网上立案、开庭、调解等司法服务。主动融入基层解纷网络，联合镇妇联在 3 个法庭成立婚姻家庭联调工作室，推动婚姻家庭纠纷多元化解。

【法院司法监督】 2022 年，遂溪县人民法院落实主动向县人民代表大会报告工作制度，专题向县人民代表大会常务委员会报告执行工作情况。开展院领导带队走访代表和委员活动，邀请人民代表大会代表、政协委员见证执行、旁听庭审等活动 265 人次，接受处理社会各界意见建议或监督线索 59 条。办理并回复代表和委员提出建议 55 条。依法接受检察机关法律监督，邀请列席县审委会 10 多次。

【法院司法能力建设】 2022 年，遂溪县人民法院强化干警能力建设，制定学习宣传贯彻中国共产党第二十次全国代表大会精神工作方案，组织开展各类学习会议 19 次，落实党员干警培训全覆盖，参加习近平法治思想讲座等政治辅导讲座 96 人次，到湛江市委党校、肇庆学院等地开展培训 6 场 310 人次。成立青年理论学习小组，常态化开展理论学习 3 场次。强化沉浸式教育，组织党员干警先后到遂溪西南地区革命史馆、黄学增纪念馆等地开展党史学习教育 19 场 170 多人次。参加湛江市直机关工委等多部门联合举办的湛江市直机关第五届改革创新大赛，参赛作品获二等奖。

【法院司法宣传】 2022年，遂溪县人民法院制定“八五”普法工作要点，4名干警入选遂溪县“八五”普法讲师团，选派法官到遂溪县职业技术学校担任法治副校长。组织干警到乐民镇政府、港门镇枫树村委会、建新中学等地开展“送法六进”（进机关、进社区、进乡村、进学校、进企业、进单位）普法活动11场次，接受群众法律咨询1270人次，发放普法宣传资料1.65万份。《点单式普法守护“少年的你”》的新闻稿件被最高人民法院、广东政法、广东省高级人民法院等单位采用报道。拓宽宣传的广度和深度，全年在新华网、《南方日报》《湛江晚报》等市级以上媒体刊发法治报道156篇。

（县人民法院）

司法行政

【概况】 2022年，遂溪县司法局设遂城、黄略、岭北、建新、城月、河头、江洪、杨柑、北坡、港门、乌塘、界炮、洋青、草谭、乐民15个基层司法所。中共遂溪县委全面依法治县委员会办公室设在县司法局，设置县委依法治县秘书股。遂溪县普及法律常识办公室设在县司法局，与该局普法与依法治理股合署办公。广东省遂溪县公证处、遂溪县公职律师事务所归县司法局管理。

【普法队伍建设】 2022年，遂溪县制定并印发《关于调整县普及法律常识领导小组的通知》，夯实“八五”普法工作组织基础。组建40人的“‘八五’普法讲师团”和1428人的“法律明白人”队伍，确保普法工作正常运转。

2022年7月12日，遂溪县人民法院组织干警到遂溪县电子商务公共服务中心开展普法宣传活动　（县法院/供图）

【普法宣传活动】 2022年，遂溪县制定实施《关于在全县公民中开展法治宣传教育的第八个五年规划（2021—2025年）》，发放《2021年全县普法依法治理工作要点》。开展公益普法宣传，发挥社会力量通过购买赠送普法书籍的方式参与普法，收到《典亮人生：青少年学习民法典知识读本》4274本，全部赠送学校、乡村、社区，供青少年学习使用。全年开展各类宣传活动100多场次，发放1万多份（册）法治宣传读本、宣传单，受教育群众60多万人次。

【国家机关“谁执法谁普法”履职评议会】 2022年12月14日，遂溪县举办第四届国家机关“谁执法谁普法”履职评议会活动，黄略镇人民政府、共青团遂溪县委员会、县城市管理和综合执法局、县文化广电旅游体育局、县社会保险基金管理局5家单位作为评议对象，通过实地参观、查阅台账、座谈交流、网络投票、现场评议等形式对5家单位进行评议，结果均获优秀等次。年内组织开展2022年度学法考试，参考率及合格率均达100%。

【领导干部集中旁听庭审活动】 2022年12月16日，遂溪县普法办、县人民法院组织16个镇（街道）及100多个单位的800多名副科级领导干部通过庭审直播系统旁听庭审。

【法治文化建设】 2022年，遂溪县开展2022年度省级“民主法治示范村（社区）”评选申报工作，其中附城镇铺塘村、洋青镇城榄村、洋青镇芝兰村申报并确认成功。

【社区矫正】 2022年，遂溪县司法局启用远程视频督察系统和电子定位监管，提升社区矫正监控系统定位精确度，确保管控工作可靠、真实。完成县、镇两级社区矫正委员会换届工作，实现全覆盖。省司法厅重点项目智慧矫正中心加快建设。全年接收社区矫正对象301人，解除矫正330人，在册人员430人。

【人民调解】 2022年，遂溪县司法局发挥新时代“枫桥经验”，完善人民调解、行政调解、司法调解协调统一的“大调解”工作体系，建立健全矛盾纠纷化解后的综合评估报告制度、矛盾纠纷排查化解三级网络机制，开展基层矛盾纠纷大排查大化解专项行动。全县各级民调组织共受理人民调解案件4857件，调解成功4840件，调解成功率99.6%。

【安置帮教】 2022年，遂溪县司法局完善信息反馈机制、工作联络机制。依托中央刑释解教人员信息管理系统平台，与监所、派出所进行沟通互动，消除“三假人员”（假姓名、假地址、假身份），落实刑释衔接“五要”（要掌握健康状况、要了解落实措施、要掌握报告情况、要掌握释放情况、要执行报告制度）要求。接收刑满释放人员887人，其中监所562人、解矫325人。

【“一村（社区）一法律顾问”工作】 2022年，遂溪县司法局聘请87名律师担任16个镇（街道）347个村（社区）法律顾问。全年村（社区）法律顾问为群众提供法律服务1.9万人次，其中咨询1.2万人次、代写文书43份、审查合同47份、提供书面法律意见63份、参与各类调解79宗、讲授法治课1412场次、到村（社区）值班4168天。

【律师管理】 2022年，遂溪县有律师事务所3家，其中社会律师事务所2家，分别是广东惊雷律师事务所和广东飞鸣律师事务所；公职律师事务所1家，共有执业律师10人，其中社会律师6人，公职律师4人。律师事务所2021年度执业考核结果均为合格以上等次，律师2021年度执业考核结果均为称职以上等次；律师全年办理各类案件306件，其中刑事案件56件、民事案件245件、行政案件5件。

【法律援助】 2022年，遂溪县法律援助处降低群众申请法律援助门槛，扩大援助范围，优化法律援助便民举措，提升法律援助质量，在维护困难群众合法权益、化解矛盾纠纷、服务经济发展、维护社会秩序、维护司法公正方面发挥积极作用。全年办理法律援助案件643件，其中民事案件43件、刑事案件600件，解答群众法律咨询3054人次。

【公证服务】 2022年，遂溪县公证处优化公证服务举措，压缩公证服务时间节点，继续实行一次性告知服务制度、办证所需证明材料清单制度，推行当事人提供证明材料承诺制度、推广“当天受理，当天出证”及“即时受理、即时出证”公证业务，提升公证服务效能，提高公证办事效率和人民群众对公证服务工作的满意度。全年县公证处为群众办理各类公证1138件，其中涉及“最多跑一次”公证业务716件，涉及告知承诺制公证业务220件，上门为群众办理公证192件。县公证处向群众提供公证法律服务咨询1300多人次。

（县司法局）

军事

人民武装

【概况】 2022年，遂溪县人民武装部围绕迎接和学习贯彻中国共产党第二十次全国代表大会精神，推动各项工作落实，全县武装工作保持良好发展态势，县人民武装部被湛江军分区评为“全面建设先进人武部”，全县民兵工作量化考评总分全市最高，党管武装年度考评全市排第二名。

【政治建设】 2022年，遂溪县人民武装部坚持用习近平新时代中国特色社会主义思想和习近平强军思想武装头脑、指导实践。聚焦“忠诚维护核心、矢志强军奋斗”，深化“传承红色基因、担当强军重任”主题教育，组织机关党员到下洋村开展“七一”主题党日活动；组织学习张连印先进事迹，开展学习讨论，向先进模范看齐。统筹组织4个专题理论学习，学习贯彻中国共产党第二十次全国代表大会精神，组织全体人员观看中国共产党第二十次全国代表大会开幕盛况，参加上级宣讲辅导和2期中校以上军官理论轮训，推动中国共产党第二十次全国代表大会精神落地生根。学习《中国共产党军队党的建设条例》等8部军队党内法规，做好中国共产党第二十次全国代表大会代表、广东省党代表及本级军人代表、省人大代表选举推荐工作，先后召开党史学习教育、“讲政治、明大义、守底线”、“四严四整”（严抓政治意识、严防政治风险、严实政治担当、严格政治淬炼，整顿思想、整肃纪律、整饬作风、整治队伍）教育整训活动专题组织生活会，组织军官和文职人员述学述职述廉活动，组织专武干部和预任民兵干部培训。做好迎接中央军委“加强政治建设，严守政治纪律”专项巡视和中央军委国防动员部党委巡察准备，开展“深化基层风气整肃治理”清理整治纠治。继续抓好“郭徐房张”流毒思想清理，落实意识形态领域工作责任，严防组织核心涉密，严格重要岗位人员和参加重大演训人员政治考核，确保人员思想纯洁巩固。

【党管武装】 2022年，遂溪县统筹推进经济社会发展与党管武装工作，将党管武装绩效考核分值由1分提高至2分，为加强党管武装提供遵循。县领导带头学习习近平主席关于国防和军队一系列重要论述，关心和支持武装工作。县委书记主持召开县委议军会，听取武装工作情况汇报，研究出台有关基层武装部和民兵基层建设的实施办法，以及征兵优待文件。组织县“四套班子”走进军营过军事日，增强党政领导国防观念。

【双拥工作】 2022年，遂溪县通过召开现场办公会议、双拥工作军地联席会议等，解决驻遂部队建设用地、营区建设等需求，推动双拥工作“双清单”落实。妥善为退役军人和军属安置工作，维护军人军属合法权益。军地联合开展为遂溪籍立功军人送喜报活动，为军人军属等家庭悬挂光荣牌，营造浓厚拥军氛围。结合清明节、国防教育日、烈士公祭日等时机，组织民兵队员和辖区群众开展纪念活动，参与遂溪“11·24”新冠疫情防控，增强全民国防教育意识，做好创文巩卫。抗击第3号台风“暹芭”期间，组织民兵应急分队在县人民武装部集中备勤，各镇出动民兵参与防风抢险，受到地方党委政府肯定。

【战备训练】 2022年，遂溪县人民武装部召开遂溪县民兵调整改革领导小组会议，部署民兵潜力调查和民兵整组工作。全年完成应急、支援基干民兵编组任务，开展多轮民兵数据会审。组织民兵应急分队集中点验，对预建党支部书记进行培训，累计完成13期训练任务。县人民武装部2次代表湛江军分区接受省军区民兵工作考评检查，成绩靠前。县民兵应急连担负湛江军分区值班分队期间，分队人员保持较高在位率；海防哨所加强巡逻执勤，确保海防一线管控到位。选派人员参加上级组织的演练，组织民兵渔船参与落水人员搜救。年初，参加湛江市首届“强武杯”基干民兵运动会，获团体第一1项、单项第一2项。全县举行首届基干民兵群众性练兵大比武，表扬一批训练先进单位和优秀个人。

【征兵工作】 2022年，遂溪县人民武装部出台《遂溪县征兵优待六条措施》，提高大学生参军入伍吸引力。全县18周岁男性公民兵役登记率100%，提前3个月完成任务。县征兵办走进广东省农工商职业技术学校和湛江机电学校2所中职学校宣传动员，到全县3所高级中学进行征兵宣讲，组织高三学生参观军事博览园。县卫生健康局、县公安局、县人民武装部，按照职责分别做好体检、政考和役前教育训练等工作，县纪委全程做好“阳光征兵”和“廉洁征兵”监督，完成新兵征集任务，征兵“五率”（报名率、上站率、合格率、择优率、退兵率）考评成绩优秀。

【部队安全教育整训】 2022年，遂溪县人民武装部继续推进微信泄密专项整顿行动，加强所属人员微信使用教育管理，排查微信失泄密隐患。重点围绕法规学用、秩序规范、安全稳定等方面，开展“学法规、正秩序、保稳定”活动，打牢安全发展基础，集中开展保密工作专项整治，进行安全形势分析，查找薄弱环节，消除隐患风险。组织开展教育整训活动，对照剖析检查，继续巩固安全发展环境。通过全年各阶段各步骤的活动开展，筑牢安全发展屏障。

（县人民武装部）

退役军人事务

【概况】 2022年，遂溪县退役军人三级服务保障体系全面建成并正常运作。全县有镇级退役军人服务站15个，核定事业编制62名；349个村级退役军人服务站均挂牌成立。对标省退役军人服务中心（站）星级创建标准进行创建，获评五星级服务中心（站）11个、四星级服务站2个、三星级服务中心（站）3个。

【优抚优待】 2022年，遂溪县有各类定恤定补人员5772人。遂溪县退役军人事务局重新调查核实并收集优抚人员基本数据，建立一套完整优抚档案。截至11月，发放各类对象的定恤定补金4999万余元。将全县农村重点优抚对象由县财政拨款全部纳入新型农村合作医疗；对一级至六级残疾军人的医疗费用予以保障，实行实报实销；对在乡七级至十级残疾军人分别给予优惠门诊医疗补助；对有工作单位的重点抚恤补助对象由所在单位统一参加城镇职工基本医疗保险，单位负责为其缴纳；为重点优抚对象落实职工医疗保险和大病救助险，两项共缴款164万元。推行优抚对象医疗“一站式”结算服务，优抚对象住院医疗费“一站式”结算，其参保的报销补偿、优惠减免、医疗补助、大病医疗救助同时进行、同步落实，即时结算。推进优待证申领工作。采购及升级退役军人事务终端67台，组织人员到各镇进行安装调试，组织各镇服务站工作人员进行业务培训，优待证申领工作有序开展。各客运站、医院、电信、邮政、政务服务单位设立军人优先窗口。

【双拥共建】 2022年，遂溪县做好拥军优属、拥政爱民工作。全县有52个单位同驻军部队结对共建。开展走访慰问活动。在春节和“八一”建军节期间，县委、县政府组团慰问驻地部队，慰问组由县委、县人大、县政府、县政协领导带队，采取召开座谈会的形式与驻县军警部队官兵座谈，向他们介绍全县经济社会发展情况，倾听他们的意见和建议，“两节”期间，组团11个，为部队赠送慰问品价值120万元。春节、“七一”建党日、“八一”建军节、“9·30”烈士纪念日等节日期间，走访慰问困难退役军人及重点优抚对象，赠送慰问金慰问品合计86万元。为在部队立功受奖的官兵家属送“喜报”。支援部队建设，通过调研和现场办公相结合，为驻地部队排难解忧；在解决官兵难点问题上创新模式、拓宽领域、丰富内容。召集相关单位召开议军协调会。采取广播、电视、报刊等宣传媒体形式进行爱国主义教育和国防教育，巩固和发展“同呼吸、共命运、心连心”新型军政军民关系，营造军爱民、民拥军浓厚社会氛围。开展文化进军营、爱心暖军营活动，丰富部队文化生活。驻遂部队发挥自身优势，踊跃捐款，支持驻地乡村振兴建设。

【退役军人安置】 2022年，遂溪县退役军人事务局开展送岗“一站式”服务工作，完成符合政府安排工作退役士兵“阳光安置”（安置办法公开公平透明）。贯彻“妥善安置、合理使用、人尽其才、各得其所”原则，妥善落实随军家属安置工作政策，安置随军家属就业。

【退役军人应急救助资金管理】 2022年，遂溪县退役军人事务局为困难退役军人解决燃眉之急，全年发放应急救助总金额42万多元。

【退役军人服务保障体系建设】 2022年，遂溪县退役军人事务局按照“五有”（有机构、有编制、有人员、有经费、有保障）要求，推进服务对象100人以上、300人以下村（社区）退役军人服务站全国示范型创建工作，打造软硬件标准高、政治文化环境好、服务保障效果强的退役军人服务站。每月组织镇级退役军人服务站工作人员进行业务培训，讲政策、讲经验、讲做法，提升业务水平和办事质量，提高服务能力，打造一支“班子强、队伍勇、业务精、作风实、服务好、业绩佳”的队伍。总结好经验和好做法，固化成长效机制，完善退役军人服务保障体系建设。

【烈士纪念设施保护与管理】 2022年，遂溪县退役军人事务局做好烈士褒扬纪念工作。完善《中华人民共和国烈士英名录》编撰工作，做好烈士信息核对、修改、补充、完善。做好零散烈士纪念设施修缮工作。全县有304个零散烈士墓、22个烈士纪念碑，按照“应迁尽迁，集中管护”原则，根据实际情况对零散烈士墓及纪念碑进行应集中尽集中、应修缮尽修缮。

【军休管理服务】 2022年，遂溪县退役军人事务局为自主择业军转干部完成网上年审，落实自主择业军转干部重大节日慰问金发放与缴纳医保。落实企业军转干部待遇，每月为困难企业军转干部缴纳社保和发放生活补助，并发放春节慰问金每人1000元。按月及时足额发放军休干部离退休费，完成军休干部、退休士官、无军籍退休职工及无固定收入军休干部遗属等基本离退休费、高温补贴、住房物业服务补贴等项目的定期增资、调整工作。坚持军休干部生病住院探望和不定期走访、电话回访等制度，对来电、来访军休干部和家属等提出的有关要求及问题及时回复和办理。

【退役军人就业创业】 2022年，遂溪县退役军人事务局对2021—

2022 年 12 月 28 日，遂溪县退役军人就业创业联盟启动暨首批成员单位授牌仪式举行　　（县政府办公室 / 供图）

2022 年退役军人进行电话跟踪调查，摸清基本概况，因地制宜支持退役军人就业创业。与企业联动，为退役军人推荐就业，向正大集团公司、中节能遂溪水务公司、专业森林消防队推荐。6 月 13 日，湛江市举办湛江市“戎归港城职等你来”退役军人网络直播招聘会，招聘会有 10 多家企业参加，提供大量岗位。利用微信群、朋友圈加大宣传力度，引导遂溪县退役军人参加网络招聘会。向市退役军人事务局推荐 9 家军创优秀企业参加退役军人创业创新大赛，并获优秀组织奖。对接与新疆投资意愿强、合作前景广的军创优质企业，介绍援疆帮扶项目和推荐其参加援疆帮扶项目。

【退役军人学历提升和技能培训】 2022 年，遂溪县退役军人事务局为参加学历提升和高职扩招的退役军人办理学费减免工作，推送退役军人报名参加广东首批退役士兵“浪花计划”船员职业培训班；推送退役军人参加省退役军人事务厅组织的技能培训班，参加新能源汽车应用与维护、无人机视距内驾驶员、“粤菜师傅”；市退役军人事务局组织培训班有汽车检测与维修、电商网商运营、电工（低压、高压）3 个专业，推荐退役军人参加。

（苏慧林）

人民防空

【概况】 2022 年，遂溪县住房和城乡建设局开展人防工程建设，严格受理人防工程报建项目、人防易地建设项目、竣工验收备案项目。9 月，开展防空警报试鸣工作。

【人防工程建设】 2022 年，遂溪县住房和城乡建设局受理人防工程报建项目 1 个，人防易地建设项目 1 个，竣工验收备案项目 4 个，面积 1.6 万平方米；人防工程易地建设履行人民防空义务许可项目 6 个，收取人防易地建设费 145.19 万元。

【防空警报试鸣】 2022 年 9 月，遂溪县开展防空警报试鸣工作，在县琴苑公园开展宣传教育；制作防空警报试鸣宣传车和横幅宣传，增强群众国防观念。

（县住房和城乡建设局）

国防教育

【概况】 2022 年，遂溪县委宣传部印发《2022 年遂溪县全民国防教育工作要点》，明确 2022 年全县开展国防教育工作目标。印发《关于做好抗战胜利日、烈士纪念日、国庆日、国家公祭日等重大纪念日开展主题活动有关事项的通知》。在抗战胜利日、烈士纪念日、国庆日、国家公祭日等重大纪念日，组织党员领导干部、中小学生等人员开展国防教育主题活动。12 月 12 日，县委办印发《中共遂溪县委办公室关于调整遂溪县国防教育工作领导小组的通知》文件，县国防教育工作领导小组调整为县全民国防教育工作领导小组，组长由县委书记兼任，并调整工作领导小组成员单位及工作职责。

【征兵宣传】 2022年，遂溪县开展征兵宣传工作。印发《关于刊播全国征兵公益宣传片的通知》，组织各镇各单位开展春季和秋季征兵宣传工作。各镇各单位运用LED（发光二极管）电子屏、楼宇电视、户外媒介、网站、公众号、电影院等载体和平台，刊播全国征兵公益宣传片《参军报国不负韶华》《逐梦青春》、湛江原创征兵公益宣传片《召唤》，加大征兵宣传力度。

【“全民国防教育日”宣传教育】 2022年，遂溪县做好第二十二个“全民国防教育日”宣传教育活动。县委宣传部牵头组织各镇、各成员单位开展第二十二个“全民国防教育日”宣传教育活动。利用“遂溪融媒”App（应用程序）、县电视台和县政府网站开设国防教育专栏，对国防法规进行宣传；运用工作微信群、微信公众号、微博、抖音、单位网页等各类平台开辟专栏专题，加强学习宣传和舆论引导；各镇各单位利用电视台、网络广告机、电子屏幕、政务公开栏、宣传栏、横幅等设施进行宣传。

2022年9月3日，遂溪县第一中学开展“抗日战争胜利纪念日”国防教育主题活动 （潘海其/摄）

【“海军节”宣传活动】 2022年，遂溪县做好海军节宣传工作。在“遂溪融媒”App（应用程序）上刊播热烈庆祝人民海军成立73周年的宣传短视频和海报，在县广播电视台黄金时间播出宣传短视频和海报；利用单位微信工作群、粤政易工作群、微信公众号、单位网页、短信平台等各类平台开展海军节宣传。利用网络广告机、户外LED电子屏幕、政务公开栏、宣传栏等设施对海军节宣传短视频、海报、标语进行宣传。

【国防军事题材电影进农村】 2022年，遂溪县抓好湛江市2022年国防军事题材电影进农村活动。7月28日至8月24日，县委宣传部组织附城镇下洋村、遂城街道风朗村、界炮镇老马村、乐民镇墩文村、河头镇河头村、杨柑镇祝君村、城月镇吴村、黄略镇支屋村8个村，开展2022年国防军事题材电影进农村活动，参加观看群众1200人。

（麦飞龙）

经济管理

宏观经济管理

【概况】 2022年，遂溪县统筹推进新冠疫情防控和经济社会发展，实施“1+3+6”行动计划。总体经济稳中向好。全县实现地区生产总值426.61亿元，按可比价计算，比上年增长2.2%。其中，第一产业增加值154.73亿元，比上年增长5.9%；第二产业增加值92.49亿元，增长0.1%；第三产业增加值179.39亿元，增长0.3%。三次产业占地区生产总值比重36.3∶21.7∶42，对经济增长贡献率分别为92.5%、1.1%和6.4%。人均地区生产总值51511元，比上年增长1.6%。社会消费品零售总额144.5亿元，比上年增长2.3%，农村居民收入增长快于城镇，城乡差距不断缩小。农牧渔三大领域亿元级特色优势产业带提质升级。全县完成规模以上工业总产值超200亿元，五洲药业生物医药科技产业园一期等11个项目建成投产。县产业转移工业园区被认定为广东省特色产业园。评选遂溪八大美景。全年旅游接待人数超1000万人次。全年安排重点建设项目49个。获评为“四好农村路”（建设好、管好、护好、运营好农村路）省级示范县。招商项目落地见效。实施招大引强行动，签约项目21个，实现由“招商引资”向“招商选资”转变。营商环境继续优化。城乡建设协调发展，乡村振兴巩固提升，生态环境继续优化。入选2021赛迪顾问乡村振兴百强县。引进新能源项目6个。北坡、杨柑、河头3个县域次级医疗卫生中心项目启动建设。594名教师通过高级职称评审。编制完成《遂溪县全域旅游总体发展规划（2020—2035年）》。

【规划编制】 2022年，遂溪县发展和改革局编制完成《遂溪县2021年国民经济和社会发展计划执行情况与2022年计划草案的报告》《遂溪县2022年上半年国民经济和社会发展计划执行情况的报告》，对遂溪县宏观经济形势进行预测、预警，提出维护经济安全的对策建议。推进国家、省、市一揽子经济政策措施落实，制定出台《遂溪县贯彻落实国务院扎实稳住经济的一揽子政策措施实施方案》，并在遂溪县人民政府网站公布，该方案包括6个方面106项措施。

【重点项目建设】 2022年，遂溪县安排重点建设项目49个，涵盖生物医药、生态环保、民生发展、基础提升等领域，总投资292.19亿元，年度计划投资74.86亿元，完成投资50.21亿元。全年开工重点项目15个，总投资87.03亿元，计划投资42.17亿元，完成投资18.17亿元；竣工重点项目4个，总投资53.32亿元，计划投资10.01亿元，完成投资8.17亿元。森禾花园、遂溪县城月镇田头村50兆瓦渔光互补光伏发电场、敏捷珺悦府、广东遂溪县产业转移工业园区基础设施项目、科恒花园、碧桂园城市之光花园、汇成凯悦华府、汇成凯悦华府B区8个重点项目推进较快。全县储备2023—2024年重点前期预备项目33个，估算总投资383亿元。

【固定资产投资】 2022年，遂溪县固定资产投资完成105.61亿元，比上年增长7.2%，全市排第三名，高于全市平均水平（-9.6%）16.8个百分点。

【专项债券项目】 2022年，遂溪县申报专项债券项目总数及资金需求总量均排全市第一名，发行专项债券16.4亿元，为遂溪县城市扩容提质和高质量发展提供资金保障。县发展和改革局组织有关单位召开专项债券工作业务培训会议及遂溪县2023年债券项目申报工作推进会，谋划2023年专项债券申报工作。截至年底，全县有78个项目申请2023年第一批地方政府专项债券，有45个项目通过国家发展和改革委员会审核，项目总投资257.25亿元，债券资金需求58.85亿，通过审核项目数、总投资、债券需求均排全市第二名。

【营商环境优化】 2022年，遂溪县发展和改革局抓好暖企服务工作。实行企业投资项目审批“不见面”办理，确保新冠疫情防控期间项目办理不断档，优化项目办理手续。出台服务承诺制、首问负责制、一次性告知制、限时办结制等效能管理制度，按照“前台综合受理，后台分类审批，窗口统一出件”政务服务要求，提高行政审批效率。在资料齐全情况下，审批制项目法定办结时限为20个工作日，承诺办结时限为2个工作日；核准制项目法定办结时限为20个工作日，承诺办结时限为1个工作日；备案制项目法定办结时限为5个工作日，承诺办结时限为1个工作日。全年受理项目237个，其中审批类项目106个，备案类项目128个，核准类项目3个，全部项目通过在线监管平台按照承诺时限办结。

【能源管理】 2022年，遂溪县发展和改革局抓好管道安全生产保护工作，不定期对辖区内油气管道进行安全隐患排查。协调各管道公司对油气长输管道进行全面排查，排查外部隐患11项，全部录入“国家油气输送管道隐患与高风险区域管理平台”，完成全部管道占压隐患整治，得到市政府发文通报表扬。牵头推进打击成品油非法经营工作取得明显成效，截至年底，出动车辆60多辆次，执法人员200多人次，打击捣毁非法加油点8个，处理非法成品油16.26吨，其中柴油7.03吨、汽油9.23吨。完成对全县62个加油站（船）年审工作，加强涉电公共安全隐患排查整治，做好加油站安全工作。

【社会信用体系建设】 2022年，遂溪县发展和改革局牵头组织有关单位开展全县社会信用体系建设工作，健全“双公示”（行政许可、行政处罚双公示）信息报送工作机制，加强规范遂溪县公共信用信息归集目录管理，提高数据归集质量。全年遂溪县“双公示”信息数量6.41万条，其中行政许可信息6.01万条、行政处罚信息3920条，信息报送合规率100%，及时率98.26%。落实欠薪联合惩戒机制，将湛江迎建达园林工程有限公司、湛江市华洋建筑工程劳务有限公司分别通过信用湛江和信用广东信息平台推送欠薪信息，督促用人单位限期改正、支付拖欠薪金，加强工资支付诚信体系建设，实现信用信息互认共享。抓好诚信文化活动宣传，牵头组织有关单位和部门结合实际，自行组织活动宣传，累计向湛江市发展和改革局报送诚信文化宣传活动33场，其中有效宣传活动16场，完成市下达县（市、区）11场的任务，诚信文化氛围得到提升，诚信文化意识增强。

【工业项目建设】 2022年，遂溪县工业备案项目24个，计划总投资137.08亿元。审批工业园区基础设施项目2个，计划总投资34.40亿元；新型基础设施建设项目3个，计划总投资8.90亿元。招商落地工业项目完成投资17.84亿元。列入市重点建设项目计划工业项目实际完成18.09亿元，完成投资率67.36%，开工率100%。规模以上工业（辖区内所有工业）总产值209.04亿元，比上年增长1.9%。重大工业产业项目达产增效计划指标考核同组排第一名，全市排第二名。

（县发展和改革局）

自然资源管理

【概况】 2022年，遂溪县自然资源局加快推进《遂溪县国土空间总体规划（2021—2035年）》编制，统筹推进土地指标使用，做好重大项目服务保障，加大耕地保护和国土空间修复力度，推进国土绿化提质增效，强化自然资源执法监督，提升测绘地理信息公共服务能力，推进工程建设项目审批改革，推进不动产登记便民服务，助力乡村振兴战略制度措施。

【用地报批】 2022年，遂溪县城镇建设用地报批组卷22批次，完成报批组卷工作并取得批复批次10个，面积44.71公顷，在组卷报批批次12个，面积49.09公顷（其中完成组卷并上报市政府等待审批的5批次，面积18.31公顷；在编制组卷报批资料7批次，面积30.78公顷）。3宗宗地获得审批并被颁发用地预审及规划选址意见书，面积83.99公顷。审批临时用地2宗，分别为中铁十二局集团第四工程有限公司茂湛高速公路扩建TJ5标配套石料项目临时用地，临时占用面积1.29公顷（均为林地）；同畅环保科技船舶废物处理利用中心项目材料堆场及工棚临时用地，临时占用面积0.65公顷。

【土地交易】 2022年，遂溪县办理土地交易183宗，土地市场成交出让金1.15亿元。其中一级市场上市交易出让土地13宗，面积31.2公顷，成交土地出让金1.11亿元；划拨补办出让交纳土地出让金的交易37宗，面积0.54公顷，交易补交出让金484.09万元；二级市场转让过户交易133宗。

【土地开发】 2022年，遂溪县完成农村建设用地拆旧复垦立项项目195个，面积458.77公顷；竣工项目147个，竣工面积322.81公顷；出售项目86个，成交面积181.5公顷，成交总价1亿元。出售农村建设用地拆旧复垦指标面积30.73公顷，成交总价2.7亿元，为遂溪县增加美丽乡村建设专项资金2.07亿元，群众个人获得收入1.38亿元。

【矿产资源管理】 2022年，遂溪县经依法批准设立的持证矿区9个（采矿许可证到期3个；采矿许可证有效期内6个，其中正常生产3个，因故停产1个，新设发证未投产2个），其中玻璃用砂矿区2个（采矿许可证到期停产1个，新设发证未投产1个）；建筑用砂矿区6个（正常生产1个；采矿许可证到期停产2个，其中1个因涉嫌历史越界开采问题，在组织现场修复治理，督促依法申请办理闭坑和注销登记；因涉嫌历史越界开采停产1个；新设发证未投产2个）；建筑用闪长岩矿区1个。

【地质灾害防治】 2022年，遂溪县完成草潭镇草潭圩坎下住宅区地质灾害隐患点坡段116米、江洪镇中关村坎头岭滑坡隐患点坡段108.6米和杨柑镇北山坎村地质灾害隐患点坡段150.2米3处地质灾害治理工程竣工验收工作。江洪镇江洪港至北关地质灾害隐患点完成核销工作。未发生因地质灾害导致人员伤亡情况。落实值班、巡查和灾情速报制度，汛期实行24小时值班。

【土地卫片执法】 2022年，遂溪县卫片执法发现新增违法违规用地467宗面积59.90公顷、耕地面积21.36公顷，其中省重点项目8宗面积5.54公顷、耕地面积2.78公顷；未供即用4宗面积13.20公顷、耕地9.69公顷。系统数据固化后，累计整治140宗面积26.98公顷、耕地面积6.97公顷，扣减省级以上重点项目和未供即用项目后，全县剩余未整改315宗面积14.58公顷、耕地面积1.92公顷，违法占耕比4.56%。

【农村乱占耕地建房整治】 2022年，遂溪县纳入国家及省月报确定的属新增农房问题的案件496宗（涉及土地面积11.52公顷，耕地面积4.37公顷，基本农田面积1.21公顷）。截至年底，完成整治394宗（拆除类89宗和完善手续类305宗），宗数整治率79.44%，未整治102宗。

【闲置土地处置】 2022年，广东省下发遂溪县闲置处置任务21宗涉及土地面积65.89公顷，截至年底，处置8宗涉及土地面积34.734公顷，面积处置率52.72%，超额完成处置率50%的任务目标。

【批而未供土地处置】 遂溪县2009—2018年批而未供土地170.2公顷，按2022年度处置率30%的考核标准，市级下达遂溪县处置任务为51.06公顷。全县完成处置面积64.62公顷，处置率37.97%，超额完成处置率30%的目标任务。

【耕地“进出平衡”】 2022年度遂溪县耕地整改恢复耕地面积任务量不少于183.33公顷。县人民政府编制《耕地“进出平衡”总体方案》并组织实施。截至年底，累计整改恢复耕地面积196.29公顷，整改恢复率为107.07%，超额完成任务。

【自然资源领域督察整改】 2022年自然资源督察指出遂溪县有2宗耕地流出问题需要整改。一是编号IYJ37图斑，坐落于遂溪县遂城街道边塘村，面积2.03公顷，2018年现状数据库地类显示该宗地为耕地，经2020年变更调查外业现场核查，现状为苗圃培育，判定地类为其他园地（即可恢复）；二是IN42号图斑，坐落于遂溪县港门镇西坡村，面积2.13公顷，2018年现状数据库地类显示该宗地为耕地，经2020年变更，经现场核查，现状为种植紫花风铃树，判定地类为其他园地（即可恢复）。两宗耕地流出问题均按时整改，清理苗木，种上农作物，恢复耕地用途。

【自然资源系统扫黑除恶】 2022年，遂溪县自然资源局接收扫黑除恶线索13条（其中市级及以上线索8条、县级线索5条），办结线索9条（其中市级及以上线索7条、县级线索2条），未办结4条。

【非法开采矿产资源违法犯罪打击】 2022年，遂溪县自然资源局打击非法开采矿产资源违法犯罪，查处非法开采案件19件，收缴非法开采行政案件处罚金额91万元，查扣钩机32台和运输车4辆。

【自然资源信访调解处理】 2022年，遂溪县自然资源局收到广东省一体化信访信息系统派发的调解事项134件，办理134件；收到湛江市“12345”市民服务热线的诉求176件，办理176件；收到自然资源信访信息系统的信访案件43件，办理43件；收到市民来访15件次，办理14件，待处理1件。

【测绘管理】 2022年，遂溪县自然资源局牵头完成遂溪县滨海新区面积866.7公顷土地的地形图测绘项目；完成（北潭）临港产业园面积153.3公顷土地的征收测量工作；完成2021年度卫片农村乱占耕地建房图斑测量任务，测量房屋661间；为群众免费提供房产测量及地籍调查360次；开展农村乱占耕地建房问题测量任务，测量农村宅基地600多宗；完成遂溪县历史设施农用地备案及建新镇自然村村内道路建设需求排查等工作。

【自然资源调查登记】 2022年，遂溪县自然资源局实现不动产一般登记业务3个工作日内办结，抵押登记业务1个工作日办结，查封、注销、异议登记等即时办结；企业间非住宅类转移业务0.5个工作日办结；实现新建商品房“交房即办证”，做到住权产权零距离，交房交证无时差；实现不动产转移登记与供电、网络一窗联办。全年办理不动产权证书2.19万本、证明1.33万份，协助法院办理不动产查封登记765宗，“一窗受理”业务640宗，总业务量3.66万宗。“房地一体”农村不动产权籍调查完成权属调查及房地测量，完成率100%；权籍调查成果公示公告30.06万宗，完成率99.84%；数据库建库

30.06万宗，完成率99.84%；登记发证宗数3.79万宗（纯集体土地登记发证3.19万宗，房地一体登记发证宗数6093宗），完成率60.57%。14个镇（街道）权籍调查成果通过市级内业验收，待申请省级抽查。开展自然资源常态化监测工作，对下发的图斑4030个，均完成相关工作并上报。开展2022年度国土变更调查工作。为省、市、县相关单位提供地类现状数据、地类审查会签1301宗。处理各类不动产登记相关的上访投诉件26件。

（陈海霞）

财政

【概况】 2022年，遂溪县一般公共预算收入10.46亿元，完成预算的101.06%，比上年增长12.4%。其中，税收收入3.69亿元，比上年下降25.95%；非税收收入6.76亿元，增长56.78%。加上上级补助收入、上年结余结转、调入资金、动用预算稳定调节基金、地方政府债务转贷收入及区域间转移性收入等，全县一般公共预算收入65.79亿元。全县一般公共预算支出53.03亿元，完成预算的89.7%，比上年增长10.76%。加上上解支出、债务还本支出、年终结余结转等，全县一般公共预算支出65.79亿元。全县政府性基金预算收入1.79亿元，完成预算的102.4%。加上补助收入、债务转贷收入、上年结转等，全县政府性基金预算收入25.77亿元。全县政府性基金预算支出25.02亿元，完成预算的95.84%。加上上解支出、债务还本支出、调出资金、结转下年等，全县政府性基金预算支出25.77亿元。全县国有资本经营预算收入98万元，加上转移性收入、上年结转等，全县国有资本经营预算收入307万元。全县国有资本经营预算支出，加上调出资金，结转下年，全县国有资本经营预算支出307万元。社会保险基金预算收入5.26亿元，加上上年结转7202万元，全县社会保险基金预算收入5.98亿元。社会保险基金预算支出5.52亿元，加上结转下年4628万元，全县社会保险基金预算支出5.98亿元。

【财政收支管理】 2022年，遂溪县成立财税增收专班、财政开源节流工作专班，由县长担任组长、各分县管领导任副组长进行高位推动，建立健全信息共享机制，形成抓财税收入工作合力，推进土地、水田指标、拆旧复垦指标、矿产、海洋等资源的收储交易等工作；财税部门加强对重点行业、重点企业、重点税源动态监测，多措并举挖掘增收潜力，确保主体税源稳定增长。全县一般公共预算收入比上年增长12.4%，排全市第二名。新增债券工作逆势赶超。从债券资金项目谋划、拨付使用和监督管理等方面强力攻坚，从上年债券项目谋划数量最少、未开工项目数量最多、资金拨付进度靠后实现赶超，8月，在全市率先完成债券项目100%支出目标，并列第一名。聚焦重点领域，分批谋划储备项目17个，最终争取入笼59个。通过部门自有资金、本级预算安排、申请上级补助等方式筹集项目前期经费，加快推进项目前期工作。财政专班通过“粤政易”组建以县领导、单位一把手为成员的债券通报群，专班下沉基层，掌握和通报项目实施过程中遇到的堵点、难点问题，促进项目建设进度。财政专班保障债券资金支出工作。财政部门把“三保”（保基本民生、保工资、保运转）摆在财政支出预算优先位置，统筹财政收支和库款管理，压减一般性支出，盘活财政存量资金，积攒财力重点向“三保”支出倾斜。全年“三保”支出33.19亿元，其中工资性支出21.37亿元，运转支出1.21亿元，民生支出10.61亿元。

【重点项目建设财政资金保障】 2022年，遂溪县财政局助力全域旅游产业发展。投入创建广东省全域旅游示范县、河头镇文化旅游基础设施改造提升工程、江洪镇滨海特色旅游综合开发建设、中医药特色小镇基础设施建设等项目前期费用1.3亿元，推动遂溪旅游特色化、多样化发展；加快推进县域工业园区建设发展。投入遂溪县产业转移工业园区扩容基础设施项目、界炮镇（北潭）临港产业园区基础设施建设等项目前期费用6317万元，拨付白泥坡工业园区、岭北工业园区、城月工业园及生物医药科技产业园建设等项目征地补偿款1.4亿元。助推内联外延交通体系建设。投入1360.58万元，完成遂城街道西堤路改造、县政府大院道路“白改黑”升级改造、遂溪文化广场至渝湛高速公路遂溪出口段绿化提升改造等交通建设项目；拨付湛江大道与遂溪大道连接线、遂溪大道、沈海高速等项目征地补偿款4087万元及建设资金4.7亿元，支持遂溪大道建成通车。

【民生领域财政资金保障】 2022年，遂溪县财政民生类支出约45.74亿元，占一般公共预算支出86.25%，民生投入力度继续加大，民生保障水平提升。全年教育支出13.78亿元，比上年增加投入7504万元，一般公共预算教育支出实现稳步增长；其中安排各类教育公用经费1.99亿元，保障学校正常运转；发放教师绩效工资及农村边远地区学校教师生活补助经费1.37亿元；解决原民办原代课教师生活困难补助资金2348.38万元；支持新建县城第十三小学、新建河头镇中心幼儿园等新增学位建设、厕所改造资金等教育基础设施建设改造资金3238万元，投入债券资金5800万元完成县职业技术学校项目建设并投入使用。全年发放社会保障和就业支出11.9亿元，其中发放困难群众补助1.73亿元，按政策提高城镇低保、农村低保、集中供养孤儿生活补助、散居孤儿、特困人员生活补助标准。发放残疾人“两项补贴”0.5亿元，重度残疾人护理补贴从每人3024元/年提高到3132元/年。投入城乡养老保险2.83亿元，城乡医疗保险4.54亿元，财政统发在职人员职业年金0.88亿元，机关养老金支出1.03亿元，职业年金虚账做实0.32亿元。投入遂溪县公共卫生医院建设、遂溪县医疗共同体县域次级医疗卫生中心建设等项目4744.3万元。全年文化旅游体育与传媒支出3430万元，重点支持各镇公共文化站、乐民镇墩文村黄学增红色大讲堂综合楼、县融媒体中心项目等工程建设，以及开展深化农村星级文明户创建活动和文化馆、图书馆、博物馆、镇文化站等文体场所免费开放及升级改造。投入创建文明村镇经费5.89亿元，其中包括村容村貌整治5.52亿元、“四好农村路”（建好、管好、护好、运营好农村路）建设项目3084.2万元、新时代文明实践所站建设64.94万元、精神文明建设宣传氛围营造67.46万元及开展各类群众性精神文明建设活动538.5万元。投入城乡环境治理资金6.17亿元，保障县城道路绿化、路灯维护、环卫保洁、生活垃圾处理及农村生活污水治理等环境整治经费。投入县城老旧小区和道路改造费用1.7亿元，实施县城“白改黑”工程，基本完成中山路、府前路等主干道路改造，盘活利用老旧小区资源，改善居住环境。投入河流水质治理6000万元，支持遂溪河流域水质提升工程、中小河流二期综合治理工程及遂溪河碧道工程项目等项目建设，打好碧水保卫战。

【乡村振兴财政资金保障】 2022年，遂溪县农林水支出8.77亿元，比上年增支1184万元。其中投入驻镇帮镇扶村资金3.2亿元；统筹拨付涉农资金2.5亿元，推进农村硬底化、“四好农村路”（建好、管好、护好、运营好农村路）、新农村建设等工作。投入高标准农田建设4930万元，耕地地力补贴2.25亿元，提高农业质量效益，推动构建现代农业体系。拨付各镇城镇建设用地耕地占用税、征地补偿费及被征地农民养老保障金等项目经费5833万元，投入乡村振兴城乡融合、基础设施综合提升、公共服务配套建设等项目费用4.35亿元，释放乡村内需潜能，加速城乡资源要素双向对流。发放村（社区）在职“两委”（村党支部委员会、村民委员会）干部生活补助8503.87万元；村（社区）离任干部生活补助2960.95万元；村（社区）办公经费2069.6万元。

【财政监管】 2022年，遂溪县财政局接受财政部广东监管局对地方财经秩序专项整治工作督导检查。制定印发《遂溪县地方财经秩序专项整治行动工作方案》，明确重点任务。牵头组织整治行动对象预算单位开展自查自纠，配合湛江市财政局完成复查工作，对问题进行整改纠正，最终顺利通过财政部广东监管局专项督导检查，并得到财政部广东监管局、湛江市财政局领导对遂溪县财政工作的肯定。接受中共广东省委第十三巡视组对县乡村振兴资金管理使用情况进行专项巡视，规范工程审核程序。以节约财政投资和提高财政资金使用效益为目标，完善政府投资项目审核工作机制，规范简化业务流程，加速提高审核质量和效率，工程审核节支效果明显。是年，审核项目1351个，送审金额36.1亿元，审定金额33.9亿元，核减不合理资金2.2亿元，核减率6.09%。

（县财政局）

税务

【概况】 2022年，遂溪县税务部门组织税费收入28.18亿元，比上年增收4623万元，增长1.1%，其中税收收入11.27亿元，扣除留抵退税因素后可比下降4.6%。中央级税收收入5.41亿元，扣除留抵退税因素还原后可比增长2.5%，同比下降7.5%；省级税收收入1.80亿元，扣除留抵退税因素还原后可比下降7.1%，同比下降26.1%；县级税收收入实现4.49亿元，同比下降12.3%。组织的费金收入16.91亿元，比上年增长16.1%。其中，社保费收入13.24亿元，比上年增长5.9%。

【税收征管改革】 2022年，遂溪县税务局加快构建集约高效税收现代化征管模式。推进“机器管事+团队服务”征管模式。改变重点税源固定管户模式，将全县95%以上的固定税源集中在第二税务分局，设置3个服务管理组，对全县重点税源分行业实行团队化、集约化管理，实现从管理员“一人管户”向“团队管事”转变，化解管理员执法风险，提升管理效率。实现办税服务厅全面集约合并。将6个基层分局办税服务厅整合到第一税务分局，建设纳税服务运营中心，依托“湛税易”服务平台，整合“一线一网一视”（将办税服务厅对外咨询电话统一归并到“6812366”热线，升级湛江税务微信公众号，开创“湛税易”微咨询，接入V-Tax远程可视化自助办税系统，实现涉税咨询线上全市通查通答、部分业务远程帮办和统一外呼外显），拓展线上服务方式，提高后台审核专业度，缩减网上业务响应办理时长。实现串联审批转并联审批，加快涉税审批办理速度。

【减税降费】 2022年，遂溪县税务部门梳理新的组合式税费支持政策，精准推送符合条件的纳税人，并继续优化退税申请、审核、到账等一系列退税流程，提升业务办理效率。全年税务部门落实新增组合式税费支持政策4.42亿元。其中，增值税留抵退税2.84亿元，新增减税降费6897万元，缓税缓费8991万元。

【非税收入征管职责划转】 2022年，遂溪县税务部门根据《财政部 自然资源部 税务总局 人民银行关于将国有土地使用权出让收入、矿产资源专项收入、海域使用金、无居民海岛使用金四项政府非税收入划转税务部门征收有关问题的通知》规定，自2022年1月1日起，将由自然资源部门负责征收的国有土地使用权出让收入、矿产资源专项收入、海域使用金、无居民海岛使用金划转至税务部门征收。县税务局推进该四项非税收入划转征收工作，设置工作专班，制定工作方案，梳理风险点，提前做好风险防范，建立跨部门征收协调机制，确保划转工作顺利推进。1月10日，遂溪县开出国有土地使用权出让收入划转税务征收后第一张中央非税收入统一票据，标志着国有土地使用权出让收入划转工作在遂溪平稳落地。

【税银互联协办】 2022年，遂溪县税务局与广东遂溪农村商业银行股份有限公司签订涉税费服务合作协议，启用辖区内6个基层镇银行营业网点作为镇税费业务服务点，首批委托近80项常见涉税费业务，在湛江市税务系统率先实现“税银互联协办”全覆

2022 年 4 月 29 日，遂溪县税务局与广东遂溪农村商业银行股份有限公司签订涉税费服务合作协议 （梁志煜 / 摄）

盖，拓展镇纳税人办理税费业务途径。

【纳税服务】 2022 年，遂溪县税务局建立重点企业“一企一策”工作方案，配备专职联络员，聚焦企业上市筹备、上市申报等重要节点，为上市企业“一对一”制定税收优惠套餐手册，“点对点”开展阶段性的培训辅导，研讨涉税风险应对方案，提振企业发展信心。与社保、医保等职能部门推动“一厅联办、三厅共建”，在遂溪县社保大厅设立“税务专窗”，实现社保缴费业务和经办业务进一家门“都能办”。

（县税务局）

金融监督管理

【概况】 2022 年，中国人民银行遂溪县支行组织召开经济金融运行分析座谈会，开展约见谈话、现场走访，传达稳健货币政策取向，加大金融扶持涉农、中小微企业发展力度及推进重点项目建设，优化金融营商环境，形成政银共谋共发展互动氛围，实施稳健货币政策，被评为 2021 年度中国人民银行湛江市中心支行五四红旗团支部、遂溪县 2022 年度平安建设（综治工作）先进单位。

【金融服务】 2022 年，中国人民银行遂溪县支行引导金融机构加大对中小企业、民营企业和“三农”（农业、农村、农民）信贷投入，助力复工复产。落实助企纾困政策，制定《遂溪县金融支持受疫情影响企业纾困和经济稳增长若干措施》，创新“数字政府 + 金融科技”模式，推广“粤信融”、中征应收账款、广东省中小企业融资平台的应用，拓宽企业融资渠道，将深化大数据应用作为推动数字金融发展的重要驱动力，累计注册“粤信融”账户 1436 户，全年发生融资额 2.86 亿元。指导督促辖内金融机构改进农村金融基础设施，创新惠农、扶贫特色信贷产品，继续推进妇女创业担保贷款项目，辐射带动 9000 多户家庭、4 万多人次的妇女创业就业。继续推进整村授信项目，扶持农村农业发展，助力乡村振兴，遂溪农商银行在全县建档农户 6.32 万户。助推企业上市，上报市级 8 家企业。继续强化涉政涉公不良贷款清收工作，完成防范非法集资各项任务。

【国库管理】 2022 年，中国人民银行遂溪县支行提升国库监督管理与服务效能，建立新增财政资金收支台账、增值税留抵退税异常情况统计明细表台账，继续监督新增财政资金及增值税留抵退税资金情况，加强对财政支出柜面监督。做好电子退库、电子更正、电子免抵调业务无纸化工作，配合做好收入 TIBS（国库信息管理系统）系统生产环境上线工作，实现非税收入电子化入库。加强与税务部门沟通协作，确保个人所得税年度汇算退税工作顺利进行，全年办理个人所得税年度汇算退税 1.75 万笔，金额 772 万元，让纳税人享受个人所得税改革红利。国债发行期间 3 次巡查银行网点，被巡查网点 15 个，发现问题网点 5 个，做好储蓄国债（电子式）发行工作，推动国债销售下沉至镇。

【支付结算管理】 2022年，中国人民银行遂溪县支行深化支付结算便民服务，助力消费提质扩容。改进农村金融基础设施，提升普惠金融覆盖率。召开遂溪县移动支付示范镇工作座谈会，组织辖区各银行机构在界炮镇、洋青镇开展2022年广东省移动支付示范镇建设，发挥挂牌认定的“广东省移动支付示范镇”遂城镇（原）、城月镇、杨柑镇、北坡镇示范引领作用，设立金融服务支付服务点，发行“乡村振兴主题卡”，因地制宜加大“移动支付+”便民场景建设，推动移动支付便民工程，推进建成精品示范镇，引导6个示范镇约1700家商户加入，让示范镇居民享受云闪付惠民服务。指导银行机构做好线上线下支付服务费减费让利等惠企利民政策宣传，开展企业账户和个人账户服务现场督导及暗访，检查督促银行落实《优化营商环境条例》、22条负面清单的小微企业账户服务规定、支付服务费降费让利等情况，实现暗访银行网点全覆盖。规范办理银行结算账户业务，办结人民币结算账户行政许可1208户。

【征信服务管理】 2022年，中国人民银行遂溪县支行推进农村地区信用体系建设，遂溪县首个企业信用报告自助查询代理点入驻广东遂溪农村商业银行，建成北坡个人征信查询代理点。加强遂溪县征信中心窗口服务，开展“征信服务示范窗口”创建活动，更新制度上墙，完善便民设施，办理信用报告查询1.73万笔。定期对全县银行机构开展征信合规与信息安全管理自查自纠，做到发现问题立即整改，防范风险漏洞。完成对遂溪农商行启达代理网点开展现场巡查4次，对中国邮政储蓄银行遂溪支行代理网点开展现场巡查4次，未发现异常情况。提升企业“用信”便利，推广“粤信融”、中征应收账款平台，拓宽企业融资平台和渠道。

【平安金融建设】 2022年，中国人民银行遂溪县支行关注辖区金融风险，加强存款准备金管理，贯彻重大事项及重要信息报告制度，继续关注地方法人机构经营管理风险，开展2022年度央行评级及资产质量真实性专项现场核查，开展流动性压力测试和偿付能力敏感性压力测试，促进金融机构稳健经营，维护地方金融稳定。推进打击电信诈骗暨“全民反诈”专项行动，制定《遂溪县金融系统打击电信诈骗工作方案》，成立打击治理电信诈骗专项行动领导小组，联合公安加大金融监管和整治力度，实现扫黑除恶常态化。金融机构配合公安机关等职能部门查冻扣涉及宗数917宗，涉及金额7901.66万元。其中，冻结涉黑涉恶资金1宗，涉及账户1个，金额100万元。

【存款保险管理】 2022年，中国人民银行遂溪县支行组织开展银行网点存款保险标识启用现场巡查督导，抽查辖区银行县城及镇网点10个，其中镇网点1家、县城网点9家，覆盖全辖所有银行机构，继续做好存款保险标识牌启用及管理、人员培训、存款保险宣传及舆情监测等工作，维护地方金融平稳。

【人民币收付管理】 2022年，中国人民银行遂溪县支行加强人民币收付业务监督与管理，督促辖区银行机构开展人民币收付日常业务检查工作，保障疫情防控期间现金卫生消毒安全和供应服务。维护人民币流通秩序，召开遂溪县2022年反假货币工作联席会议，督促各银行机构主动履行成员单位职责，规范银行网点假币收缴、鉴定操作行为，全年收缴假币约2700张，面额约23万元。继续对各银行网点开展小面额人民币供应服务暗访，对2021年存在小面额供应不足的银行网点进行“回头看”。

【遂溪县2022年反假货币工作联席会议】 2022年6月22日，中国人民银行遂溪支行组织召开遂溪县2022年反假货币工作联席会议。县金融局、县公安局相关派出所负责人及各银行业金融机构分管行领导、反假专干等20多人参加。会议通报遂溪上半年假币收缴情况、反假货币工作开展情况，分析反假货币工作形势及存在的问题、原因，进行工作部署。

【“反诈菜市”金融宣传活动】 2022年7月7日，中国人民银行遂溪县支行联合遂溪县反诈中心、中国农业银行遂溪县支行，在遂溪县新中心市场开展“反诈菜市”金融宣传活动。志愿者在菜市场摊位挂上“龙虾对虾基围虾，涉诈违法别抓瞎”“菠菜韭菜大白菜，不会防诈没人爱”等顺口溜标语宣传画，向菜市场商户派发宣传折页，用方言解释各种“电诈”（电信诈骗）陷阱，讲解保护个人身份证信息、银行账户（银行卡）、收款二维码等知识。宣传当日，共向50个摊位投放“反诈”卡通图标50个，布设宣传标语和悬挂横幅10多条，发放宣传折页300多份，摊贩放环保袋、小扇子等“反诈”小礼品200多份；接受咨询约50人次，覆盖人群1000多人。

【遂溪县涉诈银行卡突出问题整治工作推进会】 2022年7月8日，中国人民银行遂溪县支行组织召开遂溪县涉诈银行卡突出问题整治工作推进会。遂溪各银行机构主要负责人和部门负责人参加会议。会议通报2022年遂溪县涉诈银行卡的情况。中国农业银行遂溪县支行和中国邮政储蓄银行遂溪县支行作表态发言。

2022年7月7日，中国人民银行遂溪县支行联合遂溪县反诈中心、中国农业银行遂溪县支行，在遂溪县新中心市场开展“反诈菜市”金融宣传活动 （县人民银行/供图）

国有资产监督管理

【概况】 2022年，遂溪县国有资产经营公司依据国家产业政策及深化国有企业改革精神和地方政府的经济发展战略，盘活国有存量资产，优化国有资产配置，确保国有资产安全与增值。截至年底，公司接管遂溪县国有（集体）企业117家，管辖职工1.4万人。

【“僵尸企业”出清重组】 2022年，遂溪县国有资产经营公司推进8家“僵尸企业”（丧失自我发展能力，必须依赖非市场因素即政府补贴或银行续贷来维持生存的企业）的司法出清，其中实施民事破产3家、强制清算5家。配合相关会计师事务所到县糖烟酒公司等破产企业开展清产核资，为破产和清算夯实基础。通过注销营业执照完成“僵尸企业”出清企业50家，申请县政府将注销营业执照的50家“僵尸企业”资产移交给该公司接管，确保国有资产有主体承接及保值、增值和不流失。县政府召开常务会议，要求由县国资委办牵头县法院、县财政局、县自然资源局、县税务局、县国资公司等部门配合，厘清工商注销的县属

"僵尸企业"债权债务，依法依规推进工商注销的县属国有"僵尸企业"资产处置工作。

【国资国企管理】 2022年，遂溪县国有资产经营公司根据"管人、管事和管资产"相结合原则，推进县跃进砖厂、县药材公司、县人民印刷厂等权属企业破产后续工作，将结案后没有处置的资产移交县国资公司接管，确保国有资产保值、增值。

【"三旧"改造】 2022年，遂溪县国有资产经营公司引导完成出清任务的"僵尸企业"通过"三旧"（旧城镇、旧厂房、旧村庄）改造实现资产变现安置职工。县江洪水产供销公司、港门水产供销公司、县港门药店、县界炮农具厂和县洋青农具厂5家企业的"三旧"改造工作加快推进，落实职工签名同意安置方案和"三旧"改造方案。县城月汽车运输公司、县城月模压家具厂2家企业"三旧"改造工作与职工协商安置方案，县渔船修造厂职工危房拆迁完成部分工作。

【棚户区改造房安置】 2022年，原遂溪县新桥糖厂和原县氮肥厂属于棚户改造重点安置对象。由于住房登记，涉及人员比较多，需要安置对象多，部分居住危房住户又不同意申请安置到棚户改造房居住，原新桥糖厂和原县氮肥厂还有20户居住在平房中的职工尚未同意申请安置棚改房。

【土地收储】 2022年，遂溪县自然资源局拟收回县跃进砖厂、县渔船修造厂、北坡农具厂、城月模压家具厂和界炮农具厂等权属企业土地，县国有资产经营公司配合，盘活利用，安置职工。

（钟湖源、蔡　珂）

审计

【概况】 2022年，遂溪县审计局完成审计项目8个，查出有问题资金8.95亿元，其中管理不规范金额8.94亿元，违规金额100.16万元；依法作出审计处理金额3055.61万元；促进整改落实资金1.93亿元，其中上缴财政资金133.39万元，归还原渠道资金1924.33万元，调账处理金额1.73亿元；提出审计建议15条，审计建议被采纳15条。

【政策跟踪审计】 2022年，遂溪县审计局加强对中央及省重大政策措施落实情况跟踪审计，完成中央直达资金审计、2022年中央及省重大政策措施落实情况跟踪审计、遂溪县优化营商环境政策落实情况审计等3个政策跟踪审计项目专题审计，客观反映全县政策落实实际效果，促进政策措施完善。

【财政审计】 2022年，遂溪县审计局强化对政府"四本账"（现金日记账、银行存款日记账、明细分类账、总分类账）全口径监督，集中反映本级预算和财政专项资金整体情况；从体制、机制和制度出发，提出严格控制一般性支出、从严从紧编制预算等合理化建议，推动全面实施预算绩效管理，推动积极财政政策加力提效，开展2021年度本级财政预算执行、决算草案和其他财政收支情况审计、2021年部门预算执行和其他财政收支情况审计，规范资金管理。

【经济责任审计】 2022年，遂溪县审计局完成县旅游投资有限公司原党支部书记、原总经理邓雄东任期履行经济责任情况审计项目，促进领导干部依法行政和履职尽责。

【公共投资审计】 2022年，遂溪县审计局对县污水处理厂提标改造项目进行专项审计，重点关注公共资金、公共资产、公共服务公平合理分配，监督检查政策执行、预算安排、资金拨付使用、项目实施和内部管理等情况，反映发展运营中的突出矛盾和风险隐患。

【审计整改】 2022年，遂溪县审计局完善审计整改制度，加强对审计整改的监督常态化。6月，县人民代表大会常务委员会听取和审议2021年度审计查出突出问题整改情况报告，县人民代表大会和审计着力"治已病、防未病”联合督促整改机制初步建立，2021年审计查出问题整改率95%。

【审计监督职责履行】 2022年，遂溪县审计局抓好中央、省、市、县政策落实跟踪审计，助力各项政策落实、项目落地。围绕加强对县域经济运行监督和风险提示，开展县级预算执行和其他财政收支情况审计；围绕加强公共资产管理，开展公共投资、国有企业财务运营审计；围绕干部权责监督，开展领导干部经济责任审计，强化领导干部任期自然资源管理审计；强化审计整改监督，初步建立联合督促整改机制。

（黄晓玲）

统计

【概况】 2022年，遂溪县统计局统计监测、统计改革、统计基础建设等工作成效明显。全县主要经济指标均实现正增长，全县地区生产总值426.61亿元，比上年增长2.2%，增速居全市第二名；地方一般公共预算收入10.46亿元，增长12.4%，增长20.5个百分点，位居全市第二名；规模以上工业增加值29.68亿元，增长0.7%；固定资产投资105.61亿元，增长7.2%；社会消费品零售总额144.53亿元，增长2.3%；农村居民收入增幅快于城镇居民，全县居民人均可支配收入25101元，增长4.6%，跑赢地区生产总值和消费增速。是年，省人力资源和社会保障厅、省统计局授予遂溪县统计局“广东统计系统先进集体”称号。

【统计改革创新】 2022年，遂溪县统计局首次建立统计员变动审批报备制度。全县16个镇（街道）配备43名统计员，349个行政村配备1047名统计员，壮大和稳定基层统计员队伍。首次落实统计服务团队制度。督促镇（街道）落实湛江市企业统计联络制度，建立72支队伍挂点联系301家企业（项目），年内开展业务指导214家次，解决问题49个。首次开展基层统计“7个一”［打造一支有信仰有担当的高素质基层统计队伍，健全完善一个科学规范的基层统计管理体系，落实一揽子基层统计数据质量管理工作举措，构建一个完备的基层统计工作保障机制，紧扣一个基层统计创新发展主题，建立一套乡镇（街道）统计规范化标准，坚守一方基层统计求真求实净土］规范化建设。加强对镇（街道）源头统计数据质量把控，强化镇（街道）管理职责、细化镇（街道）管理流程，健全镇（街道）统计数据质量全流程质量控制制度，督促镇（街道）和企业规范做好统计台账和原始凭证资料，确保数出有据、数出有源。

【统计法治建设】 2022年，遂溪县统计局推动镇（街道）和相关部门建立健全防范和惩治统计造假弄虚作假责任制，落实领导干部违规干预统计工作记录制度，按季如实填报《领导干部违规干预统计工作记录台账》，保障统计机构和统计人员依法独立行使统计调查、统计报告、统计监督职权。组织开展统计“双随机”（随机抽取检查对象、随机选派执法检查人员）监督检查。推动各级党委政府领导班子通过常务委员会、政府常务会等形式，对统计法律法规和相关文件精神进行专题学习。全年县级和各镇（街道）共学习109次。《中华人民共和国统计法》纳入县委党校培训必修课并建立长效机制进行培训全覆盖，县统计局主要领导多次为党校学员开展统计法律法规宣传和统计业务知识辅导。结合“12·4”国家宪法日、中国统计开放日等节点，向社会宣传统计法律法规和相关统计业务知识。

【统计指导】 2022年，遂溪县统计局与县住房和城乡建设局、县农业农村局、县科工贸和信息化局等部门联合召开各自主管行业的统计法律法规和业务培训，组织专题培训12场，累计培训1233人次，每季度对301家网报单位负责统计工作领导和统计员开展“面对面”“一对一”业务培训，降低填报错误率。

（童永义）

市场监督管理

【概况】 2022年，遂溪县实有各类市场主体3.99万户，比上年增长30.27%；注册资本（金）604.7亿元，增长2.05%。实有各类企业6320户，比上年增长15.67%；注册资本（金）570.26亿元，增长4.29%。个体工商户3.3万户，比上年增长37.25%；资金数额25.02亿元，增长60.3%。农民专业合作社533户，增长6.39%；注册资本9.42亿元，增长12.1%。全年新增市场主体数1.15万户。其中，新设立登记各类企业990户，比上年下降1.2%；农民专业合作社57户，增长46.15%；个体工商户1.04万户，增长1.85倍；新增个体工商户升级企业115户，超额完成市下达目标任务的115%。

是年，遂溪县市场监督管理局提升市场监管治理现代化水平，连续3年县（市、区）质量工作考核A级，获评全省个私协会系统2022年度先进单位，获评市级消费维权先进集体及放心消费创建优秀单位，获评市级“个转企”工作、省市民生实事农贸市场升级改造工作、进口冷链食品监管工作表现突出单位，获评“我为群众办实事”县文明示范单位、县标杆窗口、2022年度平安建设考评结果优秀等次。

【市场领域营商环境优化】 2022年，遂溪县市场监督管理局将原3个企业开办“一窗通办”窗口调整为5个，整合“照、章、票、金、保”5个事项“一网一窗一表单一个环节”办理，为新开办企业免费提供一套5枚印章，实现5家银行预开户，企业开办“零成本”0.5天办结；推进“证照分离”改革，涉企许可事项78项，推进100平方米以下食品许可与登记注册“联办”，扩大“企业开办+N项服务”覆盖面，通过名称自主申报、经营范围标准化、住所自主申报承诺制、自动生成章程等举措，实现自主申报、自行承诺、自动“秒批”；推广运用“企业开办一网通”“企业开办自助服务平台”“粤商通”“一体机”，实现商事主体登记注册“零见面”办理，开办网办率从上年的31.97%提升至86.47%，增长率54.5%，其中企业开办网办率99.9%。

【市场主体挖潜培育】 2022年，遂溪县市场监督管理局推进市场主体挖潜培育百日攻坚行动，制定《遂溪县市场主体挖潜培育百日攻坚行动方案》和专班方案，通过涵养潜力资源、提升服务质效、集聚要素扶持、查无综合治理等系列措施，从11月29日至12月31日，全县累计新增市场主体1.06万户，工作进度完成率58.5%，实有市场主体4.33万户。提前超额完成2022年“个转企”115户，完成市下达指标115%，其中有限公司82户，个人独资33户，有限公司占71.3%。

【“全国个体工商户服务月”活动】 2022年，遂溪县市场监督管理局联合县个私协会围绕首届“全国个体工商户服务月”活动落实落细稳住经济一揽子政策，开展送政策问需求、送服务解难题、送培训促提升“三送”活动。建立法律援助机构送法下乡

2022年，遂溪县市场监督管理局扩大“企业开办+N项服务”，优化营商环境，实现企业开办“零成本”0.5天办结

（县市场监督管理局/供图）

进企业，提供法律服务56人次，“问情服务”为商户挽回经济损失16.8万元；推行市场主体歇业备案制度、包容审慎监管；做好减免租、低利率贷款协调工作，减免租金17.3万元；举办银商对接金融服务座谈会和银商对接洽谈会9期，参加人员510多人，融资金额6700万元；举办电商抖音直播培训班13期，地理标志产品培育、运用和保护培训班等助力市场主体适应新形势、新机遇，激发市场内生动力。

【信用监管】 2022年，遂溪县市场监督管理局推动企业年报工作，企业年报率98.67%，居全市第一名；牵头推进全县“双随机、一公开”（在监管过程中随机抽取检查对象、随机选派执法检查人员，抽查情况及查处结果及时向社会公开）监管，实现“双随机、一公开”监管与企业信用风险分级分类结合常态化，内部抽查计划34条，跨部门联合抽查计划14条，市场监管领域抽查14批次366户；强化失信惩戒，鼓励信用修复，3650户市场主体列出经营异常名录，66户企业被列入严重违法失信企业名单，518户市场主体改正违规行为修复信用记录；开展市场主体信用承诺实践、诚信经营实践等诚信文化活动，开展集贸市场、加油站、眼镜制配店、液化气充装站等行业的诚信计量工作，签订承诺书98家。

【市场领域疫情防控】 2022年，遂溪县农贸市场和进口冷链食品疫情防控工作专班，在湛江新冠疫情中，通过“晨查+午查+夜巡”“5+2”“常态检查+专项整治+错时监管”压实“四方”责任（属地责任、部门责任、单位责任、个人责任），落实“四早”（早发现、早报告、早诊断、早隔离）要求，每周全覆盖检测任务完成率100%，贮存进口冷冻食品的冷库上报率100%，“互联网+冷库”进口冷库完成进度100%，重点场所（市场商超、餐饮单位、冷链冷库）和重点环节（核酸检测，扫场所码、暂停堂食）检查覆盖率100%，未发生进口冷链食品疫情“由物传人”情况。哨点监测工作专班采取“下沉联动、网格管理、清单管理、责任到人”的工作模式，督促辖区内药店落实戴口罩、“三查验”、扫场所码、仔细查看购药人员行程卡等工作，落实购买目录药品的信息登记报告和就诊指引工作，采用现场边发放边指导培训的方式，将2万人份新冠抗原检测试剂免费发放至县城127家药店投入使用。317家零售药店上报顾客购买目录内药品信息，购买目录内药品人员8.49万人，上报“广东省智慧药监系统”信息19.37万条，发现“黄码”人员168人、“红码”人员2人。

【农贸市场改造建设】 2022年，遂溪县市场监督管理局牵头推进省民生实事的6家农贸市场升级改造任务、市民生实事升级改造的8家农贸市场，包括河头市场、乌塘市场、港门市场、洋青市场、界炮市场、黄略南亭市场，草潭市场、下六市场，总体改造面积3.15万平方米，投入驻镇帮镇扶村资金及自筹改造资金1963万元。

2022年11月27日，遂溪县市场监督管理局将新冠抗原检测试剂免费发放至县城药店“哨点”，开展抗原检测现场培训讲解

（县市场监督管理局/供图）

【市场秩序规范】 2022年，遂溪县市场监督管理局开展“春风利剑”、“双减”（减轻作业负担、减轻校外培训负担）、民生领域“铁拳”行动、假冒伪劣、反不正当竞争、广告、传销、电线电缆等工业产品质量、校园农村食品安全等各类专项整治行动，推进扫黑除恶、扫黄打非、禁毒等综合治理常态化，查办各类违法案件824件，罚没736.16万元。其中“护农”春耕行动抽检化肥经营企业42家66批次，立案查处72件，罚没80多万元；组建减费降负专项执法小组，针对群众反响强烈的物业收费与公立医疗机构收费等领域价格监管，查办价格违法案件19件，罚没138.33万元，多收的62万元物业款项由物业公司退还业主。

【“双打”行动】 2022年，遂溪县开展联合打假行动，出动执法人员2万多人次，查处侵权假冒案件212件，涉案货值4850多万元。其中5万元以上涉假大要案32件，市场监管领域商标侵权案件3件，罚没7.74万元，制售假冒伪劣案件129件，罚没219.48万元。集中销毁一批假冒伪劣产品，主要包括食品、药品、肥料等品种54个，总值8万多元。

【“3·15”国际消费者权益日系列活动】 2022年，遂溪县市场监督管理局围绕“共促消费公平”主题，采取“线上+线下”相结合的方式，从舆论宣传、教育引导、监督指导、畅通维权渠道等方面，组织开展“3·15”国际消费者权益日系列活动。线上邀请遂溪县副县长窦兴伟在电视上进行动员讲话宣传。3月11—17日，在户外LED（发光二极管）屏和遂溪县电视台每晚播放县新闻后进行循环轮播；线下通过现场派发宣传资料1000多份、解答消费热点难点问题、设置假冒伪劣产品展示台、编印遂溪县消费维权十大案例、法律有奖竞答、文艺演出等形式，提高消费者维权意识。

【放心消费单位创建】 2022年，遂溪县市场监督管理局开展放心消费单位创建活动，创建放心消费单位933家，“线下无理由退货承诺”承诺单位152家、建立消费维权服务站19个，营造“五个放心”（消费安全放心、质量放心、环境放心、服务放心、维权放心）消费环境。健全“接诉即办”工作机制，受理各类投诉、举报、咨询2029宗，为消费者挽回经济损失35.55万元。发挥诚信社会效能作用，获2022年度“十佳诚信单位”10户，2022年度县“百佳诚信经营示范店”商家100户，其中10户商家被湛江市个体劳动者私营企业协会评为“诚信经营示范店”。

【“守底线、查隐患、保安全”专项行动】 2022年，遂溪县市场监督管理局制定《食品安全“守底线、查隐患、保安全”专项行动工作实施方案》，“以点到面”开展整治。开展全领域食品安全风险分级管理，A级3172家，B级257家，C级155家，D级359家。开展“查餐厅”行动、食品生产企业规范提升和食品小作坊整治提升行动、农村假冒伪劣食品整治、市场销售生猪产品质量检查、“三无”（无生产日期、无质量合格证、无生产厂家）变质食品专项整治等，检查覆盖率97.6%，发现风险问题数121个，立案查处240件，罚没入库145.49万元，其中开展校园食品安全守护行动、校园及周边食品安全专项检查，通过“线上+线下”培训、“互联网+明厨亮灶+监管”、校园“食育”基地、快检进校园常态化、综合专项治理等织密学校食品安全“防护网”，线上巡查483家次，发出整改意见书33份，立案6件。

【食品安全抽检快检】 2022年，遂溪县市场监督管理局制定“监督抽检+快速检测”相结合的风险监测方式，完成食品安全监督抽检任务3858批次，完成率100.2%，其中不合格率3.86%；开展“你送我检”活动7次，检测食品301批次，检测结果全为阴性，未发现不合格食品；民生实事快检蔬菜和水产品4.55万批次，合格率98.75%，筛查发现和销毁568批次657.85千克的快检不合格食用农产品。

2022 年 1 月 29 日，遂溪县市场监督管理局开展春节前食品安全检查

（县市场监督管理局 / 供图）

【药品、医疗器械、化妆品安全监管】 2022 年，遂溪县市场监督管理局完成药品、医疗器械、化妆品监督抽检 28 批次，完成率 100%；药品、医疗器械、化妆品药品不良反应分别是药品 1086 例、医疗器械 412 例、化妆品 76 例，完成率 132%、114%、103%。结合新冠疫情防控、日常及专项检查，对 320 家零售药店开展全覆盖监督检查 2836 家次，责令限期整改 94 家、停业整顿 6 家，开展药品安全专项整治、医疗器械质量安全风险隐患排查整治、化妆品“净网清源”等专项行动，立案查处 80 件，罚没 62.13 万元。

【特种设备安全监管】 2022 年，遂溪县市场监督管理局继续落实市场监管领域安全生产专项整治三年行动计划，开展气瓶、锅炉、电梯、游乐设施等各类特种设备专项整治，检查特种设备 2691 台（套），下达特种设备安全监察指令书 104 份，发现隐患 104 项，立案 35 件，罚没 112.95 万元，利用“安全生产月”和“安全生产南粤行”，组织开展特种设备安全宣传培训及普法活动 5 次。

【燃气安全“百日行动”】 2022 年，遂溪县市场监督管理局推进燃气安全“百日行动”，全县 1569 家餐饮服务全部安装可燃气体报警装置，安装率 100%。开展城镇燃气安全排查，打击使用超期未检设备、充装“黑气瓶”等违法违规行为，立案 11 件，罚没款 55.25 万元，查处超期未检气瓶 164 只，充装黑气瓶问题发生率下降。

【产品质量安全监管】 2022 年，遂溪县市场监督管理局对获工业产品生产许可证和强制性认证的企业进行全覆盖检查，督促获证企业开展风险隐患自查，自查率 100%；突出运用“靶向式”监督抽检，以油品、化肥为重点，加强产品质量监督抽查，“护农”行动抽检化肥经营企业 42 家 66 批次；聚焦 3C 认证目录内重点产品、社会关注的民生消费品、地方特色行业集聚类产品，开展农资化肥、燃气产品、摩托车电动自行车整治、烟花爆竹、危险化学品、电器产品等质量安全专项行动，立案 15 件，罚没入库 60.08 万元。

（宋远静、沈少伟）

物价管理

【概况】 2022 年，遂溪县发展和改革局形成《遂溪县农业水价综合改革大中型灌区水价实施方案（征求意见稿）》，调整农业水价综合改革部门间联席会议制度，明确各部门责任，完善方案和机制。超额完成上级下达遂溪县 2022 年农业水价综合改革计划改革实施面积目标任务。严格开展价格调控及价格监测。做好新旧定价目录衔接工作。落实收费政策，深化收费改革。做好遂溪孔子文化城生态停车场机动车停放服务收费标准的批复，调整遂溪华润燃气有限公司非居民用管道天然气销售价格。联合相关单位开展水电气领域涉企违规收费专项整治。开展垃圾处理收费、农业及农村用水价格管理、农副产品成本调查等有关调研工作。

【农业水价综合改革】 2022年，遂溪县发展和改革局继续做好农业水价综合改革工作。经对遂溪县大中型灌区农业水价成本测算，形成《遂溪县农业水价综合改革大中型灌区水价实施方案（征求意见稿）》，通过OA系统和政府公众网等形式征求县财政局、县水务局、县农业农村局和各镇（街道）及社会公众的意见建议，截至12月2日，未收到相关单位和社会公众的意见建议，该价格方案将依法定程序组织实施。召开部门间联席会议制度2次，调整农业水价综合改革部门间联席会议制度，明确各部门责任，完善方案和机制。上级下达遂溪县2022年农业水价综合改革计划改革实施面积6833.3公顷，其中大中型灌区灌溉面积5166.7公顷，其他灌区灌溉面积800公顷，超额完成任务，其中雷州青年运河遂溪灌区面积4366.7公顷（大型灌区），牛牯海围灌区面积800公顷（中型灌区），小型灌区面积3133.3公顷。

【价格调控】 2022年，遂溪县发展和改革局通过6个价格监测定点单位，对82种“菜篮子”商品、农业生产资料等与居民生活生产相关商品价格和供求情况进行价格监测。报送“菜篮子”价格信息3.97万条，城乡居民食品零售价格信息2288条，农业生产资料价格信息648条，生猪、仔猪、母猪及饲料价格信息312条，劳动力市场价格信息36条。做好新旧定价目录衔接工作。经清理，《关于农村道路旅客运价的管理规定的通知》1份文件予以废止，落实收费政策，深化收费改革。做好遂溪孔子文化城生态停车场机动车停放服务收费标准的批复，调整遂溪华润燃气有限公司非居民用管道天然气销售价格，完善价格机制。联合县市监督管理局、县住房和城乡建设局等单位组成检查组对重点供水供气企业进行检查，开展水电气领域涉企违规收费专项整治。经检查及自查，遂溪县供水供气供电企业暂未发现乱收费现象。

【价格调研】 2022年，遂溪县发展和改革局开展垃圾处理收费、农业及农村用水价格管理、农副产品成本调查等有关调研工作。推进资源环境价格改革，完善收费政策。3月23日，遂溪县发展和改革局相关人员到北坡、杨柑、界炮等5个镇进行实地了解情况，开展农业及农村用水价格管理相关调研工作。遂溪县农村安全饮水工程供水价格实行村民自治，自行管理模式，做到“取之于民，用之于民”，暂未实行政府定价。收集农副产品成本，按照表格进行汇总、上报，完成农调上报工作。对遂溪县甘蔗（水稻）生产成本、农资购买情况、农户存售粮情况、疫情影响下的农村生产生活物资保障及价格情况进行调查。

【价格认定】 2022年，遂溪县发展和改革局配合县公安机关、县自然资源局等单位开展涉案物品价格认定，全年办理价格认定业务429宗，认定金额572.02万元。

（县发展和改革局）

2022年，遂溪县发展和改革局通过6个价格监测定点单位对“菜篮子”商品价格和供求情况进行巡查 （县发展和改革局/供图）

农业·农村

综述

【概况】 2022年，遂溪县完成农业产值118.73亿元，比上年增长4.5%；畜牧业产值48.14亿元，增长7%；渔业产值68.61亿元，增长6.1%。全年粮食作物播种面积4.86万公顷，比上年增长3.82%；甘蔗种植面积4.30万公顷，下降3.79%；油料作物种植面积1.49万公顷，增长2.18%；蔬菜种植面积2.92万公顷，增长5.64%，总产量103.33万吨，增长4.07%；花生种植面积1.47万公顷，增长2.34%，总产量6.28万吨，增长2.94%；水果种植面积1.5万公顷，增长10.33%，总产量48.49万吨，增长7.75%。全年猪牛羊禽肉产量13.59万吨，比上年增长15.05%。其中，猪肉产量8.13万吨，比上年增长12.3%；禽肉产量5.12万吨，增长20%；奶类产量0.71万吨，增长8.6%；禽蛋产量0.75万吨，下降6%。全年水产品产量35.62万吨，比上年增长1.09%。其中，海洋捕捞8.95万吨、比上年增长2.53%，淡水捕捞309吨、增长1.36倍，海水养殖24.89万吨，增长0.89%、淡水养殖1.75万吨，下降4.15%。

【现代农业发展】 2022年，遂溪县推进农业现代发展。保障粮食和重要农产品供给。全年粮食作物面积4.68万公顷，总产量25.92万吨，生猪存栏67.65万头，蔬菜、花生、水果种植面积和总产量比上年均有不同程度增长。强化耕地保护，提升耕地质量水平。对在农村乱占耕地建房问题月报中挂账的10宗新增农村乱占耕地建房问题整改到位。完成2020年度高标准农田面积2840公顷建设任务。全县存量撂荒耕地复耕复种率50.84%、连片1公顷以上可复耕撂荒耕地完成复耕复种。完成垦造水田项目立项工作，项目建设总面积57.78公顷，预算总投资6446.39万元。建设现代农业产业体系。火龙果、生猪省级现代产业园引领带动种养领域实现园区化，创建1家国家级、3家省级水产健康养殖和生态养殖示范区、1个省级特色农产品优势区、1个省级农业标准化示范区，获评省级水产健康养殖和生态养殖示范县，农牧渔三大领域形成亿元级特色优势农业产业带。新增“一村一品、一镇一业”项目14个、省级专业村镇5个，带动农户1750人、贫困户359人。推荐申报遂溪百越绿养休闲游路线，引导培育乡村红色旅游发展，推动下洋东征文化村景区建设。完成8个畜禽养殖标准化示范场创建任务和畜禽规模养殖比例任务，遂溪县生猪规模化率89%。上线“遂溪数字农村”微信小程序，探索推行乡村治理数字化管理模式。推进“遂溪火龙果大数据周报”数字农业建设。建设现代农业生产体系。完成省下达遂溪县种质资源保护和收集任务。全县推广主导品种49个、主推技术28项，主推技术到位率97.8%。水稻耕种收综合机械化率78.69%。启动首批“平安渔港”建设，申报2021年湛江市遂溪县江洪一级渔港升级改造项目。农产品“12221”市场体系建设成效明显，获广东荔枝“12221”市场体系建设“我为荔农办实事”优秀政务服务奖，在全国各地举办遂溪优质农产品推介活动11场次，举办中国（广东）香蕉网络文化节，建成广东遂溪县RCEP（区域全面经济伙伴关系协定）香蕉国际采购交易中心。逐步推进农产品质量安全网格化管理体系建设，加强动植物疫病防控，全县重大动物疫情和畜禽产品安全事故均“零”发生。建设现代农业经营体系。全县进行工商登记农民合作社458家，工商登记家庭农场100家。支持引导民宿产业发展，岭北镇螺岗小镇被评为首批省乡村民宿示范点。计划完成不少于29个田头小型仓储冷藏保鲜设施建设任务。全县建成县级物流服务中心1个、镇级物流服务站点15个（覆盖100%的镇）、村（社区）级物流服务点282个（覆盖80.8%的村），其中省定贫困村电商服务站（点）35个。建有2个物流仓储配送中心、1个邮政寄递配送中心，190个物流站（点）。完成年度生产托管服务面积8433.33公顷目标任务，服务小农户面积4666.67公顷。农业品牌创建成效明显，水产养殖领域新增1家“粤字号”，农产品领域新增3个“国字号”。推动扶贫产品与消费帮扶产品衔接，全县有消费帮扶产品43个。

【农业龙头企业申报】 2022年，遂溪县农业农村局开展2022年省重点农业龙头企业申报工作，对湛江尚方舟食品有限公司、正大食品（湛江）有限公司、湛江海和饲料有限公司3家企业的申报资料、现场进行核查，符合省重点农业龙头企业认定要求，指导上述3家企业将申报资料整理成册，并在系统填报相关资料，同时向市农业农村局推荐。开展2022年市级重点农业龙头企业申报工作，对湛江市铭景农业发展有限公司、遂溪广恒园林有限公司、湛江汇富海洋科技有限公司、湛江全源农业有限公司、广东海八水产科技有限公司、湛江市金丰农业技术开发有限公司、广东福东海药业有限公司、湛江市启程电子商务有限公司8家企业的申报资料、现场进行核查，符合市重点农业龙头企业认定要求，指导上述8家企业将申报资料整理成册，并在系统填报相关资料，同时向市农业农村局推荐。

【土地经营权流转】 2022年，遂溪县土地流转面积4.95万公顷，占全县耕地总面积的50.8%，涉及农户6.28万户。全县新增土地流转面积1559.73公顷，其中杨柑镇新增流转面积206.67公顷，草潭镇新增流转面积约170公顷，北坡镇新增流转面积118.87公顷，港门镇新增流转面积约140公顷，乌塘镇新增流转面积50.67公顷，河头镇新增流转面积213.33公顷。

【农业品牌建设】 2022年，遂溪县农业农村局为遂溪荔枝、遂溪金鲳鱼申报全国“名特优新”农产品称号成功。完成2021年度农产品产地冷藏保鲜设施建设，新增库容面积9000立方米，直接创造就业岗位数量1000个，间接创造就业岗位数量3000个，冷库运营带动农户数量500个，冷链农产品销售总额6000万元，建设主体农产品销售额9000万元。

【高效农业生产示范基地建设】 2022年，遂溪县推进城月镇石塘村稻—稻—薯高效生产示范基地建设。该基地占地面积53.33公顷；由广东粤良种业有限公司、黑龙江望奎县龙薯现代农民专业合作社联社、遂溪一亩田万禾农业科技有限公司共同建设。项目建设资金400万元，其中广东粤良种业有限公司财政资金140万元，黑龙江望奎县龙薯现代农民专业合作社联社财政资金160万元，遂溪一亩田万禾农业科技有限公司财政资金100万元。在遂溪县城月镇石塘村稻—稻—薯基地农田部署360度高清摄像头，利用土壤、环境传感器、虫情灯、气象站设备采集数据，将数据传输到数据中心，平台对相应数据进行存储、挖掘、分析、处理等大数据管理，达到对“稻—稻—薯”种植生产环境智能感知、智能预警、智能决策、智能分析等，管理人员可通过平台对农田进行日常管理。用户可通过手机 App 对农田进行远程监控和实时监管，实现农业数字化、精准化生产。在“一亩田”平台建设“薯稻通”微信小程序及网络主题页面，内容版块包括首页介绍、种养知识讲堂、每日行情、市场行情、线上产销对接、活动宣传、玩转直播间、放心农资、稻—稻—薯短视频等模块。

【智慧农业开发】 2022 年，遂溪县农业农村局加快普及“互联网 +”农技推广服务手段，鼓励专家、农技人员、特聘人员和服务主体使用“中国农技推广”信息平台和手机 App 在线开展业务培训、问题解答、互动交流等技术服务；引导农民群众利用信息平台获取服务信息。截至年底，全县 223 名农技人员进村入户指导农户 9016 次，“中国农技推广”App 线上咨询回答 4402 次。遂溪县出台乡村产业振兴指导意见，规划 26 个具备可行性的农业产业项目，其中草潭镇金鲳鱼，沿海区域番薯，岭北、城月、洋青镇等红土地的香蕉，界炮镇圣女果 7 个产业均具备产业链雏形。9 月 23 日，广东省庆祝 2022 年“中国农民丰收节”活动在线上举行，活动采取“1+N”（1 个主场加 N 个分场）方式，连线多个地区同庆丰收，乌塘镇在主题直播活动中推介乌塘镇种植的南药产品，打响遂溪南药名气。

【设施农业示范项目建设】 2022 年，遂溪县农业农村局针对水稻、甘蔗、玉米等主要秸秆类型，在杨柑镇、城月镇、北坡镇分别建设水稻、甘蔗、玉米秸秆机械化离田示范点 3 个，建设秸秆还田示范区，推广高效还田模式。开展秸秆离田产业化应用，推动秸秆机械化离田和秸秆肥料化、饲料化、基料化、原料化等利用模式推广和集成，提高农作物秸秆综合利用率。

【农技培训】 2022 年，遂溪县依托县级农技推广服务驿站所在的湛江绿港现代农业有限公司，共同负责县级农技推广服务驿站日常管理工作，继续支持县级农技推广服务驿站开展活动。全年驿站开展农技培训 3 场，培训农技骨干、农业专家、种植大户 302 人次；开展直播销售农产品活动 12 场，场均人数 300 人，销售金额 50 多万元。培育由 45 名农村乡土专家组成的队伍。

【高标准农田建设】 2022 年，遂溪县高标准农田建设任务 2366.67 公顷，共 6 个项目，投资总额 7987.5 万元，全部开工建设。截至年底，完成建设任务的 51%。

【新型职业农民培育】 2022 年，遂溪县举办 2 期高素质农民培育培训班。来自全县 15 个镇的 139 名学员到遂溪、新会、番禺等地

2022 年 6 月 17 日，遂溪县举办 2021 年高素质农民培训班（第二期）。全县新型农业经营主体代表、能工巧匠、农村集体经济致富带头人及返乡创业者等 139 名学员到遂溪、新会、番禺等地的农业生产基地、电商实训基地进行观摩、经验交流和理论学习

（县农业农村局 / 供图）

的农业生产基地、电商实训基地进行观摩、交流和学习。全年县基层农技推广体系改革与建设补助项目安排1.38万元用于农技人员学历提升教育。

【农产品质量安全监管】 2022年，遂溪县农业农村局完成省、市级农产品质量安全监测检测任务555批次，发现不合格样品6批次，总合格率98.91%。其中，监督抽查样品101批次；例行监测、风险监测、专项抽检454批次。县级农业农村部门开展农产品质量安全质量监测9031批次，发现不合格样品14批次，总合格率99.8%。其中，开展省对县涉农农产品质量安全定量监测1097批次，合格样品1095批次；县级种植业产品快速检测1200批次，合格样品1188批次；县级畜禽产品（生猪瘦肉精）快速检测6734批次，合格样品6734批次。全县农产品质量安全监测合格率在99.8%以上。有194家生产主体实行合格证管理，累计开具各类合格证3753张，总用证产品4.39万吨。

【农药经营管理】 2022年，遂溪县农业农村局核发农药经营许可证17个。检查农资店51家，调解农药投诉16起。

【农产品“12221”市场体系建设】 2022年，遂溪县继续开展农产品市场营销“12221”（“1”即一个大数据；“2”即“拓展销区市场，完善产区市场”两个市场；“2”即成立销售联盟，组织销区采购商队伍、培养产区经纪人队伍两支队伍；“2”即“采购商走进产地”“产品走进大市场”两场活动；“1”即实现一揽子目标）行动，举办“广东遂溪农业领域对接RCEP（区域全面经济伙伴关系协定）启动仪式暨特色农产品（千禧果、火龙果、番薯）网络文化节”，云推介遂溪特色农产品；推进湛川河谷荔枝“仙品荔”，举办“2022广东（遂溪）湛川河谷仙品荔云销会”，湛川600多公顷约3000吨荔枝全部售罄，平均价格8元；在中国农民丰收节期间，线上线下推介遂溪农产品，线上在乌塘镇推介南药等，线下参加湛江市主办的庆丰收活动，展示遂溪香蕉、遂溪火龙果等10多种遂溪特色农产品。在2022广东农产品“12221”市场体系建设工作推进会上，遂溪千禧果获广东农产品“12221”市场体系建设十大优秀案例奖。

（县农业农村局）

【广东遂溪农业领域对接RCEP启动仪式暨特色农产品、网络文化节】 2022年1月24日，在遂溪县界炮镇铭景千禧果基地举行，由遂溪县人民政府、湛江市农业农村局、广东省农业对外经济与农民合作促进中心（广东省农业展览馆）主办。活动现场，10个千禧果、番薯、火龙果、香蕉种植基地分别被授予“RCEP生产基地”。遂溪县人民政府与广东省农业科学院蚕业与农产品加工研究所达成加工合作。

（县农业农村局）

【新增创建南药省级现代农业产业园】 2022年6月2日，广东省农业农村厅发布省级现代农业产业园建设名单及相关情况，遂溪县南药产业园名列其中。遂溪县南药产业园规划范围位于遂溪县乌塘镇、城月镇、杨柑镇、洋青镇和遂城镇5个镇，土地面积886平方千米。产业园建设综合遂溪县资源、区位、基础等条件，结合全县经济发展第十四个五年规划纲要以及全县现代农业规划要求，确定以南药（广藿香、穿心莲、桑葚等）为主导产业。

种植业

【概况】 2022年，遂溪县农作物种植面积15.49万公顷。全年粮食作物播种面积4.86万公顷，总产量25.92万吨，比上年分别增长3.82%、5.02%，经济作物种植面积9.82万公顷，增长2.46%。

【水稻病虫害统防统治】 2022年，遂溪县实施晚稻统防统治面积5000公顷，通过项目示范带动，提升全县水稻统防统治覆盖率。项目实施区水稻病虫灾害损失率控制在5%以下。项目区农药使用量比上年下降10%，农药包装废弃物回收率100%。

【“一村一品、一镇一业”建设】 2022年，遂溪县农业农村局申报项目经专家评审、县农业农村局党组审核通过及公示后报县政府审批，年内申报的“一村一品、一镇一业”项目通过审批3个。

【耕地保护】 2022年，遂溪县加大撂荒耕地复耕复种资金投入和工作推动力度，完成连片1公顷以上撂荒耕地复耕复种面积1743.32公顷，累计投入资金1282.16万元，撂荒复耕任务完成率100%，超额完成市下达遂溪县连片1公顷以上撂荒耕地复耕复种任务。推进垦造水田工作。继续推进2021年度总面积57.78公顷的垦造水田项目建设。出售水田指标面积106.67公顷，累计获水田指标交易款6亿元。继续加大高标准农田建设力度。如期完成2021年面积3133.33公顷高标准农田建设任务（其中高效节水灌溉项目面积666.67公顷），推进2022年面积2366.67公顷高标准农田建设及全县“十四五”期间工程规划设计工作。累计建有高标准农田面积6.4万公顷、总投资额14.02亿元。继续开展农村乱占耕地建房问题排查整治。全县疑似新增农房问题图斑1388宗（涉及土地面积31.48公顷，其中耕地面积29.06公顷），其中496宗月报上报的问题图斑属于2022年重点整治任务（涉及土地面积11.52公顷，其中耕地面积11.04公顷），完成整治394宗。推进农田水利建设。推进官田水库灌区、罗马坛水库灌区、山内水库灌区3宗中型灌区续建配套与节水改造项目储备工作，并争取中央资金推动项目实施。

【耕地地力保护补贴】 2022年，遂溪县耕地地力保护补贴面积8.46万公顷，发放补贴金额1.09亿元，惠及农民15.57万户；发放中央下达实际种粮农民一次性补贴1923.38万元。

（县农业农村局）

【遂溪农场】 遂溪农场是1959年以安置广东省廉江市鹤地水库移民而组建从事农业生产的正科级单位。遂溪农场场部位于岭北圩内，土地主要分布在岭北镇境内，少数分布在遂城镇境内。总耕地面积331.72公顷，其中种植香蕉面积182.38公顷、火龙果面积36.93公顷、水田24.87公顷、甘蔗36.33公顷、蚕桑30.13公顷、其他种植物13.33公顷，主要以种植火龙果、甘蔗、香蕉为主。全场人口约2200人，513户。农场辖迈生中队、劳大中队、西塘中队、蚕队中队、三多塘中队、仲伙中队、下洋中队、潭畔洋中队、二甫中队、斑鸠中队等10个股级建制农业生产队。2022年，全场农作物总收入398.06万元。落实惠农项目，完成良种水稻早晚造补贴，改变生产模式，采取连片专业架构扩大对火龙果及香蕉等水果的种植面积。将迈生、三多塘、斑鸠、劳大、潭畔洋、西塘等中队部分土地，以每亩约1000元价格，短期租赁给承包户耕种农作物。做好榨季甘蔗砍收工作。完善合约租赁管理，保障风险农业收益，发展养殖业，提高经济收入。全场职工群众参加城乡居民医疗保险约1200人，8户困难低收入户享受城乡最低生活保障金，19人办理高龄津贴；完善各队道路基础设施及配套设施建设，统筹各队向县移民办申报项目，二甫中队和迈生中队环村路灯安装使用，仲伙中队环村硬底化水泥路和路灯纳入移民建设项目；申报下洋队饮水井及水管项目。化解二甫中队征地多次上访征地遗留问题，全年解决纠纷7宗。全场没有群体恶性事件发生。

（林华利）

【广东省广前糖业发展有限公司】 广东省广前糖业发展有限公司（以下简称广前公司）由国营前进农场和国营广丰糖厂于1994年11月合并而成。2013年9月，广前公司与广丰糖厂完成分离，名称沿用至今。是广东省重点农业龙头企业、国家甘蔗机械化生产试验基地之一、广东省雷州半岛现代农业示范核心区、广东农垦湛江垦区国家现代农业示范区的核心区。广前公司行政级别为正处级，下辖3个二级单位（广前名优水果公司、农科所、广进物业公司），14个生产作业区和

59个生产点，设6个部门和2个办事处。2022年，广前公司有土地总面积1.23万公顷，农业生产用地面积8733.34公顷，其中甘蔗主业种植面积3340.78公顷，香蕉种植面积2941.78公顷，火龙果种植面积1027.84公顷；有总人口1.72万人，在职职工1204人。全年实现营业收入3.94亿元，实现利润总额8641.8万元，比上年增加2344.7万元；实现经营性利润5931万元，增加431万元。国有在岗职工年平均纯收入5.98万元。

（广前公司）

畜牧业

【概况】 2022年，遂溪县猪牛羊禽肉产量13.59万吨，比上年增长15.05%。其中，猪肉产量8.13万吨，比上年增长12.3%；禽肉产量5.12万吨，增长20%；奶类产量0.71万吨，增长8.6%；禽蛋产量0.75万吨，下降6%。遂溪县畜禽规模养殖场备案信息录入915户，其中生猪场745户、牛场4户、羊场7户、鸡场117户、鸭场35户。

【非洲猪瘟防控】 2022年，遂溪县排查养殖场生猪410万头，屠宰场排查生猪22万头，检测样品1.6万份。全县没有发生非洲猪瘟异常现象。

【私屠滥宰违法行为打击】 2022年，遂溪县出动执法车辆23辆次、执法人员86人次，捣毁私宰窝点9处，无害化处理生猪产品3头。

【畜禽养殖废弃物综合利用】 2022年，遂溪县启动“区域粪污资源化利用与种养结合示范项目”，由湛江市正融农业专业合作社牵头，采取“合作社＋种植企业（大户）＋公司”运作模式，推进畜禽粪污及废弃物资源化利用。该项目有10个养殖场参与建设，其中10个完成管道铺设（7个养殖场完成全部配套设施建设）；挖建暂存池1.25万立方米，配套水泵和过滤系统17套、购置罐车5辆（其中施肥犁地一体机1辆）；正大公司13个规模养殖场在该项目处理体系中运作，将超100万吨废弃物进行资源化利用。该项目完成后，全县没有消纳池的养殖场粪污可纳入该体系处理，实现资源化利用。将遂溪河流域周边74个养殖场全部按种养结合模式纳入整县推进项目，全部完工并投入使用。

【畜禽无害化处理】 2022年，遂溪县农业农村局加强畜禽无害化处理，出动执法车辆5辆次、执法人员19人次，无害化处理生猪20头。

（县农业农村局）

林业

【概况】 2022年，遂溪县有林业用地面积5.17万公顷（含雷林、农垦等），森林面积4.69万公顷，森林总蓄积量283.65万立方米，活立木蓄积量278.05万立方米，森林覆盖率22.03%。

【林业执法】 2022年，遂溪县自然资源局开展森林督查整改工作，对2021年森林督查疑似违法图斑51个，办结销号51个，办结率100%。林地、林木共立案51件，结案51件；开展打击毁林专项行动，疑似违法图斑91个，办结销号91个，办结率100%。林地立案91件，结案91件。

【林业生态建设】 2022年，遂溪县完成生态造林和生态修复面积1140公顷。森林抚育项目地点选择在遂溪县城月、洋青、港门、乐民、建新5个镇，主要抚育措施是割灌锄草、松土、扩穴、追肥、培土和补植，项目全部建设完成。10个村庄完成年度乡村绿化美化工程建设任务。

【林木林地管理】 2022年，遂溪县自然资源局强化林木采伐管理。发放林木采伐许可证1821宗，采伐蓄积8.75万立方米，占限额的74.3%。强化林地保护管理，对每一宗征占用林地项目进行跟踪监管，检查是否存在少批多占、未批先占、异地占用等行为。全县依法办理使用林地23宗，面积71.78公顷，上缴植被恢复费1306.03万元，保障公益民生项目和生猪养殖项目使用林地指标。

【野生动植物保护】 2022年，遂溪县自然资源局利用县广播电视、县气象广播、短信等媒体不定时播放保护野生动物公益广告；组建宣传车上街下乡30多次，出动宣传人员200多人次，派发宣传单、倡议书2万多份，图片、小册子1万多本，张贴标语3000多张，禁止食用野生动物告示海报3000多张，悬挂横幅300多条，接待群众咨询4000多人次；县政府建立打击野生动植物非法贸易部门间联席会议制度，制定印发《遂溪县2022年保护野生动物“双百日”专项行动方案》，并与各镇政府签订《遂溪县野生动物保护目标责任书》。

【森林防火】 2022年，遂溪县自然资源局明确各级政府主要领导和相关部门责任。加强森林防火宣传，利用广播、电视、标语、短信、宣传车等多种形式，加强对《广东省森林防火条例》的宣传。组织宣传队伍、护林员开展进校园、进社区、进林区、进景区、进家庭“五进”宣传活动，派出宣传车30多辆次，发放宣传单6000多份、倡议书3000多张，张贴县人民政府《禁火通告》5000多张、海报3000多张，发放小册子1万份，在交通要道、重点林区悬挂宣传横幅700条，增设固定警示牌15个，累计72个，利用县电视广播、县气象广播等媒体在元旦、春节、清明节等节日和宣传月期间宣传。加强森林防火基础设施建设，在森林防火重要区域乌蛇岭顶建设蓄水池容量30立方米。

【森林检疫】 2022年，遂溪县林业有害生物监测面积23.28万公顷，实际监测面积23.28万公顷，监测覆盖率100%。全县有害生物发生面积386.67公顷，成灾面积为零，实施无公害防治面积346.67公顷，无公害防治率91.23%；实施种苗产地检疫面积374.1公顷，产地检疫率100%；办理调运检疫木材935立方米，苗木9201.21万株；全年签发出省及省内植物检疫证书1295份，其中出省951份、省内344份。

（县自然资源局）

渔业

【概况】 2022年，遂溪县10米等深线以内浅海滩涂面积7.93万公顷，其中滩涂面积1.04万公顷，浅海面积6.89万公顷；全县有水产养殖场（户）1973户（包含工商注册62个），其中海水养殖933户，淡水养殖1040户，总面积6993.24公顷，其中海水养殖面积5104.19公顷，淡水养殖面积1889.05公顷。

【油补与休渔渔民生产补助】 2022年，遂溪县2020年度海洋渔业资源养护补贴经县农业农村局审核完毕，进入待公示阶段，涉及渔船1468艘，补助资金2678.8万元。上级下达遂溪县2020年度海洋渔业资源养护补贴资金3591.31万元。遂溪县2021年度休（禁）渔渔民生产生活补助经县农业农村局审核完毕，进入待公示阶段，涉及渔船船员4275人，共补助资金897.75万元。上级下达遂溪县2021年度休（禁）渔渔民生产生活补助资金1020.6万元。

【“港长制”落实】 2022年，遂溪县7个沿海镇9个渔港均落实以镇长为港长的“港长制”，全县有网格员252个，将4876艘渔船（其中，在册渔船2030艘、乡镇船舶2846艘）划分成帮组1102个，每个帮组均有相对固定的网格员和帮组长管理，实现“定人联船”和“一船一跟帮”，落实进出港报告制度。通过“港长制”实施，防范和遏制各类渔业安全生产事故发生。

【深水网箱养殖】 2022年，遂溪县有规模较大的深水网箱养殖企业5家，建有深水网箱300多个，全县产量1万多吨，产值3亿多元。总投资2.2亿元的湛江市深海网箱养殖优势产区产业园项目完成建设，并通过市级验收，年产值2.68亿元，直接带动就业超500人，辐射带动上下游产业同步发展农户超2000户。有2家深海网箱企业申报中央渔业发展补助资金深远海设施装备建设项目，应补助资金1440万元。11月12日，举办金鲳鱼旅游文化节，打造遂溪县金鲳鱼发展新平台。

【对虾良种培育基地建设】 2022年，遂溪县加快推进投资1.3亿元、占地面积15.67公顷的海垦蓝淼科技超离子水养殖南美白对虾产业化示范基地和总投资2.07亿元的遂溪新海茂水产种业科技有限公司水产育种中心建设。

【省级水产健康养殖示范场创建】 2022年，遂溪县有2家企业通过2022年省级水产健康养殖示范区评审。此前，遂溪县获评为“广东省水产健康养殖和生态养殖示范县”，有2家企业分别获评为国家级、7家企业获评为省级水产健康养殖示范场，有3家公司获评为省级水产健康养殖和生态养殖示范区，有1家公司获评为国家级水产健康养殖和生态养殖示范区。

【渔船应急管理】 2022年，遂溪县农业农村局支持278万元用于草潭渔港公共基础设施建设，内容包括修复码头路面、下海台阶、渔港护岸栏杆及消防设施等。利用上级下达江洪渔港渔业防灾减灾应急指挥体系建设与维护项目资金78.7万元，在江洪渔港建设防灾减灾应急指挥系统，实时监控渔港渔船出海作业情况。

【水产品质量安全监管】 2022年，遂溪县农业农村局开展专项检查和专项执法行动16次，出动执法人员93人次，检查水产品生产企业35家次，检查个人养殖户5家次，抽取检测样品113批次，查处水产品质量违法案件3件，罚款6000元。

【渔业监督执法】 2022年，遂溪县农业农村局开展执法行动306次，出动执法船艇286艘次，执法人员2292人次；排查渔船2323艘次，检查渔港78个次，查获违法案件125件（电鱼案件4件，全部移交海警侦查），罚款60.34万元，其中查获涉渔“三无”（无船名船号、无船舶证书、无船籍港）船舶违法捕捞案件54件，没收集中拆解“三无”船舶37艘。

（县农业农村局）

农业机械化

【概况】 2022年，遂溪县农业机械总动力82.06万千瓦；拖拉机拥有量3672台，其中大中型拖拉机2216台，小型拖拉机1456台；配套农具7270套；水稻插秧机142台；水稻联合收割机493台。

【农业机械化发展】 2022年，遂溪县农业机械总动力82.06万千瓦，农作物综合机械化水平53.78%，其中机耕、机种和机收水平分别为99.85%、12.17%和33.97%；水稻耕种收综合机械化水平80.55%，比上年增长1.86%，其中机耕、机种和机收水平分别为99.98%、35.34%和99.85%。举办农机驾驶社会化培训班5期，培训128人。

【农机补贴】 2022年，广东省农业农村厅下达遂溪县中央财政农机购置补贴资金任务800万元。县农业农村局受理县内群众申请农机购置补贴818.33万元，补贴机具1543台（套），受益农户1150人。其中，申请购置新机补贴1538台，使用农机购置补贴资金811.88万元；申请报废农机补贴5台，使用补贴资金6.45万元。中央财政农机购置补贴资金使用比例102.29%。

（县农业农村局）

水务

【概况】 2022年，遂溪县全面提升遂溪县农村供水保障能力，建立完善“从源头到龙头”的农村供水工程体系和管理体系。制定《遂溪县水利工程防洪安全巡查制度（试行）》，开展全县水利工程汛前防汛安全准备和防汛安全检查，落实防汛工作“三个责任人”［由地方人民政府、水库主管部门、水库管理单位（产权所有者）相关负责人或具有相应履职能力的人员担任］制度，实施遂溪县农村饮水安全提升工程，推进“三同五化”（同标准、同质量、同服务，规模化发展、标准化建设、一体化管理、专业化运作、智慧化服务）建设，全年用水总量控制目标在4.8亿立方米内，清理水域面积3.05平方千米，清理河道长56.5千米，集中式饮用水源水质整体质量保持良好。

【集中式饮用水源】 2022年，遂溪县集中式饮用水源主要是以雷州青年运河为主。雷州青年运河遂溪县城饮用水取水水源水质符合《地表水环境质量标准》（GB 3838—2002）Ⅱ类标准，水质保持良好状态，达到水质保护目标。饮用水源地的定类项目为氨氮、总磷、高锰酸盐指数3个项目，其他24项监测项目均达到（GB 3838—2002）Ⅰ类水质标准。遂溪粤海水务有限公司2022年投入200万元，更新取水供水设备及进行厂区部分安全隐患整改，运行GIS（地理信息系统）系统，完善GIS系统配套功能，完善智慧化供水管网系统，实现制水供水全流程自动监视和控制，提升水质，实现水质检测和应急能力建设，推进城镇供水设施建设。全年集中式饮用水源水质整体质量保持良好，状态平稳。

【河长制全面推行】 2022年，遂溪县列入县级“河长制”管理的主要河流9条，分别是遂溪河、南渡河、雷州青年运河（遂溪段）、文车河、城月河、通明河、杨柑河、乐民河、江洪河。全年各级河长累计巡河1.45万人次，解决巡河发现问题389宗，办结公众投诉20条。继续开展“五清”（清污、清漂、清淤、清障、清违）、“清四乱”（清理整治河道治理范围内乱占、乱采、乱堆、乱建）专项行动，全年累计投入资金约600万元，清理水域面积3.05平方千米，清理河道长56.5千米，核实水利部疑似“四乱”（乱占、乱采、乱堆、乱建）问题70宗，取缔“四乱”问题4宗，基本实现河畅水清。投入90万元购买第三方服务，组建河道保洁队伍，保洁河流长200.14千米，实现河道保洁常态化。

【最严格水资源管理制度实施】 2022年，遂溪县全年用水总量控制目标在4.8亿立方米内，控制指标分解到全县16个镇（街道），纳入当地经济社会发展综合评价体系。开展规划水资源论证，依法审批取水许可，推进辖区内大中型灌区农业取水许可管理工作，保有电子证照量349宗（河道外取水346宗、河道内取水3宗），审批发放取水许可证290个，其中新审批发放取水许可证274个（265个是农村集中供水工程），变更审批发证10个，延续取水许可证6个。河道外全部取水许可审批取水量2亿立方米（其中地下水0.32亿立方米、地表水1.68亿立方米），河道内取水许可审批取水量2929.82万立方米，按规定注销审批证2个，完成水资源论证项目19个。强化取水管理工作，对3家取水单位开展专项检查，对发现问题限期整改，整改效果较好。开展关闭县城自备水源井工作，严格地下水管理，禁止非法取用地下水。提高用水效率，对纳入取水许可管理的或使用公共供水水量较大的用水户实行计划用水管理，抓好非常规水资源利用，对工业污水处理后回收利用，做到一水多次重复利用。强化用水安全保障和水源地保护，设立水源保护区标志。依法征收水资源费440多万元。

【水利工程建设】 2022年，遂溪县雷公河（则仔塘村至河口段）中小河流治理工程批复总投资概算1761.88万元，该工程累计完成投资1015万元；遂溪县官湖、大陂、罗角岭、调楼4宗小型水库除险加固工程批复总投资概算1199.73万元，该工程累计完成投资750万元。

【农村供水“三同五化”改造】 2022年，遂溪县水务局提升农村供水保障能力建设，完善“从源头到龙头”的农村供水工程体系和管理体系。印发《遂溪县农村供水“三同五化”改造提升（遂溪县农村饮水安全提升）工程实施方案》。实施农村饮水安全提升工程，通过规模化水厂管网延伸、整合或改造提质小型供水工程，推进“三同五化”（同标准、同质量、同服务，规模化发展、标准化建设、一体化管理、专业化运作、智慧化服务）建设，补齐农村集中供水规模化、标准化低的短板。至2025年底，全县农村供水规模化工程覆盖人口总体比例在70%以上，标准化建设总体比例在85%以上，县域统管覆盖人口总体比例在85%以上，专业化管理总体比例在85%以上，智慧化服务人口总体比例在85%以上。

【水旱灾害防御调度管理】 2022年，遂溪县开展全县水利工程汛前防汛安全准备和防汛安全大检查，全面落实防汛工作“三个责任人”［由地方人民政府、水库主管部门、水库管理单位（产权所有者）相关负责人或具有相应履职能力的人员担任］制度，签订、更新中型水库1处、小（1）型水库18处、小（2）型水库52处、万亩以上堤围7处、水闸水陂10处的防汛安全责任书，并设立公示牌，接受社会监督。做好辖区内水库、江海堤围、水闸、河道、滞洪区、枢纽的水工程调度和运用，确保水库在汛限水位以下运行。全县71处中小型水库全年度调度运用计划修订完善。落实防洪责任制，规范防洪安全巡查行为，发现和消除防洪安全隐患，确保安全度汛，制定《遂溪县水利工程防洪安全巡查制度（试行）》，对辖区内的水利工程进行定期与不定期防洪安全巡查。全县71处中小型水库完成水库动态监管“三要素”［水位、雨量、图像（图片）监测］系统建设，监管系统实时全方位在线监控全县71宗中小型水库水位、雨量、图像，确保水库在汛限水位以下安全运行。加快推进超标准洪水预案编制工作，加强水利工程度汛安全管理和水毁工程修复。实施2022年度山洪灾害防治，7月25—29日，开展遂溪县2022年防汛抢险救援轻舟中队集训演练，参演人数200多人。建立健全山洪灾害防御责任制体系，建设山洪灾害监测预警平台，对全县16个镇（街道）、125个行政村、386个自然村共19.4万人进行全面监测预警。储备防汛物资，做好汛期值班值守等工作。

【水利行政执法】 2022年，遂溪县水务局水政监察大队组织或联合其他职能部门开展执法行动50场次，出动执法车辆（船）60次，出动执法人员300人次，查处违法水事案件4件，发出违法行为停止通知书4份，销毁违法作业工具3艘（台）、抽砂管道60多米。开展防汛安保专项执法行动，拆除河道障碍物养蚝排3处500多平方米，清理河边违法建筑物及建筑垃圾2起。围绕“世界水日”“中国水周”“春风利剑”专项行动集中开展水法规、水环境保护宣传活动，通过制作宣传栏、挂横幅、广播、网络等多种方式渠道，粘贴、发放宣传资料600多份。

【水库移民后期扶持】 2022年，遂溪县完成水库移民后期扶持年度计划编报和实施工作。全年投入上级后期扶持资金3118.59万元，直补到人4446户1.71万人，改善30个移民自然村生活条件和居住环境，主要完成绿化美化项目2个，道路硬化11宗，路灯12宗，环境整治1宗，机井2宗，水土流失治理1宗，山塘改造1宗，“三通一平”（水通、电通、路通，场地平整）工程5宗，文化室改造1宗，其他工程4宗；做好水库移民人口复核及移民人口动态管理工作，严格执行户籍属地登记管理原则，按照村报、镇审、县核定的工作程序，执行人口复核结果在村委会和自然村公示制度；严格落实工作责任制，排查不稳定因素，及时发现和处理移民生产、生活中出现的问题，把矛盾化解在基层。

（邓旭甫）

农村工作

【概况】 2022年，遂溪县谋划专项债券资金15.4亿元用于推动农村人居环境治理。全县16个镇（街道）审批宅基地1293宗，总占地面积15.15公顷，其中原址新建509宗面积5.82公顷，异址新建784宗面积9.33公顷。全县消费帮扶产品实现销售金额528.4万元；在广东扶贫济困日暨全社会助力乡村振兴活动中收到394个单位、企业及个人捐款（含认捐）1380.13万元；到账慈善会724.44万元。

【新农村建设】 2022年，遂溪县农业农村局实施“千村示范、万村整治”工程，开展遂城、附城、黄略等镇（街道）沿线村庄乡村风貌示范带、35个县级美丽宜居示范村创建提升等示范工程建设，带动全县乡村风貌提升。

【村级集体经济】 2022年，遂溪县农业农村局争取中央财政资金630万元支持村级集体经济发展试点村21个。经县人民政府同意，《关于印发〈遂溪县2022年扶持村级集体经济试点工作实施方案〉的通知》印发至各相关镇组织实施。

【农村集体“三资”管理】 2022年，遂溪县2430个农村集体经济组织全部纳入村财镇管，农村“三资”（资源、资产、资金）纳入县“三资”管理服务平台运转。自2015年遂溪县农村集体资产交易管理平台上线运行以来，累计交易656宗，交易金额4.41亿元。其中，2022年交易104宗，交易金额1.94亿元。交易资产类别主要是耕地、林地、水域及水利设施用地、鱼塘、园地、商铺等。开展“三资”管理督导198期次3803人次。

【农村公益事业财政奖补】 2022年，遂溪县农业农村局下达遂溪县2021年农村综合改革资金（农村公益事业财政奖补）1118万元，经县政府同意，安排项目21个。

【农村危房改造】 2022年，遂溪县农村危房改造92户，其中分散供养特困人员55户、低保户30户、低保边缘户1户、其他脱贫户6户。截至年底，开工92户，开工率100%；完工92户，完工率100%。

【村内道路建设民生工程】 2022年，遂溪县2001个自然村基本实现干路硬化建设，基本完成省、市民生实事村内道路硬化任务。全年干路硬化127.26千米，总投资7196.68万元。

【农村“厕所革命”推进】 2022年，遂溪县采取“以奖代补、先建先补”方式，对新建和改造户厕按1800元/户的奖补标准进行改造提升，对公厕按15000元每座的奖补标准进行升级改造，累计新建改造户厕超3800户、公厕超350座，全年完成“十四五”期间40%以上农村厕所改造提升任务。开展全县农村厕所问题摸排整改“回头看”，完成14.29万户农村户厕摸排，摸排问题户厕553户、公厕92座。

【农村生活污水治理】 2022年，遂溪县整合各级财政资金和专项债券资金7.3亿元用于加快推进农村生活污水治理，生活污水管网收集率95.6%，终端治理率92%。

【农村生活垃圾治理】 2022年，遂溪县住房和城乡建设局为2001个自然村配备保洁员，农村生活垃圾无害化处理率、村庄保洁覆盖率均达100%。实行月度考评制度，对16个镇（街道）325个行政村、16个生活垃圾压缩中转站、3454个农村生活垃圾收集点进行卫生保洁绩效考评监管。执行公共建筑节能设计标准和低能耗居住建筑节能设计标准，工程项目建筑节能设计执行率100%，工程项目建筑节能施工执行率100%。城镇新开工工程建筑总面积25.79万平方米，其中新开工绿色建筑面积20.38万平方米，占新开工民用建筑面积92.98%；城镇民用建筑竣工验收面积86.31万平方米，其中绿色建筑竣工验收面积34.82万平方米，占民用建筑竣工验收总面积的40.34%。

（杨　晨）

工业·民营经济

综述

【概况】 2022年，遂溪县工业生产总值268.1亿元，其中规模以上工业累计实现总产值的209.8亿元，比上年增长9.8%；完成规模以上工业增加值29.68亿元，增长0.7%；完成工业投资38.43亿元，增长23.3%，增速排全市第四名；新增规模以上工业企业15家。园区规模以上工业总产值108亿元，比上年增长9.8%；规模以上工业增加值17.8亿元，增长10.9%；园区新增固定资产投资5亿元。

【工业生产】 2022年，遂溪县工业生产平稳，采矿业增长较快。全县有规模以上工业企业120家（新上规模工业企业15家，其中新投产工业企业5家，年度“小升规”工业企业10家），完成工业总产值209.82亿元，比上年增长0.3%，完成工业增加值29.68亿元，增长0.7%，增速排全市第六名，高于全市（-1.7%）平均水平。规模以下工业增加值比上年下降0.5%，非金属、有色金属矿采选业增长，对工业经济发展贡献大。

（县统计局、县科工贸和信息化局）

【工业园区】 2022年，遂溪县六大园区完成规模以上工业总产值108.12亿元，实现税收1.17亿元。其中，岭北、白坭坡2个园区规模以上工业总产值79亿元，比上年增长15.6%；规模以上工业增加值13亿元，增长10.9%；工业企业新增固定资产投资4.5亿元，实现全口径税收0.94亿元。遂溪县产业转移工业园区成立于2009年，形成岭北园区、白坭坡园区、洋青园区、燕子窝园区、城月园区、北潭港园区“一园六区”发展格局。六大园区空间规划试划城镇开发边界面积976.8公顷，其中岭北园区用地面积382.6公顷，定位为智造综合产业园，巩固现有生物医药、食品饮料产业，重点发展智能制造和生物医药等大健康产业；白坭坡园区用地面积192公顷，定位为预制菜产业园，巩固现有食品、生物产业，重点发展生产性服务业；洋青园区用地面积43公顷，定位为大健康产业园，重点发展食品加工、中药加工等产业；燕子窝园区用地面积91公顷，定位为绿色制造园，巩固生物能源产业，发展新能源、先进材料等产业；城月园区用地面积35.1公顷，定位为智能装备园，重点发展装备制造业；北潭港园区用地面积233.1公顷，定位为新能源产业园区，重点发展新能源、先进材料、装备制造、物流仓储等产业。岭北园区为核心区，于2018年被确认为省产业转移工业园，核准面积267.9公顷，2022年被评为省级特色产业园（健康食品）。六大园区总入驻企业105家，计划总投资140亿元，其中规模以上企业50家，高新技术企业21家，代表性企业有华润集团、统一集团、正大集团、恒兴集团、汇通药业、五洲药业、天地壹号等，形成食品、饲料、生物医药、建材、包装五大产业形态。

（县科工贸和信息化局、县工业园区管委会）

工业园区建设

【园区项目建设】 2022年，遂溪县工业园区新落地项目5个（其中亿元以上项目3个），分别是海川食品、汇通乳胶、星征程、漓源农牧和金远能源，计划总投资7亿元；新动工项目6个（其中亿元以上项目2个），分别是奥金新材料、佳美食品、佳佳乐、鼎盛、粤电热电联供、福东海，计划总投资6.1亿元；续建项目9个（其中亿元以上项目4个），分别是信联食品、富乔义齿、湛宝食品、御唐府、长兴彩印、恒兴食品、科汇气体、天地壹号、海茂饲料，计划总投资22亿元；新投产项目5个，分别是拉多美科技、铭奥科技、博海环保、品先食品和奥金新材料，总投资11.61亿元。

【园区基础设施建设】 2022年，遂溪县工业园区管理委员会继续推进产业平台建设，全年园区基础设施配套计划建设子项目8个，包括遂溪县工业园区企业服务中心工程、岭北工业园区（二期）工业一路东段和永润路北段工程、岭北工业园区基础配套设施续建工程、岭北工业园区仲建路提升改造工程、国道207线玥珑湖至岭北加油站亮化工程、白坭坡产业园区工业西路污水处理厂段善贤路中段和乐山路工程、遂新电塔迁改工程、白坭坡园区基础配套设施续建工程，完成投资金额1.44亿元。其中竣工5个，包括岭北工业园区（二期）工业一路东段和永润路北段工程、岭北工业园区基础配套设施续建工程、岭北工业园区仲建路提升改造工程、国道207线玥珑湖至岭北加油站亮化工程、白坭坡园区基础配套设施续建工程，继续完善园区“九通一平”（通市政道路、雨水、污水、自来水、天然气、电力、电信、热力、有线电视管线，土地自然地貌平整），提升园区承载力。新谋划一批项目，包括遂溪县工业园区企业公共服务平台建设工程、岭北污水处理厂二期工程、白坭坡园区新建污水处理厂工程、城月正大污水处理厂工程、城月园区规划横二路中段和工业大道中段工程、预制菜产业园市政道路项目，预计投资3亿元。

【遂溪县产业转移工业园获批省特色产业园】 2022年2月10日，广东省2022年度特色产业园名单公布，遂溪县产业转移工业园被认定为“广东省特色产业园（健康食品）”。遂溪县以大园区建设为驱动，以申促建，持续跟踪省级高新区、经开区申报创建工作。园区相继引进统实集团、正大集团、恒兴集团、天地壹号、御唐府等知名企业。建成农副食品加工、建材、有色金属冶炼和压延加工业、生物医药等支柱产业工业体系，遂溪县（北潭）临港产业园和白坭坡预制菜产业园两个百亿元级产业园区正在推进，预制菜产业集群已现雏形。2022年，遂溪县完成工业投资38.43亿元，同比增长23.3%，全市排名第四。新增规模以上工业企业15家。园区规模以上工业总产值108亿元，比上年增长9.8%；规模以上工业增加值17.8亿元，增长10.9%；园区新增固定资产投资5亿元。

（县工业园区管委会）

工业企业选介

【广东金岭糖业集团有限公司】 该公司是一家以制糖业为主，兼营橡胶手套、仓储物流、餐饮、旅业的规模化、多元化集团公司，是农业产业化国家重点龙头企业。属下有湛江金海糖业有限公司、湛江金路糖业有限公司、湛江糖库储运有限公司、湛江荣利橡胶制品有限公司、湛江市湛港食品有限公司、湛江金海酒店等8家企业。2022年，主导产品有“甘岭”牌白砂糖、绵白糖、精制砂糖和赤砂糖及“双七”牌和“寸金”牌乳胶手套。年生产、加工食糖60万吨、手套6500万双，仓储能力50万吨。产品畅销全国各地并出口创汇。公司实行“公司+基地+基层组织+农户”经营模式，自有甘蔗种植基地666.67公顷；生产的“甘岭”牌蔗糖产品被评为中国产品、广东省产品，获国家绿色食品认证；产品多年获国家糖业质量监督检验中心“产品质量优良奖”。

（广东金岭糖业集团有限公司）

【广东大华糖业有限公司】 2022年，广东大华糖业有限公司辖有北坡、河头2家制糖企业和控股广东中能酒精有限公司，是湛江市工业企业50强、湛江市优秀农业龙头企业、优秀民营企业、省农业龙头企业培育对象、中国优秀民营科技企业。2家制糖企业日压榨甘蔗9500吨，年产一级白砂糖10万吨、药用酵母5000吨、酒精1万吨、优特级食用酒精3.5万吨、优级无水酒精1.5万吨。

（广东大华糖业有限公司）

【广东粤电湛江生物质发电有限公司】 该公司成立于2008年9月，是广东省能源集团有限公司下属三级单位，工商注册资本6.21亿元，由广东省能源集团下属子公司——广东省沙角发电有限公司投资建设。公司厂址位于湛江市遂溪县白坭坡工业园，厂区占地面积20公顷。公司主要开发利用湛江及周边地区的秸秆、树皮、树叶等农林废弃物，通过直接燃烧生物质能转换技术实现发电。公司主营业务是电力生产和供应，有2台50兆瓦直燃生物质（农林废弃物）发电机组，总装机容量100兆瓦，利用屋顶建设光伏发电3.74兆瓦，配套建设有优于国家环保要求的挡风抑尘墙、污水处理等环保设施，具有环保、节约资源、惠民、可再生循环发展等优点，是全国生物质发电的创新者和引领者。2022年，公司在册职工146人（含内退），退休职工7人，有专业技术人员110人。其中高级职称26人、中级职称51人、初级职称33人。截至年底，该公司累计上网电量71.38亿千瓦时，二氧化碳减排量438.81万吨。8月8日，公司供热项目建成投产，实现向遂溪县白坭坡工业园区供热，每年可节约3405吨标煤。与广东省能源集团研究院、浙江大学、广东省科学院生态环境与土壤研究所联合建设占地面积约2000平方米微藻固碳示范工程，将建成省内最大的微藻直接固定电厂烟气二氧化碳示范工程，实现负碳排放效应，项目进入室内设计阶段。开拓风电、光伏等新能源项目，成立3个新能源项目公司推进新能源项目落地、开工建设。

广东粤电湛江生物质发电有限公司

（广东粤电湛江生物质发电有限公司/供图）

（章　欣）

【遂溪县水生态投资开发有限公司】 该公司成立于2015年4月30日，注册资金5.3亿元，属有限责任公司（国有独资），上级部门为遂溪县国有资产监督管理委员会。2015年7月18日经遂溪县人民政府同意，该公司吸收合并遂溪县基础设施建设投资有限责任公司，并承继其债权债务。2018年5月8日经遂溪县国有资产监督管理委员会批准，与县交通投资建设有限公司以“一套人马，两块牌子”的方式合并办公。经营范围有新农村基础设施、农业综合开发、土地开发与经营、土地复垦、围填海造地、农民安置住房、农田水利工程、防洪工程、水资源配置工程、城乡道路工程、水土保持和水生态保护、政府委托代建项目合同涉及的内容、政府授权的其他项目。强化县建筑总部服务工作。招纳16家优质建筑企业入驻遂溪县建筑总部，其中一级资质建筑企业1家、二级资质建筑企业6家、三级资质建筑企业9家。1家获遂溪县2022年纳税大户银奖，3家获铜奖。2022年，公司推动城市精细化管理。合理配置遂溪县城市公共资源，推进创建文明城市，公司获授权建设运营项目4个。县主城区中心地下停车场项目申请国家专项债资金，进入EPC（工程总承包）招标阶段。遂溪县北潭港商港码头项目，获县委、县政府批准作为建设单位，明确恢复老旧码头经营许可条件及口岸线使用范围。公司与县交通运输局确认北潭通港快线初步路线。确保国有资产增值保值。委托湛江市公共资源交易中心完成将广州办事处大楼对外公开出租，首年租金150万元，每两年递增5%。

（县水生态投资开发有限公司）

民营经济

【概况】 2022年，遂溪县新增规模以上工业企业15家，有10家2021年新升规模以上工业企业于2022年获省级奖励资金200万元，有4家2020年“新升规”工业企业2021年工业增加值增长超10%，并于2022年获省级奖励资金80万元，有4家企业于2022年获贷款贴息79.15万元。是年，有10家企业被评选为省级“专精特新”企业，有18家企业被评选为省级创新型中小企业。

（县科工贸和信息化局）

【民营经济发展】 截至2022年底，遂溪县实有各类市场主体3.99万户，注册资金604.7亿元，比上年增长2.05%；企业6320户，注册资金570.26亿元，分别增长15.67%、4.29%；农民专业合作社533户，出资总额9.42亿元，分别增长6.39%、12.10%；个体工商户升级为企业115户，增长18.60%，注册资金9068.5万元，下降52.04%。

【私营经济】 2022年，遂溪县新登记私营企业1054家，比上年增长0.95%。截至年底，遂溪县有私营企业6696家，比上年增长17.6%。全县私营企业行业分布：农、林、牧、渔业1258家，制造业650家，建筑业398家，批发零售业2129家，交通运输、仓储和邮政业227家，住宿餐饮业109家，信息传输、软件和信息技术服务业110家，金融业127家，房地产业190家，租赁和商务服务业422家，科学研究和技术服务业541家，水利、环境和公共设施管理业46家，居民服务、修理和其他服务业133家，教育37家，文化、体育和娱乐业121家，其他198家。

【个体经济】 2022年，遂溪县新登记个体工商户1.04万户，比上年增长1.85倍。截至年底，遂溪县有个体工商户3.23万户，比上年增长44.88%。全县个体工商户行业分布：农、林、牧、渔业共1609户，制造业1236户，建筑业107户，批发零售业1.97万户，交通运输、仓储和邮政业3194户，住宿餐饮业2573户，信息传输、软件和信息技术服务业60户，房地产业3户，租赁和商务服务业201户，科学研究和技术服务业79户，居民服务、修理和其他服务业3041户，教育21户，文化、体育和娱乐业88户，其他415户。

（县市场监督管理局）

建筑业·房地产业

建筑业

【概况】 2022年，遂溪县有资质建筑业企业18家，年内新增5家。完成建筑业总产值40.96亿元，比上年增长19.9%，增速排全市第一名。建筑业增加值比上年增长10.6%，对经济增长贡献率29.6%，拉动GDP（地区生产总值）增长0.6个百分点。

【建筑安全生产】 2022年，遂溪县住房和城乡建设局召开安全生产专题会议9次，开展专项安全检查11次，发出局部停工通知书1份，限期整改通知书77份，对企业实施动态扣分14份，对人员实施动态扣分81份，对2家单位有关责任人进行约谈，移交涉嫌违反安全生产法律法规行为线索1条。3家建筑企业通过湛江市房屋市政工程安全生产文明施工示范工地终审。协调处理农民工工资纠纷8宗。

【建筑工程监管】 2022年，遂溪县住房和城乡建设局办理建筑起重机械安装告知37台，建筑起重机械使用登记43台，建筑起重机械拆卸告知79台。累计完成消防设计审查38宗，建设工程消防验收47宗、建设工程消防验收备案27宗。

【建筑混凝土监管】 2022年，遂溪县取得资质的预拌混凝土企业14家。开展安全生产检查及疫情防控、系统防范化解道路交通安全风险检查7次，召开相关会议2次，开展生产原材料质量抽检1次。

【工程建设项目审批制度改革】 2022年，遂溪县推进工程建设项目审批制度改革。工程建设项目审批改革事项85项，审批事项覆盖数量24项，覆盖率28.23%。

【建筑工程项目】 2022年，遂溪县发放私人办理施工许可证53宗，建筑面积4.86万平方米；发放单位工程施工许可证45宗，建筑面积25.79万平方米，合同造价10.07亿元。新注册工程项目29个，建筑面积16.02万平方米；市政道路及给水工程14.14千米；完成竣工验收监督工程47项，面积77.41万平方米；竣工工程验收合格率100%，一次验收合格率100%。

【遂溪县预拌混凝土、预拌砂浆企业节后复工安全生产暨疫情防控工作会议召开】 2022年2月11日，遂溪县住房和城乡建设局召开遂溪县预拌混凝土、预拌砂浆企业节后复工安全生产暨疫情防控工作会议，17家企业和相关业务负责人参加会议。会议督促各企业落实节后复工安全生产及疫情防控保障措施，加强节后复工返岗人员流动管控，做好防疫工作方案、储备防疫物资、消毒

2022 年 2 月 11 日，遂溪县住房和城乡建设局召开遂溪县预拌混凝土、预拌砂浆企业节后复工安全生产暨疫情防控工作会议

（县住房和城乡建设局 / 供图）

消杀、防疫宣传教育等工作；强化人员节后核酸检测，加强人员管理，严格落实人员登记，完善疫情应急预案；开展复工安全生产及疫情防控自查自纠，相关沉淀池等深水池要有明显警示标语和围栏，企业要明确安全生产责任制度，建立隐患排查机制。

【遂溪县住房和城乡建设局开展国庆节期间预拌混凝土企业安全生产专项检查工作】 2022 年 9 月 22—26 日，遂溪县住房和城乡建设局组织人员前往荣德混凝土有限公司、港创混凝土有限公司、康发混凝土有限公司、华城混凝土有限公司、荣旺混凝土有限公司、庞城混凝土有限公司、旺城混凝土有限公司、恒辉混凝土有限公司开展国庆节前安全生产和疫情防控检查。检查组通过查阅台账、询问工作人员、现场检查等方式了解企业的安全生产及疫情防控情况。针对检查出来的问题，当场提出整改要求，要求企业立行立改。

房地产业

【概况】 2022 年，遂溪县有注册的房地产开发企业 51 家，其中三级资质企业 7 家、四级资质企业 24 家、暂定资质企业 20 家。全县办理商品房预售许可证 54 宗、2983 套，预售许可建筑面积 33.75 万平方米；办理商品房买卖合同、借款合同备案 5841 宗。房地产投资比上年下降 24.6%。商品房销售 3029 套，销售面积 34.92 万平方米，销售金额 19.73 亿元，比上年下降 39%。商品房销售面积下滑，降幅收窄。全年商品房销售额 21.54 亿元，下降 30.2%；销售面积 37.62 万平方米，下降 25.7%。增速排全市第三名。

【物业管理】 2022 年，遂溪县住房和城乡建设局备案或管理的物业小区 45 个，物业区域面积 360 多万平方米，从业人员 847 人，新增备案前期物业 5 宗。

【公租住房管理】 2022 年，遂溪县核定年度租赁住房补贴 140 户。提前完成上级下达的公租房信息系统“贯标”工作；完善七里塘棚户区改造安置项目基础设施，760 套棚改安置房全部安排入住；“房改房”上市交易 30 户，开具“房改房”核查证明 72 户。

【遂溪县自建房安全专项整治工作业务培训会议召开】 2022 年 7 月 13 日，遂溪县住房和城乡建设局在该局六楼会议室组织召开遂溪县自建房安全专项整治工作业务培训会议。会议对自建房安全隐患排查整治工作进行安排和部署，明确排查范围、内容、时限和要求，对参与排查整治工作的相关人员进行业务培训。

（县住房和城乡建设局）

商贸流通·旅游

综述

【概况】 2022年，遂溪县消费市场保持稳定态势，全县社会消费品零售总额144.53亿元，比上年增长2.3%。按经营地分，城镇市场商品销售额94.77亿元，比上年增长2.5%；乡村市场商品销售额49.76亿元，增长1.9%，城镇市场恢复态势好于乡村。按消费形态分，餐饮收入24.21亿元，比上年增长1.9%；商品零售120.32亿元，增长2.4%，餐饮、外出购物等接触型服务消费继续恢复。全县规模以上服务业企业实现营业收入8.9亿元，比上年下降16.7%；利润总额减少1.6亿元，下降6.53倍。批发和零售业增加值30.11亿元，比上年下降4.2%。住宿和餐饮业增加值7.28亿元，比上年下降3.5%。交通运输、仓储和邮政业实现增加值16.85亿元，比上年下降6.3%。新培育、引进电商企业12家，仓储物流配送中心入驻企业30家，全县电商网络销售额13.8亿元，全县固定宽带接入用户累计近20万户。

【国内贸易】 2022年，遂溪县全社会消费品零售总额144.53亿元，比上年增长2.3%，新增限额以上商贸企业21家。分行业看，限额以上批发业销售额比上年增长47.4%；限额以上零售业销售额增长4.4%；限额以上住宿业营业额增长1.4%；限额以上餐饮业营业额下降1.7%。

【对外贸易】 2022年，遂溪县对外贸易由负转正，继续稳定恢复。全县完成进出口总额23.9亿元，比上年增长4.4%，其中出口13.61亿元，下降10.5%，进口10.29亿元，增长33.8%。从主要出口产品看，水产品出口8.95亿元，比上年增长13.3%，占65.8%（主要是新增鑫辉水产、广东品先出口）；家具产品出口1.6亿元，下降40%，占11.8%；竹制品出口0.42亿元，下降84.3%。实际利用外资3394万元，完成进度33.9%，排全市第三名（年度外资任务1亿元）。新增外贸备案企业7家。发动企业开展进出口业务，新增对外贸易经营者备案登记企业7家，对外贸易经营者备案登记在册企业105家，正常开展外贸进出口业务企业34家，其中出口企业20家，进口企业17家（其中3家企业同时开展进、出口业务）。组织遂溪县百事佳电器有限公司参加中国机电产品出口网上交易会（欧洲站——家电电子行业专场）线上展，稳住外贸基本盘。发动企业参加第130届广交会和第五届中国进口博览会。协助湛江鑫辉水产食品有限公司、湛江市恒润机械有限公司、广东汇通乳胶制品集团有限公司、湛江双湖食品有限公司、湛江市中新电器有限公司、遂溪县百事佳电器有限公司、湛江满鲜水产有限公司等企业申报上级财政扶持外经贸发展专项资金，申报金额58.57万元。

【电子商务】 2022年，遂溪县抓住创建国家级电子商务进农村综合示范县项目契机，带动社会资金投入1.8亿元，完善县、镇、村三级农村物流配送体系，白坭坡县域仓储物流配送中心，洋青、界炮、北坡、岭北等5个镇级仓储物流分中心运营。物流仓储建筑面积4.25万平方米，其中冷库面积1.2万平方米。出台《遂溪县电子商务发展快递物流奖励补贴方案》。全县电商网络销售额13.8亿元，其中电商园区5.91亿元。电商“六个一批”（引进一批电商平台、集聚一批物流企业、带动一批乡村产业、培育一批电商产品、带动一批乡村产业、实践一批富民举措）模式被广东省发展和改革委员会作为广东省城乡融合发展典型做法向全省发布，供各地参考借鉴。国家级电子商务进农村综合示范县项目（一期）绩效考核获“优秀”等级。

（县科工贸和信息化局、县统计局）

粮油业

【概况】 2022年，遂溪县储备粮为稻谷和大米。县发展和改革局在夏秋季粮食收购期间开展收粮储粮检查，做好遂溪县地方储备粮油中心库管理工作。全县应急储运基本满足粮食应急要求。开展爱粮节粮主题宣教活动，倡导爱粮节粮良好社会风尚。全县有国有粮食收储企业1家，县级粮食储备稻谷1.49万吨、大米2798吨、食用大豆油300吨。

【地方储备粮管理】 2022年，遂溪县16个镇（街道）有粮食应急网点18个，粮食应急加工厂3家，粮食应急储运企业1家，基本满足粮食应急要求。全县储备粮为稻谷和大米。基本满足县级储备需求。

【粮食购销领域专项巡察】 2022年，遂溪县发展和改革局配合开展粮食购销领域专项巡察工作，对市委巡察组交办问题照单全收，对照问题清单抓好整改落实，举一反三，建立长效机制。市委第四巡察组反馈15个问题基本完成整改。按照湛江市委第三督查组督查通报，遂溪县涉粮问题专项巡察整改完成情况综合评价为达标。

【粮食市场流通管理】 2022年，遂溪县发展和改革局在夏秋季粮食收购期间开展收粮储粮检查，没有发现“打白条”“卖粮难”“出库难”和脱销断供现象。参加粮食统计培训，指导督促辖区内统计对象建立统计台账，并通过网络直报统计报表，设立乡村居民固定调查户32户，指导调查户建立台账并按时收集调查信息。

【粮食宣传】 2022年，遂溪县发展和改革局在“2022年世界粮食日”宣传活动期间，制作相关宣传单张200张、海报50张。到遂城街道小区、超市等场所和城月镇社区派发。印制“节约粮食”宣传海报分别到饭店、场馆，粮食储备库区张贴。开展爱粮节粮主题宣教活动，营造爱粮节粮浓厚氛围。

【粮食储备库】 2022年，遂溪县地方储备粮油中心库属省、市、县粮食安全重点建设项目。项目总占地面积6.58万平方米，建筑面积2.51万平方米；库容储存粮食（稻谷）5.5万吨和食用油500吨。可研估算项目总投资1.2亿元。

（县发展和改革局）

供销合作业

【概况】 2022年，遂溪县供销系统实现销售总额15.67亿元，比上年增长30%。其中，消费品销售额2.65亿元，比上年增长6.4%；农资销售额6.89亿元，增长9%；农产品5.69亿元，增长1.08倍。营业总收入6593.09万元，比上年增长13.57%；利润总额97.08万元，增长10.04%。是年，遂溪县有供销合作基层社18家，其中正常运作15家；直属公司16家，其中正常经营运作3

家，创办农民专业合作社49个。农资库存储备48186.5万元，农产品库存6426万元；日用消费品库存4626万元。

【供销合作社改革】 2022年，遂溪县供销合作联社完成市供销合作社联合社下达的综合改革清单任务。其中推进薄弱基层社改造1家，申请省级标杆社2家。规范改造综合服务社1个，新增培育农民专业合作社11个，新改造建设乡镇综合超市2个，乌塘供销社与佛雷科技有限公司签订入社协议，为产前产中产后提供“一站式”服务，为农服务累计2万亩次。年内完成“百千万百万”工程，培训农民3.21万人次。

【乡村振兴及消费扶贫】 2022年，遂溪县供销联社实施乡村振兴战略，帮扶水流村委会2万元、曲塘村委会5000元、西寮村委会3000元，派人驻洋青挂点水流村委会助力乡村振兴，加快推进圩镇建设，促进城乡融合发展，激发农村发展活力。参与农业污染源清理和农村人居环境整治，促进农村农业绿色发展。在“832”平台消费4万元用以扶贫，供销系统超市通过“买产品、献爱心、促脱贫”等方式开展消费扶贫活动。

【自建危房拆建】 2022年，遂溪县供销联社下属社拆除自建危房面积1.38万平方米，通过招商引资进行建设改造。其中建新供销社通过招商引资方式，升级改造建成二层经营档口面积约8000平方米，部分档口分租给经营者使用，其中有大型超市、药店、休闲场所等，改建后建新社年增收入30万元，能提供就业机会300多个。

2022年，建新供销社危房改造后建起自选商场（县供销社/供图）

（李晓玉）

生猪屠宰管理

【概况】 2022年，遂溪县食品系统生猪总销售28万多头，比上年增长7%，上缴各种税费近32万元。

【定点屠宰场升级改造】 2022年，遂溪县食品系统屠宰场筹集资金完善基础设施和卫生环境。县食品公司屠场投入资金完善各项设施；北坡公司筹集资金300多万元升级改造定点屠宰场，按照省级标准规划功能，占地面积800平方米，对标省级标准化、现代化生猪屠宰加工物流配送中心。

【食品企业经营方式转变】 2022年，受新型冠状病毒肺炎疫情和非洲猪瘟疫情双重影响，加上市场放开后，外来猪肉冲击，给食品企业发展带来挑战，遂溪县食品系统个别基层公司处于严重亏损状态。面对生猪销售量下跌，生猪价格高落高起，企业效益继续下滑压力，食品企业贯彻公司在食品安全和开拓对接珠三角及湛江市区业务等方面的战略部署，提升服务质量，确保生猪肉品质量安全。从容应对挑战。在抓好主业经营同时，拓宽其他项目经营。杨柑和港门2个分公司组织干部职工走出市场销售猪肉，增加员工收入，企业取得较好经济社会效益。鼓励有条件的基层公司，利用“国字号”招牌和有利因素，组织调动员工走出市场销售猪肉和对接外来业务，增加企业业务量，提高企业经济效益。

【生猪肉产品安全管理】 2022年，遂溪县食品公司从严把关从生猪进场到生猪肉产品出厂关的各个环节，保障市民吃上“放心肉”“优质肉”。落实质量安全主体责任。与猪肉批发商签订《广东省生猪屠宰企业接受屠宰委托协议书》《质量安全责任承诺书》，明晰肉品质量安全责任。与官方兽医联动，严把生猪进场证票审查关、屠宰环节同步检验关和猪肉出场“两证两章一报告”关。加强屠宰前观察和“瘦肉精”等违禁药物检测，建立生猪异常隔离观察区和非洲猪检测实验室，配备专职技术员实行抽检，并落实台账登记制度。加强对技术人员和肉品品质检验人员的培训，提高业务水平。坚持“五化”（质量管理制度化、厂区环境整洁化、设施设备标准化、生产加工规范化、检测检验科学化）管理，改进屠宰流程、工艺和设备。改进刺杀方式，增设排酸设施和肉品冷链配送车辆等，提升肉品品质、风味和鲜度。落实无害化处理，做好肉产品追溯制度，防止不合格肉产品流入市场。

【私屠滥宰行为打击】 2022年，遂溪县食品公司会同其他职能部门打击私屠滥宰行为。登记生产记录和检疫报告、存档工作，做到检可查、追可溯。确保出场产品符合国家卫生标准和产品质量标准。屠宰场（点）均能按照法规要求守法经营，没有出现违法经营行为。

（县食品公司）

盐业管理

【概况】 2022年，广东省盐业集团湛江有限公司遂溪分公司完成各类盐产品3801吨，完成年度计划的90%，其中直接入口食盐加碘小包装1389吨，完成年度计划的85%。

【食盐经营管理】 2022年，广东省盐业集团湛江有限公司遂溪分公司落实广东省盐业集团“四盐”（以盐为基、以盐带路、严把盐关、广开盐路）方针和“三品一优”（强品牌、提品质、增品种，优服务）发展战略目标，改进工作方式和经营办法，拓展新市场，保障旧市场，到全县各市场、超市、副食店、企业、学校、幼儿园、单位食堂等，走访沟通了解客户食盐销售情况和用盐情况，结合“食安云商”网络平台落实客户拜访、维护食盐专柜、宣传推广、接订单、签到等常态化工作。调结构、拓市场，提升粤盐产品市场占有率，稳定食盐市场，确保食盐正常供应。

【食盐安全宣传】 2022年，广东省盐业集团湛江有限公司遂溪分公司利用“3·15”“5·15”“食品安全活动周”等专题活动日宣传新食盐专营办法和盐业有关政策；通过广播电视、宣传车、宣传咨询台、宣传地摊和微信等平台进行宣传，宣传盐改政策和新食盐专营政策，稳定市场秩序。宣传国家盐业体制改革和广东省盐业体制改革政策，对盐业市场经营管理工作提出具体要求，维护盐业体制改革后食盐市场秩序，保障食盐安全。

【食盐供应保障】 2022年，广东省盐业集团湛江有限公司遂溪分公司做好疫情防控，保障全县食盐稳定。疫情防控期间，加大抗疫食盐安全宣传力度，设置体温检测台，指定专人负责，对所有来往客户、人员、车辆进行登记、扫码测温。公司营销人员和配达车辆做好体温检测、个人保护、车辆消毒等保护措施，全部坚守岗位正常营业，并根据客户需求，快速准确送达指定地点，保障食盐供应稳定、价格和秩序稳定。

（赵妃敏）

成品油销售

【概况】 2022年，遂溪石油分公司销售成品油8.32万吨，其中汽油4.43万吨、柴油3.89万吨；

全年实现销售7.57亿元，其中成品油7.3亿元、非油品销售0.27亿元；上缴利税363万元。

【石油销售经营管理】 2022年，遂溪石油分公司强化零售及终端，扩销创效。开展“百日竞赛”活动，提高全员服务水平。制定实施方案，成立领导小组、推进小组、专家小组三级组织架构，21座加油站通过省公司验收。围绕“五率”（进站率、通过率、加满率、好评率、回头率）提升，重点突出“进站率、加满率”两个核心指标提升，提升油站形象。强化油品数质量管理，提供优质商品。强化油站来油管理，所有油品入库、出库严格执行质量管理规定。每季度对加油机进行强检，每月进行自检，确保加油机发油准确。拓展营销理念，整合网点、产品和人员等资源，开展全员营销、全产品营销。实现成品油业务、便利店等非油品业务全面增长。拓展非油、润滑油业务。“一客一策”差异化营销助力销售突破，提升效益；抓实高价差拳头商品尾气液销售，开展劳动竞赛，稳定销售渠道。优化自助支付，引导顾客体验新消费理念，增加消费方式，减少排队等候时间。

【石油销售安全管理】 2022年，遂溪石油分公司抓实日常安全管理。组织开展油站之间交叉检查，针对比较靠后的油站开展交叉督导检查帮扶，相互纠正，共同提升基础管理水平。组织对新上岗安全管理人员进行安全专项培训，做到人岗匹配。利用公司义务应急救援队伍，以点带面进行应急培训，提升基层一线员工初期应急处置能力。建立隐患排查治理的长效机制，对隐患项目建立督办跟踪台账，每月例会进行通报，限期销项。开展施工专项培训，施工现场安全喊话，落实特种作业许可证签发，做好重点作业环节施工现场监管，加强风险识别及管控措施落实，对施工违章行为严格处理考核。做细油品损耗管理。每月通过GPS定位系统、蹲点等方式对重点车辆进行检查，对重点油站、重点油车采取便携式流量计进行监卸；强化油站内部管理，确保卸油作业规范，油枪精度可控；对损耗管理排名靠后加油站发放质量黄牌进行预警，加大每月损耗帮扶及考核力度，达到整体提升。

（陈卓瑜）

烟草专卖

【概况】 2022年，遂溪县烟草专卖局（分公司）销售卷烟2.23万箱，实现销售收入8.1亿元，单箱收入3.63万元，分别增长7.31%、10.55%、3.02%。上缴税费1.32亿元，比上年增长9.39%。

【烟草专卖重点品牌培育】 2022年，遂溪县烟草专卖局（分公司）重点抓好高档烟和双喜品牌培育和销售，继续加强对省产双喜一类、二类烟培育，总体结构得到提升。全年省产一类烟销量1085.04箱，比上年增长33.88%；省产二类烟销量5265.5箱，下降0.19%；省产卷烟含税单箱收入30463.42元，增长2.98%。

【烟草市场服务】 2022年，遂溪县烟草专卖局（分公司）通过终端建设、盈利指导、送货上门、实地走访、农网建设等措施提升市场服务水平。开展节前重要节点专项市场调研，推进“3+X”（3个市局统一制定规格，X为各单位自选规格）品牌培育工作，继续优化卷烟信息采集准确率，为卷烟需求预测、货源投放、数据应用等方面提供数据支撑。聚焦网建重点，推动零售终端提质升级。开展农网建设工作，建成农产品特色终端2个，“三转”（推动一批农网终端转变理念、转变形象、转变经营方式）终端138个、城网农特货架26户。发展“20支”直营店1户、加盟店25户、合作店3户、星级终端31户、一般现代终端233户。开展“客户服务月”“我的客户我辅导”“我为客户创盈利”等活动，做好信息采集、客户结算、主动支付等工作，增强客我关系、提升客户经营能力。开展农网现场会示范线路摸排选点建设工作，开展5轮以上摸排选点，挑选遂溪岭北田园风光路线、遂溪县黄略醒狮路线、遂溪县洋青果香路线3条线路9个参观点。

（县烟草专卖局）

【烟草打假打私】 2022年，遂溪县烟草专卖局（分公司）继续加强与公安、市场监管、交警、海警等职能部门协同合作，开展“百日攻坚”“海猎”等专项行动，对烟草专卖品制假走私及中转分销违法犯罪行为进行打击，全年查处涉烟案件238件（其中大要案62件），比上年增长28.65%；查获违法卷烟6568.13万支，增长4.43倍，其中假烟4016.39万支，增长10.69倍，私烟2390.5万支，增长3.74倍，非烟161.24万支。总案值7453.53万元，比上年增长8.14倍。外流卷烟1.94万支，下降64.02%。查获涉案车辆58辆，船艇13艘，协助司法机关刑事拘留18人，逮捕犯罪嫌疑人5人，判刑1人。

【烟草市场监管】 2022年，遂溪县烟草专卖局（分公司）开展“互联网+监管”工作，建立健全零售户电子档案，动态监管零售户经营行为，推进违规大户整治工作，针对大户控制小户、收购倒卖卷烟、扰乱市场正常经营等违法行为开展专项整治行动，查处并登记在册违法违规卖烟大户16户，其中劝诫注销2户，停业整顿处理2户，被列入“黑名单”1户，市场守法经营率91.8%。推进“四员联动”（专卖稽查员、客户经理、送货员、内管员）网格化治理工作，畅通信息共享机制，掌握零售客户经营情况和卷烟市场异动情况，收到有效问题22条，解决17条。继续拓宽举报投诉渠道，强化信息收集研判和处理，处理“12313”“12345”平台投诉42起，查处各类涉烟案件20件。加强零售许可证后续管理，定期对“无证户”“空挂户”进行摸排、清理。全年登记“无证户”97户，经教育疏导办证29户，劝导办证率32.58%；排查并清理“空挂户”51户，清理率100%。

（黄水秀）

2022年12月4日，遂溪县烟草专卖局（分公司）在县烟草专卖局第三会议室召开“12·4”宪法宣传周专题讲座 （廖洪粤/摄）

旅游业

【概况】 2022年，遂溪县立足旅游资源优势，打造北部湾旅游新区，启动遂溪北部湾旅游新区总体发展规划编制工作。建设“广东省全域旅游示范县”，全县文旅业呈现新气象。北部湾旅游新区建设稳步推进。基本完成发展总体规划编制，旅游设施配套项目加快推进，集“吃住行游购娱”于一体的滨海旅游综合体加速成型，草潭角头沙、江洪仙裙岛成为旅游爆点，沿海镇人气加快集聚，文旅品牌逐步打响。湛江党建红色影视文化城开工建设，“糖祖习俗”入选省级非遗名录，滨海旅游新区文旅项目建设成效初显，“红情绿意蓝韵古色”八大美景成为热门打卡消费场景，旅游收入超10亿元。

【全域旅游】 2022年，遂溪县继续推动《遂溪县全域旅游总体发展规划（2020—2035年）》编制工作，完成规划编制。遂溪县创建广东省全域旅游示范县项目获立项批复，旅游标识标牌、旅游厕所工作开展顺利，完成图纸设计工作。全域旅游示范县项目初步设计及概算编制工作加快推进，遂溪孔子文化城监控设备系统、广播设备系统、防雷工程项目前期工作开展。

【滨海旅游发展】 2022年，遂溪县推动滨海资源整合开发，开创文旅经济发展新格局，打造全域旅游发展极，成立北部湾旅游新区。在江洪镇镇政府办公楼三楼设立专班办公室，统筹北部湾旅游新区建设工作。3月28日，遂溪县北部湾旅游新区指挥部举行揭牌仪式。推动一批滨海旅游网红打卡点发展，江洪笑口滩、草潭海边奶茶店、角头沙等滨海旅游景点成为疫情下市民游客不出远门便可打卡的旅游点。邀请专业团队编制北部湾旅游新区总体发展规划。7月，通过召开北部湾旅游新区编制规划大会，明确方向和任务，规划团队到各镇各资源点实地调研。10月，北部湾旅游新区项目总体规划报告完成初稿，并向县分管领导及相关单位汇报成果，北部湾旅游新区项目可行性研究报告报送县发展和改革局并获立项批复。

【重点旅游项目建设】 2022年，遂溪县加快推进东坡古镇项目建设，该项目是遂溪县为保存明清时期古建筑以及与苏东坡的历史渊源而打造的旅游项目，项目围绕苏二村与调丰村进行。4月21日，召开东坡古镇建设工作座谈会，邀请专家团队进行规划编制，并出汇报成果。东坡古镇溪伯路—苏二段路面改造工程基本完成。6月2日，遂溪县第一个旅游景区博物馆流动展馆在螺岗小镇景区开馆，展馆内以文物精品图片、重点文物遗迹等为内容，以展板形式宣传遂溪县传统文化、历史古迹。推动“旅游+”多业态发展，推出一批“湛江有礼”伴手礼展示展销中心，对全县文旅单位伴手礼（文创产品）情况进行摸底调查，整合全县文创资源。

【旅游行业管理】 2022年，遂溪县文旅部门组织人员对景区疫情防控及安全生产工作进行检查，督促景区落实防疫及安全措施，加强日常监控巡逻，提高景区应急处理能力。3月，邀请市、县领导到遂溪孔子文化城、螺岗小镇、玥珑湖休闲康养小镇调研国家A级旅游景区创建及升级工作，为全县景点景区提质升效出谋划策。

【旅游宣传和市场营销】 2022年1月1日至2月15日，以“传承民间工艺 助力乡村振兴”为主题的2022湛江市民间工艺优秀作品展在遂溪超顺红木文化非遗园开展。该展览主要呈现近年来湛江市参加国家、省民间工艺展的获奖作品、地方特色民间工艺品等。6月，组员到贵阳、昆明参加2022广州湛江文旅推介会，交流资源特色，学习发展经验。县文化广电旅游体育局举办“遂溪八景”相关作品征集活动，制作《大美遂溪》文旅宣传片，展示遂溪文旅新形象。将遂溪县景点、景区串珠成链，推出一批以东坡足迹及探访红树林等为主题的精品旅游线路。组织人员参加湛江市“周末去哪儿”短视频大赛，遂溪有3条旅游线路参赛视频取得佳绩，县文化广电旅游体育局报送的“印象遂溪西海游”精品旅游路线，获优秀组织奖，其他企业个人报送的“梦回千年，印象遂溪——古风周末游”“心之所向 星辰大海”遂溪旅游线路分别获一等奖和三等奖。

【旅游“厕所革命”】 2022年，遂溪县继续推进旅游厕所建设，委托设计单位，为全县各旅游资源点设计4款风格各异的旅游厕所样式，分别是滨海风情、红色风格、古民居风格、绿色田园风情，完成图纸设计工作。

【旅游招商】 2022年，遂溪县通过对北部湾旅游新区6个镇进行实地踩点及资料收集后，对标其他省市滨海旅游发展情况，选取符合各镇实际、突出各镇重点的文旅项目，其中有江洪场地越野汽车运动基地（海边沙滩车）项目、江洪春天·仙裙岛海洋湿地公园（江洪镇）、乐民黄学增红色教育基地项目、草潭滨海休闲旅游养生名镇、湛江市西海岸角头沙星空营地（草潭镇）、草潭镇平安广场酒店项目、界炮镇红树林生态风景区开发项目、杨柑镇河图仔古村落项目、港门镇浪漫海岸沿海观光带项目等，制作北部湾旅游新区招商手册，为各镇差异化发展找准定位，加大招商引资谋发展力度。国庆节期间，草潭镇角头沙、平安滩成为网红打卡地，吸引文旅开发商前来考察投资，其中草潭镇平安广场酒店项目成立工作专班进行洽谈推进。

【红色经典休闲旅游】 2022年，遂溪县通过以工促农、以商带农、以旅助农工作思路，构建一条红色经典休闲旅游线路：遂溪县城（遂城街道）—遂溪县烈士纪念广场（县城中心）—河头红色古街—遂溪黄学增纪念园—北坡镇鱼龙湖生态休闲度假村—杨柑镇钟竹筠故居—界炮镇老马起义旧址—中共遂溪中心县委成立遗址——西田陈氏宗祠—遂溪东征文化村—遂城金龟岭休闲农场。

【广东（遂溪）湛川河谷“仙品荔”云销会】 2022年5月25日，2022广东（遂溪）湛川河谷“仙品荔”云销会在遂溪县乌塘镇举行，广州市派驻湛江市驻镇帮镇扶村工作队、湛江市农业农村局、遂溪县等相关领导出席活动。湛川河谷荔枝种植专业合作社与广州市消费帮扶服务中心、广东泽丰园农产品有限公司、广东胜佳超市有限公司、湛江市铭景农业发展有限公司代表签订“乡村帮扶，有您有荔”合作意向。顾伟星、陆伟刚、王拥军等8名领导为遂溪湛川河谷“仙品荔”云销中心揭牌。县委常委、副县长陶媚参加直播带货，为“仙品荔”发声。此次云销会创下首日签约意向收购100万千克，线上线下销售共0.9万千克，单价均值破20元/千克的纪录。

【江洪“笑口滩”沙滩广场建成】 2022年春节期间，遂溪县江洪镇“笑口滩”沙滩广场建成迎客，笑口滩位于遂溪县西海岸，是江洪镇党委、政府践行市委市政府“三化三大”（工业化、生态化、数字化，大园区建设、大文旅开发、大数据应用）发展理念和遂溪县委、县政府“1+3+6”行动计划打造的项目之一，是一个多功能游乐园，设有烧烤区、烟花区、观海区、沙滩车竞技场、海滨吊桥、露营区、卡丁车场、婚礼场、海滨泳池等设施及场所，是江洪镇新的网红打卡景点。

【金鲳鱼旅游文化节】 2022年11月12日，金鲳鱼旅游文化节在遂溪县草潭镇举行。活动由遂溪县委宣传部指导，草潭镇委、镇政府主办，湛江汇富海洋科技有限公司、湛江恒兴渔业有限公司承办，遂溪县农业农村局、遂溪县文化广电旅游体育局、草潭星巴达假日酒店、湛江广之旅国际旅行社、遂溪一亩田万禾农业科技有限公司协办，广州市越秀区驻镇帮镇扶村工作队组织策划。现场举行“中国金鲳鱼之都——湛江•草潭”石碑揭牌仪式。草潭镇位处北部湾畔，海水水质优良，出产的金鲳鱼肉质鲜嫩，味道鲜美。草潭镇引进汇富、恒兴等多家金鲳鱼养殖企业，全年草潭镇金鲳鱼深海网箱养殖规模超2000万尾，占湛江金鲳鱼年产量的30%，成为全镇重要支柱产业。

（县文化广电旅游体育局）

2022年8月16日，南海禁渔期结束，江洪镇渔港码头开渔

（江洪镇/供图）

金融

综述

【概况】 2022年，遂溪县实现金融业增加值14.79亿元，比上年增长9.5%。有银行业金融机构8家，分别是中国农业发展银行遂溪县支行、中国工商银行遂溪支行、中国农业银行遂溪县支行、中国银行湛江遂溪支行、中国建设银行遂溪支行、中国邮政储蓄银行遂溪县支行、广东南粤银行湛江遂溪支行及广东遂溪农村商业银行。截至年底，遂溪县金融机构各项存款余额368.36亿元，比年初增加43.48亿元，增长13.38%。其中，居民储蓄存款余额298.51亿元，比上年增长13%。各项贷款余额201.06亿元，比年初增加19.79亿元，增长10.92%。存贷比54.58%。其中，广东遂溪农村商业银行存款149.56亿元，贷款78.05亿元。全县小微企业贷款余额48.61亿元，占各项贷款余额24.18%，中小企业信用贷款余额13.87亿元，比上年增长62.13%。累计发放妇女创业贷款9924笔，贷款金额4.58亿元，全县涉农信贷余额123.35亿元，比年初增加21.17亿元，增长20.72%。国库收入12.26亿元，其中，县级税收收入3.7亿元，非税收入8.56亿元；支出73.9亿元，其中拨付抗疫资金金额1700万元。在“粤信融”平台融资金额7.47亿元，在中征应收账款融资服务平台24笔，融资金额9.02亿元。

【金融支持实体经济】 2022年，中国人民银行遂溪县支行成立遂溪县首贷服务中心，强化遂溪县行政服务中心的业务集中优势，将金融服务前移到大厅、集中到窗口，8家银行机构的“首贷服务专员”全部进驻，健全完善“敢贷、能贷、愿贷、会贷”工作机制。发挥货币政策工具正向激励和精准滴灌作用，发放普惠小微贷款支持工具747.16万元，撬动地方法人金融机构普惠小微企业贷款新增3.73亿元，惠及个体工商户、小微企业等逾100家。小微贷款实现“增量、提质、扩面”。

【普惠金融助力乡村振兴】 2022年，中国人民银行遂溪县支行深化普惠金融服务，联合开展调研走访，推进乡村振兴驻镇帮镇扶村，加强金融服务“三农”（农业、农村、农民）。深化遂溪涉农信贷品牌建设，拓宽妇女创业担保贷款项目覆盖面，全年发放妇女创业贷款9924笔，贷款金额4.58亿元，累计贴息2208.62万元，辐射带动9900多户家庭、4万多人次妇女创业就业。乡村振兴领域信贷投入力度加大，推进整村授信，盘活乡村金融活水，扶持农村农业新发展，建设“信用村”行政村98个，累计授信4831户，授信金额5.92亿元，用信4.35亿元。组织召开2022年湛江市金融支持种业振兴融资对接会（遂溪分会场），现场达成授信意向金额2128万元，达成合作签约1258万元。贯彻“谁执法谁普法”普法责任制，将金融知识宣传送到农村，组织发放金融普法宣传资料约2万份，解答群众咨询2000多人次，惠及群众2万多人。

【遂溪县首贷服务中心成立】2022年8月18日，遂溪县首贷服务中心在遂溪县行政服务中心揭牌成立。首贷服务中心的揭牌成立，强化遂溪县行政服务中心业务集中优势，将金融服务前移到大厅、集中到窗口，“让数据多跑路，让群众少跑路”，方便为办理注册登记的市场主体进行首次信贷服务，为市场主体注入“资金活水”，助力中小微企业“轻装上阵”，推进培育优质中小微企业和个体工商户。遂溪县8家银行机构的“首贷服务专员”全部进驻县首贷服务中心，全县实现小微企业首贷户73户，贷款余额1.56亿元。

2022年8月18日，遂溪县首贷服务中心在县行政服务中心揭牌成立

（县人民银行/供图）

【2022年湛江市金融支持种业振兴融资对接会（遂溪分会场）】2022年5月31日，中国人民银行遂溪县支行组织开展2022年湛江市金融支持种业振兴融资对接会（遂溪分会场），8家银行机构负责人及湛江市紫荆花绿色食品有限公司、湛江同和生态农业有限公司等5家涉农企业代表参加会议。会议观看2022年湛江市金融支持种业振兴融资对接会现场直播，中国人民银行湛江市中心支行进行金融政策宣传和解读，工行广东省分行、中行湛江分行、农发行湛江分行、农行湛江分行以及湛江农商银行分别介绍涉农信贷产品。会议直播结束后，与会人员对遂溪乡村振兴扶持政策、种业发展难点、融资需求等开展座谈。对接会现场达成授信意向金额2128万元，达成合作成功签约1258万元。

2022年6月21日，遂溪县金融支持乡村振兴暨“整村授信”启动仪式在遂城街道大家村委会议室举行　（县人民银行/供图）

【遂溪县金融支持乡村振兴暨“整村授信”启动会】　2022年6月21日，遂溪县遂城街道大家村“整村授信”启动仪式在大家村委会议室举行。会议就人民银

行加快推进“整村授信”工作进行介绍，对遂溪农商行推动“整村授信”工作提出5点工作要求。启动会结束后，村民进行身份信息登记、授信材料提供，达成授信协议。

【2022年移动支付示范镇建设工作座谈会】 2022年8月23日，中国人民银行遂溪县支行召开2022年移动支付示范镇建设工作座谈会。辖区各银行机构主要负责人和部门负责人参加会议。各银行机构分别汇报1—8月移动支付示范镇建设工作情况，并表态发言。会议通报2022年遂溪县移动支付示范镇建设情况，分析示范镇建设过程中存在的问题。

【电信网络诈骗专项治理及账户服务现场督导】 2022年9月19日，中国人民银行遂溪县支行组队到遂溪农商银行开展电信网络诈骗专项治理及账户服务现场督导工作，遂溪农商银行领导班子、总行相关部门、各支行行长及各网点负责人参加工作会议。会议围绕账户风险防控及优化账户服务，分别从“断卡”行动背景、“断卡”行动的要求、《反电信网络诈骗法》、账户管理的两大主题及账户分级分类管理等五大方面，分析电信网络诈骗犯罪形势，重点对存量账户风险排查、涉案账户防控监测、账户分级分类及优化账户服务等做业务指导，并提出具体工作要求。

（县政府、县人民银行）

银行业

【中国工商银行股份有限公司遂溪支行】 2022年，该行设有行长室、综合业务部、市场营销部、营业部，下设二级支行2个：启达世家支行、香江新城支行。全年实现拨备前利润8605万元，比上年增加819万元，完成年度任务的102%，完成率在湛江分行排第七名，增长10.52%，增幅排湛江分行第六名；拨备后利润6729万元，增长19.2%，增幅排湛江分行第十名。

存款 年末，各项存款余额30.15亿元，比年初增加3.44亿元，日均比上年增加3.36亿元。其中，年末公司存款余额4.66亿元，比年初增加778万元，日均余额比年初增加4497元；机构存款余额5.69亿元，比年初增加7324万元，日均余额比年初增加5.48亿元；储蓄存款余额19.79亿元，比年初增加2.63亿元，日均余额比上年日均增加2.4亿元；同业存款余149万元。

信贷投放 各项贷款累计投放5.8亿元，年末余额21.99亿元，比年初增加3.47亿元。各项贷款日均余额20.31万元，比年初增加3.03亿元。其中，公司贷款余额3.81亿元，比年初增加1.28万元；个人贷款余额18.18亿元，比年初增加2.19亿元；个人住房贷款余额17.48亿元，比年初增加2.04亿元；个人消费贷款余额1064万元，比年初增加506万元；个人经营贷款余额5972万元，比年初增加966万元；票据贴现3192万元，比年初增加2321万元。

中间业务 实现中间业务收入1341万元（不含分期手续费），比上年增加19万元，完成计划的95.8%，完成率居湛江分行第五名。

（庞　秋）

【中国农业银行遂溪县支行】 2022年，中国农业银行股份有限公司遂溪县支行有支行营业部、西河支行、遂安支行、人民支行、洋青支行、城月支行、杨柑支行、北坡支行及广丰支行（二级支行）9个。截至年底，全行各项存款总额52.5亿元，比上年底增长20.7%，存款增量创历史新高，其中对公存款余额8.75亿元，比年初增加2.16亿元；个人存款余额43.7亿元，比年初增长6.87亿元。全行各项贷款余额41.13亿元，比年初增长14.18%，位居遂溪县金融同业第一。其中个人贷款比年初增长1.86亿元，法人贷款增量2.1亿元，普惠领域贷款1.5亿元，全年任务完成率106.32%，其中普惠法人贷款净增3165万元，普惠个人贷款净增453万元，普惠农贷净增1.27亿元，在湛江分行各支行中排第二名。全年实现营业收入2.09亿元，比上年净增4430万元，实现净利润1.24亿元，实现拨备前利润1.69亿元，增长3652万元；实现拨备后利润1.65亿元，增长4208万元，税务收入突破1000万元。是年，被农行湛江分行评为2022年度基础管理先进支行，被遂溪县人民政府授予2022年度遂溪县纳税“铜奖大户”。

（梁 益）

【中国农业发展银行遂溪县支行】 2022年，中国农业发展银行遂溪县支行各项存款余额6.7亿元，比年初增长3.31倍。日均存款余额2.64亿元，比年初增长69.78%，存款比年初增加主要原因是成功营销到建仓专项债资金2922万元、吴川市住房和城乡建设局保交楼资金7.98亿元。截至年底，支行贷款余额1.53亿元，比年初增长21.46%。其中短期贷款余额7905.96万元（县级储备粮贷款5247.96万元、农村流通体系建设贷款2658万元），比年初增长68.9%；中长期贷款余额7370万元，下降6.66%。贷款余额较年初增加，主要是收储中心县级储备粮承储任务增加、新发放给广东省雷林商贸有限公司的流动资金贷款。履行信贷支农职能，做好收购资金供应管理工作，确保收储企业在收购旺季获信贷资金支持。累计发放地方储备粮轮换贷款（县级）3408万元，轮入县储稻谷1.03万吨，轮入完成率100%。

（戴 奇）

【中国建设银行遂溪支行】 2022年，中国建设银行股份有限公司遂溪支行全口径存款时点余额25.5亿元，比年初新增5.56亿元，当地区域四大行新增排第二名。其中对公存款时点余额10.44亿元，比年初新增3.19亿元，当地区域四大行新增排第一名；个人存款时点余额15.06亿元，比年初新增2.37亿元，当地区域四大行新增排第三名。各类贷款余额27.27亿元，比年初新增5.36亿元，当地区域四大行新增排第一名。其中对公贷款余额9.74亿元，比年初新增3.27亿元，当地区域四大行新增排第一名；个人类贷款余额17.53亿元，比年初新增2.09亿元，当地区域四大行新增排第三名。中间业务收入账面余额331万元。组织开展普惠金融产品推介会，依托“小微快贷”“云税贷”“云易贷”“善担贷”“移动金融”等产品优势，将普惠金融与科技金融、零售业务融合对接。截至年底，普惠金融贷款余额2.11亿元，比年初新增4948万元，完成率比年初新增96%。普惠授信客户新增总户数446户，比年初新增117户，比年初新增计划完成率89%，第四季完成率169%。遂溪支行配置乡村金融专员，服务特色农业、产业园、合作社等农村经济组织，在全县各乡村建立285个“裕农通”活跃点，完成率122%，提供涉农贷款、农产品销售、农村政务服务等农村金融服务，满足村民金融业务需求。全年累计投放6笔“乡村农担贷”贷款，金额2320万元；涉农贷款余额11.35亿元，比年初新增1.55亿元，完成率102%，助力乡村振兴发展。

（县建设银行）

【广东遂溪农村商业银行股份有限公司】 2022年，广东遂溪农村商业银行股份有限公司下辖支行（含营业部）12个，营业网点（含营业部）39个。各项存款总余额149.56亿元，比年初增长9.1%，存款在遂溪县市场占有率40.59%，位列全县金融银行机构第一名；各项贷款77.05亿元，其中一般性贷款余额62.7亿元，增长15.02%；贷款在遂溪县域金融机构市场占有率38.82%，位列全县金融银行机构第一名；资产规模166.62亿元，实现经营利润2.21亿元，净利润1.44亿元，纳税总额6998万元，获遂溪县委、县政府授予的2022年纳税大户金奖和人民银行广州分行颁发2022年度广东省移动支付示范镇建设先进单位。支持乡村振兴。创新金融服务举措，推出妇女创业贷款“政银保”“税贷宝”等多种信贷产品。其中妇女创业贷款累计发放金额4.58亿元，累计发放9924笔；发展涉农贷款，涉农贷款余额59.77亿元，占全县涉农贷款总额48.46%。拓展支农支小新模式。采用生猪抵押模式向当地养殖龙头企业正大猪业授信“生猪贷”9600万元。与粤财担保合作推出“粤财宝”，累计发放粤财担保贷款60户，金额0.85亿元。解决小微企业因无抵押物而“融资难”问题。落实央行及政府部门的金融纾困政策，第四季度落实对小微企业减免利息政策，减免小微企业贷款利息372.24万元，涉及贷款本金19.74亿元。扶持实体经济。通过灵活运用普惠小微信用贷款支持计划和贷款延期支持工具，对接支持“食品精深加工、生物医药、菜篮子工程”三个产业，缓解中小微企业资金周转难、融资贵等问题。截至年底，小微企业贷款余额49.41亿元，比年初增长17.23%；单户授信1000万元（含）以下小微企业贷款16.76亿元，增长28.69%；单户授信1000万元以下小微企业贷款户数2480户，增加560户。累计向人民银行申报“普惠小微企业信用贷款支持计划”金额1.53亿元；普惠小微企业贷款延期支持工具金额1.35亿元；发放支农再贷款资金3.8亿元，支小再贷款1858万元；通过惠小微贷款支持工具发放656.69万元。开展“户户通”工作。截至年底，与辖内322个行政村、27个居委签订党建共建协议，覆盖率100%；投放“粤智助”政务服务一体机320台，覆盖率100%，业务办理25.41万笔；代理6个税务分局缴税业务，推动辖区办税缴费便利化；派驻乡村金融特派员349人，覆盖率100%；配备客户经理95人，占20%；开立“三资”平台账户2296个，覆盖率97.41%；个人信息建档户数71.82万户，覆盖率100%；个体工商户及小微企业建档数1.72万户，覆盖率100%；预授信和授信户数5.51万户，覆盖率23.58%；贷款签约户数1.89万户，覆盖率10.11%；对304个行政村开展整村授信，覆盖率94.4%，授信金额5.92亿元，授信户数4831户，用信金额4.35亿元。

（庞淇译）

【中国邮政储蓄银行遂溪县支行】2022年，中国邮政储蓄银行遂溪县支行个人储蓄存款余额11.35亿元，比上年增加8082万元；公司业务存款结余8.24亿元，增加1.63亿元；小企业贷款结余3亿元，增加3652.41万元；小额贷款结余3.78亿元，增加1.02亿元；消费贷款结余13.02亿元，增加2.97亿元。助力乡村振兴，推进农村信用体系建设。全年创建信用村353个，信用户1.24万个，发放贷款1662.75万元，普惠型涉农贷款结余13.57亿元。继续对个体工商户、小微企业主采取利率优惠政策，降低企业融资成本。普惠型小微企业贷款结余3.88亿元，净增5399万元。发展绿色信贷，履行社会责任。实现绿色贷款比上年增长1.19倍，高于各项贷款增速，净增4808.42万元，超额完成绿色信贷净增目标。

（罗康灵）

【广东南粤银行遂溪支行】2022年，广东南粤银行遂溪支行存款10.3亿元，比年初增加1.4亿元，其中个人存款7.9亿元，单位存款2.4亿元。贷款余额5.75亿元，比年初新增2591.72万元。其中，经营性贷款179笔，总额1.19亿元，比年初增长19.37%，覆盖建筑业，农、林、牧、渔业，批发和零售业等多个行业。落实金融助企纾困政策，加大对小微企业信贷支持力度，优先确保小微贷款额度，满足小微企业贷款需求，实现小微企业贷款“增量、提质、扩面”目标。截至年底，小微企业贷款总额1.07亿元，比上年增长23.15%。推广“粤兴农”等专案产品，满足客户多样化及个性化需求。全年遂溪支行发放“粤兴农”贷款产品67笔，覆盖农产品种植、畜牧养殖、水产养殖、林木种植等行业。落地多家医院医保联项目。推广“粤惠付”，逐步实现各类受理终端支持银联手机闪付、各种类型条码支付等多种移动支付方式，宣传推广“云闪付”App（应用程序）、POS（销售点情报管理系统）机等移动支付产品，助力原遂城镇获评为广东省移动支付示范镇。金融反诈宣传。通过在营业网点摆放“反电诈”“扫黑除恶”等各类宣传手册、滚动播放宣传口号及相关案例短片，加强对学生、农村居民及老年群体反诈宣传和普法力度，履行相关宣传义务。

（广东南粤银行湛江遂溪支行）

保险业

【中国人民财产保险股份有限公司遂溪支公司】 2022年，中国人民财产保险股份有限公司遂溪支公司实现保费收入5631万元，保费规模比上年增长10.9%（剔除农险因素），完成市分公司下达的年度任务指标。巩固原有业务。通过对原有业务排查、整理、分类，针对不同客户开展续保公关工作；实行续保业务责任到人，把续保业务分解到每位业务人员；建立大客户、优质客户部门经理负责制，严防业务流失。开展常规业务突击和专项业务突击活动，发展新保业务约660万元；制定激励政策；致力于效益险种上规模。在承保和理赔方面，严格遵照执行各种规定，确保向社会做出的服务承诺得到践行；在理赔时，要求业务人员必须做到想保户所想，急保户所急，做保户所需，提高工作效率与服务质量。提高承保、理赔质量。展业时客观全面，不误导客户；对投保标的实行严格核验，并做出风险评估；缮制保单、批单严谨、规范；严格执行有关承保方面规定和规程，对超越承保权限的，一律报批后方可签单；定期对承保单证进行检查核对，发现问题及时更正、弥补；加强对签单人员的培训、学习。查勘、定损、理赔方面。接到客户报案通知，全面细致了解出险全过程，掌握好第一手资料，对是否属保险责任进行分析并明确答复；对县内事故及有条件的，一律实行第一现场查勘；进行专业化、标准化、规范化查勘定损工作；对超越定损权限的，报告上级公司，配合上级公司业务人员进行定损；在查勘、定损全过程中，或在接收保户索赔单证时，做到认真负责，主动维护客户的合法权益。

（杨越桂）

【中国人寿保险股份有限公司遂溪县支公司】 2022年，中国人寿保险股份有限公司遂溪县支公司下辖网点19个，全年保费收入1.77亿元，累计服务客户超40万人次，为4800多户家庭提供保险理赔服务，赔付支出金额3329.28万元。公司主营保险产品有人寿保险、健康保险、意外伤害保险等各类人身保险业务。推进商业性健康保险产品及民生保险供给端创新，构建面向个人客户的“国寿福”“康宁”“康悦”等产品体系，为10.7万名老龄人提供人身意外保障，占全县老龄人口的69.4%，统筹做好理赔慰问等服务工作，推动驻点服务模式，探索街道、村（居）委驻点，探索服务新模式，扩大保险覆盖率；与相关政府职能部门加强联动，开展“智慧助老”“防老诈骗”“敬老月”等主题活动，在全县各镇开展主题活动超16场。全年慰问计生特殊困难家庭122户。关爱妇女公益项目。继续推进“她健康 家幸福”，推动妇女全面发展公益活动项目，借助“三八”妇女节、母亲节等活动提高妇女专项保险知晓度和社会影响；开展农村妇女素质培训和妇幼健康知识宣传活动，在全县各镇开展主题活动14场，宣传妇女专项保险利好政策，提升妇女风险防范意识，扩大妇女专项保险影响力。对39位困难妇女、儿童开展节日慰问，深化项目公益内容。为各镇驻点扶贫干部签订乡村振兴驻镇帮扶保险，为全县400多名扶贫人员签订扶贫保险，提高扶贫干部人身保障；与县退役军人服务站签订退役军人保险，为退役军人再就业提供安心保障；与“三支一扶”（支教、支农、支医，扶贫）等大学生签订大学生村官保险，让每年30多名“三支一扶”人员无后顾之忧。针对新市民人群多样化的保险服务需求，丰富产品和服务供给，提升普惠金融服务可获得性。梳理公司针对新市民群体推出的产品和服务清单，由市保险行业协会统一在网络平台投放宣传；推进“湛江市民保”业务，推动医疗保障覆盖至新市民群体，助力完善多层次医疗保障体系；参与第三支柱养老保障体系建设，试点推广“国寿鑫享宝专属商业养老保险”业务，加大新市民养老保障力度；提高新市民子女教育保险保障水平，为新市民子女提供囊括身故、医疗在内的学生保险；聚焦建筑行业务工人员，全年承保自建房建筑工程保险160多项。

（县人寿保险公司）

交通·邮电

交通综述

【概况】 2022年，遂溪县全面提升遂溪作为环北部湾交通枢纽副中心功能，逐步打造以大港口、大交通为主骨架的现代化立体交通枢纽，推动湛遂同城化。遂溪县交通运输局完成下属事业单位（交通运输服务站）公益三类转二类人事改革。县域交通体系逐步完善，遂溪县被评为“四好农村路”（建好、管好、护好、运营好农村路）省级示范县，全年完成交通固定资产投资9.5亿元，遂溪大道、连接线实现与湛江大道全线通车。全县通车公路里程3837.03千米，路网密度180千米/百平方千米。建成主要公路有高速公路3段95千米，国道2段77.88千米，省道6段185.71千米；农村公路总里程2929.76千米，其中县道503千米、乡道991.91千米、村道1434.85千米；乡村小道548.67千米。全县国省道、农村公路共有桥梁361座。

【交通重点项目建设】 2022年，遂溪县推动重点交通项目建设，合湛高速铁路编制完成工可报告，拟在遂城设置面积8000平方米遂溪南站；合湛高速铁路遂溪南综合客运中心站完成工可报告编制，计划与高速铁路站同步建设，打造遂溪客运枢纽；遂溪大道建成通车，打通县城—市区城市快速通道；国道207线、228线遂溪县穿城段改线工程、北部湾快线、广东滨海旅游公路遂溪段、北潭港通港快线等重大项目加快前期工作推进；茂湛高速公路改扩建二期工程加快推进，玉湛高速公路雷州支线开展工可报告初稿编制，雷州半岛西部高速公路、东雷高速公路西延线开展初步方案编制。

【交通均等化】 2022年，遂溪县有公交车55辆，客运班车235辆，出租汽车40辆，实现“镇镇有站、村村通客车”目标。开通遂溪火车站至岭北螺岗小镇公交专线，完成县民生实事工程，推进公共交通均等化，提高公交万人拥有率。

【遂溪县获评“四好农村路”省级示范县】 2022年5月30日，广东省交通运输厅、省财政厅、省农业农村厅、省乡村振兴局对2021年度申报“四好农村路”省级示范县（市、区）进行核查、评审和公示，遂溪县入选。2022年，遂溪县乡道提档升级19个项目76千米，项目均在原有道路拓宽升级，由各镇（街道）、县公路事务中心负责建设。开工17个项目开工72.9千米，占比96%；完工54.895千米，占比72%；未开工2个项目3.1千米。纳入市十件民生实事的6座危桥全部动工，其中西埇桥、李家宅桥、苏村仔桥建设完成。

【交通运输“放管服”改革】 2022年，遂溪县交通运输局继续推行“一站式办公、一条龙服务、并联式审批、阳光下作业、规范化管理”的运行模式，按照简政放权、便民利民原则，实行“窗口受理、审核、办理、审批、办结”的“一站式”服务，减缩办理环节。交通运输业务窗口完成交通办证业务总量6845件，全部受理办结。

【交通运输执法】 2022年，遂溪县智慧交通项目完成立项。县交通运输局多次开展客运、货运、危险化学品运输及机动车驾驶员培训市场等专项整治行动，继续巩固交通运输领域安全生产良好态势和维持稳定市场秩序。查处交通行政违法案件1214件，行政罚款335.3万元，其中立案源头治超案件23件；联合交警查处超限超载案件1444件，卸载货物4.19万吨。是年，县交通运输局在湛江市交通运输行业安全生产责任制和消防工作考核中获评优秀单位。

【交通运输安全宣传培训】 2022年，遂溪县交通运输局多形式开展安全宣传教育培训，通过电子屏滚动播放、悬挂横幅、宣传栏、张贴海报等方式宣传安全知识。制作安全宣传栏10个、横幅400多条、安全宣传海报500多张，在客运站场、火车站等人员密集场所进行宣传。组织开展应急救援演练，联合遂溪大道项目单位（广东冠粤路桥有限公司）组织开展遂溪县交通运输行业2022年安全生产月防风防汛应急救援演练。组织各类线上安全学习，组织交通运输行业工作人员参与2022年“新安法知多少”网络知识竞赛和普法学法考试，提高从业人员安全意识和法律意识。配合开展咨询日活动，活动期间派发宣传资料1000多份。

（县交通运输管理局）

公路管理

【概况】 2022年，遂溪县公路事务中心负责全县普通干线国道、省道公路建设、管理和养护，管养总里程253.38千米。国道2条77.84千米，其中国道207线（乌兰浩特—海安），养护里程45.29千米；国道228线（丹东—东兴），养护里程32.55千米。省道5条175.55千米，其中省道290线（白桔—流沙）、养护里程73.39千米，省道293线（石角—东简）、养护里程14.44千米，省道374线（平乐—杨柑）、养护里程34.38千米，省道375线（客路—江洪）、养护里程22.01千米，省道545线（百龙—草潭）、养护里程31.33千米。桥梁养护46座，其中大桥7座，延长940千米。实现年末优等路里程239.94千米、年末好路里程246.38千米，年末好路率97.24%；年平均优等路里程236.36千米、年平均好路里程240.73千米，年平均好路率96.24%。

【日常性养护及预防性养护】 2022年，遂溪县公路系统坚持人工清扫和机械清扫相结合，公路事务中心领导每周上路巡查指导不少于2次，养护站长每天对管养路段进行全面巡查。累计完成公路巡查6674.5万千米，机械清扫路面面积3988.2万平方米，人工清扫路面面积13.67万平方米，修补坑槽沉陷罩面面积6126平方米，清疏桥涵排水2587座次。整修土边坡面积2.47万平方米，机械农药喷草面积91.53万平方米，管养绿化带面积145.34万平方米。

【公路在建项目推进】 2022年，遂溪县公路事务中心抓实在建项目，推进完成道路交通安全隐患点整治工作。完成省道293线5座分离式桥梁中央分隔带间隙安全隐患排查整治；完成国道207线广前糖业发展有限公司红绿灯路段、国道207线城月竹月塘小学路段和国道228线文车红绿灯路段3处重点段位安全隐患整治工程；对管养的国道207线和国道228线、省道293线共36处中间防撞墙开口隐患点进行临时封堵，防范和化解道路交通安全隐患风险；完成文明示范路创建活动任务中的6个“平安村口”建设任务；完成事故多发和严重安全隐患路口路段治理任务，包括1个干线公路事故多发和严重安全隐患路段、6个安全隐患突出路口路段整治和11个“平安村口”建设；完成省道293线分界村路段水毁路面修复整治工程，恢复路面平整度；完成省道374线“K56+700”盖板涵的改建工程，提高该处排水效率，消除农田积水现象；完成国道207线“K4043+300”右侧边坡因受台风“奥鹿”强暴雨水毁塌方抢修工程；完成国道207线广前公司至城月镇段（K4070—K4077）非机动车道破损修复工程。推进国道228线西埔桥和省道290线白沙岗桥加固改造整治工作。其中国道228线西埔桥危旧桥梁加固民生实事工程于12月4日提前完工，省道290线白沙岗桥危旧桥梁改造工程在建。农村公路8个危旧桥梁改造工程，其中5个民生实事工程项目全部完工，其他3个工程项目加快推进。5个县乡道路面改造升级工程按照施工计划实施。

【路政管理】 2022年，遂溪县路政人员坚持每月巡查不少于20天，全年巡查里程1.73万千米，发现违法违章案件205件，自行制止及处理198件，告知县交通综合行政执法局10件。加大日常路域整治力度，清除移动式标牌、横幅等公路“牛皮癣”，提升遂溪县公路路域环境水平。与县养护站开展日常联合巡查，发现问题及时处理整改；多部门联合行动，震慑辖区内重点道路违法行为，营造良好的道路交通环境。

【公路安全生产】 2022年，遂溪县公路事务中心落实安全生产责任制，成立安全领导小组，落实安全生产责任。加强安全教育，强化安全意识，落实安全措施，消除安全隐患。每季度召开一次安全生产会议，开展春运和6月安全教育月的宣传教育活动，提高全体人员安全意识。加强对养护机械、施工现场安全监管，坚持养护工人、司机安全教育常态化。坚持每月桥梁经常性检查制度，落实桥涵经常性和定期检查工作，确保桥梁运行安全。完善各类应急预案，备足应急物资，组织应急演练，落实领导干部24小时带班值守制度，确保雨天台风天等恶劣天气国省道安全畅通。

【遂溪汽车运输总站】 2022年，遂溪汽车运输总站有建制车辆73辆，有效营运座位2437座。其中责任经营车辆38辆，有效营运座位1296座；公营车投入35辆，有效营运座位1141座（遂溪至茂名2辆、建新线6辆、雷州线3辆，市际旅游包车8辆、网约车4辆、草潭线12辆）；总售票数8.21万张，营收262.34万元，其中网络售票3.35万张，营收145.24万元，发出正班车2.68万班次（含过往班车），加班车42班次，安全运送旅客8.21万人次，比上年下降43.27%。实现营收902.92万元，比上年下降18.61%，其中公营车营收402.21万元，增长16.24%；实现包车645辆次，营收109.26万元；实现运输毛利-154.94万元，增亏187.45万元，下降614.4%。利润-322.62万元，增亏10.31万元，下降3.28%。

是年，遂溪汽车运输总站加强安全生产工作领导，明确安全生产责任人职责，落实“一岗双

2022年2月18日，遂溪汽车运输总站志愿者在售票大厅为旅客提供服务
（县汽车运输总站/供图）

责”制度，调整安全生产领导小组成员，制订安全工作计划和运输安全管理措施。签订安全生产责任书，层层落实责任，构建安全生产管理网络。形成“领导负责、部门具体负责、全员人人有责”安全管理格局。全年召开安全领导小组会议13次，月度安全例会12次，组织安全学习24次。全年举办培训班12期，参加学习387人次。“安全生产月”活动期间，组织开展交通安全知识竞赛活动，有75人参加。先后举办实地消防演练2次。全年安检车辆1.45万辆次，检车率98%，强制保险，进保率98%，安全检查试刹车875辆次，发现问题并排除6辆次，全年派出检查人员104人次，检查892辆次，排查一般性安全隐患8处，纠正违章4辆次。

（县汽车运输总站）

邮政业

【概况】 2022年，遂溪县邮政寄递业务量完成172.01万件，比上年增长16.21%。全县邮政业务收入（不包括邮政储蓄银行直接营业收入）完成3332万元，比上年增长8%。其中，邮政寄递服务业务收入完成1863万元，比上年增长6.9%。是年，遂溪县有邮政普遍服务营业场所21个，信报箱（群）768户，邮筒（邮箱）21个，邮乐购站点5个。全县邮政有投递道段48条，全年投递里程97.3万千米。其中，城市投递路线条数15条，全年投递里程21.9万千米；农村投递路线条数33条，全年投递里程75.4万千米。邮政有县寄递物流配送中心1个，镇级物流共配中心1个，快递服务覆盖全县城区、镇及建制村，站点321个。

【邮政业务发展】 2022年，遂溪县邮政分公司代理金融累计收入1.56亿元，完成全年收入目标100.4%，超目标值58万元。累计新增总资产8.63亿元。开展理财保险、商业养老保险宣传和普及，全年保险保费1.46亿元，其中期交保费5000.84万元，比上年增长37.97%。保险创收2362万元（含税），比上年增长56.02%。继续推进惠农项目，发展邮政综合业务农民合作社57家，融资e贷款农户48户，融资e贷款净增1000万元以上，农产品交易额实现900多万元，完成进度超200%。推动寄递业务提质增效。全县寄递业务累计完成收入1863.4万元，比上年增长6.9%，净增120.6万元，完成全年目标（1782万元）进度的104.56%。乡镇代办业务模式效益明显。全年镇代办点新增完成7个，镇代办点由公司全程进行量收把控，镇代办点由上年的日均60件提升至2022年的日均量100件。保持公安交管项目良好增长趋势，做好政务客户营销服务。促进传统业务创新发展。函件业务、集邮业务及报刊专业累计完成全年收入，完成进度超100%。以报刊文创产品、重点项目及其他产品推进作为报刊收订增长点，党史图书销售实现销售24.7万元；销售《习近平谈治国理政》第四卷8112本，完成推广宣传目标。

【邮政网点建设】 2022年，遂溪县邮政分公司推进网点整治。完成遂城、杨柑、港门网点整治及配套工程工作。实施网点渠道平台转型。完成全部21个邮政营业网点转型工作。业务叠加方面，在各转型网点叠加农产品扫码购业务，在转型网点统一设置邮乐扫码购海报，定期更新扫码购优惠商品，引导客户扫码线上购物。在各网点进行“乡村振兴帮扶”场景搭建，有条件的网点叠加徐闻菠萝、油米等方面的实物展示，所有网点张贴“乡村振兴帮扶”无实物海报展示。加大安全投入补短板力度。完成金融网点数字高清视频监控改造、自助设备振动报警器改造、自服区与营业大厅相连通道的乙级卷帘门改造、UPS（不间断电源，是一种含有储能装置，以逆变器为主要组成部分的恒压恒频的不间断电源）不间断电源达标配备等，强化金融网点安全管控。坚持疫情防控常态化，坚持“人”“物”同防，配合县委、县政府防疫工作，派出人员和邮车进行疫情防控工作。

【邮政物流体系建设】 2022年，遂溪县邮政分公司推进三级物流体系建设。中心（北坡）于9月开始试运营，县中心建设完成，村级站点基础系统铺设完成进度100%，实现全县建制村全覆盖；镇中心建设硬件完成进度100%；农村地区汽车化投递签约12辆车，完成进度100%；县乡邮路优化完成4个，完成进度100%；邮快合作建制村覆盖率100%，全年社会快递量超5.3万件。公司以“两中心一站点”模式，按照“乡镇有节点、村村有站点”建设思路，因地制宜地同步推进站点建设、宣传推广、业务叠加等具体工作落地，构建“县级处理中心—镇级运营网点—村级村邮站点”三级快递物流体系框架结构，以县城站南路投递部和北坡支局为两中心，支局网点为运营网点，每个建制村作为村级站点的架构，按市公司计划完成村级站点挂牌321个，协议签订和录入三级物流管控平台。

（杨倩钰）

通信业

【中国电信遂溪分公司】 2022年，中国电信遂溪分公司渠道网点份额取得突破。新拓展网点33个，其中专营店4间，快递店5间，代理店2间，商圈门店16间，包区店6个，完成全年新拓展网点建设指标，商圈拓点突破较为明显，市场占额在70%以上。小家电上柜推动金融合约率提升。年前遂溪金融合约完成率在全市排名倒数，经过公司新政策推行，结合小家电终端上柜，以利益引导代理商从铺货到买断，下半年逐步转化为主推手机合约，遂溪金融合约（社渠）完成率全市排行第一名。全年客户服务“12315”消委会投诉0宗，“12345”市民热线投诉2宗，实体渠道满意率月均达91.76%。

基本面收入 2022年，公司年考核收入完成1.09亿元，收入时间进度完成率96.79%，全市排第九名，收入比上年增长7.05%，全市排第四名。中小商客收入完成率120.92%，比上年增长20.92%。

业务 2022年，移动新增3.17万户，比上年下降11.4%，移动用户14.57万户，增长4.7%，移动份额19.89%。宽带新增8332户，宽带销户6551户，净增1781户，宽带7.94万户，比上年增长2.29%；ITV（交互式电视）新增7295户，ITV销户4805户，累计7.87万户，增长3.26%；全屋Wi-Fi（无线网络）新增1.22万户，累计5.51万户，增长26.99%，宽带融合率超50%。

存量经营 2022年，存量收入基本面保有率101.09%，全市排第二名；客户保有率92.37%，全市排第五名。加装积分1.94万分，加装金融3085户，4G升5G共4403户，提速1.11万户，加装副卡3169户，加装组网5712户，加装看家2080户。

社会渠道业务 2022年，社会渠道发展96万积分（含包区），新增1.65万移动用户，3523户融合户，金融合约占50%，其中新拓网点27个（不含包区），利用驻店经理进驻商圈提升业务发展量。

五级划小工作 2022年，公司有18个营服中心，9个四级营服，9个五级营服。划小分为29个“责任田”，五级承包“责任田”27个，承包率93.1%，其中23个“责任田”是外包人员承包，4个代理商承包。29个“责任田”分成40个片区。完成收入指标的片区14个，占35%；累计同比增长率超10%的有17个片区；开展划小工作后，收入增长片区40个，占100%。

政企收入 2022年，政企清单客户收入完成1842.91万元，比上年增长4.39%，增量44.55万元；五级包区中政务包区完成收入567.14万元，收入完成率83.79%，增长率0.17%；卫健包区收入完成450.5万元，收入完成率96.77%，增长率11%；大企业包区收入完成639.22万元，收入完成率92.56%，增长率4%；收保率100.46%；客保率103.71%。

产业数字化完成 2022年，产业数字化收入完成1051万元，比上年增长1.99倍；“天翼云”收入完成581万元，增长44%；

“天翼云”底座收入完成62万元，增长2%；双清单收入完成121万元，增长2.05倍。

DICT项目　2022年，签约ICT（信息、通信、技术）项目7个，签约2326.49万元，完成签约值目标155%，遂溪县中标份额占87%，比上年增长59%。

社会服务　2022年，加强云网数基础维护管理，提升网络维护能力。强抓装维指标，加强服务质量管控。围绕宽带装维非常满意度、宽带不可用时长、光衰达标率、政企故障当天修复率等装维指标开展工作。优化传输网络，确保宽带网络安全，提供优化稳定宽带网络保障支撑市场发展，抓好基础管理，做好线路维护，及时恢复用户通信，制定制度管成本，减少成本支出。10月，做好中共二十大召开期间通信及协同作战投入抗疫通信保障，配合县政府在全县开展大规模“美丽圩镇、乡村振兴、县城旧小区改造”等专项工作。

（刘　强）

【中国移动遂溪分公司】　2022年，中国移动通信集团广东有限公司遂溪分公司针对个人及家庭，推广5G套餐、家宽、电视等移动信息化业务，满足用户信息化需求；遂溪移动公司结合县委、县政府和各行政单位在移动政务、内部办公、公共事务管理等方面的需求，为各级党委和政府量身定做相应的移动信息化业务，满足县委、县政府和各级行政单位在语音电话、上网以及“数智化”办公等方面的需求。了解工业园各重大企业单位生产、管理、销售和办公等方面的流程，结合移动业务优势，为各企业制订综合性的信息化解决方案，促进各单位信息化普及和运营效率，提高其市场竞争力。全年通信服务收入5.24亿元，比上年增长7.8%；新增放号7.83万元，5G终端销售2.33万元，5G客户累计8.73万元，5G套包销售11.55万元，宽带净增1.2万元，移动网络覆盖全县范围99.94%。截至年底，有4G基站980个，自然村光网覆盖91%，城镇覆盖率100%。推动5G网络建设，有5G基站680个，覆盖到镇中心、工业园及农村。针对主城区、商业中心、重要人流密集区域、各大工业园完成全覆盖。消除网络盲点，实现信号全方位覆盖。支持参与地方社会公益事业，履行社会责任。投身社会各类公益活动。配合县委落实参加乡村振兴工作和创文工作。

（县移动分公司）

【中国联通遂溪分公司】　2022年，中国联合网络通信有限公司遂溪分公司（以下简称中国联通遂溪分公司）主要经营提供移动通信业务、互联网接入及应用、数据通信、视讯服务、国际及港澳台通信等多种类业务，能够满足国内外客户的各种通信需求。聚焦“新网络、新要素、新生态、新平台、新应用、新安全”六大方向，基本建成具备网络基础稳固、数据智能融合、产业生态完善、平台创新活跃、应用智慧丰富、安全可信可控等特征的国际领先水平新型基础设施。加快5G网络建设和应用，加快大数据中心、工业互联网等新型基础设施建设，坚持以客户为中心，加强技术、业务、服务和管理创新，为用户提供全方位通信信息服务。以促进遂溪经济增长、改善城市管理和市政服务为目标，打造“互联网+”、大数据、云平台管理，秉承“服务政府、服务企业、服务民生”经营理念，推出智慧城市、智慧医疗、智慧农业、平安校园、智慧厂园等多行业信息化产品和解决方案。全年完成主营收入4500万元。网络承载能力加强，5G站点规模334个，4G站点466个，网络覆盖100%，光纤接入率97.2%。

（陈小玲）

城乡建设与管理

国土空间规划

【概况】 2022年，遂溪县自然资源局加强规划管理和验收。全年核发“两书两证”370份，其中建设项目选址意见书3份，用地规划条件书115份；建设用地规划许可证37份，建设工程规划许可证215份。收取城市基础设施配套费3544万元。完成遂溪县遂城街道西堤路改造工程、同畅环保科技船舶废物处理利用中心等建设项目规划核实，核发建设工程（建筑类）竣工规划核实审批表61份。

【编制遂溪县国土空间总体规划（2021—2035年）】 2022年，遂溪县自然资源局按照全国统一部署，进行“三区三线”（根据城镇空间、农业空间分别对应划定的生态空间，城镇开发边界、永久基本农田保护红线、生态保护红线）三轮试划。从2021年6月开始至最后提交成果期间，就“三区三线”划定方案、空间规划编制组共开展7次向县直部门及镇（街道）（含资源局内各股室）的汇报会，1次向县政府领导班子、县直部门及镇（街道）领导的汇报会，2次发函征求镇（街道）意见，3轮邀请镇（街道）主要负责人进行现场落图对接需求。经过3轮“三区三线”划定工作，遂溪县国土空间规划划定工作将县委、县政府“1+3+6”战略目标落实到空间规划三线划定成果中，经县人民政府同意，于9月23日完成遂溪县“三线”划定方案，于10月14日经国家批准先行启动。

（县自然资源局）

市政建设

【市政设施建设和维护】 2022年，遂溪县市政道路抢修及维护投入150万元，完成建设路、农林路、站南路、中山路、一小门前等路段破损路面和排污管道修复，抢修下水管道167米，修补路面面积169平方米，抢修人行道338平方米，清理下水道横沟142米，清理雨水井170座，内涝整治6次。1月24日，湛川路西溪桥头路面因排污管使用时间长久，破损漏水，造成混凝土路面塌方。该处路面塌方长11.7米、宽5.4米、深5米，抢修回填混凝土60立方米。6月16日，动工建设老旧城区改造工程（创新路），创新路南起文仓路，北接省道287线，道路全长1196米，改造项目包括道路工程、交通工程、排水工程、照明工程、绿化工程等，投资3047万元。截至年底，完成铺设雨水管929米、污水管925米，开挖路基398米，工程总进度43%。6月28日，动工建设一、二片区老旧小区改造项目（含府前路、滨河北路、人民路、东山支路、文东路等），截至年底，一、二片区完成8200米雨水主管道铺设，560米污水管道铺设，1800米给水管道铺设，道路硬化5800米，沥青铺设3430米。一片区总工程进度完成90%，二片区总工程进度完成14%。7月13日，动工建设河东大道，河东大道南起规划的站前大道，与遂溪大道平面交叉，跨越源水河，主道下沉进入地下道路，与现状遂溪河并行，下穿雷州青年运河，止于国道228线。按城市主干路标准建设，总长4.99千米，道路宽60米，主道双向六车道、设计速度60千米/小时，辅道双向四车道、设计速度40千米/小时；设置桥梁4座，桥涵设计荷载采用城-A级（限载55吨），总投资7.99亿元，投入专项债券3.6亿元（含征地费用1.02亿元），工期计划24个月。河东大道建成后，将缓解县城交通压力，对提升城区的交通能力、推进县城扩容提质有重要作用。做好遂溪中医药特色小镇（一期）智教路、智思路及配套设施前期准备工作。项目位于滨河新区遂溪中医药小镇内，双向四车道，沥青混凝土路面。智教路长1.97千米、宽度30米，智思路长1.98千米、宽度30米，总投资3.61亿元，其中工程费用2.83亿元。完成立项、测量、物探、勘察和设计招标工作。

2022年7月4日，遂溪县城市管理和综合执法局对县城中山路路灯进行维护

（县城综局/供图）

【城区照明建设】 2022年，遂溪县投入213万元，安装新型节能、环保LED（发光二极管）路灯560盏，完成老旧城区传统钠灯升级改造，实现节能照明。拆除县城老旧路灯，换装LED节能灯，加装醒狮元素灯箱315套，打造特色亮化工程。升级照明效果差路段灯具，更换灯具408盏，其中玥珑湖隔离医院6盏，城西社区居民区152盏，中山社区居民区、湛川社区居民区共158盏，中山路一横、泉溪路共41盏，城北路2盏，运河西路49盏，更换线路1.02万米。全年投入路灯维护费160万元，维护县城主干道、国道207线、国道228线和社区路灯3000多盏，处理地埋电缆故障点88处1443米，电箱控制设备故障72次，灯杆悬挂广告牌拆除65起，更换路灯杆门125次，更换灯泡1058支。

【园林绿化管理】 2022年，遂溪县城区绿化养护总面积87.6万平方米，街道树木总量4.38万棵，投入160万元加强绿化管理和园林养护。对新华街、沿河路、河东路、中山路及国道228线遂溪段等路段，修剪绿化树木512棵，疏除树木的病虫枝、重叠枝、下垂枝。在主要交通路口、花坛、公园、广场种植矮牵牛、凤仙、长春花、太阳花等时花。对建设路、湛川路、农林路、滨河北路等路段的2000多棵绿化树木进行浇水、施肥、除虫、修剪等养护工作。处置因台风、暴雨而倒伏的绿化树木200多棵，排除险情60多起。8月29日，遂溪县动工改造运河西绿化工程，该工程占地面积2310

2022年9月14日，遂溪县城市管理和综合执法局对县烈士纪念公园南门绿化带进行修剪 （县城综局/供图）

平方米，新建供群众休憩的小广场面积185平方米，设6张大理石凳，种植造型盆景罗汉松、榕树、米兰球及花灌木等，9月28日完成，投入资金57万元。

【河东大道开工建设】 2022年7月13日，遂溪县河东大道开工建设。遂溪县河东大道（站前大道—国道228线）工程位于湛江市遂溪县境内，起点于龙驾村西侧由南向北延伸，穿越规划南部新城，与遂溪大道平面交叉，跨越源水河后主道下沉进入地下道路，随后于规划新华路北侧接入地面道路，与现状遂溪河并行，下穿雷州青年运河后止于国道228线。道路等级为城市主干路，标准路基宽度60米。主道设计时速60千米，双向六车道；辅道设计时速40千米，双向四车道；总投资79971万元。建设内容包括道路、交通、给水、桥涵、电力、通信、照明、绿化等。截至2022年底，完成工程量10%，占工程总量10%，完成投资36017万元，占总投资45%。

（县城市管理和综合执法局）

城市管理

【环境卫生管理】 2022年，遂溪县城区环卫清扫保洁继续市场化运作，把城区95条街道的清扫保洁、垃圾收运、洒水作业等工作承包给社会专业公司实施。城区道路清扫保洁总面积186万平方米，上门收集垃圾的总户数达3万户。在遂城第四小学和农林社区创建生活垃圾分类示范区；投入15万元，在县城14个社区、5个村委会及各主要街道增设投放分类垃圾桶350个、果皮箱650个。投入环卫2人清扫生活垃圾，保洁费2388万元、生活垃圾处理服务费2660万元，处理生活垃圾3.68万吨，城市生活垃圾无害化处理率100%。根据制定的《环卫作业质量管理办法及检查考核制度》对承包公司进行管理，建立巡保一体化的保洁作业队伍，变被动保洁为主动保洁；增加垃圾清运、道路清扫喷洒频次，做到垃圾日产日清，提升垃圾处理能力。

【市容环境“六乱”治理】 2022年，遂溪县城市管理和综合执法局坚持疏堵结合、标本兼治原则，开展整治“六乱”（乱搭乱建、乱停乱放、乱摆摊、乱拉挂、乱堆挖、乱张贴）系列专项行动。创新勤务模式，采取日常巡查、错时执勤、机动巡查相结合方式，分组分片、严防重罚，对县城流动摊贩占道经营、乱拉乱挂“六乱”问题进行整治，督促各门店业主落实“门前三包”（包卫生、包绿化、包秩序）制度。出动执法人员5350多人次，劝导教育违规经营流动摊贩和商户1500多次，依法暂扣各类经营工具510多件，清理违法设置的户外广告110多个。全年对违法建设作出行政处罚33宗，处罚金额494.34万元，处罚面积5.4万平方米。“小产权房”实现“零增长”，违法建设现象得到有效遏制。在站南路、县自然资源局和黄学增纪念中学旁设置流动摊贩安置点，为市民增加休闲购物场所，推动“地摊经济”发展。打造府前路、中山路示范街区，以点带面，引导流动摊贩“入室经营”，年内200多户流动摊点搬迁至该经营点规范经营。推动城内市场醒狮美食广场建设，实现“政府管理、民生需求、促进发展”良好共赢局面。与县公安局、县市场监督管理局、遂城街道等部门建立联动机制，联合开展综合整治行动12次，对府前路、中山路、遂城旧中心市场等进行联合大整治，治理旧城区“六乱”顽疾，城市市容环境焕发新面貌。

（梁培元）

【城区环境保洁】 2022年，遂溪县环境卫生管理处完成城区340多条道路，面积185万平方米的每日清扫保洁任务，新增东山北路清扫保洁任务；完成城区3.5万户、80多个垃圾收集点、4个垃圾转运站的共6.26万吨垃圾收集清运任务。全年环卫投入2340万元，生活垃圾处理费征收482万元。

道路清扫保洁 加大清扫保洁力度，确保城区环境卫生整洁。大街执行16小时、小街巷实行12小时保洁制，对城区主次干道、公共场所和重点区域卫生实行全天候保洁。做好城区降尘洒水工作，城区主要街道每天冲洗2次，降尘2次，人行道每月冲洗1次，确保街道干净整洁。

垃圾收运 根据每日垃圾产量及县城实际转运设施设备情况，采取先集中再远运方式，将生活垃圾集中转运至填埋场进行处理，确保县城生活垃圾日产日清。在日常生活垃圾清运过程中，采取多种形式收集和转运垃圾，遇到节假日城区生活垃圾量剧增等特殊情况，采取增加收运频次，增加收运车辆，启动紧急预案等措施应对。在“11·24”新冠疫情防控期间，抽调环卫作业车辆、环卫工人配合完成58个高风险封控区做垃圾清运工作，出动环卫车辆20多辆次，环卫工人40多人次，收集转涉疫生活垃圾17.2吨，确保专人专车专线密闭收运落实到位。全年产生生活垃圾6.26万吨，日均171.5吨，全部转运至填埋场处理。

环卫考核 联合县城市管理和综合执法局、遂城街道对遂溪万家美物业服务有限公司市容环卫保洁服务等业务实施监督考核，做到日日有监督、月月有考评，重点加强大街小巷环卫作业监督管理。全年开展考核考评249次，整改各类环卫问题420多个。

环卫诉求办理 办结数字化城管、“12345”市民热线转办案件120多件，其中投诉31件、举报25件、建议46件、咨询18件，办结工单100%。

环卫收费 严格收费标准，杜绝“人情”收费，明确收费范围、减免对象，开展垃圾处理收费工作，加强与粤海水务集团协作，沟通代征工作相关事宜，派遣专人负责核销粤海水务代征情况，全年城区生活垃圾处理费征收金额482万元，其中粤海水务代征的446万元由该公司按月全额向税务部门缴纳入库，自收的36万元由县环境卫生管理处全额缴入县财政专户。

（县环境卫生管理处）

城乡供电

【概况】 2022年，遂溪县电力运行平稳有序，电力电量供需平衡。遂溪供电局供电范围2131.6平方千米，供电人口约110万人，供电客户约33万户。遂溪营业区域内有35千伏及以上公用变电站13座，10千伏公用线路3787.17千米。是年，全县用电量21.6亿千瓦时，比上年增长0.35%。

【供电服务】 2022年，遂溪供电局建立以政府为主导的县、镇两级有序用电工作专班，挖掘日常避峰用户20户、灵活可调用户13户、超计划限电线路12条。全省首创用电报装物权证明“线上审批”，累计完成412宗，纳入广东营商环境改革先进经验。实现“零证办电”“刷脸办电”，电子签章应用率31.67%。挖掘电能替代潜力，规模以上电能替代项目6个。开辟充电桩用电报装绿色通道，充电桩报装612户，比上年增长6.75倍。投运充电桩16条，实现镇公共充电桩全覆盖。促成遂溪县发展和改革局印发《遂溪县涉电公共安全隐患排查整治工作方案》，排查治理涉电公共安全隐患932项。第三方客户满意度 88 分，获地方政府公共服务公众评价第一名。应对 5 个台风、3 轮强降水。完成中国共产党第二十次全国代表大会、冬奥会等活动期间 31 项重大保供电任务。

【市场化需求侧响应座谈会】2022 年 4 月 14 日，遂溪供电局联合县发展和改革局召开 2022 年市场化需求侧响应客户座谈会。为遂溪用电企业详细分析、介绍 2022 年电力供应形势、市场化需求相应工作内容及用户注册流程，号召用电企业参与市场化需求响应工作。通过建立健全市场化需求响应交易机制，以市场手段激励电力用户挖掘用能弹性，逐步形成年度最大用电负荷 5% 的响应能力，实现全省响应资源的优化配置。

【10 千伏业扩配套工程投产】2022 年 9 月 2 日，遂溪县同畅环保科技有限公司 10 千伏业扩配套工程投产，该工程在 110 千伏城月变电站新建 10 千伏双回路同畅Ⅰ线、同畅Ⅱ线为其保障供电，满足该公司用电需求，为“同畅环境科技船舶废物处理利用中心项目”提供电力保障，提高湛江市保护环境及消纳危险废物的能力。

【电网规划与建设】 2022 年，遂溪县供电局实现电网规划与国土空间规划较好衔接。推进 110 千伏乌塘变电站、110 千伏源水变电站项目纳入投资。协助遂溪县政府编制《遂溪县整县屋顶分布式光伏推进工作方案》，推进遂溪县整县屋顶分布式光伏开发试点工作，新增分布式光伏并网用户 141 户，比上年增长 8.81 倍。实现 5 个国家级、省级现代农业产业园核心区配电网规划全覆盖。完成同畅科技、工业二线等遂溪县重点项目配套电力工程建设。实施豆坡线改造等工程支撑火龙果产业用电。

（县供电局）

2022 年 4 月 14 日，遂溪供电局联合县发展和改革局召开 2022 年市场化需求侧响应客户座谈会（县供电局 / 供图）

2022 年 9 月 2 日，遂溪县同畅环保科技有限公司 10 千伏业扩配套工程实施现场（县供电局 / 供图）

城市供水

【概况】 2022 年，遂溪粤海水务有限公司运营县城运河水厂 1 个，供水规模为 5 万吨 / 日，供水覆盖面积 45 平方千米，供水服务人口 20 万人；遂溪县政府委托运营岭北污水处理厂 1 个，首期处理规模 1 万吨 / 日，远期 3 万吨 / 日；投资建设并运营岭北自来水厂1个，负责岭北镇镇区及工业园区自来水供应，首期规模2万吨/日，远期6万吨/日。是年，遂溪县供水销售量1241.22万吨，比上年增长4.87%；产值8475.19万元，增长15.53%；上缴税费775.57万元，增长26.1%；完成污水处理费征收1101.33万元，减收2.1万元，完成垃圾有偿服务费代收543.81万元，增长1.9%。

【供水服务】 2022年，遂溪粤海水务有限公司出厂水水质经省市县卫生部门抽检，综合合格率均达100%，供水保障率100%，管网末梢水水压0.14兆帕以上。优化服务中心办事程序，为群众提供“一站式”业务服务。全年受理业务3309宗，其中管网报漏925宗，水质报告173宗，水压报告1宗，用水争议703宗，用水变更2211单2701户，用水报装333单6933户，其他业务1510宗。受理服务及时率100%，抽查客户满意率100%。优化营业大厅服务环境，创建阳光服务窗口，推介银行托收业务（办理银行托收4.6万户，约占总户数的52.96%）及微信收费等便捷服务，提高营业收费工作效率和服务水平，当年水费回收率均在99.43%以上。实行管网监察人员分片负责制，加强管网运行巡查监察，维护良好供用水秩序，保障安全供水。全年巡查及时查漏285宗，查处违规用水5宗。实行管网维修承诺制，并增强维修队伍力量，分片到人，向社会承诺在接到报漏信息后20分钟内修理员赶赴现场关水抢修，小漏即时修，并向用户承诺修复时间。其中DN100—600主管道大抢修116次，管网漏损率控制在14%以下。

【污水处理费和垃圾有偿服务费代收】 2022年，遂溪粤海水务有限公司配合政府相关职能部门，对使用自来水的国家机关、企事业单位、学校、团体、经营门店等单位和居民代收污水处理费和垃圾有偿服务费。全年完成代收污水处理费1101.33万元，垃圾有偿服务费543.81万元。

【智能水表推广】 2022年，遂溪粤海水务有限公司推广使用智能水表，逐步形成水表远程管理。全年小区规模安装智能水表4621户，全城约2.88万户使用远程智能水表，占全城户表（共7.89万户）的36.49%。

【供水设施建设】 2022年，遂溪粤海水务有限公司对制水系统进行维护改造建设，对运河水厂水质在线监测更新改造；继续完善厂区安全设施，防护雨棚更新改造项目；中心化验室开展CNAS（中国合格评定国家认可委员会）认证，逐步实现自检水质指标项目42个；筹资1800多万元铺设、新建DN（直径）110—315供水管道12千米，DN63—90供水管道18千米，解决龙悦公馆、乐得居状元楼、敏捷悦江府、碧桂园公园首府、玥珑湖二期高楼层、恒盛花园、城西社区、塘尾村、欧屋村及中间岭村等片区居民生产生活用水问题。筹资约25万元改造、扩建及新建岭北工业区开发服务有限公司用户建设红线工程、供水管道（DN160）改造工程、遂溪人民法院东侧12米路（康达轩）供水管道（DN200）扩建工程，解决以上区域管网无水用、水压低及经常爆裂造成的水压不稳定问题。

【污水处理设施建设】 2022年，遂溪县镇区污水处理设施及配套管网建设项目全部完工，进入联动调试阶段。县供电局负责的PPP（政府和社会资本合作）生活污水项目涉及农村污水处理设施及管网建设数量共595个村。完成595个村的管网建设，595个村中纳入镇区管网的村22个，取消末端设施建设（转给乡村振兴办牵头、由镇政府负责统筹建设）的村62个，实际完成农村末端设施建设任务的村511个。511个村末端设施全部运行。

（陈琴清）

农贸市场物业管理

【概况】 2022年，遂溪县市场物业管理局管辖各类市场26个，市场占地总面积17.2万平方米，市场建筑总面积约 10 万平方米，有摊位（含铺面）约 4000 个。

【农贸市场建设】 2022 年，遂溪县市场物业管理局所辖的河头、乌塘、港门、界炮、洋青 5 个市场列入省民生实事农贸市场升级改造事项，河头、乌塘、港门、界炮、洋青、下六、草潭 7 个市场列入市民生实事农贸市场升级改造事项。7 月 25 日，省民生实事农贸市场升级改造项目按照升级改造备案项目全部完成改造工作，并验收通过。市民生实事农贸市场升级改造项目拟改造面积 1.91 万平方米，拟投入资金 2073 万元，其中各镇从乡村振兴驻镇帮镇扶村资金中安排 877 万元予以支持，县市场物业管理局自筹资金 1196 万元。年内上述 7 个市场全部完成升级改造并进行重新招租，投入使用。

【农贸市场安全管理】 2022 年，遂溪县市场物业管理局结合“平安建设”“法制宣传日”等活动，通过电子屏、宣传栏、宣传横额、派发传单等形式，加大安全生产、食品安全、消防安全等知识宣传力度。开展消防知识培训和应急演练，建立健全安全生产责任制，把安全生产工作纳入绩效考核重要内容，与经营户签订安全生产责任书。加强对安全生产管理，落实市场安全隐患常态化排查整改，坚持实行大市场和市场重要部位 24 小时轮班巡查管理制度。加强与有关政府职能部门协作，在个别市场设立专门检测点，通过抽检方式对市场经营食品进行常规检测，处理食品安全问题。以创文为契机，推进管辖市场环境卫生秩序管理，落实市场清洁工作长效机制，抓好摆卖秩序、市场保洁、排污清理等工作。

2022 年 11 月 13 日，遂溪县河头镇河头市场升级改造竣工开业

（县市场物业管理局 / 供图）

【农贸市场升级改造】 2022 年，遂溪县市场物业管理局以省市民生实事农贸市场升级改造事项为契机，投入资金约 770 万元，对界炮、乌塘、河头 3 个农贸市场进行升级改造，主要包括道路硬底、水沟清污、台位修复、铁棚修补、墙体喷白、熟食“四防”等。经整治，3 个市场面貌焕然一新。

【农贸市场基础设施升级改造专项债券项目】 2022 年，遂溪县市场物业管理局根据政府专项债券项目申报相关政策，将管辖的 22 个农贸市场打包为 3 个申报债券项目，谋划继续推进市场改造升级。将杨柑市场、城月市场、城南市场、乌塘市场（二期）、建新市场、岭北市场、乐民市场 7 个市场基础设施升级改造整合为“遂溪县乡村振兴城乡融合发展农贸市场等基础设施升级改造项目”。该项目占地面积 3.66 万平方米，建筑面积 3.01 万平方米，拟规划市场摊位 1480 个、新建广告牌 70 个，总投资拟为 1.15 亿元，申报债券 7000 万元。将北坡市场、洋青市场（二期）、界炮市场（二期）、港门市场（二期）、河头市场（二期）、下六市场、牛圩市场 7 个市场基础设施升级改造整合为“遂溪县乡村振兴农贸市场综合治理升级提质项目”。该项目占地面积 5.56 万平方米，建筑面积 2.79 万平方米，拟规划市场摊位 2010 个、新建广告牌 70 个，总投资拟为 1 亿元，申报债券 6000 万元。将椹川市场、沙古市场、草潭市场、火车站市场、黄略市场、姑寮市场、城内市场、白水市场8个市场基础设施升级改造整合为“遂溪县农副产品服务平台基础设施升级改造项目”。该项目占地面积3.99万平方米，建筑面积2.49万平方米，拟规划市场摊位1200个、新建广告牌80个，总投资拟为1.07亿元，申报债券6500万元。上述3个项目完成可研编制、用地预审、项目立项等前期工作。

（宋华军、王育聪）

乡村振兴

【概况】 2022年，遂溪县以乡村振兴战略统揽新发展阶段“三农”（农业、农村、农民）工作，紧扣“产业兴旺、生态宜居、乡风文明、治理有效、生活富裕”总要求，坚持“三级书记”抓乡村振兴，牢牢守住保障粮食安全和不发生规模性返贫两条底线，做好乡村发展、乡村建设、乡村治理等重点工作，推动农业高质高效、农村宜居宜业、农民富裕富足。

【党对乡村振兴的全面领导】 2022年，遂溪县健全党领导农村工作组织体系、制度体系、工作机制，把党的领导的政治优势转化为重农强农、推动乡村振兴行动优势。高位推动抓落实。调整充实县委实施乡村振兴战略领导小组，县委书记、县长分别担任组长、常务副组长，县委常委、副县长担任副组长或成员；县委、县政府主要领导定期研判全县乡村振兴工作态势，全年到基层开展乡村振兴专题调研62次，主持专题会议研究部署乡村振兴工作25次；县委常务委员会、县政府常务会议共研究乡村振兴议题27个；县委全会报告、县党代会报告、县政府工作报告均专项提出优先发展农业农村，并将全面推进乡村振兴作为首要工作任务，把方向、谋大局、定政策、促改革。制定《遂溪县全面推进乡村振兴加快农业农村现代化的实施意见》《关于实现巩固拓展脱贫攻坚成果同乡村振兴有效衔接的实施方案》，明确全县乡村振兴实施路径。开展“三进一建”（进社区、进企业、进工程，建档案）活动，完善抓党建促乡村振兴发展规划，岭北镇获评湛江乡村振兴十大“金点子”镇（街道）。落实县四套班子领导成员和县各单位挂点工作责任制，建立乡村振兴战略月度考核机制，纪检、组织、“两办”（县委办、县政府办）督查部门形成监督合力，把整治形式主义、官僚主义作为践行“两个维护”重要抓手，强化对贯彻落实习近平总书记关于“三农”工作的重要论述和各级“三农”决策部署情况监督检查。

【农村综合改革深化】 2022年，遂溪县推进农村综合改革，农业农村发展活力继续增强。深化农村集体产权制度改革。全县土地流转面积5.08万公顷，土地流转率52%。全县集体林权确权发证面积2.91万公顷，流转林地林木面积1566.67公顷。推进宅基地改革。在前期以杨柑镇作为市农村

2022年6月30日，遂溪县2022年广东扶贫济困日暨全社会助力乡村振兴活动启动仪式在县体育馆四楼会议室举行

（县农业农村局／供图）

宅基地审批工作试点稳步推进农村宅基地审批工作基础上，全面启动全县15个镇的农村宅基地审批试点工作，全县审批宅基地总宗数618宗，总占地面积7.35公顷。推进县域内城乡融合发展体制机制创新。以缩小城乡发展差距和居民生活水平差距为目标，以县城扩容提质、拓展产业发展空间、稳步提升城镇化发展水平为抓手，探索建立美丽小城镇发展机制、健全村改社区管理机制、搭建城乡产业协同发展平台、建立城乡基础设施一体化发展体制机制和科技成果入乡转化机制，完善组织、资金等保障措施。

【三大支撑夯实乡村振兴根基】 2022年，遂溪县继续推动人才、资金和土地资源要素向乡村集聚，开创“三农”（农业、农村、农民）工作新局面。强化人才支撑。新提拔熟悉“三农”工作领域的科级以上干部100人，其中在基层一线提拔重用82人进入镇党政领导班子，从“五方面人员”中选拔镇领导班子成员15人。实施“头雁”工程（一项以加强村党支部书记为重点的农村基层干部队伍建设的系统工程），完成农村“两委”（村党支部委员会、村民委员会）干部换届选举工作，助推102名村级干部学历能力“双提升”，选派53名优秀村（社区）“两委”干部及村级后备干部参加2021年高素质农民（农业经理人）培训班，对全县1300多名党组织书记和2165名新任村（社区）党组织书记开展乡村振兴全员培训。全县“三支一扶”（支农、支教、支医，扶贫）在岗人员18人。培训“粤菜师傅”“南粤家政”相关工种学员5565人；举办农村电商各类培训班42班次，培训学员611人次；建立农村电商服务站10个，开展高素质农民培育培训91人，带动农民就近就业。实施“百企兴百村”行动，累计发动103家企业对接帮扶113个村庄，投入帮扶资金5.2亿元。其中，广东恒兴集团有限公司帮扶的河头镇油河塘村被评为“全国文明村”；广东壹号食品有限公司帮扶的附城镇官湖村被评为“广东省名村”，并获市首届美丽乡村电视大赛一等奖。强化“三农”投入支撑。全县一般公共预算农林水支出8.65亿元，比上年支出略有增长。地方政府新增专项债券5亿元优先用于县人居环境整治（农村生活污水治理）项目，为全县乡村振兴建设提供大额资金支持。全县涉农贷款余额97.21亿元，比上年增长24.09%。遂城、城月镇获评广东省移动支付示范镇。全县政策性农业保险规模1.24亿元，农业保险深度达0.9%。强化土地要素支撑。全县新增建设用地总面积87.98公顷，乡村振兴建设用地面积28.37公顷，占新增建设用地计划指标的32.2%。全县完成“房地一体”权属调查宗地数30.11万宗、房地测量30.11万宗，完成率100%。

【美丽乡村建设】 2022年，遂溪圣女果入选广东农产品“12221”市场体系建设“十大优秀案例”，以“市场驻村”模式实现一颗圣女果造就一条“亿元村”的做法，得到省委主要领导的肯定；助力2021陕粤特色农产品（广州）宣传推介活动并获省农业农村厅表扬；创新式实行“一站多区+全域性乡村振兴人才驿站”建设模式，建成全市一流县级人才驿站，县、镇两级人才驿站实现全覆盖。全域推进农村人居环境整治，推进厕所、垃圾、污水“三大革命”，加强和改进乡村治理，农村面貌继续改善。巩固人居环境整治。全县完成“三清理、三拆除、三整治”［“三清理”是清理村巷道及生产工具、建筑材料乱堆乱放，清理房前屋后和村巷道杂草杂物、积存垃圾，清理沟渠池塘溪河淤泥、漂浮物和障碍物；“三拆除”是拆除危房、废弃猪牛栏及露天厕所茅房，拆除乱搭乱建、违章建筑，拆除非法违规商业广告、招牌等；“三整治”是整治垃圾乱扔乱放，整治污水乱排乱倒，整治“三线”（电力线、电视线、通信线）乱搭乱接］环境整治任务，基本建立农村人居环境基础设施管护机制。全面完成问题厕所摸排整改工作，无害化卫生户厕基本普及，基本建立农村公共厕所长效管护机制。全县2001个自然村均有保洁员及垃圾收集点，村庄保洁覆盖面100%。生活污水管网收集率90.2%，终端治理率82.31%，如期完成农村生活污水治理民生实事任务。基本完成全县15个镇环境基础整治任务，并制定人居环境基础设施长效管理机制。继续推进乡村风貌提升。重点推进遂城、黄略镇农房管控和乡村风貌提升示范带建设，辐射带动全县乡村风貌提升。顺利推进遂溪河全长14.8千米碧道建设。创新开展“四小园”（小菜园、小果园、小花园、小公园）试点创建工作。完成超50%房屋安全隐患整治目标。沿线连片完成存量农房微改造3059户。建设现代乡村治理体系。深化镇（街道）体制改革，新增建设3个省级民主法治示范村及完善2个镇级公共法律服务示范工作站和15个村级公共法律服务工作室。常态化推进扫黑除恶专项斗争，建立防范和打击“村霸”长效机制，实行村“两委”（村党支部委员会、村民委员会）干部人选县级联市机制。推动全县15个镇350个村（社区）完成综治中心升级改造。实现农村主要路口、重点部位和要害地段视频监控全覆盖。全县农村（含流动渔民）不发生大规模疫情，不发生涉农群体性事件，不发生重大涉农负面舆情。

【农民种粮收益保障体系建设】 2022年，遂溪县落实粮食补贴政策，全县耕地地力保护补贴面积8.46万公顷，涉及农户15.57万户，补贴1923.38万元，提高农民种粮积极性。落实农业保险，保障粮食生产安全，农业保险保费1.56亿元，完成率100.09%，水稻投保面积2.56万公顷。农产品质量安全水平提高。完成省、市级农产品质量安全监测检测任务555批次，合格率98.91%；开展县级农产品质量安全监测9031批次，合格率99.8%。全县农产品质量安全监测合格率在99.8%以上。

【脱贫攻坚成果巩固】 2022年，遂溪县落实防返贫监测机制。全县“三保障”（义务教育、基本医疗、住房安全）及饮水安全、兜底保障等主要政策优化调整到位。通过对监测对象实施分类帮扶，指导帮扶责任人制订完善“一户一策”帮扶计划，开展针对性帮扶，实现风险消除监测对象101户428人。为9592户建档立卡脱贫户和边缘易致贫户购买“医行教”防贫救助保险，推动落实防止返贫保险工作。推进驻镇帮镇扶村工作。落实全县16个镇（街道）“一对一”组团结对安排，16个乡村振兴驻镇帮镇扶村工作队280人，全部投入乡村振兴工作。统筹驻镇帮镇扶村资金安排，加强项目入库管理，截至年底，全县驻镇帮镇扶村各级财政资金到位5.12亿元。其中，2021年到位资金1.78亿元，2022年到位资金3.35亿元。2021年、2022年累计储备驻镇帮镇扶村项目989个，资金5.24亿元，全部公示入库及批复各镇，并录入全国防返贫监测信息系统。继续做好扶贫项目资产后续管理。探索建立健全扶贫项目资产长效运行管理机制，成立遂溪县扶贫项目资产后续管理“回头看”工作领导小组开展问题摸排，掌握各镇项目投入、资产规模、资产现状、运营管护等情况，对标发现问题清单，立行立改，推动整改工作落实见效。加强脱贫攻坚以来各类财政专项资金投入形成的扶贫项目资产清查，做好扶贫资产确权登记工作。2016—2021年，全县投入各级各类扶贫资金5.68亿元，形成扶贫资产5.07亿元，共2039个扶贫资产，资产形成率89.24%；完成扶贫资产确权总额5.07亿元，确权率99.88%。深化遂融协作。落实2022年粤桂协作项目资金保障和人员选派等帮扶工作。粤桂协作项目计划资金5050万元，实际到位5127万元；应向融安县派驻专业技术人员25人，派驻27人；全县结对的19个相关单位均签订帮扶协议，并累计捐赠33.2万元开展帮扶活动。开展就业和消费帮扶，助推融安县高质量发展。强化招商引资，推动建成产业园1个和帮扶车间6个，引进广东坤达管业有限公司等6个企业到融安县投资建厂，吸纳农村劳动力就业；通过“春风行动”招聘行动、“点对点”输送、职业技能培训等，累计帮助融安县实现农村劳动力转移就业1.19万人（含脱贫人口6770人），培训人数326人；动员遂溪大型商超和农产品供应链企业实地采购、电商推销、政府采购等多形式拓宽销售渠道，累计消费帮扶融安特色农产品3886万元，超额完成销售目标。

【农业现代化进程加快】 2022年，遂溪县推进种业振兴。完成省下达遂溪县种质资源保护和收集任务，并加快推动杨柑镇圣德燕窝果良种推广项目、农作物（甘薯）良种推广项目、乌塘牌广藿香轻基质组培苗种植推广基地等项目。全县有4家种苗生产企业、1家国家核心育种场、1家广东小耳花猪省级保种场和2家省级对虾良种场。开展渔港建设攻坚行动。申报湛江市遂溪县江洪一级渔港升级改造项目，10月，项目获批建设资金3000万元，选址江洪渔港，预算总投资3248.6万元。实施农机装备补短板行动。推动农机化发展，全县农业机械总动力82.06万千瓦，农作物综合机械化水平53.78%，水稻耕种收综合机械化水平80.55%，比上年增长1.86%。省下达遂溪县中央财政农机购置补贴资金800万元受理县内群众申请农机购置补贴818.33万元，补贴机具1543台（套），受益农户1150人，补贴资金使用比例102.29%，资金使用量排全省前列。强化农业科技推广服务。新建科技示范基地2个，举办近200人参加的基层农技推广体系改革与建设项目现场观摩会，推动优新品种对比展示、先进技术试验示范。推介发布主导品种58个，主推技术28项。深化农技推广服务驿站建设，全县252名技农人员进村入户指导农户1.16万次，“中国农技推广”App（应用程序）线上咨询回答量6353次。推动数字赋能农业发展。推动农产品大数据建设，创建推广智慧果园、智慧渔船系统平台、省级现代农业产业园大数据平台等，加大智慧农业普及力度，以数字赋能现代农业高质量跨越式发展。继续抓好农业品牌宣传塑造。加强农产品“12221”市场体系建设，宣传推介遂溪特色农产品。在2022年农民丰收节之际，县委主要领导骆华庆作为各地专家学者代表中唯一一名县委书记连线央视直播间，推介遂溪特色农产品。组织开展广东遂溪农业领域对接RCEP（区域全面经济伙伴关系）启动仪式暨特色农产品（千禧果、火龙果、番薯）网络文化节、“我为荔农办实事”、遂溪县火龙果香蕉文化节、遂溪（乌塘）南药线上丰收节、金鲳鱼旅游文化节等营销活动。在2022广东（遂溪）湛川河谷“仙品荔”云销活动中，助推湛川河谷3000吨荔枝首日全部售罄，继续擦亮乌塘“仙品荔”金字招牌。遂溪圣女果入选广东农产品“12221”市场体系建设十大优秀案例。开展农业品种培优，年内新增“遂溪湛川荔枝”“遂溪金鲳鱼”2个全国名特优新农产品，累计创建10个全国名特优新农产品，19个“粤字号”品牌，10个绿色食品。

【特色优势农业壮大】 2022年，遂溪县打造农业产业集聚发展平台。立足遂溪特色主导产业，火龙果、生猪省级现代农业产业园及深海网箱养殖优势产区产业园加速推动农业向园区化、规模化、集约化发展，加快推进总投资2.03亿元的南药省级现代农业产业园建设，提前谋划2023年遂溪县预制菜省级现代产业园项目，年内新增省级专业镇村2个，累计创建省级“一村一品、一镇一业”专业镇村22个，逐步形成“一县多园、一镇一业、一村一品”特色农业发展格局。推动农村消费提质升级。加强农产品流通体系建设，建设以县城为“心”、镇村为“点”的物流网络格局，推动工业品下行，实现镇级物流服务站点全覆盖。建设县级白坭坡物流配送中心（农产品上行仓）和打造界炮、北坡、洋青、岭北、建新重点乡镇仓储物流分中心，吸引镇周边电商企业共同发货、共享物流设施设备，推动农产品上行。推动完成省、市农贸市场升级改造任务，其中省民生实事6家农贸市场升级改造任务全部完成，市民生实事8家农贸市场升级改造任务已完成4家。推进农民就地就近就业。实施“粤菜师傅”“广东技工”“南粤家政”三项工程技能培训，完成补贴性职业技能培训1954人，其中“粤菜师傅”培训553人，“南粤家政”培训583人，其他培训818人，审核通过1954人的补贴性培训资金申请，补贴资金218.9万元，均完成市下达遂溪县目标任务。落实农民稳岗就业、农民工返乡创业就业等支持政策，为当地务工人员开展15场线上线下网络招聘，在线招聘企业112家，提供就业岗位3272个；通过优惠政策、就业服务鼓励和支持劳动者在中小微企业就业、临时性就业及其他形式的灵活就业，累计发放各类就业补贴154.03万元。

【农村面貌继续改善】 2022年，遂溪县推进乡村振兴示范带建设。继续推进遂城、黄略镇农房管控和乡村风貌提升示范带及35个美丽宜居示范村创建提升建设，辐射带动全县乡村风貌提升。巩固提升农村人居环境整治成果。实施农村人居环境整治提升五年行动和美丽圩镇建设攻坚行动。继续推进“厕所革命”，累计新建改造户厕超3800户、公厕超350座。在继续健全“村收集、镇运转、县处理”垃圾处理体系基础上，配齐全县2001个自然村保洁员，农村生活垃圾无害化处理率、村庄保洁覆盖率均达100%。统筹整合各级财政资金和专项债券资金7.3亿元用于加快推进农村生活污水治理。全县生活污水管网收集率95.6%，终端治理率92%。加快推进湛江市2022年度碧道建设项目。遂溪河碧道动工建设长2900米，青年运河遂溪县城段碧道纳入遂溪河水质提升工程进行建设，基本建设完成。推进“四好农村路”（建好、管好、护好、运营好农村路）提升改造，推进农村公路和危桥改造项目建设，完成农村公路19个项目76千米、危桥改造6座的年度建设任务。实施农村村内道路建设民生工程，统筹使用涉农资金、驻镇帮镇扶村资金等村内道路建设，全县2001个自然村实现干路硬化建设，完成省、市民生实事村内道路硬化任务。加快推进农村供水“三同五化”（同标准、同质量、同服务，规模化发展、标准化建设、一体化管理、专业化运作、智慧化服务）改造提升工作。编制完成《遂溪县农村供水“三同五化”改造提升（遂溪县饮水安全水质提升）工程实施方案》，并于11月20日开始启动项目建设。实施农村基本公共服务提升行动。实现规范化中心幼儿园、4000人以上村办规范化普惠性幼儿园全覆盖。建立以县人民医院为牵头医院，横向整合县中医院、县妇幼保健院，纵向整合各镇卫生院、一体化村卫生站组成的县域医共体。实施兜底民生服务社会工作“双百工程”覆盖工作，投入各级财政资金1323.6万元，计划新增建设31个社工点，实现全县16个镇（街道）350个村（居）委会社工点全覆盖。

【农村生活环境继续优化】 2022年，遂溪县继续加强农村党组织建设。强化基层党建和农村治理有效融合。探索打造“强契约化共建、优化服务模式，强网格化管理、优化组织体系，强一体化转换、优化治理机制”党建品牌，建立“平时组团服务，急时合力攻坚”的基层治理工作格局。紧盯农村集体“三资”（资金、资产、资源）及推进乡村振兴重要事项，加强监督执纪问责。以乡村治理数字化管理工作项目为抓手，探索推行人居环境整治、美丽乡村建设“积分制”“清零制”等新模式、新做法。开展推动抓党建促乡村振兴示范县镇创建工作，比选推荐岭北、杨柑镇参加全市抓党建促乡村振兴“新书记开新局”擂台比武，岭北镇获评市抓党建促乡村振兴十大“金点子”镇（街道）第三名。推进文明村镇创建。开展市、县文明村镇创建，创成全国文明村镇4个、省文明村镇3个，县级以上文明村（行政村）、文明镇覆盖率分别为77.6%和66.7%，市级以上文明村和文明镇覆盖率分别为50.9%和66.7%。鼓励村民委员会将乡村振兴要求、自治法治德治精神、移风易俗、殡葬建设、奖惩机制、村庄规划管理等纳入村规民约（居民公约），全县350个行政村完成村规民约的修订完善。推进农村公益性殡葬设施建设，建立县、镇、村三级殡改责任体系，健全殡葬改革目标管理考核机制，推行节地生态安葬。维护农村社会平安稳定。开展2022年度省级“民主法治示范村（社区）”评选申报，附城镇铺塘村，洋青镇城榄村、芝兰村申报成功。推进“一村（社区）一法律顾问”工作，全县聘请87名律师担任15个镇347个村（社区）的法律顾问。开展农村地区宗教突出问题整治，未发现存在极端思想渗透、涉嫌从事非法宗教活动和传播极端宗教思想的据点。统筹推进应急管理与乡村治理资源整合，开展交通运输领域常态化扫黑除恶专项斗争、消防安全夜查行动、消防安全暗访督查及“春风利剑”电动自行车领域消防安全综合治理、药品器械化妆品日常检查和专项检查工作等，维护农村社会平安稳定。是年，遂溪县谋划专项债券资金15.4亿元用于推动农村人居环境治理水平提升。

【乡村振兴保障力度加大】 2022年，遂溪县扩大乡村振兴投入。推进金融扶持涉农、中小微企业发展和重点项目建设，加大金融系统对乡村振兴的投入力度。用足用好央行政策资金，支持乡村小微实体经济。办理普惠小微贷款支持工具发放2.05亿元，精准惠及个体工商户、小微企业等逾100家。发挥支农支小再贷款的精准滴灌和正向激励作用，涉农信贷投入力度明显加大。引导金融支持农户复工复产、春耕备耕等融资需求，全县涉农信贷余额123.35亿元，比年初增长20.72%。推进“妇女创业担保贷款”贴息项目惠民政策，累计发放妇女创业贷款9924笔，金额4.58亿元，累计贴息2208.62万元，辐射带动9900多户家庭、4万多人次妇女创业就业。实施金融支持乡村振兴行动。指导金融机构创新惠农、乡村振兴特色信贷产品，推广“整村授信”特色项目。遂溪农商银行“整村授信”业务覆盖遂溪县行政村220个，建设信用村行政村98个，100%完成授信，授信金额5.92亿元，用信4.35亿元。加强移动支付示范镇建设，发挥挂牌认定的“广东省移动支付示范镇”的示范引领作用，推进精品示范镇建设。6个示范镇1604家商户加入移动示范镇建设。推进农村地区信用体系建设。全县“粤信融”平台融资金额7.47亿元，通过中征平台融资24笔，融资金额9.02亿元。完善乡村人才培养措施。推进乡村人才驿站建设，县级（乡村振兴）人才驿站与高层次人才服务、电商产业园、产业转换工业园、“粤菜师傅”培训基地、乡村振兴培训学校、对虾种业产业园6个站区及15个镇级乡村振兴人才驿站有机联合，共同构成遂溪县人才服务平台体系。7月，遂溪县人才驿站被湛江市人力资源和社会保障局考核为“优秀”等次，10月，遂溪县人才驿站被广东省人力资源和社会保障局推荐为广东省特色人才驿站。抓好农村改革重点任务落实。深化农村土地承包经营权流转，累计流转土地面积5.08万公顷，流转率52%，涉及农户5.86万户。推进农村宅基地改革，在前期以杨柑镇作为市改革试点工作的基础上，启动全县农村宅基地审批改革工作。全县16个镇（街道）审批宅基地总宗数2237宗，总占地面积26.10公顷。受理农村宅基地纠纷案件并按照法律法规指导调解，处理土地纠纷和宅基地信访案件12件。规范和完善农村集体“三资”（资金、资产、资源）管理，全县2430个农村集体经济组织全部纳入村财镇管，农村“三资”纳入“三资”管理服务平台运转。是年，全县农村集体资产交易管理平台累计交易104宗，交易金额1.94亿元；累计成功交易656宗，交易金额4.41亿元。

【圣女果产业发展】 2022年，遂溪县选择界炮镇江头村作为乡村振兴样板村，培育圣女果产业。遂溪县农业农村局与界炮镇委、镇政府为江头村注入市场资源，引入农业生产龙头企业湛江市铭景农业发展有限公司，以“田头智慧小站”移动冷库形式，实现从田头生产到果品加工、包装、检测、电商直播等多功能田头仓储保鲜服务过程，并结合农时，组织农技专家以“轻骑兵”形式，到田间地头直面生产问题，快速响应群众反馈的生产实际技术需求，精准指导圣女果种植。2022年，江头村带动周边村庄种植圣女果面积400多公顷，产业总收入超4亿元，让4000多户农民实现在家门口就业。

（县农业农村局）

生态环境

污染防治

【概况】 2022年，遂溪县深入践行习近平生态文明思想，以实现减污降碳协同增效为抓手，深入打好污染防治攻坚战，推进环保督察问题整改，继续改善全县生态环境质量，为遂溪推进“1+3+6”行动计划提供环境支撑和生态保障。全县功能区噪声、道路交通噪声、区域环境噪声均符合相关标准要求，大气中二氧化硫、二氧化氮、可吸入颗粒物年日平均值均达到国家《环境空气质量标准》（GB 3095—2012）二级标准；饮用水源水质达标率100%，地表水水质达到国家《地表水环境质量标准》（GB 3838—2002）Ⅲ类以上标准。全年空气环境质量监测329天，其中，空气质量为优、良的天数327天，优良率99.4%，环境空气质量优良稳定。全面推行河湖长制，清理河道56.5千米，推进“红树林之城”共建，完成生态造林和生态修复面积1140公顷。

【土壤污染风险管控】 2022年，湛江市生态环境局遂溪分局强化土壤污染重点监管单位规范化管理，规范引导粤绿环保公司、湛江甘丰农药厂等有关危险废物处理处置和农药生产、储存、使用等重点管控行业企业地块进行调查。推动金科名苑房地产进行污染土壤调查。

【农业农村污染治理】 2022年，遂溪县有325个行政村，2001个自然村，完成农村生活污水管网建设、采用暗渠化收集、无须建设污水收集管渠的自然村1971个，完成收集率98.50%；完成农村生活污水处理设施建设、纳入镇区污水处理厂、资源化利用的自然村共1897个，完成率94.80%，农村生活污水治理走在全市前列。推进省民生实事自然村生活污水治理。印发实施《遂溪县2022年省民生实事新增完成农村生活污水治理工作方案》，10个民生实事自然村生活污水治理管网和终端建设全部完成。编制县域农村生活污水专项规划。完成《遂溪县农村生活污水治理规划（2021—2025年）》编制，并于12月18日印发实施。建立健全长效运维管护机制。印发实施《遂溪县农村生活污水治理设施运行维护管理办法》，并将运维经费纳入涉农资金解决。委托第三方编制《遂溪县农村生活污水分散式治理设施运行维护方案》，按程序报县政府审核后，通过招标引进第三方运维管理。

【固体废物污染防治攻坚行动】 2022年，湛江市生态环境局遂溪分局开展危险废物规范化管理排查。对辖区内重点产废企业进行规范化管理方面的排查，对排查发现的12处一般隐患，均完成整改。提高危险废物规范化管理水平。利用广东省固体废物环境监管信息平台，落实产生危险废物单位危险废物申报登记制度，强化对危险废物全过程环境监管。全县134家机动车维修企业（场所）在广东省固体废物管理信息平台完成危险废物申报登记。推进危险废物处置能力建设，推动湛江市医疗废物无害化处理项目扩建工程（扩建一条40吨/日的医疗废物焚烧处理线）和同畅环保科技船舶废物处理利用中心建成投产。强化企业主体责任落实。建立完善危险废物环境重点监管单位清单，督促企业严格落实危险废物管理计划、申报登记、转移联单等制度。打击非法倾倒固体废物环境违法行为。印发《遂溪县严厉打击危险废物环境违法犯罪行为实施方案》，联合公安等5个部门开展严厉打击危险废物环境违法犯罪专项行动，强化日常监管，对危险废物倾倒处置的违法行为涉嫌环境犯罪的，移送公安机关侦查，做好“两法”（生态环境保护综合行政执法、刑事司法）衔接。

【排污许可监管】 2022年，湛江市生态环境局遂溪分局做好持证企业重新申请、变更、续证工作及新增企业发证登记工作，核发国家版排污许可证81个，督促指导企业按照排污许可证规定全面落实生态环境管理要求，依法查处无证排污、不按证排污违法行为。

2022年6月2日，湛江市生态环境局遂溪分局在县琴苑公园（主会场）举办2022年“六·五”世界环境日主题活动

（湛江市生态环境局遂溪分局/供图）

【核与辐射安全】 2022年，湛江市生态环境局遂溪分局强化对伴生放射性矿开发利用企业的辐射安全监管，组织核与辐射安全隐患排查，对辖区内3家卫生院核发辐射安全许可证。督促辖区内28家伴生放射性矿开发利用企业落实环境影响评价和“三同时”（同时设计、同时施工、同时投产使用）制度，开展辐射环境监测和信息公开等工作。

【入海排污口排查】 2022年，遂溪县完成辖区内入海排污口排查工作，排查出入海排污口87个。加快高位池养殖尾水治理。全县8个沿海镇有高位池养殖281户，面积376.67公顷，全部建设尾水处理设施并投入使用。推进超标入海排污口整治工作。完成遂溪盐灶养殖场13号排污口和遂溪旧庙养殖场5号排污口整治。

（湛江市生态环境局遂溪分局）

环境监管

【概况】 2022年，湛江市生态环境局遂溪分局完成省、市下达的地下水饮用水源保护地、入海河口、高位池养殖尾水、农村生活污水等生态环境常规监测任务；出动日常“双随机”（在监管过程中随机抽取检查对象、随机选派执法检查人员）、重点源监督性监测100多次，并参与突发性污染事故应急监测12次。并在2022年“六·五”环境日举办“共建清洁美丽世界”主题宣传活动。

【中央督察组交办信访案件办理】 2022年，中央第四生态环境保护督察组驻粤期间交办的涉及遂溪辖区的群众信访案件27批76件（来电7件、来信69件），其中列为重点关注案件的11件。76件信访案件中其他辖区共性案件10件，66件为遂溪县牵头主办案件。按地域和单位分，涉及15个镇和农业农村、自然资源、住建、生态环境、水务等17个相关部门。中央环保督察转交办案件66件全部办结，办结率100%。同时，责令改正32家，立案处罚16家，罚金133.16万元，立案侦查1件，刑事拘留1人。

【环保执法监管】 2022年，湛江市生态环境局遂溪分局开展饮用水源、遂溪河沿河畜禽养殖和水产养殖、水产加工、砖瓦砂石行业、炉窑整治、塑料制品、屠宰行业、医疗机构、自主验收等环保专项执法行动，倒逼企业守法生产、守法经营、守法排污，推广污染源自动监控为主的非现场监管方式，利用在线自动监控、排污许可监管平台对辖区内15家涉水处理的重点企业进行非现场执法。出动2500多人次，检查企业（场所）760多家次，“双随机”（随机抽取检查对象、随机选派执法检查人员）抽查企业136家，办结群众来电、来信、来访和上级转来的投诉案件434件，办理检察建议书12件，全县范围内未发生重大污染投诉案和集体上访事件。落实行政处罚案件办理期限规定，提升执法效能，办结行政处罚案件27件，处罚金额391.24万元，执法工作位列全市前列。

【生态环境风险防范】 2022年，湛江市生态环境局遂溪分局继续开展环境安全隐患大排查大整治行动，推进企业环境应急预案修订和风险评估，实现环境风险源、环境应急预案备案、环境应急物资及环境风险企业隐患排查整治动态管理。开展参与突发环境事件应急演练3场次，办理企业环境应急预案备案73个，妥善处置玉湛高速赤坎海田收费站路段货车损漏至乳胶泄漏到高速公路雨水沟事件等环境突发事件，得到市领导表扬。

（湛江市生态环境局遂溪分局）

生态保护

【概况】 2022年，遂溪县建立攻坚工作机制，出台《2022年遂溪河罗屋田断面水质达标攻坚方案》《遂溪河罗屋田省考断面水污染整治三年行动方案》，对遂溪河整治进行整体谋划、整体推进；对11个不达标的镇级及以以下的地下水饮用水源地开展整治工作，全部整改完毕。

【遂溪河整治】 2022年，遂溪县建立攻坚工作机制。出台《2022年遂溪河罗屋田断面水质达标攻坚方案》《遂溪河罗屋田省考断面水污染整治三年行动方案》，进行整体谋划、整体推进。坚持每周调度，定期召开专题会议，压实责任，倒排工期，挂图作战，推动攻坚工作。投入4.38亿元建设遂溪河流域水质提升工程，治理河道总长34千米，铺设24千米雨污管道，截流污水量2.6万立方米/天；建成3个共1.62万立方米/天的一体化污水处理设施，完成清淤22万立方米，驳岸修复与明渠改造1.08万米，建设湿地及景观工程面积5.6万平方米，促进罗屋田断面水质改善。争取4000万元专项资金建设遂溪河流域水污染综合治理工程。建设人工湿地水质净化工程、水域生态修复工程及自动化监测系统，项目于5月开工，工程资金支出941万元，资金支出进度23.53%，完成总工程量的25%。新建投资5.67亿元日处理量10万立方米（首期日处理量6万立方米）的遂溪县滨河新区生活污水处理厂及配套管网。《项目决策草案》和《项目PPP实施方案》通过审议，上报省财政厅审核入库（PPP项目），省财政厅线下审批，在挂网采购社会资本和进行招标。推进沿河78个自然村生活污水处理设施及配套管网建设。完成管网建设77个、污水终端建设75个。投入资金2000多万元建设81家沿河畜禽养殖场粪污资源化利用设施。实施遂城街道老旧小区改造项目（含县城旧区雨污分流管网改造工程）。该项目总投资5.1亿元，分7个片区项目实施（其中建设污水管网2.13万米），完成工程总量的35%，污水管完成8960米，工程进展顺利。常态化开展河长制工作，开展“五清”（清污、清漂、清淤、清障、清违）、“清四乱”（清理整治河道治理范围内乱占、乱采、乱堆、乱建）行动。完成遂溪河129个入河排污口排查工作，制定整治方案，推动整治工作。强力整治畜禽养殖，拆除复养养殖场25个，与56户养殖户签订停养协议，清理生猪约3800头。取缔沿河非法洗砂场、洗砂点23个，关闭旧中心市场和东圩市场，堵截遂溪河沿河非法排污口26个。建立水质监测机制，对主流、支流19个监测点每月监测1次，对6条支流每2周监测1次，将水质情况通报预警。与廉江市建立联合监测机制，推动上下游一同整治。

【水源地环境保护】 2022年，湛江市生态环境局遂溪分局对11个不达标的镇级及以地下水为饮用水源地开展整治工作，全部整改完毕，根据检测报告显示，经净水设施处理后，水质参数指标符合《生活饮用水卫生标准》（GB 5749—2006）的标准值，均达到饮用水质标准，遂溪县农村集中式供水水源完成整改。

（湛江市生态环境局遂溪分局）

节能减排

【概况】 2022年，湛江市生态环境局遂溪分局对挥发性有机物重点监管企业及储油库、油罐车、加油站等开展突击检查，加强检查VOCs治理设施运维情况。开展6家企业VOCs分级管控工作。加强工业锅炉和炉窑分级分类治理及工地扬尘、道路扬尘巡查。严查餐饮油烟污染违法行为，强化露天焚烧秸秆常态化管控。联合县公安局、县应急管理局、镇（街道）政府等部门开展烟花爆竹燃放管控专项整治行动。对接第三方技术服务机构提供技术支持，高污染燃料禁燃区划定工作完成。推动辖区内华润水泥（湛江）有限公司和国投广东生物能源有限公司2家重点企业通过强制性清洁生产审核现场评估验收。

【涉挥发性有机物企业分级管理和治理】 2022年，湛江市生态环境局遂溪分局对挥发性有机物（VOCs）重点监管企业及储油库、油罐车、加油站等开展突击检查，加强VOCs治理设施运维情况检查，开展6家企业VOCs分级管控工作。

【工业锅炉和炉窑分级分类治理】 2022年，湛江市生态环境局遂溪分局加强企业锅炉废气治理设施监督管理，督促糖厂、生物质电厂、海南葫芦娃公司等废气排放企业及时整改所发现的问题，确保废气治理设施正常运行，确保污染物达标排放。继续跟踪完成整改的4家环保砖厂，加强对未纳入整改的其他环保砖厂大气污染治理设施、堆场扬尘监督检查，确保废气处理设施正常运行，堆场扬尘不影响周围环境。

【源头治理和移动源管理】 2022年，湛江市生态环境局遂溪分局加强工地扬尘、道路扬尘巡查，严查餐饮油烟污染违法行为，强化露天焚烧秸秆常态化管控，联合县公安局、县应急管理局、镇（街道）政府等部门开展烟花爆竹燃放管控专项整治行动。

【高污染燃料禁燃区划定】 2022年，湛江市生态环境局遂溪分局对接第三方技术服务机构提供技术支持，完成高污染燃料禁燃区划定工作。明确高污染燃料禁燃区区域及范围，禁燃区包括县中心城区和城区近郊，禁燃区面积17.34平方千米；明确相关部门对高污染燃料禁燃区监管职责，对禁燃区内违反规定的行为将依据现行法律法规依法进行查处。

【重点企业清洁生产审核】 2022年，湛江市生态环境局遂溪分局推动辖区内华润水泥（湛江）有限公司和国投广东生物能源有限公司2家重点企业通过强制性清洁生产审核现场评估验收。

（湛江市生态环境局遂溪分局）

教育

综述

【概况】 2022年，遂溪县有各级各类学校582所，其中完全中学1所，高级中学2所，职业技术学校1所，初级中学37所（其中九年一贯学校8所），小学269所（其中完全小学205所、教学点64所），特殊教育学校1所，幼儿园271所（公办幼儿园32所、小学附设幼儿园80所、民办幼儿园159所）。全县各类学校在校生17.03万人，其中高中学生1.25万人，职业学校学生1186人，初中学生3.31万人，小学学生8.28万人，在园幼儿4.05万人，特殊学校学生155人。在编在岗教职员工8031人，其中中小学7688人、幼儿园276人、职业技术学校48人，特殊教育学校19人。有党组织242个，其中党总支22个、党支部220个（含民办），党员3797人。是年，教育党建构建新高地，用好“平急转换”机制，教育系统党员先锋模范作用更加突出，在遂溪当地新冠疫情防控及“暹芭”台风等突发事件应急处置工作中做出较大贡献。立德树人工作全面推进，“五育”并举（德育、智育、体育、美育、劳育）、“三全育人”（全员育人、全程育人、全方位育人），教育教学工作成绩明显。“双减”（减轻作业负担、减轻校外培训负担）工作初显成效，据“国家基础教育教学监测平台”问卷调查，遂溪县五项指标达到预期。高中教学质量管理智育评估系数居全市第一名，中考总分平均分、各学科平均分连续3年居五县市第一名。理顺3988名教师人事关系，困扰教育系统多年的人编分离问题得到解决。累计投入1.7亿元加强办学条件建设，中小学幼儿园新增学位4565个。职业技术学校迁建项目累计投入1.9亿元，新职业技术学校于9月招生开学。“厕所革命”工作推进，市教育局向县教育局发出表扬信。全县所有中小学校被认定为广东省“绿色学校”。遂溪县教育履职考核在湛江市10个县（市、区）排第四名，在粤东、西、北排第十七名，比上年有较大提升。县招生委员会获评湛江市2022年“平安高考”达标单位。禁毒教育考核连续四年被市教育局和县禁毒委评为“优秀”等次。全年资助各学段家庭经济困难学生4.42万人次，发放生活费补助资金2124万元。争取豪群篮球公益基金会“圆梦计划”助学金资助遂溪县63名贫困学生。落实国家生源地信用助学贷款政策，完成贷款4406笔4000多万元。历时5年编写的《遂溪县教育志》公开出版发行。加强资金使用管理，全面合理筹措安排各项教育经费，为教育发展提供财力支撑。实行“一年4次”校内视力监测，将监测数据上报国家健康体质平台。加快推进教室照明改造进度，明眸亮眼。接受体检学生10.87万人，体检率99.13%。

全县七年级适龄女生人乳头瘤病毒（HPV）疫苗接种率98.44%。在2022年湛江市中小学校教师（校医）预防艾滋病健康教育授课比赛中，遂溪县小学、初中、高中三个学段6名教师分别获市一、二、三等奖。加强校园生活垃圾分类管理，全县有32所学校（园）被评为“遂溪县校园生活垃圾分类管理示范学校”。

2022年10月9日，遂溪县教育系统举办“喜迎二十大　奋进新征程”主题演讲比赛决赛。图为颁奖现场　（县教育局/供图）

【教育系统党建】　2022年，遂溪县委教育工作委员会召开全县中心小学以上学校党组织书记会议，通过专题学习会、宣讲、党课等多种方式，让中共二十大精神入校园、入课堂，各党组织通过多种方式开展中共以二十大精神为主题的学习200多场次。深入学习贯彻习近平新时代中国特色社会主义思想，坚持落实“第一议题”学习制度，每月不少于4次，中心组全年学习19次。传达贯彻广东省第十三次党代会精神，其中广东省第十三次党代会代表教师陈晖超在会上做专题传达。抓好政治安全意识形态安全工作，每季度召开1次政治安全意识形态安全工作分析会。开展“扫黄打非•护苗2022”专项行动进校园、2022年遂溪县“青春自护•平安行动”青少年自护教育暨“遂小狮”禁毒卫士项目、遂溪县校园安全培训等活动，筑牢意识形态阵地。突出抓好基层党组织建设，举办全县教育系统党务工作培训班，联合县委组织部到遂城第四小学、遂城第六小学、大成初级中学等开展党建工作调研。抓好党组织领导的校长负责制落实，完善全县242个党组织换届选举、组建及班子成员配备，实现党组织和党的工作全覆盖。实施“头雁”工程，全县中小学党组织书记基本由校长担任。组织634名党员干部参加党务培训，举行全县教育系统“喜迎二十大　奋进新征程”主题演讲比赛和庆祝中国共产党成立101周年暨中国共产主义青年团成立100周年座谈会，开展庆祝中国共产党成立101周年系列活动，引领党员干部坚定跟党走，建功新时代。抓好“学习强国”学习平台管理。按标准核准全县教育系统3797名党员缴交党费。严格标准要求，转正党员72人，发展党员38人，吸收入党积极分子42人。用好“平急转换”机制，发挥党员先锋模范作用。在遂溪当地三次新冠疫情及“暹芭”台风等突发事件应急处置工作中，全县教育系统各党组织发挥“平急转换”机制优势，成立临时党组织，派出党员突击队和党员先锋队，下沉一线开展抗疫抗风工作。尤其在当地“11•24”新冠疫情抗疫工作中，成立临时党支部3个，党员突击队4支，派出党员干部7625人次到驻点镇和社区一线开展抗疫工作。其中，到社区各核酸检测点党员人数2479人次，派出驻守各高风险区域党员人数155人次。处置2个涉疫学校的防控工作，县教育工委领导成员每天带队靠前指挥，多次召开会议部署防控工作，带领党员干部开展核酸检测“扫楼排查”和驻点社区网格摸排工作，确保核酸检测不漏一户、不缺一人。加强党风廉政建设。全系统开展“廉洁文化进校园”专题学习586次，组织“廉洁文化进校园”专题宣讲75场，参与师生7.2万人次，取得良好成效。全年立案5件，初核了结1件，函询2件，提醒谈话17人。

【依法治教】 2022年，遂溪县中小学校举办法治教育专题讲座501场次。“双减”（减轻作业负担、减轻校外培训负担）工作初显成效，据“国家基础教育教学监测平台”问卷调查，遂溪县五项指标达到预期。设立遂溪县中小学生校内课后服务工作专项资金，县财政局下达2022年遂溪县中小学生校内课后服务工作专项资金10万元，用于扶持1000人以下的学校开展课后服务工作。完成2022年广东省义务教育质量监测，22所样本校完成监测；开展幼儿园办园行为督导评估，对18所幼儿园进行复评，提升幼儿园办园水平。协助13个镇（除原遂城镇、城月镇外）开展教育强镇复评迎检工作。联合县市场监督管理局、县公安局等部门先后出动执法人员78人次，查处无证经营的非学科类培训机构22所，无证学科类培训机构1所。严格执行“十不得一严禁”；处理违规补课和乱收费投诉，规范中小学幼儿园办学行为。严格招生管理，县城小学、初中同步实行网上预报名、同步进行网上审核、同时公布录取结果。加强普法宣传教育工作，组织师生参加《广东省学校安全条例》知识竞赛、第七届“学宪法讲宪法”活动、2022年“宪法卫士”活动，3名中小学生分别获市级一、二、三等奖，3名中小学生获市级演讲比赛三等奖，其中遂城第二小学莫昊辉代表湛江市参加省的“学宪法讲宪法”知识竞赛。

【素质教育】 2022年，遂溪县教育系统坚持政治引领，用习近平新时代中国特色社会主义思想铸魂育人。县委书记骆华庆带头讲授思政课，全县教育系统各党组织书记校长讲授开学第一课1000多节，全县中小学校组织观看“思政第一课”直播600场次，参与师生20万人次。开展“喜迎二十大　永远跟党走　奋进新征程”系列活动，全县学生20万人次参加。召开广东省创建文明城市迎检工作推进会2次，举办教育系统“创文”工作培训班1期，联合县创文办对27个创文点位学校进行督导检查。县教育局在全县第二季度创文工作考评中，获“点位创建”类别第二名，台账考评第三名。对全县11万多名学生心理健康状况进行普查，组织800多名班主任开展心理健康教育培训，大成中学教师袁中娟在湛江市中小学心理健康教师专业能力大赛中获二等奖。近19万人次参加国防教育活动。大成中学申报广东省劳动教育特色学校。巩固提高“无毒校园”成果，近9万人次参与学习。创建市规范化家长学校11所，市级文明校园7所，均将申报材料报送市教育局等待验收。遂城第六小学和戌戌中学入围创建省文明校园先进学校评选，107所学校获评市文明校园。有138所中小学校被评为广东省“绿色学校”，至此，遂溪县所有学校均被评为广东省“绿色学校”。完成遂溪县青少年法治教育实践基地建设任务。2项德育课题获省立项，1项研学课程获省三等奖。2022年广东省中小学“最美阅读空间”公示，湛江上榜3个，全部是遂溪县的学校，分别是大成中学致知书坊、遂城第二小学敏捷梦想书屋和港门镇中心小学图书阅览室。在2022年广东省少年儿童践行社会主义核心价值观主题征文比赛中，遂溪县第一中学郭秋弟获省高中组一等奖（全省5名）。城月中心小学大队和港门镇中心小学、遂城第九小学、遂城第四小学、遂城第一小学共5名学生分获省“红领巾奖章”四星章大队和四星章个人称号。遂溪县第一中学教师谢光星在湛江市第九届班主任能力大赛中获一等奖。全县22个集体、15名教师、77名学生分获湛江市少先队先进集体和个人奖。强化体育、艺术、劳动教育，培育时代新人。有全国校园足球特色学校21所，广东省校园足球推广学校44所，居湛江市第二位。杨柑镇中心小学男女队参加湛江市体育学校举行的足球网点学校联赛分获第四名和第二名。校园足球教育成果引发关注，《南方日报》2次专版报道遂溪县入选全国青少年校园足球试点县及相关学校开展校园足球活动情况。在全县部分学校实施由中国足球发展基金会、阿里巴巴公益基金会、深圳壹基金公益基金会联合发起的2022年“宝贝壹起踢”全国县域校园足球普及项目，推荐10所乡村学校为2022年“宝贝壹起踢”全国县域校园足球普及项目校。港门镇中心小学在2022年湛江市中小学生篮球联赛小学女子组比赛中获冠军，遂城第二小学获亚军并获小学男子组比赛第六名。港门中心小学、岭北镇初级中学被评选为广东省篮球推广学校；大成中学、黄学增纪念中学、遂城第二小学、遂城第四小学代表湛江市参加2022年广东省中小学生篮球锦标赛，其中大成中学取得第七名。联合举办“喜迎二十大•共绘新时代”少儿书画作品展览，杨柑镇中心小学申报湛江市书法艺术教育特色学校。全县学生在湛江市举办的“小小科学实验活动成果展示交流活动”等活动中，获市一等奖28人、二等奖55人、三等奖49人。

【教育信息化】 2022年，遂溪县教育系统整合现有资源，推进数字化校园建设，鼓励学校在各学科教学中应用信息技术手段，创造条件，探索信息技术教育与其他学科教学融合，创新实践，促进中小学教学方式根本变革，组织教师参加课题申报。推动教师通过集中培训、网络研修与实践应用相结合，以学科信息化教学为重点，整体提升教师应用信息技术与学科教学深度融合能力。先后在遂城第三小学、遂城第四小学、城月镇中心小学、建新镇中心小学、沙古中心小学、遂溪县第一中学等学校开展英语、美术、音乐、地理“专递课堂”“名师课堂”活动，推动优质课堂教育资源共建共享，缩小城乡学校差距。在新冠疫情防控期间，全县各中小学校利用国家及省市县教育资源公共服务平台，通过QQ群、微信群、希沃白板、钉钉等多种线上教育平台，筹备并开展线上教育工作，确保中小学生“停课不停学”。成立网络与信息安全工作领导小组，加强网络安全工作。

【教研教改】 2022年，遂溪县加强教学指导管理工作，县教研室教研员到全县各中小学开展教学调研指导，听课评课总量600节。做好国家义务教育质量监测结果分析工作，反馈整改教学存在问题。组织小学教学质量监测，将全县2022届1.25万名六年级学生纳入教学质量增值评价系统，建立促进学生成长的长效机制。组织全县中小学教坛新秀评选，为青年教师搭建成长平台。组织基础教育优秀教学论文评选，推动提升教师专业水平。举办小学语文青年教师课堂教学竞赛，提高青年教师课堂教学能力。开展英语、美术、音乐、地理“专递课堂”“名师课堂”活动，推动优质课堂教育资源共建共享，缩小城乡学校差距，超1万名中小学生参加活动。联合广州市黄埔区教育研究院共同组织多项专题教研活动，全县中小学班主任和音乐教师相聚云端，分别开展学生心理健康指导和音乐教育课题研究专题培训活动。到学校开展备考调研指导，组织召开高考中考备考总结分析及推进会，抓好全县高考中考备考。加强义务教育学校作业管理，重视优化作业设计，湛江市“双减”（减轻作业负担、减轻校外培训负担）背景下作业管理与设计典型案例征集活动，全市10个获评“优秀案例”中，遂溪县有4个。2022年湛江市青少年校园足球暨中小学（幼儿园）体育与健康教学课例评选，遂溪县有17个项目获一、二等奖，获奖数居全市前列，五县（市）第一名。组队参加湛江市教育局举办的第五届中小学体育教师技能大赛，7名教师分获市二、三等奖，遂溪代表队获湛江市二等奖。申报省、市年度教科研课题获立项数分别为4项和7项，省、市立项数均居五县（市）第一。组织全县基础教育科研课题申报，有50个实验项目获县级立项。

【学校学位建设】 2022年，遂溪县推进教育系统的政府专项债券项目，累计完成支出债券资金9800万元。其中，投入4000万元开展乡镇学前教育综合提升项目建设，投入5800万元建设县职业技术学校实训基地。重点推进遂城第十三小学新建项目和民生实事（学位建设）项目，遂城第十三小学项目投入4229万元，教学楼完成封顶，在砌墙，教师临时住宅完成第一层框架，综合楼、艺术楼在建首层。继续增加中小学幼儿园学位供给，全年累计投入建设资金4585万元，遂城白水小学等5所学校的项目建成并投入使用，新增学位3665个，其中小学1215个、初中2450个。

【教师队伍建设】 2022年，遂溪县教育局印发实施《2022年遂溪县教育系统开展师德师风专题教育工作方案》，开展师德师风自查自纠，组织教师签订师德承诺书。举办“迎接党的二十大 培根铸魂育新人”师德师风主题演讲比赛，组织全县教育系统全体在职教师开展师德师风专题征文及微视频征集比赛，召开以“弘扬五四爱国精神 展示时代青年风采”为主题的2022年遂溪县教育系统“五四”青年节座谈会。教师节表彰202名师德师能先进教师，树立典型。坚持将师德师风建设纳入责任督学挂牌督导范畴，加强监督。困扰教育系统多年的人编分离问题得到解决，理顺3988名教师的人事关系，其中2021年“县管校聘”1208人，布局调整撤并学校教师分流739人，将面上小学教师编制归入所属中心小学2041人，完成报县人力资源和社会保障局和县委编委办、县财政局备案工作；解决540名教师高职称低聘的问题；招聘300名年轻教师；完成全县8200多名教师在全国教师信息管理系统内信息定期更新，更新率96%，居全市各县（市、区）第一名。招聘268名中小学校幼儿园教师。以“三名”（名校、名校长、名教师）工作室为依托，促进人才交流。4月，湛江市陈秋跃名教师工作室承办2022年湛江市初中地理“名师课堂”活动；9月，遂溪县派出教研员、中小学教师15人到黄埔区开展为期一学期的跟岗学习；黄埔区派出14名教师到遂溪县开展为期一学年的支教活动；11月，湛江市陈秋跃名教师工作室送教到广西壮族自治区柳州市的三江、融安、融水三县。动员遂溪县教师参加2021年高级职称评审，全县565人申报高级职称，有549人通过。遂溪县有高级职称教师1240人。组织全县190名教师完成7540人档案审核工作。完成3712名教师资格定期注册工作，办理440个中小学教师资格证。加强县教师发展中心建设，全年有2.38万人次参加各层面培训。全县教师参加“双融双创”（信息技术与教育、教学的双向融合，教师、学生创新与创造能力）及精品课例遴选活动中获市一等奖24人、二等奖41人、三等奖36人，获奖居全市前列；遂溪县第三中学教师戴文珠的课例入选广东省青少年校园足球暨第十一届中小学（幼儿园）体育与健康教学展示活动参赛课例。加强与广州黄埔区的基础教育高质量发展结对帮扶工作，广州铁路职业技术学院2022年预算投入100万元专项资金（其中30万元帮扶资金直接拨到县教育局）帮扶遂溪县学校领导、骨干教师专业水平提升工作。在湖南师范大学、华南师范大学开展系列培训活动，共有58名中小学校长或骨干教师参加培训；组织专家团队到遂溪县举办专题讲座，全县中小学校长及骨干教师深受教益。加强与广西壮族自治区融

2022年10月14日，遂溪县教育局举行2022年遂溪县教育系统“迎接党的二十大 培根铸魂育新人”主题演讲决赛。图为颁奖现场

（县教育局/供图）

安县的结对帮扶工作，派出15名教师到融安县支教。提高教师工资福利，农村学校教师人均月补助1011元。

【学校安全管理】 2022年，遂溪县教育局抓好校园安保、防溺水、交通安全、校车安全、消防安全、欺凌防治、心理健康教育、预防学生性侵害等16项校园安全工作。6次召开专题会议、4次组织防溺及安全知识宣讲，国庆节期间教育系统加强防溺工作督导巡查，重点加强防溺水安全工作。加强校车管理，联合交警、交通运输部门查处非法运营接送学生上下学"黑校车"7辆。加强信访工作，信访件办结率100%，为中共二十大胜利召开保驾护航。教育系统校园封闭式管理率100%、专职保安配备率100%、一键报警系统和视频监控系统安装率100%、防暴八件套和金属探测仪配备率100%。773宗溺水隐患点全部整改完毕，有138所中小学校加装走廊防护栏、51所学校加装防盗网。教育系统安装355处电动自行车智能充电场所、454套充电桩和2869个充电接口，超额完成县下达任务。安装食堂燃气报警装置273个，排查整治校园火灾隐患点986宗。加强网络安全工作。加强学校食品安全工作，开展学校食品安全教育培训1次，召开全县教育系统食品安全工作会议2次，联合相关部门开展学校食品安全检查3次，健全学校食堂"明厨亮灶+互联网"工作，并加强校园饮用水安全管理，做好陪餐工作，实现校园餐饮供应全程信息化监管，科学配餐和营养供餐得到改善。开展保密宣传教育、建立保密规章制度，做好保密工作。

（黄　茂）

2022年9月16日，遂溪县气象局在遂城第十二小学开展"遂溪县2022年预防学生溺水暨安全宣传进校园活动"　（县气象局/供图）

基础教育

【概况】 2022年，遂溪县有完全中学1所，高级中学2所，初级中学37所（其中九年一贯学校8所），小学269所（其中完全小学205所、教学点64所），特殊教育学校1所，幼儿园271所（公办幼儿园32所、小学附设幼儿园80所、民办幼儿园159所）。全县有高中学生1.25万人，初中学生3.31万人，小学学生8.28万人，在园幼儿4.05万人，特殊学校学生155人。在编在岗教职员工7983人，其中中小学7688人、幼儿园276人、特殊教育学校19人。

【学前教育】 2022年，遂溪县有幼儿园271所（公办幼儿园32所、小学附设幼儿园80所、民办幼儿园159所），在园幼儿4.05万人，在编在岗教职员工276人。加快推进学前教育发展，优先保障学前教育投入，规划投资3.5亿元新建或改扩建幼儿园11所。投入4000万元开展乡镇学前教育综合提升项目建设，新增幼儿园学位900个。提倡有条件的镇设立中心幼儿园分园，增加优质公办学前教育学位，洋青镇、杨柑镇、黄略镇设立中心幼儿园分园。洋青镇中心幼儿园水流分园新建项目完成主体工程，可新增学位约450个。制定《推进幼儿园与小学科学衔接攻坚行动实施方案》，指导幼儿园帮助儿童实现从幼儿园到小学的平稳过渡。规范幼儿园招生行为，全县公办幼儿园招生方案和民办幼儿园招生简章于8月30日前报县教育局审核，同时监督幼儿园按审批后的招生方案或招生简章对外发布。

【小学教育】 2022年，遂溪县有小学269所（其中完全小学205所，教学点64所），比上年减少2所。在校学生8.28万人，比上年增加1136人。其中县城小学12所，在校学生2.84万人，占全县小学生的34.29%；镇区小学22所，在校学生2.69万人，占全县小学生的32.57%；农村小学235所，在校学生2.74万人，占全县小学生的33.13%。全县小学占地面积437.08万平方米，生均占地面积52.78平方米；校舍总面积91.04万平方米，生均校舍建筑面积10.99平方米；教学仪器设备值1.29亿元，生均教学仪器设备值1563.83元；图书242.82万册，生均图书29.32册。小学学龄儿童入学率、巩固率均为100%。2022年秋季小学招收一年级新生1.36万人，其中县城遂城第一小学至遂城第十二小学招收一年级新生4653人，镇区小学招收一年级新生4804人，农村小学招收一年级新生4151人。继续推进遂城十三小学建设，增加学位供给，计划于2023年秋季完成并投入使用，办学规模为36个班1620个学位，以满足新区适龄人口入学需求。成立“双减”（减轻作业负担、减轻校外培训负担）工作领导小组，统筹推进学校“双减”工作高效有序开展。出台《遂溪县中小学生校内课后服务工作指导意见》《关于进一步规范中小学校内课后服务工作的意见》，2022年秋季课后服务实现义务教育学校全覆盖，实现有需要的学生全覆盖。设立遂溪县中小学生校内课后服务工作专项资金，县财政局下达2022年遂溪县中小学生校内课后服务工作专项资金10万元，用于扶持1000人以下镇（片）学校开展课后服务工作、场地建设、设备采购维护、水电费和基本托管劳务费差额等。设立校外教育培训监管股，完成校外培训机构治理任务。强化小学六年级教学质量监测工作。组织开展全县小学教学质量监测工作，以县城小学及乡镇中心小学为单位，设考点30个，全县1.25万名小学六年级学生参加语文、数学、英语、科学、道德与法治5个科目的调研测试。优化完善教学质量监测评价方案，降低低分率。组织召开全县小学教学质量管理工作会议，统筹指导小学教学质量提升工作。会议通报表彰2022年全县小学六年级教学质量监测先进单位和个人，相关单位领导就加强教学管理更好地培养新人做经验分享。

【中学教育】 2022年，遂溪县有中学40所，其中高级中学2所、完全中学1所、初级中学37所（含九年一贯制学校8所），比上年减少2所。在校学生4.56万人，其中高中生1.25万人，初中生3.31万人。全县中学占地面积250.46万平方米，生均占地面积54.97平方米；校舍总面积73.76万平方米，生均校舍建筑面积16.19平方米；教学仪器设备值1.03亿元，生均教学仪器设备值2266.57元；图书179.01万册，生均图书39.29册。中学入学率99.06%、巩固率95.65%。有县城中学10所，在校学生2.67万人，占全县中学生的58.62%；镇区初中19所，在校学生1.64万人，占全县中学生的35.95%；农村初中11所，在校学生2432人，占全县中学生的5.33%。2022年秋季中学招收新生1.66万人，其中县城中学招收新生9742人，镇区中学招收新生6119人，农村中学招收新生762人。落实教育部“十项严禁”纪律，规范义务教育学校招生入学行为，严禁学校提前招生，严禁跨镇、跨区域招生。全县初中学校首次实行网上报名、网上审核、网上录取。召开全县初中教学质量管理工作会议，对2022年中考工作进行总结并对2023年中考工作提出指导意见，表彰2022年度初中学业水平质量先进单位。召开中考备考工作推进会，分析中考备考工作，提出具体推进措施。在大成初中、黄学增纪念中学等学校对全县2022年九年级语文、数学、英语、物理、化学、历史、道德与法治和八年级生物、地理学科中考辅导教师进行备考培训，数百名学科教师得到学习研讨交流机会。实施高中新课程新教材，开齐开足国家课程，为适应高考综合改革的新形势，针对学生学习能力的差异和个性潜质，在高中各年级开展走班选课分层教学改革，推进“标准——教学——评价”一致性教学实践，继续推进课堂教学改革；制订实施《遂溪县普通高中教学质量评估奖励方案》，通过实施过程性评价，注重教学质量分析和评价，提高教学质量和整体办学水平。组织召开全县高中教学质量分析暨2023年高考工作动员会、高考备考推进座谈会，总结经验，优化备考工作。

【特殊教育】　2022年，遂溪县有特殊教育学校1所，特殊学校学生155人。在编在岗教职员工19人。各中小学做好适龄残疾儿童少年入学安置工作。根据适龄残疾儿童残疾类别和残疾程度，以及其接受教育和适应学校学习生活能力等因素，通过随班就读、特殊学校就读和送教上门3种方式对81名残疾儿童少年进行入学安置。做好“送教上门”服务，特殊教育学校教导室制定送教方案、教案，专职教师负责，对现场教学进行资料和图片存档，做到“一人一案”，确保送教工作按要求按计划完成。加强结对帮扶工作，提升办学水平。学校与岭南师范学院教育科学学院签订《岭南师范学院教育科学学院与湛江市遂溪县特殊教育学校基础教育高质量发展结对帮扶协议》，9月，岭南师范学院教科院特教专业4名学生到学校实习；学校与广州市黄埔区知明学校签订为期3年的学校结对帮扶协议，对教师进行“一对一”结对帮扶，让教师学习先进的教学理念，改进教学方法，提高业务水平。5月，学生手工制作的《天道酬勤》等14组钻石画在湛江市遂溪商会慰问活动中进行义卖，义卖款项2.18万元。

【高考、中考】　2022年，遂溪县参加普通高考报名考生5534人，实考5438人。600分以上全县13人，特控线上线142人；本科上线2034人，比上年增加128人，本科上线数增长6.7%；遂溪县各中学特别是大成中学及遂溪三中以立德树人为育人根本，教育特色发展取得新成效，两校本科上线数均创建校历史新高；高中教学质量管理智育评估系数居全市第一名，遂溪县招生委员会被评为湛江市“平安高考”达标单位。遂溪县2022年初中学业水平考试报名人数8999人。中考总分平均分和语文、数学、物理、化学、道法、历史、生物等8个学科的平均分均超全市平均分，总分平均分和各单科平均分均名列湛江五县（市）第一，其中，学生体育测试平均分名列全市第一，连续多年居全市第一。中考成绩有五大亮点：总分平均分以535分居湛江五县（市）之首；8个学科平均分超全市平均分；最高分及800分以上考生有新突破；占总分60%以上考生3995人，占比由上年31.42%提高到44.47%；总分不足30%考生逐年减少，比率为7.94%，为历年新低。遂溪一中、大成中学和遂溪三中高一新生招录最低控制分数线分别为745分、586分、519分（湛江五县市中的其他县市普中高一录取最低控制分数线在450～480分），分别比上年提高100分、86分、82分，3所普通高中新生招录分数亦创历史新高。

职业教育

【遂溪县教师发展中心】　该校占地总面积0.7公顷。遂溪县教师发展中心加挂遂溪县开放大学牌子，实行“一套人马、两块牌子”的管理，为县教育局管理的公益一类正科级事业单位，具有独立法人资格，2022年8月通过广东省教育厅认定。2022年，遂溪县教师发展中心开展全县中小学教师（校长）继续教育培训，举办一系列线上线下培训班，参加培训教师2.41万人次。其中举办“遂溪县教师培训者培训”1期，50人参加；举办“遂溪县督学高级研修”1期，50人参加；举办校（园）长及后备干部培训1期，50人参加；举办遂溪县基础教育骨干教师培训1期，152人参加；

举办全县中小学教师信息技术应用能力提升工程2.0网络研修和校本研修，7891人参加；组织全县中小学、幼儿园教师参加全省教师公需课学习，7800人参加；组织全县中小学、幼儿园教师参加“落实评价改革要求、建设高质量教育体系”专题网络培训，7900多人参加；协助县教育局开展广州铁路职业技术结对帮扶送教活动6场，200人参加。

师德建设　遂溪县教师发展中心加强师德、师风、师能建设。中心主任陈华永获“2022年湛江开放大学系统优秀学校领导”称号；陈壮、庞华英、周碧珍获“2022年湛江开放大学系统优秀教师”称号；陈秀丽、李日晶获“2022年湛江开放大学系统优秀班主任”称号；蔡辉、岑日忠、陈峭获“2022年湛江开放大学系统先进教育工作者”称号；樊桂明获“2022年湛江市优秀班主任”称号；庞开富获“2022年遂溪县优秀教师”称号。

教学教研　因受疫情影响，开放教育实现从传统面授教学向综合应用多媒体和多种教学手段转变，形成以学员自主学习为主、远程辅导为辅的教学模式，发放学习指导文件一套，包括各学科的教学计划、教学大纲、考试说明等；学习资料一套，包括各学科的文字教材、音像教材、网络课件、网络辅导资料、单元教学辅导材料、复习指导资料等。各学科的考试通过率均在90%以上。中心的3个立项课题开展初期课题调研，李秀云的“十四五”规划课题论文《乡镇初中语文小班化小组合作学习探析》获论文评选一等奖；蔡军的“十四五”规划课题论文《信息技术环境下线上教学的探究》获论文评选二等奖，他撰写的论文《信息技术与学科课程有效融合的探究——以遂溪县教育信息化应用为例》在《中小学教育》刊物上发表。

（陈　壮、樊桂明）

【遂溪县职业技术学校】　该校是遂溪县唯一的一所全日制中等职业教育学校，是广东省重点职业学校，1976年创办。校园规划占地面积15公顷，分东、西校区两期建设，首期工程东校区建设竣工，2022年9月首次招生投入使用。东校区建有4栋教学楼、综合楼、文体馆、报告厅、学生饭堂、学生公寓等教学生活设施。2022年，学校有教职工58人，在校学生1186人。

德育　学校建立健全德育工作管理制度和考评细则，明确德育工作重点。注重日常行为规范教育常态化，从日常行为规范抓起，利用国旗下讲话、课间操集会教育、班主任早午训、班会课教育等增强学生爱国主义、集体主义、遵纪守法、行为习惯等意识。开展校园巡查公示活动，每日安排专人检巡视，在学校每周升旗仪式上，向全体学生和教师公布涉及校园环境、课间纪律、校园交际等方面存在的问题，并及时予以处理和解决。

教学管理　学校在加强教学常规管理同时，指导学科教研组开展示范课、实验课、指导课

2022年9月，遂溪县职业技术学校迁建落成，首届招收的学生入学
（县职业技术学校/供图）

的研究活动，优化以教为主导、学为主体，以课堂高效促进教学高质。教研组创新管理，规范活动，每一次教学活动做到目标明确、形式多样、人人参与、讲求实效。以构建学生喜欢的课堂，建设学生喜欢的学科为抓手，优化课堂教学提高课堂效率的应对措施，规避教师教学的偏差行为。

招生就业　新校区首次招生609人。毕业生349人，直接就业46人，升学303人。参加“3+证书”专业技能证书考试161人，取得合格等级以上157人，合格率97.5%，取得优秀等级人数35人，优秀率21.7%。参加2022年春季“3+证书”高考155人，其中上本科线人数4人，上专科线以上人数151人，大学上线率97.4%。

学校建设　加快新建遂溪县职业技术学校实训基地。新建实训基地是一所集“产、学、研、训”等功能于一体，具备全日制中等职业教育及社会培训功能的新型农校、乡村振兴讲习所、职业教育中心，将成为遂溪县新型职业农民培养、农村劳动力转移培训、技术培训与推广、创业孵化、乡村振兴人才培养、社会培训的重要基地。实训基地位于遂城镇下洋村马头岭，建设内容包括实训场地、学生宿舍楼、教学楼、食堂、运动球场及相关教学生活辅助设备设施等。建设占地面积5290平方米，建筑面积2.45万平方米，总投资1.19亿元。

（梁　秋）

高等教育

【遂溪县开放大学】　2022年，遂溪县开放大学招生人数219人，其中本科72人，专科147人。在籍生851人，其中本科在籍生250人，专科在籍生601人。是年毕业生236人，其中本科毕业生88人、专科毕业生148人。

【湛江幼儿师范专科学校】　2022年，该校有湖光、赤坎、遂溪、廉江4个校区，建成区占地面积55.69公顷，预留土地面积33.33公顷。有固定资产总值9亿多元，教学仪器设备总值1亿元，馆藏图书90万册，专业实训室、实验室290间，年内落成的二期建设工程钢琴实训楼为学前教育、艺术类专业新增实践教学工位654个。学校在2022年广东省高等职业教育“创新强校工程”考核中，排全省B类学校第16名，比上年提高17.69分，直线跃升12位。学校官方微信公众号进入《中国青年报》2021—2022年度中国高职高专官微百强名单，全国排第58名；进入广东高校新媒体影响力前30强，全省高职高专中排第16名。

师资队伍建设　学校有教职工652人，其中副高级职称及硕士以上学历教职工296人，教授6人，博士3人，博士工作站进站博士5人，海归教师2人。新增14名教师在国内外攻读硕士、博士学位，13名教师参加职业院校教师素质提高计划项目，129名教师进行职业技能培训。小学数学教育专业教学团队入选2021年广东省高职教育教师教学创新团队；多个教师团队参加2022年广东省职业院校技能大赛教学能力比赛，获省级二等奖5项；获广东省2021年度高等职业教

2022年4月1日，遂溪县教育局在县第三中学举办遂溪县中小学心理健康教育骨干教师培训班　（县教育局/供图）

育“课堂革命”典型案例立项1项，入选国家职业教育智慧教育平台；教师在各类学术刊物发表论文200多篇，主编出版著作、教材8部，获国家专利授权2项。各级部门和学校先后投入科研资金120多万元，立项各类科研项目47个，包括部级2个、省级16个、市级26个、横向3个。其中，获教育部2021年中国高校产学研创新基金“新一代信息技术创新项目”1个、“无人集群协同智能项目”1个，获2022年度广东省教育科学规划项目高等教育专项5个、党建研究专项2个、广东省普通高校新一代电子信息（半导体）重点领域专项1个，获湛江市哲学社会科学规划项目21个。

学科专业建设　学校有38个大专层次专业、1个中专层次专业，涵盖文学、理学、工学、教育学、艺术学、管理学等六大学科门类，面向全国17个省（区、市）招生，其中国控专业15个，省级高水平高职专业13个；建设有学前教育专业群、烹调工艺与营养专业群、小学教育专业群3个省级高水平专业群。学校与省内外各类企事业单位合作成立婴幼儿照护产业学院，合作举办2所附属幼儿园，建有100多个教育实习基地、应用型专业实习基地。与广东省科学院南繁种业研究所、廉江市长山镇、御唐府螺岗小镇、广东茗皇茶业有限公司等企事业单位合作共建，新增实习基地29个。

学前教育专业特色课堂　（市幼儿专科师范学校／供图）

社会服务　依托学前教育省级高水平专业群建设基础，学校获批为广东省粤西乡村学前教育发展研究中心建设单位；承接国家卫健委主办的婴幼儿照护服务职业教育产教融合项目，主动对接广东省“南粤家政”工程；联合广东省名幼师工作室开展振兴乡村幼教服务；开展专业性、技能性、实用性的幼儿园园长、幼儿园骨干教师、保育员培训，培训幼儿园园长、幼儿教师后备人才近1万人次；学校成立“湛江菜产业研究院”，获批为“湛江市湛江菜烹饪工艺与菜品创新工程技术研究中心”；举办湛江乡村振兴学院“粤菜师傅”“南粤家政”培训班，承办湛江市第二届青年职业技能大赛“粤菜师傅”专项赛，协办第九届湛江海鲜美食节，服务地方经济社会发展；打造“家乡味道”公益助农电商、人工智能赋智“城市交通之眼”等多项社会服务平台；学生“小小农创”团队创作金鲳鱼IP“福小鲳”为湛江金鲳鱼丰收季暨“年鱼”系列活动做推广宣传；MCCP（红树林和文化创意产品）推广科普创新者团队创作红树林IP（网协）形象“海岸小卫士”用艺术赋能红树林文化。

合作交流　学校赴国内院校、企业调研交流，校内接访来访共41批次，举办宣传演练、学术讲座及合作研修活动54场次，开展校园文化活动、学生实训及志愿活动59场次，举办大型会议1场次。

（余启思）

学校选介

【遂溪县第一中学】　2022年，遂溪县第一中学有在校学生6166人，其中初中32个班1815人，高中74个班4351人。在校教职工441人，学历全部达标，其中

遂溪县第一中学　（县一中 / 供图）

硕士研究生 18 人，特级教师 2 人，正高级教师 1 人，中学高级教师 130 人，中学一级教师 150 人；全国优秀教师 4 人；省劳动模范 5 人，省“三八红旗手”1 人，南粤优秀教师 12 人，南粤优秀班主任 8 人，南粤优秀教育工作者 1 人，南粤教坛新秀 8 人；有多位教师担任市、县中学学科教研会的理事、副会长、会长。

学校建设　学校占地面积 15.3 公顷。围绕“一湖四广场”校园格局，分教学区、教师生活区、学生生活区、运动区和读书公园五大区。有综合楼 1 栋，教学楼 12 栋，教室 130 个。有符合广东省国家级示范性普通高中设备设施要求的实验室、仪器室、计算机室、语音室、美术室、音乐室、体育器材室、卫生室、展览室、科技活动室、劳技室、综合档案室、历史室、地理室、藏书室、学生阅览室、教师阅览室、软件制作室、心理辅导室、计算机多媒体多功能室。有标准的 400 米环形跑道塑胶运动场，有与运动场分开、独立的标准篮球场 6 个，排球场 5 个，羽毛球场 6 个，乒乓球台 30 个。学校综合楼建成并投入使用。文道广场整修完工，学校校道全部“白改黑”，校园文化装饰一新，景观路灯明亮。完成教室电脑建设 100 个。

教学管理　实施“人才强校”战略，优化教师队伍，引导教师向学者型、研究型方向发展。推进质量提升工程，强化教学过程全程管理。细化教学管理，向管理要质量，向常规要质量，把教学过程的每个环节落到实处。强化监督检查，把常规管理工作作为考评教师的主要指标。加强质量监控，进行分析评估，促使教育质量整体提高。聚焦课堂教学改革，结合学科教学实际，开展研究性学习，组织编写校本教程 15 本，形成校本教研特色，物理科组、地理科组成为省级基础教育示范项目。

德育　学校坚持德育首位意识，利用校园文化，营造社会主义核心价值观学习氛围。营造诗境校园环境，推进德育建设工程，创新德育教育机制，实现多元育人。建立健全德育评价机制，完成学校德育各项工作。组织后进生进行思想汇报，对思想积极要求进步，表现好的学生给予奖励，后进生转化工作取得明显成效。

高考中考　普通高考应届生报名 1123 人，本科上线人数 732 人；往届生 1278 人，本科上线人数 590 人；全校 600 分人数 13 人，物理类最高分 627 分、全省排 7683 名，历史类最高分 581 分、全省排 4408 名。中考有 518 人参加考试，最高分 902 分，800 分以上 254 人。年级总分平均分 777.8 分。上线湛江第一中学 36 人；上线湛江市第二中学 83 人；上线县重点中学 412 人；体育平均分 73.3 分。单科满分：数学 14 人，英语 2 人，物理 1 人，化学 7 人，生物 3 人，地理 2 人，体育 82 人。

教研　学校申报广东省课题立项 1 个，湛江市课题立项 3 个，遂溪县“十四五”期间课题立项 5 项；教师在省级以上刊物发表论文 48 篇；教师王静、陈明燕、龙婷、王小翠获广东省基础教育精品课一等奖；教师谢光星获第九届湛江市中小学班主任专业能力大赛一等奖；在湛江市“基础教育精品课”遴选活动中，教师林思源、王静、陈心咏、陈明燕、龙婷获一等奖，教师王小翠、郭柳雪、车金玲获二等奖，教师罗荣华、卢利敏、柯汉兰、陈丽萍获三等奖。

体艺　学校成立18个学生社团，有“合唱团”“舞蹈队”“书画社”等艺术团体，有书画、音乐兴趣小组、文学社、田径队、篮球队、羽毛球队等兴趣小组；学校每年举办1次校运会、迎新文艺晚会、合唱比赛、“校长杯”足球赛、研究性学习成果展、美术作品展览等；学校每天坚持组织学生开展课外体育活动，通过开展“两课、两操、一活动”等确保让学生每天有一小时以上体育活动，体育课考核合格率、学生体质健康标准达标率和学生体能素质评价标准合格率分别在98%、95%和94%以上，优秀率在55%以上，学生近视率每年降低1.4个百分点。

（吴广文）

遂溪县第三中学　（县三中／供图）

【遂溪县第三中学】　2022年，遂溪县第三中学有教学班56个，在校学生2979人，教职工222人。

高考　全校大学上线总人数861人，上线率100%，本科上线人数169人，比上年增加28人，创该校办学历史新高，完成市智育管理有效完成率169%，位居全市第一位。

教研教学　学校在高一第一学期开展学生选科分流，因材施教，帮助学生找对找好成才之路。加强学生选考选科精细化指导，抓好高考备考精细化管理，学校课题研究氛围浓厚，取得优异成绩。邓丙君、杨树荣、卢优莲、杨娜、郑玉桂、朱从钦、黄成书等教师主持的课题获县级立项。教师覃萍、黄丽珍主持的课题获省级立项。学校定期举办优质课、公开课、示范课等比赛活动，引导学校教师参加各类教学技能比赛和论文比赛，获优异成绩。教师徐小凤、黄韵怡参加“第三届湛江市中小学青年教师教学能力大赛决赛”，分别获“高中美术学科”二等奖和“高中思想政治学科”二等奖。梁建军、戴文珠、林铃梅、李春宇、陈俏捷等教师参加2022年“湛江市青少年校园足球暨中小学（幼儿园）体育与健康教学课例评选活动”，教师梁建军、戴文珠获一等奖，教师林铃梅、李春宇获二等奖，教师陈俏捷获“优秀指导老师奖”。教师辛大魁指导学生参加“2022年湛江市喜迎党的二十大暨庆祝‘六一’国际儿童节少儿书画作品展”，获“优秀辅导老师”奖。教师黄楚莹、杨树荣参加2022年湛江市中小学心理健康教育活动课教案征集评比（高中组）分别获二等奖和三等奖。教师黄美凤参加2022年湛江市“基础教育精品课”遴选活动，获“高中英语组”一等奖。教师梁咏梅获2022年湛江市“优秀班主任”称号，郑东梅、覃萍、陈云霞获湛江市“优秀教师”称号。教师李华、洪加珍指导学生参加2021—2022学年广东省“朝阳读书”之“线下征文”，获一等奖。

教学交流　学校与湛江市爱周高级中学达成结对帮扶关系。学校实施提升工程2.0整校推进工作，全体教师信息技术应用能力得到提升。与广州开发区外国语学校结对精准帮扶，两校优势互补、资源共享、相互辐射、共同发展。6月29日，广州开发区外国语学校副校长韦忠平一行到学校开展第一次帮扶活动。7月4日，学校校长李华贵带队回访广州开发区外国语学校，与广州开发区外国语学校交流学习，加强校校合作交流。8月20日，遂溪县第三中学2022级衡水实验班开班仪式在学校学术报告厅举行，这是该校办学的一大突破。

德育　学校在学生中开展“六个一”行动：查无一人违规驾驶机动车、电动车；查无一人违规携带、使用手机；查无一人留长发、怪发、披头散发；查无一人上课迟到；查无一人上课睡觉；查无一人违规游泳或在危险地域玩水，助推“养成教育”，引导学生多读书、多学习、讲文明、爱生态、有涵养，体现“立德树人”教育本意。开展培育和践行社会主义核心价值观教育。从“五爱”（爱集体、爱家乡、爱祖国、爱人民、爱社会主义）教育入手，开展“扣好人生第一粒扣子”主题教育活动，通过开展“学雷锋”志愿服务活动、“爱心使者”评选活动、“美在身边”寻找活动、“节粮、节水、节电”活动等主题教育活动，抓体验、重实践，让学生在具体实践活动中体验美德、健全人格、遵守公德，培养爱国情感，掌握基本的道德规范和法律常识，为学生全面发展和终身发展奠定良好的思想道德基础。学生中好人好事层出不穷，拾物归还失主、拾金不昧人数382人次，价值1860多元。开展“爱学习、爱劳动、爱祖国”教育活动。以中共十九届历次全会精神、中共二十大精神和习近平新时代中国特色社会主义思想为指导，以落实立德树人为根本，以全面实施素质教育、培育和践行社会主义核心价值观为目的，按照“贴近实际，贴近生活，贴近群众”要求，在师生中开展“三爱”（爱党、爱祖国、爱社会主义）教育，通过丰富多彩的活动、生动活泼的形式，推进未成年人思想道德建设工作。

（支伟才）

【遂溪县大成中学】　2022年，遂溪县大成中学校园占地面积10.9公顷。有教学班94个，在校学生5157人。在编在岗教职员工380人，其中高级教师51人、一级教师182人，教师学历达标率100%。

办学条件　学校教学楼6栋，教室123间。有综合楼2栋，学生宿舍楼5栋，共469间。学术报告厅、图书馆、美术展览馆、学生饭堂、生化物实验室、美术室、音乐室、地理室、历史功能室、通用技术室等各种功能室齐全。校园主题景观有仁园、义园、礼园、智园和信园，荷花池、知礼亭等。年内新建灯光篮球场、心理辅导室、智慧录播室、卫生保健室。

办学特色　学校落实“五育”（德育、智育、体育、美育、劳育）并举，探索“文艺体并进，多元化发展”特色办校之路，开展环境、生态、科技、文明教育，促进学生全面健康发展，力铸区域特色教育品牌。有学生社团22个，其中腾飞计算机科技协会、心晴心理社团、新星文学社、大成醒狮社、DC街舞社等每学期开展多元化社团活动。共青团遂溪县大成中学委员会被授予“广东省五四红旗团委”称号；学校图书馆“致知书坊”获广东省中小学“最美阅读空间”称号；学校在第37届湛江市青少年科技创新大赛中获一等奖项目1个、二等奖1个、三等奖5个，教师李燕玲、梁燕娟被评为“优秀工作者”，学校获2022年优秀单位组织奖。学校重视文体艺术发展，《不忘红船初心，共创百年辉煌》在湛江市中小学校红色诗文诵读大赛中获中学集体组二等奖，湛江市中小学粤韵操交流展示评选活动中获二等奖，学校举办第五届“校长杯”校园足球联赛、第四届“挑战杯”三人制篮球赛等。重视学生良好行为习惯养成教育。有161名学生获县级以上先进称号。其中陈玉娟获宋庆龄奖学金。开展“君子之风”德育课程。举办“百日奋战逐梦行　不负韶华向未来”高考冲刺百日誓师暨十八岁成人礼仪式；遂溪县党史学习教育宣讲团在学校开展“坚定理想信念　砥砺初心勇作为”党史教育专题宣讲活动；开展“筑起人民防线　维护国家安全”全民国家安全教育日主题活动；举办“青年不忘跟党走”学习党的青年运动史和庆祝中国共产主义青年团成立100周年“青春心向党，百年再起航”主题团日活动；学校图书馆“致知书坊”开展第一期“阅读之星”读书活动；举办以“迎接党的二十大　培根铸魂育新人”为主题，庆祝第38个教师节暨优秀教师表彰大会；开展“与美相约 成就梦想”学校高二美术习作展活动；举办以“管理取道论育人 同心喜迎二十大”为主题的年级管理暨班主任工作会议；11月16日，县委书记骆华庆在遂溪县大成中学学术报告厅，以“矢志奋斗 扛起中华民族伟大复兴时代使命”为主题，为师生讲授思政课；12月16日，由县委宣传部、县教育局联合举办的学习宣传贯彻中国共产党第二十次全国代表大会精神宣讲“小达人”比赛活动首场宣讲会走进大成中学；学校社团开展“社团风采展 绽放数十载”线上社团展演活动；学校新星文学社校刊《星辉》第55期出版。

教学教研 学校推进校本课程建设，语文科组、历史科组、政治科组、生物科组分别实施“悦读——经典朗诵”“中华古礼”“儒学大咖知多少”“晓之习理”“生态环境保护课堂”等校本研修教研活动。3月15日，学校参加由广东省中小学校本研修示范学校广州培英中学组织的五校联动省级校本研修线上会议。6月20日，学校派出部分学科骨干教师到广州市培英中学学习。中华古典礼仪研习班开展“汉礼伴成长 汉风满大成”校本课程实践活动，举办“弦歌不辍付春华 木铎之心待秋实”儒学大咖知多少——孔子专题讲座；“探红树林之奥秘，拓校本课程资源”生物科到高桥红树林实地考察，以学生合作小组为单位进行设计与制作“设计制作生态缸，观察其稳定”活动；学校开展探秘湿地生态系统，助力“红树林之城”红树林科普活动，为湛江市打响“红树林之城”文化品牌贡献绵薄之力。5月26日，岭南师范学院生命科学与学校签订教育帮扶协议。6月24日，教师罗碧梅参加岭南师范学院生科院开展的“名师进校园”活动暨优秀校友大讲堂专题报告会。是年，省级立项课题6项，市级立项课题4项，县级立项课题21项。其中，有1项省级课题结题，并获广东省教育学会第六届教育科研规划小课题研究成果二等奖。10月31日，广东省教育研究院走进粤东西北（湛江）线上教研帮扶活动在学校举行。全年有270名教师在各类评优活动中获县级以上奖励。国家级优秀4人次，省级优秀6人次，市级优秀66人次。李艳蕾、王玉君获评全国爱鸟周鸟类观察自然笔记大赛优秀指导教师；李燕玲、周朱武获全国青少年科创教育成果展示大赛教师创新教学赛获潜力奖。教师黄海珠课例被评为2022年广东省基础教育精品课。全年教师获县级以上奖励论文53篇，学生参加各类竞赛中有168人次获县级以上奖励。

高考 大学上线总人数1349人，上线率100%。其中，本科线以上462人，特控线上线5人，应届生本科上线309人；日语类本科上线280人，比上年增加51人，日语科最高分144分，外语单科全县第一名；艺体类本科上线303人，比上年增加72人，创历史新高，其中体育类59人，上线人数全县第一名，艺术类244人，上线人数全县第一名。是年，学校被评为“遂溪县教育特色发展优秀学校”和“遂溪县高中教学质量管理工作先进单位”。

（宋玄煜）

大成中学 （大成中学/供图）

科学技术

综述

【概况】 2022年，遂溪县新增8家高新技术企业，全县高新技术企业数量46家。组织事企业单位申报省、市科技项目38个。推进创新平台建设，提升企业创新能力，举办科技宣传一条街活动，宣传科技创新成果。科技创新力度加大，新增省级“专精特新”企业10家、省级创新型中小企业18家，20家企业认定国家高新技术企业进行备案公示，1件专利获第二十三届中国专利奖，1个项目获省气象科学创新一等奖，新建省级科技专家工作站1个，被命名为第二批全国科普示范县。

（县科工贸和信息化局）

2022年5月27日，遂溪县在琴苑公园举办“遂溪县2022年科技宣传一条街活动”

（郑乃仁/摄）

【科学技术普及】 2022年，遂溪县科技馆加快建成。杨柑中学、北坡中学校园科技馆作为湛江地区首批校园科技馆投入使用。市级科普基地南方国家桉树中心投入500万元建设桉树科技创新科普馆，螺岗小镇投入38万元建设人文科普馆及动植物科普馆，全县投入科普资金超2000万元。全县建有省级科普教育基地4个、市级科普教育基地12个、县级科普教育基地15个，科普驿站4个，科普宣传栏（长廊）46个。全县统筹利用基层文化站、党群服务中心、新时代文明实践中心（所、站）等资源，扩大科普阵地，开展科普活动，年接待公众近100万人次。开展流动科技馆巡展、科普大篷车进校园、科普自由行、气象大讲堂、健康大讲堂、“科技筑梦 同一堂课”公益活动、爱国卫生科普系列活动、中医药科普“六进”（进机关、进乡村、进社区、进学校、进企业、进单位）活动及科学家精神进校园活动等100多场，受益人数超10万人次。其中，遂溪县科普大篷车进校园活动分别被中国科协、广东省科协评为2021年全国科普日优秀活动。在气象科普领域，打造出拥有自身特色的气象科普“遂溪模式”。

【科技宣传一条街活动】 2022年5月27日，遂溪县在琴苑公园举办遂溪县科技成果展示一条街活动。活动通过摆放科技宣传板、设立咨询台、发放宣传资料、成果展示等形式宣传科技创新政策法规，展示科技创新发展成果，提供惠民便民服务。活动期间，发放宣传资料700多份，接受科技咨询900多人次。

（县市场监督管理局、县科工贸和信息化局）

知识产权保护

【知识产权运用】 2022年，遂溪县市场监督管理局（知识产权局）以推动知识产权专项项目建设带动知识产权能力整体提升。4月，完成遂溪县战略性新兴支柱产业——现代农业与食品产业专利导航报告撰写和发布工作，建立相关产业专利导航数据库，收录包含农业产业链专题的中国专利数据2.74万件、食品产业链的中国专利数据1.52万件，以遂溪县为申请地收录专利2424件。

【知识产权行政保护】 2022年，遂溪县市场监督管理局（知识产权局）加大整治虚假违法广告和知识产权执法力度，开展民生领域侵权假冒行为、冬奥残奥会标志、商标专利等知识产权类行政执法检查64次，部门联合执法检查2次，查处广告案件7件，罚款21.54万元；查处商标案件3件，罚款7.74万元；查处专利案件1件，撤回非正常专利26件。开展对“三品一械”（食品、药品制剂、化妆品，医疗器械）广告发布登记单位“双随机”（随机抽取检查对象，随机选派执法检查人员）抽查工作、市场主体商标使用行为“双随机”抽查工作、市级商标印制行为、商标使用行为“双随机”抽查任务，共抽查市场主体39家，发出责令整改通知书2份。

【知识产权创造】 2022年，遂溪县市场监督管理局（知识产权局）推进商标品牌战略，开展专利、地理标志产品和证明商标培育、保护与促进工作。通过“分类指导、择优扶强”等措施，构建地理标志培育库，培育国家地理标志证明商标3件，国家地理标志保护产品1个，推动下六番薯、遂溪海红香米、遂溪广藿香地理标志专用标志授权使用工作。分类施策培育遂溪红糖、遂溪红心火龙果和遂溪草潭珧柱3个地理标志证明商标，下六沙虫1个地理标志保护产品，商标富农助力乡村振兴。聚焦企业高价值专利培育，拥有高价值专利23件，广东高价值专利培育示范中心1个，高新技术企业44家，列入市知识产权重点保护企业库5家，获湛江市知识产权示范企业称号2家，完成知识产权管理体系认证并获贯标证书10家。全年商标注册新申请件数813件，新注册件数1916件，累计注册量1.17万件，位列全市第一名；

2022年11月3—5日，遂溪县市场监督管理局组织举办地理标志产品培育、运用与保护能力提升培训班　（县市场监督管理局/供图）

专利授权量390件，新增中国专利优秀奖1项（第23届中国专利奖），累计中国专利优秀奖2项。

（县市场监督管理局）

气象科技

【概况】 2022年，遂溪县主要气候特点：气温偏高、降水偏多、日照偏少，主要气象灾害为台风、暴雨、雷雨大风、强雷电、大雾、灰霾、高温、低温和干旱等。全年有第3号台风“暹芭”、第7号台风“木兰”、第9号台风“马鞍”、第16号台风“奥鹿”、第20号台风“纳沙”共5个台风影响遂溪县，无人员伤亡。年内在全市目标管理综合考评中被评为特别优秀单位、遂溪县气象台获广东省气象局奖励记功集体奖、遂溪县气象局科普教育基地被湛江市科学技术协会评为“2021年度湛江市科普工作先进单位”、“‘零距离’拥抱气象　探寻‘台风’奥妙”研学课程获广东省中小学生研学实践教育优质课程三等奖。1人获评“湛江市科普工作先进个人”。

【气象现代化建设】 2022年，遂溪县气象局推进湛江市气象局与县人民政府签订《湛江市气象局　遂溪县人民政府共同推进基层气象防灾减灾第一道防线先行示范县建设战略合作协议（2021—2025年）》；加强科技创新和人才培养。申报省气象局软科学课题1项和市气象局科研课题1项，完成市气象局课题验收1项，以第一作者发表论文2篇；补齐气象监测预警短板。完成2022年气象监测预警补短板工程——更新自动气象站基础建设工作，对北坡镇、界炮镇的自动气象站进行升级改造，完成遂溪首部X波段雷达选址及相关前期准备工作；国家气象系统事业单位改革基本完成。《广东省遂溪县国家气象系统事业单位改革试点实施方案》获湛江市气象局批复，印发《遂溪县气象台职能编制规定》，并于12月完成事业单位法人证书更换。

【气象服务】 2022年，遂溪县气象局发布各类灾害预警信号215次，应对“暹芭”“木兰”“马鞍”“奥鹿”“纳沙”5个台风、47轮强降水、62次强对流重大天气过程。县气象局及时提供气象预警信息，为全县防御重大气象灾害赢得宝贵防御时间。通过大喇叭、气象短信发布平台等多种方式发布春节等专题天气预报，为全县重大活动、重大工程开展气象保障服务。

【防灾减灾救灾】 2022年，遂溪县气象局与县应急管理局联合开展《广东省气象局软科学项目》研究。新形势下深化县级气象应急联动体制机制研究，气象、应急常态化联动，重大气象灾害防御过程有关部门联合值守制度完善，政府主导、部门联动、社会参与的防灾减灾大应急格局形成；建立健全向县委、县政府主要领导直通式报告机制，实行重大气象灾害预警叫应机制。联合县减灾委员会办公室印发《关于建立健全镇村应急综合防灾体系的通知》，健全基层防灾减灾救灾组织责任体系，完善灾害防御、预警信息发布和应急联动机制。

2022年6月24日，遂溪县召开气象灾害防御重点单位专家评审会

（陈小华/摄）

【气象安全生产】 2022年，遂溪县气象局加强预警服务，发布气象灾害预警信息，为全县安全生产工作提供气象服务。开展遂溪县气象灾害防御重点单位评审工作，更新气象灾害防御重点单位29家。加强联合监管。开展气象安全检查专项行动，出动126人次，发现问题12处，落实整改12处。连续4年安全生产考核获优秀奖。

【气象科普教育】 2022年，遂溪县气象局继续擦亮“六有”（有机制、有基地、有队伍、有教材、有联动、有成效）遂溪科普模式，联合县应急管理局及科协、教育、妇联、科工贸和信息化等部门开展科普活动18场，捐赠《中小学生气象安全教育读本》2000本，发放气象安全宣传资料7000多份，助力遂溪县创建“全国科普示范县”。“‘零距离’拥抱气象 探寻‘台风’奥妙”研学课程获广东省中小学生研学实践教育优质课程三等奖。联合其他部门开展的气象日科普宣传活动被《南方日报》以《寓科普于游戏送上气象“大餐”》为题进行报道。“2022年遂溪县‘科学伴我同行’科普进校园活动”被评为2022年广东省全国科普日优秀活动。出版的《中小学生气象安全教育读本》分别获湛江市科协颁发的科技成果登记证书和中国气象学会第十二届全国气象科普优秀作品图书类三等奖。

2022年6月28日，遂溪县气象局到遂城镇第十二小学举行气象知识科普活动 （陈 意/摄）

【气象专项检查】 2022年8月17—18日，遂溪县气象局联合县住房和城乡建设局、县应急管理局等部门开展重点单位气象灾害防御专项执法检查。8月26日，市气象局联合市住房和城乡建设局、市应急管理局、市交通运输局组成专项执法组赴遂溪县开展气象灾害防御重点单位专项执法检查工作。

【《遂溪县气象公共服务白皮书（2022年）》发布】 2022年，遂溪县气象局根据遂溪气象现代化建设成果，方便公众，组织编写《遂溪县气象公共服务白皮书（2022年）》并在县政府网站发布。该白皮书总结回顾2021年天气气候特点和气象服务工作，介绍2022年气象服务工作计划，并对遂溪县气象局现有的公共服务渠道进行详细介绍。全书分2021年气象服务总结回顾、2022年气象服务工作计划、气象服务渠道指引等编目。

（欧芷平）

文化

综述

【概况】 截至2022年底，遂溪县有县级公共图书馆1家、镇级公共图书馆15家，总馆藏15.3万册；有乡镇（街道）综合文化站15个，其中特级站2个、一级站5个、二级站8个；有行政村（社区）综合性文化服务中心347个。全县有不可移动文物点211处，各级文物保护单位45处，其中省级文物保护单位10处、湛江市级文物保护单位9处。遂溪县国有博物馆1家。有国家级非遗传承基地1个。2022年，遂溪县丰富群众精神文化生活，弘扬和践行社会主义核心价值观，挖掘和展示遂溪传统文化、红色文化。健全现代公共文化服务体系，创新实施文化惠民工程，加快县文化中心建设，推动更多公共文体阵地与服务向基层延伸。用好遂溪红色资源，组织老干部宣讲团进机关、进学校、进社区、进村庄开展宣传，赓续传承遂溪红色文化精神。发挥新时代文明实践中心（所、站）阵地作用，为群众提供丰富多样、喜闻乐见的文明实践活动。加快县文化中心、遂溪体育公园和乌塘镇芳流墩作家村建设，打造遂溪县文体建设新地标。加快文化资源共享工程建设，推动文艺创作和文化繁荣发展。实施全民健身设施补短板工程，推动县体育中心、遂溪体育公园、万年桥湿地文化中心、黄略南新体育文化公园建设。加大文艺精品创作力度，启动红土画派创作工作。继续办好“我们的节日”“三百工程”“戏曲进乡村进校园”等文化惠民系列活动及醒狮、粤剧、曲艺等传承创作活动，举办特色农产品网络文化节、金鲳鱼旅游文化节等系列营销活动，湛江党建红色影视文化城开工建设，“糖祖习俗”入选省级非遗名录，遂溪醒狮、陈式太极拳品牌影响力继续扩大，群众精神生活更加丰富充实。12月，黄略镇龙湾醒狮团应邀参加中央电视台（湖北荆州分会场）“小春晚”节目录制工作。

【舍馆改造升级】 2022年，遂溪县推进县体育中心项目建设，取得县发展和改革局项目建议书和可研报告批复，编制完成遂溪县体育中心建设项目事前绩效评估报告和实施方案，并向县财政局申请2023年债券资金扶持。创新拓展新型公共文体空间，县文化广电旅游体育局筹集资金35万元在桃溪村建设“粤文坊”。争取市513万元资金支持遂溪县新建黄略镇南新体育文化公园和遂溪县体育公园。完成南新体育文化公园项目施工图设计、预算、概算，向县发展和改革局申请概算批复。提升遂溪县两中心融合试点（综合性文化服务中心和游客服务中心）和“粤书吧”建设服务效能，向市申报在玥珑湖和江洪镇建设“粤文坊”和乡情民俗馆（“粤书吧”）。结合第七次全国公共图书馆评估定级工作要求，按照国家二级（县级）馆评估定级标准做好遂溪县图书馆评估定级工作。做好文化馆（站）、图书馆免费开放工作。全年县“三馆”（博物馆、图书馆、文化馆）接待群众50多万人次。

【文艺创作】 2022年，遂溪县组织参加2021年度湛江市群众文艺作品评选，分别获作品二等奖、曲艺类二等奖、舞蹈类二等奖和三等奖，遂溪县文化广电旅游体育局获优秀组织奖，遂溪县文化馆袁土贵的快板《良心》获2021年全省群众文艺作品评选曲艺类三等奖。

【文物保护和非物质文化遗产交流】 2022年，遂溪县做好文物保护和非物质文化遗产修缮保护工作。继续完善明洪武年间（1368—1398年）乐民所城（东、西门）抢救性修缮；谋划苏二村、调丰村等古村落古民居保护开发利用，打造全国知名东坡古镇。5月，遂溪“糖祖习俗”被列入第八批省级非物质文化遗产名录。11月，公布遂溪县第七批非物质文化遗产项目糖塑（糖公仔）等5项和遂溪县第六批非物质文化遗产代表性传承人林长贵等3人名单。县文化广电旅游体育局联合县人力资源和社会保障局、县乡村振兴局认定超顺红木家私厂等3家企业（作坊）为“非遗工坊”，其中超顺红木非遗工坊获评为湛江市优秀“非遗工坊”，并代表湛江市参与省优秀“非遗工坊”评比。探索“非遗+旅游”发展模式，遂城超顺家私厂与遂溪孔子文化城合作，设立“美食坊”，在景区展示市级非遗项目“广式硬木制作技艺”。其中1月1日至2月15日，在遂溪超顺红木文化非遗园开展以“传承民间工艺 助力乡村振兴”为主题的2022湛江市民间工艺优秀作品展。

【文化市场执法】 2022年，遂溪县优化行政审批流程，审批设立歌舞娱乐场所1家；延续歌舞娱乐场所8家、营业性演出15家。抓好安全生产和疫情防控，做好安全生产和疫情防控宣传，落实企业主体责任。发现安全隐患106项，完成整改106项，整改完成率100%。强化执法检查，维护市场秩序。全年出动执法人员1680人次，检查各类文旅经营场所760多家次，参加各类联合执法行动4次，立案查处违规企业4家。

【遂溪“糖祖习俗”入选第八批省级非物质文化遗产代表性项目名录】 2022年4月29日，广东省第八批省级非物质文化遗产代表性项目名录和省级非物质文化遗产代表性项目名录扩展项目名录公布。遂溪县“糖祖习俗”入选。遂溪素有“中国第一甜县”的美称，是中国最早种蔗和制糖的地区，以糖为主的民俗文化独特而丰厚，“糖祖习俗”

表4 遂溪县第七批县级非物质文化遗产代表性项目一览表

序号	申报项目	项目类别	保护单位
1	红糖饮食习俗	民俗	遂溪县文化馆
2	渔家正骨诊疗技艺	传统医药	遂溪县遂城平衡保健推拿中心
3	甘蔗熏腊味制作技艺	传统技艺	湛江御唐府生态农庄有限公司
4	彩扎（遂溪花灯）	传统美术	遂溪县文化馆
5	糖塑（糖公仔）	传统美术	湛江市绿丰糖业发展有限公司

是遂溪特有的富有代表性的民俗，也是湛江和两广交界地区特有的文化习俗、文化现象和文化遗产。“糖祖习俗”主要分布在遂溪县乌塘镇、港门镇及其他蔗糖生产地区，覆盖人口达数十万人。“年例”是粤西地区人民过年贺岁的方式，是粤西地区盛大的传统民俗文化活动。“糖祖习俗”和当地年例在每年正月十五元宵节举行。村民上香烛、瓜果、五谷、甘蔗、鸡、鱼、发糕等供品，从早到晚依次按巡蔗、收蔗、制糖、赛糖、分糖、食糖和祭祀、抢蔗种8道程式进行。每年农历立冬时也会举办较为简单的祭祀活动。

【壬寅年遂溪孔庙祭孔大典】 2022年9月10日，由遂溪孔子文化城主办、遂溪县旅游投资有限公司协办的壬寅年遂溪孔庙祭孔大典在遂溪孔庙举行。大典分敬献花篮、恭读祭文、行鞠躬礼三项仪式。遂溪县领导、遂溪县乡贤代表、社会各界人士代表、教师和学生代表、知名媒体、被邀嘉宾等逾1000人参加。

（县旅游投资有限公司）

2022年9月10日，遂溪县在遂溪孔子文化城内举行壬寅年遂溪孔庙祭孔大典

（县旅游投资有限公司／供图）

传媒

【遂溪县融媒体中心】 2022年，遂溪县融媒体中心构建“统筹策划、一次采集、多种生成、多元发布、立体传播”的“中央厨房”全新业务模式，成为涵盖广播、电视、农村大喇叭、“两微一端”（微博、微信、新闻客户端），与“珠江云”融合发展新媒体平台，为打通基层宣传服务“最后一公里”承担着信息发布、政策解读、舆论引导、民生服务等任务，围绕县委、县政府中心工作，讲好遂溪发展故事，传播遂溪美好声音，展示遂溪全新形象主流媒体方阵。拥有“两台两微一网一端”［“两台”指遂溪电视台、遂溪人民广播电台（频率FM104.8兆赫），“两微”指遂溪县广播电视台、多彩遂溪微信公众号，“一网”指遂溪县人民政府网，“一端”指遂溪融媒手机客户端］和融媒抖音号。全年广播电视播出新闻稿件5076篇次，新媒体发布转发稿件5077条次，制作播出各类公益广告9万多次；完成15部专题片制作和播出，实现全年安全播出零事故。重点围绕喜迎中共二十大召开，学习贯彻党代会和县两会精神及“1+3+6”行动这条主线，结合乡村振兴、创建文明城市、重点项目建设、新冠疫情防控、环境保护等开设专栏，制作专题片、纪录片、系列报道，加大宣传力度。制作《党旗引领、全面谋划、奋力谱写遂溪县高质量发展新篇章——遂溪县“1+3+6”行动计划》等一批宣传片、专题片、纪录片，在遂溪新闻节目中推出《乡村振兴进行时》《遂溪抗疫》《县域经济创新发展论坛》《重点项目建设》等栏目，为遂溪县“1+3+6”行动计划提高舆论支持。谋划创作出一批质量优、社会反响好、思想性强的外宣作品，其中《火龙果灯光秀》《海岸卫士、让红树林变为金树林》等得到中央电视台、“省触电新闻”转载；有137篇

宣传报道被市广播电视台采用，16篇被“学习强国”学习平台和广东省平台采用，先后上线17个聚合专题栏目，其中《走进遂溪看振兴》栏目得到各级领导肯定。以“主流媒体阵地、综合服务平台和社区信息枢纽”定位，推动“融媒+”体系建设（“新闻+政务+服务+商务”运营模式）。把遂溪融媒客户建设作为媒体深度融合发展的“一号工程”，保持在要素配置、资金投入、配套服务、资源整合上的“四个优先”，加大力量投入，提供流量支持，鼓励平台新闻资源向客户端倾斜。遂溪融媒生产平台进驻的机关党委、镇媒体号及自媒体号有88个，“遂溪融媒”App（应用程序）文明实践中心有18个志愿团队入驻，县融媒体中心和文明实践中心互相配合运作良好。依托广东电视台和“南方+”共同组建的“珠江云”平台，将台、网、微、端新闻生产流程融合孵化，构建“统筹策划、一次采集、多种生成、多元发布、立体传播”发展新格局。全年“遂溪融媒”App发布各类稿件5077篇，总阅读量341万人次，其中遂溪融媒体中心发布3042条，阅读量331万人次。“遂溪融媒”App自开通以来通过“珠江云”分发到触电客户端累计阅读量110万人次，此外，增加“遂溪融媒抖音号”和“遂溪融媒体中心视频号”，制作发布短视频229条，抖音号阅读量1195.5万人次，视频号383.6万人次，在公众号上开设专题专栏、活动直播、活动投票等。智慧项目谋划拓展取得进展，结合融媒体深度融合发展要求和广电网络发展2035年远景规划，针对遂溪县广电网络残旧落后，推出网络整合升级改造方案和具体措施，实施遂溪县广电网络基础设施“5G+4K”网络升级改造项目，申报国家政府债券项目，被纳入国家发展和改革委员会项目库。

开展广播电视安全播出演练，排查消除播出安全隐患，保障网络安全运行。县广播电视播控中心等重要岗位采取24小时双人双岗值班制度和技术人员值班制度，完成中共二十大召开、全国两会、省两会等重要时期及国庆、元旦、春节等重要节假日安全播出工作。

（县融媒体中心）

【遂溪县电影有限公司】 2022年，遂溪县电影有限公司贯彻落实省电影局《关于2022年农村电影放映工程工作的会议通知》。完成全年指标和任务。做好平安建设及防火、防盗等综治安全工作，继续加强公司节假日值班制度。全年4人次参加省电影局举办的电影放映培训班学习。公司投入5万元购置新投影6台、复印机1套。开展国防军事题材电影进农村（革命老区）放映活动，放映《建军大业》《古田军号》《太行山上》《百团大战》《长征》等影片，共放映8场。

（郑晓方、罗国前）

【遂溪县文化服务中心】 2022年，遂溪县文化服务中心做好监控系统、消防系统、空调机组、发电机组、配电机组、灯光、音响等设备设施维护保养工作，定期做好防治白蚁工作，保障设备设施安全使用；做好创建广东省文明城市活动工作，巩固和拓展“创文成果”；做好外围广场卫生清洁和花草树木管理，协助县建筑总部做好车辆出入智能管理和场地安全巡查管理，管理广场秩序，营造良好广场环境；配合遂溪县志愿者服务联合会入驻中心2号楼开展工作。先后为中国共产党遂溪县第十四届委员会第四次全体会议、政协十一届遂溪县委员会第二次会议、遂溪县第十七届人民代表大会第二次会议、遂溪县第十七届人民代表大会常务委员会第十六次会议、共青团遂溪县第十六次代表大会等重要会议提供会议场地，全年举办会议12场。

（吕志强）

档案工作

【概况】 2022年，遂溪县档案馆馆藏档案129个全宗，馆藏各类档案总数11.03万卷，11.32万件。其中，文书3.88万卷、5.97万件；专门档案7.15万卷、5.32万件；照片1.8万张，实物档案414件，图纸1460张，图书资料8278册。

【档案利用与服务】 2022年，遂溪县档案馆接待查阅量为2180批次2484人次，提供档案1994卷266件，复印档案7444页；接待查找照片10多次，提供照片80多张；拍摄新冠疫情防控、领导政务活动74次4294张，整理留存照片314张。

【档案安全】 2022年，遂溪县档案馆落实各项安全防范措施，确保馆藏档案安全。按照档案库房管理制度要求，每天坚持对库房的温湿度进行调节、检查和登记，定期对库房除尘，保持库房卫生整洁、空气清新，创造档案保存的理想环境；定期对库房电路线、门、窗进行检查，发现问题及时整改；定期对库房进行“十二防”（防高温、防潮、防盗、防火、防霉、防光、防尘、防虫、防氧化、防损坏、防病毒、防黑客攻击）检查、执行节假日值班制度和加强汛期档案安全管理等；不定期对库房全宗档案进行防虫、防霉、防潮抽样检查，未发现有新的虫害及霉潮现象。全年未发生档案丢失、损毁、涂改、伪造、出卖和失泄密等现象。

【档案接收】 2022年，遂溪县档案馆组织接收全宗7个，共71卷、1.18万件；其中接收档案数字化扫描1934件。

（钟 韵）

地方志工作

【概况】 2022年，遂溪县人民政府地方志办公室推进《遂溪年鉴（2021）》全文数字化工作。《遂溪年鉴（2021）》完成PDF（便携式文档格式）数字化处理。《遂溪年鉴（2022）》公开出版发行。2021年度地方志资料年报报送及补报2006—2020年年报资料工作顺利开展。地方志资源开发利用力度进一步加大，向广东省人民政府地方志办公室报送《广东乡村经典菜肴》资料。“精品年鉴品读季”活动开展，并进行品读精品研讨交流。

【年鉴编纂】 2022年，遂溪县人民政府地方志办公室对年鉴篇目结构做出部分调整。通过OA政务系统提前向全县各撰稿单位发出组稿通知；召开全县地方志工作会议，聘请年鉴审核专家对《遂溪年鉴（2022）》稿件进行审校。10月，《遂溪年鉴（2022）》由方志出版社出版发行。全书有类目29个、分目155个、条目985个、彩页34幅，内文插图129幅，字数68.7万字。《遂溪年鉴（2021）》获全省年鉴编纂出版质量评比一等奖。

【地方志资料年报】 2022年3月16日，遂溪县人民政府地方志办公室部署2021年度地方志资料年报报送及补报2006—2020年年报资料工作。全县资料年报承报单位积极配合。截至年底，收集2021年度年报资料90份，补报2006—2020年年报资料215份。

【地方志资源开发利用】 2022年，遂溪县人民政府地方志办公室向广东省人民政府地方志办公室报送《广东乡村经典菜肴》资料。对乡村特色佳肴进行挖掘，报送文稿5篇。核查补充结构化丛书资料。补充乡村传统体育、乡村特色技艺、地理标准保护产品等文稿5篇。开展“精品年鉴品读季”活动，进行品读精品研讨交流，并向省志办微信公众号“方志广东”的“志说广东”栏目报送文稿5篇。

【地方志数字化】 2022年，遂溪县人民政府地方志办公室推进《遂溪年鉴（2021）》全文数字化工作。截至年底，《遂溪年鉴（2021）》完成PDF数字化处理，文档部分完成内容审核，数字化工作按标准完成，并将数据上传至广东省情数据库。

【村志馆试点工作】 2022年，遂溪县人民政府地方志办公室立足县情村情，在乡村振兴中打造方志驿地。结合全县15个镇申报和推荐试点单位情况，择优选取17个自然村作为第一批试点。并组织人员先后到黄略镇、原遂城镇、河头镇调研村志馆建设工作。

（县志办）

卫生健康·体育

卫生健康综述

【概况】 2022年，遂溪县有医疗卫生机构491家，其中县直医疗卫生单位5个，广场医院2家，民营医院6家，15家镇卫生院，1家计划生育服务站，2家血透中心，337家村卫生站，119家诊所（含门诊部），2家卫生室，1家保健所，1家医务室。全县编制住院床位3530张，民营医疗机构床位531张，占全县总床位数的15.04%，每千人常住人口床位数4.28（卫生强省目标值5.4）。有执业（助理）医师1325人，每千常住人口执业（助理）医师数1.61人（卫生强省目标值2.8人）；注册护士2011人，每千常住人口注册护士数2.44人（卫生强省目标值3.5人），乡村医生329人。是年，遂溪县医疗保障能力继续提升。投入15亿元推进八大医疗卫生民生项目建设，县人民医院、县中医院、县妇幼保健院整体搬迁项目基本建成，县公共卫生医院进入收尾阶段。不断深化医药卫生体制改革。县城月镇中心卫生院升级建设完成并成为湛江市新冠肺炎亚（准）定点收治医院。遂溪县医疗共同体县域次级医疗卫生中心建设项目启动。杨柑镇中心卫生院、河头镇中心卫生院、北坡镇卫生院整合提升服务能力，达到国家推荐标准，建设成县域次级基本医疗卫生中心。

【医药卫生体制改革】 2022年，遂溪县继续推进县域医共体建设，创新医疗卫生管理体制和运行机制，发挥县级公立医院在县域内龙头作用，以资源下沉、人才下沉、技术协作为重点，带动基层医疗卫生机构服务质量和水平提升，建立北坡分院联合门诊。所有公立医院继续实施基本药物制度，实行零差价销售，各医疗卫生机构基本药物使用率、基本药物使用金额占比均达到省、市要求，医疗费用不合理增长得到控制。

【人口与计划生育】 2022年，遂溪县户籍总人口112.95万人，人口出生1.26万人，出生率11.10‰，自然增长率5.61‰，符合政策生育率88.02%，出生人口性别比117.06（以女性为100）。

【法定传染病管理】 2022年，中国疾病预防控制信息系统报告遂溪县法定传染病15种3267例，死亡5例。发病率401.19每十万，比上年下降37.43%；死亡率0.61每十万，增长68.77%。发病数排前五位的病种是：病毒性肝炎（1612例）、肺结核（535例）、新型冠状病毒感染（356例）、梅毒（340例）、流行性感冒（205例）。

【慢性非传染性疾病管理】 2022年，遂溪县报告死亡的终审个案5731例（按现住址），死因排位前5位的5类疾病共4817例，占总死亡个案的84.05%。高血压患者管理任务数3.14万人，管理2.74万人，完成率87.18%；规范管理1.72万人，规范管理率62.86%；血压达标1.46万人，控制率53.33%。糖尿病患者管理任务数1.28万人，管理9455人，完成率73.79%，规范管理5747人，规范管理率60.78%；血糖达标4708人，控制率49.79%。全年肿瘤登记报告2016例，登记报告数为县人民医院1961例、县中医院48例、县妇幼保健院7例。是年，应开展心脑血管事件报告单位20个，报告单位12个，零报告单位8个，报告单位覆盖率60%；报告心脑血管个案1303例，报告各病种数为脑卒中1067例、心源性猝死8例、心肌梗死228例。

【重点传染病管理】 2022年，遂溪县手足口病发病38例，发病率4.67每十万，发病率比上年下降98.04%，均为轻症，无重症和死亡病例。流行性感冒发病205例，发病率25.17每十万，发病率比上年下降11.29%。全县检测HIV（人类免疫缺陷病毒）标本10.72万份，初筛阳性19人，确证阳性17人，阳性率0.016%。对全县艾滋病患者进行“CD3+CD4T”淋巴细胞检测29人次。对选定乡镇的12个自然村开展鼠疫监测，共检活鼠1345只，其中黄胸鼠266只、褐家鼠118只、臭鼩鼱27只、板齿鼠629只、黄毛鼠62只、海南屋顶鼠21只、社鼠22只。取鼠脏器在平皿上压印培养、做蚤培养57匹，均未检出鼠疫杆菌。检测活鼠血清988份，其中褐家鼠64份、黄胸鼠198份、臭鼩鼱2份、黄毛鼠62份、板齿鼠619份、海南屋顶鼠21份、社鼠22份。经鼠疫间接血凝（IHA）试验，结果全为阴性。

【医疗卫生项目建设推进】 2022年，遂溪县加快推进医疗卫生项目建设。遂溪县人民医院整体搬迁升级建设项目占地面积7.3公顷，估算总投资9.48亿元；总建筑面积12.86万平方米，采用PPP（政府和社会资本合作）模式进行建设。项目于2019年2月28日开工建设，截至2022年12月28日，该项目累计完成固定资产投资7.08亿元，土建工程完成100%，室内装修完成85%。遂溪县中医院整体搬迁升级建设项目占地面积13.3公顷，项目预算总投资3.1亿元，开设住院床位500张，住院病区12个。2019年11月27日经遂溪县人民政府批复同意《遂溪县中医院整体搬迁升级建设项目（二期）规划建筑设计方案》，总投资设计概算3.65亿元。截至2022年底，项目（二期）污水站工程完成土建工程量的100%，完成设备调试验收；室内照明安装工程完成工程量的100%，进行验收结算；信息化项目完成工程量的94%；洁净中心供氧一体化工程完成总进度的95%；二次装修工程完成总进度的70%。遂溪县妇幼保健院整体搬迁升级建设项目占地面积1.7公顷，估算总投资1.1亿元。门诊综合楼于2021年12月竣工并投入使用，累计完成投资5516万元，二期地下停车场和地面园林广场工程待县人民医院搬迁后再进行建设。

【基本公共卫生服务项目实施】 2022年，遂溪县推进基本公共卫生服务项目工作，建立“政府主导，卫健主管，镇亲抓、村（居）委参与、乡村医生主抓”的县、镇、村三级联动机制。累计完成居民电子健康档案人数73.20万人，电子健康档案建档率90.66%。为适龄儿童接种免疫规划疫苗，接种率在95%以上。孕产妇早孕建册6731人，早孕建册率84.15%，产后访视7311人，产后访视率91.40%。0～6岁儿童接受随访6.34万人，健康管理率91.79%。完成老年人健康管理66.92万人，管理率61.06%。严重精神障碍患者在册6822人，规范管理6564人，规范管理率96.22%。高血压患者健康管理2.74万人，规范管理率62.86%。糖尿病患者管理9455人，规范管理率60.78%。老年人接受中医药健康管理6.29万人，管理率57.40%。0～36个月儿童接受中医药健康管理2.34万人，管理率72.38%。

【妇幼健康服务管理】 2022年，遂溪县推进妇幼卫生基本公共服务。完成宫颈癌筛查5904人，乳腺癌筛查5904人，检查率均为100%。完成孕前优生检查

9334人，检查率98.95%；完成婚前检查6600人，检查率75.21%。加强0～6岁儿童健康管理，儿童保健率95.78%。叶酸服用人数5459人，完成率109.18%，孕产妇死亡率为每10万人0死亡，0～4岁儿童死亡率2.23‰。加强艾滋病、梅毒和乙肝防治。完成孕产妇艾乙梅检测8700人，检测率100%，其中，艾滋病阳性1例、梅毒阳性28例，乙肝阳性986例，梅毒、乙肝治疗率均为100%。加强孕产妇保健管理。孕产妇住院分娩率100%，系统管理率93.74%。出生缺陷地贫筛查人数1.15万人，筛查率158.23%；唐氏综合征筛查6284人，筛查率86.44%；严重致死致残结构畸形筛查6014人，筛查率82.72%；新生儿疾病筛查7246人，筛查率99.67%；新生儿听力筛查7247人，筛查率99.68%。

【医疗卫生行业综合监管】 2022年，遂溪县卫生健康局做好医疗机构日常监管，对全县486个医疗机构开展监督检查，对违规接诊新冠相关症状患者的11家医疗机构予以停业整顿；对90家未落实疫情防控措施的医疗机构“通报批评”。开展“双随机、一公开”（在监管过程中随机抽取检查对象、随机选派执法检查人员，抽查情况及查处结果及时向社会公开）专项检查，完成国家“双随机”（随机抽取检查对象、随机选派执法检查人员）抽检64家，完成率100%；开展放射诊疗监督专项检查行动，出动卫生监督员146人次，出动车辆30辆次，行政处罚9家；开展以“一切为了劳动者健康”为主题的职业卫生病防治法宣传活动，发放职业病防治宣传材料1800份；开展用人单位职业卫生培训2场次；开展医疗卫生法律法规知识宣传，出动宣传车辆20辆次，对16个镇（街道）开展宣传，发放宣传画册1500多份；强化公共场所监督检查，检查公共场所经营单位156个次，下达卫生监督意见书51份。结合经常性卫生监督、国家“双随机”监督抽检、专项监督执法和社会投诉举报等工作，并通过“以案促管”、跨部门联合“双随机”等专项整治行动，全年行政处罚案件170件，一般程序76件，简易程序94件，其中医疗机构85件、传染病防治52件、职业卫生6件，公共场所18件，放射9件，罚没金额59万多元。

【生育惠民政策落实】 2022年，遂溪县卫生健康局落实计划生育四项奖励扶助金发放。农村部分计划生育家庭奖励总人数799人，新增60人；城镇独生子女父母计划生育奖励总人数907人，新增125人；农村计划生育节育奖励人数47人；计划生育家庭特别扶助人数49人。以上四项奖励扶助金共247.69万元，县直机关事业单位独生子女父母奖励人数1016人，新增162人，奖励扶助金按每月80元/人发放。对全县失独家庭21户31人，落实“一对一”精准帮扶、特殊家庭扶助金兑现、特殊家庭上门走访慰问、特殊家庭医生签约服务、托育机构发动宣传跟踪落实等工作。

【新冠疫情防控】 2022年新冠疫情防控期间，遂溪县疫情防控指挥部落实“疫情要防住、经济要稳住、发展要安全”要求，提高科学精准防控本领，强化早发

2022年11月21日，遂溪县公安、卫生健康、疾病控制等部门联合召开会议研究部署新冠疫情防控流调溯源工作

（县疾病预防控制中心/供图）

现、快处置，以快制快、落细落实，举全县之力做好统筹协调工作，抓紧抓实各项工作，在当地疫情处置过程中扼制疫情蔓延。全县未发生重大涉疫情不稳定事件、公共安全事件和重大负面舆情事件。县委政法委发挥县“三人小组”（村居干部、基层民警、医务人员）的工作机制效能，压实各单位责任，层层传导压力，平战结合做实做细遂溪县疫情防控社会稳定组各项工作。各类场所消杀总面积23.75万平方米；环境采样2168份。遂溪县“11·24”新冠疫情中，全县发生个案353例；各类场所消杀总面积3.93万平方米；环境采样2541份。县疾病预防控制中心支援县外新冠疫情防控，先后分8批派出20名流调及核酸采样队员支援海南、广州、深圳及湛江各县区抗疫。精准落实防疫“新十条”，督促交通运输行业严格按照有关文件要求，做好运营车辆和场站清洁、消毒、通风等防控措施。

（县卫生健康局、县疾病预防控制中心、县交通运输局）

【2022年梁碧儿医德教育基地建设暨梁碧儿100周年诞辰纪念活动】 2022年9月24日在湛江市遂溪县举行。活动由广州医科大学附属第三医院、遂溪县卫生健康局共同主办，广东省卫生健康委、广东医科大学附属医院、河头镇镇政府、河头镇中心卫生院等单位协办，以“大爱如碧 薪火相传”为主题。活动期间，举办梁碧儿雕像及纪念园落成仪式、梁碧儿大医精神发布、医德教育授课、缅怀献花、物资捐赠、学术讲座、健康义诊等活动。

【医共体联合病房揭牌】 2022年12月30日，遂溪县总医院北坡分院联合门诊、联合病房、慢性病管理分中心、远程心电诊断分中心、疑难危重孕产妇远程医疗分中心在遂溪县北坡镇卫生院揭牌启用。遂溪医院将以此作为新起点，发挥专业优势、人才队伍优势，实行医院管理、学科建设和专业技术应用等资源共享，统筹推进联合门诊、联合病房和三大分中心建设，促进北坡分院医疗技术整体提高，并以点拓面，拓展医共体服务范围，推动医共体共同发展和繁荣，为群众提供更加安全、有效、方便、优质的“100分钟健康圈”医疗服务。

（陈思青）

2022年9月24日，梁碧儿100周年诞辰纪念活动暨2022年梁碧儿医德教育基地建设活动在遂溪县举行 （县卫生健康局/供图）

2022年12月30日，遂溪县总医院北坡分院联合门诊、联合病房暨三大中心分中心在北坡镇卫生院揭牌启用 （县卫生健康局/供图）

疾病预防与控制

【概况】 2022年，遂溪县疾病预防控制中心在遂溪县城、洋青镇、北坡镇和建新镇进行食品安全风险监测，在黄略等镇区域开展碘缺乏病监测。在全县范围内对所有生活用水进行水碘监测，检验结果均合格。全县脊髓灰质炎、白喉、麻疹、乙脑、流脑均零病例报告。

【卫生监测】 2022年4月和9月，遂溪县疾病预防控制中心分别在遂溪县城、洋青镇、北坡镇和建新镇协助湛江市疾病预防控制中心进行食品安全风险监测，抽查食品样本34份，样品送湛江市疾病预防控制中心检验检测，14项检测项目结果均合格。在黄略、河头、北坡、洋青、岭北等5个镇区域开展碘缺乏病监测，对200名8～10岁小学生及100名孕妇进行家庭食用盐和尿碘监测，各项指标均符合国家标准。其中8～10岁儿童合格碘盐覆盖率100%，中位数207.5；孕妇合格碘盐覆盖率100%，尿碘中位数107.6，补碘率93.00%。在全县范围内对所有生活用水进行水碘监测，采集水样3075份，送湛江市疾病预防控制中心检测，检验结果均合格。全年每季度对遂溪县城乡饮用水水质卫生监测1次。遂溪县城乡饮用水应设置水质监测点51个，实设置水质监测点58个；应监测水质204份，实监测水质230份，水质监测完成率112.75%，超额完成省下达监测任务。实监测水样合格189份，其中城区水样监测54份，合格53份，合格率98.15%，乡镇辖区水样监测176份（镇水厂24份、农村供水工程84份、学校供水68份），合格136份，合格率77.27%，监测点设置水质监测覆盖县城及全部镇（街道）。

【免疫规划】 2022年，遂溪县免疫规划疫苗针对的传染病中脊髓灰质炎、白喉、麻疹、乙脑、流脑均零病例报告，百日咳、风疹、流行性腮腺炎有散在病例报告。脊髓灰质炎连续30年无病例报告；白喉连续35年无病例报告；乙脑连续9年无病例报告；流脑连续26年无病例报告。麻疹发病0例，发病人数比上年（4例，0.49每十万）下降100%；百日咳发病15例，发病率1.84每十万；风疹发病2例，发病率0.25每十万；流行性腮腺炎发病19例，发病率2.33每十万。发放免疫规划疫苗11种35.1万人份，非免疫规划疫苗（不含新冠疫苗）17种17.26万支；2022年度广东省十大民生工程之初一适龄女生人乳头瘤病毒疫苗（简称二价HPV疫苗）免费接种项目实施接种5561人。2022年（因国家系统调整只报1—9月）报告常规免疫8种苗22剂次应种24.42万人次，实种24.32万人次，累计接种率99.6%；其中基础免疫应种16.21万人次，实种16.15万人次，累计接种率99.61%，加强免疫应种8.21万人次，实种8.17万人次，累计接种率99.54%。

【疾病预防宣传教育】 2022年4月25日第36个“全国儿童预防接种日”，遂溪县卫生健康局组织县疾病预防控制中心、县教育局在县第一幼儿园园区、全丰中央广场开展宣传活动。活动现场通过开展多媒体小课堂家长互动、健康咨询和预防接种相关知识答疑、查验预防接种证、发放宣传资料及有奖竞猜问答环节等形式多样的方式，宣传国家免疫规划政策及预防接种相关知识。活动现场。向群众免费发放广东省国家免疫规划疫苗免疫程序、广东省国家免疫规划疫苗使用方法等宣传单约2000张，宣传小礼品350多份。开展鼠疫防控宣传，在全县12个鼠疫监测点、村委张贴宣传海报40张，发放宣传单1500多张。在第35个世界艾滋病宣传日，采取线上线下宣传方式，通过LED（发光二极管）电子屏滚动宣传标语，播放艾滋病防治宣传片、专题讲座，张贴宣传海报，现场咨询，发放安全套、纸巾、宣传小册子等宣传资料，向群众宣传艾滋病防治知识。活动发放各种艾滋病宣传单2000张、艾滋病预防宣传小册子2000册、避孕套2000只、纸巾8箱、环保袋50个。强化高危人群和目标人群的艾滋病防治宣传，发放宣传资料 5500 份、安全套 9000 个。

【突发公共卫生事件处置】 2022 年，遂溪县没有发生聚集性食物中毒事件。调查处置农村小学流行性感冒聚集性疫情 1 起（洋青镇），报告病例 13 例，无住院及重症、死亡病例。

【疾病预防与控制业务培训】 2022 年，遂溪县疾病预防控制中心开展新冠疫情防控流调队员培训、基本公共卫生预防接种服务项目及高血压患者健康管理服务规范等业务培训班 15 期，培训 783 人次。遂溪县新冠疫情流调队员、各镇卫生院公卫科科长和从事基本公共卫生服务居民健康档案、老年人 / 高血压患者 / 糖尿病患者健康管理项目、预防接种服务项目等工作人员参加培训。3 月 30 日，中心派出慢非股李秀梅加入县卫生健康局组建的团队参与湛江市举办的“健康中国行动知行大赛医疗卫生机构专场湛江市选拔赛”，其团队获健康湛江行动推进委员会办公室颁发的“团队三等奖”；11 月 3 日，消杀股何升宇参加“湛江市消毒与病媒生物防治职业技能竞赛”，获湛江市卫生健康局、湛江市总工会颁发的“个人二等奖”，其团队获“团体优秀奖”。

（戴志淳）

【妇幼健康服务】 2022 年，遂溪县培训地贫防控专业技术人员 50 人次，地贫初筛率 158.23%，基因检测率 99.48%，产前诊断率 80 %，双方阳性夫妇个案录入 100 %，单方筛查阳性者给予医学指导和科学解释。全年为 5904 例适龄妇女进行宫颈癌筛查，查出 HPV（人乳头状瘤病毒）阳性 515 例，ASC-US（宫颈 TCT 检查） 115 人，ASC-H（宫颈癌筛查）32 人，LSIL（宫颈上皮内癌变）35 人，HSIL（宫颈癌前病变的Ⅱ - Ⅲ级）21 人，AGC（疑似宫颈腺癌）0 人，CIN1（癌前病变 1 级）有 55 人，CIN2（癌前病变 2 级）和 CIN3（癌前病变 3 级）有 49 人。微小浸润癌 2 例、浸润癌 3 例，均由专人随访并督促患者到有条件的医疗机构接受相应治疗，对未按时进行下一步检查的患者，将名单汇总上交县卫生健康局，由县卫生健康局与相应辖区干部联系，催促患者到医院检查。检查中还查出患外阴阴道假丝酵母菌病 16 人、细菌性阴道炎 166 人、宫颈炎 24 人、宫颈息肉 105 人、子宫肌瘤 8 人等。乳腺筛查 5904 例，乳腺彩色超声检查查出 0 级 1 例、3 级 539 例、4 级 270 例、5 级 1 例。乳腺 X 线检查查出 2 级 14 人、3 级 149 人、4 级 98 人；组织病理应检查 382 人，实检查 31 人，乳腺癌 4 人。

（韩志伟）

卫生监督

【概况】 2022 年，遂溪县卫生监督所加强医疗卫生监督，对全县 16 个镇（街道）486 个医疗机构开展监督检查；强化公共场所卫生监督，检查公共场所经营单位 156 个次；开展学校卫生监督，发出卫生监督意见书 81 份；开展职业卫生监督和放射卫生监督；开展新冠疫情监督，出动卫生监督员 2700 多人次，对医疗机构、公共场所、学校、隔离场所等场所监督检查 1800 多个次。

【医疗卫生监督】 2022 年，遂溪县卫生监督所对全县 16 个镇（街道）486 个医疗机构开展日常监督检查，监督率 100%。以专项整治行动为重点，规范医疗机构执业行为。通过开展村卫生站未经核准静脉输液专项整治，对基层医疗机构执业情况从严检查，查处案件 85 件，罚款 56 万元。开展传染病防治专项行动，以感染防控为重点检查内容，查处案件 52 件，通报批评医疗机构 90 家，责令停业整顿医疗机构 11 家。

【公共场所卫生监督】 2022 年，遂溪县卫生监督所对住宿场所、美容美发场所、沐足场所、文化娱乐场所、购物场所、体育场所等各类公共场所进行日常监督，出动卫生监督员615人次，监督场所156个次，下发卫生监督意见书51份，查处案件18件。结合常态化疫情防控要求，开展春节、国庆节等节日前住宿场所专项检查行动，出动执法人员295人次，监督检查住宿场所78个次。重点检查住宿场所疫情防控机制建立情况、员工健康管理和培训、住客健康管理、住宿场所内环境、用品用具清洁消毒、集中空调通风系统管理、消毒产品和防护用品的配备情况。

【学校卫生监督】　2022年，遂溪县卫生监督所开展各项学校卫生监督工作，保障学校教学生活环境卫生。开展春、秋学期学校卫生专项检查，重点检查教室环境、学生宿舍、传染病防治、饮用水卫生等方面。出动卫生监督员223人次，检查学校78所次，发出卫生监督意见书59份。在中高考前，以专项行动维护中高考期间考点学校及周边公共场所卫生安全保障工作，发出卫生监督意见书22份。

【职业卫生监督】　2022年，遂溪县卫生监督所开展职业病危害专项治理工作，确定治理企业12家。将日常监督检查与职业健康知识宣传相结合，检查用人单位23家次，发放宣传手册200多本，行政处罚案件6件。在《职业病防治法》宣传周开展宣传活动，派发宣传册1800份，举办用人单位职业卫生培训2场，培训335人次。

2022年9月20日，遂溪县卫生监督所工作人员到遂溪县北坡中学开展学校卫生监督检查　（县卫生监督所/供图）

【放射卫生监督】　2022年，遂溪县卫生监督所开展放射卫生专项整治行动，针对全县31家医疗机构，重点对放射诊疗许可证持证情况、放射诊疗许可证是否与医疗机构执业许可证同时校验、放射诊疗工作人员防护情况及医学影像科是否核准到二级诊疗科目等方面开展监督检查，出动卫生监督员146人次，出动车辆30辆次，查处案件9件。

【卫生“双随机、一公开”监督抽检】　2022年，遂溪县卫生监督所开展国家“双随机、一公开”（在监管过程中随机抽取检查对象、随机选派执法检查人员，抽查情况及查处结果及时向社会公开）监督抽检工作。抽检任务64个。其中，公共场所卫生25个，生活饮用水卫生2个，学校卫生11个，医疗卫生10个，传染病防治14个，血液安全1个，放射诊疗1个。监督抽检任务完成58个，关闭单位6个，“双随机”行政处罚案件6件。

【新冠疫情监督】　2022年，遂溪县卫生监督所按照常态化疫情防控要求，对辖区内监管单位落实卫生监督职责。对医疗机构哨点年监督覆盖率100%，监督检查3100家次，对公共场所、密闭场所、隔离场所等重点场所监督检查1500家次。

（梁翠婷）

医院选介

【遂溪县人民医院】 该院是一所二级甲等综合医院、国家级爱婴医院。医院占地面积3万平方米（其中业务用房占地面积1.66万平方米），业务用房建筑面积3.98万平方米。编制床位600张，开放床位821张。

业务发展 2022年，医院门急诊量41.13万人次，入院2.95万人次；出院患者三、四级手术占37.97%，比上年增长16.37%；微创手术970例，增长20.8%，疑难危重收治C、D型率23.65%，增长22.86%；平均住院日6.93天，下降5.07%。门诊次均费用236.94元，比上年下降7.33%；出院次均费用9667.7元，下降3.46%。

疫情防控 先后派出800多人次组成医疗队支援上海、吴川、官渡、廉江、黄略、雷州、赤坎等地抗疫，组建29名医疗骨干队伍到亚定点医院支援医疗救治工作，累计救治患者380多人；在防控工作重心转向“保健康、防重症”时，优化诊疗流程、扩容资源，将原神经外科病房改造成重症病房，重症医学科由14张床位增加改造至40张床位；组建抗疫医疗救治三梯队，组建13人“新冠咨询团队”，发挥医院疑难急危重症诊治的体系、队伍和技术优势，实现疫情防控有序转段、平稳渡峰。

学科建设 制定《遂溪县人民医院重点专科建设管理办法》《遂溪县人民医院优势医疗技术团队实施方案》，每年投入100万元，实施“临床重点专科培养工程”“优势医疗技术团队培育计划”两大重点项目，遴选7个临床重点专科和9个优势医疗技术团队进行培育。年内，引进学科带头人3名、博士1名、硕士5名，柔性引进高层次人才37名，基本实现临床医技专科全覆盖，发挥优秀人才示范带动作用，多个学科建设取得重要阶段性成果。其中，胸痛中心通过国家标准版网评，帮扶杨柑镇中心卫生院创建“胸痛单元”；卒中中心通过国家级防治中心网评评审；心衰中心通过国家认证，成为湛江市首家国家基层心衰中心的县级医院。

医疗技术 开展新技术、新项目18个，其中肿瘤介入科开展超选择髂内动脉化疗栓塞术治疗晚期盆腔恶性肿瘤，肾内科开展腹膜透析置管术，麻醉科开展颅外非半月节射频治疗三叉神经痛，呼吸科开展经支气管镜气道肿物切除术，骨科开展直接前路（DAA入路）人工全髋关节置换术等。

科研教学 年内获批市厅级科研课题4项、通过市级科研课题结题6项，发表医学和教学论文25篇，实现科研基金资助“零的突破”。接收医、药、技和护理专业实习生188人、进修生21人，培训全科医生学员55人，其中实习生比上年增长50%，大专学历、临床专业的学生均有所增加。以慢性病诊疗及规范管理为主题，开展10多次基层医务人员网上培训，完成60多名人才培养任务；开展学术活动30多场次，培训3000多人次。

县域医共体建设 制定《遂溪县总医院紧密型县域医疗卫生共同体慢病管理实施方案》，以北坡分院为试点镇，建设联合门诊、联合病房、慢性病管理分中心、远程心电诊断分中心、疑难危重孕产妇远程医疗分中心。全年开展慢病培训4次，糖尿病筛查体检活动和健康宣教4次、体检328人，办理特殊门诊病人54人，通过“遂医通”微信群转发健康资讯4543条次、转发疑难病例604篇次，解答村民咨询204次；向上级医院转送患者817人次，各镇卫生院向县人民医院转送患者2023人次。

质量管理 全院11个不良事件归口管理部门收到不良事件613例，Ⅰ级不良事件1例，Ⅱ级不良事件86例，Ⅲ级不良事件123例，Ⅳ级不良事件103例，均及时处理无不良后果；开展医疗安全培训6场次，累计培训医务人员1973人次；医疗纠纷比上年明显下降。

药事管理 启动呼吸与危重医学咳喘药学服务门诊和综合药学服务门诊，为患者解决用药疑难问题。通过强化临床实践指导，完善系列管理制度，动态监测并科学调控指标，全院住院、门诊药占比和抗菌药物使用强度均达标。年内基本药物品种占56.5%，比上年增长17.27%；基本药物采购使用金额占45.69%，增长11.8%；国家组织（4+7）药品集中采购中标药品金额占94.52%，增长0.9%；国家重点监控药品收入占0.47%，下降79.8%；各项指标均符合国家二级公立医院绩效考核要求，效果明显。

院感管理　先后修订《医院感染预防与控制分级管理制度》等10项核心制度，落实感控措施。分批次对全院及全县基层卫生院医务人员和志愿者开展疫情防控及院感知识培训，培训100多场次，1.37万人次。全年感染率0.91%，Ⅰ类手术切口感染率为0，环境卫生学监测合格率99.5%，手卫生合格率100%。医院感染暴发责任事件为0，医院感染漏报率≤10%。

病案管理　通过严把病案首页数据质控关，出院病历3日归档率逐步提升，基本保持不小于90%，甲级病历率一直保持不小于90%，运行病历各项记录完成及时率保持上升趋势。在广东省二级医院病案数据质量中的排名每月逐步上升，10月在省排名并列第一名，比1月提升87名。

医院管理　制订及梳理各职能部门制度与流程，编印《行政后勤职能说明书》，实施全面预算管理、成本管理、资产管理、绩效管理等，逐步实现财务和业务有效链接和融合。规范医院设备、耗材、货物、药品、工程及服务等项目的专家论证及招标采购程序，初步完成现代医院管理体系构建。启动智慧医院信息化整体升级改造项目，通过2022年全省电子病历系统应用水平四级评审。完成医院运营管理系统建设，搭建11个功能模块，实现数据信息集中、财务信息汇总、人员共享调配、实时掌控整体运行情况。完成OA系统的上线及推广使用。全院优质护理服务病房覆盖率100%，完成“互联网＋护理服务”上门服务635人次，培养专科护士5人。通过开展人文关怀主题培训、落实6S常态化管理、CICARE（以患者为中心的护患沟通模式）沟通模式和护士职业礼仪培训、举办“综合病例下护患沟通技巧演示及竞赛”等一系列活动，门诊满意度93.47%，住院满意度92.68%，体检满意度96.83%。

2022年10月27日，遂溪县派驻医务人员到广西壮族自治区融安县开展乡村振兴协作医疗卫生义诊活动　（洪　伟／摄）

社会服务　派驻6名医务人员到融安县开展粤桂（遂溪—融安）卫生人才支援和交流工作，开展疾病诊治、临床教学、手术示范、技术培训；组织医疗团队到广西壮族自治区融安县泗顶中心卫生院开展“2022年遂溪县—融安县乡村振兴协作医疗卫生义诊活动”，服务群众近1000人次。开展广东省扶贫公卫项目“两癌”（宫颈癌、乳腺癌）筛查625人次，完成征兵体检和高考体检。

就医体验　医院成立一站式服务中心，建立门诊号源统一管理制度，继续完善门诊预约服务体系，门诊平均预约率76.28%。建立健全院内输送体系，全面规范标本、药品及患者送检等数十项流程。开展第三方患者满意度调查和对出院病人的电话回访，妥善处理投诉工作，运用PDCA（全面质量管理的思想基础和方法依据）管理工具，门诊不良值降至月均5个以下，住院服务不良值月均10个以下。全年医院志愿接力不间断，平均每个月为群众解决问题1万个左右，志愿服务时长9792小时，“组团式服务”79场次。与县人民检察院、县公安局、县税务局、县农商银行4个单位开展“健康机关”共建活动，为共建单位提供10次上门健康宣教、核酸检测采样、5次赠送粤抗2号凉茶等多项服务。依托广东医科大学附属医院，移植粤西首个大病救助服务平台，致力解决因病致贫、返贫问题，为103名贫困患者提供大病救助服务，链接各类善款167.83万元。全年收到锦旗39面、表扬信12封。

（张　维）

【遂溪县中医院】　该院是一所二级甲等综合性中医医院，医院占地面积6300平方米，建筑总面积5131平方米，其中业务用房面积4441平方米，行政后勤用房面积690平方米。医院开设有急诊科、内科、儿科、骨外科、普外科、妇科、老年病科、治未病科、针灸理疗科等20多个中西医临床科室，并开设中医不孕症、中风后遗症、肝病、针灸、痔疮、皮肤性病、白内障、腰椎病等专科门诊，其中针灸科、中风专科分别获国家中医药管理局特色专科称号，骨伤科获广东省“十二五”时期特色专科称号。辅助科室设有放射科、检验科、功能科、CT室及胃肠镜室。

业务发展　2022年，医院业务总收入3163万元，比上年下降12.89%；门（急）诊收入1514万元，增长8.66%；住院收入1650万元，下降26.30%；中医门诊3.95万人次，下降7.91%；门（急）诊7.22万人次，下降4.29%；出院者占用总床位数3.49万床日，下降16.97%。规范优势病种，诊疗方案和临床路径管理，开展临床路径管理的病种43个，临床路径入径率90%。

主要医疗设备　院内配备有飞利浦MX16排螺旋CT、飞利浦infinty50彩色多普勒超声诊断仪、飞利浦移动式C型臂X线机、飞利浦BVvectra、骨科C臂机、飞利浦V200呼吸机、AM852多功能麻醉机、SMART P2000电动液压手术台、奥林巴斯电子胃肠镜、耳鼻喉镜、贝克曼AU-680全自动生化仪、LBY-N7500B全自动血流流变仪、XL1000i全自动凝血测试仪、中医经络检测仪、TDMS深层肌肉震动治疗仪、蜡疗仪等。

医院管理　开展“基层中医药服务能力提升年活动”，以改革创新统领各项中医药工作，实施“名院、名科、名医、名药”战略，强化中医为主的医院发展方向，注重突出中医药特色，发挥中医药优势服务，探索建立医院科学管理长效机制。筹备医院整体搬迁升级建设项目，项目二期工程于2019年9月28日动工，其他工作同步推进。

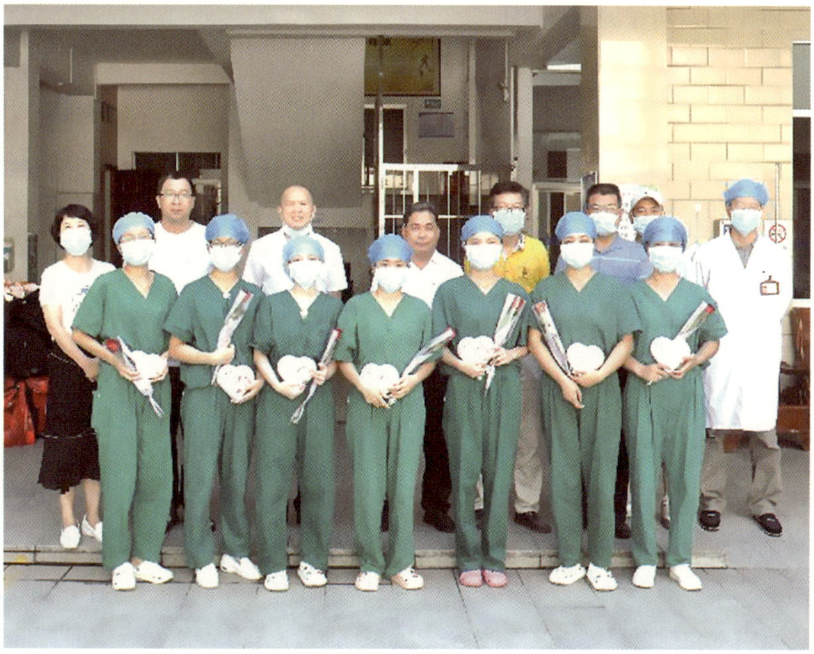

2022年8月22日，遂溪县中医院支援雷州抗疫人员凯旋

（戚洁琪/摄）

基础建设　县中医院整体搬迁升级项目按三级中医医院标准分两期进行建设，项目建设地点位于“两河三岸”新城区、遂城街道坎灶村东北侧，占地面积3.88公顷。预算金额3.3亿元，建设面积7.09万平方米，第一期项目综合保障楼建设面积8200平方米，投资预算2050万元，一期工程因土地调规而停工（2021年10月20日完成土地不动产权证书办理）。项目二期工程内容为门（急）诊楼1栋、医技楼1栋、住院楼2栋及地下室，建设面积6.28万平方米，投资预算3.1亿元，于2019年9月28日动工。2022年5月10完成主体工程移交，将1号、2号住院楼启动为新冠临时隔离点，造成工地全面停工。

（陈　婷）

【遂溪县妇幼保健院】　该院是一所二级妇幼保健院，属于妇女儿童专科医院。占地面积1148平方米，建筑面积4100平方米，其中业务用房面积3300平方米，编制床位100张，开放床位100张。医院内设医院办公室、人事科、党务办公室、财务科、医务科、护理部、院感科、健教科、保健科、总务科、信息科、病案管理科、妇科、产科、新生儿科、普儿住院部、儿童保健科、麻醉科、检验科、影像诊断科、设备科、药剂科、药房、收款处、消毒供应室和保卫科等26个科室。

业务发展　2022年，该院儿科门诊病人流量3.7万人次，比上年下降16.5%，新儿科住院593人次，下降5.58%；内儿科住院826人次，下降18.5%；妇产科门诊病人3.79万人次，下降20.5%；住院分娩活产数1262例，下降14.84%，其中剖宫产487例。全年业务总收入2806万元，比上年下降3%。医务人员收入占医院总支出的35%以上。

主要医疗设备　配备有彩色多普勒超声诊断仪、小儿呼吸机、呼吸机、X光机、全自动血液细胞分析仪、全自动凝血分析仪、全自动生化仪、全自动血球计数仪、全自动毛细管电泳仪、胎儿/母亲多参数监护仪、自动听性脑干诱发电位仪、电解质分析仪、化学发光免疫分析仪、儿童多参数监护仪、多功能监护仪、超低温冰箱、全高清宫腹腔镜、新生儿辐射抢救台、电子阴道镜、乳腺B超机和医疗救护车等重要设备。

医院升级建设　遂溪县整合优化医疗卫生资源，将县妇幼保健院搬迁至县人民医院现院区内，占地面积1.73公顷。保留县人民医院现住院综合楼（面积1.68万平方米），新建门诊综合楼1栋，建筑面积1.3万平方米，设置床位300张。待县人民医院搬迁后，续建开放式绿化广场、地下停车场等其他配套设施，2021年底新院门诊综合楼竣工，于2021年12月30日举行开业仪式。2022年建设第二期工程。

平安医院建设　该院结合平安医院建设和安全生产大检查活动，抓好社会治安综合治理工作，建立健全各项管理制度，落实岗位责任制，提高科技监控水平，做到日常常规管理与特殊情况布控相结合，加强各种安全隐患的日常排查和重点部门重点排查，最大限度降低医疗纠纷发生；完成治安巡逻等社会综治工作任务，实现“四无”（无危害国家安全事件、无群体性闹事、集体越级上访、非法静坐游行等事件，无重大刑事案件和治安案件，无因纠纷引起的非正常死亡，无重大火灾事故）目标。

（遂溪县妇幼保健院）

体育

【概况】　2022年，遂溪县有业余体校1所，在校生329人，市属运动员36人，专职教练员12人。全县有各类体育场地3176处，人均体育场地面积3.39平方米，其中公共体育馆1个、公共游泳池（馆）10个、社会足球场40块、社区体育公园4个。全县有县级体育协会6个、体育健身站123个，社会体育指导员服务站11个，三级以上社会体育指导员1986人。全年遂溪县籍运动员获省级以上奖牌9枚。陈式太极拳协会参加国际国内赛事获集体和个人金牌36枚。推进县体育中心建设，新增各类体育场地64个，面积2.33万平方米。组织代表队伍参加在第八届国际太极拳网络大赛、省全民健身广场舞联赛、第十六届省运会均获佳绩。

【群众体育】 2022年，遂溪县组队参加河南省第八届国际太极拳网络大赛，获金牌11枚、银牌14枚、铜牌13枚，组队参加2022年广东省全民健身广场舞联赛晋升赛获第一名。

【竞技体育】 2022年，遂溪县组队代表湛江市参加2022年广东省第十六届省运会青少年女篮甲组比赛，获第七名；代表湛江市参加2022年广东省第十六届省运会青少年体操比赛，获金牌3.25枚、银牌2枚、铜牌5枚，总分240.5分，获团体总分第五名。全年遂溪县籍运动员在全国比赛中获金牌4枚、银牌5枚。

【体育运动员注册】 2022年，遂溪县为备战广东省第十六届运动会青少年体操、篮球两项比赛，在选材组队过程中，准备运动员注册资料，收集运动员身份证，配合湛江市文化广电旅游体育局完成运动员注册工作。2022年，在省注册运动员3人，确认运动员3人，在市注册运动员38人。

【体育运动员选材】 2022年5月，遂溪县布置运动员选材工作，选材时间28天。教练员到全县中小学校进行选材，一些优秀苗子在教练员培训下，输送到市、省级运动队进行训练。是年，向省体操示范基地输送队员5人，向湛江市体校、湛江市第一中学、湛江市第二中学输送集训队员11人。

【遂溪县运动员参加“铁人杯”全国少年体操U系列锦标赛获1金2铜】 2022年8月19日，在湖南长沙举办的2022年“铁人杯”全国少年体操U系列锦标赛上，遂溪体操小将姚炳彬获男子团体冠军、全能季军，黄紫艺获女子团体季军。此次共有来自全国23个省、市的400多名优秀少年体操运动员、教练员、裁判员参与这场中国单项体育运动少年组的最高级别赛事。

【遂溪县全民健身80千米接力跑活动】 2022年11月19日在遂溪孔子文化城举行。由遂溪县文化广电旅游体育局主办，县跑步协会承办，县旅游投资有限公司、广东超顺状元坊协办。此次接力跑在孔子文化城内举行，全程80千米，全县80人参加接力跑活动。

（县文化广电旅游体育局）

2022年11月19日，遂溪县全民健身80千米接力跑活动在遂溪孔子文化城举行　　（县旅游投资有限公司/供图）

社会生活

人力资源和劳动管理

【概况】 2022年，遂溪县实施人才强国战略，发挥乡村振兴人才驿站作用，举办人才服务系列活动29场次，促进高层次人才和企业、项目对接。被征地农民养老保险留存资金分配任务1.2亿元按要求如期完成。城镇新增就业人数3657人，城镇失业人员实现再就业2617人，城镇登记失业率控制在3.5%以内；城镇新增就业3657人，开展职业技能培训1954人次。

【劳动保障监察】 2022年，遂溪县劳动关系总体平稳向好。加大治理欠薪工作力度，落实工人工资保障制度，监察用人单位137家，接受群众来电来访1000多次，为975名工人追回拖欠工资1379.75万元。开展集中整治拖欠农民工工资专项行动。监察用人单位34家次，涉及农民工1497人。解决欠薪问题14件，为215名农民工追回欠薪228万多元。依法处理劳动人事争议仲裁案件313件，涉案金额609.53万元，累计结案率100%，总调解成功率76.08%，均在法定期限内审结。受理工伤认定申请90件，受理各类信访案件27件，均在法定期限内办结，办结率100%。

【职业技能培训】 2022年，遂溪县完成补贴性职业技能培训1954人，完成率120%，其中“粤菜师傅”培训553人，“南粤家政”培训583人，其他培训共818人，超额完成市下达任务。受理审核职业技能培训补贴1954人次，申领补贴218.9万元，其中社会面个人申请606人，申请补贴78.98万元，培训机构申请139.92万元。鉴定指导中心申请专项职业能力考核补贴3.84万元。审核发放职业技能培训困难人员生活费补贴117人，每人500元，共5.85万元，发放到个人账户94人。

【人事管理】 2022年，遂溪县事业单位人事管理工作有序推进。开展事业单位公开招聘529人，其中教师招聘424人，卫生系统招聘36人，其他事业单位招聘69人；开展18个事业单位共113人机构改革分类考试；审核备案事业单位岗位设置方案132个；办理事业单位工作人员调动91人；完成567个事业单位共1.22万名事业单位工作人员的2022年度考核审核备案工作，完成59个单位共357人（机关工勤、待分流人员、三类人员）的2022年度考核审核备案工作。送评申报2022年度职称评审717人次（其中正高级14人、副高级618人、中级30人、初级55人）。送评申报2022年度乡村工匠职称评审34人次（其中高级2人、中级23人、初级9人）。获评职称610人，其中高级551人、中级27人、初级32人。完成120家事业单位职称聘任审批工作，聘任教育、卫生及其他系列专业技术人员共1018人次，其中高级职称214人、中级职称572人、初级职称232人。受理送审9个企事业单位共23人次的湛江市高层次人才认定申报材料，其中申报C类人才认定17人次、B类人才认定6人次。分批开展职员等级晋升工作，完成第一批晋升27人，月增资总额8185元。审核完成发放机关工勤及“三类人员”332人的2021年年终一次性奖金。审核教育系统2021年9月至2022年8月的奖励性绩效工资并完成发放，审核其他事业单位2022年的奖励性绩效工资。审核并完成发放其他事业单位、机关工勤基层工作人员610人2021年第四季度、2022年第一、第二、第三季度的乡镇工作补贴。审核完成机关工人、“三类人员”、事业单位工作人员（教师除外）3011人2021年应休未休年休假补助的相关工作。调整遂溪县机关事业单位工作人员的住房公积金缴存基数。配合县委组织部调整全县机关事业单位年度绩效奖金发放方式。完成机关事业单位工作人员死亡后丧葬费标准、遗属生活困难补助标准调整，全年办理遗属供养76人。

【就业创业】 2022年，遂溪县多措并举促就业，全县就业形势总体稳定向好。举办招聘会15场次，解决农村劳动力转移就业6985人。全年实现城镇新增就业3657人、城镇失业人员实现再就业2617人、就业困难人员实现再就业153人，分别完成市下达任务的114.28%、113.78%、109.28%，城镇登记失业率控制在3.5%以内。落实援企稳岗政策，发放就业创业补助资金250万元。其中，发放就业困难人员灵活就业社保补助95.87万元，惠及319人。发放一次性创业补助和租金补贴4万元，惠及登记失业、复退、返岗下乡创业等人员4人。发放个人创业担保贷款20笔496万元，惠及初创企业20家。向公共就业服务机构发放公共就业创业服务补贴43.2万元。

【乡村振兴人才驿站建设】 2022年，遂溪县助推乡村振兴战略实施，阵地队伍建设力度加大。自遂溪县15个镇级乡村振兴人才驿站揭牌以来，培育“土专家”“田秀才”“农村工匠”等农村实用人才1619人次，开展农村电商人才培训班14期，开展人才活动42次，培训农村电商人才1215人次。其中，洋青镇人才驿站邀请专家陈杰忠在洋青镇西埇村委会西埇村建立热带亚热带水果培育基地，种植黄金果、冰激凌果、柚子等10万株苗；创业青年宋景标回乡投资2000万元建成佳淳农业标准化中心。

（陈曼婷）

民政

【概况】 2022年，遂溪县民政局开展村民小组换届选举收尾工作。界炮镇山内村委会眼镜塘村、乐民镇海山村委会海山村、附城镇马安村委会调进村完成村民小组换届选举。困难群众生活保障金严格按照标准发放。兜底民生服务社会工作双百工程开展实施。临时救助力度加大。殡葬管理工作进一步提升。火化率继续跃居全市领先位置，受市政府表彰。核查村（居）民委员会出具证明状况。镇、村（社区）做好全国基层政权建设和社区治理信息系统数据核实录入和更新工作。县民政局整合党群服务中心力量，开展“一站式”城乡社区综合服务示范创建。遂城街道和附城镇揭牌成立。地名信息库质量建设行动进一步推进。遂溪县地名图片、志、录、词典信息得到补充和完善，修改完善信息4598条。

【村级换届选举】 2022年，遂溪县民政局开展村民小组换届选举收尾工作，推进未完成换届选举工作的界炮镇山内村委会眼镜塘村、乐民镇海山村委会海山村、附城镇马安村委会调进村3个村民小组攻坚工作。多次召开各镇未完成村民小组换届选举工作会议，成立村（居）民小组换届选举领导小组专班，推进村民小组换届选举工作，于4月29日全部完成遂溪县村民小组换届选举工作。

【困难群众生活保障】 从2022年1月1日起，遂溪县城镇最低保障水平由800元/人·月提高到

828 元 / 人·月，补差水平由 631 元 / 人·月提高到 653 元 / 人·月，均比上年提高 3.5%；农村最低保障水平由 551 元 / 人·月提高到 579 元 / 人·月，补差水平由 286 元 / 人·月提高到 315 元 / 人·月，分别提高 5% 和 10%；特困人员供养标准按照不低于遂溪县城乡低保标准的 1.6 倍发放，城镇特困人员基本生活供养标准提高到 1325 元 / 人·月、农村特困人员基本生活供养标准提高到 927 元 / 人·月，分别提高 3.5% 和 5%；集中供养孤儿（含艾滋病病毒感染儿童）从 1883 元 / 人·月提高到 1949 元 / 人·月，分散供养孤儿（含艾滋病病毒感染儿童）、事实无人抚养儿童从 1227 元 / 人·月提高到 1313 元 / 人·月；困难残疾人生活补贴、重度残疾人护理补贴标准，分别从 181 元 / 人·月、243 元 / 人·月提高到 188 元 / 人·月、252 元 / 人·月。截至年底，遂溪县纳入最低生活保障对象有 6989 户 1.96 万人，其中：农村居民 6550 户 1.88 万人，城镇居民 439 户 794 人，全年低保支出 8728 万元；全县特困供养人员 4551 人，其中 19 所镇级敬老院集中供养人员 268 人，分散供养人员 4283 人，发放供养金 5461 万元；全县有孤儿 163 人，其中福利机构供养孤儿 94 人、社会散居孤儿 69 人，发放孤儿基本生活补助金 329.15 万元；事实无人抚养儿童 510 人，发放基本生活补助金 508.23 万元；发放残疾人生活补贴 1152.20 万元、护理补贴 3820.98 万元。

【兜底民生服务社会工作双百工程实施】 广东兜底民生服务社会工作双百工程（以下简称“双百工程”）立足镇（街道）、深入村居，为困难群众和特殊群体提供专业服务，打通为民服务“最后一米”。全省统考公开招聘社工。2022 年，遂溪县新聘社工 155 人，社工队伍累计 305 人。新增社工站 2 个，累计 16 个、共 70 个社工服务点，开展岗前培训 3 期。

【临时救助】 2022 年，遂溪县民政局加大临时救助力度，拓展临时救助方式。根据临时救助对象实际需求，对给予临时救助金、实物救助后生活仍有困难的救助对象，提供转介服务。全年临时救助 510 人，救助金额 218 万元。

【流浪乞讨人员救助】 2022 年，遂溪县救助站流浪乞讨人员救助工作按照“自愿受助、无偿救助、依法救助、应助尽助”原则，对每一个自愿受助人员实施必要、合法的救助管理。全年接待求助人员 92 人次，站内救助 53 人次（男性受助人员 48 人次、女性受助人员 5 人次、残疾人 9 人次、精神障碍者 12 人次、少数民族同胞 1 人次）；站外救助 39 人次（男性受助人员 38 人次、女性受助人员 1 人次）；护送返乡 6 人次。

【慈善会工作】 2022 年，遂溪县慈善会接收捐赠款 833.4 万元，拨付捐赠款 586.60 万元。配合湛江市慈善会接捐物资，派发至新冠疫情防控重点区域，包括 2000 套防护服（含隔离衣）、2 万个口罩（含一次性医用口罩、KN95 口罩、N95 口罩）、2 万个面罩、一批手套、消毒酒精、消毒粉和洗手液。

【殡葬管理】 2022 年，遂溪县有 14 个镇（街道）年终火化率达标，年度火化遗体 5925 具，年度平均火化率 105.35%。自然火化率 100%，火化率和自然火化率是全市最稳定的县（市）之一，火化率继续跃居全市领先位置，多次受到市政府表彰。落实减免殡葬基本服务费用政策，实施惠民政策。

【正常离任村干部信息采集和资金发放】 截至 2022 年底，遂溪县正常离任村干部信息采集系统录入正常离任村干部 3654 人，经省、市、县审核符合采集条件的 3437 人。符合正常离任村干部发放补助条件的 2996 人，补助资金累计发放 2686.64 万元；由县财政全额支付正常离任社区干部 72 人，累计补助资金 66.75 万元。两项补助资金共 2753.39 万元。

【社区“万能章”治理】 2022 年，遂溪县民政局对村（居）民委员会实际出具的证明状况进行全面摸底。4 月 2 日转发《湛江市不应由基层群众性自治组织出具证明事项清单》《湛江市基层群众性自治组织可出具证明事项清单》，对没有法律法规依据或未经国务院批准列入保留证明事项清单的证明事项，以及列入各级公布的取消证明事项清单的证明事项，不得出具证明。

【全国基层政权建设和社区治理信息系统】 2022年，遂溪县民政局落实《广东省民政厅办公室关于做好全国基层政权建设和社区治理信息系统部署应用工作的通知》工作要求，指导组织镇、村（社区）做好相关数据核实录入和更新工作，建立信息系统基础数据、基层社会治理统计调查数据与民政事业统计调查系统数据的多方共享和校验机制，事项相关数据一次填报、多方共享，减轻基层工作负担。

【“一站式”城乡社区综合服务示范创建】 2022年，遂溪县整合党群服务中心，为群众直接提供“一站式”综合服务设施，配备电脑、打印机、传真机、电话、饮水机等设备，规范各类业务应用系统与村（社区）公共服务综合信息平台共享，各村（社区）在系统上办理民政、社保、卫计等业务，便民利民服务办理更加便捷，用信息化提高群众办事效率。全县“一站式”城乡社区综合服务设施覆盖率100%。

【遂城街道和附城镇揭牌成立】 2022年10月1日，遂溪县遂城街道和附城镇正式揭牌成立。经省人民政府同意，广东省民政厅于2021年10月28日函复湛江市同意遂溪县撤销遂城镇设立遂城街道和附城镇。遂城街道辖14个社区居民委员会和12个村民委员会，总面积146.4平方千米，街道办事处驻建设路97号。附城镇辖20个村民委员会，总面积118.2平方千米，镇政府驻遂廉路288号。

【婚姻登记】 2022年，遂溪县规范婚姻登记管理，完善建档、存档、阅档管理及档案保管工作。全年办理婚姻登记8520对，其中结婚登记5050对，离婚登记申请1353对，离婚登记1064对，补领结婚证919对，补领离婚证134对。登记合格率100%。

【地名命（更）名工作】 2022年，遂溪县民政局做好地名命（更）名审批工作，全年审批2个建筑物住宅区命名工作，78条道路命（更）名工作。

【国家地名信息库质量建设行动】 2022年2月，民政部部署开展国家地名信息库质量建设行动，专项行动审核对象为行政区划、居民点、自然地理实体、街路巷、群众自治组织、非行政区域、交通运输设施、水利电力通信设施、纪念地旅游景点、建筑物五大类地名和单位类的名称、类别、拼写、位置、多媒体及部分类别地名的来历含义沿革等信息，全年县民政系统完成县级审改数据2904条，完成率100%。对全县地名信息进行查漏补缺，继续推进地名信息库质量建设行动，同时做好地名信息库质量建设行动经费保障工作。

【遂溪县地名图片、志、录、词典信息补充和完善】 2022年，遂溪县民政局对《湛江市标准地名词典》《湛江市审稿意见》《广东省标准地名录》的遂溪县词目、词条进行核对、补充和完善，对其中收录的信息进行全面核查，做到“词条不重不漏，且为标准名称”，对重复的进行删除，对重要遗漏词条进行增补，对非标准名称的词条进行纠正，修改完善4598条。

【民政系统扫黑除恶信访案件处理】 2022年，遂溪县民政局收到扫黑除恶线索8件（其中全国扫黑平台督办3件、县督办2件、县公安局转来3件），所举报问题线索经逐一核查，全部办结并报县扫黑办。

（县民政局）

社会保险

【概况】 2022年，遂溪县城镇职工企业养老保险、机关事业单位养老保险、城乡居民养老保险、工伤保险、失业保险五大险种参保58万人次，企业职工养老参保7.15万人（其中退休人员3.39万人）；机关事业养老参保 2.32 万人（其中退休人员 7757 人）；失业保险参保 3.86 万人；工伤保险参保 4.32 万人；城乡居民养老保险参保 40.4 万人（其中退休人员 14 万人）。缴费人数 17.63 万人。城乡居民基本医疗保险参保 82.69 万人。发放失业补助金 5974 人次 164 万元。是年，全县五大险种基金总收入 12.27 亿元，总支出 21.92 亿元。其中，企业职工养老保险基金收入 4.1 亿元，支出 13.63 亿元；机关事业单位养老保险基金收入 3.9 亿元，支出 4.15 亿元；失业保险基金收入 800 万元，支出 2448 万元；工伤保险基金收入 405 万元，支出 1172 万元；城乡居民养老保险收入 4.15 亿元，支出 3.78 亿元。

【社保服务能力提升】 2022 年，遂溪县社会保险基金管理局联合县税务局、县医保局在县社保局联合共同建设服务大厅，实行“一站式”服务，参保人在“三家共建”服务大厅一次性可办社保、医保、税务业务，让群众“只跑一次”。11 月，遂溪县社保局推行综合柜员制服务模式改革，建设综合服务大厅，升级为“遂溪县政务服务大厅社保分厅”，优化办事流程、精简证明材料、压缩办事时限，推行即时办结，综合受理社保业务，实现“一窗通办”，在服务大厅内设立自助服务区，配备自助服务终端机，建设 24 小时对外服务站，配置自助服务终端机供群众 24 小时使用。

【社保足额发放】 2022 年，遂溪县社会保险基金管理局将城乡居保待遇领取人员的基础养老金从 180 元 / 月上调至 190 元 / 月。为 2022 年度困难群体参保代缴城乡居民养老保险，做到应保尽保、应缴尽缴。截至 10 月，为 2.27 万名困难群体按 120 元 / 年的标准代缴，全年代缴支出 270 万余元。做好机关待遇发放工作，截至 10 月，机关待遇支出 3.44 亿元。并按省、市要求完成年度调资及补发 1—7 月增资，共 933.2 万元，人均调增 209.18 元。保障企业职工退休人员养老待遇，做好调资工作，截至 10 月，办理企业职工养老退休 1179 人次。

【社保助企纾困】 2022 年，遂溪县社会保险基金管理局推动稳经济大盘工作纵深发展，新冠疫情防控期间助力企业复工复产。优化实施失业保险稳岗返还政策，稳岗补贴发放 9 批次，发放 722 家企业共 298 万多元。拓宽失业保险留工补助受益范围，发放 1466 家企业共 1358 万元留工补助。发放一次性扩岗补助 84 家，发放金额 31 万元。

【被征地留存保障资金分配】 2022 年，遂溪县社会保险基金管理局做好被征地留存资金社保系统录入登记工作。8 月，将县人力资源社会保障局移交的征地资料、人员名单、征地社保分配资金等信息录入省集中式系统，在要求时间节点前完成该项工作，分配工作完成率 100%，分批录入子项目 452 个，保障 1.8 万人次，落实录入分配资金 1.2 亿元，为被征地群众重核发放征地待遇 3900 多万元。

（骆骏骁）

医疗保障

【概况】 2022 年，遂溪县加强参保征缴工作，城乡居民医保参保人数 82.69 万人（含政府资助人员 3.19 万人），完成任务指标 93.33%，完成情况排名全市前列，实现应保尽保，职工医保缴费月平均 6.51 万人。落实医疗救助有关政策，政府资助参保困难群众 3.19 万人，零星医疗救助 1367 人次，救助金额 2965.11 万元。加强药品和医用耗材集采监督和指导，全县药品集中采购 1.71 亿元，医用耗材集中采购 1.78 亿元，节省医保基金 2900 万元。

【医保基金收支】 2022 年，遂溪县各项基本医疗保险基金收入 10.31 亿元。其中，职工各项医疗保险基金收入 2.87 亿元，城乡居民基本医疗保险基金收入 7.14 亿元（含个人缴费 3.05 亿元，各级财政补助 4.02 亿元，利息收入 612 万元，其他收入 125 万元），城乡医疗救助收入 3000 万元。各项医疗保险基金支出 6.63 亿元。

其中，职工各项医保基金支出1.81亿元；城乡居民医保基金支出4.37万元（其中，待遇支出3.06亿元，大病保险支出1.12万元，其他支出1992万元）；城乡医疗救助基金支出4539万元。各项医疗保险基金当年结余3.68亿元。

【医保零星报销拨付】 2022年，遂溪县城镇职工医保零星报销1330人次，报销234.17万元；城镇职工医保生育报销1910人次，报销412.62万元；城镇职工医保生育津贴报销367人次，报销392.22万元；城乡居民医保零星报销3612人次，报销1308.82万元。

【门诊特定病种报销】 2022年，遂溪县医疗保障局受理门诊特定病登记1.09万份。城镇职工医保门诊特种病报销7.25万人次，报销金额2586.28万元，人均报销356.62元；城乡居民医保门诊特种病报销18.4万人次，报销金额6469.44万元，人均报销351.57元。

【医疗救助】 2022年，遂溪县手工（零星）医疗救助1636人次，救助金额2965.11万元；医疗救助“一站式”结算4.23万人次，救助金额1548.07万元（含2022年前产生的“一站式”结算费用），做到应救尽救。

【医保经办服务】 2022年，遂溪县医疗保障服务中心落实一次性告知制度；在行政大厅醒目位置公示办事指南，落实省级《医疗保障经办政务服务事项清单》，执行综合柜员制服务模式，实现群众办理业务“只进一扇门”“最多跑一次”。将医保各服务事项推送到互联网终端和移动终端，推行“网上办”“掌上办”“电话办”等多种办理方式；在“粤省事”“粤医保”等App（应用程序）平台实现网上办理异地就医备案登记等业务。县医疗保障服务中心服务窗口为参保群众办理异地备案登记849人；新生儿临时编码1913人次；儿童重疾确认23人；养老退休人员名单导入745人次；医疗关系转移接续648人次；参保人员暂停缴费531人次；数据处理需求工单94份；历史遗留1997年1月医疗数据问题拆分1761人次。

【“两定”医疗机构管理】 2022年，遂溪县医疗保障中心与遂溪县28家定点医疗机构签订湛江市城乡居民基本医疗保险定点医疗机构医疗服务协议、与全县194家定点药店签订湛江市职工基本医疗保险定点零售药店医疗保障服务协议，并对协议履行情况开展2022年度专项检查工作。

【医保集中宣传月活动】 2022年4月，遂溪县医疗保障局印发《2022年遂溪县“织密基金监管网共筑医保防护线”集中宣传月活动方案》。通过县气象局短信平台分批次向全县参保人员发送医保政策宣传短信，累计约30万条；通过电视台、电台累计播放宣传片1800多次；在遂溪孔子文化城、全丰中央广场等人流量大的场所播放医保宣传视频，累计3000多次；派发打击欺诈骗保宣传海报500多份，转发警示教育普法信息20多期；利用宣传车到辖区内16个镇（街道）开展流动宣传工作，累计出动宣传车8辆次，行驶2000多千米，医保宣传视频播放5000多次，向群众宣讲解答医保政策300多次，做到16个镇（街道）宣传全覆盖。

【医保基金监管】 2022年，遂溪县医疗保障局加强医保基金监管，对定点医疗机构发出整改通知书15份，追回医保违规费用10.73万元；与公安部门完成疑似线索核查13条；市县联动抽查定点医疗机构6家，处理违法违规医疗机构3家（暂停医保服务协议2家，追回违规医保费用142.58万元，给予行政罚款32.28万元）；配合省基本医疗保险基金审计工作，核实处理违规医疗机构9家，追回违规医保费用15.67万元。

【医保电子凭证推广】 2022年，遂溪县推进医保电子凭证激活工作，县医疗保障局通过加大宣传力度，发动镇、机关事（企）业单位、镇村居民激活使用医保电子凭证，解答各单位和参保人在医保电子凭证激活及推广过程中遇到的困惑和困难，提高医保电子凭证激活比例，增强医保电子凭证的使用效率。

【药品和医用耗材集中带量采购管理】 2022年，遂溪县医疗保障局指导监督公立医疗机构常态化、制度化开展药品和医用耗材集中带量采购工作。全县药品集中采购耗资1.71亿元，其中在省平台采购金额1.25亿元，在深圳GPO平台采购金额4599.33万元；全县医用耗材集中采购耗资1.78亿元，其中在省平台采购耗资1.27亿元，在联盟区平台采购耗资5114.26万元。全年药品和医用耗材集中采购节省医保基金2900万元。督促各医疗机构自查药品和医用耗材线下采购情况，全县公立医疗机构药品和医用耗材采购总金额3.49亿元，线下自主采购金额720万元，自主采购比例2.06%。

【离休干部和伤病残军人医疗保障服务】 截至2022年底，遂溪县离休干部、六级以上伤残军人共193人。2022年，离休干部、六级以上伤残军人医疗费用1184.32万元。其中，离休干部医疗费用927.42万元，六级以上伤残军人医疗费用256.90万元。

【遂溪县“织密基金监管网共筑医保防护线”集中宣传月动员大会】 2022年4月21日在县卫生健康大楼六楼会议室召开。会议传达国家、省、市关于医疗保障集中宣传月会议精神，部署遂溪县“织密基金监管网共筑医保防护线”集中宣传月工作。县医疗保障局、县纪委监委驻卫生健康局纪检监察组、县卫生健康局、县公安局、县市场监督管理局、县财政局等相关单位100人参加会议。会议要求深入学习贯彻落实《医疗保障基金使用监督管理条例》，实行医保基金使用监管，维护医保基金安全；采取多样化的宣传方式，通过网络媒体、电子显示屏、经办机构大厅及医疗机构诊疗大厅宣传栏等平台，宣传条例主要内容，提升群众知晓度，增强全社会维护医保基金安全意识；提高政治站位，增强维护医保基金安全的责任感，守护好人民群众的“救命钱”，增强人民群众的获得感、安全感、幸福感。

【遂溪县医保基金监管暨打击欺诈骗保专项整治工作会议】 2022年4月26日，在县委第一会议室召开。会议传达国家、省、市关于医保基金监管及打击欺诈骗保专项整治工作重要指示精神，就遂溪县基金监管和打击欺诈骗保专项整治工作做部署。县医保局中层以上干部、县公安局、县卫生健康局及县“两定”（医保定点医疗机构、定点药店）机构共60多人参加。会议强调，要提高思想认识、压实责任、加强宣传。

【遂溪县2023年城乡居民基本医疗保险参保工作会议】 2022年10月20日在县委第二会议室召开。会议通报2022年城乡居民基本医疗保险参保工作情况，对2023年参保工作方案的调整内容进行解读，并就2023年城乡居民基本医疗保险参保工作进行部署。县财政局、县税务局、县民政局、县残联、县农业农村局、县卫生健康局、县社保局、县农商银行、县邮政银行等单位分管领导，各镇（街道）政府（办事处）分管领导、负责医保工作的部门负责人、信息员等49人出席会议。会议强调，要提高认识，

2022年4月26日，遂溪县医保基金监管暨打击欺诈骗保专项整治工作会议在县委第一会议室召开　（县医保局/供图）

统一思想，科学研判，掌握参保工作新形势；要明确目标任务，做好发动宣传、参保征缴管理等各项工作，确保城乡居民基本医疗保险参保工作顺利推进，争取做到全覆盖，全力推进参保工作上新台阶，提高人民群众的获得感、幸福感、安全感。

（县医疗保障局）

2022年2月23日，湛江市住房公积金管理中心遂溪办事处党员志愿者在遂溪汇成·凯悦华府楼盘的营销中心开展住房公积金贷款业务培训

（市住房公积金管理中心遂溪办事处/供图）

2022年3月11日，湛江市住房公积金管理中心遂溪办事处工作人员到遂城博仕达汽车美容服务中心进行住房公积金政策宣传（雷广平/摄）

住房保障

【概况】 2022年，湛江市住房公积金管理中心遂溪办事处归集住房公积金5.58亿元，比上年增长6.81%，完成计划的102.99%。提取使用住房公积金10.33万人次、4.23亿元，完成计划的103.10%，其中用于购买、建造、翻建、大修自住住房，偿还房贷和支付房租等住房消费3.18亿元。发放住房公积金个人住房贷款533笔，总额1.75亿元，完成计划的175.30%，支持职工购建房面积6.35万平方米。实现增值收益1406.62万元，比上年增长15.56%。增值收益支持遂溪县廉（公）租住房建设补充资金2862.17万元。

【住房公积金服务】 2022年，湛江市住房公积金管理中心遂溪办事处开展上门服务、培训服务、延时服务等特色服务，为群众办实事解难题。全年上门服务缴存职工5人次；利用休息时间到汇成·凯悦华府等7个楼盘开展政策培训96人次；利用下班时间为缴存职工和企业办理业务128人次。

【公积金促缴扩面】 2022年，湛江市住房公积金管理中心遂溪办事处采取全面扩缴、精准促缴相结合的办法，将民办教育机构、企事业单位聘用制人员及民私营企业列入年度主要扩面攻坚目标，取得成效。全年新增缴存单位70个，新增缴存职工2033人。

（雷广平）

民族宗教事务

【概况】 2022年，遂溪县有宗教活动开放场所18个，包括16个汉传佛教场所、1个天主教堂、1个基督教临时聚会点，有备案教职人员63人、登记汉传佛教皈依徒572人、天主教徒182人、基督教徒39人。全县设有1个汉传佛教协会，正、副会长7人，理事会成员31人。遂溪县有壮族、黎族、瑶族、苗族、布依族、彝族、侗族、畲族、哈尼族、蒙古族、仫佬族、毛南族、土家族、拉祜族、佤族、维吾尔族、哈尼族、羌族、满族、傣族、朝鲜族、塔吉克族、回族、白族、京族等25个少数民族共1189人，主要散居在遂城街道、附城镇、北坡镇、草潭镇。

【民族宗教政策宣传】 2022年，遂溪县委统战部组织宣传教育活动进宗教活动场所、进社区乡村，以悬挂宣传标语、发放《少数民族政策汇编》《中华民族一家亲》等方式营造教育氛围，树立“民族团结一家亲”思想。联合遂城街道、附城镇在遂溪孔子文化城民族园举办民族团结进步宣传活动。

【宗教活动场所平安创建】 2022年，遂溪县各宗教活动场所落实扫场所码、测量体温、佩戴口罩、实名登记、健康询问等常态化新冠疫情防控措施，场所内定期进行消杀，落实场所教职人员和常住人员核酸检测常态化管理。召开遂溪县民族宗教工作调研座谈会，县、镇两级签订《民族宗教工作目标管理责任书》，各宗教活动场所均建立健全场所应急处置、人员、财务、资产、会计、治安、消防和卫生防疫等管理制度，各场所安装配备治安摄像头、灭火器、消防栓。

【宗教界公益慈善】 2022年春节及相关节日期间，遂溪县各宗教活动场所教职人员对辖区的孤寡老人、贫困户等进行慰问，送上油、米、衣服、棉被等，折合人民币5万多元；全县宗教界为社会公益事业捐款9万多元，其中在“广东省扶贫济困日”捐款2.1万元。

（县委统战部）

2022年10月21日，2022年遂溪县民族团结进步宣传活动在遂溪孔子文化城民族园举行 （县旅游投资有限公司/供图）

【遂溪县民族团结进步宣传活动】 2022年10月21日，遂溪县民族宗教事务局联合遂城街道、附城镇在遂溪孔子文化城民族园举办2022年遂溪县民族团结进步宣传教育活动。活动集中宣传党的民族政策，发放宣传手册及宣传资料，使群众对党的民族宗教政策、民族共荣团结发展进一步认识和理解，促进民族团结进步工作走深走实。

（县旅游投资有限公司）

关心下一代工作

【概况】 截至2022年底，遂溪县关心下一代工作委员会有成员101人，其中名誉主任5人，顾问12人，主任、副主任8人，秘书长1人，副秘书长1人，委员73人。全县关心下一代组织609个，其中镇、行政村（社区）基层关工组织294个，中学校关工委21个，民营企业和非公有制组织关工委8个，县直属机关和企事业单位关工委75个，村级关工组织211个。约3400人参加关工委组织的“五老”（老干部、老战士、老教师、老专家、老模范）团。“五老”参加县老干部方言宣讲团活动的有12人，“五老”担任法治副校长的有15人，担任校外辅导员的有617人，担任网吧义务监督员的有72人。

【《关于加强新时代关心下一代委员会工作的意见》学习贯彻】 2022年，遂溪县关心下一代工作委员会宣传贯彻中央办公厅、国务院办公厅印发的《关于加强新时代关心下一代工作委员会工作的意见》（以下简称《意见》）精神。开展多种形式研讨学习。组织全体关工委成员传达学习。先后2次组织常务班子成员全文学习《意见》，提出贯彻《意见》精神的实施意见并上报县委、县政府。县委常务委员会和县政府常务会把学习传达《意见》精神列入会议议程，讨论做出对县关工委的工作部署。根据《意见》精神，县关工委讨论修改《2022年度工作计划》和《2022年度工作要点》，并下发基层关工委执行。提高关工委“五老”和工作人员政治站位。举办有基层关工委主任和办公室主任参加的贯彻中国共产党第十九次全国代表大会第六次全体会议精神培训班和贯彻《意见》推进会。编印1本内容包括中办、国办意见的工作手册，对全县基层关工委工作调研检查情况汇总。

【关心下一代工作委员会主题教育活动】 2022年，遂溪县关心下一代工作委员会推进主题教育活动。开展“我们的节日·元宵节”和“少年儿童心向党亲子诵读传家风”等亲子活动。举办“小小讲解员”培训班10期，开展“学党史悟党恩，传承红色基因”暑期实践活动。先后到10所中小学开展新时代科学家精神教育进校园专题活动，在风朗小学、后溪小学开展“色素里的科学与生活”科普活动，举办“党领导下的科学家精神”主题展。协助县人民检察院举办“检察官法治讲坛”专项活动。订购1000册《典亮人生：青少年学习民法典知识读本》法治图书赠各中小学校。县关工委获“2022年度湛江市公益普法活动先进单位”称号。全县各级关工委和中小学校利用红色教育基地开展50人规模以上的主题教育活动300多场次。春节、“六一”国际儿童节期间，先后到县文化艺术学校、县特殊教育学校、风朗小学、赤东小学、后溪小学等开展留守儿

2022年4月1日，遂溪县关心下一代工作委员会、县文明办、县教育局、团县委在黄学增纪念中学黄学增纪念广场联合举行“缅怀革命先烈 传承红色基因”清明祭英烈活动 （县关工委/供图）

童和困境儿童慰问活动。与县文明办联合开展2022年度“新时代好少年”评选和学习宣传活动。联合县文联、县教育局开展“劳动创造幸福”主题征文活动，取得优异成绩（获全省一等奖1名、二等奖2名、三等奖1名）。在县未成年人心理辅导站挂牌并落实心理辅导教师，协助落实各项关注未成年身心健康的具体措施。

2022年5月16日，遂溪县关心下一代工作委员会、团县委、县妇联在县青少年宫举办“抗疫路上　你我同行”向隔离区青少年捐赠爱心礼包活动　　（县关工委／供图）

【农村创业青年培训】　2022年，遂溪县农村创业青年培训工作创新提质，涌现一批创业新星。陈振国、杨建伟、宋景标、杨日光、林伟旗、陈观珠等青年创业企业等实现扩容增效。乐民镇教育发展促进会会长黄利国、“伏波民宿”旅游度假村的陈伟文等一批实力强、“双带”（农村改革发展的带头人和科技致富的带头人）示范效应好创业新星加入遂溪县农村创业青年联谊会。支持建设下六沙虫科普展览馆、佳淳标准化中心、甘蔗主题公园、乐培农业、绿保现代农业等5个创业青年培训基地。先后举办创业青年培训班2期。加强对创业青年思想政治引领，引导创业青年发挥“双带”作用回报社会。创业青年杨建伟、陈秋玲夫妇捐赠30吨红糖（价值90多万元）千里驰援西安抗疫。在新冠疫情防控期间，县创业青年捐赠价值2.5万元抗疫物资助力全县抗击疫情。“六一”国际儿童节期间，陈振国、宋景标、陈文清等创业青年捐赠红薯、红糖、火龙果等看望慰问困境儿童和留守儿童。创业青年联谊会有3人当选县党代表、5人当选县人民代表大会代表、15人当上县政协委员，另有3人当选市人民代表大会代表、1人当上市政协委员。县联谊会党支部将8名积极分子纳入培养对象。

【大关工网格建设】　2022年，遂溪县关心下一代工作委员会与各镇（单位）调整和充实各级关工委领导班子，实现工作有场所、干事有队伍、活动有经费。县直属机关工作委员会指导70多个机关单位成立关工委组织，并指导部分单位关工委开展青少年主题教育活动。各镇关工委发挥“五老”（老干部、老战士、老教师、老专家、老模范）优势，围绕党委、政府中心工作，结合实际，抓亮点、创特色、铸品牌，创建一批亮点凸显、特色鲜明、富有成效的关工工作品牌。截至11月底，全县关工系统撰写的稿件被各级媒体刊登的有《秋光·关心下一代》7篇、省关工委《信息展播》33篇、《湛江日报》4篇、《湛江市关心下一代工作管窥》45篇。遂溪电视台播出关工新闻9条。

（县关工委）

应急管理

安全生产监督管理

【概况】 2022年，遂溪县没有发生较大以上生产安全事故，与上年相比，生产安全事故宗数、死亡人数、受伤人数分别下降79.3%、55.56%、91.55%。发生生产安全事故12宗、死亡12人、受伤6人，分别同比下降79.31%、55.56%、91.55%。

【安全生产重点行业领域治理】 2022年，遂溪县应急管理局继续开展重点行业领域安全生产专项整治。对非煤矿山、道路交通、危险化学品、烟花爆竹等重点企业开展专项整治活动，均取得良好效果。出动执法检查821人次，检查企业401家次，发现隐患457项，行政处罚15起，处罚金额135.93万元，其中安全生产事故处罚4起，处罚金额110.36万元。实现所有重大危险源企业检查覆盖率、企业对标自查率和隐患问题整改率“3个100%”。非煤矿山方面，针对不同时段易发生事故特点，分别对非煤矿山企业开展复工复产专项检查和治违打非专项执法检查。

【安全生产责任落实】 2022年，遂溪县继续推进安全生产专项整治三年行动，成效明显。完善各部门攻坚任务，压实责任到岗到人，加强动态检查和过程监督，强化企业安全教育培训、隐患排查治理和安全风险分级管控，推进遂溪县安全生产领域九大专项整治。县委、县政府先后召开20次常务委员会、常务会研究讨论安全生产工作，36次率队到一线检查督导安全生产工作，其他县领导按照“三管三必须”（管业务必须管安全、管行业必须管安全、管生产经营必须管安全）原则到挂点镇和企业开展安全生产督导检查，全面加强系统防范化解安全风险建设，实现高位强化部署安全生产，保障人民群众生命财产安全。

2022年10月17日，遂溪县应急管理局到草潭进行成品油打非专项行动 （何永拼/摄）

【安全生产打非治违】 2022年，遂溪县应急管理局联合县公安局、县交通运输管理局、县市场监督管理局、各镇政府等部门联合开展烟花爆竹“打非治违”专项整治行动。查处各类非法生产、经营、运输烟花爆竹行为，深化烟花爆竹安全专项整治，烟花爆竹安全生产状况明显好转。行动共组织出动执法人员约930人次，检查烟花爆竹批发企业2家，烟花爆竹经营零售点201家，发现安全隐患186项，落实隐患整改186项，查处非法储存烟花爆竹16吨，行政处罚3起，处罚金额5500元。打击非法成品油方面，出动车辆30辆次、执法人员90多人次，排查场点17处，查扣汽油9.23吨、柴油1.7吨、非法渔船2艘，行政处罚2起，处罚金额2.8万元。

【应急救援】 2022年，遂溪县应急管理局加强应急救援体系建设，提高遂溪应急能力。加大对应急救援预案体系建设力度。在修订完善应急预案基础上，落实应急救援制度，将应急救援协调联动机制、应急物资储备、应急演练与评估等一系列制度落实纳入日常工作。做好应急值守机制建设。坚持重要会议、重大节日期间领导带班，24小时轮班制，做好单位内部安全值班工作。组织、指导开展应急演练。督导、指导各镇、各职能部门和单位及企业开展多种形式的应急演练803场次，其中“三防”类演练45次、森林防火类9次、地质灾害类25次、地震类32次、疫情防控类89次、消防逃生疏散类477次、易燃易爆危险化学品类9次、非煤矿山1次、工贸行业安全生产类116次。全县规模以上的演练503场次，参加演练队伍662支，出动演练车辆278辆，参加演练人数约17万人。完善避难场所建设。遂溪县Ⅱ类应急避难场1处，为体育馆避难场所，占地面积1.22万平方米，可容纳人数0.15万人，有应急物资：救灾帐篷742顶、移动发电机5台、救生圈190个、救生衣140套等。临时避难场486处，其中县级临时避难场所3处，镇村级临时避难场所483处，主要分布在各行政村（社区）文化楼、广场、学校、村委会等。

【应急安全宣传】 2022年，遂溪县应急管理局组织开展各类教育培训15场次，接受教育人员约3800人次，开展“进百校、暖千企、入万家”等各类宣传活动138场次，出动设有LED屏幕宣传车58辆次，发放宣传资料7.5万份，受众约21万人，2022年广东应急普法“线上马拉松”竞赛中遂溪县排全市第二名。完善应急管理信息发布工作机制，宣传安全生产、防灾减灾救灾、应急管理重大政策措施、典型经验和显著成效，利用县电视台5个频道播放安全宣传视频335次，利用网站、融媒体中心、户外LED屏等平台刊播各类普法宣传信息976条次。借力主流媒体引导应急舆论，会同湛江市电视台、《南方日报》等主流媒体

2022年4月17日，遂溪县开展安全生产宣传活动

（县市场监督管理局/供图）

开展采访、拍摄制作宣传视频信息4次；在湛江云媒、湛江应急管理公众号等市级主流媒体刊播工作信息131篇次，在“学习强国”学习平台、《南方日报》、“南方+”、广东应急管理公众号等国家、省级主流媒体刊播工作信息44篇次。探寻应急普法宣传新路径，坚持加强组织领导，全县内外并重同步推进普法宣传，深度融合“应急普法+安全教育”，无缝衔接“应急普法+安全宣传”，同频推进“应急普法+正面引导”，有机结合“应急普法+安全监管”，形成具有遂溪特色“应急普法5+”经验成果。遂溪县2022年普法宣传工作被湛江市安全生产委员会办公室作为优秀经验做法向全市推广。

（县应急管理局）

应急值守

【应急管理服务】 2022年，遂溪县应急管理局开展安全生产、应急管理宣传教育活动。集中开展安全生产专项整治三年行动、应急演练、安全生产月、防灾减灾救灾宣传等形式多样的活动，发放各种宣传资料1万多份，组织应急知识培训5000多人，普及强化安全知识、安全意识、提升安全素质，提高预防、避险、自救、减灾技能，营造安全氛围。

【应急基础建设】 2022年，遂溪县应急救援基地项目经遂溪县人民政府批准更名为遂溪县智慧应急新型基础设施建设项目，该项目为湛江市重点项目、遂溪县“十四五”时期规划重点项目，开展地质勘探、地形图绘制、平面布局及初步设计方案、初步设计概算编制等前期工作，进入专项债申报和征地阶段。遂溪县专职类救援队伍4支71人，有国家消防救援队伍的县消防救援大队2支43人。于2020年10月成立的遂溪县专业森林消防队1支共22名森林消防员。县危险化学企业（国投广东生物能源有限公司）有危险化学品专业应急救援队1支6人。兼职类救援队伍71支2145人，其中全县镇级建立的各类兼职应急救援队伍53支1650人，县直部门建立有兼职的应急救援队伍18支495人，包括组建的遂溪县防汛抢险轻舟中队24名队员，配备有冲锋舟和橡皮艇，每年汛期期间进行训练和演练。

【防灾减灾救援】 2022年，遂溪县应急管理局完成自然灾害减灾救援和物资保障工作。推进自然灾害综合风险普查。完成承灾体、致灾因子、历史灾害和综合减灾资源能力四大类调查工作，完成调查数据2984条，其中承灾体666条、减灾能力数据1598条、历史灾害数据720条。普查数据通过省、市审核及评估区划，完成率100%，各行业普查数据通过市级、省级、国家级质检审核，完成省、市级部署的有关普查任务。争取到县政府财政资金1700万元作为全行业普查工作经费。开展行政村（社区）“十个有”（有组织体系、有大喇叭、有警报器、有避难场所、有风险地图、有明白卡、有应急

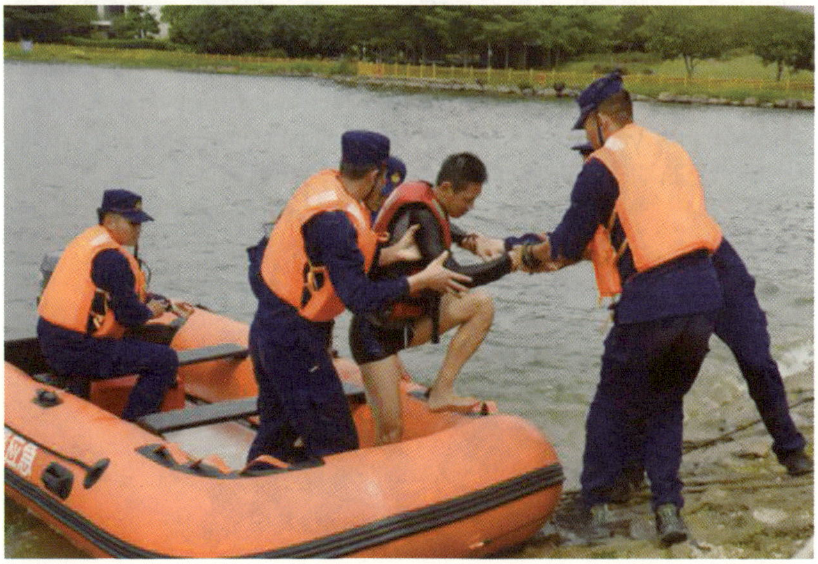

2022年7月28日，遂溪县防汛抢险轻舟中队在内塘水库进行防汛抢险救援演练　（曾洁锋/摄）

通信、有应急照明、有小册子、有宣传栏）及全国综合减灾示范社区建设。按照“十个有”标准模板和《全国综合减灾示范社区创建标准》要求，开展行政村（社区）防灾减灾救灾能力“十个有”建设，有7个社区完成“十个有”建设，其他村（社区）“十个有”加快建设。全面启动“十四五”规划编制工作。通过开展调查研究、专题研讨、编制、与上级部门对接等工作，推动应急部门“十四五”规划编制工作有序进行。坚持平急转换，抵御灾害性天气。常态化组织气象、水务等部门加强联合会商研判天气动态，发布灾害预警信息，启动应急响应18次（1次防冻应急响应、6次防汛应急响应、11次防风应急响应）。落实特殊、群体临灾转移“四个一”［建立“每户一对接”转移责任、建立“每村（居）一台账”转移清单、建立“每镇（街）一张网”转移体系、建立“每灾一行动”转移启动机制］和防风“六个百分百”［出海作业渔船100%回港，渔排人员100%上岸，在港（含避风锚地）船只100%落实防御措施，暴潮巨浪高危区、中小河流洪水高危区、山洪灾害高危区、地质灾害高风险区和滨海旅游度假区人员100%转移到安全地带，危破房、低洼地简易房、户外施工作业人员100%转移到安全地带，海上风电施工平台人员100%安全撤离］工作要求，强化汛期值班值守，组织成员单位入驻指挥中心实行24小时联合值守，协调应对处置突发情况，取得防冻防汛防风阶段性胜利。健全责任体系。全面梳理更新1792名“三防”责任人，均录入值班值守系统并安装“一键通”软件。组织开展9次防汛防风防冻督导检查，督促摸排临险人员和风险隐患底数，建立水利工程、内涝点、地质灾害等15类隐患排查整治工作台账，层层落实责任，加强防灾风险管理。健全联防联控机制和预案体系。建立气象暴雨预警与应急响应联动、应对极端天气“一盘棋”响应、应急响应联合值守等工作机制，强化预警响应联动机制。修编县级“三防”应急预案，提高预案科学性和实效性。指导镇村修订完善村级“一页纸”预案，发挥基层应急处置应对成效。加强物资储备管理。制订2022年防汛抢险救灾物资储备计划，争取财政资金支持，补充购置冲锋舟、无人机、水上机器人、编织袋和棉被等4批价值106.2万元的应急抢险救灾物资。加强与县发展和改革局物资储备联动，日常储备一定数量的防汛抢险救灾物资，能够满足基本需求。定期前置编织袋、救生衣、棉被、冬装等防汛抢险应急救灾物资至各镇（街道），发挥应急物资使用效能。

2022年7月2日，遂溪县专业森林消防队到岭北路段清理台风打断的树枝　（周晓明/摄）

【森林防灭火基础建设】 2022年，遂溪县加强森林防灭火安全管控工作。增加6名森林消防员，将人员经费从5.6万元提高至7.58万元/人·年；下拨120万元为县专业森林消防队购置指挥车、运兵车、工具车等一批森林消防装备设备；将原岭北镇茶亭小学校区定为县专业森林消防队常驻地，占地面积0.87公顷，为遂溪县专业森林消防队提供营区营房。县专业森林消防队参加湛江市乡镇（街道）专职消防业务技能大比武，总成绩第二名。全年接到火警赶赴现场救援76次，无人员伤亡。

（曹哲豪）

消防救援

【概况】 2022年，遂溪县火灾起数下降，接报警情787起，其中火警444起，占54.41%，比上年下降32.57%；火灾死亡0人，受伤0人，抢救被困人员44人，疏散被困人员96人，过火面积4.29万平方米，抢救财产价值4504.18万元，保护财产价值9432.19万元。抢险救援135起，占17.56%，比上年下降16.24%；社会救助及其他警情205起，占28.09%，下降18.32%。总体火灾形势稳中向好。

是年，遂溪县消防救援大队规范落实教育7项制度，用好13类教育方法，落实教育6个环节，开展党史学习教育实践活动，坚持集中学习和自学研讨相结合，开展理论学习中心组学习14次，党史学习教育集中研讨8次，党委书记上党课6次，购买党史学习教育书籍和笔记本420多册，协调将站党支部书记纳入城南社区“大党委”，与社区书记签订共驻共建协议，发挥党建共建优势互补、资源共享、力量整合作用，提升党建工作整体水平。在重大节假日、中共二十大安保任务，防汛防风，疫情防控等关键时期设立党员突击队，凸显基层党组织的先锋堡垒作用。抓住“人车酒”“松软散”“黄赌毒”“网贷密”问题深入查找、整顿、整改。加强“六熟悉”（熟悉消防队责任区的交通道路、水源情况，熟悉责任区内重点单位的分类、数量及分布情况，熟悉责任区内主要灾害事故处置的对策及基本程序，熟悉责任区内重点单位建筑物使用及重点部位情况，熟悉重点单位内部的消防设施情况，熟悉重点单位的消防组织及其灭火救援任务分工情况）和实地演练，制定完善数字化预案59份；开展联勤联训86次，灭火救援演练45次，“六熟悉”86次，完善制定辖区火灾事故类型预案编制5家；与辖区医院、石化、工程施工、工程机械、餐饮及超市签订战勤保障协议，建立战勤保障机制。

是年，遂城消防救援站被国家消防救援局评为“全国消防救援队伍执勤训练先进站”；被省消防救援总队评为“基层建设先进消防救援站”。县消防救援大队被县委、县政府评为2021年度平安建设（综治工作）先进单位，被县人民代表大会常务委员会评为“人大代表建议先进办理单位”，被县政协委员会评为“2021年度提案承办先进单位”。被湛江市消防救援支队评为“年度目标责任考评先进大队”“基层建设先进大队”“年度工作先进大队”；被市委、市政府评为2022年湛江市“热心消防公益事业先进集体”；被省消防救援总队评为“执勤训练先进大队”“基层建设先进单位”。在团中央2022年“全国两红两优”表彰中，李童斯获评为“全国优秀共青团员”，韩彬获评“广东省消防救援总队优秀共产党员”“广东省消防救援总队优秀干部”“广东省消防救援总队优秀大队指挥员”“湛江市消防救援支队后勤建设先进个人”“‘6•13’特大洪涝灾害抗洪抢险救援中表现突出的个人嘉奖；教导员陈灶武获评为“湛江市消防救援支队优秀党务工作者”；杨坤、郑荣军、廖美航获评为湛江市消防救援支队三等功；陈力源被市消防救援支队评为“优秀共产党员”；吕天闯、钟一鸣被团市委评为“优秀共青团员”。

【消防救援训练】 2022年，遂溪县消防救援大队紧盯实战化训练，结合大队场地实际增设高空绳索救援、深井救援、真火模拟实操场景训练设施，健全实战化训练机制，定期组织开展实战化训练、危险化学品事故处置、水域救援等专业培训，常态开展大讲堂、案例复盘和实战演练。探索标准化训练，研究制定训练工作指引，建立训前检查教育、训中示范讲解、训后总结讲评科学训练机制；变革训练模式，探索“课时制”训练机制，建立主官督训、周末补训、实战化体能闯关、预案实效性演练测试等训练模式。创新一体化训练，每周固定一天与镇政府专职队开展同训共练、战术研讨、想定作业和实战演练等，增强协同配合能力，定期与社会单位开展联勤联动与信息研判，明确应急响应标准，确保“一张网”信息共享、“一份图”调度指挥、“一体化”响应作战。大队主官坚持每月进行作战训练安全授课，采取课件授课、经验分享、案例讲解、训练场上大讨论和月考等方式增强指战员对作战训练安全的认知意识，并且定期开展理论考核，做到以考促学、以学促用。2021—2022年，县消防救援大队连续两年获“火焰蓝”技能竞赛团体总分第一名及多个项目前三名；全市条例纲要学习月队列会操获第二名。遂城站政府专职消防员陈法有、廖美航入选参加总队第二届“火焰蓝”技能竞赛暨精英挑战赛；廖美航参加总队装备比武获全省第六名；遂城站指战员陈观玉获总队装备比武第六名。

【消防救援正规化建设】 2022年，遂溪县消防救援大队加强正规化管理工作，提升营区硬件环境。制订“六个领域”正规化建设规划及详细方案，融合“火焰蓝”消防元素，突出职业特点，统一营区、车辆装备标识、标语；结合营区实际，整合场地空间合理划分“双四区”（营区“四区”为实战训练区、体能训练区、队站文化区、工作生活区；营房“四区”为车辆装备区、执勤备战区、工作学习区、娱乐生活区），规范场库室门牌、制度上墙、班宿舍内务、党（团）务公开栏等设置；立足指战员执勤、训练、工作、生活需求，精细化改造健身房、荣誉室、执勤器材库、消防员之家、党建文化长廊等场库室，并制定管理工作指引，完成党员业务示范班展示栏、党员“包保帮带”展示栏、党员践诺卡、训练龙虎榜等“553”（党委“五个能力”——对党忠诚的政治力、总揽全局的领率力、团结奋进的凝聚力、攻坚克难的执行力、清正廉洁的免疫力；“五型”模范机关——学习型、研究型、创新型、服务型、实干型的机关；基层党建“三大工程”——书记“头雁工程”、支部“示范工程”、党员“先锋工程”）有党员先锋工程九大阵地建设。升级改造大队指挥中心、星级饭堂、文化围墙、篮球场等场所，推进正规化提质升档，顺利通过支队正规化建设达标验收考评工作。岭北站正规化建设完成营房外观标识、内务标识标牌整改，顺利通过总队正规化建设达标验收。是年，县消防救援大队被省级媒体报道23篇，其中《醉酒男子被困15米高空湛江消防及时解救》被国家级媒体央广网转载；《广东湛江遂溪消防，推行“四个维度”工作思路》——全年亮点工作报道被《中国应急管理报》登载；《广东湛江遂溪大队消防员连续两年获评“全国优秀共青团员”》，该荣誉表彰被应急管理部消防救援局“火焰蓝政能量”公众号转载；《消防员给小学生的回礼》被广东消防微博转载。

【消防救援队站建设】 2022年，遂溪县第三消防站（杨柑站）建设项目动工建设；第四消防站（城月站）项目完成不动产确权；上级部署队站建设任务完成率100%，消防站建设进度排全市第一名。根据2022年乡镇（街道）消防队建设任务要求，遂溪县应建专职队8个，总体完成率100%，在各县（市、区）排第一名。界炮镇一级政府专职消防站建筑面积500平方米，县财政局拨款60万元，省消防救援总队帮扶60万元，赠送装备器材价值60万元，共投资180万元。9月15日，遂溪县委研究通过县消防事务中心机构编制请示，县编办正式批复同意设立遂溪县消防事务中心。这是粤西地区成立首个消防事务中心，是遂溪县消防救援大队探索消防安全管理体系建设一大突破。提请县人民政府办公室印发《遂溪县乡镇（街道办）开展委托执法工作实施方案的通知》《遂溪县乡镇（街道办）创建工作方案的通知》；16个镇（街道）挂牌成立消防所，设置消防所办公室。

2022 年 10 月 10 日，遂溪县杨柑消防救援站项目开工仪式举行

（徐海银 / 摄）

【消防安全整治】 2022 年，遂溪县消防救援大队针对重点时段、突出问题，向各镇（街道）、各部门下发消防安全提示函 36 份，交办消防安全防控重点和具体问题。坚持每周指派业务骨干对各镇（街道）、各部门开展实地督导帮扶，与公安、应急、市场监管、住建等行业部门建立会商研判机制，常态化开展联合检查，消防安全隐患整治合力初步形成。其中，与县住房和城乡建设局联合召开高层建筑消防安全整治专题会议，共同印发方案，对高层建筑物业服务企业负责人进行集中约谈，推动高层公共建筑常态化；利用“粤商通”开展自查自改、签订承诺书和预约消防服务，开展消防安全评估，上交评估报告，定期组织开展高层建筑消防安全演练和组织高层建筑管理人开展消防安全集中培训。联合县市场监督管理局紧盯隐患源头，联合召开农贸市场改造约谈会。与各镇（街道）、公安机关针对“三小”场所（小档口、小作坊、小娱乐场所）开展联合检查 30 多次。以消防安全整治三年行动为主线，开展“春风利剑”电动自行车消防安全综合治理、打通生命通道、人员密集场所，“三合一”场所、城中村、重点场所达标工程等消防安全专项治理工作。紧盯辖区各个不放心区域、行业和场所火灾隐患，开展“三小”场所违规住人、电动自行车违规停放充电等突出隐患整治，以及大型城市综合体、高层建筑、出租屋、群租房、人员密集场所、劳动密集型企业、危险化学品企业等火灾高危场所治理，防止重大风险隐患失控漏管。全年检查单位 624 家，发现火灾隐患或违法行为 295 处，督促整改火灾隐患或违法行为 279 处，下发责令改正通知书 277 份，下发行政处罚决定书 42 份，下发临时查封决定书 4 份，责令“三停”（停产停业、停止施工、停止使用）10 家，罚款 31.18 万元。推动全县 16 个镇（街道）、347 个村（居）委会全部开展完成排查摸底工作，摸排电动自行车 13.79 万辆，累计新增电动自行车智能充电桩建设 1517 套，全县有充电接口数 1.58 万个。处罚电动自行车违法行为 24 例，处罚案例数达全市第一名。

【消防宣传】 2022 年，遂溪县消防救援大队突出宣传重点，继续开展消防教育和知识普及。开展全民消防培训实操。推进消防宣传“五进”（进社区、进学校、进企业、进农村、进家庭），推动各镇（街道）、各部门组织全员消防疏散演练，特别是主要领导带头参加，掀起全民参与消防培训热潮。督促人员密集场所、大型活动主办单位等采取举办培训班、以会代训等形式，开展消防安全教育，提高“四个能力”（检查火灾隐患能力、扑救初级火灾能力、组织疏散逃生能力、消防宣传教育能力）。开展入户消防宣传。结合创文工作，将消防安全宣传纳入“万人入户、共话文明”活动，发动社区网格员、志愿者开展消防安全宣传“进社区”“进家庭”活动，上门入户开展消防知识宣讲，提示火灾风险和消防安全常识。发动村（居）委会和消防宣传志愿者到社区、农村，通

2022年11月20日，遂溪县消防救援大队到碧桂园住宅小区开展消防宣传月主题培训活动（徐海银/摄）

过播发消防宣传片、发放宣传资料和户外LED显示屏、消防宣传栏等方式开展针对性宣传，加强对村居民、流动务工人员、老弱病残及儿童的宣传教育。强化户外媒体消防宣传。推动各镇（街道）、各部门通过城市大屏、楼宇电视、户外显示屏、宣传栏等载体发布消防公益广告，加大高层建筑逃生知识等消防安全知识宣传，营造“全民消防”浓厚氛围。推动宣传部门组织各类媒体开展消防常识宣传；教育部门开展校园消防宣传；各镇政府和农业农村部门做好农村消防宣传；应急、公安等部门在开展消防夜查行动时，主动上门宣传，提高群众消防自防自救技能。

【森林防灭火】 2022年，遂溪县消防救援大队密切关注防火动态，适时对全县森林防火工作做出部署。清明节、国庆节、中共二十大期间各镇政府主要领导亲自动员部署、亲自带队巡逻排查、亲自督办压紧压实责任到位，严格落实属地管理责任。督促检查，消除森林安全隐患。在重大节假日，对各镇展开抽查检查，听取有关镇关于森林防灭火工作部署情况汇报，实地查看队伍驻防、值班值守救援设施、物资储备等情况。开展森林火灾隐患排查专项整治，重点检查火源管理、责任落实、应急准备等情况，开展管辖林区内进行巡查排查整治。设卡设点，加强野外火源管控。清明节期间各镇增设临时性检查站170个，参与值班值守的镇村党员干部982人，对重点路口、地段、林带和林缘区进行森林防火检查。值班值守，做好森林火灾应急处置救援，印发《遂溪县森林火险预警与响应工作机制（试行）》《遂溪县森林防灭火会商调度机制（试行）》，建立森林火险预警和应急响应运行机制。严格执行值班、带班制度，确保每个卫星热点、每起森林火情在第一时间得到妥善处置；在防风防汛期间，下沉到基层，做好挂点村防风防汛，对各镇进行督导检查，压实责任。县专业森林消防队强化使命、靠前驻防，全年出警93次，出动641人次。特别是清明节两天（4月4—5日），接出警52起，出动497人次，每一起火情处置及时，未形成森林火灾，未造成人员财产损失；参与台风“圆规”“马鞍”“暹芭”和抗洪抢险，在台风环境下对辖区内道路进行安全隐患排查和清障行动；开展森林灭火应急演练，遂溪县专业森林消防队配合市应急管理局于11月15日在遂溪县岭北镇螺岗岭南方国家级林木种苗示范基地联合开展2022年湛江市•遂溪县森林灭火应急演练。

【粤西地区首个消防事务中心设立】 2022年9月16日，遂溪县设立遂溪县消防事务中心，为公益一类事业单位，正股级。隶属遂溪县应急管理局，委托遂溪县消防救援大队管理。这是粤西地区成立的首个消防事务中心，是遂溪县消防救援大队探索消防安全管理体系建设一大突破。

（县消防救援大队）

镇（街道）

遂城街道

【概况】 2022年10月1日，遂溪县撤销遂城镇，设立遂城街道和附城镇。设立中国共产党遂溪县遂城街道工作委员会，为中共遂溪县委派出机关，正科级；设立遂溪县人民政府遂城街道办事处，为遂溪县人民政府派出机关，正科级。街道人民代表大会工作委员会、纪检工作委员会、人民武装部按有关规定设置，工、青、妇等群团组织按有关章程设置。

遂城街道位于遂溪县东北部，东邻黄略镇，西毗洋青镇，南至岭北镇，北接附城镇，境内有广海高速公路、渝湛高速公路、国道207线、国道325线、省道287线和黎（塘）湛（江）铁路通过，是广东通往中南、西南各省和海南的交通要道。遂城街道是遂溪县委、县政府所在地，也是全县政治、经济、文化和交通中心。遂城街道辖建设社区、中山社区、城东社区、农林社区、府前社区、东圩社区、火车站社区、南门田社区、南门圩社区、湛川社区、城内社区、城南社区、城西社区、新糖社区等14个居委会和沙坡村委会、沙泥村委会、大家村委会、向阳村委会、边塘村委会、内塘村委会、西溪村委会、仙凤村委会、风朗村委会、附城村委会、城北村委会、榄罗村委会等12个村委会，117个自然村（含居委会），行政区域面积146.4平方千米，2022年年末户籍人口15.92万人。重要矿产资源有矿石、高岭土，有金、银、铜。境内雷州青年运河东海河和遂溪河贯穿而过。耕地面积2983.8公顷，土特产有蔗糖、番薯、木菠萝、百香果、火龙果、香蕉等。

【经济发展】 2022年，原遂城镇（2022年10月分为遂城街道和附城镇）完成生产总值104.64亿元，比上年增长0.9%；第一产业增加值15.96亿元，比上年增长2.2%；第二产业增加值17.84亿元，比上年增长2.4%；完成规模以上工业总产值57.78亿元，比上年增长9.1%，规模以上工业企业41家，比上年新增2家；第三产业增加值70.84亿元，增长0.1%。固定资产投资完成59.65亿元，增长9.95%。

【社会事业】

社会保障 2022年，遂城街道为10人办理大病救助，享受救助金14.38万元；为7人办理临时救助，享受救助金4.18万元；在册低保844户1943人；在册特困人员391人；为在册1470人发放残疾人重度护理补贴，其中新增办理36人；为在册449人发放残疾人生活补贴，其中新增办理4人；为在册2836人发放80周岁以上老人高龄津贴，其中新增办理99人。

卫生健康 2022年，遂城街道出生人口443人，人口出生率3.16‰，出生人口性别比121.5（以女性为100）。办理一孩登记服务151例，二孩登记服务123例，三孩登记服务56例。参加免费孕前优生健康检查，其中男性168人、女性168人。

文化教育　2022年，遂城街道有各类学校129所，其中完全中学1所、高级中学2所、职业技术学校1所、初级中学7所、小学19所（含教学点2个）、特殊学校1所、幼儿园98所；街道在校中小学生4.36万人（初中生1.43万人、小学生2.93万人），在园幼儿4266人（公办），特殊学校155人；街道有中小学专任教师3092人（其中中学专任教师1808人、小学专任教师1284人），幼儿园专任教师187人（公办），特殊学校专任教师22人。10月，遂城街道挂牌成立街道公共文化服务中心（省二级站）。投入资金26万多元建成遂城街道办精神文明实践所，投资35万元建成全省在湛江市的首个“粤文坊”传媒展示厅，并投资23万元装修2栋文化楼的全部功能室，添置相关配套设施设备，全面升级文化站基础设施。遂城街道科协举办各类实用技术培训班3期，培训375人次。

创文工作　2022年，遂城街道申报农林、城东、府前、建设4个生活垃圾分类示范区和13个生活垃圾分类示范自然村。累计投入30多万元用于站（所）标准化建设，包括硬件设施改造、宣传内容制作、实践活动开展等方面。发挥站（所）文化宣传阵地作用，开展各类文明实践活动，推动新时代文明实践站（所）建设高质量发展，线上线下累计开展各类文明实践活动1000多场。

【乡村振兴】

基础设施建设　2022年，原遂城镇（2022年10月分为遂城街道和附城镇）建成农村生活污水管网自然村95个，收集率89.62%；完成使用农村污水终端自然村89个，治理率83.9%。完成自然村村内37.6千米的巷道硬底化，全部完成村内道路硬底化自然村23个，实现村内巷道干路硬底化的村56个，完成支路硬底化的村30个。完成农村卫生无害化户厕8570户，无害化卫生户厕普及率97.91%，建成卫生公厕34座；“村村通”自来水工程建成使用覆盖自然村106个，实现农村集中供水覆盖率100%。通电通网通邮实现行政村覆盖率100%。

人居环境整治　2022年，遂城街道出动干部群众5512人次，清理收集农村生活垃圾5040吨，清理村内水塘数量36口，清理村内沟渠43.6千米，整治畜禽养殖粪污等农业生产废弃物275.6吨。创建后坑村、向阳村、大家村等8个“广东省卫生村”和大灵村、罗屋田村仔、陈纯村等20个“湛江市卫生村”。推进风朗行政村建设县级美丽宜居示范村，大家、宾高、福祥、龙架和新和村等5个自然村建设乡村风貌提升示范带。

【平安建设】　2022年，遂城街道网格账号新增网格事件4315宗，办结4346宗，办结率100.72%；投入禁毒工作经费31万元，帮助社区戒毒和社区康复对象，执行率100%，对社区戒毒和社区康复对象进行家访32人次，补助金额3万元，帮扶安置就业社区戒毒社区康复对象10人，帮扶金4万元。加大对精神障碍患者排查管理力度，登记在册886人，在册登记三级以上精神病患者47人。在管患者886人中，住院150人，情况稳定774人，情况基本稳定76人，规律服药人数826人、规律服药率93.23%，规范管理人数850人、规范管理率95.94%。

交通安全　2022年，遂城街道开展交通道路检查16次，联合县交警部门开展整治行动10多次，出动人员112人次，查扣摩托车电动车72辆，不戴头盔108起，教育劝导270人次。

综合执法　2022年，遂城街道办理土地卫片违法整治案件37件，违法占用耕地建房案件34件，违法用地整治面积0.82公顷，其中耕地面积0.77公顷，基本农田面积0.11公顷，其他土地面积0.05公顷；非法开采案件2件，其中行政处罚2件，扣押挖掘机2台、运输车2辆；对辖区烟花爆竹经营户进行清查，收缴私炮0.6吨。组织检查11次，检查企业29家，发现隐患17项，整改隐患7项，10项隐患加快整改，发出责令限期整改通知书5份；开展打击生猪私屠滥宰行动，查获宰猪档口7个，没收私宰生猪肉产品1300千克、屠宰工具一批、作案车辆1辆。

【项目征地】 2022年，遂城街道完成县救助站项目征地面积0.36公顷；完成县看守所项目征地面积1.79公顷；站场建设项目（导航台、道路改道、31107项目）征地面积3.17公顷；完成黎湛铁路复线项目征地面积0.13公顷；完成人民北路项目征地面积0.62公顷；完成两河三岸凯悦天赋项目征地面积0.70公顷；完成征收遂溪孔子文化城及周边土地面积1.57公顷；完成河东大道项目征地面积9.68公顷；完成白坭坡工业园预制菜项目征地面积4.33公顷。

【生态保护】 2022年，遂城街道完成上级交办环保督查重复投诉案件跟踪处理1件，完成各级下派及部门自主核查的环保污染、环境纠纷案件30多件；开展环境污染整治行动（包括与其他部门开展联防联治行动）65次，出动700多人次；关停违规养殖猪场16家；排查整治遂溪河排污口15个；清理桃溪村铁路桥底含放射性固体废物废弃物（包含放射性污泥）844吨，在清运过程中，动用挖掘机18台次、清运车辆66辆次、现场清理工人40人次。

【遂城街道办事处揭牌仪式举行】 2022年10月1日，遂溪县乡镇行政区划调整新设立的遂城街道、附城镇举行揭牌仪式，县四套领导班子，街道和镇领导班子，街道和镇干部职工，村（社区）党组织支部书记、主任参加揭牌仪式。揭牌仪式上，县委书记骆华庆、县长刘剑为遂城街道、附城镇揭牌。随后，参加仪式的县领导实地查看遂城街道和附城镇办公环境、人员配备等情况。

（郑林婷）

附城镇

【概况】 附城镇于2022年10月1日揭牌成立，由原遂城镇一分为二划分而成，办公驻地设在遂廉路288号（附城中心小学所在地）。附城镇位于遂溪县东北部，东邻黄略镇，西毗洋青镇，南至遂城街道，北接廉江市，境内有国道207线、省道287线、玉湛高速公路和黎湛铁路通过，是广东通往西南各省的交通要道。附城镇行政区域总面积118.2平方千米，辖白水、四九、信岭、横岭、陈村、礼村、大岭、官湖、乌塘、湾州、牛圩、豆村、头铺、马安、分界、辅塘、蒲岭、牛路、边岭、老村等20个村委会，181个村民小组。2022年出生人口812人，年末户籍人口6.65万人。重要矿产资源有矿石、高岭土，有金、银、铜。境内雷州青年运河东海河和遂溪河贯穿而过。耕地面积4445.4公顷，土特产有甘蔗、番薯、木菠萝、火龙果、香蕉等。

【经济发展】 2022年，原遂城镇（2022年10月分为遂城街道和附城镇）完成生产总值104.64亿元，比上年增长0.9%。第一产业增加值15.96亿元，增长2.2%；第二产业增加值17.84亿元，增长2.4%；第三产业增加值70.84亿元，增长0.1%。完成固定资产投资59.65亿元，增长9.9%。附城镇水稻播种面积3852.07公顷，产量28912吨；薯类、玉米、大豆等种植面积811.47公顷，产量2.6万吨；完成撂荒耕地复耕复种面积239.55公顷。是年，附城镇推进“万企兴万村”行动，组织8家国企民企、2个商会协会与豆村、官湖、牛路3个村委会和信岭村委会什坑村、湾州村委会竹山上村2个自然村结对帮扶，促进壹号生猪养殖、生鸡养殖、荔枝种植等当地产业继续健康发展。

【社会事业】

社会保障 2022年10月附城镇揭牌成立后，为5户19人办理低保救助；为3人办理大病救助，享受救助金6.49万元；为4人办理临时救助，享受救助金2.44万元。为800名重度残疾人购买医保及新农保，为8人办理重度护理补贴，为2人办理残疾人生活补贴。为1566人办理80周岁以上老人高龄津贴申请，完成10个村委会养老服务体系项目申请。成立附城镇社工服务站，采用“一站五点”服务模式，分派16名社工驻村推进基层服务。

文化教育　2022年，附城镇有各类学校51所，其中初级中学3所、小学22所（含教学点5个）、幼儿园26所（公办5所、民办21所）。在校中小学生3694人（初中生966人、小学生2728人），在园幼儿3498人（公办563人、民办2935人）。中小学专任教师279人（中学专任教师78人、小学专任教师201人），幼儿园专任教师242人（公办30人、民办212人）。

【乡村振兴】　2022年，附城镇完成16个自然村村内巷道硬底化建设，完成22个自然村村内主干道硬底化建设。176个自然村建成农村生活污水管网，完成率98.88%；170个自然村建成污水处理终端，完成率95.51%。建成农村无害化卫生户厕9161户，建成卫生公厕76座。

【项目征地】　2022年，附城镇完成湛江引调水工程项目征地面积21.33公顷；完成下洋职业学校实训基地项目征地面积10.067公顷；完成红日稀土项目征地面积4.13公顷；完成附城中心小学项目征地面积2.73公顷；完成黎湛铁路平改立项目3.61公顷。

【平安建设】　2022年10月，附城镇揭牌成立后，办结综治网格事件102宗，接访群众22批80多人次，妥善解决群众诉求30多件，现场成功化解群众矛盾纠纷25起。

安全生产　2022年10月揭牌成立后，附城镇联合镇市场监督管理所、镇派出所开展安全生产检查整治行动38次，出动170多人次，检查企业189家次，检查出隐患72处，当场整改64处，责令限期整改8处。

交通安全　2022年，附城镇开展道路安全隐患排查整治行动23次，开展道路交通整治行动26次，出动140多人次，教育劝导文明驾驶1300多人次。

综合执法　2022年，办理土地卫片执法图斑整治案件15件，违法用地整治面积3.68公顷，其中耕地面积3.64公顷，林地面积0.02公顷，建设用地面积0.02公顷；查处非法砍伐林木案件3件；查处非法采矿案件2件。

【生态保护】　2022年10月，附城镇揭牌成立后，开展遂溪河畜禽养殖场巡查整治11次，出动86人次，发放责令停产告知书5份。

【附城镇揭牌仪式举行】　2022年10月1日，附城镇揭牌成立。县委副书记、县长刘剑主持揭牌仪式，县四套班子领导、附城镇等100多名领导干部参加揭牌仪式。

【附城镇第一届人民代表大会第一次会议】　2022年12月15—16日，附城镇召开第一届人民代表大会第一次会议，84名人民代表大会代表和11名列席人员参加会议。会议听取和审议行政区域变更以来附城镇2022年经济社会发展情况和2023年政府民生实事项目概况介绍，通过无记名投票依法选举陈启为附城镇人民代表大会主席，叶碧涛为镇人民代表大会副主席，

2022年10月1日，附城镇揭牌成立　　（附城镇党政办／供图）

王育超、翟业明、黄伟文、李弟仔为副镇长，票决产生2023年政府民生实事项目6个。

（黄月君）

黄略镇

【概况】 黄略镇地处遂溪县东北部，东临湛江港，北邻遂溪县城，西至东坡荔园度假村，南接湛江市郊，距遂溪县城6千米，距湛江市区4千米，总面积149平方千米。地势东北高，西南低。东北部的乌蛇岭为境内最高点，海拔135米。雷州青年运河横贯南北，水源充足，土壤肥沃，耕地面积5333.33公顷，近海滩涂面积1866.67公顷。西部是赤土，东南部有少量滨海盐渍土，其他均为沙质土和黄黏土。下辖25个村委会、1个社区，151个自然村，全镇户籍人口为11.49万人。境内有国道3条（广湛公路、遂湛公路、国道228线），有黎湛铁路、粤海铁路、塘调铁路、茂湛铁路、东海岛铁路、广湛高速公路、湛徐高速公路、渝湛高速公路、玉湛高速公路、调顺跨海大桥、湛江大道等。雷州青年运河流经黄略镇境内西部，沿海有南坡码头，还有湛江海螺水泥有限责任公司等规模以上工业企业12家，规模以下企业463家。全镇实现村村通路、通电、通邮、通电话、通网络。

【经济发展】 2022年，黄略镇完成地区生产总值45亿元，比上年增长0.4%。其中，第一产业增加值12.2亿元，比上年增长2.3%；第二产业增加值12.7亿元，下降3.7%；第三产业增加值20.1亿元，增长1.7%。固定资产投资总额2.7亿元，比上年增长20%；公共财政收入3040万元；规模以上工业企业12家，完成规模以上工业总产值30.9亿元，下降15.98%。

第一产业　2022年，黄略镇扶持发展本地特色产业，实施“一村一品”推进行动，投入392万元打造深沟蔬菜、坑尾沃柑、茅村香蕉、冷水鳝鱼等农业品牌，带动农户270人就业，完成“一镇一业、一村一品”年度规划建设和联农带农发展目标任务。辖区内种植火龙果面积30公顷，采用“企业＋基地＋农户”经营模式，其中茅村的广东玉玲果业有限公司和源水村种植大户钟智才的火龙果基地规模较大，加强企业与农户利益链接，为农户提供种植技术，通过示范带动和技术扩散，促进全镇现代农业产业快速发展。推进“万企兴万村”行动，有14家国（民）营企业与源水、颜村、高碧、深沟、王爱、南新、新村、塘口、殷屋、北合等10个村委会结对帮扶。

第二产业　2022年，黄略镇第二产业增加值12.7亿元，比上年下降3.7%。对规模以上企业进行帮扶，协助企业发展壮大，关注规模以下企业发展，挖掘有上规模潜力的企业，精准发力推动企业发展。配合县统计局做好企业统计等相关工作，应用“扫码读数”功能对辖区企事业单位开展基本单位调查，实地走访近年新注册企业，录入企业基本信息、营业信息和定位地理位置，做好统计基本单位名录库更新工作。

第三产业　黄略镇实施旅游带动产业发展战略，开发旅游资源，通过支屋村党史学习教育基地、龙湾村国家级非遗遂溪醒狮保护传承基地、黄略抗法团练总部等旅游资源，吸引外来需求，推动当地产业发展。

【社会事业】

社会保障　2022年，黄略镇城乡居民基本医疗保险参保率97.58%；医疗救助168人，支出医疗救助资金329.9万元；落实应保尽保政策，全镇低保户612户1554人，下拨低保金额654.08万元；特困供养人员382人，拨给特困供养人员救助金额425.99万元；重视儿童救助，发放保障困难儿童的基本生活费45.35万元；全镇领取高龄津贴人数2395人，发放高龄津贴109.84万元；组织劳动力就业培训180多人，提供劳动力转移就业850人。

卫生健康　2022年，黄略镇户籍人口11.49万人，已婚育龄夫妇1.88万对，全年出生1403人，人口自然增长率6.5‰，政策生育率82.71%，人口出生性别比103.88。

文化教育　2022年，黄略镇巩固“教育强镇”，实现教育优质均衡发展，优化资源配置。有独立初级中学2所，九年一贯制学校3所，完全小学24所，分教点4个，幼儿园24所，适龄儿童入学率100%。2月25日，黄略镇龙湾醒狮基地和黄略镇人民抗法纪念碑均获遂溪县“红情绿意蓝韵古色”八大美景评选活动遂溪最具文旅潜力奖。7月，黄略镇支屋村革命烈士纪念碑、遂溪青年抗敌同志会支屋分会旧址等，支仁山故居被命名为遂溪县爱国主义教育基地。遂溪县黄略龙湾金声鼓乐厂的彩扎《山水狮头》在2022年广东湛江民间工艺优秀作品展中获精品奖。高碧、深沟、王爱、九东、新村、冷水、北合、南亭、南新、茅村、塘口、颜村等12个行政村获评为市级文明村，高碧、茅村、深沟、塘口、王爱、颜村、南新、九东、新村、平石、冷水、殷屋、北合、南亭、文车等15个行政村获评为县级文明村。

【乡村振兴】　2022年，黄略镇投入政府资金130万元推进7个1∶3涉农资金项目，实施基础设施及“四小园”（小菜园、小果园、小花园、小公园）建设，项目建设100%完成；投入450万元打造高碧、塘围2个示范村项目，项目建设完成率100%。提升乡村基础设施和公共服务水平，组织实施黄略镇乡村振兴城乡融合发展项目，专项债券总发行金额5000万元，分三期工程推进，三期工程全部完成工程建设任务，累计完成投资额5000万元，支出率100%，从交通、人居环境、城镇化配套设施提升等方面推动黄略镇城乡融合水平提升，为遂溪县县域水平升级提供支撑；推进乡村振兴驻镇帮镇扶村资金项目，其中2021年申报乡村振兴驻镇帮镇扶村资金项目22个，总投资预算约1200万元，2022年申报乡村振兴驻镇帮镇扶村资金项目67个，总投资预算2969.95万元，主要包括人居环境整治、村内道路建设、“四小园”建设、路灯建设等。

巩固脱贫成果　全镇有脱贫户687户、脱贫人口1407人，返贫监测户24户75人，全部退出监测，实行一户一册建档，通过落实困难人员兜底政策、就业帮扶及光伏项目分红收益等措施防止返贫；引导脱贫人口就业务工，全镇有劳力脱贫人口就业务工338人，设置公益性岗位继续安置脱贫人口52人，鼓励年龄较大或残疾人员从事简单手工等工作；长期巩固提升29项经营性扶贫资产经济效益，确保脱贫收益长效性。

2022年5月19日，黄略镇欢送遂溪县核酸采样队（黄略镇/供图）

【项目建设】　2022年，黄略镇完成“两河三岸”（遂溪河、源水河及两河形成的三个河岸）遂溪县污水处理厂项目征地面积8公顷、河东大道征地面积15.33公顷、湛江引调水工程征租地面积30.67公顷；完成遂溪大道项目征地工作、乡道563线南坡至调顺跨海大桥路面改造工程征地工作；协助沈海高速二期扩建等项目进行征拆工作。

【平安建设】　2022年，黄略镇推进平安建设工作，常态化开展扫黑除恶斗争，推动信访工作，畅通群众反映渠道。全镇受理信访案件118件，办结112件，在办理6件。发挥新时代“枫桥经验”，把信访问题解决在基层，化解在萌芽状态。严厉打击违法行为，创建平安稳定黄略，全镇立刑事案件182件，破99件，刑事拘留68人，逮捕犯罪嫌疑人18人，监视居住1人，取保候审54人。整治各类违章建筑，全镇处理土地卫片186宗，总面积8.48公顷，其中耕地面积3.15公顷，基本农田面积1.35公顷；行政执法处罚案件4件，处罚金额39.8万元，打击违法用地和违法建设行为。继续推进安全生产专项整治三年行动，全年开展联合安全生产检查54次，发现隐患98处并全部完成整改；全面完善各类应急救援预案，加强应急队伍建设，全年没有发生重特大安全事故，全镇安全生产形势保持稳定。

【生态保护】 2022年，黄略镇推进中央环保督察转办件整改落实工作，完成环保督察问题整改。中央第四生态环境保护督察组驻粤期间交办的涉及黄略辖区的群众信访转办件17件，全部办结，继续加强跟踪监管，防止反弹。贯彻落实省、市河长令，细化实化遂溪河（黄略段）清理整治专项行动方案，协调做好污水整治工作。加强对企业环保监督管理，提高企业环境保护意识，履行生态环境保护主体责任，将污染防治工作落到实处。配合上级职能部门查处污染源头，办结涉及水污染、大气污染案件，处理各部门反馈的环保投诉，维护群众合法权益。

（何海英）

岭北镇

【概况】 岭北镇地处雷州半岛腹地，紧依县城西南，东连麻章区，西接城月镇，南临建新镇，北邻洋青镇、遂城街道，距湛江市区19千米，距遂溪县城、湛江西站15千米，距湛江港、湛江火车站22千米，距湛徐高速公路入口约6千米，国道207线、省道374线贯穿全境，交通便利。镇辖7个村委会，50个自然村。行政区域面积110平方千米，户籍人口3.21万人，常住人口2.73万人，农业人口2.38万人。全镇地势东北高西南低，耕地面积6020公顷，粮食种植面积2106公顷，土壤以玄武岩发育的赤土为主，适合种植甘蔗、水稻、甜薯、蔬菜、水果、花卉、茶叶、桉树等亚热带作物，是国家甘蔗生产基地之一，有“中国第一甜镇”的美誉。岭北镇东有笔架岭战役阵亡烈士墓园等爱国主义教育基地，西有国家AAA级休闲旅游胜地螺岗小镇、国家级南方林木种苗示范基地等休闲旅游之地，南有包含调丰古官道、东坡井、景兰阁、外瀚第（北京大屋）、庐陵周公墓等历史景观的“中国古村落”调丰村，北有红色文化基地田增“知青园”。岭北镇坐拥螺岗岭、城里岭、笔架岭，海拔分别为233米、184米、176米，是遂溪县最高的3个山岭，其中螺岗岭是雷州半岛最高峰。2022年，岭北镇创建广东省卫生镇、被评为“湛江市抓党建促乡村振兴十大‘金点子’镇街”、湛江市文明镇、遂溪县2021年度平安建设（综治工作）先进镇、遂溪2022年度平安建设优秀镇，岭北镇人民政府获评湛江市爱国卫生先进集体。

【经济发展】 2022年，岭北镇完成地区生产总值29.8亿元，比上年增长4.3%。其中，第一产业增加值5亿元，增长4.3%，第二产业增加值13.9亿元，增长9%，第三产业增加值10.9亿元，下降1.7%。三次产业比重由17.2∶45.6∶37.2调整为16.8∶46.6∶36.6。全年规模以上工业企业总产值66.12亿元，比上年增长10.7%，排全县第一名；人均生产总值9.28万元。固定资产投资7.54亿元，招商到位资金5.6亿元。全年财政收入平稳增长，公共财政收入5392万元，比上年增长18.8%，创税1.61亿元，增长28.8%。

第一产业 2022年，岭北镇农业总产值8.12亿元，比上年增长4.3%；全镇耕地面积6020公顷，粮食产量1.3万吨。农作物种植投保面积3993公顷，其中甘蔗种植投保面积1870公顷，水稻种植投保面积1538公顷，水果种植投保面积585公顷。完成农村土地确权6020公顷，发证4832户，土地流转面积3140公顷。土地流转速度加快及土地经营模式的转变，为全镇农业现代化建设提供后劲。采用“党建+龙头企业+合作社+订单”模式，在田增、迈生、调丰共种植毛豆面积20公顷，收获产量约11.3万公斤，获分红80.24万元。壮大村集体经济。发挥广东北部湾农产品流通综合示范园区冷链物流、农村电商、农产品分拣加工等流通服务优势，打造“蔬果出口”“南菜北运”“北果南调”的重要供应基地，创建面积3333.33公顷的“一心一区五基地”香蕉产业园，构建香蕉、火龙果农业大数据平台，扩大调楼村花卉苗木种植示范基地、北部湾城里蔬果种植示范基地建设，建设“岭北米”“岭北甜薯”等特色品牌。

第二产业　2022年，岭北镇是遂溪工业发展核心区域，岭北工业园区基础设施基本完成“九通一平”（通市政道路、雨水、污水、自来水、天然气、电力、电信、热力、有线电视管线，土地自然地貌平整），服务水平提升，项目进园吸引力和园区承载力增强。全镇入驻工业园区企业69家，规模以上工业企业29家，规模以上工业总产值66.12亿元，比上年增长10.7%，在全县排第一名。是年，岭北镇有5家企业获“遂溪县2022年度纳税大户”称号，其中广东金岭糖业集团有限公司贡献税收9000多万元，获纳税大户金奖，广东汇通乳胶制品集团有限公司、湛江统实企业有限公司分别获银奖，湛江鑫辉水产食品有限公司、湛江漓源饲料有限公司分别获铜奖。

第三产业　2022年，岭北镇实现第三产业增加值10.9亿元。岭北镇发挥岭北优越的地理优势，以观光旅游业为导向，完善北部湾农旅产业园建设、螺岗岭螺岗小镇、城里岭生态森林公园等一批集生态旅游、农业观光、休闲农家乐等一体的现代农业生态产业园。其中螺岗小镇民宿获评为省乡村民宿示范点，成为湛江旅游“网红打卡点”，是遂溪“红情绿意蓝韵古色”八大美景之一。岭北镇推进“生态+”大文旅融合，保护式开发“中国古村落”调丰村，管好护好调丰古官道、东坡井、景阑阁、外翰第（北京大屋）、庐陵周公墓、笔架岭烈士墓等历史古迹，建好用好岭北知青园，谋划建设湛江党建红色影视文化城，丰富当地文化底蕴；支持北部湾跨境电商和国际快件业务发展，搭建湛江至东南亚跨境电商专项出口通道，推进快递下乡工程，鼓励邮政、顺丰、京东、圆通、乡镇快递等物流服务进村，加速释放农村消费需求，破解工业品下乡、农产品进城2个“最后一公里”难题，推动岭北现代服务业发展。

【社会事业】

社会保障　2022年，岭北镇有特困人员76户，事实无人抚养儿童22人，新纳入1人，散居孤儿1人，残疾人513人，新纳入社会保险21人。加强对社会救助兜底保障对象家庭情况监测，把符合条件的城乡贫困居民纳入保障范围，发放保障金269.4万元，保障207户581人基本生活；医疗救助40人次，发放救助金额61.78万元；临时救助生活困难群众超11人次，累计发放救助资金229.9万元。发放各类涉农补贴资金，五保户就医全部免费。提高居民医疗保障水平，全年医疗保险年参保2.3万人，完成率95.05%，其中政府资助人数812人。全年累计发放补贴2.58万元，高龄补贴政策惠及老年人706人；镇敬老院有床位20个，占地面积1078平方米。落实计划生育各项政策，加强人口和计划生育管理，提升服务水平。全年火化遗体179具，完成火化率115.48%，在全县殡葬改革工作评比中获第一季度第三名和第三季度第二名。

教育　2022年，岭北镇有初级中学1所，完全小学5所，分教点3个，幼儿园10所。全镇中小学在校学生3055人，其中初中学生684人，小学生2371人；在园幼儿1240人；中小学教师185人，其中初中教师51人，小学教师134人；幼儿教师97人。学生入学率100%，巩固率100%。投入40万元完成岭北镇中心小学外侧道路改造工程，注重排危工作，发现一处，修补一处，学校均无危房，校舍条件好，师资力量强。全镇贯彻德、智、体、美、劳全面发展教育方针，举办镇第五届教育促进会奖教奖学助学大会，募集资助捐款84万元，发放奖教奖学助学金60多万元，奖励一批优秀教师学生及资助贫困学生；发放岭北中学教育创强资金10万元、岭北中心小学校教育创强资金15万元，实施“教育强镇”战略，开启教育事业发展新篇章。

文体　2022年，岭北镇多举措筹集资金修缮村级文化广场、文化戏楼，实现7个行政村健身路径及体育器材全覆盖，为村民自发开展文体活动提供良好场地；举办篮球比赛、足球比赛、排球比赛等多种体育赛事。开展妇联春节送温暖走访慰问活动、“三八”维权周普法宣传“六进”（进机关、进乡村、进社区、进学校、进企业、进单位）活动、“争做合格家长　培养合格人才”专项行动、遂溪县“扫黄打非·护苗2022”专项行动；组织植树、敬老、“学雷锋，献爱心”等志愿服务活动；进行“走进遂溪县博物馆学习老区革命历史”红色故事进校下乡活动、送课入园结对帮扶活动、“庆‘六一’　迎端午”主题活动、“共筑安全防线　守护未成年健康成长”防溺水安全教育活动；开展应急科普“进农村”安全知识惠万家活动、湛江市学习贯彻广东省第十三次党代会精神基层百姓宣讲活动；组织到坡头区，开展以“强国复兴有我　巾帼助力乡村振兴”为主题的“三八”妇女节参观学习活动，文明创建成效明显，城镇品位全面提升。

【乡村振兴】　2022年，岭北镇推进乡村振兴项目建设，继续巩固拓展脱贫攻坚成效同乡村振兴有效衔接，推进农村人居环境整治，全域创建宜居美丽乡村。继续开展“三清理三拆除三整治”［“三清理”是指清理村巷道及生产工具、建筑材料乱堆乱放，清理房前屋后和村巷道杂草杂物、积存垃圾，清理沟渠池塘溪河淤泥、漂浮物和障碍物；“三拆除”是拆除危房、废弃猪牛栏及露天厕所茅房，拆除乱搭乱建、违章建筑，拆除非法违规商业广告、招牌等；“三整治”是整治垃圾乱扔乱放，整治污水乱排乱倒、整治“三线”（电力线、电视线、通信线）乱搭乱接］工作，全域治理农村生活污水，推进农村“厕所革命”、“四小园”（小花园、小果园、小菜园、小公园）建设和美丽圩镇攻坚行动，镇村面貌焕然一新，乡村振兴成效明显。

防止返贫监测和帮扶　2022年，岭北镇落实防止返贫监测和帮扶机制，针对监测对象实施精准具体帮扶措施，巩固脱贫攻坚成果。动态监测和帮扶5户脱贫不稳定户和2户边缘户共27人。经帮扶，3户年人均收入超1万元且稳定，达到风险消除要求，并于8月做风险消除。慰问帮扶18.86万元，帮扶产品销售1741万元，帮扶监测对象就业6人，帮扶就业195人，落实遂溪县2022年防贫保险资助岭北镇脱贫户参加高考的子女资助教育金共1.5万元。岭北教育促进会2022年资助脱贫户学生27人，资助金额3.2万元。

镇村建设　2022年，投入资金5300万元推进新农村建设，农村人居环境继续改善。其中投入资金1500万元进行硬底化建设村庄道路25千米；投入资金3000万元进行乡村风貌提升、家禽圈养、美化亮化等工程，建设篮球场3个，安装路灯450盏，拆除危房11座，清理乱推乱放73处，建设“四小园”50个，墙体彩绘面积3.2万平方米。在田增、肖简2个村共建设面积约2000平方米的“集中圈养”鸡舍；投入800万元建设镇村筹建的污水终端，完成24个村级生活污水处理终端建设，其中雨污分流管网项目22个，处理终端设施2个，完成管网建设的自然村50个，完成率100%，完成终端建设及接入镇区污水处理厂的自然村45个，完成率90%，镇、村两级公共服务水平显著提升，镇区扩容提质有新突破；推进美丽圩镇建设，投入2000万元完成镇区“白改黑”、街道人行道美化亮化和路灯安装等工程。扶贫期间建成的24个收益性项目，年产生效益61.62万元。开展“厕所革命”“回头看”摸排工作，摸排户厕4216户，公厕13座，其中户厕接入污水处理系统厕所1476户，资源化利用2739户。完成县道687线至镇中心幼儿园道路扩建工程、镇区“后六仔”城中村道路建设工程、镇区路灯安装工程等民生实事项目，推进新旧镇区连接15米大道建设项目。

【平安建设】 2022年，岭北镇投入65万元，高标准建设市级“综治中心示范点”，推进扫黑除恶专项斗争工作常态化，推动“八五”普法活动，开展非法集资集中整治，推进立体化社会治安防控体系建设，实现镇区各机关单位、重点部位电子监控全覆盖，整治清零各类风险隐患，加强应急管理基础能力建设，提升公众安全感和满意度，平安岭北、法治岭北建设和基层治理现代化迈上新台阶。

综治维稳 2022年，岭北镇投入工作经费7.5万元，在各村委会和岭北中心小学开展“平安宣传大舞台”活动，累计宣传群众约3万人；开展40多场涵盖扫黑除恶、禁毒、《中华人民共和国民法典》、《中华人民共和国反有组织犯罪法》、反邪教、打击养老诈骗、电信诈骗等内容的宣传活动，提高群众法律意识、反诈意识、安全意识。推进“春风利剑”专项行动，加强对涉黑涉恶和种毒贩毒摸排工作，实现辖区稳定和毒品“零种植、零制毒、零产量”目标。加强基层矛盾化解工作，镇综治信访维稳中心总台受理矛盾纠纷21宗，调结21宗，调结率100%；县信访局交办的岭北镇信访件63宗，调结63宗，调结率100%。按时开展严重精神障碍患者随访登记工作，镇、村按照标准配备6名协助监护人，为183名严重精神病患者监护人申请监护人补贴。

安全生产 2022年，岭北镇继续加强应急管理基础能力建设，应对台风“暹芭”“马鞍”“木兰”等极端天气。进行4次防溺水防雷安全宣讲，组织参加2次森林防灭火演练，提升应急救援水平。推进消防安全“扫雷”行动，开展安全生产检查80多次，完成自建房排查8710户，督促68户生产经营单位完成安装可燃气体报警装置；开展交通安全联合执法检查50多次，进行非法开采执法行动150多次。

【生态保护】 2022年，岭北镇投入资金46万元，迁建垃圾中转站至污水处理厂旁边，解决岭北市场周边臭气和垃圾扰民问题。推进常态化巡河工作，全年巡河413次，发现问题49个，处理问题49个，问题处理率100%。

【岭北镇第十八届人民代表大会第二次会议】 于2022年4月15日召开，会议听取和审议镇政府工作报告和镇人民代表大会工作报告，总结2021年工作成效，确定2022年工作思路和任务目标。

【岭北镇第十八届人民代表大会第三次会议】 于2022年11月22日召开，会议听取岭北镇1—10月经济社会发展情况报告；听取岭北镇2021年政府民生实事项目完成情况报告，并进行满意度测评；票决2023年政府民生实事项目。会后代表视察湛江党建红色影视文化城项目和民生实事项目。

【岭北镇开展中国共产党第二十次全国代表大会精神宣讲活动】 2022年11月7日，岭北镇组建7支以镇党政班子成员、驻镇帮镇扶村工作队成员、镇驻村工作队成员等为主的宣讲队伍，先后到所挂点的调楼村、迈生村、横山村、调丰村、城里村、西塘村、田增村7个行政村，开展中国共产党第二十次全国代表大会精神宣讲活动。从学习宣传贯彻习近平新时代中国特色社会主义思想、“三农”（农业、农村、农民）领域在全面建成小康社会取得的非凡成就、展望实施乡村振兴战略、推进农业农村现代化、脱贫致富奔小康的美好愿景等方面，向基层群众讲解中国共产党第二十次全国代表大会报告中的新表述、新概括、新论断，确保把中国共产党第二十次全国代表大会精神讲明白、讲透彻、讲深刻，让中国共产党第二十次全国代表大会精神宣传“活”起来。

【岭北镇抓党建促乡村振兴擂台比武活动】 2022年2月27日至3月20日，岭北镇举办以“携手描绘宏伟蓝图，助力岭北乡村振兴”为主题的抓党建促乡村振兴“金思路”擂台赛，推进乡村振兴战略向纵深发展。活动分为初赛和决赛两个环节。初赛采取“考核组实地走访评分+民意测评+镇挂点干部评分+村党总支书记评分”的方式，对7个村委会50个自然村的人居环境整治、基础设施建设、乡村风貌、公共服务、基层治理、长效机制和宣传发动情况等7个方面进行实地走访和评估打分，选出16个村民小组入围决赛。决赛采取“网络投票+现场演讲”方式进行打分排名，评出一、二、三等奖并分发奖金。最终调丰村委会合水村、迈生村委会老村村和田增村委会田增村3个自然村获一等奖，分别获奖励金100万元；调丰村委会石井尾村，调楼村委会调楼村，横山村委会坡正湾村，田增村委会坛基村，西塘村委会肖简村、下洋村和城里村委会后村7个自然村获二等奖，分别获奖励金50万元；横山村委会望高村，迈生村委会边岭村，城里村委会押册上村、后江村、西边尾村和调楼村委会新村6个自然村获三等奖，分别获奖励金10万元。奖励资金分别用于村项目建设。

【岭北镇党建引领乡村振兴知识竞赛】 2022年6月28日，岭北镇举办“党建引领乡村振兴”知识竞赛。竞赛由镇机关单位、非公有制“两新”（新经济组织、新社会组织）组织、村党总支部组成的10支队伍，对党务知识、乡村振兴相关政策理论等内容进行现场竞答。调丰村委会代表队以总分137分获第一名，镇政府代表队以总分110分名列第二名，西塘村委会代表队以总分99分获第三名。

2022年9月9日，岭北镇召开庆祝第38个教师节暨奖教助教表彰大会。图为颁奖现场 （岭北镇/供图）

【岭北镇庆祝第38个教师节暨奖教助教表彰大会】 2022年9月9日，岭北镇召开庆祝第38个教师节暨奖教助教大会，为优秀学校、优秀教师及获省级、市级、县级优秀成果奖的教师颁奖，并颁发教育创强支持资金和教师节慰问金，共52万多元。岭北镇领导班子成员、岭北镇教育促进会、驻镇帮镇扶村工作队、挂点单位相关领导、岭北中小学校长及教师代表等参加会议。

（赵鸿斌）

建新镇

【概况】 建新镇位于遂溪县境内东南部，距县城36千米，东南与麻章区湖光镇、太平镇接壤，西与城月镇相连，北与岭北镇相邻，总面积56.2平方千米，耕地面积3352.59公顷，林地面积582.49公顷，总人口2.8万人，辖28个村委会，32个自然村。城月河从镇西部流过，粤海铁路、仲建线、黄海线、雷湖快线从境内穿过。地势平缓，东北高、西南低，土壤多属玄武岩发育形成的赤土和沙土，经济主要以发展工业和种植经济作物为主，农业主要种植甘蔗、水稻、蔬菜、火龙果等。

【经济发展】 2022年，建新镇完成生产总值10.99亿元，比上年增长1.8%。其中，第一产业增加值4.31亿元，增长5%；第二产业增加值1.20亿元，增长10.3%；第三产业增加值5.48亿元，增长2.4%。固定资产投资2.51亿元；公共财政收入0.86亿元。

第一产业 2022年，建新镇第一产业增加值4.31亿元。建新镇以种植甘蔗、水稻、蔬菜、火龙果及畜养家禽等为主导产业。农林牧渔业总产值6.99亿元，农作物播种面积5415.93公顷，总产量22.79万吨。其中水稻种植面积1949.47公顷，总产量1.63万吨；番薯种植面积101.27公顷，总产量0.29万吨；甘蔗种植面积1669.4公顷，总产量17.05万吨；蔬菜类种植面积959.26公顷，总产量3.63万吨；其他作物种植面积628.47公顷，总产量0.6万吨。园林水果种植面积579.47公顷，总产量1.99万吨。全年出栏肉猪1.71万头，出售和自宰活禽20.59万羽，肉类总产量0.19万吨。

第二产业 2022年，建新镇第二产业增加值1.20亿元。其中工业产值2824万元，建筑业增加值9170万元。全镇工业企业7家，分别是遂溪县恒丰糖业有限公司、广东美辰生物科技有限公司、遂溪县建新恒建水泥制品厂、遂溪县建新润丰大米加工厂、遂溪县建新金穗粮食加工厂、遂溪县食品总公司建新食品分公司中心屠宰场、广东同畅环保科技有限公司。其中规模以上企业2家，为遂溪县恒丰糖业有限公司和广东同畅环保科技有限公司。

第三产业 2022年，建新镇第三产业增加值5.48亿元，比上年增长2.4%。全镇个体工商户345户，市场1个，酒家2家，超市3家，金融机构网点2个。

【社会事业】

社会保障 2022年，建新镇低保175户496人，其中农村低保171户486人，城镇低保4户10人，发放低保金217.44万元；80～89周岁老人493人，90～99周岁老人161人，100周岁以上老人9人，发放高龄津贴33.93万元；特困人员78人，发放特困人员补贴84.66万元；困难群众医疗救助34人，发放补助42.44万元；民政临时救助16人，发放8.1万元；事实无人抚养儿童15人，发放17.79万元。全镇办理残疾证500多本；实施贫困残疾人康复工程，为贫困残疾人免费核查白内障和发放轮椅车10辆；467人享受残疾人“两项补贴”（生活补贴、护理补贴），每季度发放33.21万元。全年火化遗体148具，完成县下达任务数的106.47%。

卫生健康 2022年，建新镇出生人口265人（其中一孩88人、二孩88人、三孩65人、四孩及以上24人），政策生育率81.89%，自然增长率5.29‰，出生率9.74‰，死亡率4.45‰。

文化教育 2022年，建新镇举办2022年度建新镇教育促进会，筹集资金约60万元，表彰优秀教职工30人，优秀学生47人。高考毕业生考入重点以上本科院校14人，考入普通本科院校28人；考取博士研究生1人，硕士研究生4人；建新中学考上遂溪县第一中学22人，在全县排第五名；小升初考上遂溪县第一中学4人；全镇小学生参加遂溪县小学教学质量监测四科总平均分比上年增长2.5%。

【平安建设】 2022年，建新镇加强辖区涉黑涉恶涉乱线索排查、矛盾纠纷排查化解和安全生产管理工作，维护社会秩序稳定。镇综治委召开联席会议12次、专题会议16次、工作例会22次；镇人民调解委员会立案调处群众矛盾纠纷13宗，调解成功13宗，调处成功率100%；镇综治信访维稳中心调解案件3件，办结率100%。与辖区各村委会、各有关单位签订综治维稳目标管理责任书28份，实行一票否决制度；镇、村两级组建治安联防队，从部门单位抽调骨干干部组成成员，协助派出所做好当地社会治安防护工作；开展“法律六进”（进机关、进乡村、进社区、进学校、进企业、进单位）活动，推进法治宣传教育进机关、进乡村、进社区、进学校、进企业、进单位；建设宣传栏36块，印制宣传资料7000张，开展禁毒宣传和讲座共40多场，派发宣传手册约5000张；组织镇村两级干部开展“两项测评”宣传工作，发放宣传资料4000多张，覆盖群众1万多人。开展打击涉黑恶、涉枪爆、涉毒、涉盗抢、涉养老诈骗、涉金融领域犯罪专项行动，立案18件、破获11件，破获案件中毒品类案件7件、假冒注册案1件，袭警案1件、诈骗案1件，抓获嫌疑人11人、起诉11

人。受查处治安行政案件32件，办结28件，调解各类纠纷42宗，查处吸毒人员20人，强制隔离戒毒20人，查处赌博违法行为5起，处罚8人，行政拘留8人。开展“一帮一”“四帮一”“大墙内外”结对帮教活动，全镇辖区有刑释人员5人，安置帮教9人，社区矫正8人，解除4人，管控率100%，社区戒毒社区康复人员，无一人复吸。开展肇事精神障碍患者排查工作，走访核查在册精神病患者130例，办理精神残疾证75人，落实低保44人，送院医治15人次。

【乡村振兴】 2022年，建新镇乡村振兴建设资金投入1297万元，巩固人居环境整治成效。完成农村建房审核87宗，整治非法占用农地建设10起，复耕复绿面积5.6公顷。完成危房改造2户，均完工，其中1户待验收；完成农房抗震改造的初步图纸设计与规划11户。开展“三清理三拆除三整治”[“三清理”是指清理村巷道及生产工具、建筑材料乱堆乱放，清理房前屋后和村巷道杂草杂物、积存垃圾，清理沟渠池塘溪河淤泥、漂浮物和障碍物；“三拆除”是拆除危房、废弃猪牛栏及露天厕所茅房，拆除乱搭乱建、违章建筑，拆除非法违规商业广告、招牌等；“三整治”是整治垃圾乱扔乱放，整治污水乱排乱倒、整治“三线”（电力线、电视线、通信线）乱搭乱接]活动，累计清理积存垃圾800吨，清理房前屋后、街巷、老旧居民区、农贸市场等区域乱堆乱放60处，清理河道、池塘、沟渠等水域漂浮物和障碍物45处，拆除沿街破旧雨篷、遮阳篷等破旧附属设施30处，拆除非法违规商业广告、招牌50处，拆除乱搭乱建、违法建筑30处，整治占道经营乱摆卖行为1宗，整治公共空间乱贴画行为2处，整治车辆乱停放行为5处，清理违章乱架现象1处。推进“三旧”（旧城镇、旧厂房、旧村庄）改造工作进程，总改造面积约4900平方米，总建筑面积约3900平方米。完成县道687线扩建工程和镇区排水管道建设；完成县道678线扩建工程渡头村、后塘村、土札村、苏二村路段7千米项目建设；完成同畅环保科技船舶废物处理利用中心与县道687线交会路口处“三线”（电力线、电视线、通信线）迁移及路口扩建。

【项目建设】 2022年，广东美辰生物科技有限公司二期厂房施工建设进入验收；同畅环保科技船舶废物处理利用中心项目进入试产阶段。推进建新镇镇区城乡融合提升改造工程债券项目，总投资2.25亿元，完成项目一期工程建设；推进乡村振兴综合整治补短板债券项目，总投资1.79亿元；推进农村安全饮水提升工程债券项目，总投资1427.44万元。

【建新镇第十八届人民代表大会第二次会议】 2022年6月1日召开。会议听取和审议镇长陈春燕所作的政府工作报告及镇人民代表大会主席陈光豪所作的人民代表大会主席团工作报告，总结2021年工作成效，确定2022年工作思路和任务目标。

【建新镇第十八届人民代表大会第三次会议】 2022年11月17日召开。会议听取并审议《建新镇2022年1—10月经济社会发展

2022年6月1日，建新镇第十八届人民代表大会第二次会议在镇政府召开

（建新镇/供图）

情况通报》《建新镇2023年政府民生实事候选项目形成过程和概况介绍》，通过无记名投票方式票决产生建新镇“三线”（电力线、电视线、通信线）落地整治建设项目等5项2023年政府民生实事项目。

【建新镇火龙果文化节暨U牌自愈系文化节8周年庆典活动】 2022年10月27日在建新镇举行，该活动由广东美辰生物科技有限公司、优牌生物科技有限公司、建新镇承办，遂溪县委宣传部、县文化广电旅游体育局、县农业农村局、县卫生健康局、县科工贸和信息化局、县市场监督管理局、县公安局、县消防救援大队、建新派出所协办，通过“认领火龙果树+助农项目签约+千人果园直播+音乐会”模式，开启遂溪县火龙果文化旅游盛宴，书写遂溪县火龙果节发展新篇章。县及广东美辰生物科技有限公司、优牌生物科技有限公司等嘉宾参加活动，并共同启动遂溪县火龙果文化节暨优牌自愈系文化节8周年活动。

【建新镇开展台风“暹芭”抢险救灾行动】 2022年7月3日，建新镇开展台风“暹芭”抢险救灾工作。全体挂村干部下沉一线，联同村“两委”（党支部委员会、村民委员会）干部展开重点区域、重点部位、重点人群安全隐患排查，对处于危旧房、低洼地带、地质灾害隐患点的群众进行劝离，将群众转移到临时安置点。在防风救灾中出动人员220多人次、车辆25辆次，紧急转移群众26人。

（刘永来）

洋青镇

【概况】 洋青镇位于遂溪县中北部，县城西面，东南分别与岭北镇、前进农场毗邻，西邻界炮镇与杨柑镇，东连遂城街道、附城镇，北与廉江市横山镇接壤。镇政府驻地距遂溪县城20千米，始建于清康熙四十年（1701年），为历代基层政权所在地，是全省有名革命老区。海拔为20～40米，地势平坦，分布着大大小小的锅形洼地，地势为东南高、西北低，属台地平原，多为海流冲积土，地层为亚砂土，透水性良好，土壤肥沃，有红土地、黑土地、青泥格田、河沙泥田等土壤类型。气候类型属于热带季风气候，夏热冬凉，雨量丰富，干湿季明显，降水时空分布不匀，年平均降水量1699.6毫米。水资源丰富，主要河流有车路头河、桐油河、桔仔树河、芝兰河及百桔河，并有雷州青年运河主干贯穿全境，灌渠和自然河流纵横交错，有山内水库、南边洋水库等。行政区域总面积168.33平方千米，下辖41个村（居）委会、171个自然村，总人口8.68万人。交通四通八达，境内有渝湛高速公路、国道325线、省道374线、省道290线和县道682线通过。

【经济发展】 2022年，洋青镇完成生产总值33.55亿元，比上年增长3.2%。其中，第一产业增加值11.92亿元，比上年增长7.4%；第二产业增加值7.93亿元，增长2.6%；第三产业增加值13.70亿元，下降0.1%。规模以上工业总产值25.78亿元，增长5.3%；金融机构各项存款余额18.55亿元，增长13.73%；税收收入5362.4万元，增长26.89%。

第一产业 2022年，洋青镇落实各类农业政策补贴发放，累计发放耕地地力保护补贴、实际种粮农民一次性补贴共1228.28万元；开展水稻保险理赔，早稻理赔金额109.34万元，晚稻理赔金额93.49万元；推进撂荒耕地整治工作，全镇撂荒耕地复耕任务面积1.33平方千米，复耕1.33平方千米；实施“一镇一业、一村一品”工程，重点打造洋青火龙果、城榄花卉、文相香米、姓谢菜头仔等特色农业品牌；规范提升农民合作社，培育壮大家庭农场等新型经营主体，有各类农民合作社、家庭农场73家，新增市场主体268户；坚持创新驱动，发展智慧型农业，成立遂溪县首个智慧型火龙果种植示范基地，以科技创新助推现代农业发展，全镇火龙果种植面积2000公顷、年产值4.5亿元。

第二产业　2022年，洋青镇落实减税降费和支持企业发展各项扶持政策，推进“个转企”（个体工商户转型升级为企业）、“小升规”（鼓励小微企业规范升级为规模以上企业），新增规模以上企业2家，全镇有规模以上企业12家；建立健全招商引资工作机制，引进一批包含中农高效智慧循环农作物良种繁育项目、遂溪县康达轩矿业有限公司年产精加工石英砂100万吨项目等在内的大项目、好项目；抓好重点项目建设，推动湛江市红杉新材料科技有限公司新型材料石英砂及配套新型材料项目、广东银源再生资源有限公司拆解报废机动车项目、广东佳淳农业科技有限公司红薯初加工项目、天地壹号遂溪产业园项目建设提质增效。

第三产业　2022年，洋青镇继续加强对洋青火龙果、姓谢菜头仔等农业品牌宣传，围绕“以农促旅、以旅彰文”的主线，以美丽乡村建设为基础，探索推出多条观光旅游线路，出资创作歌曲，吸引游客参观旅游。

【社会事业】

社会保障　2022年，洋青镇城乡居民医疗保险参保率在92%以上，发放低保、特困、临时救助金900多万元；累计发放残疾人“两项补贴”（生活补贴、护理补贴）367万元，投入12万元对24户困难残疾人家庭进行无障碍改造。

文化教育　2022年，洋青镇推行奖学助教制度，为考上大学及重点中学的学生、贫困师生、优秀教师发放奖助学金69.88万元，义务教育巩固率100%；优化教育资源配置，加快推进洋青镇中心幼儿园水流分园项目建设；重视文化引领，建成镇村两级新时代文明实践所（站）42个，探索阵地、机制、活动融合模式，以践行社会主义核心价值观为抓手，开展星级文明户、文明家庭、最美家庭等群众性精神文明创建活动，累计开展理论宣讲、科普教育、志愿服务等文明实践活动504场，服务群众1.2万人次。

【乡村振兴】　2022年，洋青镇编制完成《洋青镇乡村振兴五年规划（2021—2025年）》，以1个发展目标、5个工作重点对实施乡村振兴战略做出阶段性谋划；42个乡村振兴驻镇帮镇扶村项目均开工，涉及金额约1900万元，对24个自然村进行硬底化建设，完成41千米村内道路，在沙古圩安装太阳能路灯85盏；开展人居环境整治专项行动28次，清理生活垃圾9673吨，拆除危旧房屋45处，完成危房改造13户。开展美丽圩镇行动，规范镇区空间秩序，整治沿街沿路私搭乱建、乱堆乱放现象；推进洋青镇城乡融合综合改造项目，投资3000万元完成洋青镇区及沙古圩提质改造，其中铺设雨污分流管网4.38万米、给水管2.92万米，新建2口机井及配套设备，道路改造为沥青砼路面面积6万平方米，完成水泥硬底化面积7715平方米、人行道铺砖面积3.09万平方米。

【平安建设】　2022年，洋青镇开展扫黑除恶专项斗争，从严抓好禁毒工作，推进平安洋青建设，创新发展新时代“枫桥经验”，化解矛盾隐患和信访苗头；实行领导干部接访下访走访、包案化解制度，强化对接访后续办理情况的跟踪问效，确保件件有着落、事事有回音；全镇受理调处各类矛盾纠纷128起，调处127起，成功率99.2%；落实自然资源动态巡查，坚决打击“两违”（违法用地、违法建设）行为，开展土地执法巡查320多次，查处违法用地84宗，完成132宗土地卫片执法图斑核查整改工作；抓好安全生产工作，全年累计开展安全生产隐患排查35次，排查安全隐患51处，落实整改51处，查处非法烟花爆竹经营点1家、燃气经营点3家，实现重特大事故零控制目标。

【项目建设】　2022年，洋青镇推进洋青一糖厂红绿灯设置、洋青食品公司门前至沿河路段道路取直拓宽工程、洋青农贸市场升级改造项目、县道682线洋青镇区段人行便道扩建项目、洋青镇青娥路排水管网修缮及人行道美化工程、集镇垃圾中转站升级改造项目等民生项目16个，完成2022年湛江市民生实事推进自然村村内道路硬化建设南昌塘巷道硬底化项目（1.5千米）、2022年省民生实事村内道路干路建设（1.5千米，涉及村庄有七村仔村、南山塘村、黄其坑村、高岭村和游屋村）等民生实事10件。

【生态保护】 2022年，洋青镇做好辖区内各种环境污染事件防、管、控工作，完成中央环保督察案件10件、县人民检察院环保建议3件；推进农村污水管网及终端建设，全镇181个自然村完成雨污分流管网建设181条，完成污水处理终端建设179个；打击非法采砂行为，查处非法采砂行为12起；落实河长制工作职责，开展河流“五清”（清污、清漂、清淤、清障、清违）工作，水环境质量得到改善；全面落实林长制，做好古树名木保护工作，对新增认定的6棵古树进行挂牌保护。

【洋青镇第十八届人民代表大会第二次会议】 2022年5月25日召开，99名镇人民代表大会代表和70名列席人员参加会议。会议听取并审议《洋青镇人民政府工作报告》《洋青镇人民代表大会主席团工作报告》《2021年财政预算执行情况和2022年财政预算草案的报告》，并通过有关决议，依法选举产生洋青镇人民政府镇长，陈荣庆当选为洋青镇人民政府镇长。会议期间，镇人民代表大会代表分组审议大会相关文件，为洋青镇经济社会高质量发展建言献策，大会收到代表书面意见6件。

2022年5月25日，洋青镇召开第十八届人民代表大会第二次会议
（洋青镇/供图）

【洋青镇第十八届人民代表大会第三次会议】 2022年12月23日召开。会前，代表一行到新西埇村、广东佳淳农业科技有限公司等地实地参观视察。会上，书面审阅《洋青镇2022年1—11月经济社会发展情况报告》《洋青镇第十八届人民代表大会第二次会议代表建议意见办理情况报告》；会议听取和审议《洋青镇2021年政府民生实事工程完成情况报告和2023年政府民生实事工程候选项目概况介绍》；表决通过《洋青镇第十八届人民代表大会第三次会议选举办法》《洋青镇2021年政府民生实事工程项目完成情况满意度测评办法》《洋青镇2023年政府民生实事工程项目票决办法》等各项内容。会议通过无记名投票方式，差额选举蒙永祥为洋青镇第十八届人民代表大会副主席；会议对洋青镇2021年政府民生实事工程项目完成情况进行满意度测评，测评结果均为满意等次；会议票决产生遂溪县康达轩矿业有限公司建设工程、湛江市红杉新材料科技有限公司建设工程等项目10个，作为洋青镇2023年政府民生实事工程项目。

【洋青镇开展民族团结进步宣传活动】 2022年9月22日，洋青镇举办民族团结进步宣传活动，各村（社区）支部书记、群众、学校代表等60多人参加。活动通过发放宣传资料、现场答疑解惑、民族团结知识竞答等方式，向群众宣传党和国家的路线、方针、政策、法律法规等知识，深化民族团结进步教育。活动现场，向群众发放《中华民族一家亲，同心共筑中国梦——湛江市民族团结进步宣传手册》《民族

2022 年 9 月 22 日，洋青镇开展民族团结进步宣传活动

（洋青镇 / 供图）

团结政策宣传资料》《铸牢中华民族共同体意识 100 问》等资料 100 多份。

（刘一平）

界炮镇

【概况】 界炮镇于 2003 年由原北潭镇与界炮镇合并而成。位于遂溪县西北部，东连洋青镇，南连杨柑镇，西临北部湾，北接廉江市安铺镇，镇驻地界炮圩，距遂溪县城 35 千米。2022 年，辖行政村 20 个，社区 1 个，自然村 187 个。行政区域面积 116.8 平方千米。年末户籍人口 8.24 万人，其中农业人口 7.58 万人、非农业人口 6600 人。界炮镇是革命老区镇，有革命老区村庄 184 个。地势平缓、砂质土地，属亚热带季风气候。海岸线长 21 千米，水运发达，海运可至海南、广西壮族自治区北海等地；辖区内，县四大河流之一的杨柑河贯穿而过；陆路交通方便，省道 290 线贯穿全镇，是通往西部沿海地区的交通枢纽。2022 年 10 月 11 日，界炮镇西湾村（圣女果）被广东省农业农村厅评为 2022 年省级“一村一品、一镇一业”专业村；11 月 24 日，界炮镇被湛江市精神文明建设委员会评为“2022 年湛江市文明镇”；界炮镇箔寮村、周灵村被湛江市精神文明建设委员会评为“2022 年湛江市文明村”。

【经济发展】 2022 年，界炮镇完成生产总值 28.08 亿元，比上年增长 2.9%；第一产业增加值 13.2 亿元，增长 6.1%；第二产业增加值 3.06 亿元，增长 3.5%；第三产业增加值 11.82 亿元，增长 0.1%。固定资产投资 3.04 亿元，增长 48.3%；公共财政收入 437.43 万元，增长 1.26 倍。

第一产业 2022 年，界炮镇有耕地面积 5735.5 公顷，主要种植甘蔗、水稻、木薯、番薯、花生、蔬菜、水果等。镇域农作物总种植面积 1.12 万公顷：粮食作物总种植面积 3133 公顷，总产量 1.61 万吨；经济作物总种植面积 7933 公顷，总产量 36 万吨。种植园林水果面积 237.8 公顷，产量 4798 吨。猪饲养量 13.59 万头，出栏量 7.18 万头，年末存栏量 3.93 万头；牛饲养量 4665 头，出栏量 460 头，存栏量 4208 头；家禽饲养量 235.25 万羽，出栏量 124.28 万羽，存栏量 51.16 万只。发展水果、药材、花卉、北运菜等特色农业，扶持圣女果、马铃薯两个农业特色产业，农民增产增收明显。圣女果产业通过“公司＋基地＋合作社＋农户”模式示范推广标准化种植。主要销往全国一线市场，上一个生产季度种植面积 400 公顷，总产值 3.6 亿元，劳务总收入超 1 亿元，4000 名农民实现在自家门口就业。西湾村是湛江市唯一一个被评为 2022 年省级“一村一品、一镇一业”专业村，江头村被誉为“亿元村”。全镇以区域化加快推进养殖业，形成以安塘、北潭、合沟为主的优质生蚝养殖区，以海田、金围为主的优质对虾养殖区，以坦塘、山内为主的生猪养殖区。加快发展特色高效农业，形成金围香米、大塘甜橙、北潭海鸭蛋等特色农产品品牌。

第二产业 2022年，界炮镇采取“大小并举”措施。加快建设遂溪县（北潭）临港产业园区。县委“1+3+6”行动计划将北潭临港产业园区列为全县六大工业园区之一，园区定位新能源产业园，首期规划面积463.4公顷。引进的中国建材集团投资105亿元的广东博大光伏玻璃项目，被列为省重点项目预备项目。投资2亿元建设3个5000吨和2个2000吨泊位的北潭码头升级改造项目待审批，前港后园大工业发展新态势形成。引入合肥阳光新能源科技有限公司投资12亿元阳光能源界炮镇150兆瓦风力发电项目，建成2个大型测风塔进行测风，进入立项审批程序阶段。总投资7.1亿元的中鑫能源独立储能电站项目召开听证会，投产后年税收982万元。全年新增工业规模以上企业界炮食品公司屠宰场1家和界炮兴安加油站、遂溪金海实业有限公司、遂溪县华诚建材有限公司等3家批发和零售业规模以上企业。支持广东万富矿业有限公司推进前期工作。坚持政策导向，落实有关扶企纾困政策，助力遂溪华诚混凝土有限公司发展壮大成为年产值超2亿元的工业规模以上企业。

第三产业 2022年，筹资70万元建设老马起义革命陈列室主体结构建成。山内新村仔的老一团西征出发地纪念碑和纪念广场完工，其他配套建设在规划中。结合滨海公路建设规划，作为沿路景点进行推介，促进商品流通。

【社会事业】 2022年，界炮镇民生保障力度加大，最低生活保障在保人数548户1388人，发放保障金555.11万元；保障特困供养人员417人，发放保障金381.88万元；救助159人次，发放救助金268.32万元，排查事实无人抚养儿童，为符合条件的27名儿童发放保障金21.76万元。累计发放残疾人“两项补贴”（生活补贴、护理补贴）318.34万元。举办界炮镇教育发展促进会第六届表彰大会，收到捐款84.88万元，奖励优秀校（园）长及教师118人共20.05万元、优秀学生251人共49.65万元，资助困难师生12人共2.6万元。筹资170万元，建成镇级综合性文化站1个，社区综合性文化服务中心1个，村级综合性文化服务中心21个，文化基础设施建设实现全覆盖。全镇有已婚育龄妇女1.22万人，户籍人口新婚427对；出生794人，其中男孩427人，女孩367人；出生人口中，一孩335人，二孩239人，三孩157人，多孩63人，政策外出生105人；出生率9.59‰，自然增长率3.49‰，性别比116.35（以女性为100），死亡率6.1‰。

【平安建设】

综治维稳 2022年，界炮镇做好中国共产党第二十次全国代表大会，全国两会召开期间的维稳安保工作。健全严重精神障碍患者、刑满释放人员、吸毒人员等重点人员管理，做到“一人一档”。人民调解委员会调解各类矛盾纠纷270件，调解成功265件，调解成功率98%，受理群众来信来访3批12人次。无“民转刑”案件发生。全年界炮派出所查获走私案件11件，抓获涉案人员10人，缴获涉案走私冻品31.96吨；走私槟榔6.7吨；走私苏烟、冰珠、荷花、中华等品牌香烟901箱，总价值533万元。镇、村两级中心受理各类案件672件，办结670件，办结率99.7%。

扫黑除恶专项斗争 2022年，界炮镇推进扫黑除恶专项斗争各项工作，先后召开领导班子会议集中学习9次，扫黑除恶专项斗争推进会18次，扫黑除恶专项斗争业务培训工作会议4次，成员单位联席工作会议12次。镇委主要领导带头开展扫黑除恶专项斗争普遍谈话工作61人次。界炮镇投入综治及创建平安工作经费128万元，设置大中型宣传栏62个、举报箱50个、举报信封1.3万个进行扫黑除恶宣传，张贴扫黑除恶公告10万份，编印扫黑除恶宣传手册、折页、海报等8.4万份分发到各成员单位及村（居）委会。联合镇司法所开展扫黑除恶下乡法治讲座，举办23场。全民参与扫黑除恶专项斗争，镇村干部下乡发放宣传资料1.5万份。

【乡村振兴】 2022年，界炮镇乡村振兴驻镇帮镇扶村项目资金投入1741万元，完成16个自然村村内道路硬底化建设，总长

39.14千米。实施镇村生活污水处理工程，完成农村生活污水管网建设的自然村182个，完成农村生活污水终端建设的自然村174个，完成率93.5%，其中4个自然村纳入城镇污水处理厂；PPP（政府和社会资本合作）终端项目建设完成35个；镇级统筹项目建设完成135个，建成的自然村污水处理终端全部处于正常运行状态。界炮镇“厕所革命”完成无害化卫生户厕改造324户；财政投入约400万元用于建设美丽宜居示范村项目和人居环境整治提升类项目。开展土地卫片执法行动，拆除科港村占用基本农田违法建筑房屋8座，复垦面积0.09公顷（1.365亩）；枫树村占用基本农田违法建筑房屋1座，复垦面积0.004公顷，南坑村占用基本农田违法建筑房屋1座，复垦面积0.01公顷，芒溪村委会占用基本农田违法建筑房屋3座，复垦面积0.04公顷。处罚占用林地违建养殖场11座，罚金15万元，打击非法开采2宗，处罚金12万元。

【项目建设】 2022年，遂溪县（北潭）临港产业园区建设指挥部揭牌。6月，园区一期工程开工建设，将建成一条长1.64千米的园区主干道，配套地下雨污分流管网。全年征收村集体土地面积26.59公顷，前期土地要素整合储备完成。聘请第三方公司编制园区环评报告、污水处理厂入海排污口论证报告及土地规划调整书，为园区建设提供科学支撑。

【界炮镇第十八届人民代表大会第二次会议】 2022年3月23日召开。镇75名人民代表大会代表、54名列席人员参加会议。会议听取并审议岑志东所作的《政府工作报告》、林志平所作的《人民代表大会主席团工作报告》。

（卢晓慧）

杨柑镇

【概况】 杨柑镇位于遂溪县西北部，面积187平方千米，东连洋青、乌塘镇，西临北部湾，南与北坡、草潭镇毗邻，北与界炮镇隔河相望，离县城46千米，省道290线白流线贯穿全境，是县城通往西部沿海地区的交通枢纽。地势平缓，东部稍有起伏，东高西低，县四大河流之一的杨柑河在镇东北部流入北部湾，雷州青年运河2条支渠贯穿全境。海上运输较方便，可通往县各沿海镇及广西、海南沿海港口。2022年，辖行政村28个、自然村255个，户籍人口10.24万人，其中农业人口9.72万人，非农业人口5184人。全镇耕地面积9333公顷，林地面积3066公顷，海岸线长16千米，浅海滩涂面积800公顷。土特产有红心火龙果、番薯、海鸭蛋。

【经济发展】 2022年，杨柑镇完成生产总值33.69亿元，比上年增长1.3%。其中，第一产业增加值13.48亿元，比上年增长3.9%；第二产业增加值5.32亿元，下降6.3%；第三产业增加值14.89亿元，增长1.2%。固定资产投资5.68亿元，增长42%；公共财政收入0.08亿元，下降23.4%。

【社会事业】 2022年，杨柑镇对768户无劳动能力的脱贫户960人实施兜底性政策帮扶；设立脱贫对象人员公益性岗位，解决14名困难人员就业问题；帮扶低保、五保、残疾、精神障碍患者等弱势群体4955人，发放社会救助补助金约1620万元。城镇居民医疗保险参保缴费7.65万人，完成率90.33%，续缴新农保1.12万人。申报2023年度农业支持保护补贴（耕地地力保护补贴）面积8373.33公顷，户数1.65万户。1.38万名60岁以上老人完成生存验证和健康档案建档立卡工作。贷出妇女小额信贷资金1161万元，服务妇女群众187户。国奶养育工程实施以来，公益资助759人8906桶奶粉，慈善捐赠37人333桶奶粉。开展免费妇女“两癌”（宫颈癌、乳腺癌）筛查，服务妇女494人。为镇低保、贫困妇女赠送健康保险384份，保障金额1万元，保险期1年。为退役军人办理优待证。安装电动自行车充电桩62套，完成率124%。在遂溪县教学质量监测中获二等奖，其中杨柑镇中心小学获遂溪县一等奖；镇中心小学、新有小学等8所小学获评“湛江市文明校园”，老陆小学、红村小学等20所小学被评为广东省“绿色学校”，27所小学被评为遂溪县“平安校园”。杨柑中学获批恢复高中部。开展安全隐患排查整治，出动检查组28个次，检查企业1050多家次，下发责令限期整改指令书39份，排查隐患270多条。打击非法经营成品油行为2起，督导“环保油”装置拆除1处，收缴违规烟花爆竹143箱。派出27个工作组138人次对全镇危险水域、地质隐患点、危房进行排查，排查并整改隐患22处，增设警示牌140块，修建护栏20处。组织开展道路交通安全整治行动48次，出动人员683人次，查处违法车辆823辆次，劝导违法群众1382人次，劝导超车超载、不戴头盔驾驶、无牌无证驾驶群众3500多人次。全镇27个农村劝导站落实“七必上”原则，开展劝导工作1188次，“农交安”App（应用程序）录入交通劝导日志2.91万条。投入100多万元装修原镇计划生育大楼，将各业务部门统一归口集中办公，打造符合新时代服务型政府需求的党群服务中心。完成政府公共租赁用房验收工作。

【平安建设】 2022年，杨柑镇投入“双反”（反走私、反偷渡）工作经费60多万元，打击走私违法犯罪行为8起，查扣涉案船9艘，小车7辆。扣押并拆解涉渔“三无”（无船名船号、无船舶证书、无船籍港）船舶6艘，171艘渔船登记在册纳入镇管理。打击非法开采矿产资源行为，查处非法采砂点3个，查扣采矿设备3套，出动车辆30辆次、人员98人次。完善监控管理体系，为每个自然村安装摄像头，镇区安装摄像头。建立“一村一辅警”工作机制，实现“一村一辅警”全覆盖。办结“12345”市民服务热线转派工单350件、网上信访平台转来案件27件、县信访局线下交办件7件；办结1起历史信访案件。镇、村两级接访群众418批次1395人，办结群众诉求392件，办结率99.7%。杨柑派出所全年破获各类刑事案件57件。杨柑司法所调解各类民间纠纷63件，调解率90%。

【乡村振兴】 2022年，杨柑镇投入136万元完成乡道603线河南至新宁段路面改造工程。投入600多万元完成吉塘村委会水妙村、河南村、曹尾村等8个村村巷道硬底化建设和曹尾村农房风貌提升及杨柑居委会道路建设和农房风貌提升项目。加快镇区公共基础设施建设，投入1384万元实施美丽圩镇建设攻坚行动项目5个，巩固创建省级卫生镇成果，清理镇区积存垃圾49处10.8吨，清理房前屋后、街巷、老旧居民区、农贸市场等区域乱堆乱放42处，清理河道、池塘、沟渠等水域漂浮物和障碍物14处，拆除沿街破旧雨篷、遮阳篷等破旧附属设施41处，拆除非法违规商业广告、招牌52处面积71平方米，拆除乱搭乱建、违法建筑10处面积18平方米，整治占道经营乱摆卖行为172宗，整治公共空间乱贴画行为14处，整治车辆乱停放行为218宗。是年，杨柑镇获评为湛江市文明镇、湛江市先进文明镇；创建市级文明村15个，市级先进文明村2个，市级生态文明村（自然村）124个。评选表彰2021—2022年度星级文明户772户，推动杨柑镇乡风文明培育建设。投入省级涉农资金2799.17万元、债券资金4513万元，完成镇区雨污分流管网接入户工作，污水处理厂建成并投入使用，254个村庄完成雨污分流管网建设，完成率99.61%，农户管网100%接入污水管网。投资50多万元建设连接污水处理厂的管网，解决镇工业区污水直排沟渠问题。完成299宗耕地卫片图斑核查和上报工作，责令在非建设用地建设的123座自建房停工建设，办理宅基地审批证书176份。完成27个经济联合社、255个经济合作社截至2021年底的农村集体资产清产核资工作，核实固定资产1.38亿元，资产3.05亿元，全年通过镇“三资”（资源、资产、资金）平台交易农村集体资产资源7宗，交易总金额1069.82万元。

【项目建设】 2022年，杨柑镇投入1000多万元打造布政火龙果乐园，打造全镇域现代化农旅研一体化经济模式。一期投入3000万元政府债券完成杨柑镇乡村振兴城乡融合综合整治改造项目。投入300多万元在杨柑中学建设德育园和校园科技馆。投入财政资金45万元完成危房改造项目13个。投入10多万元修复甘来段、新埠段、豆坡段海堤围；投入约20万元修复牛牯联围后田村委会黄竹仔排洪涵及牛牯联围马城、尾墩、豆坡等小型水闸5处；投入2万多元维护湛川河堤围。

【杨柑镇第十八届人民代表大会第二次会议】 2022年6月20日在杨柑镇第一会议室召开。大会听取并审议《2021年政府工作报告》《2021年人民代表大会工作报告》，各代表团提出涉及道路建设、路灯安装、农田水利、占道经营、排污工程建设意见和建议6项。

【杨柑镇第十八届人民代表大会第三次会议】 2022年12月18日在杨柑镇第一会议室召开。会议听取并审议《杨柑镇2022年1—11月经济社会发展情况通报》《杨柑镇第十八届人民代表大会第二次会议代表建议、意见办理情况报告》《杨柑镇2021年政府民生实事工程完成情况报告》。镇党委副书记、镇长候选人袁伟强向大会代表作《2023年政府民生实事工程候选项目概况介绍》。会议以无记名投票方式选举袁伟强为杨柑镇人民政府镇长，票决产生5项杨柑镇2023年政府民生实事项目。对“2021年政府民生实事工程完成情况”进行满意度测评，经测评，2021年杨柑镇九大民生实事项目完成情况“满意”率为99.6%。

【遂溪县新时代文明实践所（站）建设推进会】 该会于2022年1月19日在杨柑镇召开，各镇分管宣传工作的领导、新时代文明实践示范站站长参加，与会人员实地考察西基村新时代文明实践站、杨柑镇新时代文明实践所、文明实践现场教学点——钟竹筠故居，随后在杨柑镇第一会议室召开遂溪县新时代文明实践所（站）建设推进会，杨柑镇分管宣传工作领导做新时代文明实践建设工作情况汇报。会议强调，各镇要提高站位，统一思想，增强推进新时代文明实践所、站建

2022年1月19日，遂溪县新时代文明实践所（站）建设推进会在杨柑镇召开（杨柑镇/供图）

2022年6月30日晚，杨柑镇举办2022年庆祝“七一”文艺晚会暨乡村振兴“五个十大先进（模范）”表彰大会（杨柑镇人民政府/供图）

设的使命感和紧迫感。要把新时代文明实践所（站）建设工作摆在重要位置，推动新时代文明实践工作提质增效。要强化措施，狠抓落实，以更加奋发有为的精神状态、更具创新创造的工作成效，确保新时代文明实践所（站）建设工作取得实效，为新时代遂溪高质量发展作贡献。

【杨柑镇举办2022年庆祝“七一”文艺晚会暨乡村振兴“五个十大先进（模范）”表彰大会】 2022年6月30日晚在杨柑镇杨柑圩文化楼举行。晚会主要由舞蹈、粤剧、大合唱等8个节目组成，晚会为“竹魂”征文比赛获奖者颁发荣誉证书和奖金，为乡村振兴“五个十大先进（模范）”获奖对象颁发奖牌和奖金。

【杨柑镇西基村老虎塘幸福家园揭牌】 2022年1月1日，杨柑镇西基村老虎塘幸福家园揭牌。幸福家园占地面积125平方米，是一个集娱乐、休闲、健身、集体饭堂等功能于一体的爱心场所，为湛江市首创，是广东省乡村振兴驻杨柑镇帮镇扶村工作队帮扶项目之一，旨在解决农村“三留守”（留守儿童、留守妇女、留守老人）问题，增进邻里情感，培育乡风文明。

（陈欣欣）

2022年1月1日，杨柑镇在西基村老虎塘举行幸福家园揭牌仪式

（杨柑镇政府/供图）

草潭镇

【概况】 草潭镇由原下六镇与原草潭镇于2003年9月合并而成，位于遂溪县西北部，濒临雷州半岛北部湾，距湛江市区88千米，距遂溪县城69千米，东接杨柑镇，南接港门镇，南、北两面是北部湾海域，行政区域面积108.48平方千米，辖居委会2个和村委会31个，144个自然村。全镇人口7.17万人，有中学2所和小学17所。全镇耕地面积3117公顷，海岸线长23.5千米，浅海滩涂面积8000多公顷，拥有各类渔船785艘，是一个风景秀丽、民风淳朴、海产丰富的半渔半农沿海镇。著名特产有“下六沙虫”“下六番薯”“草潭花蟹”等。“下六沙虫”肉质脆嫩，味道鲜美，富含氨基酸、蛋白质、钙、磷、铁、碘等多种营养成分，具有较高药用与食疗价值，被人们喻为“海中人参”，2020年被纳入第二批全国名特优新农产品名录；“草潭花蟹”产自雷州半岛西海岸的草潭绿色无污染海域，以味道鲜美、肉质嫩滑、营养丰富著称，美味优胜于其他海域的花蟹；“下六番薯”以“香、甜、粉、嫩、爽、滑”而闻名，是“遂溪三宝”之一，曾获首届湛江旅游优质产品称号，于2017年获“国家地理保护标志产品”称号。

【经济发展】 2022年，草潭镇完成地区生产总值24.36亿元，比上年增长2.5%。其中，第一产业增加值9.66亿元，比上年增长11%；第二产业增加值0.72亿元，下降52.9%；第三产业增加值13.98亿元，增长1.7%。完成固定资产投资2.29亿元，比上年下降23.6%。居民人均可支配收入22805元，比上年增长3.6%。

第一产业 2022年，草潭镇农业总产值15.68亿元，农作物种植面积4993.33公顷，总产量20万吨。其中粮食谷物种植面积

1566.67公顷，总产量0.84万吨，番薯种植面积353.33公顷，总产量1万吨；甘蔗种植面积1440公顷，总产量14.94万吨；其他作物种植面积1633.33公顷，总产量3.22万吨。水果种植面积233.33公顷，总产量0.19万吨。全年出栏肉猪2.93万头，出售和自宰活禽19万羽，肉类总产量0.25万吨。

第二产业　2022年，草潭镇工业类型主要为制网及海产品加工业，有3家较大酒店餐饮服务业及一批宾馆等，有个体工商业2746户、企业166家，从业人员3129人，有市场2个、超市6家、金融机构网点5个。

第三产业　2022年，草潭镇旅游资源丰富，碧海蓝天、气温宜人，拥有草潭码头灯塔、平安广场赶海处、角头沙观海、东港古窑址、白井村见血封喉树、下六沙虫文化科普馆、石杨海边奶茶馆、杨青寮大榕树、海边红树林带、罗屋千年铁线子树、朱南炮楼等乡村旅游网红打卡点。借力“芳草碧潭”获评遂溪县“红情绿意蓝韵古色”八大美景荣誉之机，打造南洪、旧庙、路塘等连片连带红树林风景保护区、滨海防护林风景保护区、渔港码头风景区、角头沙风景区等一批滨海旅游风景区和滨海森林公园。“十里银滩”“千亩松树林”“万亩海上森林”串珠成链，平安广场赶海、角头沙风景区、下六沙虫文化科普馆相继走红“出圈”，成为湛江市著名网红打卡点，在中央广播电视台财经频道、广东广播电视台、“南方+”等大媒体平台登台亮相20次，国庆节期间游客30多万人。10月12日、10月27日，湛江广播电视台《发现你的美》栏目对草潭镇做专题报告。农文农旅、观光体验、休闲农业等特色产业连线成面，通过“线下+线上”渠道，以“采摘体验”和“旅游消费”带动草潭金鲳、下六沙虫和下六番薯等农特产品卖得火、卖得旺。11月12日，草潭镇首次举办金鲳鱼文化节，受到“今日头条”、广东财经网、新华网等40多家新闻媒体关注报道，浏览量30多万人次，“中国金鲳鱼之都”招牌打响。

【社会事业】

社会保障　2022年，草潭镇城乡居民养老保险参保率99.54%，参保人数1.65万人，农村医保参保率90.24%，参保人数5.52万人。为全镇大病困难群众申请大病救助金额180.99万元。为80周岁以上高龄老人办理津贴，共有2674人，五保人员431人（含已故37人）。每人每月生活津贴927元，共发放金额约460万元；为困难群众办理低保512户，其中农村低保508户，1314人（含已故26人）。共发放金额485万元，城镇低保8户12人，共发放金额约7万元；为困难群众办理临时救助32人次，批准救助金额29.28万元，申请临时备用金12人，批准救助金额1.8万元；8月前领取孤儿救助金2人，新申请通过3人，2022年发放补助2.53万元。6月前共34人领取事实无人扶养儿童补助金，7月33人，8—12月共32人，发放补助金35.3万元。全年离退休干部过审归档92人，送审7人，新办理3人，共发放离退休干部补助金204人；草潭镇有留守儿童37人，困境儿童93人，留守妇女28人。

文化教育　2022年，草潭镇有初级中学2所，完全小学17所，中心幼儿园1所，村级幼儿园6所，私立幼儿园6所。在校初中学生902人，在校小学生3388人，在园幼儿1764人。3～5周岁儿童入园率在97.2%以上，适龄儿童入学率100%，初中巩固率在99.20%以上。中考草潭、下六中学有59人被县级以上重点中学录取；高考草潭籍学生被重点本科大学录取36人，普通本科院校录取71人；遂溪县草潭镇教育发展促进会第十二届颁奖大会于8月在草潭镇政府三楼会议室举行，40多位优秀师生代表参加仪式。

计划生育　2022年，草潭镇总人口7.17万人，出生人口697人，死亡人口688人，出生率9.72‰，政策生育率86.37%，自然增长率0.13%，一孩生育登记494人，二孩生育登记342人，三孩生育登记126人，四孩生育登记2人，国家免费孕前优生健康检查率111.78%，出具64份计划生育证明及为5名符合计划生育政策的家庭奖励对象申请奖励金，并推动孕前优生健康免费检查和地贫检查工作，共完成427例。开展“关爱计生家庭”“关爱留守儿童”“春节慰问计生困难家庭”“流动人口均等化服务”等计划生育活动。

【平安建设】

综治维稳　2022年，草潭镇辖区内没有发生造成人员死亡的安全生产事故、群体性事件及严重精神障碍患者致人伤亡案件。全年受理各类信访及矛盾纠纷案件64件，办结63件，办结率98%。其中省信访平台受理案件20件，办结19件，办结率95%。立刑事案件38件、破19件，破案率50%；办理治安案件62件、查处31件，查处率50%。在全镇33个村（居）委会和28个机关单位调整成立综治及平安建设工作小组，与33个村（社区）及各机关单位签订2022年社会治安综合治理工作责任书、禁种铲毒工作责任书和反走私责任书。

禁毒　2022年，草潭镇完善禁毒工作领导机制，成立重点整治工作领导小组，投入禁毒重点整治经费约50万元，用于社区戒毒（康复）服务中心进行重新选址装修，制作固定宣传牌51个、专题宣传栏4个、横幅177条，对户籍在册的吸毒人员按照高、中、低3个风险类别进行建档及定期评估，并录入智慧新禁毒社会吸毒人员社会化管理系统，社区戒毒（康复）人员“粤关爱”平台注册率100%，每月国家禁毒办互联网教育宁夏中心学习完成率100%。根据无毒村（居）“六有五无”（“六有”为有村规将禁毒工作纳入村规民约；有组织建立禁毒工作小组；有队伍配备禁毒专干、志愿者等参与禁毒工作；有台账落实吸毒人员“一人一册”，做到底数清、情况明；有宣传开展禁毒宣传活动；有帮扶开展帮扶救助工作。“五无”为无发生本地户籍吸毒人员肇事肇祸事件，无发生非法种植毒品原植物活动，无发生制贩毒事件，无发生本地户籍吸毒人员脱失情况，无新增本地吸毒人员和复吸人员）创建标准细则，开展“无毒村居”创建工作。成立无毒村（居）领导小组，实行村（社区）“一把手”负责制。开展禁毒宣传教育主题活动，举办禁毒宣传98场，其中图片展8场，讲座宣传10场，发放宣传册单张3.6万份，张贴禁毒宣传海报80多张，悬挂禁毒宣传横幅177条，禁毒宣传媒体报送120余份，转发《湛江禁毒故事》36期，转发人次4177人。全年草潭镇辖区派出所通过推进专项打击行动，破获涉毒案件1件，逮捕犯罪嫌疑人1人，判决1人。

交通安全　2022年，草潭镇开展道路交通安全整治行动73次，设置执勤卡点，采取流动巡查，发现一起，依法查处一起，处罚的同时，对违法驾驶者进行教育宣传，重点打击无证驾驶、不戴头盔驾驶摩托车、无牌上路，尤其是农用三轮车、三轮载货摩托车违法载人等违法违规行为，开展道路交通安全整治专项行动428次，扣查违法摩电约510辆，教育劝导6000多人次。

【渔业渔港】　2022年，草潭镇涉渔人员5.2万人，渔业从业人员5460人，镇船舶765艘，国库船356艘。草潭镇为233艘国库船办理2020年国内捕捞机动渔船渔业油价补贴资金373.73万元，为614名渔民办理2021年休（禁）渔渔民生产生活补助128.94万元。经第三方检验合格、达到安全标准的765艘涉渔“三无”（无船名船号、无船舶证书、无船籍港）船舶全部纳入草潭镇安全管理。草潭镇对765艘镇船舶和356艘国库船进行网格化及跟帮生产管理，多次组织镇、村两级干部对渔船渔港进行安全隐患排查。11月，草潭镇组织相关职能部门对乱围乱占的海上违法设施进行清理，对群众宣传相关政策及法律法规，清理围网50多片，清理面积330多公顷。

【乡村振兴】　2022年，草潭镇2021年末入库的46个驻镇帮扶入库项目开工43个，其中完工38个，进行验收33个。入库2022年驻镇帮扶项目39个，共3346.86万元，项目加快推进。全镇2021年驻镇帮扶资金累计拨付605万元，资金拨付率100%；2022年项目到位资金累计拨付1153.2万元，资金拨付率74.48%，资金拨付流程全部按照相关监管方法进行。2021年美丽宜居示范村建设项目（1：2）及

2021农村人居环境整治提升类项目（1∶3）奖补资金建设项目均完工并投入使用，其中1∶2示范村专项资金为13个项目累计拨付163.89万元，资金拨付率68.29%，1∶3人居环境整治专项资金10个项目累计拨付88万元，资金拨付率84.61%。

防贫监测　2022年，草潭镇对2021年8月9日上报县审定25户115人采取各项针对性帮扶措施，其中19户91人生活得到较大改善，风险消除，后续继续跟进；对仍监测的6户24人，落实具有针对性帮扶措施。全年引导脱贫户高考生申请防贫险助学金，帮助19人共申请助学金6.3万元。

【草潭镇第十八届人民代表大会第二次会议】　2022年6月17日召开，来自全镇82名人民代表大会代表出席会议，40人列席会议。会上，镇长卜英忠代表镇人民政府向大会作政府工作报告。

【草潭镇教育促进会第十二届颁奖大会】　2022年8月20日在草潭镇政府三楼会议室举行。2022年草潭镇教育发展促进会捐款人数700多人，筹得资金170万元，参与捐款人数与筹集资金均创历史新高。草潭镇乡贤，部分企业家代表，非重构村支部书记、重构村片长，镇中、小学校校长及当年度获奖的镇级优秀教师和优秀班主任，小考、中考及高考获奖学生代表参加。

【草潭镇下六沙虫文化科普馆揭牌启动仪式】　2022年9月29日，草潭镇在红莳棚村委会举行广东省湛江市下六沙虫文化科普馆揭牌启动仪式。下六沙虫文化科普馆投资约50万元，展厅面积360平方米。

【草潭镇举行旅游服务综合保障党员志愿活动】　2022年11月16日，草潭镇举行旅游服务综合保障党员志愿活动，组织党员干部、党员志愿者40人，分为镇政府、北拉、麻公、罗屋4支党员先锋队，与团县委志愿者队伍联合行动，对角头沙风景区进行清理整治，清运

2022年9月29日，草潭镇在红莳棚村委会举行下六沙虫文化科普馆揭牌启动仪式　（王彩荣/摄）

2022年11月16日，草潭镇举行旅游服务综合保障党员志愿活动　（秦业友/摄）

景区各类垃圾 400 千克。

（尹　赫）

城月镇

【概况】　城月镇历史悠久，始建于宋代初，因城的轮廓形似弓而得名，位于遂溪县南部，距遂溪县城 28 千米、湛江市区 40 千米，东接麻章区太平镇，南接雷州市客路镇，西接北坡镇，北邻乌塘镇与岭北镇，是广东省中心镇之一，也是湛江市十大乡镇之一。位于热带北缘，属热带季风气候，地处丘陵，西北高，东南低。北部属玄武岩低丘台地，地势起伏大，为砖红壤，土层深厚，土质黏重；西南部为浅海沉积阶地沉积土，广阔平坦，略有起伏。水资源丰富，有雷州青年运河、城月河、通明河、平衡河、陈家河；盛产热带水果及甘蔗等，林木主要为桉木。2022 年底总人口 13.08 万人，其中镇区人口 4.16 万人，镇域面积 237 平方千米、耕地面积 1.1 万公顷，镇区建设面积 48 平方千米。辖社区（居委会）4 个和村委会 23 个，境内有央企雷州林业局，国企湛江华资农垦糖业发展有限公司广丰分公司、金丰公司（原城月糖厂）等 3 家大中型企业。2022 年，城月镇吴村村委会被挂牌为“青少年思想教育基地”“湛江市中共党史教育基地”“广东海洋大学马克思主义学院思想政治理论课教学实习基地”“遂溪县爱国主义教育基地”。

【经济发展】　2022 年，城月镇完成生产总值 62.79 亿元，比上年增长 4.8%。其中，第一产业增加值 18.31 亿元，比上年增长 13.8%；第二产业增加值 12.73 亿元，增长 2.0%；第三产业增加值 31.75 亿元，增长 0.5%。固定资产投资项目 26 个，完成固定资产投资总额 6.90 亿元，完成全年任务量的 92.3%，比上年增长 11.9%。

第一产业　2022 年，全镇粮食作物水稻播种面积 4357.27 公顷，总产量 2.53 万吨；薯类播种面积 533.33 公顷，总产量 1.4 万吨。甘蔗播种面积 4842.33 公顷，总产量 36.3 万吨；花生播种面积 1115.6 公顷，总产量 5020 吨；中草药材种植主要以穿心莲、藿香、丁香为主，穿心莲播种面积 201.73 公顷，总产量 1535 吨；蔬菜及食用菌播种面积 2452.87 公顷，总产量 9.92 万吨，其中，辣椒播种面积 1101.4 公顷，总产量 4.33 万吨，茄子播种面积 22.2 公顷，总产量 712 吨。玉米播种面积 86.27 公顷，总产量 248 吨。水果种植以香蕉为主，香蕉播种面积 500 公顷，产量 2.06 万吨；沃柑种植面积 152.37 公顷，总产量 2000 吨；火龙果播种面积 133.33 公顷，总产量 5000 吨；荔枝播种面积 11.67 公顷，总产量 263 吨；龙眼播种面积 11.87 公顷，总产量 267 吨。观赏苗木和其他园艺作物播种面积 264.33 公顷，总产量 161.5 万吨。

第二产业　2022 年，全镇有规模以上工业企业 7 家，工业总产值 13.39 亿元，比上年增长 24.55%。招商引资项目 23 个，投入资金 6.68 亿元。固定资产投资计划新开工项目储备 1 个：湛江漓源农牧科技有限公司年产 24 万吨饲料项目，总投资 6000 万元。正大集团、环保产业、光伏发电投资等成为镇经济发展和固定资产投资新增长点。用地面积 20 公顷的湛江正大百万头生猪链项目——生猪屠宰厂项目基本完成“五通一平整”前期工程，基础配套工程加快建设。官田水库光伏发电二期 50 兆瓦项目的遂溪县粤水电能源有限公司计划总投资 4.3 亿元，完成投资 2.09 亿元。广东绿林新能源有限公司计划总投资 4.1 亿元的城月镇田头水库 50 兆瓦渔光互补光伏发电项目，投资 1.3 亿元，累计投资额 2.96 亿元。

第三产业　2022 年，城月镇有农贸市场 4 个、超市 5 家、酒店 6 家、药店 28 家、物流点 7 个、金融网点 5 个、理发店 27 家、KTV（卡拉 OK）娱乐厅 2 家、酒吧 1 家、通信公司 1 家。

【社会事业】

社会保障　2022 年，城月镇有 702 户 2292 人享受广东省最低生活保障，其中农村低保 659 户 2196 人，城镇低保 43 户 96 人；

困难群众临时救助救36人次，救助金17.4万元；实施大病医疗救助170人次，救助金324.8万元；发放残疾人护理补贴1341人次，补贴337.93万元；发放残疾人生活补贴525人次，补贴98.7万元。

文化教育　2022年，城月镇城月中学、雷林中学达到市、县重点中学分数线93人（其中湛江第一中学3人，湛江市第二中学3人），城月中学考上市重点中学人数在全县名列前茅。小升初考试考上遂溪县第一中学14人。在2022年遂溪县小学六年级教学质量监测中，城月镇中心小学居全县中心小学层次第四名（二等奖），广丰小学获县面上小学三等奖。镇教育发展促进会共奖助优秀教师学生373人，奖励45.44万元。

【平安建设】

综治维稳　2022年，城月镇开展扫黑除恶、“春风利剑”等专项行动。破赌博案件22件，抓获69人，其中涉刑事案件2件，抓获3人；破涉黄案件6件，抓获26人，其中刑事案件1件，抓获12人；破涉毒刑事案件2件，抓获3人。化解矛盾纠纷72宗；城月法庭调撤案件137件；普法宣传32场次，线上普法学习4次，发放宣传材料1.2万份；开展防范养老诈骗行动，利用宣传横幅、LED屏幕及宣传小册子等开展宣传，悬挂宣传标语50多条，发放宣传小册子5000多份，转发微信宣传信息50多次，张贴宣传海报200多张。

行政执法　2022年，城月镇执法队立案查处案件23件，其中非法开采案件10件，非法销售案件2件，违规建设案件2件，非法占用土地案件5件，非法采伐案件4件，办结22件，依法扣押钩机8辆及运输车6辆；行政检查案件1件。行政执法人员对城月辖区进行巡查52次，镇区市场秩序管理巡查100多次。拆除非法违规商业广告、招牌87处面积445平方米，拆除乱搭乱建、违法建筑65处面积1192平方米，整治占道经营乱摆卖行为368宗，整治公共空间乱贴画行为158宗，整治车辆乱停放行为306宗。

安全生产　2022年，城月镇召开安全生产、消防安全、道路交通安全、燃气安全、建筑安全、“三防”工作专题会议50多次，开展检查158次，出动人员1538人次，检查主体单位1200多家，责令限期整改156家。全年开展消防安全检查114次，打击违规住人“三合一”场所（住宿与生产、储存、经营等一种或几种用途违规混合设置在同一空间内的场所）3处，制止53辆电动车违规充电，消防应急培训4次，发放消防宣传单张1000多份。开展道路交通安全检查，查扣无牌无证摩托车、电动车751辆次，劝导群众1.3万人次。城月镇“三防”值班室实行24小时值班制度，每天保证一名镇班子领导在岗带班。城月镇安委会领导小组成员、村委会书记和城月镇其他重要组成部门负责人均下载并使用“一键通”App，全镇下载并使用101人。有4支应急抢险队伍：城月镇基干民兵队，30人；城月镇应急抢险救援队由镇干部组成，按辖区版图分5支分队，共107人；壹基金城月村委会志愿者救援队，20人；各村（社区）党支部志愿者救援服务队。

【乡村振兴】　2022年，城月镇制定《城月镇乡村振兴五年规划》。全年城月镇有11户监测对象，有5户通过帮扶验收，完成风险消除。城月镇培育新型农业经营主体，健全农业专业化社会化服务体系，探索“公司连基地，基地带农户”产业发展路径，打造虎头坡村委会辣椒规模化种植基地、扶良村委会瑞信经济合作社无公害蔬菜生产基地、石头塘村面积50.67公顷“稻—稻—薯”高效生产示范基地，打造虎头坡芋头、邦机木瓜、吴西香米等一批高品质有口碑的城月农业“金字招牌”。吴村村通过流转开发毛豆连片种植项目40公顷。无害化卫生户厕累计改厕305户，普及率100%；建成公厕154座。垃圾收集点368个，日均生活垃圾无害化处理率100%，聘请村庄保洁员335人。全镇23个村委会达到干净整洁标准，完成率100%；11个村委会达到美丽宜居标准，完成率47.8%，所有示范村均建成美丽宜居村。投入驻镇帮镇扶村资金346万元，群众自筹资金18.8万元，完成村庄主干道硬底化6.8千米。全镇27个村（居）委会实现通二级以上公路，村级道路通畅率100%，农村公路实现全面硬底化和等级化，生活污水完成167个自然村管网建设，完成率100%，使用率100%，终端建设完成自然村165个，完成率98%，使用率100%。镇区污水处理厂建设硬件基本完成，投入资金1965万元。镇区内污水管网建设，主管建好，支管入户管网建设6.7千米，投入资金2019万元。全镇率先实现农村集中供水全覆盖，实现20户以上自然村光纤宽带网及4G网络全覆盖。新建充电桩74套，建设充电口735个，降低电动车充电引发的消防事故。乡道811线五里堂—陈家段和县道678线广前公司至动土村委会公路升级改造工程完成15.66千米，投入资金2623万元；抓好乡道、村道376千米的维护工作，保障人民群众安全畅通出行。投资70万元修建城月文化广场和城月镇城林路停车场2个免费停车场。城月镇政府大院和城月镇林路充电站2个免费停车充电站，投入资金245.3万元。

规划建设　2022年，城月镇审批建设项目59个，建设面积2.58万平方米，收取镇村基础设施配套费167.71万元；农村建房报备613宗，电表报装597宗。动态排查房屋安全隐患，利用房屋市政系统排查自建房2.02万栋，其中经营性自建房1040栋，其他自建房1.91万栋，完成排查67.8%。初步排查存在隐患281宗，“回头看”存在隐患132宗，整治83宗。联合村（居）委会力量排查在建房屋180多座，并责令存在施工安全隐患房屋的户主整改。台风“暹芭”带来强风强降水，镇规划办同各村（居）委会加强巡查，禁止施工场所施工，勒令159处施工场所停建。全镇新增违法用地44宗面积2.69公顷，完成整治18宗面积1.5公顷，违法用地整改率55.76%。针对乱搭乱建、违规违建下发责令改正通知书82份。收到政府投诉热线转办的90多起，均答复解决。开展节前、日常燃气安全检查行动12次，检查商户300多户次，查处违规液化气瓶150多个；查处私人加气点（东风村）1个；重点检查城月镇茂联燃气公司。危房改造3户，涉及低保户2户，五保户1户，动工率100%，中央补助资金拨付3户，全部竣工。举办工匠培训班3期，考取工匠证135人。

【生态保护】　2022年，城月镇开展畜禽养殖场排查整治。全镇有养猪场13个、养鸭场4个、养鹅场3个、养蛙场2个、养牛场1个。镇环保办不定期对限养区内的养殖场（户）进行巡查并提出整改意见，确保养殖污水不直接排入河道。镇生态环保办接遂溪县“12345”热线投诉39起，办结39起。

【城月镇第十八届人民代表大会第二次会议】　2022年3月10日召开。会议听取和审议镇人民政府工作报告、镇人民代表大会工作报告和2021年度镇政府落实民生实事票决制项目满意度测评情况的汇报。

【城月镇第十八届人民代表大会第三次会议】　2022年11月3日召开，会议书面听取城月镇2022年上半年经济社会发展情况

2022年3月10日，遂溪县城月镇召开第十八届人民代表大会第二次会议

（城月镇/供图）

通报和城月镇第十八届人民代表大会第二次会议期间代表提出的建议办理情况报告；听取城月镇2023年政府民生实事候选项目形成过程和概括介绍；听取和审议《城月镇第十八届人民代表大会第三次会议选举办法（草案）》和《城月镇2023年政府民生实事项目票决办法（草案）》；会议选举全志成为城月镇人民政府副镇长；会议票决通过城月镇2023年政府十大民生实事项目。

【城月镇妇女第十次代表大会】 2022年8月26日召开。83名妇女代表参加会议。大会差额选举产生新一届城月镇妇女联合会执行委员会委员33名和新一届妇联主席和副主席（含专职1名、兼职2名和挂职2名）。陈柳媚当选为城月镇妇女联合会第十届主席。

【城月镇石头塘村新文化楼办公楼综合体开工奠基仪式】 2022年2月10日，城月镇石头塘村新文化楼办公楼综合体开工奠基仪式在石头塘村举行。石头塘村新文化楼办公楼综合体位于石头塘村委会石塘村，占地面积528平方米，建筑面积1068平方米。由石塘村文化楼和石头塘村办公综合楼组成，村办公综合楼设石头塘村“两委”办事大厅、农产品展示展销厅、长者聚餐饭堂、乡村振兴大讲堂、家风文化研究室、农家书屋等。

（城月镇）

乌塘镇

【概况】 乌塘镇位于遂溪县境中部。2022年辖村委会34个，自然村45个。行政区域面积49平方千米。年末户籍人口2.11万人。乌塘镇耕地面积2730.93公顷，其中坡地面积2335.33公顷，水田面积395.4公顷，林地面积543.33公顷。地势平缓，土壤大部分为沙质，瘦瘠，保水保肥力差，分布在浩发、塘沟、乌塘、邦塘、湛川等34个村委会，面积35平方千米，适宜种植荔枝、南药、甘蔗、水稻、香蕉、花生、番薯、木薯、蔬菜等粮食作物和经济作物。小部分属玄武岩发育成的赤土，风化程度较高，有机质含量较丰富，主要分布在塘沟、邦塘、湛川村委会，面积14平方千米，适宜种植甘蔗、热带经济林、果树、香蕉、木薯、水稻等热带农作物。雷州青年运河西运河通过镇境，湛川溪、安贡溪流过镇境，灌溉近1/3耕地。

2022年8月26日，城月镇召开第十次妇女代表大会

（城月镇/供图）

【经济发展】 2022年，乌塘镇完成生产总值9.36亿元，比上年增长2.8%。其中，第一产业增加值3.71亿元，增长7.9%；第二产业增加值0.64亿元，下降8.2%；第三产业增加值5.01亿元，增长0.1%。固定资产投资0.83亿元，比上年增长11.7%；农民人均纯收入18566元，增长4.1%。

第一产业 2022年，乌塘镇以“12221”市场体系建设为方向，立足当地特色农业，做大打响镇农业品牌。依靠电商平台、直播带货等新业态，加快农产品销售物流体系数字化改造；发挥“智慧果园”带动作用，促进特色农产品种植智能化、科技化、生态化；举办“2022年广东遂溪湛川河谷仙品荔云销会”，打响“仙品荔”品牌，用数字营销工具，搭建线上荔枝销售平台，10天销售额破1.5亿元，湛川河谷荔枝种植基地被广东省农业农村厅评为“广东荔枝品牌示范基地”，湛川荔枝被纳入全国“名特优新”农产品名录。在外坡村建成南药文化园、南药宣传长廊，举办2022年“中国农民丰收节”活动——乌塘南药线上丰收节。

第二产业　2022年，乌塘镇用好用足上级各项帮扶政策，化解新冠疫情不利影响，帮助企业复工复产，胜源、盈四海、古法红糖制厂、虹茂工艺等企业年产值稳中向好、稳中有进。

营商环境　2022年，乌塘镇贯彻落实《遂溪县优化营商环境工作实施方案》，围绕主要产业，破解企业要素保障问题，延伸农产品加工业产业链条，发展新兴产业，带动周边就业，增加就业岗位2300多个，农民稳定增收。

【社会事业】

社会保障　2022年，乌塘镇城乡居民医疗保险参保1.63万人；城乡居民养老保险参保8513人。农村低保166户472人，城镇低保2户5人，每月发放低保金17.3万元；特困人员98人，每人每月发放救助金927元；散养孤儿2人，事实无人抚养儿童3人，每人每月发放补贴1313元；享受重度残疾人津贴补助264人，每月发放252元，残疾低保119人，每月每人发放188元；参加劳动就业培训910人次，提供劳动转移就业340人次；为全镇退役军人办理优待证。

殡葬改革　2022年，乌塘镇建立健全殡葬管理长效机制，实行“一把手负总责，镇班子成员负责挂点村委会，驻村干部包自然村”工作制度；召开殡改工作专项会议6次，制作横幅标语、宣传栏共14条，出动宣传车34次，在全镇范围扩大殡改宣传工作覆盖面，引导群众理解和支持殡葬改革工作。全年火化任务完成率118%。

【平安建设】　2022年，乌塘镇成立综治委，全年召开联席会议10次、专题会议12次、工作例会36次；开展“六进”（进机关、进乡村、进社区、进学校、进企业、进单位）禁毒宣传活动62场次，发放禁毒宣传册1万多份；开展普法活动64场次，派发宣传册1万份，制作各类宣传海报横幅80多份。

【乡村振兴】　2022年，乌塘镇健全“村收集—镇转运—县处理”系统，生活垃圾收运处理率100%，实现镇村清扫保洁全覆盖。污水治理成效明显，45个自然村全部完成污水管网、污水终端设施建设，在金屋、山口王等13个村建设人工湿地；厕所革命任务完成；巩固“三清理三拆除三整治”［“三清理”是指清理村巷道及生产工具、建筑材料乱堆乱放，清理房前屋后和村巷道杂草杂物、积存垃圾，清理沟渠池塘溪河淤泥、漂浮物和障碍物；“三拆除”是拆除危房、废弃猪牛栏及露天厕所茅房，拆除乱搭乱建、违章建筑，拆除非法违规商业广告、招牌等；“三整治”是整治垃圾乱扔乱放，整治污水乱排乱倒、整治“三线”（电力线、电视线、通信线）乱搭乱接］工作。推进美丽圩镇建设。在全县率先完成镇区主干道“三线”（电力线、电视线、通信线）整治，在道路两旁铺设彩砖人行道。投资155万元建设镇区排水防涝工程，解决水浸街、水进屋问题；在镇区扯出多条道路，打通罗屋、边草塘村直通市场道路；因地制宜地划定多个停车场和停车位；改造农贸市场并完成熟食行一期改造工程；升级改造垃圾中转站、汽车客运站。创卫工作通过市级检查组检验，取得阶段性成果。投资400多万元完成全镇村级干路硬底化，是遂溪县第一个完成的镇。完成扫手塘、油河、泉水、陆下、塘沟等一批村庄村内硬底化建设。对外坡、新屋等村庄进行外立面改造。推进“四小园”（小花园、小果园、小菜园、小公园）建设，建成乌塘圩、迈机西等村小公园20个。对浩发大道、湛川大道2条通村主路进行绿化。探索农、文、旅融合发展模式，打造新屋、外坡、陆屋等一批“美丽宜居示范村”，建成品荔池、“十里荔街”、安贡村红色革命教育基地等地标性打卡点，吸引众多游客、友好单位游玩和参观学习，促进美丽乡村向美丽经济转变。

【乌塘镇助力教育圆梦促进大会】 2022年8月23日，乌塘镇举办助力教育圆梦促进大会。乡贤、社会各界、镇村干部等捐款30万元；奖励国外硕士研究生1人，研究生9人，北京大学本科1人，本科33人，湛江第一中学4人，县重点中学49人，共97人；奖励优秀教师20人；共发出奖教奖学助学金及教师节慰问金25.91万元。

（吴凤柳、许苇杰）

北坡镇

【概况】 北坡镇是广东省首批中心镇，位于遂溪县西南部，东邻乌塘镇、西毗港门镇、南至河头镇、北接杨柑镇，距县城55千米。2022年辖村委会15个和居委会2个，自然村146个，行政区域面积164平方千米。年末常住人口4.37万人，耕地面积97平方千米，建有镇级农贸市场2个、村级农产品交易市场3个，主要农作物有木葱、辣椒、水果玉米、番薯等。是广东省宜居示范城镇、广东省教育强镇、广东省名镇、广东省文明村镇、广东省人居环境整治示范镇、广东省乡村治理示范乡（镇）、广东省卫生乡（镇）、国家级生态示范乡（镇）、全国文明村镇，并获“全国农业产业强镇建设”“湛江市优秀基层党组织”等称号。

【经济发展】 2022年，北坡镇实现生产总值22.09亿元，比上年增长2.3%。其中，第一产业增加值9.08亿元，比上年增长5.8%（农业总产值14.73亿元，增长5.8%）；第二产业增加值1.67亿元，下降10.5%；第三产业增加值11.34亿元，增长1.3%。固定资产投资2.21亿元，下降20.9%；公共财政收入621万元。

【社会事业】

社会保障 2022年，北坡镇抓好社会救助安置，有539户1119人纳入城乡低保；累计发放困难群众临时救助救济金38人次18.25万元；实施大病医疗救助45人次，发放救助金92.72万元；将全镇406名符合条件的残障人士纳入享受残疾人生活津贴范围，将648名符合条件的残障人士纳入享受重度护理补贴范围，发放残疾人生活补贴92.1万元，残疾人护理补贴186.1万元。城乡居民医疗保险参保4.34万人，完成任务的92.51%，城乡居民医疗保险全覆盖；城乡基本养老保险缴费续保1.26万人。

教育 2022年，北坡镇高考考上本科以上171人，其中博士研究生3人，硕士研究生25人，“985”“211”重点本科10人，其他133人为普通本科生；中考考上遂溪县第一中学以上125人，其中湛江第一中学3人、湛江市第二中学8人，考上遂溪县第一中学114人，连续15年被评为湛江市中考先进单位。北坡中学校园科技馆正式揭牌，成为湛江首个乡镇中学科技馆。举办奖教奖学助学活动，累计发放奖教奖学助学资金90多万元。

优生优育 2022年，北坡镇辖村（居）委会17个。年末户籍总人口6.04万人，育龄妇女1.21万人，已婚育龄妇女9235人，出生732人，男孩421人，女孩311人，其中政策内生育644人，政策外生育88人，符合政策生育率87.98%，人口出生率12.13‰；性别比135.37；死亡276人，死亡率4.57‰，人口自然增长率7.56‰。（2022年全镇常住人口出生537人，男孩316人，女孩221人，性别比142.99，其中政策内生育470人，政策外生育67人，符合政策生育率，人口出生率11.07‰；死亡263人，死亡率5.42‰，人口自然增长率5.65‰）。

【平安建设】 2022年，北坡镇排查不稳定因素，化解民间纠纷，常态化开展扫黑除恶专项斗争，加强探索综合治理及平安建设新机制。全年排查各类矛盾纠纷14宗，调解成功12宗；受理网上信访案件16件，初件16件，全部做出处理意见，办结率100%。

【乡村振兴】 2022年，北坡镇村建设迈出新步伐。投资3000万元用于镇圩巷道硬底化建设，补齐镇圩建设“短板”；投入约100万元引进地标保洁公司加强镇区日常卫生保洁，5个村获评为省级卫生村，15个村获评为市级卫生村。实施党建引领“书记项目”，确定“书记项目”24个，投资超2500万元，擦亮基层党建新品牌。投入478万元用于人居环境整治提升，统筹推进“厕所革命”和污水收集及终端处理建设。实现全镇自然村集中供水，覆盖率100%。投资900多万元升级改造五公塘、老周村、白沙江等重度旧桥危桥，全镇15个行政村建成“四小园”（小花园、小果园、小菜园、小公园）超1370个，绿化改善闲置地面积近2000平方米，乡村风貌得到改变。

脱贫攻坚　2022年，北坡镇有建档立卡脱贫户740户，脱贫人口1956人，其中有劳动力383户，脱贫人口1481人；无劳动能力357户，脱贫人口475人。落实最低生活保障建档立卡脱贫人口969人（其中低保人员717人、特困供养人员238人、孤儿14人）。全镇1956名脱贫人员均购买城乡医疗保险；全年对监测户和脱贫户共3户进行房屋修缮；镇经营性扶贫项目30个，包括农贸市场、光伏发电、种养及花卉苗木基地等项目，上半年光伏收益28.59万元。开展消费扶贫，消费扶贫专馆全年销售9.1万元。设置公益性岗位，优先安排贫困人员担任村级保洁员，有49名脱贫人员担任村级保洁员。

【项目建设】　2022年，北坡镇加快推进省重点项目北坡实验学校建设。总投资1.2亿元的遂溪县地方储备粮油中心库建设项目基本完工。谋划5个共14.6亿元的北坡镇城乡融合发展项目，其中总投资1亿元的遂溪县北坡镇游鱼文化中心建设项目、投资3亿元的遂溪县北坡镇农村基础设施升级改造建设项目等2个项目进入国家发展项目库，第一期北坡镇村巷道硬底化建设工程所下达债券资金全部使用完毕。谋划3亿元打造集全国首个甘蔗主题公园、鱼龙湖休闲度假园区、八仙湖生态园“三园”于一体的乡村振兴产业融合发展产业园，项目进入论证实施阶段，并将三大园区纳入遂溪县全域旅游规划。加大招商引资力度，累计引进10多项共超7200万元的招商投资项目。

【北坡镇第十八届人民代表大会第二次会议】　2022年7月12日在镇政府一楼会议室召开。会议听取和审议镇人民政府工作报告和镇人民代表大会主席团工作报告。会议期间，镇人民代表大会代表积极建言献策，提出《关于加大对基础设施薄弱村投入力度的建议》《关于加快乐民自然河南渡段河床加宽工程的建议》等5件代表意见建议。

【北坡镇第十八届人民代表大会第三次会议】　2022年11月11日召开，来自全镇69名人民代表大会代表参加会议和40多名列席人员应邀列席会议。会议听取和审议镇长洪文泽所作的《北坡镇2022年1—10月经济社会发展情况报告》《北坡镇2023年政府民生实事项目概况介绍》，票决产生13项北坡镇2023年政府民生实事项目。

【北坡镇2022年奖教奖学助学颁奖大会】　2022年8月21日，以“助学兴教，情暖北坡”为主题的2022年北坡镇教育发展促进会奖教奖学助学颁奖大会在北坡镇政府一楼会议室举行。北坡镇党委政府全体领导班子成员及热心乡贤和社会各界人士等出席大会。大会奖励小考优秀学生20人，中考优秀学生127人，高考优秀学生141人，硕士、博士优秀学生28人；表彰“北坡好少年”38人、优秀教师50人、优秀班主任20人、优秀校长8人；给予贫困学生助学扶持12人。对53篇优秀论文撰写教师颁发优秀论文奖、对2位落水救人者邓家钧、邓日良颁发见义勇为奖，对广东省第十六届运动会柔道女子甲组70公斤级项目金牌获奖者林倩怡、2022年全国蹦床锦标赛男子双蹦床项目金牌获奖者李政寰颁发体育贡献奖。此次颁奖大会累计发放奖教、奖学和助学金90多万元。

【北坡籍运动员林倩怡参加广东省第十六届运动会获金牌】　2022年7月13日，在广东省第十六届运动会柔道比赛中，湛江市北坡籍运动员林倩怡为湛江代表团赢得第二枚金牌。

【李政寰获2022年全国蹦床锦标赛双蹦床金牌】 2022年8月14日，2022年全国蹦床锦标赛展开争夺，湛江北坡籍运动员李政寰代表广东思腾队获男子双蹦床类别个人金牌。

（吴文珊）

港门镇

【概况】 港门镇位于遂溪县西南部沿海地区。东接北坡镇，西临北部湾，南邻乐民镇，北部与草潭、杨柑两镇相接，距遂溪县城68千米、湛江市区78千米。境内有县道682线、683线、684线通过，乐民河贯穿而过，是遂溪县毗邻北部湾的重要沿海镇。行政辖区面积105平方千米，其中耕地面积5013.33公顷、林地面积2493.33公顷、海岸线长12千米、海洋滩涂面积666.67公顷，土特产有铁皮石斛、荔枝、龙眼、红心火龙果、番薯等，风景区包括石角渔港、黄屋湿地公园、港门埠海滩等。2022年，全镇辖行政村12个、自然村105个，全镇总户数1.16万户，总人口4.4万人，其中农业人口3.9万人。

【经济发展】 2022年，港门镇完成生产总值16.97亿元，比上年增长0.9%，其中第一产业增加值9.33亿元，增长8.7%；第二产业增加值1.31亿元，下降41.8%；第三产业增加值6.33亿元，增长0.6%。公共财政收入218.75万元，地方财政收入6073.09万元。一般公共预算收入1073.09万元。固定资产投资1.21亿元，比上年下降3.3%。

第一产业 2022年，港门镇开展港长制工作，全镇有渔船694艘，总产值5.6亿元，海洋捕捞产值9213万元。全镇拥有海水养殖面积1053.33公顷，其中包括鲜虾、珍珠养殖、墨西哥扇贝等；水产养殖面积1146.67公顷，产品产量超10万吨，水产养殖业986万元，渔业总产值1.01亿元。开展“三无”（无船名船号、无船舶证书、无船籍港）船舶整治专项行动，发放乡镇船舶安全管理证书367艘。测绘石角渔港港址图并纳入港章。

第二产业 2022年，港门镇有企业95家，其中发展良好的企业包括：遂溪同人木业有限公司、港门洋泰网具厂、湛江合兴农业有限公司等；个体工商户有1462户，注册资本10万元以上308家，50万元以上87家，100万元以上36家；农民专业合作社33家。全镇有虾苗场2个，树木育苗场4个，拥有运输车辆230多辆。

第三产业 2022年，港门镇有圩市1个，每月农历的“三、六、九”日为圩日，有超市5家，酒店宾馆3家，药店11家，物流点16个，金融机构网点2个，保险公司1家，通信公司2家，理发店14家。

【社会事业】

社会保障 2022年，港门镇落实“应保尽保、应退尽退”低保救助政策，在册低保户285户，发放低保金355.15万元，在册特困供养人员277人，发放供养金318.05万元，为25名患重大疾病人员申请临时救助金6.96万元。完成农村合作医疗3.33万人，城乡居民养老保险参保0.98万人。完成全国残疾人动态更新系统录入工作，残疾人“两项补贴”（生活补贴、护理补贴）年度资格认证431人，为72人办理第二代残疾人证，发放残疾人“两项补贴”176.8万元。港门镇北灶、货湖社会工作服务点挂牌使用。

文体 2022年，港门镇被评为湛江市文明镇。港门镇新港村委会、吴家村委会被评为遂溪县文明村。投入9万多元对镇文化站围墙进行修缮，并安装监控摄像头。全镇小升初考试整体成绩位居全县第二名，港门镇中心小学少年先锋大队获评遂溪县2021—2022年度“红领巾奖章”二星章大队，港门镇中心小学获湛江市中小学生篮球联赛小学女子组冠军，港门镇中心小学图书阅览室获评2022年广东省中小学“最美阅读空间”。开展捐资助学活动，筹措资金79.83万元，举办港门镇第五届奖教奖学会，奖励优秀学生192人共28.92万元，奖励优秀教师12人共2.4万元。开设全民健身太极拳免费培训班2班（第一期第二套太极拳培训、第二期太极拳基本功培训）和暑假第一期竖笛免费培训班。

卫生健康　2022年，港门镇卫生院成立12个家庭医生服务团队，到各村为群众进行免费体检，为群众建立居民健康档案2.99万人，建档率96.46%；65岁以上老年人管理率44.03%；高血压患者管理率73.92%；糖尿病患者管理率56.42%；0～6岁儿童管理率80.3%；预防接种率98.05%；产后访视率93.63%；精神障碍患者管理率96.58%。村公共卫生站覆盖率100%。

【乡村振兴】　2022年，港门镇实施乡村振兴战略，巩固脱贫成果。对5户21人实行返贫监测，全年安置32个脱贫户公益性岗位，为292名脱贫户发放养老金，为全镇所有脱贫户购买遂溪县“医、行、教”防贫保险。引进湛江合兴农业有限公司，通过玉米秸秆综合利用技术，辐射带动玉米种植户，引进省农科院湛江分院示范基地在新城村挂牌甘薯种植示范基地建设，打造镇特色产业品牌。发挥金融输血作用，累计为68户种养殖户发放金融贷款1360万元。完成全镇7001户户厕和30座公厕摸排工作。开展美丽圩镇建设。整治镇区“六乱”（乱扔吐、乱堆放、乱摆卖、乱拉挂、乱贴画、乱搭建）现象，整治占道经营、乱摆乱卖行为24宗，整治公共空间乱贴画行为11处，整治车辆乱停放行为26宗，拆除破旧遮阳篷等乱搭乱建构筑物22处，拆除违规商业广告、招牌12处。清理圩镇积存垃圾423处152吨。开展垃圾分类工作，建设垃圾分类亭17个，配备分类垃圾桶68个。

港门镇乡村振兴基础设施综合提升项目工程　（港门镇/供图）

镇村建设　2022年，港门镇实施乡道升级改造。投资1360多万元，开展乡道622线大西坑—西坡村委会段、乡道623线胜昌—塘墩段、乡道624线边关—塘尾段、乡道626线港门—港门埠段公路路面改造工程，工程全长12.26千米。实施村村通饮水工程，105个自然村全部实现通自来水。实施遂溪县港门镇乡村振兴基础设施综合提升项目建设，投资5000万元，对镇区12条主要道路硬底化、雨污管网、人行道进行提升改造，镇区面貌焕然一新。

【平安建设】

综治维稳　2022年，港门镇接到矛盾纠纷17起，调处化解14起。收到网上信访件18件，办结15件。收到“12345”市民服务热线交办工单141件，办结132件。开展“春风利剑”专项行动、反有组织犯罪法、打击养老诈骗等宣传教育活动43场次，发放宣传册3万多本。开展宗教及民间信仰场所普查工作3次，开展反邪教宣传活动4次。救助吸毒人员，做好社区康复，开展“六进”（进社区、进学校、进单位、进家庭、进场所、进农村）禁毒宣传活动37场次，发放禁毒宣传册2万多份。慰问退役军人及烈属，发放慰问金2.76万元。关爱精神障碍患者，走访精神障碍患者775人次，开展三级或以上严重精神障碍患者管理服务241人次。港门派出所受理行政案件28件，处罚案件6件，调解案件7件；刑事案件立案14件，侦破7件，刑事拘留9人，逮捕犯罪嫌疑人7人，起诉4人，取保候审3人。

安全生产　2022年，港门镇执行应急24小时值班制度，组建一支30人的镇三防应急后备队，开展应急演练6次，配备冲锋舟等应急工具177件。开展安全生产及消防安全教育“五进”（进社区、进学校、进企业、进农地、进家庭）宣传，全年发放安全行为规范宣传资料1100多份，发放安全知识宣传资料5700多份，开展活动13场，受众4000人次。开展道路交通安全整治，开展专项行动76次，出动工作人员288人次，检查“摩电”（摩托车、电动自行车）3960辆，教育劝导3900多人次。

【生态保护】　2022年，港门镇投入财政资金161万元，巩固“三清理三拆除三整治”［“三清理”是指清理村巷道及生产工具、建筑材料乱堆乱放，清理房前屋后和村巷道杂草杂物、积存垃圾，清理沟渠池塘溪河淤泥、漂浮物和障碍物；“三拆除”是拆除危房、废弃猪牛栏及露天厕所茅房，拆除乱搭乱建、违章建筑，拆除非法违规商业广告、招牌等；“三整治”是整治垃圾乱扔乱放，整治污水乱排乱倒、整治“三线”（电力线、电视线、通信线）乱搭乱接］成效。整治镇圩“六乱”（乱扔吐、乱堆放、乱摆卖、乱拉挂、乱贴画、乱搭建）现象。全镇农村生活污水管网累计完工建设自然村104个，全镇农村生活污水终端设施累计完工建设自然村104个。推进美丽庭院和“四小园”（小花园、小果园、小菜园、小公园）小生态板块建设，做好长效管护。有“四小园”339个，其中小菜园161个、小果园103个、小花园46个、小公园29个。落实林长制，完成造林面积26.67公顷，科学开展红树林保护工作，生态环境继续向好。

落实“河长制”　开展“五清”（清理非法排污口、清理睡眠漂浮物、清理底泥污染物、清理河湖障碍物、清理涉河湖违法违建）行动，实现巡河全覆盖，镇、村两级河长巡河履职257人次，投入资金32.23万元，清理

港门镇“四小园”示范点　（港门镇/供图）

岸边杂草杂木面积 2.35 万平方米；清除河道淤泥面积 1.37 万平方米，为群众取水灌溉农田、发展农业生产提供有利条件。

落实“港长制” 举办港门镇“三无”渔船（无船名船号、无船舶证书、无船籍港）拆解现场会，拆解“三无”渔船 7 艘；开展打击休渔期间违法行为专项行动，组织镇各职能部门组成联合执法检查组在休渔期对辖区海域进行“铺网式”执法检查，出动执法人员 250 人次、执法车辆 44 辆、执法船只 23 艘。加强渔港管理，“一船一策”，定人联船，落实进出港报备等制度。

清理非法围网 7 月，港门镇农业农村办联合镇综合执法办、石角渔政中队等组成联合执法组开展为期 3 天的清理非法围网专项整治行动。每天出动执法人员 30 多人、执法车辆 4 辆、执法船只 2 艘，清理非法围网海岸线 2.5 千米，非法围网 20 宗。12 月，港门镇组织第二次清理非法围网专项行动，对镇海域内非法围网进行清理。

【港门镇第十八届人民代表大会第二次会议】 2022 年 3 月 18 日召开。会议听取和审议罗允升所作的《港门镇人民政府工作报告》，听取和审议庄宁所作的《港门镇人民代表大会工作报告》。大会收到代表提出的建议、意见、议案 9 条，并对港门镇 2021 年政府民生实事工程项目完成情况进行满意度测评。

【港门镇第十八届人民代表大会第三次会议】 2022 年 10 月 27 日召开。会议听取和审议罗允升所作的《港门镇 1—9 月经济社会发展情况通报》，听取和审议《港门镇第十八届人民代表大会第二次会议代表议案、建议和意见办理情况报告》，票决产生港门镇 2023 年政府民生实事工程项目。

【港门镇第六次妇女代表大会】 2022 年 8 月 30 日召开。会议听取和审议林玲英所作的《凝心聚力 开拓创新——团结带领全镇妇女为建设美丽和谐的港门而努力奋斗》。会议选举产生港门镇第六届妇联执委会和妇联班子成员，林玲英当选为港门镇第六届妇联主席。

【港门镇第五届教育发展促进奖教奖学活动】 2022 年 8 月 23 日，港门镇在镇综合文化站举行第五届教育发展促进奖教奖学活动。此次活动筹措资金 79.83 万元，奖励学生 192 人 28.92 万元，奖励优秀教师、校长 12 人 2.4 万元。

【港门镇乡村振兴基础设施综合提升项目工程竣工并验收】 2022 年，港门镇申请专项债券 5000 万元，对镇区 12 条主要道路（总长 5.3 千米）进行人行道铺设地砖、完善雨污分流管网、道路硬底化等改造工程。该项目共三期工程，5 月 19 日，遂溪县港门镇乡村振兴基础设施综合提升项目（第一期）工程进场动工。12 月 28 日，港门镇乡村振兴基础设施综合提升项目竣工并验收，镇区 12 条道路的硬底化、雨污管网建设、道路两侧人行道地砖铺设全部完成。

【港门镇太极队获河南省第八届“寻找最美太极人”太极拳网络视频大赛陈式太极拳集体赛一等奖】 2022 年 7 月，港门镇太极队参加河南省第八届“寻找最美太极人”太极拳网络视频大赛，获陈式太极拳集体赛一等奖，队员袁小春、韩月兰获中年组陈式太极拳个人一等奖，袁小春获“最美太极人”称号。

（港门镇）

河头镇

【概况】 河头镇位于遂溪县西南部，距遂溪县城 62 千米、国道 207 线 20 千米，省道 375 线、290 线贯穿境内，东、南部分别毗邻雷州市客路镇和纪家镇，北、西分别与北坡镇、乐民镇和江洪镇接壤。全镇行政区域面积 144 平方千米，2022 年辖河头、吴排、割山、田西、双村、山域、新市、干塘、吾良、上坡、虎溪 11 个行政村，107 个自然村，总人口 4.1 万人。辖区内有桐仔园水库、新市水库，雷州青年运河、田西河流经境内，水源充足，土壤肥沃，耕地面积 4286.7 公顷，林地面积 4800 公顷。种养业以水稻、富硒番薯、甘蔗、生猪养殖为主。主要旅游景点有遂溪西南地区革命史馆、油河塘村、双村东坡楼、还砚亭和森林公园等。2022 年，河头镇被认定为湛江市文明镇，全镇有全国文明村镇 2 个，中国传统村落 1 个，湛江市文明村（行政村）10 个，省级卫生村（自然村）11 个，市级卫生村（自然村）101 个。

【经济发展】 2022 年，河头镇实现生产总值 21.97 亿元，比上年增长 2.8%。其中，第一产业增加值 6.56 亿元，比上年增长 10.1%；第二产业增加值 2.14 亿元，增长 1.7%；第三产业增加值 13.27 亿元，增长 0.4%。固定资产投资 3.87 亿元，比上年增长 30.3%；公共财政收入 410.45 万元，下降 20.6%。

第一产业 2022 年，河头镇优化产业结构，引进现代农业公司，加快推进土地流转，新增流转土地面积 213.33 公顷。甘蔗种植面积 3546 公顷、水稻种植面积 1306.67 公顷、红壤富硒番薯种植面积 2908.4 公顷，出栏肉猪 15.62 万头，形成以生猪养殖、富硒番薯、芋头等为主的特色农业产业格局。湛江市冠蛙科技有限公司投资 490 万元在田西村委会建设牛蛙养殖基地；罗宅村返乡乡贤成立广东瑞盈三农种植专业合作社，并与广东省农业科学院和普宁市农科所合作投入 1500 万元，进行甘薯新品种研发和脱毒甘薯苗生产与销售；湛江市循环农业发展有限公司投资 5000 万元在油河塘村打造草畜（禽）种养循环生态农业示范项目；正大集团公司牵头投资 10 亿元打造田园综合体项目。

第二产业 2022 年，河头镇工业增加值 7836 万元，比上年下降 3.7%；建筑业增加值 1.36 亿元，增长 7.5%。全镇规模以上企业有遂溪县大华糖业河头有限公司 1 家。

第三产业 2022 年，河头镇挖掘双村村和油河塘村历史文化资源，依托遂溪西南地区革命史馆区位优势，开发红色旅游和生态旅游，丰富乡村旅游业态，以旅游业推动乡村振兴。全年交通运输、仓储和邮政业增加值 8131 万元，比上年下降 6.7%；批发和零售业增加值 8375 万元，下降 1.2%；住宿和餐饮业增加值 2811 万元，下降 4.8%；金融业增加值 1764 万元，增长 4.8%；房地产业增加值 7.25 亿元，下降 0.7%；营利性服务业增加值 1.06 亿元，增长 5.3%；非营利性服务业增加值 2.85 亿元，增长 5.1%。

【社会事业】 2022 年，河头镇城乡居民医疗保险参保 2.72 万人，政府资助 2273 人，总参保 2.95 万人，新农村医疗保险参保 6752 人。全镇有 400 户 1673 人享受最低生活保障金，51 户困难家庭领取专项临时救助金 8.32 万元，129 名大病重病患者领取救助金 170 万元，五保户 222 人享受特困供养政策。全镇 260 名困难残疾人领取生活补贴 57 万元、624 名重度残疾人领取护理费 188 万元，完成残疾户无障碍改造 34 处。全镇 986 名老人领取高龄补贴 40 万元。落实义务兵家属优待政策和享受定期抚恤政策，发放义务兵家庭优待金，一次性发放大学生入伍奖励金和补助金 12 万元，发放农村籍 60 周岁以上退役士兵生活补助，发放复退、“三属”（烈士遗属、因公牺牲军人遗属、病故军人遗属）、带病回乡退伍军人生活补助，发放参战退役人员定补，发放“五老”（老干部、老战士、老教师、老专家、老模范）人员事业费 2.2 万元，发放残疾军人抚恤金 19.82 万元、烈士子女抚恤金 0.72 万元。

【平安建设】 2022 年，河头镇加大吸毒贩毒打击力度，大排查大摸底和分级管控工作覆盖率 100%，联合派出所、村委会开展全域踏查，未发现非法种植毒品原植物。开展“平安遂溪”“平安河头”等系列行动，全镇辖区处置有效警情 401 起，破获刑事案件 14 件，其中涉毒刑事案件 1 件；办结治安案件 32 件。推进“雪亮工程”建设，在各村主要路口新增治安视频监控摄像头，在省道 290 线、375 线安装交通警示灯 35 盏。开展矛盾排查化解工作，镇综治中心联合镇司法所受理社会矛盾纠纷 33 件，成功调解 32 件，调处率 100%，成功率 97%，办结率 100%。网上信访平台转办的信访件 19 件，其中重件

2件，办结19件。收到“12345”热线案件145件，办结145件，办结率为100%。开展“春风利剑”专项行动，出动检查组8次，出动整改力量60人次，督促整改隐患15处，下达整改通知书8份。

【乡村振兴】 2022年，河头镇完成农村无害化卫生厕所改造户厕5450户、公厕19座。配置村级保洁员102人，建成投用垃圾收集点110个，农村生活垃圾处理基本实现“村收集、镇转运、县处理”绿色模式。巩固拓展脱贫攻坚成果，脱贫劳动力务工就业277人，全镇14户脱贫监测户中有3户消除返贫风险。开展自建房安全隐患排查与整治工作，排查6448栋，排查率86.76%，141栋存在安全隐患，安全隐患率2.19%，133栋落实隐患整治管控措施，整治率94.33%。全镇月均生活垃圾转运量822吨，镇生活污水处理厂日处理污水900吨，生活污水处理及收集管网6.25万千米。推进“河长制”，全镇设置河长22人，其中镇级河长6人、村级河长13人、水库河长3人，全年巡河976次，发现问题47次，处理问题47次，办结率100%。处理群众环保投诉事项4件（其中2件臭气污染、1件噪声污染、1件灰粉污染），协助上级部门查处案件2件，全部完成整改。开展镇容镇貌、入室经营整治行动21次，出动执法人员140人次，纠正违规占道商户34家、整治乱摆乱卖流动摊贩20家，发出11份责令改正违法行为通知书，扣押经营物品10多件，清理公共道路内的路障伞墩50多个。开展非法采砂、盗土专项打击行动7次，出动人员47人次，出动车辆15辆次，扣押非法采砂钩机3台，运输沙土货车7辆，共处罚金9万元。开展图斑核查与整治工作，整改耕地面积2.91公顷，林地面积14.07公顷。

【项目建设】 2022年，河头镇申报遂溪县河头镇文化旅游基础设施改造提升工程，投资6000万元进行红色古街改造与古民居修复工程、梁碧儿医德教育基地改造提升工程、省道375线河头客运站至扫塘村路段“白改黑”及沿线人行道美化提升。投入财政资金6446.39万元建设遂溪县河头镇虎溪村垦造水田项目，建设面积57.78公顷，新增水田面积55.96公顷。投入398万元对河头镇农贸市场进行整体升级改造。投入财政资金730万元建设河头镇中心卫生院门诊综合楼。深化“千村示范、万村整治”工程，在田西、干塘村委会投入600万元打造县级美丽宜居示范村，涉及项目18个，完成18个，完成率100%。全镇16个项目纳入遂溪县省级乡村振兴驻镇帮镇扶村资金储备项目库，投入财政资金500万元，竣工率100%；10个项目纳入广州市乡村振兴驻镇帮镇扶村资金储备项目库（遂溪县），投入财政资金600万元，竣工率100%；48个项目纳入遂溪县河头镇乡村振兴驻镇帮镇扶村储备项目库，投入财政资金1529万元，竣工25个。广东海洋大学出资240万元安装太阳能路灯159盏、建设虎溪乡村振兴宣传画面积2500平方米、打造水妥上村乡村美丽庭院示范项目、建设吾良村委会下坑村集中供水项目。

【河头镇第十八届人民代表大会第二次会议】 2022年6月10日召开，66名代表出席会议。大会听取和审议《河头镇人民政府工作报告》《河头镇人民代表大会主席团工作报告》，表决通过《关于河头镇人民政府工作报告的决议》《关于河头镇人民代表大会主席团工作报告的决议》。大会同意李炳仁辞去河头镇第十八届人民代表大会主席职务，选举苏进为河头镇第十八届人民代表大会主席。

【河头镇第十八届人民代表大会第三次会议】 2022年11月8日召开，66名代表出席会议。大会听取和审议《河头镇2022年上半年政府工作报告》《河头镇第十八届人民代表大会第二次会议代表议案、建议和意见办理情况报告》。大会选举朱大勇为河头镇人民政府副镇长。大会表决通过河头镇乡道915线李家宅中桥危旧桥梁改造工程、河头镇农贸市场升级改造建设项目、河头镇虎溪村垦造水田项目、梁碧儿医德教育基地项目、遂溪河头江洪乐民100兆瓦风电项目、省道

375线烈士陵园西侧段纵向加高变更项目等6项为河头镇2023年政府民生实事项目。

（肖凯杰）

乐民镇

【概况】 乐民镇位于遂溪县西南部，北连港门镇，东接河头镇，南靠江洪镇，西临北部湾，与广西壮族自治区北海、涠洲岛隔海相望，距遂溪县城80千米，行政区域面积83.45平方千米。其中，耕地面积1867公顷，林地面积3400公顷。地势东南高，西北低，较平缓，红土土壤结构。属亚热带季风气候，主要气象灾害为台风、干旱等。雨量偏少，降水集中在汛期7—9月，农灌期3—5月及10—11月少雨，形成春旱、夏涝、晚秋及冬旱特点，地表水缺乏，是遂溪县西南重点治旱乡镇之一。境内交通便利，县道686线直通镇区并与省道375线相连，各村均有硬底化道路相通，乐民、响水、后溪3条河流横贯穿全镇。乐民镇海岸线长14千米，拥有乐民、盐灶2个天然渔港，海滩涂面积辽阔，海洋资源丰富，是遂溪县主要海鲜产地，盛产对虾、花蟹、乌贼、海蜇等海产品。“乐民花蟹”因肥美鲜甜而著称，享誉各地。乐民镇辖安埠、陈铁、松树、乐民、盐灶、调神、墩文、海山、余村、埠头行政村10个，自然村74个。2022年，乐民镇户籍户数1.11万户，户籍人口4.72万人。全镇有民族11个，主要为汉族，人口4.71万人，占99.86%，少数民族主要为壮族。乐民镇是大革命时期广东著名农民领袖黄学增烈士的故乡——黄学增是大革命时期与彭湃、阮啸仙、周其鉴等人齐名的广东省四大农运领袖之一，土地革命时期广东西江和海南岛红军、苏维埃的创始人之一。乐民镇历史文化底蕴厚重，旅游资源丰富。境内有建于明洪武年间的乐民千户所城（又名珍珠城），是省级文物保护单位。城内有始建于北宋晚期、为纪念宋代大文豪苏东坡留宿兴廉村赠砚赠田兴师助学而设立的文明书院、镇海石龟等人文景观；有北宋刺史陈懽的墓，该墓位于乐民镇调神村西侧，四周环立大理石块，是一座年代较早、保护较好的、具有较高历史价值的古墓；有北部湾“丝绸之路”重要天然避风港——乐民港；有广东省党史教育基地、湛江市党史教育基地、湛江市反腐倡廉教育基地、湛江市爱国主义教育基地、遂溪县党风廉政教育基地黄学增烈士纪念亭，有始建于清同治二年（1863年）的“圣尔额尔堂”天主教堂等。乐民镇还是遂溪县著名的红色革命老区，有乐民城、海山、松树等一批革命老区村庄。

【经济发展】 2022年，乐民镇完成生产总值17.99亿元，比上年增长6.1%。其中，第一产业增加值9.41亿元，增长16.6%；第二产业增加值0.95亿元，下降0.3%；第三产业增加值7.63亿

2022年3月13日，乐民镇开展“三无”船舶专项整治行动，集中拆解非法捕捞、涉渔“三无”船舶。（乐民镇/供图）

元，下降0.9%。固定资产投资2.40亿元，比上年增长28.5%。全年完成县下达粮食种植面积，撂荒复耕复种面积55.87公顷，开展国土资源动态巡查19次，下发土地违法停建整改通知书32份，拆除违法建筑2宗，制止4起占用耕地建房的违法行为。完成农林牧渔业总产值9.41亿元，粮食、菜、薯、果等主要农产品增产。开展涉渔“三无”船舶专项整治行动。全年纳入镇管理渔船574艘，国库省库船486艘；水产品总产量3.44万吨，其中海洋捕捞1.26万吨、海水养殖2.06万吨、淡水养殖1174吨。沿海村庄初步形成对虾种苗繁育、养殖、海产品加工业聚集，拥有水产养殖、水产加工企业约30家，是湛江市海洋技术创新专业镇。加快市场主体挖潜培育，主动服务群众。

【社会事业】

社会保障　2022年，乐民镇632户2233人纳入最低生活保障，五保户316人享受政府供养。原有返贫监测对象27户107人，经因户施策、逐户消除，加强对返贫监测对象的帮扶，全镇21户83人消除返贫风险。

教育、文化　2022年，乐民镇教育促进会筹集65万元，发放奖励金、助学金61.25万元，奖助489人次。镇人民代表大会组员到乐民中学、乐民中心小学、各面上小学开展学校基础设施建设情况、开学工作、教学质量、安全教育等专题调研4次。把排污通道纳入镇区市政排污管道建设，解决乐民中学排污困难问题。投资70万元重建乐民中心小学运动场完工并投入使用。通过省教育强镇第二轮复评验收。乐民镇文体机构设施齐全，拥有文化站1个，农技站1个，广播站1个和社会体育服务站1个；建有镇文化广场1个、村级综合性文化服务中心10个、各级健身广场25个，文体设施268个，有广场舞健身舞蹈队26支，村级篮球场60个；农家书屋10间，藏书2.77万册，老人活动中心3间。全镇有乡村医疗站13个，配有29名个体医生、乡村医生。

殡葬　2022年，乐民镇完成火化249具，完成率为105.06%，全镇提高了遗体火化率，打击偷埋尸体的土葬行为。

【项目建设】　2022年，乐民镇依托地理位置优势和自然资源优势，因地制宜地引进、发展项目，优化产业布局，增强产业发展活力。沿海蓝色海洋经济势头保持强劲。遂溪新海茂水产种业科技有限公司水产育种中心项目计划总投资2.07亿元，完成投资7000万元，完成33.8%。因地制宜招商引资发展清洁能源产业。遂溪乐民22兆瓦“渔光互补”光伏发电项目计划总投资9000万元，完成投资6390万元，完成72.63%；遂溪江洪乐民100兆瓦风电项目计划总投资9亿元，完成投资5.09亿元，完成46.35%。推进专项债券项目。投资1.9亿元的遂溪县乐民镇乡村振兴基础设施综合提升项目、投资1.4亿元的遂溪县乐民镇文化旅游基础设施改造提升工程2个专项债券项目可研性报告批复完成。谋划乡村振兴项目。2021—2022年谋划驻镇帮镇扶村资金项目67个，投入资金3160万元。2022年完成项目52个，涉及农村道路硬底化建设、安全饮水提升工程、学校教学资源提升优化及公共服务能力提升工程等，累计投入金额1420多万元。推动文旅项目开发、发展。投资200万元的乐民所城东西两城门修缮工程进行施工，投资30万元的文明书院周边公共服务能力提升工程完工，投资21万元的旅游公厕完工并投入使用，开启墩文村黄学增红色大讲堂综合楼建设工程前期工作。

【乡村振兴】　2022年，乐民镇完善道路交通基础设施。投资1087万元、全长8.42千米的县道689墩坡线道路拓宽工程竣工，解决沿线21个村1万多名群众出行难问题。投资267万元、全长1.4千米的乐民所城道路硬化竣工，惠及乐民圩、挖尾仔、下村仔、城内4个自然村，便利550多户、4200多人的交通出行。投资272.7万元改造乡道668线省道290线至陈铁村委会段公路路面。投资188.6万元改造乡道668线陈铁中桥危旧桥梁建成通车。提升镇圩环境。推进美丽圩镇攻坚行动，重点整治占道经营，拆除临时构筑物45处。成立“乐民镇市场巡查管控队”，每天早晚巡查2次，形成大规模上街整治6次，发放责令整改通知书530多份，严控室外经营、乱堆乱停乱放、乱贴乱挂等影响环境秩序行为。黄利国家庭获“2022年广东百户‘最美家庭’”称号；乐民村获“2022年湛江市文明村”称号；坎卡村、乐民城、西沟村、埠头村、调神村获“2022年省级卫生村”称号，福良村、墩仔村、梅塘村、后溪仔村、深田村等13个村获“2022年市级卫生村”称号。

【平安建设】 2022年，乐民镇开展安全生产隐患大起底大排查。开展消防安全夜查行动58次，排除安全隐患92起。新建智能化电动自行车充电桩40套、充电接口400个，为群众解决“找电源”问题。开展燃气安全源头打击执法行动，依法取缔无证经营瓶装燃气点3家，暂扣燃气瓶88瓶，没收过期燃气瓶52个。餐饮业、机关、企事业单位饭堂加装燃气报警泄露装置警报安装率100%。做好北京冬奥会和冬残奥会、全国两会、香港回归25周年、中国共产党第二十次全国代表大会等特防期的安保维稳工作，开展小型禁毒宣传活动10多场，大型禁毒宣传4场。推进“反偷渡、反走私”工作，打造海上安全防线。投入资金完善值守点建设，保障工作经费；加强巡逻，防患于未然；加大打击力度，抓获走私物品；发动群众群防群治，共同构筑海防线，营造形成“反走私、反偷渡”工作氛围。创新治理方式。织密基层党组织体系，建设基层治理“一张网”。紧扣“提升党建引领基层治理效能”主题，完善基层党建三级网格，优化网格员队伍。激活“平急转换”机制，发挥组织优势全覆盖，在新冠疫情防控和防御台风工作中起到关键性作用。

【乐民镇第十八届人民代表大会第二次会议】 2022年3月26日召开。来自全镇各行各业、各条战线的代表聚焦民生热点，建言献策。会议听取、审议并通过镇委副书记、镇长林立代表镇政府所作的《政府工作报告》和镇人民代表大会主席陈启代表镇人民代表大会所作的《人民代表大会工作报告》。

【乐民镇第十八届人民代表大会第三次会议】 2022年6月22日召开。71名镇人民代表大会代表出席会议。会议选举陈秋强为乐民镇人民政府镇长。

【乐民镇第十八届人民代表大会第四次会议】 2022年11月18日召开。会议听取《乐民镇2022年1—9月经济社会发展情况报告》《乐民镇第十八届人民代表大会第二次会议代表议案、建议和意见办理情况报告》《乐民镇2021年政府民生实事项目完成情况报告》。会议选举李武为乐民镇人民代表大会主席，票决产生乐民中心小学足球训练场建设项目等8项乐民镇2023年政府民生实事项目。

（张宇莹）

江洪镇

【概况】 江洪镇位于遂溪县西南部，雷州半岛西部，东邻河头镇，南靠雷州市纪家镇，西临北部湾，北接乐民镇。距遂溪县城88千米，全镇总面积53平方千米。地势东高西低，土地平旷，最高海拔33米。属南亚热带海洋性季风气候，气温高、雨量充沛，年均降水量1699.6毫米，平均气温22.9℃，全年无霜，光能丰富，年平均日照时数1846.9小时，降水集中在4—9月，主要灾害有暴雨洪涝、热带气旋、强对流天气、高温、干旱等灾害。全镇耕地面积1133.33公顷；拥有“广东十大天然渔港”之称的避风港——江洪渔港，港池总面积近90万平方米，可同时容纳2000多艘渔船停泊；江洪港口航道线可直通海南、广西北海、越南等地；陆路交通方便，可通河头、客路、城月、遂溪、湛江、雷州等地。镇域滨海旅游资源丰富，南北海岸线22千米，近海滩涂面积493.17公顷；有风景优美的近岸岛屿——仙裙岛、笑口滩；盛产优质红鱼、鳝肚、马鲛鱼、对虾、花蟹、墨西哥湾扇贝等名海产品。江洪建制于明正统九年（1444年），前身是一个渔埠，后扩展为圩。因临大海，洪波滚滚，故名江洪。现存鲤鱼墩贝丘遗址是雷州半岛最早的人类遗址，可追溯到7000—8000年前，被列为广东省文物保护单位。2022年，江洪镇有行政村9个、自然村79个。全镇总人口3.63万人，其中农业人口2.92万人、非农业人口7128人。

【经济发展】 2022年，江洪镇实现生产总值13.71亿元，比上年增长7.8%；第一产业增加值9亿元，比上年增长14.8%；第二产业增加值7062万元，下降7.9%（其中工业增加值492万元，建筑业增加值6570万元）；第三产业增加值4亿元，下降2.2%。固定资产投资1.79亿元，增长7.2%。

【社会事业】

社会保障 2022年，江洪镇参加城乡居民养老保险1.29万人，其中低收入人口参加城乡居民养老保险695人。领取养老保险金4673人，城乡居民医疗保险参保2.57万人，其中政府资助特殊人员的城乡居民医疗保险参保1003人。有特困人员122户122人，其中年内新申请审批6户6人，全年发放生活补助资金146.78万元；最低生活保障205户595人，其中年内新申请审批15户44人，全年发放生活补助资金226.55万元；孤儿、事实无人抚养儿童44人，全年发放生活补助资金46.99万元；临时救助年内新申请审批26人，发放救助资金3.7万元；留守儿童7人、高龄老人996人、残疾人599人、困境儿童140人；残疾人总人数599人，发放护理资金121.36万元，发放生活资金36.58万元。

脱贫攻坚成果巩固 2022年，江洪镇有脱贫户230户606人，其中9户为防止返贫监测对象，其中有劳力户94户407人，无劳力户136户199人。年内没有出现返贫现象。

【平安建设】

综治维稳 2022年，江洪镇与9个行政村签订综治、安全责任书，举办综治培训班7期，参训85人次；出平安建设专栏60多版，张贴平安宣传海报、标语500多张（条），挂宣传横幅250多幅，用宣传车巡回宣传50多辆次，发放各种宣传小册1.5万本，举办法治讲座35场次；创建平安医院1个、平安学校10所、平安村（社区）7个；销毁“三无”（无船名船号、无船舶证书、无船籍港）渔船27艘、违规捕捞渔具一批；拆除乱搭乱摆摊档40多间。受理调处各类矛盾纠纷35件，调解成功34件，调解成功率97%，其中镇综治信访维稳中心受理22件，成功调处20件，网上信访案件受理33件。

扫黑除恶专项斗争 2022年，江洪镇投入扫黑除恶宣传资金14万多元，设立大中型宣传广告牌1个，宣传专栏20版，悬挂横幅54条，设立举报箱25个，派发宣传手册等资料2500多份，张贴各种海报、标语700多张，举办法治讲座5场次；查处涉赌案件7件，行政拘留7人，行政处罚8人；查处涉毒案件2件，行政拘留11人，强制隔离戒毒3人；侦破猥亵儿童案2件，逮捕犯罪嫌疑人1人，刑事拘留1人；查处盗窃案件6件，刑事拘留6人；打击寻衅滋事人员实行行政处罚2人；打击涉“两卡”（电话卡、银行卡）犯罪刑事拘留7人；在“双反”（反走私、反偷渡）工作中打击走私违法犯罪活动5起，抓获涉案嫌疑人9人、车辆8辆；整治违规用地50多宗，拆解“三无”（无船名船号、无船舶证书、无船籍港）渔船27艘；化解矛盾纠纷25宗。有刑释解矫人员24人，全部进行跟踪帮教，帮教率100%，安置率100%，重新犯罪率为零。

【乡村振兴】 2022年，江洪镇投入债券资金3000多万元用于镇区硬底化建设、排水排污管道修建、道路加宽、人行道建设等。乡村振兴驻镇帮镇扶村投入财政资金1670万元，提升人居环境整治、农村饮水安全、道路硬底化、路灯、排水管网、公共厕所、美化绿化、“一镇一业”、农田灌溉等配套基础设施，竣工26个，其中建设18个自然村道路硬底化17千米。投入上级奖补资金666万元，累计投入4019万元完善农村生活污水治理，建设总管长15.83万米，完善农村生活污水处理设施建设。全镇75个涉农自然村全部建设雨污分流管网，74个自然村建设雨污分流终端。

【项目建设】 2022年，江洪镇加快推进重大项目建设，申报债券资金项目3个，计划总投资11.8亿元，包括遂溪县江洪镇城乡融合基础设施建设项目、遂溪县江洪镇滨海特色旅游综合开发建设项目、遂溪县江洪镇仙裙岛海岸线生态修复旅游设施提升建设项目。首批债券资金拨付7000万元。开展平安渔港建设项目，投资3000万元用于港池疏浚和消防设施建设,开展前期准备工作。

【江洪镇第十八届人民代表大会第二次会议】 2022年5月26日召开。会议听取和审议《政府工作报告》《人民代表大会主席团工作报告》，选举吴俊为江洪镇人民政府镇长。

【江洪镇第十八届人民代表大会第三次会议】 2022年11月11日召开。会议听取和审议《江洪镇政府2022年1—9月社会经济运行情况报告》《江洪镇2023年政府民生实事工程候选项目形成过程和概况介绍》，票决产生道路建设、旅游休闲、文化、农业灌溉、民生饮水5项江洪镇2023年民生实事工程项目。

2022年5月26日，江洪镇召开镇第十八届人民代表大会第二会议

（江洪镇 / 供图）

【江洪镇妇女第九次代表大会】 2022年9月14日召开。会议回顾总结过去五年镇妇联工作，选举产生新一届镇妇联主席、副主席，陈永联当选为镇妇联主席。

【遂溪县北部湾旅游新区建设指挥部揭牌】 2022年3月28日，遂溪县开展北部湾旅游新区调研活动，在江洪镇设立遂溪县北部湾旅游新区建设指挥部，并举行揭牌仪式，召开推进“大文旅”工作会议，研究部署推进遂溪县文化和旅游深度融合发展、创建省级全域旅游示范区等工作。

【江洪派出所揭牌】 2022年，江洪镇落实边防部队退出武警部队现役序列，成建制划归地方公安机关要求，江洪边防派出所转改为遂溪县公安局江洪派出所，于1月26日举行揭牌仪式。更名挂牌后，江洪派出所继续担负镇沿海治安管理和海防管控任务，防范和打击全域各类违法犯罪活动。

（郑一凡）

人物·荣誉

人物

【新任县领导】

刘 剑　湖北武汉人，1974年9月生，1994年10月参加工作，1999年7月加入中国共产党，大学学历。1991年9月，在中南财经大学湖北财政分校财政专业学习；1994年7月，大专毕业，待分配；1994年10月，任湛江市财政局科研所办事员；1997年4月，任湛江市财政局科研所科员；2000年6月，任湛江市财政局科研所副所长；2002年2月，任湛江市财政局办公室副主任（2001年8月至2003年6月在华中科技大学网络教育学院行政管理专业学习，大学毕业）；2004年9月，任湛江市财政局行政事业资产管理科副科长；2005年8月，任湛江市地方金融风险处置办资产处置科副科长；2005年10月，任湛江市地方金融风险处置办资产处置科科长；2008年12月，任湛江市金融服务办公室综合科科长；2010年11月，任湛江市人民政府金融工作局办公室主任；2011年8月，任湛江市赤坎区副区长、党组成员（2008年1月至2011年9月抽调到湛江市交通重点工程建设指挥部工作）；2012年3月，任湛江市人民政府办公室副主任；2016年4月，任湛江市人民政府副秘书长；2018年12月，任湛江市金融工作局党组书记；2019年1月，任湛江市金融工作局党组书记、局长；2022年3月，任遂溪县委副书记，遂溪县人民政府党组书记、县长。

沈东宇　广东雷州人，1972年2月生，1995年8月参加工作，2001年6月加入中国共产党，大学学历，哲学学士。1991年9月，在厦门大学社会工作与管理专业学习；1995年7月，大学毕业，获哲学学士学位，待分配；1995年8月，任雷州市委党校助理讲师；1998年5月，任雷州市人民政府办公室、调研股股长；2002年12月，任湛江市人民政府办公室干部；2007年11月，任湛江市人民政府办公室综合科副科长；2011年11月，任湛江市人民政府办公室综合科科长；2017年2月，任湛江市人民政府办公室副主任；2020年1月，任湛江市人民政府副秘书长、机关党组成员；2022年3月，任遂溪县委副书记；2022年6月，任遂溪县委副书记、城月镇党委书记。

张闽英　女，广东遂溪人，1971年10月生，1991年7月参加工作，1995年8月加入中国共产党，大学学历。1989年9月至1991年7月，在湛江师范学院汉语言文学专业学习，大专毕业；1991年7月，任遂溪县职业中学教师；1992年7月，在遂溪县遂城镇工作；1993年8月，任遂溪县遂城镇团委副书记；1998年8月，任遂溪县遂城镇团委书记；1999年3月，任遂溪县城月镇党委委员；2002年7月，任遂溪县文化局副主任科员（其间：2001年8月至2003年12月，在中共中央党校函授本科班行政管理专业学习，大学毕业）；2005年12月，任遂溪县文化广电新闻出版局纪检组组长；2009年1月，任遂溪县文化广电新闻出版局副局长；2010年3月，任遂溪县纪委监察局第一纪工委监察分局书记兼局长；2011年2月，任遂溪县建新镇党委副书记、镇长；2013年3月，任遂溪县建新镇党委书记、镇人大主席；2016年5月，任遂溪县建新镇党委书记；2016年11月，任遂溪县政协副主席、建新镇党委书记；2017年5月，任遂溪县政协副主席；2019年9月，任遂溪县人民政府副县长；2019年10月，任遂溪县人民政府党组成员、副县长；2022年7月，任遂溪县委常委；2022年9月，任遂溪县委常委、宣传部部长。

朱　锐　广东雷州人，1971年10月生，1993年7月参加工作，1998年4月加入中国共产党，大学学历。1991年8月至1993年7月，在湛江农业专科学校畜牧系农业技术专业学习，大专毕业；1993年7月，在雷州市附城镇工作；1997年3月，任雷州市附城镇计划生育办公室副主任；1998年5月，任雷州市附城镇团委书记兼计划生育办公室主任；2000年5月，任雷州市附城镇计划生育办公室主任（其间：1999年8月至2001年12月在中共中央党校函授学院经济信息管理专业学习，大学毕业）；2002年4月，任雷州市附城镇副镇长；2005年4月，任雷州市松竹镇党委副书记；2006年9月，任雷州市覃斗镇党委副书记、镇长；2008年12月，任雷州市乌石镇党委副书记、镇长；2011年12月，任雷州市乌石镇党委副书记、镇人大主席候选人；2012年1月，任雷州市乌石镇党委书记、镇人大主席候选人；2012年3月，任雷州市乌石镇党委书记、镇人大主席；2012年9月，任雷州市附城镇党委书记、镇人大主席；2016年7月，任雷州市附城镇党委书记；2017年11月，任雷州市人民防空办公室主任、附城镇党委书记；2018年5月，任雷州市人民防空办公室主任；2019年2月，任雷州市农业农村局党组书记、局长人选；2019年3月，任雷州市农业农村局党组书记、局长；2020年8月，任雷州市副市长候选人；2020年9月，任雷州市副市长；2022年8月，任遂溪县委常委；2022年10月，任遂溪县委常委、统战部部长、县政协党组副书记。

黄少娥　女，广东麻章人，1982年11月生，大学学历，文学学士，中共党员，遂溪县政府党组成员、副县长。2002年9月，在湛江师范学院广播电视新闻专业学习，大学毕业，获文学学士学位；2006年7月，待业；2007年1月，任雷州市新闻中心记者、编辑；2010年3月，任雷州市人民政府办公室科员（试用期）；2011年3月，任雷州市人民政府办公室科员、股长；2012年8月，任湛江市委办公室新闻信息科科员；2014年10月，任湛江市委办公室新闻信息科副科长；2018年10月，任湛江市委办公室新闻信息科科长；2021年1月，任湛江市委办公室新闻信息科科长、一级主任科员。2021年7月，任湛江市委督查室主任、一级主任科员；2022年8月，任遂溪县人民政府党组成员、副县长。

【广东好人】

赖　曾　广东遂溪人，1958年11月生，湛江市个体劳动者私营企业协会监事长。赖曾在湛江市遂溪县河头镇经营一家农资经销店。他诚信经营，免费“出诊”为农户的庄稼消除病害，累计服务5000多次，治好庄稼面积3333.33公顷，挽回农户损失超2亿元，为超200名农户垫付农资费用40多万元。采取“经营+示范基地+服务”相结合模式，免费为农户开展农业技能培训37期，发送各种科技资料1600多份，打造农业发展示范基地带动6000多户农民脱贫致富，村民人均年收入在两年间增加1.8万元。他经营的农资经销店在2020年、2021年被评为湛江市诚信经营示范店。参与志愿服务和公益事业，累计个人志愿服务时长超2300小时，捐赠善款105万元。赖曾先后获“全国个私协会系统‘小个专’党建工作突出个人”“广东省优秀中国特色社会主义事业建设者”“湛江市道德模范”等称号。2022年10月13日，赖曾被广东省精神文明建设委员会评为2022年第二季诚实守信类“广东好人”。

邓家钧　1962年8月生，遂溪县北坡镇南渡行政村西坡仔村村民。2022年7月3日下午2时许，受2022年第3号台风“暹芭”影响，北坡镇西坑桥被淹没，一名七旬老人骑车过桥时被河水冲走，慌乱中抱住小树漂于水面。邓家钧刚好路过，他不顾个人安危，跳入河中救人。在西坑村民的配合下，将老人救上岸。2022年12月26日，邓家钧被广东省精神文明建设委员会评为2022年第三季见义勇为类“广东好人”。

【湛江好人】

陈　洪　女，1958年10月生，遂溪县乐民镇海山村委会芋头仔村人，她多年如一日照顾患病亲人，与兄弟妯娌轮流照料中风在床的公公，直至老人去世。陈洪还照料从小残疾、如今40多岁的儿子，对患精神疾病的儿媳视如己出，同时肩负抚养年幼孙儿的责任。面对常人难以想象的困难，陈洪从未退缩，她始终负重前行，关爱乡邻，帮助村里行动不便的老人，化解邻里间小矛盾。2020年，陈洪被评为遂溪县道德模范，其家庭被评为2021年湛江市最美家庭。2022年6月15日，陈洪被湛江市精神文明建设委员会评为第十一届孝老爱亲类“湛江好人”。

周劲松　1975年1月生，中共党员，遂溪县司法局北坡司法所所长。周劲松学习业务知识，运用“三心二意”（暖心、细心、耐心，法意、民意）方法，做好案情汇报、情况调查、伤者救治、秩序维护等调解及相关工作。两年多来，他参与调处纠纷120多起，成功率99%；截至2021年12月，他指导管理的88名社区矫正对象无重新犯罪、脱管、漏管；2019年至2020年，以“全国民主法治示范村”吴家村为引领，他指导推动港门镇8个行政村创成省民主法治示范村。近年来，他参与法治宣传30多场；2020年提前结束春节休假，开展防疫宣传、流调排查、发放凉茶等新冠疫情防控工作，为疫情防控做贡献。2019年周劲松获评为“全国模范司法所所长”；2021年获评为“湛江市优秀共产党员、遂溪县道德模范”；2022年6月15日，被湛江市精神文明建设委员会评为第十一届敬业奉献类“湛江好人”。

陈仲强　1971年5月生，民盟盟员，遂溪县湛合机动车检测有限公司总经理。陈仲强诚信经营、真诚服务群众，精心打造企业品牌。在他的带领下，公司对车辆检测严格规范，从不让车辆带着故障驶出检测站；从未拖欠员工工资、违反合同规定、失信于客户，在群众中拥有良好声誉。他践行企业家社会责任，自2016年牵头成立“遂溪县善行社会工作服务中心”，并带领600多名成员助力慈善、热心公益，向社会奉献爱心。用私家车访贫问苦180多辆次，为五保户、残疾人、孤儿等捐款捐物100多万元；为公益事业捐款70多万元，资助1名孤儿接受高中和大学教育。先后获首届湛江市“优秀志愿者”、2020年湛江市“最美志愿者”等称号。2022年6月15日，被湛江市精神文明建设委员会评为第十一届诚实守信类“湛江好人”。

先进单位

表5　2022年遂溪县获国家级先进单位一览表

获奖单位	荣誉称号	授予单位
遂城消防救援站	全国消防救援队伍训练先进站	国家消防救援局
附城镇官湖村	全国示范性老年友好型社区	国家卫生健康委员会、全国老龄工作委员会办公室
遂城第四小学	中小学国防教育示范学校	中华人民共和国教育部、中央军事委员会政治工作部
遂溪县关心下一代工作委员会	2022年《中国火炬》杂志宣传工作先进单位	《中国火炬》杂志社
广东五洲药业有限公司	中国专利优秀奖	中国专利奖评审办公室
广东广垦广前种猪有限公司	无非洲猪瘟动物疫病无疫小区	中华人民共和国农业农村部

表6　2022年遂溪县获省级先进单位一览表

获奖单位	荣誉称号	授予单位
遂溪县	2021年广东省省级水产健康养殖和生态养殖示范区	广东省农业农村厅
遂溪县	“四好农村公路”省级示范县	广东省交通运输厅、广东省财政厅、广东省农业农村厅、广东省乡村振兴局
河头镇	广东省卫生镇	广东省爱国卫生运动委员会
乌塘镇	广东省卫生镇	广东省爱国卫生运动委员会
界炮镇	广东省卫生镇	广东省爱国卫生运动委员会
中共遂溪县委政法委员会	广东省依法治省先进工作单位	中共广东省委员会
遂溪县人民政府地方志办公室	《遂溪年鉴2021》获全省年鉴编纂出版质量评比一等奖	广东省人民政府地方志办公室
遂溪县气象台	集体记功	广东省气象局

续表 6

获奖单位	荣誉称号	授予单位
遂溪县人民检察院第一检察部	扫黑除恶工作集体嘉奖	广东省人民检察院
遂溪县人民检察院政法队伍教育整顿办公室	集体嘉奖	广东省人民检察院
遂溪县人民检察院	全省新时代“五好”基层检察院通报表扬	广东省人民检察院
遂溪县公安局	2022 年度广东省公安交警系统党建带队示范单位	广东省公安厅
遂溪县消防救援大队	基层建设先进单位	广东省消防救援总队
遂溪县消防救援大队	执勤训练先进大队	广东省消防救援总队
遂溪县消防救援站	基层建设先进消防救援站	广东省消防救援总队
遂溪县市场监督管理局	2022 年度广东省个私协会系统先进单位	广东省个体劳动者私营企业协会
广东遂溪农业商业银行股份有限公司	2022 年度广东省移动支付示范镇建设先进单位	中国人民银行广州分行
遂溪县第一中学英语科组	巾帼文明岗	广东省妇女联合会
遂溪县总工会	2022 年度《工人日报》《南方工报》发行工作特等奖	广东省总工会
共青团遂溪县委员会	2022 年广东省青少年模拟政协提案征集活动优秀组织单位	共青团广东省委员会、广东省学生联合会
遂溪县教育局	国家义务教育质量监测实施优秀组织单位	广东省教育厅
遂溪县科学技术协会	2022 年广东省全国科普日活动优秀组织单位	广东省科学技术协会
遂溪县人民政府	2022 年广东省全国科普日活动优秀活动	广东省科学技术协会
中共遂溪县委宣传部	2022 年广东省全国科普日活动优秀活动	广东省科学技术协会
遂溪县科学技术协会	2022 年广东省全国科普日活动优秀活动	广东省科学技术协会
遂溪县教育局	2022 年广东省全国科普日活动优秀活动	广东省科学技术协会
遂溪县科工贸和信息化局	2022 年广东省全国科普日活动优秀活动	广东省科学技术协会
遂溪县应急管理局	2022 年广东省全国科普日活动优秀活动	广东省科学技术协会

续表 6

获奖单位	荣誉称号	授予单位
共青团遂溪县委员会	2022 年广东省全国科普日活动优秀活动	2022 年广东省全国科普日活动优秀活动
遂溪县气象局	2022 年广东省全国科普日活动优秀活动	广东省科学技术协会
遂溪县融媒体中心	2022 年广东省全国科普日活动优秀活动	广东省科学技术协会
中共中国农业银行遂溪支行营业部党支部	2022 年度广东省分行五星级党支部	中共中国农业银行广东省分行委员会
中共中国农业银行遂溪西河支行党支部	2022 年度广东省分行五星级党支部	中共中国农业银行广东省分行委员会
中共中国农业银行遂溪公司三农部党支部	2022 年度广东省分行五星级党支部	中共中国农业银行广东省分行委员会
大成中学致知书坊	广东省中小学“最美阅读空间”	广东省教育厅
遂城第二小学敏捷梦想书屋	广东省中小学“最美阅读空间”	广东省教育厅
港门镇中心小学图书阅览室	广东省中小学“最美阅读空间”	广东省教育厅
国投广东生物能源公司	2022 年广东省健康促进企业	广东省卫生健康委员会
遂溪县人民医院	2021 年度第一届市县级骨科医师规范化同质化外科诊治病例大赛三等奖	广东省骨科医疗质量控制中心
遂溪县个体私营企业协会	全省个私协会系统 2022 年度先进单位	广东省个体劳动者私营企业协会
界炮镇西湾村	2022 年省级“一村一品、一镇一业”专业村（圣女果）	广东省农业农村厅
广东正大生态农业有限公司	2021 年度广东省重点农业龙头企业	广东省农业农村厅
湛江国雄饲料有限公司	新增 2021 年度广东省重点农业龙头企业	广东省农业农村厅
遂溪县蓝海水产种苗有限公司	2021 年广东省省级水产健康养殖和生态养殖示范区	广东省农业农村厅
湛江市海飞水产有限公司	2021 年广东省省级水产健康养殖和生态养殖示范区	广东省农业农村厅
湛江汇富海洋科技有限公司	2021 年广东省省级水产健康养殖和生态养殖示范区	广东省农业农村厅
湛江广垦沃而多原种猪有限公司	广东省 2022 年度国家级生猪产能调控基地	广东省农业农村厅
遂溪县界炮镇坷达坦猪场	广东省 2022 年度国家级生猪产能调控基地	广东省农业农村厅

续表 6

获奖单位	荣誉称号	授予单位
遂溪县广垦三塘畜牧有限公司	广东省 2022 年度国家级生猪产能调控基地	广东省农业农村厅
广东广垦广前种猪有限公司	广东省 2022 年度国家级生猪产能调控基地	广东省农业农村厅
遂溪壹号畜牧有限公司（昌洋生猪养殖基地一期）	广东省 2022 年度国家级生猪产能调控基地	广东省农业农村厅
广东湛江正大猪业有限公司（北坡镇育成 5 场）	广东省 2022 年度国家级生猪产能调控基地	广东省农业农村厅
广东湛江正大猪业有限公司（草潭镇育成 2 场）	广东省 2022 年度国家级生猪产能调控基地	广东省农业农村厅
广东湛江正大猪业有限公司（港门育成场）	广东省 2022 年度国家级生猪产能调控基地	广东省农业农村厅
广东湛江正大猪业有限公司（河头镇育成 10 场）	广东省 2022 年度国家级生猪产能调控基地	广东省农业农村厅
广东湛江正大猪业有限公司（界炮镇育成 8 场）	广东省 2022 年度国家级生猪产能调控基地	广东省农业农村厅
广东湛江正大猪业有限公司（河头镇种猪 2 场	广东省 2022 年度国家级生猪产能调控基地	广东省农业农村厅
广东湛江正大猪业有限公司（乌塘镇育成 9 场）	广东省 2022 年度国家级生猪产能调控基地	广东省农业农村厅
广东湛江正大猪业有限公司（河头镇种猪 1 场）	广东省 2022 年度国家级生猪产能调控基地	广东省农业农村厅
遂溪县旺达猪场	广东省 2022 年度省级生猪产能调控基地	广东省农业农村厅
遂溪县汇盈种养殖有限公司	广东省 2022 年度省级生猪产能调控基地	广东省农业农村厅
遂溪壹号畜牧有限公司（安埠生猪养殖基地）	广东省 2022 年度省级生猪产能调控基地	广东省农业农村厅
广东壹号地方猪研究院有限公司（乐民生猪养殖基地）	广东省 2022 年度省级生猪产能调控基地	广东省农业农村厅
广东壹号食品股份有限公司遂溪分公司（乌蛇岭生猪养殖基地）	广东省 2022 年度省级生猪产能调控基地	广东省农业农村厅
遂溪壹号畜牧有限公司（昌洋生猪养殖基地一期）	2022 年广东省畜禽养殖标准化示范场	广东省农业农村厅
广东广垦广前种猪有限公司	2022 年广东省畜禽养殖标准化示范场	广东省农业农村厅
广东湛江正大猪业有限公司（河头镇种猪 1 场）	广东省 2022 年度国家级生猪产能调控基地	广东省农业农村厅

续表 6

获奖单位	荣誉称号	授予单位
广东湛江正大猪业有限公司（北坡镇育成 5 场）	2022 年广东省畜禽养殖标准化示范场	广东省农业农村厅
遂溪县广垦三塘畜牧有限公司	2022 年广东省畜禽养殖标准化示范场	广东省农业农村厅
广东湛江正大猪业有限公司（河头镇种猪 1 场）	2022 年广东省畜禽养殖标准化示范场	广东省农业农村厅
广东湛江正大猪业有限公司（乌塘镇种猪 9 场）	2022 年广东省畜禽养殖标准化示范场	广东省农业农村厅
遂溪县大南种养殖有限公司	2022 年广东省畜禽养殖标准化示范场	广东省农业农村厅
遂溪县喜丰生态农牧有限公司	2022 年广东省畜禽养殖标准化示范场	广东省农业农村厅
遂溪县乐民巨龙种猪场	2022 年广东省畜禽养殖标准化示范场	广东省农业农村厅
遂溪县汇盈种养有限公司	2022 年广东省畜禽养殖标准化示范场	广东省农业农村厅
广东广垦广前种猪有限公司	2022 年广东省现代化美丽牧场	广东省农业农村厅
遂溪县广垦三塘畜牧有限公司	2022 年广东省现代化美丽牧场	广东省农业农村厅
广东正大猪业有限公司	省级动物疫病净化创建场	广东省农业农村厅
遂城四九村委会梅坡岭村	2022 年广东省卫生村	广东省爱国卫生运动委员会
遂城陈村村委会陈村村	2022 年广东省卫生村	广东省爱国卫生运动委员会
遂城陈村村委会后坑村	2022 年广东省卫生村	广东省爱国卫生运动委员会
遂城湾洲村委会竹山下村	2022 年广东省卫生村	广东省爱国卫生运动委员会
遂城榄罗村委会后坑村	2022 年广东省卫生村	广东省爱国卫生运动委员会
遂城向阳村委会向阳村	2022 年广东省卫生村	广东省爱国卫生运动委员会
遂城向阳村委会二点村	2022 年广东省卫生村	广东省爱国卫生运动委员会
遂城大家村委会大家村	2022 年广东省卫生村	广东省爱国卫生运动委员会
遂城西溪村委会石九村	2022 年广东省卫生村	广东省爱国卫生运动委员会

续表 6

获奖单位	荣誉称号	授予单位
遂城牛路村委会水仙村	2022 年广东省卫生村	广东省爱国卫生运动委员会
遂城礼村村委会礼下村	2022 年广东省卫生村	广东省爱国卫生运动委员会
遂城礼村村委会昌考村	2022 年广东省卫生村	广东省爱国卫生运动委员会
建新镇车路头村委会车路头村	2022 年广东省卫生村	广东省爱国卫生运动委员会
建新镇渡头村委会渡头村	2022 年广东省卫生村	广东省爱国卫生运动委员会
建新镇后坑村委会后坑村	2022 年广东省卫生村	广东省爱国卫生运动委员会
建新镇三合棚村委会三合棚村	2022 年广东省卫生村	广东省爱国卫生运动委员会
建新镇土札村委会土札石园村	2022 年广东省卫生村	广东省爱国卫生运动委员会
界炮镇西湾村委会江头村	2022 年广东省卫生村	广东省爱国卫生运动委员会
界炮镇海田村委会海田村	2022 年广东省卫生村	广东省爱国卫生运动委员会
界炮镇金围村委会金围村	2022 年广东省卫生村	广东省爱国卫生运动委员会
界炮镇龙塘村委会新南昌村	2022 年广东省卫生村	广东省爱国卫生运动委员会
界炮镇雷公村委会潭尾村	2022 年广东省卫生村	广东省爱国卫生运动委员会
界炮镇坦塘村委会上大岭坑村	2022 年广东省卫生村	广东省爱国卫生运动委员会
界炮镇芒溪村委会铺仔村	2022 年广东省卫生村	广东省爱国卫生运动委员会
界炮镇北潭坡村委会西岭村	2022 年广东省卫生村	广东省爱国卫生运动委员会
界炮镇安塘村委会东边塘村	2022 年广东省卫生村	广东省爱国卫生运动委员会
界炮镇山家村委会东村	2022 年广东省卫生村	广东省爱国卫生运动委员会
草潭镇草潭社区草潭圩	2022 年广东省卫生村	广东省爱国卫生运动委员会
草潭镇草潭社区槟榔园村	2022 年广东省卫生村	广东省爱国卫生运动委员会

续表 6

获奖单位	荣誉称号	授予单位
草潭镇石九村委会石九村	2022 年广东省卫生村	广东省爱国卫生运动委员会
草潭镇石九村委会姓何村	2022 年广东省卫生村	广东省爱国卫生运动委员会
草潭镇新建村委会北地村	2022 年广东省卫生村	广东省爱国卫生运动委员会
草潭镇新建村委会活港村	2022 年广东省卫生村	广东省爱国卫生运动委员会
草潭镇新建村委会埠头仔村	2022 年广东省卫生村	广东省爱国卫生运动委员会
草潭镇下六圩社区下六圩	2022 年广东省卫生村	广东省爱国卫生运动委员会
草潭镇下六圩社区新村仔村	2022 年广东省卫生村	广东省爱国卫生运动委员会
草潭镇下六圩社区柴埠村	2022 年广东省卫生村	广东省爱国卫生运动委员会
草潭镇下六圩社区坎头村	2022 年广东省卫生村	广东省爱国卫生运动委员会
草潭镇下六圩社区姓马村	2022 年广东省卫生村	广东省爱国卫生运动委员会
乐民镇安埠村委会坎卡村	2022 年广东省卫生村	广东省爱国卫生运动委员会
乐民镇乐民村委会乐民城村	2022 年广东省卫生村	广东省爱国卫生运动委员会
乐民镇松树村委会西沟村	2022 年广东省卫生村	广东省爱国卫生运动委员会
乐民镇松树村委会埠头村	2022 年广东省卫生村	广东省爱国卫生运动委员会
乐民镇松树村委会调神村	2022 年广东省卫生村	广东省爱国卫生运动委员会
河头镇东坡村委会东坡村	2022 年广东省卫生村	广东省爱国卫生运动委员会
河头镇麻坡村委会麻坡村	2022 年广东省卫生村	广东省爱国卫生运动委员会
河头镇吾良村委会白银塘村	2022 年广东省卫生村	广东省爱国卫生运动委员会
河头镇上坡村委会旧村	2022 年广东省卫生村	广东省爱国卫生运动委员会
河头镇虎溪村委会牛力湾村	2022 年广东省卫生村	广东省爱国卫生运动委员会

续表6

获奖单位	荣誉称号	授予单位
河头镇河头村委会坡仔甲村	2022年广东省卫生村	广东省爱国卫生运动委员会
城月镇东风村和会林队村	2022年广东省卫生村	广东省爱国卫生运动委员会
城月镇石塘村委会班鱼塘村	2022年广东省卫生村	广东省爱国卫生运动委员会
城月镇石塘村委会大湾村	2022年广东省卫生村	广东省爱国卫生运动委员会
城月镇扶良村委会坎塘村	2022年广东省卫生村	广东省爱国卫生运动委员会
城月镇虎头坡村委会洋仔村	2022年广东省卫生村	广东省爱国卫生运动委员会
城月镇迈坦村委会迈坦村	2022年广东省卫生村	广东省爱国卫生运动委员会
城月镇高明村委会库塘村	2022年广东省卫生村	广东省爱国卫生运动委员会
城月镇高明村委会山尾宝村	2022年广东省卫生村	广东省爱国卫生运动委员会
城月镇高明村委会仙居圩村	2022年广东省卫生村	广东省爱国卫生运动委员会
城月镇吴西村委会库和村	2022年广东省卫生村	广东省爱国卫生运动委员会
城月镇坑仔村委会良田村	2022年广东省卫生村	广东省爱国卫生运动委员会
城月镇坑仔村委会和昌村	2022年广东省卫生村	广东省爱国卫生运动委员会
城月镇坑仔村委会保安村	2022年广东省卫生村	广东省爱国卫生运动委员会
北坡镇架岭村委会架罗湾村	2022年广东省卫生村	广东省爱国卫生运动委员会
北坡镇上塘村委会黄村	2022年广东省卫生村	广东省爱国卫生运动委员会
北坡镇上塘村委会上塘村	2022年广东省卫生村	广东省爱国卫生运动委员会
北坡镇新屋村委会岑家村	2022年广东省卫生村	广东省爱国卫生运动委员会
北坡镇赵屋村委会丰劳村	2022年广东省卫生村	广东省爱国卫生运动委员会
乌塘镇安至塘村委会安至塘村	2022年广东省卫生村	广东省爱国卫生运动委员会

续表 6

获奖单位	荣誉称号	授予单位
乌塘镇安至塘村委会迈机东村	2022 年广东省卫生村	广东省爱国卫生运动委员会
乌塘镇罗屋村委会罗屋村	2022 年广东省卫生村	广东省爱国卫生运动委员会
港门镇货湖村委会牛角塘村	2022 年广东省卫生村	广东省爱国卫生运动委员会
港门镇黄屋村委会黄屋村	2022 年广东省卫生村	广东省爱国卫生运动委员会
港门镇枫树村委会清寨村	2022 年广东省卫生村	广东省爱国卫生运动委员会
港门镇枫树村委会江屋村	2022 年广东省卫生村	广东省爱国卫生运动委员会
港门镇枫树村委会后南村	2022 年广东省卫生村	广东省爱国卫生运动委员会
港门镇枫树村委会洋仔村	2022 年广东省卫生村	广东省爱国卫生运动委员会

表 7　2022 年遂溪县获市级先进单位一览表

获奖单位	荣誉称号	授予单位
洋青镇	湛江市文明镇	湛江市精神文明建设委员会
界炮镇	湛江市文明镇	湛江市精神文明建设委员会
草潭镇	湛江市文明镇	湛江市精神文明建设委员会
港门镇	湛江市文明镇	湛江市精神文明建设委员会
杨柑镇	湛江市文明镇	湛江市精神文明建设委员会
乌塘镇	湛江市文明镇	湛江市精神文明建设委员会
建新镇	湛江市文明镇	湛江市精神文明建设委员会
岭北镇	湛江市文明镇	湛江市精神文明建设委员会
河头镇	湛江市文明镇	湛江市精神文明建设委员会
界炮镇箔寮村	湛江市文明村	湛江市精神文明建设委员会

续表 7

获奖单位	荣誉称号	授予单位
界炮镇周灵村	湛江市文明村	湛江市精神文明建设委员会
洋青镇克须村	湛江市文明村	湛江市精神文明建设委员会
洋青镇平坦村	湛江市文明村	湛江市精神文明建设委员会
草潭镇姓庞村	湛江市文明村	湛江市精神文明建设委员会
北坡镇三合村	湛江市文明村	湛江市精神文明建设委员会
城月镇石头塘村	湛江市文明村	湛江市精神文明建设委员会
黄略镇许屋村	湛江市文明村	湛江市精神文明建设委员会
杨柑镇吉塘村	湛江市文明村	湛江市精神文明建设委员会
乐民镇乐民村	湛江市文明村	湛江市精神文明建设委员会
岭北镇人民政府	湛江市爱国卫生先进集体	湛江市人民政府
岭北镇	湛江市抓党建促乡村振兴十大“金点子”镇街	中共湛江市委组织部
遂城镇	2022 年度《南方日报》《南方》杂志、《湛江日报》发行工作先进单位	中共湛江市委宣传部
洋青镇	2022 年度《南方日报》《南方》杂志、《湛江日报》发行工作先进单位	中共湛江市委宣传部
中共遂溪县市场监督管理局委员会	湛江市先进基层党组织	中共湛江市委员会
遂溪县市场监督管理局	2021 年度县（市、区）质量工作考核 A 级	湛江市人民政府
遂溪县委宣传部	2022 年度《人民日报》《求是》杂志宣传工作先进集体	中共湛江市委宣传部
遂溪县自然资源局	推进项目用地工作受通报表扬	湛江市人民政府
遂溪县自然资源局	油气长输管道占压隐患整治工作受通报表扬	湛江市人民政府
遂溪县人民政府办公室	2021 年度全市政府系统信息报送工作先进单位	湛江市人民政府办公室

续表 7

获奖单位	荣誉称号	授予单位
遂溪县市场监督管理局	湛江市文明单位	湛江市精神文明建设委员会
遂溪县交通运输局	2022 年度安全生产责任制和消防工作考核优秀单位	湛江市交通运输局
遂溪县人民检察院第四检察部	集体三等功	湛江市人民检察院
遂溪县公安局禁毒大队	集体三等功	湛江市公安局
遂溪县公安局巡警大队	集体嘉奖	湛江市公安局
遂溪县看守所	集体嘉奖	湛江市公安局
遂溪县自然资源局	“三旧”改造工作受通报表扬	湛江市城市更新局
遂溪县人民检察院	2022 年度湛江公益普法活动先进单位	中共湛江市委宣传部、湛江军分区政治工作处、湛江市教育局、共青团湛江市委员会、湛江市关心下一代工作委员会、湛江市工商业联合会、湛江市司法局、湛江市普及法律常识办公室
遂溪县人民法院	2022 年度湛江市公益普法活动先进单位	中共湛江市委宣传部、湛江军分区政治工作处、湛江市教育局、共青团湛江市委员会、湛江市关心下一代工作委员会、湛江市工商联合会、湛江市司法局、湛江市普法律常识办公室
遂溪县关心下一代工作委员会	2022 年度湛江市公益普法活动先进单位	中共湛江市委宣传部、湛江市司法局、湛江市教育局、共青团湛江市委员会、湛江市普及法律常识办公室
遂溪县人民法院	2021 年度法院先进集体	湛江市中级人民法院
遂溪县卫生健康局	全国示范性老年友好型社区	湛江市卫生健康局
遂溪县人民法院青年志愿者服务队	遂溪县 2021 年度最佳志愿服务组织	湛江市文明办、共青团湛江市委员会、湛江市民政局、湛江市志愿服务联合会
遂溪县气象局科普教育基地	2021 年度湛江市科普工作先进单位	湛江市科学技术协会
遂溪县消费者委员会	2021 年全市消委会系统消费维权信息报送工作优秀单位	湛江市消费者委员会
遂溪县市场监督管理局	推进省市民生实事农贸市场升级改造工作表现突出单位	湛江市市场监督管理局
遂溪县市场监督管理局	进口冷链食品监管工作表现突出单位	湛江市市场监督管理局

续表 7

获奖单位	荣誉称号	授予单位
遂溪县市场监督管理局	湛江市抗击新冠疫情先进集体	中共湛江市委员会、湛江市人民政府
遂溪县市场监督管理局	湛江市三八红旗集体	中共湛江市委员会、湛江市人民政府
遂溪县农业农村局	表扬信（兽医屠宰领域工作）	湛江市农业农村局
遂溪县消防救援大队	2022 年湛江市热心消防公益事业先进集体	湛江市人民政府
遂溪县消防救援大队	年度目标责任考评先进大队	湛江市消防救援支队
遂溪县消防救援大队	基层建设先进大队	湛江市消防救援支队
遂溪县消防救援大队	年度工作先进大队	湛江市消防救援支队
遂溪县招生委员会	湛江市“平安高考”达标单位	湛江市教育局
中国人民银行遂溪县支行	2021 年度中国人民银行湛江市中心支行青年文明号	共青团中国人民银行湛江市中心支行委员会
中国人民银行遂溪县支行	2021 年度中国人民银行湛江市中心支行五四红旗团支部	共青团中国人民银行湛江市中心支行委员会
中国工商银行遂溪支行营业部	2022 年代发工资业务先进网点	中国工商银行股份有限公司湛江分行
中共中国农业银行遂溪西河支行党支部	2022 年度湛江分行先进党支部	中共中国农业银行湛江分行委员会
中共中国农业银行遂溪县支行综合管理部党支部	2022 年度湛江分行先进党支部	中共中国农业银行湛江分行委员会
遂溪县市场监督管理局	2021 年度企业年报公示情况年报率全市第一	湛江市市场监督管理局
中国农业银行遂溪支行综合管理部	2021 年度湛江分行先进集体	中国农业银行湛江分行
中国农业银行遂溪县支行营业部	2021 年度湛江分行优秀网点	中国农业银行湛江分行
遂溪县消费者委员会	2022 年度放心消费创建优秀单位	湛江市消费者委员会
遂溪县消费者委员会	2022 年度消费维权先进集体	湛江市消费者委员会
遂溪县人民检察院	首届湛江市检察机关首届公益诉讼检察业务竞赛活动优秀组织奖	湛江市人民检察院
遂溪县人民检察院	湛江市检察机关第八届优秀公诉人业务竞赛活动优秀组织奖	湛江市人民检察院

续表 7

获奖单位	荣誉称号	授予单位
遂溪县人力资源和社会保障局	2022 年“御唐府杯”湛江市“粤菜师傅”技能大赛优秀组织奖	2022 年“御唐府杯”湛江市“粤菜师傅”技能大赛竞赛组委会
遂溪县卫生健康局	2022 年湛江市健康教育技能竞赛健康教育活动方案设计三等奖	湛江市卫生健康局
遂溪县卫生健康局	2022 年湛江市健康教育技能竞赛团队三等奖	湛江市卫生健康局
遂溪县总工会	2022 年湛江市总工会财务技能竞赛团体赛优秀奖	湛江市总工会
遂溪县教育局	第七届全市学生“学宪法 讲宪法”比赛优秀组织奖	湛江市教育局
遂溪县卫生健康局	第四届湛江市居民健康素养知识竞赛情景剧表演三等奖	湛江市卫生健康局
遂溪县卫生健康局	第四届湛江市居民健康素养知识竞赛团队三等奖	湛江市卫生健康局
遂溪县卫生健康局	健康中国行动知行大赛医疗卫生机构专场广东湛江选拔赛团队三等奖	健康湛江行动推进委员会办公室
中国人民银行遂溪县支行	2021 年绿色创新服务 金融在行动主题征文比赛二等奖	湛江市金融学会
中国工商银行遂溪支行	工银成就集体奖	中国工商银行股份有限公司湛江分行
中共中国联通遂溪分公司党支部	企业文化建设先进单位	中国联通有限公司湛江分公司
湛江市乡村振兴驻洋青镇工作队	湛江市“农行杯”乡村音乐原创歌曲大赛优秀组织奖	中共湛江市委宣传部、湛江市乡村振兴局、湛江市文化广电旅游体育局、共青团湛江市委员会
遂溪县老龄工作委员会办公室	湛江市 2021 年度“银龄安康行动”优秀组织奖	湛江市老龄工作委员会办公室
遂溪县妇女联合会	湛江市第二届“少年儿童心向党 亲子诵读传家风”比赛优秀组织单位	湛江市文明办、湛江市妇女联合会、湛江市教育局、共青团湛江市委员会
遂溪县教育局	湛江市第二届“少年儿童心向党 亲子诵读传家风”比赛优秀组织奖	湛江市文明办、湛江市妇女联合会、湛江市教育局、共青团湛江市委员会
遂溪县总工会	湛江市第二届劳资沟通协商技能竞赛三等奖	湛江市总工会
遂溪县人民检察院	湛江市检察机关 2022 年羽毛球混合团体赛“亚军”	湛江市人民检察院
遂溪县教育局	湛江市师德主题征文及微视频征集活动优秀组织奖	湛江市教育局

续表 7

获奖单位	荣誉称号	授予单位
遂溪县发展和改革局	湛江市直机关第五届改革创新大赛三等奖	中共湛江市直属机关工作委员会
中共遂溪县委党校	湛江市直属机关第五届改革创新大赛三等奖	中共湛江市直属机关工作委员会、中共湛江市委全面深化改革委员会办公室、湛江市总工会、共青团湛江市委员会、湛江市妇女联合会
遂溪县教育局	湛江市中小学科技劳动教育实践活动优秀组织奖	湛江市教育局
港门镇中心小学	湛江市中小学生篮球联赛小学女子组比赛冠军	湛江市教育局
遂城第二小学	湛江市中小学生篮球联赛小学女子组比赛亚军	湛江市教育局
遂溪县教育局	湛江市中小学艺术展演活动优秀组织奖	湛江市教育局
中国人民银行遂溪县支行	中国人民银行湛江市中心支行2021年度重点研究课题二等奖	中国人民银行湛江市中心支行

表 8　2022 年度遂溪县平安建设（综治工作）先进单位一览表

荣誉称号	单位
先进镇（7 个）	城月镇、河头镇、洋青镇、岭北镇、乌塘镇、杨柑镇、江洪镇
先进单位（35 个）	中共遂溪县委政法委、遂溪县人民检察院、中共遂溪县委办公室、遂溪县公安局、中共遂溪县委组织部、遂溪县信访局、遂溪县人民法院、中共遂溪县纪律检查委员会·遂溪县监察委员会、遂溪县应急管理局、遂溪县人民政府办公室、中共遂溪县委宣传部、遂溪县消防救援大队、遂溪县人民代表大会常务委员会办公室、遂溪县妇女联合会、遂溪县政务服务数据管理局、遂溪县卫生健康局、遂溪县科工贸和信息化局、遂溪县交通运输局、遂溪县审计局、遂溪供电局、遂溪县财政局、遂溪县统计局、遂溪县招商局、遂溪县发展和改革局、遂溪县气象局、遂溪县行政服务中心、遂溪县城市管理和综合执法局、政协遂溪县委员会办公室、遂溪县机关事务管理局、遂溪县司法局、遂溪县职业技术学校、遂溪县人力资源和社会保障局、共青团遂溪县委员会、遂溪县市场监督管理局、遂溪县税务局

先进个人

表 9　2022 年遂溪县获国家级先进个人一览表

姓名	工作单位	荣誉称号	授予单位
李童斯	遂溪县消防救援大队	全国优秀共青团员	共青团中央
吴锦珠	遂溪县人民检察院办公室	档案工作作出贡献通报表扬	最高人民检察院
李娇梅	遂溪县市场监督管理局	2021 年度《光彩》杂志宣传发行工作先进工作者	中国个体劳动者协会
郑广文	遂溪县个体私营企业协会	2021 年度《光彩》杂志宣传发行工作优秀通信员	中国个体劳动者协会

表 10　2022 年遂溪县获省级先进个人一览表

姓名	工作单位	荣誉称号	授予单位
赖　曾	河头镇	广东好人	广东省精神文明建设委员会
邹　婵	遂溪县第一中学	广东省“三八红旗手”	广东省妇女联合会
韩　彬	遂溪县消防救援大队	优秀大队指挥员	广东省消防救援总队
韩　彬	遂溪县消防救援大队	优秀干部	广东省消防救援总队
韩　彬	遂溪县消防救援大队	优秀共产党员	中共广东省消防救援总队党委
刘振超	中共遂溪县委政法委员会	2019—2020 年脱贫工作中表现突出	中共广东省委农村工作领导小组
黎　戈	遂溪县人民检察院第三检察部	全省检察技术十佳文书	广东省人民检察院
陈建中	遂溪县公安局	个人二等功	广东省公安厅
陈钰争	遂溪县公安局	个人三等功	广东省公安厅
张　军	遂溪县公安局	三等嘉奖	广东省公安厅
苏春华	遂溪县公安局	三等嘉奖	广东省公安厅

续表 10

姓名	工作单位	荣誉称号	授予单位
许巧珍	遂溪县司法局	嘉奖	广东省司法厅
廖美航	遂溪县消防救援大队	装备比武第六名	广东省消防救援总队
陈观玉	遂溪县消防救援大队遂城站	装备比武第六名	广东省消防救援总队
陈小虹	湛江市乡村振兴驻洋青镇工作队	广东省乡村振兴驻镇帮镇扶村“优秀巾帼队员”	广东省乡村振兴局、广东省妇女联合会
彭　伟	遂溪县总工会	2022 年度《南方工报》发行工作先进个人	广东省总工会
潘飞宇	遂溪县第一中学	2021—2022 年度广东省优秀共青团干部	共青团广东省委员会
王　静	遂溪县第一中学	广东省基础教育精品课一等奖	广东省教育厅
龙　婷	遂溪县第一中学	广东省基础教育精品课一等奖	广东省教育厅
王小翠	遂溪县第一中学	广东省基础教育精品课一等奖	广东省教育厅
陈明燕	遂溪县第一中学	广东省基础教育精品课一等奖	广东省教育厅
张盈盈	中国农业银行遂溪支行	2022 年度广东省分行优秀共产党员	中共中国农业银行广东省分行
黎　健	中国农业银行遂溪支行	2020 年度广东省分行信息科技激励奖	中国农业银行广东省分行
徐如文	中国农业银行遂溪支行	2020 年度广东省分行运营监管经理三等奖	中国农业银行广东省分行
陈海英	中国农业银行遂溪支行	2020 年度广东省分行运营监管经理三等奖	中国农业银行广东省分行
曹晓红	中国农业银行遂溪支行	2021 年度广东省分行个人客户经理“十大标兵”	中国农业银行广东省分行
何万龙	中国农业银行遂溪支行	2021 年度广东省分行驻镇进村优秀金融助理	中国农业银行广东省分行
邓晓鹏	中国农业银行遂溪支行	2021 年度广东省分行三化三达标优秀奖	中国农业银行广东省分行
石　健	中国农业银行遂溪支行	2021 年度广东省分行三化三达标优秀奖	中国农业银行广东省分行
李小玲	中国联通有限公司遂溪分公司	广东联通优秀员工	中国联通有限公司广东分公司
李小玲	中国联通有限公司遂溪分公司	广东联通销售之星	中国联通有限公司广东分公司

续表 10

姓名	工作单位	荣誉称号	授予单位
蔡丕煊	遂溪县人民检察院第一检察部	2021 年全省检察机关司法辅助人员培训班（第二期）优秀学员	广东省检察官（培训）学院
钟沅杏	遂溪县人民检察院第一检察部	第十届广东省十佳公诉人暨广东省优秀公诉人业务竞赛优秀公诉人	广东省人民检察院
叶丽花	遂溪县市场监督管理局	广东省《药品管理法》《疫苗管理法》法律知识竞赛三等奖	广东省药品监督管理局
吴桂珠	遂溪县市场监督管理局	广东省《药品管理法》《疫苗管理法》法律知识竞赛纪念奖	广东省药品监督管理局
刘铭华	遂溪县市场监督管理局	广东省《药品管理法》《疫苗管理法》法律知识竞赛纪念奖	广东省药品监督管理局
陈秋跃	遂溪县教育局教研室	2021 年广东省中学地理论文评选三等奖	广东省教育厅
郭秋弟	遂溪县第一中学	2022 年广东省少年儿童践行社会主义核心价值观主题征文比赛省高中组一等奖	广东省教育厅

表 11　2022 年遂溪县获市级先进个人一览表

姓名	工作单位	荣誉称号	授予单位
周劲松	遂溪县司法局	湛江好人	湛江市精神文明建设委员会
赖　曾	河头镇	第五届湛江市道德模范	湛江市精神文明建设委员会
杨文豪	遂溪县中医院	湛江好医生	湛江市医师协会
陈小明	遂溪县中医院	湛江市优秀护士长	湛江市医师协会
叶舒展	遂溪县中医院	最美逆行者	湛江市卫生健康局
李娇梅	遂溪县市场监督管理局	湛江市优秀党务工作者	中共湛江市委员会
蔡秋桑	遂溪县市场监督管理局	湛江市抗击新冠疫情先进个人	中共湛江市委员会、湛江市人民政府
欧　纯	附城镇人民政府	湛江市热心消防公益事业先进个人	湛江市人民政府
周　健	中共遂溪县委政法委员会	2021 年湛江市扫黑除恶专项斗争表现突出乡科级及以下干部	湛江市扫黑除恶专项斗争领导小组、中共湛江市委组织部
黄小玲	中共遂溪县委政法委员会	2021 年湛江市政法工作先进个人	湛江市委政法队伍教育整顿工作领导小组

续表 11

姓名	工作单位	荣誉称号	授予单位
李雪鸥	遂溪县妇女联合会	湛江市实施妇女儿童发展规划优秀个人	湛江市妇女儿童工作委员会
黄家颖	中共遂溪县委宣传部	2022 年度党报党刊发行先进工作者	中共湛江市委宣传部
梁秋巨	遂溪县司法局	2021 年度全市优秀律师	湛江市律师协会
周炳辉	遂溪县气象局	湛江市科普工作先进个人	湛江市科学技术协会
吴建峰	遂溪县人民法院	2021 年度先进个人	湛江市中级人民法院
陈　婷	遂溪县人民法院	2021 年度先进个人	湛江市中级人民法院
陈惠敏	遂溪县人民法院	2021 年度先进个人	湛江市中级人民法院
赖腾飞	遂溪县人民检察院第二检察部	2021 年度个人三等功	湛江市人民检察院
陆超群	遂溪县人民检察院办公室	个人嘉奖	湛江市人民检察院
陈小戈	遂溪县人民检察院办公室	个人嘉奖	湛江市人民检察院
詹德坤	遂溪县公安局	个人三等功	湛江市公安局
郑智聪	遂溪县公安局	个人三等功	湛江市公安局
马常春	遂溪县看守所	个人三等功	湛江市公安局
李水冰	遂溪县公安局	个人三等功	湛江市公安局
赖智勇	遂溪县公安局	个人三等功	湛江市公安局
陈韶英	遂溪县公安局	个人三等功	湛江市公安局
李　春	遂溪县公安局	个人三等功	湛江市公安局
何恒峰	遂溪县公安局	个人三等功	湛江市公安局
代伟伟	遂溪县公安局	个人三等功	湛江市公安局
何小叠	遂溪县公安局	个人三等功	湛江市公安局

续表 11

姓名	工作单位	荣誉称号	授予单位
张志强	遂溪县公安局	个人三等功	湛江市公安局
梁启帆	遂溪县公安局	个人三等功	湛江市公安局
李　悦	遂溪县公安局	个人三等功	湛江市公安局
陈生智	遂溪县公安局	个人三等功	湛江市公安局
钟　声	遂溪县公安局	个人三等功	湛江市公安局
金　天	遂溪县公安局	个人三等功	湛江市公安局
李华方	遂溪县公安局	个人三等功	湛江市公安局
吴国雄	遂溪县公安局	全市“最美基层民警”	湛江市公安局
梁振华	遂溪县公安局	“春风利剑 2022”先进个人	湛江市公安局
李庞国	遂溪县公安局	“春风利剑 2022”先进个人	湛江市公安局
韩　彬	遂溪县消防救援大队	后勤建设先进个人	湛江市消防救援支队
韩　彬	遂溪县消防救援大队	个人嘉奖	湛江市消防救援支队
陈灶武	遂溪县消防救援大队	优秀党务工作者	湛江市消防救援支队
杨　坤	遂溪县消防救援大队	三等功	湛江市消防救援支队
郑荣宝	遂溪县消防救援大队	三等功	湛江市消防救援支队
廖美航	遂溪县消防救援大队	三等功	湛江市消防救援支队
陈力源	遂溪县消防救援大队	优秀共产党员	中共湛江市消防救援支队党组
张卓琳	遂溪县人民检察院第一检察部未成年人检察工作办公室	2021—2022 年度湛江市优秀共青团员	共青团湛江市委员会
蔡景恩	遂溪县人民法院	2021—2022 年度湛江市优秀共青团员	共青团湛江市委员会
林　智	洋青镇人民政府	2021—2022 年度湛江市优秀共青团干部	共青团湛江市委员会

续表 11

姓名	工作单位	荣誉称号	授予单位
吕天闯	遂溪县消防救援大队	2021—2022 年度湛江市优秀共青团干部	共青团湛江市委员会
钟一鸣	遂溪县消防救援大队	2021—2022 年度湛江市优秀共青团干部	共青团湛江市委员会
段绍军	遂溪县人民检察院办公室	2021 年度全市检察机关信息宣传工作先进个人	湛江市人民检察院
陈贺成	遂溪县人民检察院综合业务部	2021 年度湛江检察先锋人物	湛江市人民检察院
陈　婷	遂溪县人民法院	2021 年湛江市“最美志愿者”	湛江市文明办、共青团湛江市委员会、湛江市民政局、湛江市志愿服务联合会
朱伯亮	遂溪县市场监督管理局网监股	2022 年度消费维权先进个人	湛江市消费者权益保护委员会
叶树平	遂溪县总工会	2022 年度湛江市总工会新闻宣传优秀通讯员	湛江市总工会
苏文茂	中国人民银行遂溪县支行	2019—2021 年度青年岗位能手	中国共产主义青年团中国人民银行湛江市中心支行委员会
全秀丽	中国人民银行遂溪县支行	2019—2021 年度青年岗位能手	中国共产主义青年团中国人民银行湛江市中心支行委员会
陈丽珊	中国人民银行遂溪县支行	2019—2021 年度青年岗位能手	中国共产主义青年团中国人民银行湛江市中心支行委员会
李景云	遂溪县人民检察院第一检察部	2020—2021 年度湛江青年岗位能手	共青团湛江市委员会
陈美如	中国人民银行遂溪县支行	2021—2022 年度巾帼建功标兵	中国人民银行湛江市中心支行工会工作委员会
黄丹瑜	中国人民银行遂溪县支行	2021 年度优秀共青团干部	中国共产主义青年团中国人民银行湛江市中心支行委员会
陈芷茜	中国人民银行遂溪县支行	2021 年度优秀共青团员	中国共产主义青年团中国人民银行湛江市中心支行委员会
陈云霞	遂溪县第三中学	湛江市优秀教师	湛江市教育局
李碧霞	界炮镇山内黄镜秋学校	湛江市优秀教师	湛江市教育局
陈　诚	港门初级中学	湛江市优秀教师	湛江市教育局
林国栋	西溪初级中学	湛江市优秀教师	湛江市教育局

续表 11

姓名	工作单位	荣誉称号	授予单位
辛祝珍	杨柑镇月塘小学	湛江市优秀教师	湛江市教育局
何　奋	草潭镇中心小学	湛江市优秀教师	湛江市教育局
黄　腾	北坡镇第二小学	湛江市优秀教师	湛江市教育局
卜陈英	沙古镇中心小学	湛江市优秀教师	湛江市教育局
王秋敏	黄略镇中心小学	湛江市优秀教师	湛江市教育局
黄玉宇	洋青中学	湛江市优秀教师	湛江市教育局
林彩霞	城月镇后溪小学	湛江市优秀教师	湛江市教育局
陈月生	黄学增纪念中学	湛江市优秀教师	湛江市教育局
陈红梅	大成初级中学	湛江市优秀教师	湛江市教育局
赵金玲	遂城第二小学	湛江市优秀教师	湛江市教育局
邓小玲	遂城第三小学	湛江市优秀教师	湛江市教育局
林玉玲	遂城第四小学	湛江市优秀教师	湛江市教育局
陈友娟	遂城第五小学	湛江市优秀教师	湛江市教育局
黄丽珍	遂溪县第一幼儿园	湛江市优秀教师	湛江市教育局
欧丽娥	遂溪县第二幼儿园	湛江市优秀教师	湛江市教育局
黄　婷	黄略镇中心幼儿园	湛江市优秀教师	湛江市教育局
王　冠	遂溪县第一中学	湛江市优秀教师	湛江市教育局
支晓明	遂溪县第一中学	湛江市优秀教师	湛江市教育局
李　睿	遂溪县第一中学	湛江市优秀教师	湛江市教育局
韦　前	遂溪县第一中学	湛江市优秀教师	湛江市教育局

续表 11

姓名	工作单位	荣誉称号	授予单位
陈雨燕	遂溪县第一中学	湛江市优秀教师	湛江市教育局
陈立权	遂溪县大成中学	湛江市优秀教师	湛江市教育局
周晓冰	遂溪县大成中学	湛江市优秀教师	湛江市教育局
郑华卿	遂溪县大成中学	湛江市优秀教师	湛江市教育局
沈仁忠	遂溪县大成中学	湛江市优秀教师	湛江市教育局
郑东梅	遂溪县第三中学	湛江市优秀教师	湛江市教育局
覃　萍	遂溪县第三中学	湛江市优秀教师	湛江市教育局
陈云霞	遂溪县第三中学	湛江市优秀教师	湛江市教育局
梁　秋	遂溪县职业技术学校	湛江市优秀教师	湛江市教育局
郑东梅	遂溪县第三中学	湛江市优秀教师	湛江市教育局
覃　萍	遂溪县第三中学	湛江市优秀教师	湛江市教育局
陈成文	遂溪县第一中学	湛江市优秀教育工作者	湛江市教育局
莫昌健	大成中学	湛江市优秀教育工作者	湛江市教育局
陈政宪	遂城第六小学	湛江市优秀教育工作者	湛江市教育局
樊桂明	遂溪县教师发展中心	湛江市优秀班主任	湛江市教育局
梁咏梅	遂溪县第三中学	湛江市优秀班主任	湛江市教育局
杨小健	河头中学	湛江市优秀班主任	湛江市教育局
吴海金	乐民初级中学	湛江市优秀班主任	湛江市教育局
朱晓芳	港门镇中心小学	湛江市优秀班主任	湛江市教育局
陈琴连	建新镇苏二小学	湛江市优秀班主任	湛江市教育局

续表 11

姓名	工作单位	荣誉称号	授予单位
钟海英	遂城第二初级中学	湛江市优秀班主任	湛江市教育局
胡俊凤	遂溪县第二幼儿园	湛江市优秀班主任	湛江市教育局
史云伟	遂溪县第一中学	湛江市优秀班主任	湛江市教育局
庄丽霞	遂溪县第一中学	湛江市优秀班主任	湛江市教育局
陈大伟	遂溪县大成中学	湛江市优秀班主任	湛江市教育局
梁咏梅	遂溪县第三中学	湛江市优秀班主任	湛江市教育局
王金莲	遂城第一小学	湛江市优秀班主任	湛江市教育局
樊桂明	遂溪县教师发展中心	湛江市优秀班主任	湛江市教育局
廖堪文	遂溪县第一中学	湛江市师德标兵	湛江市教育局
王　钦	遂城第四小学	湛江市师德标兵	湛江市教育局
何子为	洋青镇人民政府	第 15 届“湛江人大新闻奖”三等奖	湛江市人民代表大会常务委员会
梁欣华	中国农业银行遂溪县支行	2021 年度湛江分行个人存款营销能手	中国农业银行湛江分行
叶宇川	中国农业银行遂溪县支行	2021 年度湛江分行十佳客户经理	中国农业银行湛江分行
黄金花	中国农业银行遂溪县支行	2021 年度湛江分行十佳运营主管	中国农业银行湛江分行
陈建伟	中国农业银行遂溪县支行	2021 年度湛江分行文明服务十佳标兵	中国农业银行湛江分行
郑锦清	中国农业银行遂溪县支行	2021 年度湛江分行文明服务十佳标兵	中国农业银行湛江分行
黄宏彪	中国农业银行遂溪县支行	2021 年度湛江分行先进工作者	中国农业银行湛江分行
梁欣华	中国农业银行遂溪县支行	2021 年度湛江分行先进工作者	中国农业银行湛江分行
曹晓红	中国农业银行遂溪县支行	2021 年度湛江分行先进工作者	中国农业银行湛江分行
黄金花	中国农业银行遂溪县支行	2021 年度湛江分行先进工作者	中国农业银行湛江分行

续表 11

姓名	工作单位	荣誉称号	授予单位
陈丽梅	中国农业银行遂溪县支行	2021 年度湛江分行先进工作者	中国农业银行湛江分行
蔡文娟	中国农业银行遂溪县支行	2021 年度湛江分行优秀柜员	中国农业银行湛江分行
黄少红	中国农业银行遂溪县支行	2021 年度湛江分行优秀柜员	中国农业银行湛江分行
梁成特	中国农业银行遂溪县支行	2021 年度湛江分行优秀柜员	中国农业银行湛江分行
何万龙	中国农业银行遂溪县支行	2021 年度湛江分行优秀金融助理	中国农业银行湛江分行
金光秀	中国农业银行遂溪县支行	2021 年度湛江分行优秀金融助理	中国农业银行湛江分行
陈丽梅	中国农业银行遂溪县支行	中国农业银行湛江分行第二届“最美农行人”	中国农业银行湛江分行
全秀丽	中国人民银行遂溪县支行	中国人民银行湛江市中心支行优秀党务工作者	中共中国人民银行湛江市中心支行委员会
陈春敏	中国人民银行遂溪县支行	中国人民银行湛江市中心支行优秀共产党员	中共中国人民银行湛江市中心支行委员会
陈美如	中国人民银行遂溪县支行	中国人民银行湛江市中心支行优秀共产党员	中共中国人民银行湛江市中心支行委员会
黄丹瑜	中国人民银行遂溪县支行	中国人民银行湛江市中心支行优秀共产党员	中共中国人民银行湛江市中心支行委员会
侯晓娜	遂溪县第三中学	2022 年广东省“新强师工程”省级示范培训项目“中小学心理健康教育骨干班主任示范培训班”优秀学员	嘉应学院省级中小学教师发展中心
廖　峤	中共中国农业银行遂溪县支行支部	2022 年湛江分行优秀党务工作者	中共中国农业银行湛江分行
李春龙	中共中国农业银行遂溪县支行支部	2022 年湛江分行优秀共产党员	中共中国农业银行湛江分行
梁欣华	中共中国农业银行遂溪县支行支部	2022 年湛江分行优秀共产党员	中共中国农业银行湛江分行
李文军	中共中国农业银行遂溪县支行支部	2022 年湛江分行优秀共产党员	中共中国农业银行湛江分行
张盈盈	中共中国农业银行遂溪县支行支部	2022 年湛江分行优秀共产党员	中共中国农业银行湛江分行
梁　益	中共中国农业银行遂溪县支行支部	2022 年湛江分行优秀共产党员	中共中国农业银行湛江分行
李尚荣	中共中国农业银行遂溪县支行支部	2022 年湛江分行优秀共产党员	中共中国农业银行湛江分行

续表 11

姓名	工作单位	荣誉称号	授予单位
蔡　辉	遂溪县教师发展中心	2022 年湛江开放大学系统先进教育工作者	湛江开放大学
岑日忠	遂溪县教师发展中心	2022 年湛江开放大学系统先进教育工作者	湛江开放大学
陈　峭	遂溪县教师发展中心	2022 年湛江开放大学系统先进教育工作者	湛江开放大学
陈秀丽	遂溪县教师发展中心	2022 年湛江开放大学系统优秀班主任	湛江开放大学
李日晶	遂溪县教师发展中心	2022 年湛江开放大学系统优秀班主任	湛江开放大学
陈　壮	遂溪县教师发展中心	2022 年湛江开放大学系统优秀教师	湛江开放大学
庞华英	遂溪县教师发展中心	2022 年湛江开放大学系统优秀教师	湛江开放大学
周碧珍	遂溪县教师发展中心	2022 年湛江开放大学系统优秀教师	湛江开放大学
陈华永	遂溪县教师发展中心	2022 年湛江开放大学系统优秀学校领导	湛江开放大学
黄美凤	遂溪县第三中学	2022 年湛江市“基础教育精品课”遴选活动高中英语组一等奖	湛江市教育局
陈叶锦	遂溪县人民法院	2022 年湛江市工会财务技能竞赛团体赛优秀奖	湛江市总工会
陈俏捷	遂溪县第三中学	2022 年湛江市青少年校园足球暨中小学（幼儿园）体育与健康教学课例评选活动优秀指导教师	湛江市教育局
辛大魁	遂溪县第三中学	2022 年湛江市喜迎党的二十大暨庆祝“六一”国际儿童节少儿书画作品展优秀辅导老师	湛江市文化广电旅游体育局
陈俏捷	遂溪县第三中学	广东省第十三届中学生运动会科学论文报告会湛江市论文征集评比二等奖	湛江市教育局
潘颖欣 黄欣欣 陈雨露 蔡云成 蔡景恩	遂溪县人民法院	全市法院庆祝中国共产党成立 101 周年暨“感悟习语金句　喜迎二十大”经典诵读比赛三等奖	湛江市中级人民法院
姚　瑶	遂溪县人民检察院第四检察部	首届湛江市检察机关首届公益诉讼检察业务竞赛活动公益诉讼业务标兵	湛江市人民检察院

续表 11

姓名	工作单位	荣誉称号	授予单位
成小芳	遂溪县人民检察院第四检察部	首届湛江市检察机关首届公益诉讼检察业务竞赛活动公益诉讼业务标兵	湛江市人民检察院
陈赵成	遂溪县市场监督管理局	污染防治攻坚工作表现突出个人	湛江市污染防治攻坚战指挥部
符薇薇	遂溪县人民检察院第五检察部	湛江市检察机关第八届优秀公诉人业务竞赛活动优秀辩手	湛江市人民检察院
钟沅杏	遂溪县人民检察院第一检察部	湛江市检察机关第八届优秀公诉人业务竞赛活动优秀公诉人	湛江市人民检察院
徐小凤	遂溪县第三中学	第三届湛江市中小学青年教师教学能力大赛决赛高中美术学科二等奖	湛江市教育局
黄韵怡	遂溪县第三中学	第三届湛江市中小学青年教师教学能力大赛决赛高中思想政治学科二等奖	湛江市教育局
陈文意 蔡景恩 朱　璇 王郑栖 郑光武 蔡云成	遂溪县人民法院	湛江市直机关第五届改革创新大赛二等奖	中共湛江市委直属机关工作委员会、湛江市总工会、共青团湛江市委员会、湛江市妇女联合会、中共湛江市委全面深化改革委员会办公室
黄楚莹	遂溪县第三中学	湛江市中小学心理健康教育活动课教案征集评比高中组二等奖	湛江市教育局
杨树荣	遂溪县第三中学	湛江市中小学心理健康教育活动课教案征集评比高中组三等奖	湛江市教育局
李春宇	遂溪县第三中学	2022 年湛江市青少年校园足球暨中小学（幼儿园）体育与健康教学课例评选活动高中学段课例评比二等奖	湛江市教育局
林铃梅	遂溪县第三中学	2022 年湛江市青少年校园足球暨中小学（幼儿园）体育与健康教学课例评选活动高中学段课例评比二等奖	湛江市教育局
戴文珠	遂溪县第三中学	2022 年湛江市青少年校园足球暨中小学（幼儿园）体育与健康教学课例评选活动高中学段课例评比一等奖	湛江市教育局
梁建军	遂溪县第三中学	2022 年湛江市青少年校园足球暨中小学（幼儿园）体育与健康教学课例评选活动体育高考训练课例评比一等奖	湛江市教育局
甄彩虹	遂溪县第三中学	湛江市 2021—2022 学年度国家教育统一考试工作监考工作积极分子	湛江市教育局

续表 11

姓名	工作单位	荣誉称号	授予单位
杨建超	遂溪县第三中学	湛江市2021—2022学年度国家教育统一考试工作监考工作积极分子	湛江市教育局
莫汝娜	遂溪县第三中学	湛江市2021—2022学年度国家教育统一考试工作监考工作积极分子	湛江市教育局
林晓桦	遂溪县第三中学	湛江市2021—2022学年度国家教育统一考试工作监考工作积极分子	湛江市教育局
林　权	遂溪县教育局教研室	湛江市2021—2022学年度考务工作积极分子	湛江市招生考试委员会、湛江市教育局
李权友	遂溪县第一中学	湛江市2021—2022学年度考务工作积极分子	湛江市招生考试委会、湛江市教育局
梁燕娟	遂溪县大成中学	湛江市2021—2022学年度考务工作积极分子	湛江市招生考试委会、湛江市教育局
蔡雨人	遂溪县第三中学	湛江市2021—2022学年度考务工作积极分子	湛江市招生考试委会、湛江市教育局
沈景秋	黄学增纪念中学	湛江市2021—2022学年度考务工作积极分子	湛江市招生考试委会、湛江市教育局
谢光星	遂溪县第一中学	湛江市班主任能力大赛一等奖	湛江市教育局
黄丹瑜 陈芷茜 陈丽雅	中国人民银行遂溪县支行	2022年“喜迎二十大　永远跟党走　奋进在央行”主题青年风采（才艺）展示比赛三等奖	中国共产主义青年团中国人民银行湛江市中心支行委员会
黄雅山	中国农业银行遂溪县支行	中国农业银行湛江分行“我身边的廉洁故事”主题征文比赛二等奖	中国农业银行湛江分行
梁　益	中国农业银行遂溪县支行	中国农业银行湛江分行“我身边的廉洁故事”主题征文比赛三等奖	中国农业银行湛江分行

经济社会统计资料

遂溪县 2022 年国民经济和社会发展统计公报

◎ 遂溪县统计局

2022 年，面对国内外错综复杂的经济环境，全县上下坚持以习近平新时代中国特色社会主义思想为指导，深入学习贯彻党的二十大精神，认真贯彻落实中央及省、市关于经济工作各项部署，严格落实“疫情要防住、经济要稳住、发展要安全”重要要求，坚持稳中求进工作总基调，主动适应经济发展新常态，拼搏进取、苦干实干，全县经济持续向好，总体保持在合理区间。

一、综合

经湛江市统计局统一核算，2022 年全县实现地区生产总值 426.6 亿元，按可比价计算，同比增长 2.2%。其中，第一产业增加值 154.73 亿元，增长 5.9%；第二产业增加值 92.49 亿元，增长 0.1%；第三产业增加值 179.39 亿元，增长 0.3%。三类产业占地区生产总值的比重为 36.3 ∶ 21.7 ∶ 42，对经济增长的贡献率分别为 92.5%、1.1% 和 6.4%。人均地区生产总值 51511 元，增长 1.6%。

全县年末户籍人口 112.75 万人，其中，城镇户籍人口 34.27 万人，农村户籍人口 78.48 万人。村委会 322 个，居委会 28 个。

全年地方一般公共预算收入 10.46 亿元，增长 12.4%；其中，税收收入 3.70 亿元，下降 25.9%。全年一般公共预算支出 52.97 亿元，增长 10.7%。把有限财力向民生倾斜，民生领域支出 43.7 亿元。

全年城镇新增就业 3657 人，开展职业技能培训 1954 人次。

二、农林牧渔业

全年完成农林牧渔业总产值 251.06 亿元，比上年增长 6.8%。其中，种植业产值 118.73 亿元，增长 4.5%；林业产值 5.87 亿元，增长 41.5%；畜牧业产值 48.14 亿元，增长 7%；渔业产值 68.61 亿元，增长 6.1%；农林牧渔服务业产值 9.71 亿元，增长 31.7%。

全年粮食总播种面积 72.84 万亩，比上年增长 3.8%；甘蔗种植面积 64.54 万亩，下降 3.8%；油料作物种植面积 22.28 万亩，增长 2.2%；蔬菜及食用菌种植面积 43.78 万亩，增长 5.6%；园林水果 22.55 万亩，增长 10.3%。

全年粮食产量 25.92 万吨，比上年增长 5%；甘蔗产量 432.01 万吨，下降 1.2%；油料作物产量 6.29 万吨，增长 2.9%；蔬菜及食用菌产量 103.33 万吨，增长 4.1%；园林水果产量 48.5 万吨，增长 7.8%。

全年猪牛羊禽肉产量 13.59 万吨，比上年增长 15.4%。其中，猪肉产量8.13万吨，增长12.3%；禽肉产量5.12万吨，增长20%；奶类产量0.71万吨，增长8.6%；天然蜂蜜产量135吨，增长3.8%；禽蛋产量0.75万吨，下降6%。

全年育苗面积0.13万亩，下降57.8%；造林面积9万亩，比上年增长9.6%；木材采运量59.58万立方米，增长63.8%。

全年全县水产品总产量35.62万吨，增长1.1%。其中，海水产品33.85万吨，增长1.3%；淡水产品1.78万吨，下降3.2%。

新增创建南药省级现代农业产业园，预制菜产业园作为全市唯一纳入2023年省级现代农业产业园入库重点推荐名单，新增1家国家畜禽种业生猪补短板阵型企业、18家国家级和省级生猪产能调控基地、11家国家级和省级畜禽养殖标准化示范场、2家省级现代化美丽牧场、2家省级水产健康养殖和生态养殖示范区、2家省级示范社、2个省级专业镇村、2个全国名特优新农产品。

三、工业和建筑业

2022年全部工业增加值比上年下降4.0%。全县规模以上工业企业120家，有46家工业企业产值超亿元。规模以上工业增加值29.68亿元，增长0.7%，其中，国有及国有控股企业增长2.6%，外商及港澳台投资企业增长15.8%，股份制企业下降2.1%。分轻重工业看，轻工业下降0.5%，重工业增长2.3%。县产业转移工业园获批省特色产业园。

全年全社会建筑业增加值25.78亿元，比上年增长10.6%。全年具有资质等级的建筑企业21个。

四、服务业

全年批发和零售业增加值30.11亿元，比上年下降4.2%；住宿和餐饮业增加值7.28亿元，同比下降3.5%；金融业增加值14.79亿元，同比增长9.5%；房地产业增加值35.03亿元，同比增长1.6%。

全年规模以上服务业企业实现营业收入8.9亿元，比上年下降16.7%；利润总额-1.6亿元，下降652.9%。

全年交通运输、仓储和邮政业实现增加值16.85亿元，比上年下降6.3%。

五、固定资产投资

全年完成固定资产投资同比增长7.2%；其中，项目投资同比增长21.7%，房地产投资同比下降24.6%。

全年商品房销售面积37.62万平方米，下降25.7%，商品房销售额21.54亿元，下降30.2%。

六、国内贸易

全社会消费品零售总额144.53亿元，增长2.3%，新增限上商贸企业21家。分行业看，限上批发业销售额增长47.4%；限上零售业销售额增长4.4%；限上住宿业营业额增长1.4%；限上餐饮业营业额下降1.7%。

七、对外贸易

全县完成进出口总额约23.90亿元，增长4.4%。其中，出口约13.61亿元，下降10.5%，进口约10.29亿元，增长33.8%。实际利用外资3394万元。新增外贸备案企业7家。

八、金融

全年实现金融业增加值14.79亿元，增长9.5%，年末全县金融机构存款余额368.36亿元，增长13.4%，其中，居民储蓄存款余额298.51亿元，增长13.0%；金融机构贷款余额201.06亿元，增长10.9%。

九、教育和科技

全县共有各级各类学校582所，其中，完全中学1所，高级中学2所，职业学校1所，初级中学37所（其中九年一贯学校8所），小学269所（其中完全小学205所，教学点64所），特殊教育学校1所，幼儿园271所（公办幼儿园112所，民办幼儿园159所）。全县各类学校在校生共有170260人，其中高中学生12474人（其中女生6402人），职业技术学校学生1186人，初中学生33087人（其中女生15631人），小学学生82813人（其中女生39242人），在园幼儿40545人（其中女生18682人），特殊教育学校学生155人。基础教育教职员工12207人（其中女教职工8592人）。549名教师通过高级职称评审，新招聘268名教师。

科技创新力度加大，新增省级“专精特新”企业10家、省级创新型中小企业18家，20家企业认定国家高新技术企业进行备案公示，1项专利获第二十三届中国专利奖，1个项目获得省气象科学创新一等奖，新建省级科技专家工作站1个，遂溪县被命名为第二批全国科普示范县。

十、文旅、体育和卫生

文旅业呈现新气象，湛江党建红色影视文化城开工建设，“糖祖习俗”入选省级非遗名录，滨海旅游新区文旅项目建设成效初显，“红情绿意蓝韵古色”八大美景成为热门打卡消费场景，旅游收入超10亿元。推进县体育中心建设，陈式太极拳协会参加国际国内赛事荣获集体和个人金牌36枚，遂溪体操队和女子篮球队参赛省运会荣获佳绩。

年末全县共有医疗机构491家，其中5家县直医疗机构，15家镇卫生院，1家计划生育服务站，337家村卫生站，2家厂（场）医院，6家民营医院，2家血透中心，119家诊所（含门诊部），2家卫生室，1家保健所，1家医务室。全县编制住院床位3530张，民营医疗机构床位531张，占全县总床位数的15.04%，每千常住人口床位数4.28张。共有执业（助理）医师1325人，每千常住人口执业（助理）医师数1.61人；注册护士2011人，每千常住人口注册护士数2.44人。

十一、人民生活和社会保障

年末全县居民人均可支配收入25101元，比上年增长4.6%。其中，城镇居民可支配收入29517元，增长3.7%；农村居民可支配收入22602元，增长4.7%。

年末城乡居民基本医疗保险、基本养老保险参保人数分别达82.69万人、40.4万人。社会救助提质增效，困难群众生活保障补助标准再提高，社会工作服务站（点）实现100%覆盖，建立县镇村三级养老服务网络。

十二、环境保护

全县功能区噪声、道路交通噪声、区域环境噪声均符合相关标准要求，大气中二氧化硫、二氧化氮、可吸入颗粒物年日平均值均达到国家《环境空气质量标准》（GB 3095—2012）二级标准；饮用水源水质达标率为100%，地表水水质达到国家《地表水环境质量标准》（GB 3838—2002）Ⅲ类以上标准。环境空气质量优良率达99.4%。全面推行河湖长制，清理河道56.5公里，推进“红树林之城”共建，完成生态造林和生态修复1.71万亩。

公报注释：1. 公报中2022年数据为初步统计数。

2. 地区生产总值、相关行业产值、增加值绝对数按现行价计算，增长速度按可比价计算。

3. 2018年地区生产总值根据第四次全国经济普查结果进行修订，农业相关历史数据根据第三次农业普查结果进行修订。

中国共产党遂溪县第十四届委员会常务委员会工作报告

——2023年2月27日在中共遂溪县委十四届五次全会上

◎ 中共遂溪县委书记 骆华庆

同志们：

现在，我代表县委常委会向全会作报告。

这次县委全会的主要任务是，坚持以习近平新时代中国特色社会主义思想为指导，深入学习贯彻党的二十大精神，认真落实中央经济工作会议及省委十三届二次全会精神、省委经济工作会议、市委十二届四次全会精神，总结2022年工作，研究部署下一阶段工作，团结带领全县上下守正创新、开拓进取，持续推进“1+3+6”行动计划，坚持实业为本、制造业当家，加快与湛江市区同城化发展，建设湛江市域副中心城市，奋力谱写遂溪跨越式高质量发展新篇章。

一、总结经验、坚定信心，全面凝聚迈向新时代的强大动力

刚刚过去的2022年，是党和国家事业承前启后、继往开来的一年，是遂溪迎来发展新机遇、与湛江市区同城化“加速跑”的一年。一年来，我们紧跟中央及省、市发展步伐，全面落实“一城拓升、三区联动、六园赋能”工作部署，经济社会发展势头良好，地区生产总值、规上工业增加值、固定资产投资、社会消费品零售总额和一般公共预算收入均实现正增长，是全市五项主要经济指标均保持正增长的两个县（市、区）之一；产业发展取得新突破，农林牧渔业总产值、规模以上工业总产值位居全市五县（市）第一；城镇建设取得新成效，全面开展老旧城区改造，县域环境日新月异；农业农村凸显新面貌，被评为年度“四好农村路”省级示范县，全部镇（街）通过市级示范圩镇验收，镇（街）面貌焕然一新；社会大局稳定有序，安全生产、消防工作、道路交通安全等工作在全市名列前茅，违法犯罪案件数量稳步下降。

（一）紧跟紧随、对标对表，坚决做到“两个维护”

把学习宣传贯彻好党的二十大精神作为当前和今后一个时期最重大的政治任务，以上率下带领各级党员干部自觉在思想上政治上行动上同以习近平同志为核心的党中央保持高度一致，深刻领会“两个确立”的决定性意

义，进一步树牢“四个意识”、坚定“四个自信”、做到“两个维护”，用实际行动忠诚核心、拥戴核心、维护核心、捍卫核心。高质量落实“第一议题”制度，坚持把系统学习习近平总书记系列重要讲话以及重要指示批示精神、党的创新理论、党的二十大精神作为必修课、常修课，全年累计召开县委常委会（扩大）会议35次，各级党组织理论学习中心组学习会350余场，推动891个基层党组织开展“喜迎二十大、奋进新征程”主题党日活动。

（二）奋勇争先、合力攻坚，综合实力大幅跃升

经济发展稳中有进。2022年，遂溪各项主要经济指标位居全市前列，奋进新征程的经济基础更加坚实。实现地区生产总值426.61亿元，增速位列全市第二；实现地方一般公共预算收入10.5亿元，同比增长12.4%，增速位列全市第二；实现社会消费品零售总额144.5亿元，完成固定资产投资105.6亿元。全市第一位完成债券资金支出任务，财政收入组织工作在全市作经验分享。

同城化发展蹄疾步稳。紧扣“一核三区”城市发展定位，谋好“三个协同”，做好“四个对接”，加快推进与湛江市区同城化发展。建立总投资约784亿元的湛遂同城化发展优质项目储备库，有序抓好项目落实。遂城镇改设遂城街道和附城镇并顺利揭牌，国道207线、228线遂溪穿城段改线等重点交通项目前期工作加快推进，遂溪第一条“城市快线”——遂溪大道正式通车。滨海新区列入湛江市城市发展战略规划，控规、招商同步发力；北部湾旅游新区开发建设稳步向前，“商业+娱乐+文化+旅游+生态”的发展模式迸发新活力。

营商环境提质创优。快准稳好落实组合式税费支持政策，落实新增组合式税费支持政策合计4.42亿元，市场主体发展稳中有升，全县实有市场主体同比增长144%，累计达49929户。大力推进商事主体登记注册“零见面”办理。设立绿色通道，为企业在开办、立项、报建、验收等阶段提供一站式帮办、全程跟踪服务。积极落实房租减免、低利率贷款等政策要求，减轻服务业、小微企业和个体工商户的经营负担。质量考核工作再获全市A级等次，名列全市第一。

疫情防控扎实有效。坚持“稳”字当头，以“早、快、细、准、全”的硬措施成功处置系列本土疫情。创新将“平急转换”机制运用于疫情防控工作一线，县四套班子领导第一时间到一线指导，党员干部第一时间抓好工作落实。当地“5·6”疫情防控工作经验在全省交流分享。

（三）调优结构、做强产业，发展质效显著提升

特色农业扩量提质。农林牧渔业总产值约251.06亿元，总量排名全市第一。现代农业产业体系加快构建，南药省级现代农业产业园建设稳步推进，壹号食品入选“国家畜禽种业阵型企业”，2家养殖单位获评省级核心育种场，全县种猪年出栏总量超7万头。大力开展农业品种培优，新增“遂溪湛川荔枝”“遂溪金鲳鱼”2个全国名特优新农海产品。遂溪圣女果入选广东农产品“12221”市场体系建设十大优秀案例，开创小农户对接大市场生动范例，带动造就可复制可推广“亿元村”发展经验，得到省委、市委领导高度肯定。预制菜产业园作为全市唯一纳入2023年省级现代农业产业园重点入库推荐名单。

工业产业集群发展。完成规模以上工业总产值约209.8亿元，总量排名五县（市）第一。建立小升规培育库，有效抓好小微企业升规入统工作，2022年新上规模以上工业企业15家，累计120家。以“专精特新”推动中小企业高质量创新发展为主线，新增省级“专精特新”企业10家、省级创新型中小企业18家，认定国家高新技术企业20家并进行备案公示。工业园区提质增效显著，以岭北园区为核心整合相邻园区，遂溪县产业转移工业园区成功申报为“广东省2022年度特色产业园”；重点推进临港新能源产业园建设，目前已完成《战略框架协议》签订并通过省听证会，百亿级产业园区建设紧锣密鼓。

现代服务业加速转型。紧扣

现代物流、文旅融合两个关键，促进三产融合发展。全县电商网络销售额13.8亿元，在全省国家级电子商务进农村综合示范县创建考评中排名第一，“六个一批”模式被作为广东省城乡融合发展典型进行经验推广。遂溪县被正式命名为“2021—2025年度第二批全国科普示范县”，“糖祖习俗”被列入第八批省级非物质文化遗产名录。扎实推进省级全域旅游示范区创建工作，推出系列微纪录片《走进遂溪看振兴》。受邀参加中国生态文明论坛南昌年会，进一步擦亮遂溪名片。积极谋划打造全国首个东坡古镇，推出一批以东坡足迹、探访红树林等为主题的精品旅游线路。沿海镇人气加快集聚，草潭角头沙、江洪仙裙岛等景点成为旅游热门打卡点。

（四）统筹布局、城乡一体，环境面貌焕然一新

市容环境整洁有序。编制完成《遂溪县智慧城市创新项目可行性研究报告》，投入超13亿元推动品质营城实质提升，7个老旧小区改造项目全部开工，有序实施92条道路硬底化，滨河北路、府前路、中山路“白改黑”工程基本完成，河东大道、人民路、文东路等市政道路加快建设。大力推行县城生活垃圾无害化处理，城市生活垃圾无害化处理率达100%。空气质量排名全市第二，优良天数比例达99.4%。以“创建省文明城市”为重点目标，重拳整治城市“脏乱差”现象，创新打造醒狮美食广场、新中心市场流动摊贩集中经营点，实现规范管理、有序经营，市容焕发新面貌。

乡村振兴精准发力。入选赛迪顾问乡村振兴百强县、位列全国第11名。大力实施美丽圩镇、美丽乡村建设工作，全部镇（街）通过市级示范圩镇验收，遂城、乌塘、河头等8个镇（街）获评优秀等次。深入开展农村人居环境综合整治五年行动，逐步补齐农村基础设施短板。基本完成所有自然村主干路硬底化建设。1971条自然村建成污水管网、1897条自然村建成污水处理设施，自然村雨污分流管网收集率和治理率大幅提高。高水平打造具有遂溪特色的乡村振兴示范带，16个镇（街）均派驻工作队，共281名专职人员全面推进乡村振兴工作。

（五）共建共享、普惠均衡，民生福祉持续改善

坚持民生为本。强力推进学位建设，中小学幼儿园新增学位4565个，93所中小学校被评为广东省“绿色学校”。累计投入1.7亿元优化办学条件。大力落实双减政策，在全市率先实行课后服务信息化管理。持续加大困难群众生活保障力度，提高城乡低保对象补助标准，全面开展建档立卡脱贫户入户核查，做到分类救助、精准救助。中央环保督察交办案件100%办结。医疗卫生能力稳步提升，县人民医院、县中医院、县妇幼保健院整体搬迁项目基本建成，县公共卫生医院建设进入收尾阶段。广东医科大学附属医院全面托管县人民医院、城月镇中心卫生院，“小病不出镇、大病不出县”加快成为现实。在全市税务系统率先实现“税银互联协办”全覆盖，持续优化实体政务大厅，可办理事项增至916项，全县97.9%依申请事项实现“网上办”，极大提高企业和群众办事便捷度。落实稳就业促创业政策，深入推进“粤菜师傅”“广东技工”“南粤家政”三项工程，全力做好就业创业服务。

坚持稳定为基。全力保障粮食安全，坚决守住耕地红线，抓紧抓牢粮食生产。粮食作物播种面积72.84万亩、总产量25.92万吨，生产面积、产量实现“双提升”。完成撂荒耕地复耕复种面积26149.8亩，超额完成市下达任务。深入开展安全生产专项整治，生产安全事故受伤人数下降91.5%。遂城消防救援站获评“全国消防救援队伍执勤训练先进站”。全县安全生产责任制和消防工作考核、系统防范化解道路交通安全风险等多项工作排名全市第一，得到省、市多次表扬。常态化开展扫黑除恶斗争，深入开展打击整治养老诈骗专项行动，提高人民群众辨别能力和防范意识。全面推进“春风利剑”专项行动和夏季治安打击整治“百日行动”，有力打击各类违法犯罪行为，案事件发生率稳步下降。圆满完成2022年北京冬

奥会、冬残奥会、全国两会、省第十三次党代会、党的二十大等多个特殊防护期信访维稳安保工作任务，全面落实意识形态责任制，保密工作规范化标准化水平进一步提高。积极开展“平安夜访”，实现三级公共法律服务实体平台全覆盖，为群众提供法律咨询1.73万人次，用心用情用力解决群众“急难愁盼”问题。

（六）协调各方、凝心聚力，党的领导坚强有力

聚焦党建引领。建立健全“平急转换”机制，针对不同场景制定急时工作预案，做到“定人定岗定责”，在疫情防控、台风防御、重点项目建设等各类重大任务一线先后成立临时党支部2126个，带动超1.2万名党员下沉一线，发动5万余名群众主动参与，打好打赢疫情防控阻击战、“暹芭”“马鞍”防台防汛主动战、经济发展和安全维稳总体战，切实保障人民群众生命和财产安全。打造“三强三优”基层治理新体系，构建县领导牵头抓总、镇（街）单位共同参与的“结对共建”服务模式，形成多方共同参与的区域化党建新格局。设置村（社区）三级网格9933个，建强“格格有堡垒、户户见党员”的网格体系，累计完成299个村（社区）党群服务中心整改验收。重点打造17个行政村（社区）党组织示范点，高标准开展墩文村红色美丽乡村试点验收工作，通过“以点带面、示范引领”推动我县农村党建工作“整镇推进、整县提升”。

加强队伍建设。牢固树立在重大工作、重大项目第一线锤炼干部、发现干部、考察干部、培养干部的用人导向，建立“表现优秀干部信息库”，实行分层分级管理、动态跟踪，为考察识别评价干部提供重要参考依据。着力构建梯次配备、层级合理的选调生队伍，严格落实选调生驻村挂职、扎根一线。打造人才聚集“强磁场”，坚持党管人才原则，落实领导班子成员联系人才工作制度，以遂溪县人才驿站（乡村振兴人才驿站）为中心，六大人才驿站分站区和各镇(街)乡村振兴人才驿站同频共振、资源共享，着力打造“一站多区+全域性乡村振兴人才驿站”建设模式。

（七）从严从实、管党治党，政治生态风清气正

牢牢把握严的基调不动摇，坚持不懈把全面从严治党向纵深推进。以正视问题的勇气和刀刃向内的自觉不断完善党的自我革命，切实增强全面从严治党永远在路上的政治自觉，推进政治监督具体化、精准化、常态化，持续加强对“一把手”和领导班子的监督实效。持之以恒纠“四风”转作风树新风，严格落实中央八项规定，紧盯“四风”隐形变异新动向，坚决整治“乱、违、顽、腫、懒、浮”突出问题，查处违反中央八项规定精神问题46个。永葆“赶考”的清醒和坚定，党风廉政建设和反腐败斗争取得较好成效，综合运用“四种形态”处置666人、立案313件、处分226人，移送司法机关2人，留置1人。发挥政治巡察利剑作用，新一届党委巡察实现良好开局，共开展常规巡察2轮。以“全周期管理”方式，一体推进不敢腐、不能腐、不想腐，深化以案为鉴、以案促改、以案促治工作，综合发挥惩治震慑、制度约束、政策感召、教育引导作用，引导党员干部以时时放心不下的责任感、积极担当作为的精气神为党和人民履好职、尽好责。

同志们，成就鼓舞人心，前景催人奋进。过去一年我们始终坚持和加强党的全面领导，积极支持人大依法监督、政府依法行政、政协民主监督、司法机关公正司法，不断巩固和发展爱国统一战线，大力支持各民主党派和工会、共青团、妇联等群众团体开展工作，认真贯彻落实党的民族宗教政策，党管武装以及各部门工作都取得了新的进步。

我们之所以能够打赢一场又一场硬仗，经受一次又一次考验，取得一个又一个胜利，靠的是以习近平同志为核心的党中央坚毅果敢、领航掌舵，靠的是省委省政府、市委市政府的关怀厚爱、鼎力支持，靠的是全县上下万众一心、团结拼搏，靠的是驻遂单位、驻遂溪部队以及各民主党派、工商联、人民团体和社会各界人士的大力支持、携手奋进。在此，我代表县委向为遂溪高质量发展

付出心血和汗水的全县广大干部群众、社会各界人士，表示衷心的感谢和崇高的敬意！

二、学深悟透、深刻把握，全面学习贯彻党的二十大精神

党的二十大是在全党全国各族人民迈上全面建设社会主义现代化国家新征程、向第二个百年奋斗目标进军的关键时刻召开的一次十分重要的大会。大会全面回顾总结了过去五年的工作和新时代十年的伟大变革，擘画了全面建成社会主义现代化强国的宏伟蓝图和实践路径，就未来五年党和国家事业发展制定了大政方针、作出了全面部署，为我们党继续带领亿万人民团结奋斗奠定了重要的思想政治基础，提供了坚强的政治保证和组织保证。我们要切实把思想和行动统一到党的二十大精神上来，学习好贯彻好党的二十大精神，深刻领会党的二十大报告的精神实质和丰富内涵，重点做到“五个牢牢把握”。

——牢牢把握过去5年工作和新时代10年伟大变革的重大意义，坚决拥护党的领导。党确立习近平同志为党中央核心、全党核心地位，确立习近平新时代中国特色社会主义思想的指导地位，反映了全党全军全国各族人民共同心愿。要深刻领会“三个务必”的伟大号召，深入学习“十个明确”“十四个坚持”“十三个方面成就”的主要内容，坚持不懈用习近平新时代中国特色社会主义思想凝心聚魂，不断巩固团结奋斗的共同思想基础。

——牢牢把握习近平新时代中国特色社会主义思想的世界观和方法论，强化理论武装。要把握好习近平新时代中国特色社会主义思想的世界观和方法论，运用好贯穿其中的立场观点方法，坚持读原著、学原文、悟原理，增强学习贯彻党的二十大精神的政治自觉、思想自觉、行动自觉，做到真学真懂真信真用，始终用党的创新理论武装头脑、指导工作，奋力推动习近平新时代中国特色社会主义思想在遂溪落地生根，结出丰硕成果。

——牢牢把握以中国式现代化推进中华民族伟大复兴的使命任务，狠抓责任落实。党的二十大报告提出中国式现代化，明确其特征、本质要求和重大原则，丰富和发展了习近平新时代中国特色社会主义思想。遂溪正立足自身条件基础和历史使命，沿着加快推进“1+3+6”行动计划的发展愿景，做到在实践中思考、在讨论中思考，深入开展“大学习、深调研、真落实”，坚持在“常态化”和“长效化”上下功夫，用工作实绩检验学习成效，切实把党中央各项决策部署落到实处。

——牢牢把握以伟大自我革命引领伟大社会革命的重要要求，树牢从严意识。以习近平同志为核心的党中央坚定扛起“得罪千百人、不负十四亿”的使命担当，开展了史无前例的反腐败斗争，刹住一些长期未刹住的歪风，纠正了一些多年未解决的顽瘴痼疾，反腐败斗争取得压倒性胜利并全面巩固。党的自我革命永远在路上，我们要继续以“十年磨一剑”的心态推进全面从严治党，把遂溪各级党组织锻造得更加坚强有力。

——牢牢把握团结奋斗的时代要求，共筑遂溪梦。要创新宣传宣讲方式，全方位、多角度、具体化宣传贯彻党的二十大精神，推动党的二十大精神深入人心。高举中国特色社会主义伟大旗帜，全面贯彻习近平新时代中国特色社会主义思想，自信自强、守正创新，真正做到心往一处想、劲往一处使，凝聚乘风破浪、扬帆远航的遂溪力量。

三、抢抓机遇、敢为善为，全面开启奋进新征程的崭新篇章

党的二十大为新时代新征程改革发展各项事业作出了顶层设计和战略谋划，我们要认真按照中央部署及省委、市委要求，找准遂溪现代化建设的着力点、突破口，全力以赴将践行市委“三化”“三大”发展理念与深入推进“1+3+6”行动计划相结合，落实“三个协同”“四个对接”，推动实现湛遂同城化发展、加快建设湛江市域副中心城市。2023年，遂溪县正奋力开展“竞标争先”行动，时刻保持“比学赶超”状态，通过党员干部带头示范、人民群众积极参与、社会各界凝聚力量的方式，真正把遂溪建设成为“产城融合、产业兴

旺”的繁荣之县；“全域开放、生机勃发”的活力之县；“整洁美丽、和谐宜居”的幸福之县。

（一）坚持高质量发展目标，加快构建现代化产业体系

一是全力推进制造业当家“一把手”工程。深刻领会省高质量发展大会、市“开展‘竞标争先’活动 展现‘比学赶超’状态”动员大会同县制造业当家推进遂溪高质量发展大会一脉相承的工作理念和发展思路，深入实施《遂溪县推进制造业当家十条措施》，落实“拿地即开工”制度机制，从全程代办、用地保障、督查问效等方面加大工业扶持力度，推动工作力量向制造业加强、政策措施向制造业倾斜、资源要素向制造业集聚。充分发挥六大特色园区集聚产业的作用，持续完善互补联动、错位发展格局，让园区更好赋能遂溪高质量发展。重点发展新能源、先进材料、装备制造等产业，培育创新发展新增长点，全力推进湛江新能源产业园、预制菜产业园两大超百亿级园区建设，推动中国建材集团投资105亿元项目在年内开工。加快传统优势产业改造提升，在食品、饲料、生物医药、建材、包装等五大产业新业态上持续发力。

二是加快农文旅融合发展。积极开展“三品一标”申报，培育一批“土字号”“乡字号”产品品牌，助推遂溪火龙果、金鲳鱼等更多“遂字号”农业品牌“出圈”。聚焦蓝色滨海旅游、人文古色旅游、红色经典旅游三条精品路线，精心打造体现本地特色的旅游品牌，切实讲好“遂溪故事”，彰显“遂溪魅力”，凝聚“遂溪人气”。探索发展火龙果“夜经济”，点亮火龙果“灯光璀璨”致富路。整合西部6个沿海镇丰富滨海旅游资源，构建以滨海风情观光游为特色的综合型旅游黄金海岸，打造滨海休闲旅游新地标。依托遂溪醒狮国家级非物质文化，打造遂溪醒狮IP形象，走出一条民俗文化传承与乡村旅游振兴融合发展的好路子。

三是优化产业发展要素保障。着力夯实双循环基础支撑，加快构建更高水平的开放与合作平台。鼓励遂溪企业全面参与区域内商品、技术、服务、资本、人员跨境流动，搭建多元化的贸易、融资、人文交流展示平台，推动形成更大范围、更宽领域、更深层次对外开放新格局。在激发消费需求和潜力等方面持续发力，不断提档升级实物消费，促进住房消费健康发展；聚焦节假日消费、夜间经济等消费模式，顺应年轻人消费需求，充分释放消费活力。营造重商安商招商环境，积极发挥58名县招商顾问作用，鼓励引导社会各界人士、遂溪乡贤、在遂投资企业家等作为招商引资的桥梁和纽带，进一步宣传遂溪、推介遂溪。深入贯彻“服务好在遂企业就是最好的招商”理念，鼓励已落地企业利用业务渠道、人脉资源，引进合作企业和上下游配套企业来遂投资，形成“引进一个、带来一批”的联动效应。

（二）坚持全面推进乡村振兴，促进城乡融合协同发展

一是把握“一城拓升三区联动”深刻内涵。将遂溪主城区作为高质量发展的核心引擎，聚焦城市功能品位提升，进一步优化城市功能布局，增设城市配套设施，为加速培育高质量发展重要增长极，更好发挥辐射带动作用打下坚实基础。全面完成七个老旧城区改造提升工程，加快旧中心市场改建升级，激发城市新活力、打造城市新亮点。充分发挥遂溪地理区位、自然资源、人文历史等方面优势，持续推动滨海新区、滨河新区和北部湾旅游新区建设，将“三区联动”的发展愿景加快转变为人民群众看得见、摸得着的美好现实。紧跟湛江“打造全国性综合交通枢纽”目标定位，全力配合合湛高铁、湛海高铁等项目前期工作，助推北部湾快线建设，打通遂溪东西两翼，构建快速、便捷、通达的交通格局。

二是大力推进强县促镇带村工作。深入实施“百县千镇万村高质量发展工程”，加快把县镇村发展的短板转化为高质量发展的潜力板。推进以县城为重要载体的新型城镇化，不断创新发展思路，以优质产业助力农业增效、农民增收。加快扩权强县、扩权强镇步伐，用好“核+副中心”协作机制，引导更多人才、

资金投入县域发展和强镇兴村。总结推广下洋村获评省文化和旅游特色村庄、官湖村获市首届美丽乡村电视大赛一等奖等先进做法经验，打造更多乡村振兴“遂溪范例”，进一步增强辐射带动力。加快构建现代乡村产业体系，把握互联网飞速发展、物流快递进村和土地流转加快的历史机遇，让“电商企业＋基地＋专业合作社＋农户”模式在遂溪热土上结出硕果。

三是实施人居环境整治提升行动。立足人居环境综合整治行动，连线成片推进乡村振兴示范带建设，力争2023年建成1条县级乡村振兴示范带，32条镇级乡村振兴示范带。在尊重乡村自然肌理、挖掘历史文化资源的基础上，借鉴传统村落、传统建筑营建的理念和智慧，加快农村村内道路、生活垃圾收集设施和农村公厕新建、改造工程等一批综合性农村基础设施建设，稳步提升村容环境，塑造富有时代特征、彰显区域特色、蕴含传统文化价值的乡村特色风貌。

（三）坚持深化改革创新驱动，塑造高质量发展新优势

一是深入推进“放管服”改革。聚焦重点领域关键环节，谋划推出一批上下贯通、多部门协同的“集成式”改革，构建更加全面的亲清新型政商关系，打造市场化、法治化、国际化营商环境，为企业和群众提供便捷高效服务。支持“个转企、小升规、规改股、股上市”，培育一批“专精特新”企业、“小巨人”企业和单打冠军企业，加快培育和引进大型企业，推动形成“大型企业顶天立地、中小企业铺天盖地”的可持续发展格局。

二是加快实施创新驱动发展战略。坚持从战略和全局的高度深刻认识创新驱动发展的重要性，以“团队＋梯队”引培工程带动产业结构转型升级。立足产业集聚区建设，以农副食品深加工、生物制药、新能源三大主导产业为载体，大力培养和引进一批目标明确、开拓创新、特色鲜明的科研团队、创业团队，着力构建高水平创新平台，努力在现代农业、生物医药、新能源产业等领域实现技术突破。支持企业、高校、科研院所和政府共建新型研发机构，打造区域创新中心。鼓励龙头企业牵头组建创新联合体，推动高新技术企业树标提质。

三是多措并举打造遂溪人才高地。拼创新、拼发展，从本质上来说就是拼人才。要全面贯彻新时代人才工作新理念新战略新举措，推动新时代人才工作各项决策部署落地生效，为人才打造宜居宜业的发展环境，多维度、立体化为人才创新创业提供便利。要坚持人才工作“一盘棋”，着力构建统一领导、科学决策、高效运行的党管人才领导体制和运行机制，加大对全县人才政策、项目、资金资源的统筹力度，强化重点产业人才工作力量。要找准人才工作“主基调”，实施更加积极、开放、有效的人才引进政策，把备受人才关注的政策红利落到实处。

（四）坚持生态优先绿色发展，大力推进绿美遂溪建设

要突出绿美广东引领，打造绿美遂溪品牌，深入践行“绿水青山就是金山银山”理念，高水平谋划推进生态文明建设，围绕品质提升抓绿化，围绕啃硬骨头抓治污，围绕结构优化抓“双碳”，绘出生态优先、绿色发展的“遂溪篇章”。

一是着力加强生态保护和修复。凝心聚力建设“红树林之城”，全面提升红树林等湿地生态系统质量和服务功能，营造“林和城相依、林和人相融”的绿美人居环境。充分利用和发挥红树林“玉蕊”国花的优势，积极申报、实施遂溪县城月红树林营造与保护修复项目、乐民镇红树林营造修复项目、西海岸岸线生态修复工程，完善红树林保护和区域旅游基础配套设施，大力发展我县红树林生态文化旅游特色品牌。盯紧遂溪河罗屋田省考断面水质达标攻坚系列工作，全面推进重点流域和重点海域环境整治。持续推进中央生态环保督察反馈问题整改，健全完善生态保护长效机制和生态监管体系，实现长效治理、长效保护。

二是全力实现绿色发展生态转型。始终把绿色发展贯穿于生态保护、污染治理、生产发展、人民生活等各方面，持续推进水污染、大气污染、土壤污染

综合治理，不断完善环保基础设施建设，全方位建设绿美遂溪。加快遂溪河流域水污染综合治理工程、遂溪县滨河新区污水处理厂、白坭坡产业园区污水处理厂等项目建设进度。支持湛江生物质发电公司微藻固碳示范工程建设、湛江科汇气体有限公司食品级液体二氧化碳回收项目，将二氧化碳转化为生物质资源。加快推动同畅环保科技有限公司二、三期项目建设，加大对固废回收利用企业支持力度，将遂溪县工业污泥、养殖场粪便、建筑垃圾等固体废物“变废为宝”，全域实行资源“无害化”处置利用。

三是积极稳妥落实“双碳”战略。紧跟湛江“加快建设省海洋碳中和试点城市”发展方向，持续优化调整能源结构，推动构建以清洁能源为主的新型能源体系，2023年计划建成总投资超20亿元的光伏、风电项目，实现产业结构调整升级。坚决遏制“两高”项目盲目发展，积极引导工业、建筑、交通等重点行业节能降碳改造。大力开发红树林等海洋碳汇项目，进一步提升生态碳汇能力。

（五）坚持人民至上民生优先，提升社会事业发展水平

实现人民对美好生活的向往是现代化建设的出发点和落脚点。我们要坚持以人民为中心的发展思想，聚焦群众最关心最直接最现实的利益问题，实施更多惠民生、暖民心举措，让现代化建设成果更多更公平地惠及全县人民。

一是用心用情用力办好民生实事。坚持问题导向，大力实施就业、教育、医疗、住房、养老、育儿、交通、食品安全、消费者权益保护、平安等“民生十大工程”。持续优化基础教育供给。大力创建学前教育普及普惠县，积极推进遂城第十三小学新建及县城初中扩建工作，加快推动新遂溪二中建设，恢复杨柑中学高中办学，进一步促进学前教育普及普惠、义务教育优质均衡、县域高中整体提升。大力支持职业教育发展，加快推进县职业技术学校西校区和下洋实训基地建设，实施职业学校办学条件达标工程，推进职普融通、产教融合、科教融汇，实现人才培养和创新产出“双提升”。全面深化教育综合改革，巩固拓展“双减”成效，深入实施中小学教师“县管校聘”，加快建设数字校园、数字课堂，锻造高素质教师队伍，不断提升教育教学质量。夯实社会保障基础。落实就业优先政策，持续推进“粤菜师傅”“广东技工”“南粤家政”三项工程，促进稳定就业、带动共同富裕。健全覆盖全民、统筹城乡、公平统一、安全规范、可持续的多层次社会保障体系，保障困难群众基本生活底线。深入实施健康遂溪行动。始终把维护人民健康权、满足人民医疗需要放在首位，加快推进遂城卫生院门诊综合楼建设、县域次级医疗卫生中心建设等医疗卫生民生项目。建立以县人民医院为牵头医院，横向整合遂溪县中医院、遂溪县妇幼保健院，纵向整合各镇（街）卫生院、一体化村卫生站组成的县域医共体，同步提高县镇（街）两级医疗服务能力。积极推进分级诊疗制度，扎实推进家庭医生签约服务，完善科学合理的公立医院财政投入补偿政策、药品耗材供应保障制度，降低虚高药价。构建优质高效医疗卫生服务体系，紧跟政策导向对新型冠状病毒感染实施“乙类乙管”，提高县域医疗救治能力、加强医疗物资储备。

二是不断丰富群众精神文化生活。坚持以社会主义核心价值观为引领，为人民群众精神生活共同富裕提供价值支撑。用好遂溪红色资源，组织老干部宣讲团进机关、进学校、进社区、进村庄广泛开展宣传，切实赓续传承好遂溪红色文化精神。充分发挥新时代文明实践中心（所、站）阵地作用，为群众提供丰富多样、喜闻乐见的文明实践活动，推动党史学习教育深入群众、深入基层，鼓励群众特别是广大青年，投身遂溪经济高质量发展建设，深化青年发展友好型县域建设。加快县文化中心、遂溪体育公园和乌塘镇芳流墩作家村建设，打造我县文体建设新地标。加快文化资源共享工程建设，推动文艺创作和文化繁荣发展，启动红土画派创作工作。继续办好“我们的节日”“三百工程”“戏曲进乡村进校园”等文化惠民系

列活动及醒狮、粤剧、曲艺等传承创作活动，让群众精神生活更加丰富充实。

三是高标准打造平安法治遂溪。大力构建“综治中心＋网格化＋信息化”智慧治理体系，推动大数据与社会治理深度融合。常态化开展扫黑除恶斗争，接续开展“春风利剑”行动，深入打击整治盗抢骗、黄赌毒、食药环等违法犯罪，特别是要坚决打击治理电信网络新型违法犯罪，维护遂溪社会大局平安稳定。坚持开展定点接访和“平安夜访”，深入开展矛盾纠纷大排查大化解，推动落实属地管理责任、源头稳控和多元化解机制，切实把矛盾纠纷解决在基层、化解在萌芽状态，努力构建共建共治共享社会治理新格局。持续抓好特种设备、危化品、交通、消防、建筑等重点领域安全专项整治，守护好人民群众生命财产安全。奋力推进新时代新征程政法工作现代化，打造更高水平的法治遂溪。深入贯彻总体国家安全观，完善防范化解10类重大风险机制，牢牢守住意识形态安全“南大门”。加强重点领域安全保障能力建设，多渠道多来源保障能源供应，高效建设重大疫情防控救治体系。建立健全重大风险应急处置机制，加强应急队伍建设。

四、党要管党、从严治党，全面推进党的建设新的伟大工程

全面建设社会主义现代化国家、全面推进中华民族伟大复兴，关键在党。我们要牢记全面从严治党永远在路上，党的自我革命永远在路上，落实新时代党的建设总要求，健全全面从严治党体系，全面推进党的自我净化、自我完善、自我革新、自我提高，团结带领全县干部群众走好新时代赶考之路。

（一）旗帜鲜明讲政治，铸就信仰坚定忠诚品格

始终以政治建设为统领，坚持把学习贯彻落实习近平新时代中国特色社会主义思想作为头等大事和首要政治任务，教育引导全县党员干部坚决拥护“两个确立”、做到“两个维护”。不折不扣落实好“第一议题”制度和党的创新理论学习教育计划，全面贯彻落实习近平总书记重要讲话和重要指示批示精神。深入推进党史学习教育常态化长效化，坚定历史自信，增强历史自觉，全面树牢团结带领广大干部群众紧跟党走的政治理念。

（二）矢志不移强思想，凝聚竞标争先精神力量

全面加强党的思想建设，坚持不懈用党的创新理论武装全党，持续深入学习贯彻党的二十大精神和省委第十三届二次全会精神，深刻把握习近平新时代中国特色社会主义思想的精髓要义、科学体系、实践要求，为遂溪在实现中国式现代化的道路上筑牢思想根基。以新发展理念引领高质量发展，把“大学习、深调研、真落实”贯彻运用到工作中去，切实提高党员领导干部运用党的科学理论解决实际问题的能力。

（三）强根固本夯基础，筑牢基层建设战斗堡垒

坚持把抓基层打基础作为固本之举和长远之计，持续推进基层党建三年行动计划。进一步健全和完善社区“大党委”、网格化管理、“平急转换”三大工作机制，打造更加契合遂溪发展的“三强三优”基层治理体系。深入推进“两个覆盖”，激发两新组织活力，织密行业党建和区域党建“两张网”，筑牢上下贯通、执行有力的严密组织体系。聚焦“1+3+6”行动计划，创建重点项目攻坚临时党支部，做到“支部建在项目上，党旗飘在工地上”，切实把党的优势转化为推进项目建设落地见效的强大动能。持之以恒推动党内组织生活提质增效，进一步落实“三会一课”报备制度，不断推进组织生活规范化建设，增强党组织的创造力、凝聚力和战斗力。持续挖掘利用红色资源，推进党建示范点、抓党建促乡村振兴示范县镇创建工作，以点带面推动我县农村党建工作提质升级。

（四）凝心聚力抓队伍，打造干事创业中流砥柱

坚持德才兼备、以德为先、任人唯贤的方针，突出政治标准，持续做好干部分析研判。强化选人用人专项检查，用好用活职级晋升政策，平稳构建选拔任用和职级晋升“双通道”。持续深化“头雁赋能”工程，深入开展新时代送教下基层暨村

（社区）党组织书记轮训活动。加强对干部激励关怀，不断选派素质优良、业务能力强的干部到经济发达地区、上级机关、基层一线、三大攻坚战主战场挂职锻炼，为有能力、敢担当、善作为的干部提供干事创业的良好平台，切实树立起“有为才有位”和“能上能下”的正确用人导向。

（五）持之以恒正风纪，营造风清气正政治生态

锲而不舍落实中央八项规定，持续深化纠治“四风”，重点纠治形式主义、官僚主义，坚决破除特权思想和特权行为。精准运用“四种形态”，持续加强“五个监督”，督促领导干部严于律己、严负其责、严管所辖。保持反腐败高压态势，聚焦关键领域、关键环节、关键岗位，不断强化反腐败震慑作用，坚持一体推进不敢腐、不能腐、不想腐，坚持惩治、整改、治理结合，监督、办案、警示贯通，实现政治效果、纪法效果、社会效果有机统一。落实好《关于加强新时代廉洁文化建设的意见》，不断推进新时代廉洁文化建设。

同志们！时代呼唤着我们，人民期待着我们。唯有矢志不渝、笃行不怠，方能不负时代、不负人民。我们要认真学习贯彻党的二十大精神，更加紧密地团结在以习近平同志为核心的党中央周围，在省委、省政府和市委、市政府的坚强领导下，上下同心、奋勇争先，为加快与湛江市区同城化发展，建设湛江市域副中心城市，在全面建设社会主义现代化国家、全面推进中华民族伟大复兴新征程中续写遂溪新辉煌！

名词解释

1. 两个确立：确立习近平同志党中央的核心、全党的核心地位，确立习近平新时代中国特色社会主义思想的指导地位。

2. 两个维护：坚决维护习近平总书记在党中央和全党的核心地位、维护党中央权威和集中统一领导。

3. 一核三区：“一核”指县城主城区，“三区”指滨海新区、滨河新区、北部湾旅游新区。

4. 三强三优：强契约化共建，优化服务模式；强网格化管理，优化组织体系；强一体化转换，优化治理机制。

5. 三个务必：务必不忘初心、牢记使命，务必谦虚谨慎、艰苦奋斗，务必敢于斗争、善于斗争。

6. 三个协同：规划、交通和城市协同。

7. 四个对接：规划、交通、产业规划和城市管理对接。

8. 四风：形式主义、官僚主义、享乐主义和奢靡之风。

9. 四种形态：（1）党内关系要正常化，批评和自我批评要经常开展，让咬耳扯袖、红脸出汗成为常态；（2）党纪轻处分和组织处理要成为大多数；（3）对严重违纪的重处分、作出重大职务调整应当是少数；（4）严重违纪涉嫌违法立案审查的只能是极少数。

10. 12221：广东省促进农产品销售而进行的举措。“1”即一个大数据；“2”即“拓展销区市场，完善产区市场”两个市场；“2”即成立销售联盟，组织销区采购商队伍、培养产区经纪人队伍两支队伍；“2”即“采购商走进产地”“产品走进大市场”两场活动；“1”即实现一揽子目标。

11. 六个一批：扶持生产和就业发展一批、移民搬迁安置一批、低保政策兜底一批、医疗救助扶持一批、灾后重建帮扶一批、教育资助解困一批。

12.“春风利剑”专项行动：湛江市每年1—4月开展社会治理专项行动，严厉打击各类突出违法犯

罪行为。

13. 放管服：简政放权、放管结合、优化服务的简称。“放”即简政放权，降低准入门槛。“管”即创新监管，促进公平竞争。“服”即高效服务，营造便利环境。

14. 三品一标：无公害农产品、绿色食品、有机农产品和农产品地理标志。

15.“双碳”战略：即碳达峰与碳中和的简称。2020 年 9 月 22 日，我国在第 75 届联合国大会一般性辩论上宣布了中国力争 2030 年前二氧化碳排放达到峰值，努力争取 2060 年前实现碳中和。

16. 乙类乙管：依据《传染病防治法》，对新冠病毒感染者不再实行隔离措施，不再判定密切接触者；不再划定高低风险区；对新冠病毒感染者实施分级分类收治并适时调整医疗保障政策；检测策略调整为“愿检尽检”；调整疫情信息发布频次和内容。依据《国境卫生检疫法》，不再对入境人员和货物等采取检疫传染病管理措施。

17. 五个监督：一是坚持和加强党对反腐败工作的领导和监督，二是自觉接受权力机关的监督，三是加强与司法机关的相互配合、相互制约，四是不断强化自我监督，五是自觉接受人民群众的监督。

遂溪县第十七届人民代表大会常务委员会工作报告

——2023 年 3 月 3 日在遂溪县第十七届人民代表大会第三次会议上

◎ 遂溪县人大常委会主任　苏　琛

各位代表：

我受县第十七届人大常委会委托，向大会报告工作，请予审议，并请列席同志提出意见。

2022 年工作回顾

2022 年是县第十七届人大常委会全面依法履职的开局之年。一年来，县人大常委会在县委的坚强领导下，坚持以习近平新时代中国特色社会主义思想为指导，深入贯彻党的十九大和二十大精神，全面落实中央、省委、市委、县委人大工作会议精神，坚持和完善人民代表大会制度，不断发展全过程人民民主，坚持党的领导、人民当家作主、依法治国有机统一，紧紧围绕县委决策部署，主动担当，依法履职，奋发作为，在新的征程上圆满实现了新一届人大的良好开局。

一年来，县人大常委会召开会议 16 次，听取审议工作报告 27 项，作出审议意见 11 项，作出决议决定 18 项，开展视察调研 36 次、执法检查 2 次、专题询问 1 次，举办代表论坛 1 次，评议政府部门 2 个，接受部门主要负责人述职 2 人，顺利完成了县第十七届人大第二次会议确定的各项目标任务。

一、坚持党的全面领导，政治引领把舵定向

县人大常委会始终把坚持党对人大工作的全面领导作为人大工作的“生命线”，贯穿到人大工作的各方面全过程，确保人大工作沿着正确政治方向不断前进。

把牢正确政治方向。突出习近平新时代中国特色社会主义思想总指引，把学习宣传贯彻党的二十大精神作为首要政治任务，深化对新发展阶段、新发展理念、新发展格局的理解把握。把传达学习习近平总书记重要讲话精神作为党组会议的第一议题，深入学习党的二十大、省第十三次党代会、市第十二次党代会、县第十四次党代会等会议精神，全面学习中央、省委、市委、县委人大工作会议精神，全年组织集中学习19次，切实把学习成果转化为做好新时代人大工作的强大动力。

落实县委决策部署。紧扣县委工作部署要求，认真贯彻县委人大工作会议精神，确保人大工作与县委中心工作同向发力。严格执行请示报告制度，向县委常委会报告人大工作，全年就重大事项、重点工作向县委请示报告16次。常委会班子成员深度投身于疫情防控工作第一线，动员全县各级人大代表和人大机关干部积极参与到疫情防控工作中，组织全县人大代表踊跃捐资捐物，为全县疫情防控工作注入人大力量。认真完成督导自然资源领域重点工作、防汛防风工作、联系服务企业、化解信访积案、“平安夜访”等重点工作任务，做到党委有部署、人大有行动、落实有成效。

依法规范人事任免。坚持党管干部和人大依法任免干部有机统一，把好人事任免关口、完善主任会议、任前法律考试、常委会审议表决、颁发任命证书、宪法宣誓等制度，不断提升人事任免工作的科学化、民主化、法治化水平。全年任免国家机关工作人员82人次，其中任命干部47人次，免去职务32人次，接受辞职3人；接受辞去县人大代表3人、市人大代表1人，辞去常委会委员2人；采取强制措施许可1人、不予许可1人。

二、围绕中心服务大局，监督工作奋勇前行

县人大常委会紧扣全县工作大局，聚焦重点难点，发挥综合监督效能，做到正确监督、有效监督、依法监督。

全力推动重点工作。举办“遂溪县主城区升级改造”代表论坛，推动县城街道“白改黑”和老旧小区改造项目建设，听取北部湾旅游区建设情况报告，组织代表视察滨河新区、滨海新区规划建设情况，着力推动县委“1+3+6”行动计划提档增速。组织代表视察县城供水情况，协助配合省、市人大开展乡村振兴、撂荒耕地复耕复种、引调水工程、农村道路建设、美丽乡村建设、基本农田保护等视察调研，大力推进乡村振兴战略实施。

全力保障经济运行。听取审议财政预算执行和收支审计、财政决算、国民经济和社会发展计划执行等情况报告，审查批准县级财政预算调整方案，加强监督经济重点工作，促进财政收支平衡向好。听取审议审计查出突出问题整改、自然资源国有资产管理、城乡医保基金管理和使用等工作情况报告，开展政府债务管理情况专题调研，审查批准存量隐性债务化解“清零”报告。聚焦产业扩能增效，调研推进水产业高质量发展工作情况，助推全县经济平稳运行、健康发展。

全力增进民生福祉。着眼群众利益问题，开展民生实事项目票决，通过项目征集、代表票决、监管评估等监督形式，召开常委会委员会议对县政府实施十大民生实事项目进行满意度测评，督促民生实事项目落地见效。回应群众对教育的关切，听取审议教育“双减”落实情况的报告，检查《广东省学校安全条例》实施情况，对遂城第十三小学项目建设情况开展专题询问，督促办好人民满意教育。听取审议养老服务和退役军人事务管理工作情况报告，关注养老和退役军人服务保障。协助市人大调研全民健身工作，完善公共体育服务，提高全民科学健身意识。

全力守护生态环保。听取环境状况和环境保护目标完成情况和第二轮中央环保督察整改情况报告，开展环境保护专题调研，确保污染防治攻坚、环保督察整改工作稳步推进，持续改善生态保护和环境治理。调研红树林保护工作情况，听取县政府专项工作报告，大力宣传《湛江市建设“红树林之城”行动方案（2021—2025年）》，提高群众对红树林的保护意识，推进红树林修复保护工作。

全力促进公平正义。依法监督司法工作，听取县法院执行工

作情况报告，视察公益诉讼检察工作，加强司法工作力度。听取关于打击电信诈骗违法犯罪情况报告，专题调研知识产权保护情况，视察“春风利剑”专项行动，推进平安建设。听取审议“八五普法”规划情况，依法作出决议。建立健全规范性文件备案审查信息平台，全年备案审查规范性文件5件，促进规范性文件备案审查工作走上程序化、规范化轨道。扎实做好信访工作，全年共受理群众来信13件、来电10次，接待群众来访28人次，有效解决群众合法合理诉求。

全力提升基层治理。听取审议《社区矫正法》贯彻实施情况报告，推动社区矫正工作融入社会治理。听取审议城市管理综合执法工作情况报告，强化城市综合执法保障。对《中华人民共和国安全生产法》贯彻实施情况开展执法检查，督促安全生产责任落实。听取人才队伍建设工作情况报告，到县人才驿站开展专题调研，助推人才驿站建设和人才队伍建设。对县住建局、市生态环境局遂溪分局开展工作评议，组织县发改局、县民政局主要领导向常委会述职，促进部门持续改进工作，不断提升管理服务水平。

三、注重代表服务保障，履职风采日益彰显

县人大常委会高度重视代表工作，坚持尊重代表主体地位，完善代表工作机制，密切代表联系人民群众，着力提升代表工作水平和实效。

创“五好”联络站，拓展履职平台。坚持建好用好代表联络站，发挥代表联络站平台载体作用，把联络站作为打通联系群众“最后一公里”的有效手段。全县已建成镇级人大代表中心联络站15个、村级人大代表联络站202个；着力创建“五好”代表联络站，印发《遂溪县人大常委会创建“五好”代表联络站方案》，召开“五好”代表联络站示范点创建工作现场会，开展“五好”代表联络站评选表彰，洋青、黄略、城月、河头、建新、界炮6个镇级中心联络站被评为“五好”代表中心联络站，附城村、城榄村等18个村级联络站被评为“五好”代表联络站，充分发挥先进示范作用，引领全县代表联络站提质增效。

开展主题活动，解决群众难题。充分发挥代表的桥梁纽带作用，深入开展“更好发挥人大代表作用”主题活动，全县1645名（次）人大代表进联络站开展活动2437次，接待群众1289人次，收集群众意见建议527件，目前已解决412件，正在逐步解决的有115件。市、县23名领导以普通人大代表身份进代表联络站接待群众，推动解决群众急难愁盼问题，市委常委、组织部部长谢水明到洋青接待群众，协调解决洋青镇食品公司门前至沿河路段“行路难”问题；骆华庆书记到遂城接待群众，解决安装城南社区路灯“照明难”问题；刘剑县长到黄略接待群众，解决修复许屋村三元坛水闸“生产难”问题。常委会召开主题活动意见建议办理工作推进会，通过“全员入站、深入调研、限时办结”的模式，精心组织实施，办理经验获省人大常委会机关刊物《人民之声》刊登报道。

办好议案建议，增强履职实效。常委会不断完善议案建议交办、督办工作，坚持集中交办和即提即交相结合，健全完善代表议案建议办理闭环管理工作机制。听取县政府办理议案建议工作情况报告，实行“分工包案任务”督办模式，由常委会领导牵头调研督办，增强议案建议办理质量和实效。县十七届人大二次会议期间代表提出8类49件建议（含议案转建议）已办理完毕，全部完成书面函复代表。常委会评选表彰优秀代表建议10件、先进办理单位10个，推动解决群众的“揪心事”。

四、全面加强自身建设，人大事业行稳致远

县人大常委会牢牢把握“四个机关”建设定位要求，与时俱进，守正创新，坚决担负起新时代赋予人大工作的新职责新使命。

以政治建设为根基，形成良好政治生态。常委会党组始终坚持把政治建设摆在首位，强化政治机关意识。认真落实全面从严治党政治责任，研究加强党建引领，严格落实第一议题、“三会一课”、民主生活会、组织生活会等制度，召开学习党的二十大精神专题讲座，开展“喜迎二十大•奋进新征程”主题党日活动，组织机关党员参观

县博物馆、钟竹筠烈士纪念馆、泉水农会旧址等，筑牢依法履职的政治基础，推动机关政治建设全面推进、全面过硬。

以信息建设为支撑，增强宣传工作活力。常委会认真落实意识形态责任制，把新闻信息宣传工作摆在重要位置。召开信息宣传工作会议、新闻宣传工作表彰会议，开展新闻写作业务专题培训班，强化对新闻信息写作业务指导，打造高素质人大宣传工作队伍。全年在各级媒体、平台共发布新闻稿件575篇，《人民之声》、“南方+”客户端、《湛江日报》、“湛江人大”微信公众号、“湛江人大”网等市级以上媒体平台报道遂溪人大工作87篇，获评“湛江市人大新闻奖”三等奖3件，广泛宣传人大履职成效和优秀代表事迹，人大工作影响力不断提升。

以作风建设为抓手，激发机关干部热情。严格执行民主集中制，认真贯彻落实中央八项规定及其实施细则精神，加大党风廉政建设工作力度，压紧压实党风廉政建设“一岗双责”，主动接受派驻纪检监察组的监督。扎实开展纪律作风建设，多次召开机关作风建设会议，通过集中讨论、警示教育、廉政谈话等形式，专题研究省委巡视反馈意见整改落实工作，突出问题导向，深入查摆整改，以作风建设促进工作提升，营造风清气正、激情干事的良好氛围。

各位代表！2022年县人大常委会各项工作取得的成绩，根本在于习近平新时代中国特色社会主义思想的科学指引，是市人大常委会精心指导和县委坚强领导的结果，是“一府一委两院”积极配合和各镇（街）人大通力协作的结果，是常委会组成人员、全体代表共同努力的结果，是社会各界和全县人民群众大力支持的结果。在此，我代表县人大常委会表示衷心的感谢，并致以崇高的敬意！

在总结成绩的同时，我们也清醒地认识到，常委会工作还存在一些差距和不足，主要是：监督的刚性和实效有待进一步提升，持续跟踪问效有待进一步强化；代表履职服务保障有关机制仍需完善，代表联络站信息化建设需要进一步增强；人大工作制度和运行机制还不够完善，机关工作作风转变、工作能力建设需要紧跟新时代新要求。对此，我们将高度重视，认真听取代表和各方面的意见建议，在今后的工作中切实加以改进，推动新时代遂溪人大工作创新发展。

2023年主要任务

2023年是全面贯彻落实党的二十大精神的开局之年。县人大常委会要高举习近平新时代中国特色社会主义思想伟大旗帜，全面深入贯彻党的二十大精神和中央、省委、市委、县委人大工作会议精神，深刻领悟“两个确立”的决定性意义，坚决做到“两个维护”，在县委的正确领导下，用好宪法法律赋予的各项职责，贯彻县委“1+3+6”行动计划，落实制造业当家发展理念，砥砺前行，奋勇前进，为聚力建设湛江市域副中心城市，实现与湛江同城化发展，以竞标争先、比学赶超的昂扬姿态推进遂溪高质量发展谱写新篇章。

一、深学细悟新思想，以更高自觉领航政治建设

坚持以习近平新时代中国特色社会主义思想为指导，把“两个确立”“两个维护”植根于思想、落实到行动。持续深入学习贯彻党的二十大精神，与学习习近平法治思想、习近平总书记关于坚持和完善人民代表大会制度的重要思想紧密结合起来，以理论清醒保证政治坚定，以思想自觉引领行动自觉。充分发挥常委会党组领导作用，严格落实重大事项请示报告制度，依法行使重大事项决定权和人事任免权，确保通过法定程序贯彻落实县委意图，紧紧围绕县委中心谋划推进工作，找准切入点和结合点，做到人大工作与县委工作中心合力合拍、同频共振，使人大成为坚持党的领导、贯彻党的决策的坚强阵地。

二、笃行实干促监督，以更大力度助推经济发展

聚焦县委决策重点、政府工作难点、群众关注热点，紧扣县委“1+3+6”行动计划和制造

业当家发展理念，运用多种监督方式，依法履行监督职能，助推遂溪高质量发展。围绕经济运行态势，听取审议预决算、计划、国有资产管理、审计查出突出问题整改等工作情况报告，加大预算联网监督力度，保障经济平稳运行。围绕产业发展重点，视察调研制造业、畜牧业、文旅融合产业发展情况，听取审议农业基础设施建设与维护工作情况报告，推动全县产业高质量发展。加强改善民生保障，听取审议县职业教育工作、养老基金筹集使用管理情况报告，加强食品药品安全监管、志愿者服务、妇女儿童合法权益保障监督，持续开展民生实事项目票决，加大跟踪督办力度，认真推动民生实事项目落实，回应人民群众期盼。推动绿色生态发展，听取环境状况和环境保护目标完成情况报告。加强法治建设工作，对《广东省革命遗址保护条例》《中华人民共和国老年人权益保障法》贯彻实施情况进行执法检查，进一步加强规范性文件备案审查工作。深化述职评议工作，组织对2个政府部门进行评议，对2个政府部门主要领导履职情况进行述职测评，全面监督提升机关工作效能。

三、守正创新强保障，以更实举措激发履职活力

深入拓展履职活动引领和平台载体搭建，充分发挥代表的主体作用。持续抓好“双联系”工作，健全完善常委会组成人员接待代表、走访联系代表等制度。深入推进代表“六个一”活动，组织代表围绕监督议题开展视察调研、执法检查等活动，积极开展代表主题活动，引导各级人大代表常态化进站入户。持续强化代表履职培训，坚持理论武装和业务培训相结合。优化代表议案建议办理工作机制，着力提升办理质量和办理解决率。继续开展“五好”联络站创建活动，让代表联络站真正成为社情民意“直通车”。

四、从严从实筑根基，以更好成效展示人大形象

认真贯彻落实新时代党的建设总要求，坚持不懈加强自身建设，努力打造让党放心、人民满意的“四个机关”。始终坚持以政治建设为首要任务，坚持强化理论武装，制订年度学习计划，坚持不懈抓学习培训，不断提高政治判断力、政治领悟力、政治执行力。注重加强运用信息化技术推动新时代人大工作与时俱进。深化新闻信息宣传工作，进一步加大宣传力度，创新宣传形式，突出特色亮点，充分展现代表履职风采，切实讲好遂溪人大故事。

各位代表，征途漫漫，惟有奋斗。让我们更加紧密地团结在以习近平同志为核心的党中央周围，在中共遂溪县委的坚强领导下，以更加昂扬的斗志、更加饱满的热情、更加务实的作风，凝心聚力促发展，砥砺奋进开新局，用奋斗书写新时代遂溪人大工作新荣光，为奋力谱写遂溪高质量发展新篇章贡献人大力量！

名词解释

1.“1+3+6”行动计划：以围绕一个主城区，打造滨海新区、滨河新区、北部湾旅游新区三个特色片区，规划岭北工业园区、白坭坡工业园区、燕子窝工业园区、洋青工业园区、城月工业园区、北潭港工业园区六个功能产业园为抓手，贯彻大交通、大数据发展理念。

2. 双减：减轻义务教育阶段学生过重作业负担和校外培训负担。

3. 五好：硬件设施好、组织管理好、开展活动好、联系群众好、工作成效好。

4. 四个机关：习近平总书记在中央人大工作会议上强调，各级人大及其常委会成为自觉坚持中国共产党领导的政治机关、保证人民当家作主的国家权力机关、全面担负宪法法律赋予的各项职责的工作机关、始终同人民群众保持密切联系的代表机关。

5. 两个确立：确立习近平同志党中央的核心、全党的核心地位，确立习近平新时代中国特色社会主义思想的指导地位。

6. 两个维护：坚决维护习近平总书记在党中央和全党的核心地位，坚决维护党中央权威和集中统一领导。

7. 双联系：人大常委会组成人员联系人大代表、人大代表联系人民群众。

8. 六个一：每位代表每年至少参加一次代表视察和调研活动；任职期间至少参加一期代表培训班；每年至少开展一次走访选民；每年就政府工作至少提一条建议；任期内至少为群众办一件实事好事；每位农民代表至少学习掌握一门致富技术。

遂溪县人民政府工作报告

——2023 年 3 月 3 日在遂溪县第十七届人民代表大会第三次会议上

◎ 遂溪县人民政府县长　刘　剑

各位代表：

现在，我代表县人民政府向大会报告政府工作，请予审议，并请政协委员和其他列席同志提出意见。

一、2022 年工作回顾

过去一年，是本届政府履职的开局之年，也是遂溪发展极不平凡的一年。面对多重困难叠加的严峻复杂环境和艰巨繁重的改革发展稳定任务，我们坚持以习近平新时代中国特色社会主义思想为指导，全面贯彻党中央、国务院的决策部署和省市的工作要求，在县委的坚强领导下，在县人大及其常委会、县政协的支持下，坚持稳中求进工作总基调，全面落实“疫情要防住、经济要稳住、发展要安全”的重大要求，稳步推进“1+3+6”行动计划，用苦干实干拼命干的不懈奋斗，交出了一份振奋人心的“成绩单”。

这一年，我们以“遂溪精神”喜迎党的二十大胜利召开，广泛凝聚奋进新征程的共识和力量。举世瞩目的党的二十大胜利召开，擘画了党和国家发展宏伟蓝图，吹响了奋进新征程的时代号角，令人鼓舞、催人奋进。我们紧紧围绕宣传贯彻党的二十大这条主线，在发展大局中找准遂溪定位，自觉用党的二十大精神武装头脑、指引发展、砥砺信心，以愈加饱满的精神状态，广泛汇聚全体干群团结奋斗、勇毅前行的磅礴力量，在项目建设、乡村振兴、疫情防控、粮食能源安全、安全生产、平安稳定等“大战大考”中锤炼干部作风，充分彰显“遂溪人”艰苦奋斗、实干担当的精气神，扎实有力推动各项事业发展再开新局。

这一年，我们以“遂溪担当”直面战“疫”大考，全力筑牢疫情防控生命线。面对多轮本土疫情，抢抓“白金 6 小时、黄金 24 小时”，第一时间启动应急响应机制，迅速实现“平急转换”，全县上下万众一心、众志成城，以“早快细准全”的硬措施筑牢“两条防线”，最大程度保护了人民生命安全和身体健康，最大限度减少了疫情对经济社会发展的影响，以“遂溪速度”“遂溪力度”“遂溪温度”展现了齐心战“疫”的“遂溪担当”，其中“5·6”疫情防控工作在全省作经验交流。全面推进疫情防控能力提升“五大攻坚行动”，核酸检测能力达每天6.4万管，建成使用健康驿站2个、亚定点医院1间，疫情防控能力大幅提升。防控政策调整后，及时把工作重心转向“保健康、防重症”，加快医疗救治资源建设，保障群众就医用药，60岁及以上人群第一剂次接种覆盖率97.6%，实现了疫情防控的有序转段、平稳渡峰。

这一年，我们以“遂溪智慧”积极应对超预期因素冲击，推动经济高质量发展行稳致远。坚持把稳增长作为最大政治任务，在“防控”与“发展”中积极寻找动态平衡，强化经济运行调度，政策靠前发力，政企同频共振、加压奋进，经济加快恢复发展，是全市五项主要经济指标均保持正增长的两个县（区）之一。多项工作提效破局，重大工业产业项目达产增效排名全市第二，项目用地报批、供应和闲置土地处置及“三旧”改造等工作获市通报表扬，遂溪高质量发展势头不减，区位、产业和生态优势愈发凸显。市委市政府对遂溪高度重视、寄予厚望，市主要领导多次到遂溪调研指导，对遂溪扎实的工作基础、良好的发展态势及干部干事创业精气神给予充分肯定，极大增强我们发展的信心和决心。

这一年，我们以“遂溪韧性”有效防范化解各类风险，有力维护社会大局和谐稳定。始终保持战略定力、坚持底线思维，战胜了一个又一个困难，打赢了一场又一场硬仗。经济风险安全可控，稳妥处置化解房地产、金融等领域风险。安全生产形势稳定，全面完成安全生产专项整治三年行动，生产安全事故起数、死亡人数分别下降79.3%、55.6%，安全生产、消防安全、道路交通安全工作考核全市第一，在全市率先完成国省道交通安全文明示范路创建，油气长输管道安全风险专项治理工作获市通报表扬，创建全市首家“榨糖企业安全生产示范企业”，获评省安全文化建设示范企业1家；在全市率先完成消防队站建设任务，遂城消防救援站获评“全国消防救援队伍执勤训练先进站”，县消防救援大队被省消防救援总队评为“基层建设先进大队”“执勤训练先进大队”；成功应对31轮强降水、8个台风，县应急管理局获评“省三防工作表现突出集体”“广东最美应急集体”。社会治理成效显著，全县呈现刑事警情、立案下降和破案、刑拘上升的“两降两升”良好态势，“一村一（辅）警”、平安遂溪视频监控系统基础覆盖项目实现全覆盖，禁毒工作专项考核排名全市第一。初信初访办理效能有力提升，重点信访事项化解率达100%，圆满完成党的二十大等重大活动和敏感节点维稳安保各项任务。

一年来，我们主要做了以下几方面工作：

（一）聚力扩投资保增长，经济运行提质提效。打好稳经济大盘“组合拳”，成立“六大经济专班”，推动稳经济一揽子政策措施落地见效，稳住了经济发展“基本盘”。全力保企业运行，开展“一企一策”暖企活动，落实新增组合式税费支持政策4.4亿元。千方百计扩投资，成立并联审批稳投资专班，实行“日通报、周协调、月总结”机制，完成投资105.6亿元，基础设施、工业投资分别增长66.8%、23.3%。实施重点项目攻坚行动，15个项目顺利开工，6个前期预备项目提前开工。强化要素保障，新增建设用地指标846.6亩，处置批而未供和清理闲置土地1490亩，统筹安排项目前期工作经费5.3亿元；59个总投资近300亿元债券项目获批、债券需求资金达146亿元，项目通过审核数量和债券资金需求额度排名全市前列，率先完成16.4亿元债券资金使用。主要经济指标稳健增长，实现地区生产总值426.61亿元，增长2.2%，高于全省全市增速、排名全市第二；一般公共预算收入10.5亿元，增长12.4%，增速排名全市第二；农村居民收入增长快于城镇，分别增长4.7%、3.7%，跑赢地区生产总值。

（二）聚力攻项目促转型，产业倍增成效初显。大力发展实体经济，一批重点产业项目加速推进，三大产业协同发展稳中有增。工业经济提质增效。规上工业总产值突破200亿元，新增15家规上工业企业，引入投资超百亿元的湛江新能源产业园项目。园区经济加速发展，规上工业总产值增长9.8%，县产业转移工业园获批省特色产业园。投入超亿元推进园区基础设施提标提质，临港产业园和白坭坡预制菜产业园建设扎实推进，预制菜“雁阵形”产业集群现雏形。特色农业优质高效发展。粮食单产和总产量实现双增，建成高标准农田3.5万亩，超额完成连片15亩以上撂荒耕地复耕复种任务、面积达2.6万亩。农林牧渔业总产值超251亿元、排名全市第一，新增创建南药省级现代农业产业园，预制菜产业园作为全市唯一纳入2023年省级现代农业产业园入库重点推荐名单，新增国家畜禽种业生猪补短板阵型企业1家、国家级和省级生猪产能调控基地18家、国家级和省级畜禽养殖标准化示范场11家、省级现代化美丽牧场2家、省级水产健康养殖和生态养殖示范区2家、省级示范社2家、省级专业镇村2个、全国名特优新农产品2个，遂溪圣女果入选广东农产品“12221”市场体系建设“十大优秀案例奖”，界炮江头村以圣女果造就“亿元村”的做法获得省肯定。现代服务业加快恢复。新增限上商贸企业21家，社会消费品零售总额增长2.3%。农村电商全省领跑，电商网络销售额达13.8亿元，国家级电子商务进农村综合示范县项目（一期）绩效考核全省第一，电商经验全省推广。文旅业呈现新气象，滨海旅游新区文旅项目建设成效初显，“红情绿意蓝韵古色”八大美景成为热门打卡消费场景，旅游收入超10亿元。建筑业、金融业持续发力，建筑业总产值增长20%、排名全市第一，金融业增加值增长9.5%。

（三）聚力抓改革谋创新，发展动能充分释放。大力开展优化营商环境行动，在17个领域推出216项改革举措，“一门式”办理事项增至916项，成立县首贷服务中心，企业开办网办率达99.9%，政务服务满意率保持全市前列。成立县财政开源节流专班，推进财税体制机制创新和国有资产重组整合，非税收入创新高、增长56.8%，在全市率先实现“税银互联协办”全覆盖。完成遂城镇改设遂城街道和附城镇行政区划变更。市场主体挖潜培育百日攻坚行动成效显著，新增市场主体11493户，增长37.5%，其中新增企业1045户。对外开放持续深化，招商签约项目21个、计划总投资76.9亿元，其中亿元以上项目14个。新增外贸备案企业7家，进出口总额约23.9亿元，实际利用外资3394万元。举办特色农产品网络文化节、金鲳鱼旅游文化节等系列营销活动，有力促进农海产品产销“双轮驱动”，我县成为全省首批开展农业领域全面对接RCEP行动县域。科技创新力度加大，新增省级“专精特新”企业10家、省级创新型中小企业18家，20家企业认定国家高新技术企业进行备案公示，1项专利获第二十三届中国专利奖，《中小学生气象安全教育读本》获国家级“图书类”三等奖，1个项目获省气象科学创新一等奖，新建省级科技专家工作站1个，我县被命名为第二批全国科普示范县。

（四）聚力补短板强弱项，城乡品质不断提升。统筹城乡区域协调发展，完成“三区三线”划定，“一核三区”城市发展空间格局逐步成型。城市品质不断提升。主城区城市更新步伐加快，投入超5亿元改造7个老旧小区、3个基本建成，有序实施92条道路硬底化，完成城区传统路灯升级改造，遂溪醒狮美食广场正式运营，城市生活垃圾无害化处理率达100%。滨河新区城市功能更趋完善，遂溪大道实现与湛江大道全线通车，河东大道开工建设，城市排水排污、景观水系、学校及商住小区等项目加快建设。滨海新区列入市城市发展战略规划，完成城市规划阶段成果编制，起步区路网建设及征地工作加快推进。脱贫攻坚成果巩固提升。帮扶134户监测对象消除返贫风险，安排驻镇帮镇扶村资金3.3亿元推进599个项目建设。乡村建设深入推进。自然村基本实现干路硬底化建设，68%农村厕所完成改造提升，农村生活污水收集率、处理率分别提升至98.5%、94.8%，完成大中型灌区农业水价综合改革面积超7.7万亩，全面完成圩镇人居环境整治并通过市级验收，全部镇（街）达到“示范镇标准”、获评优秀等次8个，新增省级卫生镇村83个、市级文明镇村19个，推出系列微纪录片《走进遂溪看振兴》，我县入选赛迪顾问乡村振兴百强县，获评“四好农村路”省级示范县。遂融协作成果丰硕。

（五）聚力抓环保重治理，生态优势更加凸显。深入打好污染防治攻坚战，生态环境持续向好，空气优良率达99.4%，地表水、饮用水水源地水质均达标，我县应邀参加第十届中国生态文明论坛南昌年会并作经验交流。全面推行河长制，清理河道56.5公里，遂溪河罗屋田省考断面水质达标攻坚成效明显，高位池养殖尾水治理设施全面建成使用，271间养殖场完成粪污资源化设施建设。固废处置能力增强，134家企业纳入省统一监管平台，湛江市医疗废物无害化处理项目扩建工程、同畅环保科技船舶废物处理利用中心一期建成投产。推行林长制，推进“红树林之城”共建，完成生态造林和生态修复1.7万亩，我县作为全市唯一上报省推行林长制激励县。严守耕地红线，高规格推进农村乱占耕地建房问题整治，永久基本农田占稳定耕地比例提升至94.7%。绿色低碳加快发展，引进新能源项目6个、总投资超35亿元。

（六）聚力办实事惠民生，民生福祉持续增进。坚持把有限财力向民生倾斜，民生领域支出达45.7亿元。民生保障持续有力。完成省、市、县民生实事。开展职业技能培训1954人次，城镇新增就业3657人，县人才驿站获评省特色人才驿站、市优秀人才驿站，在全市首创退役军人就业创业联盟。为975名农民工追回欠薪1379.8万元。城乡居民基本医疗保险、基本养老保险参保人数分别达82.7万人、40.4万人。社会救助提质增效，困难群众生活保障补助标准再提高，社会工作服务站（点）实现全覆盖，建立县镇村三级养老服务网络，完成207户贫困重度残疾人家庭无障碍改造。设立粤西地区首个消防事务中心。教育优质均衡发展。教育履职考核排名全市第四，投资1.7亿元改善办学条件，新增中小学公办学位3665个，新职业技术学校顺利招生开学，“双减”五项指标达到预期。高中教学质量管理智育评估系数全市第一，中考总平均分连续3年位居五县（市）第一。549名教师通过高级职称评审，新招聘教师268名。医疗保障能力持续提升。投入15亿元推进八大医疗卫生民生项目建设，县人民医院、县中医院、县妇幼保健院整体搬迁项目基本建成，县公共卫生医院进入收尾阶段。社会事业全面发展。湛江党建红色影视文化城开工建设，“糖祖习俗”入选省级非遗名录，遂溪体操队、女子篮球队参赛省运会荣获佳绩，遂溪醒狮、陈式太极拳品牌影响力持续扩大。县民兵应急连在全市基干民兵分队战斗力水平检查考评中获最高分。县统计局获评全省统计系统先进集体。此外，保密、供销、殡改、地震、工商联、文联、地方志、档案、老龄、老区、统战、对台、侨务、民族宗教、工青妇、志愿服务、国防动员、人防、海防打私、打假打传等工作取得新进展。

一年来，我们全面贯彻新时代党的建设总要求，严守政治纪律和政治规矩，坚决有力贯彻落实上级各项工作部署，坚决服从县委领导，推动政府系统忠诚拥护“两个确立”，坚决做到“两个维护”。我们深入推进法治政府建设，实施“八五”普法规划，实行重大行政决策事项目录化管理，大力推进政府信息公开，扎实办理答复人大代表建议68件、政协提案104件，政府工作连续3年在全市质量工作考核获评A级，获评“广东省依法治省先进单位”1个、省级“民主法治示范村”3个。我们扎实推进全面从严治党，严格落实中央八项规定精神，带头过“紧日子”，“三公”经费支出下降10%，审计促进财政增收节支146.5万元，全县政治生态持续好转，政府效能不断提升。

各位代表，过去一年，成绩得来殊为不易。这是习近平总书记掌舵领航的结果，是习近平新时代中国特色社会主义思想科学指引的结果，是省委省政府、市委市政府和县委坚强领导的结果，是全县上下团结奋斗、奋勇拼搏的结果。在此，我谨代表县人民政府，向全县人民，向人大代表、政协委员、各民主党派、工商联、无党派人士、人民团体、社会各界人士及离退休老同志，向驻遂溪部队、公安干警、消防救援队伍和驻遂溪企事业单位，以及关心支持遂溪发展的同志们、朋友们，表示衷心感谢和崇高敬意！

但我们也清醒认识到，当前工作还存在不少问题和挑战：经济恢复的基础尚不牢固，稳增长还面临较大压力，稳增长政策供给和落实力度需持续加大；经济增量不多、结构不优，缺乏大项目、龙头企业带动，产业链延伸不够，园区经济支撑不足，产业转型升级步伐亟待加快；财政收支矛盾依然突出，“三保”压力较大；城市更新和片区开发建设速度偏慢，城市发展能级不足，城镇化率低，镇域经济薄弱，城乡协同发展力度有待加强；民生领域还有不少短板，教育、卫生、养老等公共服务供给与群众期盼仍有差距；一些领域风险隐患不容忽视，本质安全水平仍需提高；干部主动服务发展、改革创新意识不强，项目落地“最后一公里”问题依然突出，营商环境仍需持续优化，行政效能需进一步提升。对此，我们务必高度重视，采取更加有力的措施解决。

二、2023 年工作安排

2023 年是全面贯彻落实党的二十大精神的开局之年，也是实施“十四五”规划的关键一年，做好今年政府工作意义重大。当前，遂溪发展正处于上升通道，“危”和“机”同生并存，面临着现实的挑战和难题，唯有通过高质量发展向上突围，才能奔向发展的新蓝海。新春上班第二天，我们紧跟上级步伐，高规格召开“新春第一会”，聚焦制造业当家，吹响了全力以赴“拼经济”、加快推动高质量发展的冲锋号。我们要坚定信心、保持定力，大力开展“竞标争先”行动，在应对挑战中迎难而上，在抢抓机遇中乘势而上，牢牢把握发展主动权，以比学赶超、赛龙夺锦的奋进姿态，凝聚起全方位推动高质量发展的磅礴力量，政企携手、干群同心，奋力推动遂溪跨越式高质量发展取得更大成效。

今年政府工作的总体要求是：坚持以习近平新时代中国特色社会主义思想为指导，全面贯彻落实党的二十大精神，深入贯彻习近平总书记对广东系列重要讲话和重要指示精神，认真落实省委十三届二次全会、省委经济工作会议、市委十二届四次全会和县委十四届五次全会精神，坚持稳中求进工作总基调，完整、准确、全面贯彻新发展理念，服务和融入新发展格局，锚定高质量发展首要任务，坚持制造业当家，大力实施“百县千镇万村高质量发展工程”，深入推进“1+3+6”行动计划，更好统筹疫情防控和经济社会发展，更好统筹发展和安全，突出做好稳增长、稳就业、稳物价工作，有效防范化解重大风险，推动经济实现质的有效提升和量的合理增长，推动加快与市区同城化发展、建设市域副中心城市取得新进展新成效，为湛江各项主要工作指标迈入全省第一方阵作出更大贡献。

今年经济社会发展主要预期目标是：地区生产总值增长 6.5%，规上工业增加值增长 6.5%，固定资产投资增长 20%，社会消费品零售总额增长 7%，进出口总额增长 3.5%，一般公共预算收入增长 6% 以上，居民人均可支配收入增长与经济增长基本同步，居民消费价格指数累计上涨 3% 左右。

实现今年发展预期目标，重点抓好十个方面工作：

（一）千方百计扩大有效需求，全力推动经济稳定向好。把准实施扩大内需战略同深化供给侧结构性改革的有机结合点，加大稳增长政策供给和落实力度，夯基础、提信心，稳住经济大盘。

强化投资关键作用。落实好“三年工程瞄准两年干”“项目为王”工作要求，统筹推进重点项目 67 个、完成投资 68.5 亿元，新开工重点项目 19 个。坚持“要素跟着项目走”，深化“标准地”改革，科学布局配置产业空间，优先保障重大制造业项目的用地需求，制造业用地供给比例不低于 50%，新增工业用地 1670 亩，全面推行产业项目“拿地即开工”。做实做细项目储备和前期工作，提高重点前期项目成熟度，争取更多政策性开发性金融工具、专项债券等资金支持项目建设，积极扩大有效投资。

加大招商引资力度。以“起步就是冲刺”的干劲大招商、招大商，聚焦产业链精准招商，坚持以项目论英雄、凭招商比能力、从落地看作风，大力实施招商引资“一把手”工程，全力营造“全员抓招商、人人抓项目”的浓厚氛围。发挥好县招商顾问作用，加强以商引商、以链引商，着力引进一批延链补链强链的重大产业项目，力争引进项目签约额突破80亿元。优化招商考核体系和项目遴选机制，对招商引资工作实施全过程管理，以考核促招商签约、以问效促项目落地，招商项目新增开工数不少于17个。

加快释放消费潜力。打好扩内需、促消费组合拳，积极引导商贸企业开展促消费活动，依托孔子文化城、全丰广场、遂溪醒狮美食广场等商圈发展夜间经济、网红经济，支持各镇（街）打造夜间经济集聚区。深挖电商潜力，推进“互联网+高效物流”发展，有效降低物流成本，发展电商直播新业态，加快线上线下消费融合。激发文旅消费活力，推动红色经典、蓝色滨海、绿色生态、人文古色、璀璨夜色等“五色”精品旅游与乡村振兴融合发展，推进东坡古镇建设，推动孔子文化城、螺岗小镇创建国家4A级旅游景区，力争年内创成省级全域旅游示范县。加快补齐乡村市场短板，推进农贸市场升级改造，持续释放农村消费潜力。

稳住外资外贸基本盘。打好“五外联动”组合拳，千方百计稳存量、促增量，落实系列助企纾困和稳外贸措施，支持企业充分利用重点展会等平台拓市场、抢订单，发展跨境电商、市场采购贸易等外贸新业态新模式。积极引导企业用好用足RCEP政策，扩大双向贸易和投资，推动水产、家具等优势产品出口，促进外贸稳进提质，力争年内实现进出口总额24.7亿元。

（二）坚定不移推进制造业当家，全力做大做强工业经济。始终把制造业作为强县之基，全力实施“制造业当家十条”，集聚资源、集成要素，加快构建具有遂溪特色的现代化产业体系。

增强先进制造业支撑力。聚焦“强龙头、补链条、聚集群”，大力支持企业增资扩产，加快培育壮大一批链主企业，推动一批延链补链强链项目加速突破，实施亿元以上重大工业项目18个，力争工业投资40亿元以上。持续做强支柱产业，推进“链长制”，巩固行业领军和链主企业，提升农副食品加工、生物医药、矿产品加工等优势产业竞争力。重点以打造百亿级预制菜产业集群为目标，大力实施全产业链招商，加大预制菜品牌主体培育力度，打响遂溪预制菜品牌，力争年内预制菜产业集群总产值达40亿元以上。持续做大新兴产业，坚持全产业链谋划培育，突破性发展新材料、装备制造等产业，集中力量推动湛江新能源产业园加快开工建设。持续做优传统产业，支持企业加大技改投入，完成33家工业企业技改，力争建筑业特级资质企业实现“零的突破”。

提升园区经济竞争力。抢抓省推动产业有序转移契机，聚力建设大平台，推动园区经济争先进位、跨越式发展。积极拓展园区发展空间，完成扩园计划，省级产业转移产业园核准范围扩大至1.2万亩，谋划推进新一轮园区征地工作。强化亩均论英雄，提升园区土地节约集约利用水平。持续优化园区产业布局，加快园区“七通一平”建设，推进县产业转移工业园区扩容基础设施项目建设，推动园区向专业化、特色化、高端化发展。重点以白坭坡预制菜产业园、临港产业园作为产业转型升级突破口，推动优质资源要素向园区倾斜，加快园区功能配套，促进园区加快成型成势。创新园区服务管理，建成使用园区企业服务中心，变“企业跑”为“专班跑”，实现企业办事不出园。

激发民营经济新活力。坚持“两个毫不动摇”，把“服务好现有企业就是最好的招商引资”作为发展理念，依法保护民营企业产权和企业家权益，不遗余力服务民营企业发展，全力营造重商、亲商、安商的良好环境。全面落实市场准入负面清单，健全制度化、常态化的政企沟通渠道，扎实开展助企纾困行动，千方百计为民营企业排忧解难。加强企业家队伍建设，大力实施中小企业“育苗壮干”梯度培育计划，新增“个转企”110户、规上工业企业10家。大力弘扬企业家精神，出台企业先进表彰办法，让企业家在参与发展中拥有更多的获得感和荣誉感。

（三）坚持不懈深化改革开放，全力激发发展活力动能。用好改革开放“关键一招”，聚焦市场主体关切、群众急难愁盼等重点领域深化改革，着力破解深层次体制机制障碍，不断拓展转型升级、跨越发展的空间，让国企敢干、民企敢闯、外企敢投。

打造优质高效营商环境。对标先进，针对政策执行“最后一公里”痛点堵点问题，大力实施优化营商环境行动。持续深化“放管服”改革，严格落实首问负责、一次告知、限时办结等制度，全面实行全程帮办代办工作机制，以全链条精准服务促进重点项目快速落地。大力推进“一窗综办”“一网通办”“跨域通办”，扩大“企业开办+N项服务”覆盖面，实现高频事项“免证办”、高频证照“免提交”，推动商事登记网办率达80%以上。优化不动产登记服务，全面实施预售商品房项目“交房即发证”。落实落细减税降费和助企惠企政策，加大金融服务实体经济力度，有效激发市场活力，新增市场主体8000户以上。

纵深推进重点领域改革。深化“数字政府”改革建设，提升一体化政务服务平台服务能力，推进数据资源整合共享。实施“国企改革发展提升年”活动，推进县属国有企业整合升级、转型发展，推进两大产业集团组建，填补政府无投融资平台空白。深化财税体制改革，发挥好县财政开源节流专班作用，增强财力统筹保障能力。深化行政执法体制改革，推行综合执法、精准执法、柔性执法、服务型执法。推进质量强县建设，强化知识产权创造、运用和保护，提升知识产权支撑产业转型升级能力。

持续扩大对外开放。进一步拓展对外合作领域，积极参与共建“一带一路”，强化与“双区”、两个合作区合作，主动承接重点区域和市区产业转移。加快推动优质农产品“走出去”，深入落实农业领域对接RCEP十大行动计划，推动遂溪香蕉国际交易中心建设，推进广东北部湾农产品流通综合示范园区建设。加快构建内外高效联通交通网络，力争国道207线遂溪穿城段改线、国道207遂溪广前至雷林段改（扩）建工程等重大交通项目年内开工建设。推进北部湾快线、滨海旅游公路遂溪段、北潭港通港快线前期工作，加快恢复北潭港5个500吨级码头经营许可，谋划北潭港5个5000吨级码头升级改造，配合做好合湛高铁、湛海高铁等项目前期工作，加快打通海陆交通“大动脉”。深化与广西融安产业、文旅等领域合作，推进两地交流向纵深发展。

（四）凝心聚力建设品质城市，全力提升城市发展能级。高效推进城市功能品质建设提升，着力做优中心、做强县域，做好同城化文章，推动市域副中心城市建设全面起势。

做优主城区。高质量完成南部新城控制性详细规划编制。加快城市更新步伐，完成7个老旧小区改造，畅通城市交通微循环，提升城市颜值。扎实推进市政设施补短板，加快旧城区道路污水管网改造提升工程前期工作，开工建设主城区中心地下停车场项目，合理增设垃圾中转站、公厕及垃圾箱等配套设施。大力打造城市绿道与景观河道，推进运河西路河堤绿化改造、七里塘棚户区绿化工程。将醒狮元素、红色基因融入城市建设，创新打造遂溪醒狮IP形象。坚持精细管理和文明提升内外兼修，大力开展交通秩序、车辆停放、流动摊贩等整治行动，提升垃圾分类治理、环卫精细化作业水平，助力省文明城市创建。探索推进新型城市数字化治理模式，推动智慧城市创新基础设施建设，以“一网统管”让城市运行管理更智慧、更有序。

提速新引擎。坚持规划引领、设施先行、筑巢引凤，集中资源力量加快推进三大片区开发建设。完善滨河新区城市功能，加快河东大道建设，推动万景国际酒店、日处理量6万吨的污水处理厂一期及配套管网工程和智教路、智思路等路网建设，促进各类资源要素向新城集聚，以产业带动城市发展、促进产城融合。坚持高标准规划、稳节奏推进滨海新区开发建设，紧抓城市规划、基础设施建设、招商引资、征地等重点，推动起步区规划建设破题起势。大步推进北部湾旅游新区建设，完成新区总体规划，推进江洪镇滨海特色旅游综合开发建设，积极探索旅游创新发展新模式，打造一批有遂溪辨识度的旅游拳头产品、一批独具特色的高品质文旅项目，推动滨海旅游发展驶入“快车道”。

壮大镇域经济。正视镇域经济短板弱项，大力发展镇域经济，引导特色发展、错位发展，支持做大做强中心镇、重点镇、特色镇，更好承接县城经济辐射，增强产业和人口聚集能力。发挥各地特色、有利条件，调动镇（街）发展产业积极性，主动走出去“敲门招商”，优化产业结构布局，依托“一镇一业”培育壮大特色农业产业链条，因地制宜发展一批富有特色的旅游形式，推动一二三产联动、融合发展。持续推进美丽圩镇建设，加强镇（街）风貌管控，推动各镇（街）乡村振兴基础设施综合提升，打造一批特色化品质化美丽圩镇，增强圩镇集聚辐射带动能力。深化镇（街）体制改革，加大向镇（街）放权赋能，增强综合服务功能。

（五）全面实施乡村振兴战略，全力打造宜居宜业和美乡村。坚持农业农村优先发展，千方百计做强农业、做美农村、做富农民，奋力打造新时代乡村振兴“升级版”。

巩固脱贫攻坚成果。健全防止返贫动态监测和帮扶机制，持续加强“三类户”动态监测帮扶，及时消除风险，守牢不发生规模性返贫底线。健全扶贫项目资产管理长效机制，加强经营性资产运营管理、风险防范，强化公益性资产有效管控。扎实推进驻镇帮镇扶村，有效发挥组团帮扶单位行业优势，加大产业、就业和消费帮扶力度，推动脱贫人口持续增收。

切实保障粮食安全。扛牢耕地保护和粮食安全政治责任，严守耕地红线，坚决遏制耕地“非农化”、基本农田“非粮化”，巩固扩大撂荒耕地整治成果，建设高标准农田1.9万亩以上。抓好粮食和重要农产品稳产保供，建成县级地方储备粮油中心库，稳定粮食生产面积68万亩以上、产量23万吨以上，稳定生猪年出栏量100万头以上、能繁母猪正常保有量6万头以上。大力发展智慧农业、设施农业，推广“稻—稻—薯”“稻稻+”种植模式和水稻新品种、新技术应用，加快粮食烘干、农产品产地冷藏、冷链物流设施建设，推动“五良”融合发展。

提质发展特色农业。做好“土特产”文章，以省级现代农业产业园为示范引领，推动火龙果、番薯、香蕉、荔枝、圣女果、南药、生猪、水产等特色优势产业提质增效，持续做大做强沙虫产业，推广甘蔗良种良法应用，谋划申报水产、番薯等省级现代农业产业园，培育特色专业镇村。抢抓“年鱼经济”机遇，深耕海洋牧场，大力发展深海网箱养殖、水产种业培育、水产深加工，推进新海茂对虾遗传育种中心建设，打造“蓝色粮仓”。实施品牌强农战略，申报遂溪金鲳鱼、遂溪草潭瑶柱国家地理标志证明商标，新增全国名特优新农产品1个。积极培育新型农业经营主体，推进农业适度规模经营。发展休闲农业、体验农业、创意农业等新型业态，以杨柑、洋青镇火龙果种植区为核心，探索发展火龙果“灯光经济”；依托草潭金鲳鱼深海网箱养殖基地、江洪国家级海洋牧场示范区人工鱼礁项目，促进休闲渔业、渔港旅游业等新兴海洋经济产业发展。

加快推进乡村建设。瞄准“农村基本具备现代化生活条件”目标，优化村庄规划，谋划整合人居环境综合整治项目资金15.4亿元，逐步补齐农村基础设施短板，新建改造“四好农村路”60公里，新建修缮农村生活垃圾收集点278处，改造提升农村厕所722座以上，推进农村饮水安全提升工程，农村雨污分流管网和终端处理设施实现全覆盖，农村生活污水治理设施移交第三方专业机构运维、推动设施有效运行率达80%以上。加强农房管控和乡村风貌提升，实施“五美”专项行动，推进全域美丽乡村农房整治提升建设项目落地，力争建成县级乡村振兴示范带1条、乡村振兴示范村32条，推动农村人居环境治理提质增效。稳步推进农村“三块地”改革，盘活农村存量土地，激发农村新活力。推进“积分制+清单制”，以点带面提升乡村治理效能。

（六）深入推进创新驱动发展，全力加快转型升级步伐。深入实施科教兴国、人才强国和创新驱动发展战略，强化教育、科技、人才支撑，全面塑造发展新动能新优势。

加快建设高质量教育体系。落实立德树人根本任务，促进教育公平与质量提升。强化学前教育普惠发展，大力创建国家学前教育普及普惠县，创建1个以上教育共同体，推进乡镇学前教育综合提升项目，新（扩）建幼儿园4所、增加公办学位1800个，巩固提升学前教育“5080”成果。推进义务教育优质均衡发展，巩固拓展“双减”成果，完成遂城第十三小学建设，推进县城初中扩建，推动新遂溪二中建设，恢复杨柑中学高中办学，新增中小学公办学位3300个。大力支持职业教育发展，推进县职业技术学校西校区和实训基地建设，实施职业学校办学条件达标工程。规范民办学校办学行为，提升特殊教育发展水平。深入实施中小学教师“县管校聘”，强化师德师风建设，打造高素质教师队伍。

积极构建更具活力创新生态。强化企业创新主体地位，出台科技创新奖励资助暂行办法，培育国家高新技术企业3家、省级“专精特新”企业3家、省级创新型中小企业5家。抓好创新平台建设，大力引导企业建设省市级技术中心、工程技术研究中心，扎实做好科技项目申报，积极创建省高新区。强化数字赋能，加快推进5G、工业互联网、大数据中心、千兆光网、广电5G+4K等数字基础设施建设，新增5G基站200座，实现县城、镇、工业园区5G网络全覆盖，积极打造5G+工业互联网示范园区，推进工业企业数字化转型。拓展科普阵地，推进县科技馆建设，扩大科普品牌活动覆盖面和影响力。

着力建设高水平人才高地。加大人才政策、项目、资金的扶持力度，建立人才工作目标责任考核制度，推进人才服务改革创新。聚焦主导产业，支持企业柔性引才引智，深入实施“团队+梯队”引培工程，完善“海洋产业人才振兴计划”工作专班运行机制，培养引进一批特色鲜明的科研团队、创业团队、科技领军人才。聚焦服务民生人才需求，加大教育、医疗卫生健康等重点领域专业人才引进力度。发挥县人才驿站和乡村振兴人才驿站数字信息平台作用，加强人才队伍动态监测和培养，促进高技能人才合理流动和资源优化配置。积极打造“来了就是遂溪人”的人才文化，强化人才住房保障，优化人才入户、社保医保、子女教育等服务，让更多“千里马”来遂发展、在遂成长、为遂贡献。

（七）持之以恒推动绿色转型，全力建设更高水平绿美遂溪。深入践行“绿水青山就是金山银山”理念，协同推进降碳、减污、扩绿、增长，持续改善生态环境质量，全力推动生态效益提升。

强化生态保护修复。高质量完成国土空间规划编制，严格落实“三区三线”，强力推进违法用地整治、乱占耕地建房等自然资源领域重点工作，整体形成保护更加有力、执行更加顺畅、管理更加到位的耕地保护和“绿美遂溪”生态建设新格局。积极参与“红树林之城”建设，推动城月河红树林营造与保护修复项目、杨柑镇红树林种植修复项目、西海岸岸线生态修复工程建设，完善红树林保护和区域旅游基础配套设施，营造修复红树林1200亩。持续推深做实林长制工作，完成国土绿化面积5200亩。

推进环境污染治理。深入打好蓝天、碧水、净土保卫战，建立完善长效监管机制，从严从实推进中央生态环保督察反馈问题整改，让遂溪的天更蓝、水更清、地更绿。强化挥发性有机物、氮氧化物协同控制和区域协同治理，空气质量优良天数比率保持96%以上。加强工业、农业、生活污染源和水生态系统整治，推进4宗中小河流治理及遂溪河流域水污染综合治理工程建设，推动白坭坡园区新建污水处理厂、岭北污水处理厂二期建设，提高城镇生活污水收集和园区工业废水处置能力，推动遂溪河罗屋田省考断面水质稳定达标、县级以上饮用水源地水质达标率100%。严格土壤污染源头防控，从严查处涉固体废物污染环境违法犯罪行为，推动同畅环保科技船舶废物处理利用中心二期项目落地，持续开展绿色种养循环农业试点，完成禽畜粪肥还田面积9万亩次，全域实行资源“无害化”处置利用。

加快绿色低碳发展。严格“三线一单”管控，调整优化产业、能源和交通运输结构，加快推动经济社会发展绿色转型。落实“双碳”战略，深入推进能源革命，严格“两高”项目准入，加快落后产能淘汰退出，推进整县屋顶分布式光伏开发试点工作，大力构建以清洁能源为主的新型能源体系，建成总投资超24亿元的光伏风电项目，支持重点领域和行业节能降碳改造。加强资源节约集约循环利用，增强全民节约意识，倡导绿色出行、绿色消费、绿色办公，营造绿色低碳新风尚。

（八）用情用力办好民生实事，全力提高人民生活品质。坚持在发展中保障和改善民生，扎实办好民生实事，加大优质民生供给，兜牢民生底线，不断增强人民群众的获得感幸福感。

健全社会保障体系。坚持把稳就业放在更加重要的位置，全面落实支持就业创业政策，发挥“粤菜师傅”“广东技工”“南粤家政”三项工程及退役军人就业创业联盟作用，加大职业技能培训力度，扎实做好重点群体就业帮扶，年内新增城镇就业3200人。扩大基本医疗保险覆盖面，完善基本养老、基本医疗保险筹资和待遇调整机制，提升医疗保障待遇水平。全面落实城乡低保、特困人员、残疾人保障政策，加大困难群众临时救助，加强农村留守儿童关爱服务。办好养老服务，推动县区域性敬老院建设升级项目建设，推进家庭养老床位试点工作，打造智慧养老新模式。全面落实国家生育支持政策，扩大托育服务有效供给。支持国防和军队建设，深化双拥共建，完善退役军人服务保障体系。

推进健康遂溪建设。扎实抓好新阶段疫情防控工作，全面落实“乙类乙管”，着力“保健康、防重症”，推进医疗资源扩容提质、分级分类救治，强化就医用药保障，坚决守护群众生命安全和身体健康。深入推进紧密型县域医共体建设，推动县三大公立医院、县公共卫生医院建成使用，推进北坡、杨柑、河头等3个县域次级医疗卫生中心项目建设，动工建设县医疗共同体总医院医疗服务能力提升项目，促进优质医疗资源扩容和区域均衡发展。扎实推进家庭医生签约服务，持续扩大签约服务覆盖面。深化医保支付方式改革，发挥中医药特色优势，推动卫生健康数字化转型。深入开展爱国卫生运动，践行文明健康的生活方式。

繁荣发展文体事业。大力弘扬和践行社会主义核心价值观，深入挖掘和展示遂溪传统文化、红色文化，加快推进文化强县建设，深化青年发展友好型县域建设。健全现代公共文化服务体系，创新实施文化惠民工程，加快县文化中心建设，推动更多公共文体阵地与服务向基层延伸。实施全民健身设施补短板工程，推动县体育中心、遂溪体育公园、万年桥湿地文化中心、黄略南新体育文化公园建设。加大文艺精品创作力度，启动红土画派创作工作。加强文物保护利用和文化遗产保护传承，推动苏二村、调丰村、双村等历史文化名村旧民居保护开发利用，推动黄学增红色教育基地提升工程、钟竹筠故居红色基地改扩建项目建设。

（九）牢牢守住安全发展底线，全力维护社会大局稳定。坚定不移贯彻总体国家安全观，统筹发展和安全，全力防范化解各类风险隐患，推动高质量发展和高水平安全良性互动。

有效防范化解重大风险。妥善处置政府存量债务，坚决遏制债务增量，确保政府债务风险总体可控。强化支出预算执行，兜牢“三保”底线。加强重点领域风险监测预警，坚决打击非法金融活动，切实防范化解金融风险。坚持“房住不炒”，支持刚性和改善性住房需求，扎实做好“保交楼”工作，落实好确保房地产市场平稳发展各项措施，推动房地产业向新发展模式平稳过渡。

全面提升本质安全水平。以“主动应急、合力应急、数字应急”创新安全风险防范机制，严格落实安全生产责任，突出抓好城镇燃气、自建房、危化品、特种设备、道路交通、建筑施工、森林防火、渔业船舶等重点行业领域风险隐患排查整治，坚决防范和遏制重特大事故发生。着力提高应急处突能力，推动县智慧应急新型基础设施建设项目和森林消防队营地建设，打造遂溪“大安全、大应急、大宣传”格局。加快推进第三消防站建设，实施乡镇专职消防队“三年清零行动”，完成河头、建新镇级专职队建设，推动消防事务中心实体化运行。严格落实“四个最严”要求，切实保障群众饮食用药安全。

深入推进社会治理现代化。把维护政治安全摆在首位，持续深化平安遂溪建设，守牢意识形态领域阵地，强化网络数据安全。坚持和发展新时代“枫桥经验”，深化“平安夜访”工作，及时化解社会矛盾纠纷，全力推进信访案件有效化解。织密社会治安防控网络，推进“雪亮工程”、社会治安视频监控续期项目的建设和应用，推进扫黑除恶常态化，严厉打击治理电信网络新型违法犯罪，始终保持对盗窃、涉赌涉毒等突出违法犯罪的严打高压态势，推进“四个一”体系建设，加强和改进以派出所为重点的基层基础工作，着力提升社会治理能力。

同时，扎实开展第五次全国经济普查，大力弘扬老干部和志愿服务精神，持续推进保密、供销、殡改、地震、工商联、文联、地方志、气象、档案、老龄、老区、统战、对台、侨务、民族宗教、工青妇、国防动员、人防、海防打私、打假打传等工作，促进各项事业全面进步。

（十）毫不动摇坚持和加强党的全面领导，全力建设人民满意政府。始终牢记“三个务必”，坚持把党的二十大精神贯穿政府工作全过程各方面，以更大力度推进政府治理体系和治理能力现代化。

强化政治引领。全面加强政府系统党的建设，学深悟透笃行习近平新时代中国特色社会主义思想，深刻领悟“两个确立”的决定性意义，增强“四个意识”、坚定“四个自信”、做到“两个维护”，不断提高政治判断力、政治领悟力、政治执行力，不折不扣把党中央决策部署和上级各项工作要求落实见效。坚持大抓基层的鲜明导向，大力开展基层党建提质年行动，促进党建与经济社会同频共振、全面进步。

严守法治底线。自觉把法治思维贯穿政府工作全过程，严格落实重大行政决策程序和政府法律顾问制度，全面推进严格规范公正文明执法，增强政府公信力执行力。深入开展“八五”普法，自觉接受人大法律监督和政协民主监督，主动接受社会监督、舆论监督，高质量办好人大代表建议和政协提案，强化审计、统计监督，深化政务公开，确保权力在阳光下运行。

坚持务实重干。始终把抓落实作为政府工作生命线，坚持工作项目化、清单化、责任化，大力推进模式、机制创新，加大协调推进和跟踪督查力度，以高效率赢得发展主动权。大力倡导“今天再晚也是早、明天再早也是晚”的理念，坚持以“奔跑兔”比速度，用快干、实干改作风、树新风，发挥考核指挥棒作用，激励干部敢于负责、勇于担当、善于作为，在竞标争先、比学赶超中推动各项工作争先进位，让敢为善为成为遂溪干部的鲜明标识。

秉持廉洁从政。坚决扛牢全面从严治党主体责任，深入推进政府系统党风廉政建设和反腐败斗争，强化严管厚爱，精准规范用好问责利器，不断提升不敢腐、不能腐、不想腐一体推进的综合效能，让干净干事在政府系统蔚然成风。严格落实中央八项规定精神，坚持政府过紧日子，严控“三公”经费支出，深化节约型机关建设，腾出更多资金用于支持经济发展和改善民生。

各位代表！一年春作首，

万事干为先！让我们更加紧密地团结在以习近平同志为核心的党中央周围，在县委的坚强领导下，以奋勇争先的精神状态，铆足“比”的干劲、提高“学”的自觉、激发“赶”的动力、增强“超”的气魄，只争朝夕、苦干实干，加快推动与市区同城化发展、建设市域副中心城市，奋力谱写中国式现代化遂溪实践的崭新篇章！

名词解释

1.“1+3+6”行动计划：以围绕一个主城区，打造滨海新区、滨河新区、北部湾旅游新区三个特色片区，规划岭北工业园区、白坭坡工业园区、燕子窝工业园区、洋青工业园区、城月工业园区、临港产业园区六个功能产业园为抓手，贯彻大交通、大数据发展理念。

2. 两条防线：即外防输入、内防反弹。

3. 五大攻坚行动：即外防输入、流调溯源、核酸筛查、转运隔离、医疗救治五大攻坚行动。

4. 三旧改造：指旧城镇、旧厂房、旧村庄改造。

5. 六大经济专班：公共组织管理及金融、农业、教育文化、工业及商贸服务业、房地产建筑业、交通及卫生经济专班。

6.“12221”市场体系：即建立“1”即一个大数据；“2”即“拓展销区市场，完善产区市场”两个市场；“2”即成立销售联盟，组织销区采购商队伍、培养产区经纪人队伍两支队伍；“2”即“采购商走进产地”“产品走进大市场”两场活动；“1”即实现一揽子目标。

7.“专精特新”企业：指中小企业具备专业化、精细化、特色化、新颖化的特征。

8. 三区三线：“三区”指城镇空间、农业空间、生态空间三种类型国土空间；“三线”指城镇开发边界、永久基本农田、生态保护红线。

9. 一核三区：县城主城区和滨海新区、滨河新区、北部湾旅游新区。

10. 7 个老旧小区：指遂城镇一片区老旧小区，二片区老旧小区，人民北片区老旧小区，北门小区、南门田小区、城内小区 B 区老旧小区，城内小区 A 区老旧小区，城北片区老旧小区，银河小区及东山园小区老旧小区。

11. 四好农村路：指把农村公路建设好、管好、护好、运营好。

12. 双减：指减轻义务教育阶段学生日常作业和校外培训负担。

13.“三公”经费：指因公出国（境）费、公务接待费、公务用车运行维护费及购置费。

14. 三保：指保基本民生、保工资、保运转。

15. 五外联动：指外贸、外资、外包、外经、外智联动。

16. 制造业当家十条：涵盖全程代办帮办工作制度、推行“拿地即开工”审批模式、优化招商服务、搭建政银企对接机制、提升园区承载能力、加强工业用地保障、培育优质制造业企业、加大资金扶持和人才服务力度、表彰先进典型、严格督查问效等 10 条措施。

17. 两个毫不动摇：指毫不动摇巩固和发展公有制经济，毫不动摇鼓励、支持、引导非公有制经济发展。

18. 两大产业集团：指县发展集团有限公司、县旅游控股集团有限公司。

19. 一带一路：指丝绸之路经济带、21 世纪海上丝绸之路。

20. 双区：指粤港澳大湾区和深圳先行示范区。

21. 两个合作区：指横琴、前海两个合作区。

22. 北部湾快线：含西城快线西延线、国道207至下泊靶场战备公路、省道545麻章里光至港门段改建工程。

23. 五良：指良种、良法、良田、良机、良具。

24. “五美”专项行动：指开展美丽家园、美丽田园、美丽河湖、美丽园区、美丽廊道行动。

25. 农村“三块地”改革：指农村土地征收、集体经营性建设用地入市、宅基地管理制度改革。

26. 5080：指实现公办幼儿园在园幼儿占比达50%，公办幼儿园和普惠性民办幼儿园在园幼儿占比达80%。

27. 三线一单：指生态保护红线、环境质量底线、资源利用上线和生态环境准入清单。

28. “四个最严”要求：即最严谨的标准、最严格的监管、最严厉的处罚、最严肃的问责要求。

29. “四个一”体系建设：即任务一张表、指挥一张图、管控一张网、勤务一套机制建设。

30. 三个务必：指务必不忘初心、牢记使命，务必谦虚谨慎、艰苦奋斗，务必敢于斗争、善于斗争。

中国人民政治协商会议第十一届遂溪县委员会常务委员会工作报告

——2023年2月28日在政协第十一届遂溪县委员会第三次会议上

◎ 遂溪县政协主席　潘汝权

各位委员：

我受中国人民政治协商会议第十一届遂溪县委员会常务委员会的委托，向大会作工作报告，请予审议，并请列席会议的同志提出意见。

一、2022年以来工作回顾

2022年，在中共遂溪县委的坚强领导下，县政协及其常委会坚持以习近平新时代中国特色社会主义思想为指导，认真学习贯彻中共十九大、十九届历次全会精神和二十大精神，坚持发扬民主和增进团结相互贯通、建言资政和凝聚共识双向发力，紧扣团结民主两大主题，围绕全县中心大局，认真履行政协各项职能，积极主动作为，为谱写遂溪高质量发展新篇章作出了应有贡献。

（一）强化党建引领，政治站位更加高远

加强党的建设。充分发挥政协党组把方向、管大局、促落实的领导作用，为政协履职提供坚强保障；健全委员党小组和党员委员联系非党委员机制，做细做实党建工作“两个全覆盖”；坚持政协党组、政协常委会、政协机关党总支及政协办公室党支部专题学习制度，完善“三会一课”制度，不断提高党组成员、政协机关全体党员的理论水平和政治站位；细化党风廉政建设“两个责任”，守牢反腐倡廉工作底线，牢牢掌握意识形态工作领导权、主动权、话语权，不断巩固团结奋斗共同思想政治基础。

强化理论武装。坚持党组带头学、主席会议和常委会会议专题学，深学笃行习近平新时代中国特色社会主义思想，学习《习近平谈治国理政》第四卷和习近平总书

记重要讲话指示批示；先后组织党组学习会、主席办公会、常委会集中学习12次；组织县政协正副主席、政协常委和政协机关全体党员干部参加全国政协线上专题研讨班学习，形成了学精神、抓落实、促工作的浓厚氛围，深刻领会“两个确立”的决定性意义，进一步增强“四个意识”、坚定“四个自信”、做到“两个维护”，保持人民政协旗帜鲜明讲政治的本色和光荣传统。

把牢政治方向。认真贯彻习近平总书记关于加强和改进人民政协工作的重要思想，坚决把上级决策部署落实到政协工作全过程和各方面。严格执行重大事项及时请示报告制度，重大问题及时反映、重要议题及时沟通，始终与县委同心同向同行，确保政协事业始终沿着正确方向前进。

（二）突出主责主业，服务县委决策更加有为

为加快推进北部湾旅游新区建设，我们组织主席调研视察团，深入现场调研视察，形成《关于调研视察北部湾旅游新区建设情况的报告》，针对北部湾旅游新区建设存在的问题，提出“加强统筹，因地制宜做好长远规划”“完善配套，提升文旅融合发展硬实力”“创新机制，强化项目招商引资工作”等五条意见建议，为县委科学决策提供依据。

为排除县城道路改造项目建设面临的困扰，我们组织常委会调研视察团，对项目建设开展调研视察，形成《关于调研视察县城道路改造和国道G207、228线改线项目建设情况的报告》，针对项目建设中面临的四大困扰，精准提出“加大征拆工作力度”“加大协调工作力度”“加大交通疏导工作力度”等五点建议，为县委科学决策提供依据。

为突破滨海新区建设出现的瓶颈，我们组织主席调研视察团，对滨海新区建设实地调研视察，形成《关于推进滨海新区建设的意见建议》，针对滨海新区建设出现的瓶颈问题，提出“着重在攻坚克难上下功夫”“着重在开拓创新上下功夫”“着重在做细做实上下功夫”三点建议，为县委科学决策提供依据。

为全面落实市委“三大三化”发展理念，推动我县北部湾旅游新区高质量建设，我们组织政协党组成员一行赴江洪镇实地调研大文旅开发工作，对高质量建设北部湾旅游新区达成了共识，就加快构建以滨海风情观光游为特色的综合型旅游黄金海岸文化旅游区建设，提出相关意见建议，为县委科学决策提供依据。

为全面推进我县乡村振兴工作，政协提案委组成考察组，赴高州市根子镇桥头村、分界镇杏花村等地调研考察，形成《关于赴高州市学习考察乡村振兴工作的调研报告》，总结出高州市推进乡村振兴工作的三点经验启示，为县委科学决策提供依据。

（三）围绕中心强化监督，服务大局更加有力

全力推动重点项目建设。注重委员提案督办落实。县政协十一届一、二次全会共收到委员提案96件，经审查立案交办92件，均转交县职能部门和对口单位办理落实，办复率和满意率达100%；重点提案11件，按相关制度规定提交县委书记、正副县长和政协主席、副主席领衔跟踪督办，使事关全县发展大局的重点项目、重要产业及重大民生工程的重点提案都得到督办落实，办复率和满意率达100%。如县委骆华庆书记领衔督办的《关于加快推进滨海新区建设的建议》重点提案，取得显著的督办效果，有力推进滨海新区重点项目加快建设。

助力“1+3+6”行动计划实施。县政协班子有8名成员参加行动计划指挥部工作，其中6名副主席分别担任行动计划工作专班副组长，积极为县委、县政府分忧担责，全力助推我县“1+3+6”行动计划全面实施，进一步加速与湛江市区同城化建设发展和湛江市域副中心城市建设。

助推红色基地示范点建设。下洋村红色基地示范点建设是市委组织部挂点，县委书记、县长分别任正、副组长的重点工作。自2021年县委抽调政协一名副主席专抓该项工作后，工程建设顺利推进，成果显著。继“黄晶果基地”“红旗广场”“东征饭堂”“革命史馆”等项目相继竣工后，2022年利用国债专项资金对“遂溪县职业学校实训基地”及“田园风光”等文旅配套设施

进行建设，项目正顺利推进。

发挥委员民主监督主体作用。选派政协委员参与政府重大项目决策听证活动，参加法院案件庭审，担任执法执纪监督员、廉政监督员，广泛参与社会民主监督，成效显著。

（四）主动搭建协商平台，统筹疫控和发展更加有方

促进产业发展主动作为。帮助解决企业融资难问题。我们积极开展“听民声、纾民困”调研活动，深入委员企业调研48次；8个专委会组织走访企业委员63人次，掌握了第一手材料，及时召开“落实中小微企业金融政策”专题协商座谈会，主动搭建“政银企”协商平台，为全县数十家中小微企业解决融资难问题，实现企业和金融事业互惠双赢。两次配合市政协调研百事佳电器等企业，召开“主席·委员面对面共商座谈会”，积极为我县中小微企业融资难纾困解难。

发挥专门协商机构作用。县政协与县政府联合召开“遂商·县长面对面协商座谈会”。县政府、县政协主要领导及县相关部门责任人、遂商代表、政协委员代表参加会议，与会代表围绕惠企政策落实、产业做大做强、营商环境优化等方面提出意见建议，相关职能部门负责人认真倾听并现场作出回应。通过召开遂商·县长面对面协商座谈会，进一步了解我县民营企业发展现状和存在的困难问题，共商发展良策、凝聚发展共识，助推遂溪县民营经济高质量发展。这是县政协充分发挥专门协商机构作用的重要举措。

注重疫情防控服务民生。2022年，在“5·6”“8·4”“11·24”疫情防控阻击战中，我们都及时向全体政协委员发出《倡议书》，紧急动员全体委员投入疫情防控一线，为抗疫捐款捐物共300多万元，全部投入抗疫救灾，彰显政协委员的美丽风采和为民情怀。在疫情防控期间，县政协班子成员、政协机关全体干部职工，根据县委县政府的统一部署，全部投入疫情防控工作，全力助推我县统筹疫情防控和经济社会发展。

委员在各自岗位建功出彩。委员在各自岗位建功立业，涌现出一大批优秀的企业家委员。比如，县政协经济委副主任、县烟草局局长王宁等7人所在的政协参加单位和政协企业被县委、县政府授予“遂溪县2022年度纳税大户”荣誉称号；比如，县政协常委、广州市遂溪商会会长王晓春等10人被县政府聘请为遂溪县招商顾问；比如，县政协法制委主任、县妇联主席王月美等25人被评为2022年度优秀政协委员；比如，黄华军、崔凯旭等20多名政协委员在工作中得到组织提拔或重用。这些在各自行业中取得优越成绩的政协委员，在政协工作中履职尽责，在界别群众中示范引领，在本职岗位上建功立业，为遂溪实体经济健康、可持续发展，推进“1+3+6”行动计划实施作出积极贡献。

（五）把握团结民主主题，协商民主制度更加健全

建言资政和凝聚共识双向发力。召开各民主党派、工商联和无党派人士工作座谈会，政协主要领导与他们亲切交谈，勉励县政协各参加单位深刻认识自身的地位和作用，以高度的政治责任感、使命感，充分利用人民政协这个平台，自觉围绕县委、县政府的中心工作，充分发挥优势，强化主体意识、代表意识和责任意识，勇于肩负起推进政协工作创新发展的历史重任，在为国履职、服务人民的历史使命中贡献智慧力量。通过与各民主党派、工商联负责人座谈，增进团结、凝聚共识，不断增强政治认同、思想认同和理论认同，坚持用创新理念武装头脑、指导实践、推动工作，筑牢与党同心、砥砺奋斗的思想基础。

健全与县委县政府领导协商制度。我们坚持把政治协商工作纳入县委工作的总体布局，健全与县委、县政府主要领导协商议政制度；建立和完善县委、县政府领导同志在政协全体会议期间参加讨论和在政协常委会会议上通报情况、听取意见的制度；每季度召开的政协常委会，县政府有关领导和相关职能部门主要负责同志参加会议，政协常委、委员们与县政府和部门领导开展面对面协商讨论，协商议政气氛浓厚。

（六）注重强化培训学习，委员综合素质更加提高

举办履职专题培训班。年

内，我们举办“不忘初心、忠诚履职”专题培训班，县政协正副主席、政协全体常委、政协各专委会主任以及政协机关全体干部参加了培训学习。专题培训以授课方式进行，邀请县委常委、县纪委书记、县监委主任何江作《不忘初心、忠诚履职》专题廉政教育辅导；政协党组成员、副主席李和清作题为《提高调查研究能力，促进政协工作上新台阶》的辅导课；县政协常委、县文联主席苏振华结合遂溪党史、地方史、文史等三个方面史实介绍遂溪。通过培训学习，全体受训人员受到深刻的廉政教育、业务教育和县情教育，有力促进委员综合素质的提高。

举办中华传统文化讲座。为继承和弘扬博大精深的中华传统文化，把中华传统文化之源——“《易经》的人生智慧”运用到政协履职实践，我们举办中华传统文化讲座，邀请广东省A类高层次人才刘华锋博士、教授授课，专题讲授“《易经》的基本知识”等课程，政协全体委员参加现场聆听。通过举办中华传统文化讲座，委员们深刻感受中华传统文化的博大精深，领悟《易经》的人生智慧，并将《易经》的智慧转化为履职之能。

（七）全面规范教育管理，政协委员履职活力更加激发

切实加强委员队伍建设。落实“懂政协、会协商、善议政，守纪律、讲规矩、重品行”要求，加强委员履职能力建设，提高委员的政治把握能力、调查研究能力、联系群众能力、合作共事能力。鼓励委员在本职岗位和政协工作中“双责担当、双岗奉献”，优化委员管理服务、加强委员学习培训、搭建委员履职平台，为委员履职提供便利。引导委员加强自身学习，涵养为民情怀，引领良好风尚，以新业绩展现新时代政协委员新风采。

深入学习党的二十大精神。党的二十大胜利闭幕后，根据县委的统一部署，县政协在第一时间制定传达贯彻党的二十大精神学习方案，层层开展学习贯彻党的二十大精神，迅速形成学习贯彻党的二十大精神热潮。通过层层学习贯彻，人人结合工作实际谈学习心得体会，党的二十大精神更加深入人心、深入灵魂，进一步激发政协人“不负时代、不负人民”的奋斗情怀，把党的二十大报告中关于人民政协工作的论述作为县政协开展协商民主、履行政协职能的根本遵循，推动政协工作高质量发展。

完成《湛江村庄简史》（遂溪分卷）终审工作。经县政协审稿专家组成员的共同努力，于2022年10月完成290多万字的《湛江村庄简史》（遂溪分卷）最终审核定稿工作；编印《委员风采》（第二册），有效发挥文史资料“存史、资政、团结、育人”的功能作用。

（八）建设“书香政协”，人民政协形象更加良好

县政协认真贯彻落实中央政协工作会议精神，积极推进中央《关于加强和改进新时代市县政协工作的意见》走深走实，结合自身实际，制定了《遂溪县政协开展“书香政协”活动实施方案》，把开展“书香政协”活动建设工作落到实处。成立县政协“书香政协”读书活动领导小组，由县政协党组书记、主席任组长，党组成员、副主席任副组长，成员由各专委会、机关各部门主要负责同志组成，统筹指导读书活动。“书香政协”活动参加人员为全体县政协委员、全体政协机关干部职工；“书香政协”活动方式，是以政协各专委会和机关各委室为依托，构建常态化读书学习工作格局；搭建读书阵地，建立9个读书微信群：即政协机关干部职工读书群和政协8个专委会委员读书群；通过建设“书香政协”，内强委员素质、外树人民政协良好形象。

（九）严格作风纪律，政协机关服务水平更加提升

切实加强自身建设。政协常委会把全面从严要求贯穿于政协自身建设始终。要求政协党员干部严格遵守党的政治纪律和政治规矩，严于律己，廉洁从政，进一步提高服务发展、服务决策、服务落实的水平。完善县政协机关及各委与县直部门经常性沟通联系机制，完善专委会联系党派、界别和委员的常态化工作机制，不断提升政协机关服务水平。

推进政协工作规范化建设。积极探索把互联网思维和技术充

分运用到政协组织和委员履职管理之中，有效提升新时代政协工作规范化、科学化水平。

我们在履职实践中不负重托、不辱使命。去年10月，《湛江日报》以《遂溪县政协用新时代“政协情怀”谱写高质量“履职答卷”》为题，报道了遂溪县政协履职事迹，受到社会的广泛关注和好评。

各位委员，这些成绩的取得，是中共遂溪县委坚强领导的结果，是上级政协有力指导和县人大、县政府以及各镇和县各有关部门大力支持的结果，更是全体政协委员和社会各界人士团结奋斗的结果，与老领导、老同志的关心支持也是密不可分的。在此，我代表县政协常委会表示衷心的感谢！

回顾过去一年工作，我们虽然取得一些成绩，但仍然存在差距和不足，由于受疫情影响，部分调研考察课题未能完成；调查研究仍需进一步深入，委员的主体作用仍需进一步强化等。这些问题有待在今后工作中加以解决。

二、2023年工作思路

2023年，是全面贯彻落实党的二十大精神的开局之年。县政协常委会工作的指导思想和目标任务是：坚持以习近平新时代中国特色社会主义思想为指导，深入学习贯彻党的二十大精神，认真落实中央经济工作会议及省委十三届二次全会精神和市委十二届四次全会精神以及县委十四届五次全会精神，紧贴全县工作中心，围绕改革发展稳定大局，着力加强政协党的建设，着力推进协商民主建设，着力做好凝聚人心工作，着力加强履职能力建设，加快推进实现湛遂同城化发展、建设湛江市域副中心城市，为谱写遂溪高质量发展新篇章贡献政协的智慧和力量。

（一）始终坚持党的领导，以更高站位筑牢共同思想政治基础

一要积极深入学习党的二十大精神。全面贯彻习近平新时代中国特色社会主义思想，增强“四个意识”、坚定“四个自信”、做到“两个维护”，始终在思想上政治上行动上同以习近平同志为核心的党中央保持高度一致。二要自觉坚持县委领导。坚持重大事项向县委汇报，重大活动请县委、县政府领导参加，确保中央、省、市委要求和县委重大决策部署在政协工作中得到全面贯彻落实，取得实实在在的效果。三要固守团结奋斗圆心。固守圆心才能万众一心，这个圆心就是中国共产党。我们要牢牢把握坚持党对政协工作的领导这一根本政治原则，自觉在县委领导下开展工作，把党的主张转化为各党派团体、各界别委员的思想共识和自觉行动，以更高政治站位筑牢共同思想政治基础。

（二）始终把握履职主线，以更大的作为助推我县高质量发展

一要突出抓好调研视察工作。围绕县委做实“三个协同”“四个对接”，推动实现湛遂同城化发展、建设湛江市域副中心城市、制造业当家深入调研，开展政治协商；紧紧围绕全县乡村振兴、债券资金使用、防范化解社会风险、民生工程等重点工作、重点项目和社会热点难点问题，精准选择课题，开展调研视察活动，形成高质量的调研报告，为县委、县政府科学决策提供参考依据。二要着力提升提案工作水平。引导委员广泛收集社情民意，深入基层调研，广泛听取群众的呼声和意见建议，撰写高质量提案。坚持提案督办制度，不断提升提案工作质量。三要加强民主监督力度。围绕县委、县政府重大改革举措、重要政策贯彻执行情况、全面推进依法治县、党风廉政建设、政府工作报告任务落实情况等，坚持开展民主监督和民主评议，促进行风政风改善。四要深化协商议政。重点围绕工业强县战略、制造业当家、推进实体经济发展、加快城市建设、实施乡村振兴、生态环境改善、生态文明建设等重大课题，认真开展协商议政，多层次、多角度汇集民智、反映民意、为民造福祉。

（三）始终坚持开拓创新，以更强力量助推全县中心工作开展

一要全力助推乡村振兴。积极参与乡村振兴工作，宣传落实有关政策，继续抓好脱贫攻坚后续跟踪帮扶工作。引导委员参与乡村振兴建设，发展特色产业，

引领群众发家致富，继续为人民群众解难事、做好事、办实事。二要全力助推重点项目建设。加速推进我县“1+3+6”行动计划等重点项目工作进程。同时，积极参与环境污染治理、信访稳定、文明创建等重点工作。三要全力服务招商引资。充分发挥政协优势，为招商引资牵线搭桥，促进以商招商，以情招商，鼓励外出乡贤委员回乡投资，让更多优质项目在遂溪的大地上落地生根、开花结果，促进遂溪高质量发展。

（四）始终发扬团结民主，以更实的举措凝聚各界共识和力量

一要认真做好凝心聚力工作。加强与参加政协的各民主党派、各人民团体、各界人士的联系，坚持政协班子成员联系各民主党派和常委、常委联系委员制度，主动协助县委、县政府做好协调关系、化解矛盾、理顺情绪、增进团结工作。认真做好增进共识、加强团结、发扬民主工作。二要组织引导委员参与社会公益和慈善事业。努力为困难群众办实事、做好事、解难事。在企业界政协委员中继续开展助教助学募捐活动，组织全体政协委员多做雪中送炭、扶贫济困工作。三要凝聚各方力量关注支持遂溪发展。以铸牢中华民族共同体意识为主线，坚持我国宗教中国化方向，加强和改进政协民族宗教工作。加强党外知识分子思想政治工作，做好新的社会阶层人士工作，促进非公有制经济健康发展和非公有制经济人士健康成长。引导港澳委员更好发挥“双重积极作用”，支持港澳同胞、台湾同胞、海外侨胞参与遂溪建设。认真做好上级政协、外地政协来遂溪调研、开展交流活动的服务工作，积极宣传和推介遂溪、共同推动遂溪建设。

（五）始终严格教育管理，以更严的标准提升机关的服务能力

一要提升党建工作质量。按照以党的建设高质量推动经济发展的要求，坚持以党的建设为引领，加强政协机关党的政治建设、组织建设、作风建设、纪律建设和廉政建设。全面落实政协党组成员联系党员委员，党员委员联系非党委员制度。二要加强委员履职管理与服务。实施对政协委员履职考核工作，落实奖惩机制。发挥委员的主体作用，对优秀委员和优秀提案进行表彰。进一步加强委员联络服务工作，促进政协委员积极履职尽责。三要提升政协机关服务质量。尝试开展政协机关“三个一流、四个之家”创建活动，以“一流的标准、一流的作风、一流的服务，把政协机关建成政协委员之家、各界人士之家、基层政协之家、干部职工之家”为目标，不断提升政协机关服务保障水平，促进政协工作高质量发展。

各位委员，奋进新征程，建功新时代。让我们更加紧密团结在以习近平同志为核心的中共中央周围，在中共遂溪县委的坚强领导下，不负时代使命、不负人民重托，凝心聚力、砥砺前行，为谱写遂溪高质量发展新篇章、全面推进中华民族伟大复兴而团结奋斗！

索引

说明

一、本索引采用主题分析法，款目按汉语拼音字母（同音字按音调）顺序排列。

二、文中的类目题、分目题用黑体字标明，其余用宋体字排印。

三、索引款目后的数字表示内容所在页码，数字后的英文字母（a、b、c）表示栏别（版面的 1、2、3 栏）。

四、同一主题的内容在文中多处出现的，在其款目后用不同的页码标明。

五、本索引对“大事记”“人物·荣誉”“文献选编”等不做内容主题分析。

数字

“1+3+6”行动 3a
10 千伏业扩配套工程投产 195a
2022 年“青年普法志愿者法治文化基层行”暨“民法典宣讲乡村行”活动 118c
2022 年梁碧儿医德教育基地建设暨梁碧儿 100 周年诞辰纪念活动 235a
2022 年湛江市金融支持种业振兴融资对接会（遂溪分会场） 180c
2022 年移动支付示范镇建设工作座谈会 181a
2022 年遂溪县新提任县管领导干部集体廉政谈话教育活动 94a
“12345”热线服务效能发挥 83c
“3·15”国际消费者权益日系列活动 151a

A

案件执行 128c
安全生产监督管理 255a
安保维稳 116c
安全生产工作加强 47a
安置帮教 131b
安全生产重点行业领域治理 255a
安全生产责任落实 255b
安全生产打非治违 256a

B

殡葬管理 246c
保障经济运行监督 70a
保险业 184a
办公用房管理 81a
办文办会 48a
办文 79c
办会 80a

滨海旅游发展 177a
滨海新区建设调研 90a
部队安全教育整训 133b
被征地留存保障资金分配 248b
北坡籍运动员林倩怡参加广东省第十六届运动会获金牌 294c
北部湾旅游新区建设情况调研 90c
北坡镇 39c
北坡镇 293a
北坡镇第十八届人民代表大会第二次会议 294b
北坡镇第十八届人民代表大会第三次会议 294b
“百企兴百村”行动 8a
北坡镇2022年奖教奖学助学颁奖大会 294c
编制遂溪县国土空间总体规划（2021—2035年） 191a

C

财政 141a
财政监管 142c
财政审计 147b
财政收支管理 141b
残疾人“两项补贴”落实 114a
残疾人机动轮椅车燃油补贴 114a
残疾人就业与培训 114c
残疾人康复救助 113c
残疾人助学金发放 114c
草潭镇 39b
草潭镇 284b
草潭镇第十八届人民代表大会第二次会议 287a
草潭镇教育促进会第十二届颁奖大会 287a
草潭镇举行旅游服务综合保障党员志愿活动 287c
草潭镇下六沙虫文化科普馆揭牌启动仪式 287b
测绘管理 140c
产品质量安全监管 152b
成品油销售 174c
城区环境保洁 194a
城区照明建设 192a
城市供水 195c
城市管理 193b
城市基层党建 52a
城乡供电 194c
城乡建设与管理 191
城乡面貌日新月异 76a
城月镇 39b
城月镇 288a
城月镇第十八届人民代表大会第二次会议 290c
城月镇第十八届人民代表大会第三次会议 290c
城月镇妇女第十次代表大会 291a
城月镇石头塘村新文化楼办公楼综合体开工奠基仪式 291b
惩治腐败 93a
初信初访事项办理 84a
“春风利剑2022”专项行动 123a
畜禽无害化处理 159b
畜禽养殖废弃物综合利用 159b
传媒 229b
慈善会工作 246b
促进公平正义监督 71a
村级干部队伍建设 50a
村级换届选举 245c
村级集体经济 164a
村内道路建设民生工程 164b
村志馆试点工作 231c
存款保险管理 145b

D

打击整治养老诈骗专项行动 117c
大关工网格建设 254b
档案安全 231a
档案工作 230c
档案接收 231a
档案利用与服务 231a
党的二十大精神学习贯彻 47b
党对乡村振兴的全面领导 198a
党管武装 132c
党建带妇建 108b
党建引领发展 48b
党建引领基层治理 1a
党内监督 92c
党史工作 60c
党史宣传教育 61a
党史学习教育 53a
党校办学质量评估 62b
党校工作 61b
道路交通管理 122c
地方储备粮管理 172b
地方志工作 231b
地方志数字化 231c
地方志资料年报 231b
地方志资源开发利用 231c
地理位置 19a
地名命（更）名工作 247b
地形地貌 20b
地质灾害防治 139c

电网规划与建设　195a
电信网络诈骗专项治理及账户服务现场督导　181a
电子商务　172a
定点屠宰场升级改造　173b
动植物资源　21b
兜底民生服务社会工作双百工程实施　246b
督查和统筹协调　47c
对外开放不断扩大　33c
对外贸易　171b
对虾良种培育基地建设　161a
多党合作事业发展　55c
调研议政　89c

F

“反诈菜市”金融宣传活动　146a
“放管服”改革深化　120b
法定传染病管理　232c
法律援助　131c
法院　127b
法院司法监督　129c
法院司法能力建设　129c
法院司法为民　129b
法院司法宣传　130a
法院助力营商环境优化　128c
法治　116
法治机制健全完善　120a
法治文化建设　131a
法治政府建设　121a
防空警报试鸣　135c
防灾减灾救援　257c
防灾减灾救灾　225c
房地产业　170b
放射卫生监督　238c
放心消费单位创建　151b
非法开采矿产资源违法犯罪打击　140b
非公有制经济领域统战工作　56b
非税收入征管职责划转　143c
非洲猪瘟防控　159a
服务青年　103b
服务业活力增强　32c
妇女思想政治引领　105b
妇女维权　108a
妇幼健康服务　237b
妇幼健康服务管理　233c
附城镇　39a
附城镇　265b
附城镇第一届人民代表大会第一次会议　266c
附城镇揭牌仪式举行　266c

G

“港长制”落实　160c
改革开放深入推进　75c
干部监督　49c
干部教育培训　61c
干部信息管理　49c
干部选拔培养　48c
干部在线学习　50c
干部政治理论培训　50a
港澳台统战工作　57a
港门镇　39c
港门镇　295a
港门镇第六次妇女代表大会　298b
港门镇第十八届人民代表大会第二次会议　298a
港门镇第十八届人民代表大会第三次会议　298b
港门镇第五届教育发展促进奖教奖学活动　298b
港门镇太极队获河南省第八届“寻找最美太极人”太极拳网络视频大赛陈式太极拳集体赛一等奖　298c
港门镇乡村振兴基础设施综合提升项目工程竣工并验收　298b
高标准农田建设　156c
高等教育　217b
高考、中考　215b
高污染燃料禁燃区划定　207c
高效农业生产示范基地建设　155c
个体经济　168c
“更好发挥人民代表大会代表作用”主题活动　72a
耕地“进出平衡”　140a
耕地保护　158a
耕地地力保护补贴　158b
工程建设项目审批制度改革　169b
工会干部业务培训　101c
工会关爱行动　100b
工会送春联活动　102a
工商联参政议政　98c
工商联会员服务　98a
工商联社会责任履行　98b
工业·民营经济　165
工业产业集群发展　42b
工业锅炉和炉窑分级分类治理　207b
工业经济平稳发展　32b
工业企业选介　166c
工业生产　165a
工业项目建设　138c
工业园区　165b
工业园区建设　166a
公安　121c

公安基层基础建设 122c
公共场所卫生监督 237c
公共投资审计 147c
公积金促缴扩面 251b
公路安全生产 187a
公路管理 186b
公路在建项目推进 186c
公务用车管理 81a
公务员管理 49b
公务员职务与职级并行 49b
公益诉讼检察 124a
公证服务 131c
公租住房管理 170c
巩固拓展脱贫攻坚成果同乡村振兴有效衔接 47a
共青团遂溪县委员会 102b
供电服务 194c
供水服务 196a
供水设施建设 196b
供销合作社改革 173a
供销合作业 172c
《关于加强新时代关心下一代委员会工作的意见》学习贯彻 253a
固定资产投资 138a
固体废物污染防治攻坚行动 204c
关爱帮扶暖心活动 107b
关心下一代工作 253a
关心下一代工作委员会主题教育活动 253b
广东（遂溪）湛川河谷“仙品荔”云销会 178a
广东大华糖业有限公司 167a
广东金岭糖业集团有限公司 166c
广东南粤银行遂溪支行 183b
广东省广前糖业发展有限公司 158c
广东遂溪农村商业银行股份有限公司 182c
广东遂溪农业领域对接 RCEP 启动仪式暨特色农产品、网络文化节 157b
广东粤电湛江生物质发电有限公司 167a
规划编制 137b
国防教育 135c
国防军事题材电影进农村 136c
国家地名信息库质量建设行动 247b
国家机关“谁执法谁普法”履职评议会 130c
国库管理 144c
国内贸易 171b
国土空间规划 191a
国有资产监督管理 146c
国资国企管理 147a

H

婚姻登记 247b
核与辐射安全 205b
黄略镇 39a
黄略镇 267a
后勤服务接待 81a
会务服务组织 80c
海外联谊 111b
海洋资源 21b
海外统战工作 57a
“海军节”宣传活动 136b
红色经典休闲旅游 178a
红色教育基地建设 61a
红十字会公益活动 115c
红树林文艺创作 113a
“红十字博爱送万家”活动 115c
环保执法监管 206a
环境质量 25c
环境卫生管理 193b
环境监管 205c
河头镇第十八届人民代表大会第三次会议 300c
河东大道开工建设 193a
河长制全面推行 162b
河头镇 39c
河头镇 298c
河头镇第十八届人民代表大会第二次会议 300c
宏观经济管理 137a

J

“僵尸企业”出清重组 146c
机构编制工作 57b
机构编制监督检查 58b
机关大院治安消防管理 80c
机关党建工作 58c
机关党建管理 60a
机关党建品牌创建 60b
机关及参公管理单位年度考核 49b
机关事务管理 80b
机关思想建设 59a
机关政治建设 58c
机关组织建设 59c
机关作风建设 60a
基本公共卫生服务项目实施 233c
基层党组织建设 51c
基层工会规范化建设 100a
基层社会治理 117b

基础教育　213c
疾病预防宣传教育　236c
疾病预防与控制　236a
疾病预防与控制业务培训　237a
集中式饮用水源　162a
纪检监察机构概况　91a
价格认定　153c
价格调控　153a
价格调研　153b
坚持和加强党的建设　40b
监督执纪　92c
检察　123b
检察服务营商环境　125c
检察系统扫黑除恶　124c
检察宣传　126a
减税降费　143b
建设“红树林之城”工作领导小组成立　46c
建新镇　39a
建新镇　273b
建新镇第十八届人民代表大会第二次会议　275c
建新镇第十八届人民代表大会第三次会议　275c
建新镇火龙果文化节暨U牌自愈系文化节8周年庆典活动　276a
建新镇开展台风“暹芭”抢险救灾行动　276a
建置沿革　19a
建筑安全生产　169a
建筑工程监管　169b
建筑工程项目　169c
建筑混凝土监管　169b
建筑业　169a
建筑业·房地产业　169
江洪“笑口滩”沙滩广场建成　178b
江洪派出所揭牌　305c
江洪镇　39c
江洪镇　303c
江洪镇第十八届人民代表大会第二次会议　305a
江洪镇第十八届人民代表大会第三次会议　305a
江洪镇妇女第九次代表大会　305b
江门市遂溪商会第二次会员代表大会　99c
交通·邮电　185
交通均等化　185b
交通设施日趋完善　33a
交通运输“放管服”改革　185c
交通运输安全宣传培训　186a
交通运输执法　186a
交通重点项目建设　185b
交通综述　185a
教师队伍建设　212a
教研教改　211b
教育　208
教育督导体制机制改革　47b
教育系统党建　209a
教育信息化　211a
节能减排　207b
界炮镇　39a
界炮镇　279a
界炮镇第十八届人民代表大会第二次会议　281b
巾帼大宣讲　105a
巾帼同心齐抗疫　106c
金鲳鱼旅游文化节　178c
金融　179
金融服务　144b
金融监督管理　144a
金融支持实体经济　179b
经济发展　263b，265c，267b，269c，273c，276c，279b，281c，284c，288b，291c，293b，295a，299a，301c，304a
经济发展稳中有进　41b
经济管理　137
经济和社会发展　32a
经济社会统计资料　336
经济实力稳步提升　74a
经济责任审计　147c
精神文明建设　54c
竞技体育　243a
旧城道路改造和国道207线、228线改线项目建设情况调研　90a
就业创业　245a
决策部署　46c
军事　132
军休管理服务　134c

K

科技服务企业创新发展　111a
科技论坛　109c
科技文化卫生“三下乡”活动　110b
科技宣传一条街活动　224a
科技志愿服务　110c
科普场馆建设　109a
科普工作队伍建设　109b
科普教育成果　109a
科普教育品牌活动　109b
科学技术　223
科学技术普及　223c
科研和决策咨询　62a

矿产资源　20c
矿产资源管理　139b
困难群众生活保障　245c
困难职工帮扶　100c

L

“劳动创造幸福”征文活动　113b
“两定”医疗机构管理　249b
“两法衔接”工作　125a
“两项监督”工作　124c
“两新”组织党建　50c
劳动保障监察　244a
老干部党支部建设　63b
老干部服务　63c
老干部工作　62c
老干部工作品牌建设　62c
老干部生活待遇落实　63b
老干部信息化管理　63c
老干部政治待遇落实　63a
乐民镇　39c
乐民镇　301a
乐民镇第十八届人民代表大会第二次会议　303b
乐民镇第十八届人民代表大会第三次会议　303b
乐民镇第十八届人民代表大会第四次会议　303b
离休干部和伤病残军人医疗保障服务　250a
李政寰获2022年全国蹦床锦标赛双蹦床金牌　295a
理论学习宣讲　52c
廉政教育　93c
粮食储备库　172c
粮食购销领域专项巡察　172b
粮食市场流通管理　172b
粮食宣传　172c
粮油业　172a
烈士纪念设施保护与管理　134c
林木林地管理　159c
林业　159c
林业生态建设　159c
林业执法　159c
林长制实施　46c
临时救助　246b
岭北镇　39a
岭北镇　269b
岭北镇党建引领乡村振兴知识竞赛　273a
岭北镇第十八届人民代表大会第二次会议　272b
岭北镇第十八届人民代表大会第三次会议　272b
岭北镇开展中国共产党第二十次全国代表大会精神宣讲活动　272c
岭北镇庆祝第38个教师节暨奖教助教表彰大会　273b
岭北镇抓党建促乡村振兴擂台比武活动　272c
领导干部集中旁听庭审活动　130c
流浪乞讨人员救助　246b
路政管理　187a
旅游“厕所革命”　177c
旅游行业管理　177b
旅游宣传和市场营销　177b
旅游业　176b
旅游招商　177c
旅游资源　21c
律师管理　131b

M

慢性非传染性疾病管理　232c
美丽乡村建设　199c
美术、摄影创作　112b
门诊特定病种报销　249a
免疫规划　236b
民办非企业单位　26c
民商事审判　127c
民生福祉不断增强　76b
民生领域财政资金保障　142a
民生实事发展　43a
民事行政检察　123c
民俗风情　30a
民营经济　168b
民营经济发展　168b
民政　245b
民政系统扫黑除恶信访案件处理　247c
民主党派　37b
民主党派　95a
民主党派·工商联　95
民族　26b
民族宗教工作　56a
民族宗教事务　252a
民族宗教政策宣传　252a

N

纳税服务　144a
能源管理　138b
年鉴编纂　231b
农产品“12221”市场体系建设　157a
农产品质量安全监管　157a

农村“厕所革命”推进　164b
农村残疾人服务　115a
农村创业青年培训　254a
农村工作　163c
农村公益事业财政奖补　164b
农村供水“三同五化”改造　162c
农村集体“三资”管理　164a
农村乱占耕地建房整治　140a
农村面貌继续改善　202a
农村生活环境继续优化　202b
农村生活垃圾治理　164c
农村生活污水治理　164c
农村危房改造　164b
农村综合改革深化　198c
农机补贴　161c
农技培训　156b
农贸市场安全管理　197b
农贸市场改造建设　150c
农贸市场基础设施升级改造专项债券项目　197c
农贸市场建设　197a
农贸市场升级改造　197c
农贸市场物业管理　196c
农民种粮收益保障体系建设　200a
农药经营管理　157a
农业·农村　154
农业机械化　161b
农业机械化发展　161c
农业经济提速增效　32b
农业龙头企业申报　155b
农业农村污染治理　204b
农业品牌建设　155c
农业水价综合改革　153a
农业现代化进程加快　201a

P

排污许可监管　205a
培育时代新风活动　110a
棚户区改造房安置　147a
批而未供土地处置　140a
贫困重度残疾人家庭无障碍改造　114a
平安建设　264c，266a，268c，272a，274c，277c，280b，282a，286a，289a，292b，293c，296c，299c，303a，304b
平安金融建设　145b
平安遂溪建设　117a
普法队伍建设　130b
普法宣传活动　130c
普惠金融助力乡村振兴　179c

Q

“全国个体工商户服务月”活动　149c
“全民国防教育日”宣传教育　136a
其他单位　38b
气候特点　20b
气象安全生产　226a
气象服务　225b
气象科技　225a
气象科普教育　226a
气象科普教育进学校活动　109c
气象现代化建设　225a
气象专项检查　226c
侨胞与港澳台同胞　26b
侨界参政议政　111b
侨益维护　111b
青年社会服务　104c
青年思想政治引领　102b
曲艺创作　112b
全国残疾人基本服务状况和需求信息数据动态更新　114a
全国基层政权建设和社区治理信息系统　247a
全国科普日活动　110c
全国首个党建红色影视文化城项目落户遂溪县　52b
全国助残日活动　114b
全面依法治县　119c
全县推进新业态劳动者建会入会工作会议　101c
全域旅游　176c
全域旅游建设　8b
群众体育　243a
群众团体　100
群众团体　37c

R

燃气安全“百日行动”　152b
人才队伍建设　51b
人才工作　52b
人防工程建设　135c
人口与计划生育　232c
人口语言　26a
人力资源和劳动管理　244a
人民币收付管理　145c
人民代表大会代表工作　71c
人民代表大会监督　69b
人民防空　135b

人民调解 131a
人民武装 132a
人事管理 244c
人事任免 64c
壬寅年遂溪孔庙祭孔大典 229a
日常性养护及预防性养护 186c
入海排污口排查 205b

S

“三旧”改造 147a
“守底线、查隐患、保安全”专项行动 151b
“双打”行动 151a
“谁执法谁普法”责任制落实 126c
《遂溪县气象公共服务白皮书（2022 年）》发布 226c
三大支撑夯实乡村振兴根基 199a
扫黑除恶专项斗争 119b
森林防火 160a
森林防灭火 262a
森林防灭火基础建设 258c
森林检疫 160b
商会建设 99b
商贸流通·旅游 171
舍馆改造升级 227c
设施农业示范项目建设 156b
社保服务能力提升 248a
社保能力继续加强 35a
社保助企纾困 248b
社保足额发放 248b
社会保险 247c
社会矛盾化解 125b
社会生活 244
社会事业 263c，265c，267c，270b，274b，277a，280b，281c，285b，288c，292a，293b，295c，299b，302a，304a
社会事业加快发展 35a
社会团体 26b
社会信用体系建设 138c
社会治安防控 122b
社会治理创新 120c
社区“万能章”治理 246c
社区矫正 131a
涉案企业合规改革试点 127a
涉挥发性有机物企业分级管理和治理 207b
深水网箱养殖 160c
审计 147b
审计监督职责履行 148a
审计整改 147c
生态保护 206b
生态保护 265a，266c，269a，272b，278a，290c，297a
生态环保监督 70c
生态环境 204
生态环境风险防范 206b
生态环境继续优化 34c
生育惠民政策落实 234c
生猪肉产品安全管理 174a
生猪屠宰管理 173b
省、市垂直管理单位 37c
省级水产健康养殖示范场创建 161a
圣女果产业发展 203c
诗词创作 112b
石油销售安全管理 175a
石油销售经营管理 175a
实体政务大厅优化 81c
食品安全抽检快检 151c
食品企业经营方式转变 173c
食盐安全宣传 174c
食盐供应保障 174c
食盐经营管理 174b
史料征集编撰 60c
市场化需求侧响应座谈会 195a
市场监督管理 149a
市场领域疫情防控 150b
市场领域营商环境优化 149b
市场秩序规范 151a
市场主体挖潜培育 149c
市管、县管干部年度考核 49a
市容环境“六乱”治理 193c
市容环境治理 42c
市域社会治理现代化推进 116c
市政建设 191b
市政设施建设和维护 191b
事业单位登记管理 58b
书法创作 112a
数字检察改革 127a
双拥工作 132c
双拥共建 134a
水产品质量安全监管 161b
水稻病虫害统防统治 157c
水旱灾害防御调度管理 163a
水库移民后期扶持 163c
水利工程建设 162c
水利行政执法 163b
水文风情 20b
水务 161c
水源地环境保护 207a
水质达标攻坚 47a
水资源 21a

税收征管改革　143b
税务　143a
税银互联协办　143c
司法行政　130b
司法警察　125b
司法责任制改革　126a
私屠滥宰行为打击　174a
私屠滥宰违法行为打击　159b
私营经济　168b
诉源治理　125a
素质教育　210b
遂城街道　38c
遂城街道　263a
遂城街道办事处揭牌仪式举行　265a
遂城街道和附城镇揭牌成立　247a
遂溪“糖祖习俗”入选第八批省级非物质文化遗产代表性项目名录　228c
遂溪河整治　206b
遂溪农场　158b
遂溪汽车运输总站　187b
遂溪特产　31c
遂溪县“织密基金监管网共筑医保防护线”集中宣传月动员大会　250a
遂溪县 2022 年反假货币工作联席会议　145c
遂溪县 2022 年国民经济和社会发展统计公报　336
遂溪县 2022 年十大民生实事项目　7a
遂溪县 2022 年文艺工作会议暨第三届文艺精品奖颁奖大会　112c
遂溪县 2023 年城乡居民基本医疗保险参保工作会议　250c
遂溪县北部湾旅游新区建设指挥部揭牌　305b
遂溪县被评为全国科普示范县　109a
遂溪县残疾人联合会　113c
遂溪县残疾人联合会第六次代表大会　115a
遂溪县产业转移工业园获批省特色产业园　166b
遂溪县大成中学　221b
遂溪县地名图片、志、录、词典信息补充和完善　247c
遂溪县第三中学　220a
遂溪县第十七届人民代表大会第二次会议　65c
遂溪县第一中学　218c
遂溪县电影有限公司　230b
遂溪县妇女联合会　105a
遂溪县妇幼保健院　242a
遂溪县工商业联合会　98a
遂溪县归国华侨联合会　111a
遂溪县归国华侨联合会第四届常务委员会第八次会议　111b
遂溪县红十字会　115c
遂溪县获评“四好农村路”省级示范县　185c
遂溪县纪检监察系统警示教育大会　91c
遂溪县纪委监委关心下一代工作委员会成立　92b
遂溪县监察委员会　36a
遂溪县教师发展中心　215c
遂溪县金融支持乡村振兴暨“整村授信”启动会　180c
遂溪县开放大学　217b
遂溪县科学技术协会　108c
遂溪县廉政谈话教育活动　94c
遂溪县民族团结进步宣传活动　252c
遂溪县全民健身 80 千米接力跑活动　243c
遂溪县人民代表大会　64
遂溪县人民代表大会常务委员会　36a
遂溪县人民代表大会常务委员会主任会议　69b
遂溪县人民代表大会常务委员会自身建设　65a
遂溪县人民代表大会工作坚持思想政治引领　64b
遂溪县人民法院　37b
遂溪县人民检察院　37b
遂溪县人民检察院“检察官法治讲坛”专项活动　126c
遂溪县人民医院　239a
遂溪县人民政府　36b
遂溪县人民政府　73
遂溪县融媒体中心　229b
遂溪县涉诈银行卡突出问题整治工作推进会　146b
遂溪县首贷服务中心成立　180b
遂溪县水生态投资开发有限公司　167c
遂溪县委政法工作会议暨全县矛盾化解攻坚年部署会　118b
遂溪县文化服务中心　230c
遂溪县文学艺术界联合会　111c
遂溪县文学艺术界联合会全体委员会议　112b
遂溪县新时代文明实践所（站）建设推进会　283b
遂溪县医保基金监管暨打击欺诈骗保专项整治工作会议　250b

遂溪县预拌混凝土、预拌砂浆企业节后复工安全生产暨疫情防控工作会议召开 169c
遂溪县运动员参加“铁人杯”全国少年体操 U 系列锦标赛获 1 金 2 铜 243b
遂溪县职业技术学校 216b
遂溪县中医院 241a
遂溪县住房和城乡建设局开展国庆节期间预拌混凝土企业安全生产专项检查工作 170a
遂溪县自建房安全专项整治工作业务培训会议召开 170c
遂溪县总工会 100a
遂溪县总工会第十三届委员会第七次全体会议 101b

T

特色农业扩量提质 42a
特色优势农业壮大 201c
特殊教育 215a
特种设备安全监管 152a
提案办理协商 89c
提升基层治理监督 71b
体育 242c
体育运动员选材 243b
体育运动员注册 243a
通信业 189a
同城化发展蹄疾步稳 41c
统计 148a
统计法治建设 148c
统计改革创新 148b
统计指导 148c
统一战线工作 55b
突发公共卫生事件处置 237a
土地交易 139b
土地经营权流转 155b
土地开发 139b
土地收储 147b
土地卫片执法 139c
土地资源 20c
土壤污染风险管控 204b
团组织活动 102c
退役军人安置 134b
退役军人服务保障体系建设 134b
退役军人就业创业 134c
退役军人事务 133c
退役军人学历提升和技能培训 135a
退役军人应急救助资金管理 134b
脱贫攻坚成果巩固 200b

W

“我们的中国梦文化进万家”活动 112c
“我为群众办实事”下乡办证 114b
“五好”代表联络站创建 71c
网络安全防护能力提升 82b
卫生“双随机、一公开”监督抽检 238c
卫生监测 236a
卫生监督 237c
卫生健康·体育 232
卫生健康综述 232a
未成年人检察 124b
文化 227
文化市场执法 228c
文化下乡 112c
文化遗产 26c
文化艺术创作 54b
文物保护和非物质文化遗产交流 228a
文学创作 111c
文艺创作 228a
文艺交流 113b
稳定安全维护 43b
乌塘镇 39b
乌塘镇 291b
乌塘镇助力教育圆梦促进大会 293a
污染防治 204a
污水处理费和垃圾有偿服务费代收 196b
污水处理设施建设 196c
物价管理 152c
物业管理 170c

X

行政服务 82b
行政机构编制管理 57b
行政区划 20a
行政执法案卷评查 121c
行政执法监督 121a
夏季治安打击整治“百日行动”123a
闲置土地处置 140a
县情概貌 19a
县人民代表大会常务委员会会议 66a
县人民代表大会议案建议办理 72b
县政府常务会议 77b
县政府工作会议 79b
县政协机构概况 87a

现代服务加速转型 42b
现代农业发展 154b
乡村振兴 198a
乡村振兴 264b，266a，268b
271b，275a，277b
280c，282b，286c
289c，292b，293c
296a，300a，302c
304c
乡村振兴保障力度加大 203a
乡村振兴财政资金保障 142c
乡村振兴工作调研 90b
乡村振兴巩固提升 34b
乡村振兴及消费扶贫 173a
乡村振兴巾帼行动 106a
乡村振兴人才驿站建设 245b
乡村振兴推进 43a
项目建设 268c，275c，277c
281a，282c，294b
300b，302b，305a
项目征地 265a，266a
消防安全整治 261a
消防救援 259a
消防救援队站建设 260c
消防救援训练 259c
消防救援正规化建设 260a
消防宣传 261c
小学教育 214a
协商议政 89b
新冠疫情防控 234c
新冠疫情监督 238c
新农村建设 164a
新时代基层干部主题培训 94c
新时代家庭文明建设 107a
新时代文明实践中心建设拓展 47b
新闻信息 48a
新闻舆论宣传 53b
新型职业农民培育 156c
新增创建南药省级现代农业产业园 157c
信访工作 83c
信访突出问题 84a
信用监管 150a
刑事犯罪侦查 122a
刑事检察 123c
刑事审判 127c
刑事诉讼制度改革 128a
刑事执行检察 124b
畜牧业 159a
宣传工作 52c
学前教育 213c
学校安全管理 213a
学校卫生监督 238a
学校选介 218c
学校学位建设 211c
寻找美丽庭院、民宿活动 106a

Y

烟草打假打私 176a
烟草市场服务 175c
烟草市场监管 176a
烟草专卖 175b
烟草专卖重点品牌培育 175b
盐业管理 174b
阳光检务 126b
杨柑镇 39b
杨柑镇 281b
杨柑镇第十八届人民代表大会第二次会议 283a
杨柑镇第十八届人民代表大会第三次会议 283a
杨柑镇举办2022年庆祝“七一”文艺晚会暨乡村振兴“五个十大先进（模范）”表彰大会 284a
杨柑镇西基村老虎塘幸福家园揭牌 284a
洋青镇 39a
洋青镇 276b
洋青镇第十八届人民代表大会第二次会议 278a
洋青镇第十八届人民代表大会第三次会议 278b
洋青镇开展民族团结进步宣传活动 278c
药品、医疗器械、化妆品安全监管 152a
药品和医用耗材集中带量采购管理 250a
野生动植物保护 160a
一体化政务服务效能提升 81c
“一村（社区）一法律顾问”工作 131b
“一村一巾帼”家政创业培训 106a
“一村一品、一镇一业”建设 158a
“一站式”城乡社区综合服务示范创建 247a
医保电子凭证推广 249c
医保基金监管 249c
医保基金收支 248c
医保集中宣传月活动 249b
医保经办服务 249a
医保零星报销拨付 249a
医共体联合病房揭牌 235b
医疗保障 248c
医疗救助 249a

医疗卫生行业综合监管　234a
医疗卫生监督　237c
医疗卫生项目建设推进　233b
医药卫生体制改革　232b
医院选介　239a
依法行政规划　121b
依法行政考评　121b
依法治教　210a
疫情防控“平急转换”　42a
疫情公安防控　122c
音乐创作　112a
银行业　181b
营商环境继续优化　34a
营商环境提质创优　41c
营商环境优化　82c，138a
应急安全宣传　256c
应急管理　255
应急管理服务　257a
应急基础建设　257b
应急救援　256a
应急值守　257a
应用场所码推广　82a
用地报批　139a
优抚优待　133c
邮政网点建设　188c
邮政物流体系建设　189a
邮政业　188a
邮政业务发展　188b
油补与休渔渔民生产补助　160c
渔船应急管理　161a
渔业　160b
渔业监督执法　161b
渔业渔港　286c
园林绿化管理　192c
园区基础设施建设　166a
园区项目建设　166a
源头治理和移动源管理　207c
粤西地区首个消防事务中心设立　262c

Z

增进民生福祉监督　70b
战备训练　133a
湛江幼儿师范专科学校　217b
湛遂同城化建设　6a
招商项目服务　85a
招商项目落地见效　33b
招商项目推进　84c
招商引资　84b
镇（街道）　263
镇（街道）体制改革　58a
镇村办事能力强化　82a
征兵工作　133b
征兵宣传　136a
征信服务管理　145a
正常离任村干部信息采集和资金发放　246c
正风肃纪　93b
政策跟踪审计　147b
政法委及综治　116a
政府自身建设加强　77a
政务服务工作制度建设　82c
政务服务数据管理　81b
政务服务学习调研　81b
政务公开　80b
政务信息公开　82a
政协工作坚持思想政治引领　87b
政协推进重点项目建设　88a
政协委员履职获奖励　88b
政协委员助力疫情防控　88a
政协系统党的建设推进　87a
政治建设　132a
支付结算管理　145a
知识产权保护　224a
知识产权创造　224b
知识产权行政保护　224b
知识产权运用　224a
“智慧城市”建设　81c
“智慧法院”建设　129a
执法体制改革　120b
职工交友活动　102a
职工文体活动　102a
职业技能培训　244b
职业教育　215c
职业卫生监督　238b
智慧农业开发　156a
智能水表推广　196b
中共遂溪县基层组织概况　48a
中共遂溪县纪律检查委员会·遂溪县监察委员会　91
中国电信遂溪分公司　189a
中国工商银行股份有限公司遂溪支行　181b
中国共产党第二十次全国代表大会精神宣讲　62b
中国共产党二十大安保维稳　122a
中国共产党遂溪县第十四届纪律检查委员会第二次全体会议　91a
中国共产党遂溪县第十四届委员会第四次全体会议　43c
中国共产党遂溪县纪律检查委员会　36a
中国共产党遂溪县委员会　35c
中国共产党遂溪县委员会　40
中国共产党遂溪县委员会常务委员会会议　44b
中国建设银行遂溪支行　182b

中国联通遂溪分公司　190c
中国民主促进会遂溪县支部　96b
中国民主同盟遂溪县委员会　95a
中国农工民主党湛江市遂溪县支部　96c
中国农业发展银行遂溪县支行　182a
中国农业银行遂溪县支行　181c
中国人民财产保险股份有限公司遂溪支公司　184a
中国人民政治协商会议第十一届遂溪县委员会常务委员会第二次会议　88c
中国人民政治协商会议第十一届遂溪县委员会常务委员会第三次会议　89a
中国人民政治协商会议第十一届遂溪县委员会常务委员会第四次会议　89a
中国人民政治协商会议第十一届遂溪县委员会常务委员会第五次会议　89b
中国人民政治协商会议第十一届遂溪县委员会第二次会议　88c
中国人民政治协商会议遂溪县委员会　37b
中国人民政治协商会议遂溪县委员会　87
中国人寿保险股份有限公司遂溪县支公司　184b
中国移动遂溪分公司　190a
中国邮政储蓄银行遂溪县支行　183b
中国致公党遂溪县支部委员会　97b
中心城区强芯提质　34a
中学教育　214b
中央督察组交办信访案件办理　206a
中医药科普教育　110b
种植业　157c
重点传染病管理　233a
重点工作监督　70a
重点旅游项目建设　177a
重点企业清洁生产审核　207c
重点项目加快建设　33a
重点项目建设　137c
重点项目建设财政资金保障　141c
重点项目建设亮点突出　75a
重复信访　84a
重要会议　43c，65c，77b，88c
住房保障　251a
住房公积金服务　251a
驻遂溪单位　38b
专文　1
专项债券项目　138a
自建危房拆建　173a
自然资源管理　139a
自然资源领域督察整改　140a
自然资源调查登记　140c
自然资源系统扫黑除恶　140b
自然资源信访调解处理　140b
宗教　26b
宗教活动场所平安创建　252a
宗教界公益慈善　252b
综合文稿　80a
综合文稿草拟与调研　48a
综合协调服务　47c，79c
综述　40a，64a，73a，87a，91a，91a，154a，165a，171a，179a，208a，223a，227a
总述　19
组织工作　48a
组织机构及负责人（2022年）　35c
最严格水资源管理制度实施　162b